MÜNCHENER BEITRÄGE
ZUR PAPYRUSFORSCHUNG UND
ANTIKEN RECHTSGESCHICHTE

BEGRÜNDET VON LEOPOLD WENGER

In Verbindung mit H. Heinen, W. Huß,
H.-A. Rupprecht und G. Thür
herausgegeben von
Alfons Bürge, Dieter Nörr und Gerhard Ries
103. Heft

PAPINIANS
QUAESTIONES

Zur rhetorischen Methode eines spätklassischen Juristen

VON
ULRIKE BABUSIAUX

VERLAG C.H.BECK MÜNCHEN 2011

Bibliografische Information Der Deutschen Bibliothek

Die Deutsche Bibliothek verzeichnet diese Publikation in der Deutschen Nationalbibliografie; detaillierte bibliografische Daten sind im Internet über *http://dnb.ddb.de* abrufbar.

Satz: Ulrike Babusiaux
Druck und Bindung: Beltz Bad Langensalza GmbH, Bad Langensalza
Gedruckt auf alterungsbeständigem, säurefreiem Papier
(hergestellt aus chlorfrei gebleichtem Zellstoff)
Printed in Germany

ISSN 0936 3718
ISBN 978 3 406 62448 3

www.beck.de

nam est aliquis ac nescio an maximus
etiam ex secretis studiis fructus
ac tum pura voluptas litterarum,
cum ab actu, id est opera recesserunt et
contemplatione sui fruuntur

(M. Fabius Quintilianus, Institutio oratoria II, 18, 4)

INHALTSVERZEICHNIS

VORWORT

Die Monographie stellt die überarbeitete und gekürzte Fassung meiner Habilitationsschrift dar, die die Rechts- und Wirtschaftswissenschaftliche Fakultät der Universität des Saarlandes im Juli 2009 angenommen hat. Eine Exegese der Katene Pal. 301 = D. 40.7.34.1 Pap. 21 quaest. ist bereits in ZRG rom. Abt. 126 (2009) 156-186 erschienen. Sie wurde hier ebenso wie die Exegese der strafrechtlichen Katene Pal. 378 = D. 48.5.39pr.-10 Pap. 36 quaest. nicht abgedruckt. Hinzugekommen sind Übersetzungen der wichtigsten Katenen, die sich auch als erster Zugang zur Interpretation verstehen. Für ihre Mitwirkung bei der Erarbeitung dieser Übersetzungen bin ich Frau Joanna Skwara (MA of Classical Philology, Poznán u. Zürich) zu besonderem Dank verpflichtet.

Meinen akademischen Lehrern, Prof. Dr. Tiziana Chiusi (Saarbrücken) und Prof. Dr. Dr. Alfons Bürge (München), danke ich an dieser Stelle erneut für die fürsorgliche Betreuung und umfassende Förderung bei der Abfassung der Habilitationsschrift. Herrn Prof. Dr. Dr. h. c. mult. Michael Martinek (Saarbrücken) ist für eine überaus schnelle Anfertigung des Zweitgutachtens zu danken. Meinen damaligen Saarbrücker KollegInnen bin ich für ihre vielfältige Hilfe und ihren ständigen Zuspruch sehr verbunden. Die rasche Fertigstellung der Schrift wurde im Übrigen wesentlich erleichtert durch die Förderung „Finanzierung der eigenen Stelle“, die mir die Deutsche Forschungsgemeinschaft von Oktober 2008 bis September 2009 gewährte.

Bei der Vorbereitung der Drucklegung haben sich vor allem meine Zürcher MitarbeiterInnen verdient gemacht, denen ich für ihre gewissenhaften Hilfestellungen sehr herzlich danke. Ein besonderer Dank gilt auch Frau Studiendirektorin i.R. Ingrid Pitt (Aachen) für die umsichtige Korrektur und stilistische Unterstützung bei der Herstellung des Manuskriptes. Herrn Prof. Dr. Detlef Liebs (Freiburg) danke ich für seine hilfreichen Anmerkungen und seine weiterführende Kritik sowie für die Überlassung seines Manuskriptes zu den „Hofjuristen” (München 2010).

Nicht möglich gewesen wäre mir diese Arbeit ohne den ständigen Beistand meines Mannes, der mir nicht nur den Rücken gestärkt, sondern auch konkurrierende Pflichten abgenommen hat.

Zürich, den 7. März 2011 Ulrike Babusiaux.

EINLEITUNG

„Vom hohen Ansehen der papinianischen Quästionen zeugt bereits im 3. Jh. ihre sprachliche und gedankliche Wirkung auf die diokletianische Kanzlei, zur Zeit Konstantins ihr Schutz vor Notierung, für Justinian das Lob der Publikationserlasse, doch mag die anspruchsvolle Schrift zu allen Zeiten mehr ‚erhoben als gelesen' (Lessing) worden sein."[1]

Das Bonmot Franz Wieackers gilt auch für die romanistische Beschäftigung mit dem Hauptwerk des spätklassischen Juristen Aemilius Papinianus, denn neben der Pionierleistung des Jacques Cujas (1658 posthum)[2] steht allein der von Fritz Schulz verfasste Kommentar, der bekanntlich Fragment geblieben ist[3]. Diese Tatsache steht nicht nur in einem auffälligen Gegensatz zu den vielfachen Bekundungen, Papinian sei einer der wichtigsten[4], der „scharfsinnigste und in seiner Ausdrucksweise präziseste aller römischen Juristen"[5], der moralischste[6] oder der „christlichste"[7]. Das Desinteresse der Romanistik am wissenschaftlichen Hauptwerk Papinians ist auch deshalb überraschend, weil seit der Überwindung der Hyperkritik die Individualität der einzelnen Juristen und ihrer Werke klarer erkannt wird[8]. Zudem ist vermehrt seit den 1970er Jahren die Frage nach den Entscheidungsgrundlagen und der Methode der römischen Jurisprudenz in den Blick gerückt[9]. Obwohl seit Lan-

1 Wieacker, Textstufen, 1960, 332.

2 Cujas, in: Opera IV, dazu Manthe, Die Datierung der Vorlesungen des Cujaz über die Quaestionen Papinians. In: TR 50 (1982), 201–204.

3 Schulz, in: Scritti Ferrini, IV, 1949, 254-267; ders., RIDA-AHDO 1 (1952) 557-569; ders., RIDA-AHDO 2 (1953) 381-410; ders., Geschichte, 1961, 296-298.

4 Vgl. Puchta, Cursus der Institutionen, Leipzig ^{9}1881, 267; Jörs, s.v. Aemilius Papinianus, in: RE I, 1, 1893, 575; Schanz, Geschichte der römischen Literatur III, München ^{3}1959, 201; Balog, in: Études Girard II, 1913, 518; zuletzt Fernández de Buján, in: Liber amicorum Miquel, 2006, 321.

5 Manthe, in: FS Wolf, 2000, 163. Ähnlich ders., OIR 10 (2005) 145.

6 Mommsen, in: Ges. Schriften II, 1907, 158; Frezza, Corso di storia del diritto romano, Rom ^{3}1974, 500. Dieses Urteil lebt auch von der Weigerung des Juristen, den Brudermord zu rechtfertigen, vgl. HA Sev. 21, 8, dazu Giuffrè, in: ANRW II.15, 1976, 635f.; Liebs, Die Jurisprudenz im spätantiken Italien (260-640 n. Chr.), Berlin 1987, 90f., 110, 113f.; ferner Behrends, in: Literatur und Recht, 1996, 243- 291; Manthe, OIR 10 (2005) 144f. Zu Gryphius vgl. Nörr, in: HIA I, 491-516, Barner, in: Literatur und Recht, 1996, 229-242.

7 Toso, in: Acta iuridici internationalis II, 1935, 33f., der einen direkten Einfluss des Christentums nachweisen will. Zu Cujas vgl. Manthe, OIR 10 (2005) 166. Zum nachklassischen Recht vgl. Costa I, 1894, 121-126, Manthe, in: FS Wolf, 2000, 163, Fn. 2-7.

8 Kritisch Klami, in: Studi Biscardi IV, 1983, 215-237.

9 Vgl. Horak, Rationes decidendi I, 1969; Bretone, Tecniche, 21984; allgemein Kaser, Ausg. Schriften I, 1976, 3-34; Knütel, in: GS Heinze, 2005, 475- 499 und ders., in: Liber

gem die Originalität des papinianischen Stils bekannt ist, ist man bisher nicht der Frage nachgegangen, ob sich auch die Technik der Entscheidungsfindung des Spätklassikers von dem Vorgehen anderer Juristen unterscheidet[10]. Dabei legt die bekannte[11] rhetorische Prägung der Sprache Papinians nahe, dass sich auch seine Argumentation und Beweisführung an rhetorische Vorbilder anlehnt. Diese Möglichkeit ist umso mehr zu erwägen, als die antike Rhetorik eine Beweis- und Argumentationstheorie formuliert hat, die Geltung für alle Wissenschaften beansprucht. Als allgemeines Bildungsgut könnte sie auch auf die Jurisprudenz gewirkt haben[12]. Daher soll hier der Versuch unternommen werden, das Hauptwerk Papinians, das schon mit seinem Titel an einen Zentralbegriff der antiken Philosophie und Rhetorik anknüpft, unter juristischen wie rhetorischen Gesichtspunkten umfassend zu analysieren[13].

I. Zu den äußeren Entstehungsvoraussetzungen des Werkes

Vorbereitend sind die äußeren Entstehungsvoraussetzungen der *Quaestiones* Papinians zusammenzutragen, d. h. die nicht immer widerspruchsfreien Informationen aus nichtjuristischen Quellen zum Leben des Juristen sowie Vermutungen zu Datierung und Textgeschichte des *Quaestiones*-Werkes.

1. Zur Person Papinians

Wenn immer wieder das römische Africa als möglicher Herkunftsort Papinians genannt wird, beruht diese Zuweisung vor allem auf sprachlichen Eigenheiten, die der angeblichen *africitas* zugeschrieben werden, sowie (möglicherweise) hellenistischen

---

amicorum Miquel, 2006, 523-556. Zu den außerjuristischen Entscheidungsgrundlagen vgl. Waldstein, in: ANRW II.15, 1976, 3-100 sowie Wieacker, SZ 94 (1977) 1-42.

10 Zum Stil vgl. Leipold, Sprache, 1891; Costa I, 1894, 257-328; Liebs, in: HLL IV, 1997, § 416. B.5, 120; ähnlich Wieacker, RRG II, 128f. Unbewiesen bleibt eine Methodenprägung durch eine „spätprokulianische Richtung“, wie sie Behrends, in: Literatur und Recht, 1996, 274-276 behauptet.

11 Negativ besetzt bei Schulz, AHDO-RIDA 1 (1952) 568f. Zum Vorwurf des „Papinianismus“ vgl. zuletzt Behrends, in: Literatur und Recht, 1996, 250f. mwN.

12 Zur Bedeutung der Rhetorik in der Ausbildung vgl. Parks, The Roman Rhetorical Schools as A Preparation For the Courts Under the Early Empire, Baltimore 1945, bes. 103-107.

13 Anknüpfungspunkt ist Nörr, HIA II, 717f., 760f., der bei Papinian Kenntnisse der rhetorisch-philosophischen Definitionslehre beobachtet.

Rechtsvorstellungen in Papinians Werk[14]. Grundlage für die Vermutung, Papinian stamme aus Syria, ist demgegenüber die Behauptung der *Historia Augusta*, er sei mit Septimius Severus verschwägert gewesen[15]. Beide Argumentationsstränge sind mit größeren Unsicherheiten belastet: So ist die Idee einer africanischen Sprachfärbung in der Philologie umstritten[16] und genügt daher nicht, um Papinian sicher Africa zuzuweisen, zumal sich die (angeblich) hellenistischen Rechtsvorstellungen nicht auf Africa beschränken. Gegenüber dem Bericht der *Historia Augusta* sind zunächst die allgemeinen Zweifel an der Glaubwürdigkeit dieser Quelle anzuführen[17]. Hinzu kommt die Möglichkeit der Legendenbildung über Papinian, in der dessen Verbundenheit mit Septimius Severus motivisch dem Verrat des Caracalla entgegengesetzt wird[18]. Nicht auszuschließen ist auch, dass Papinians angebliche Verwandtschaft mit Septimius Severus schlicht auf einem Missverständnis des Schreibers der *Historia Augusta* über den Begriff *adfines* beruht. Dieser ist in klassischer Zeit wie *amicus* eine Ehrenbezeichnung und besagt nichts über persönliche oder gar familiäre Bindungen[19]. Die Frage nach Papinians Herkunft muss daher offenbleiben, wobei freilich wahrscheinlich ist, dass er wie die meisten der kaiserzeitlichen Juristen aus der Provinz stammte[20].

Auch hinsichtlich der Ämterlaufbahn Papinians sind nur wenige sichere Daten auszumachen: So kann als bewiesen gelten, dass Papinian vor 202 (wahrscheinlich von September 194 bis Februar 202) als *magister a libellis*[21] die lateinischen Privatreskripte

---

14 Zur *africitas* vgl. Kalb, Roms Juristen, 1890, 111-118, Leipold, Sprache, 1891, 26-35, Costa I, 1894, 45-48, kritisch Kunkel, Herkunft, 21967, 225. Zu den Hellenismen vgl. Fitting, Alter und Folge, ^{2}1908, 71; Liebs, in: HLL IV, 1997, § 416.A, S. 118 mwN.

15 HA Carac. 8,2f., dazu Kunkel, Herkunft, ^{2}1967, 227f., Giuffrè, in: ANRW II.15, 1976, 642-652, Liebs, in: HLL IV, 1997, § 416.A, 118, Coriat, 1997, 231, 260.

16 Vgl. Leumann/Hofmann/Szantyr, ^{2}1972, 766 (ablehnend), Kunkel, Herkunft, 21967, 226 Fn. 446 (skeptisch) sowie Manthe, Pegasianum, 1989, 183 Fn. 10 und Liebs, in: HLL IV, 1997, § 416.A, S. 118 (eher bejahend).

17 Zur Problematik der Quelle vgl. Straub, Heidnische Geschichtsapologetik in der christlichen Spätantike – Untersuchungen über Zeit und Tendenz der Historia Augusta, Bonn 1963; Syme, Emperors and Biography, Oxford 1971; Lippold, Die Historia Augusta. Eine Sammlung römischer Kaiserviten aus der Zeit Konstantins, Stuttgart 1998.

18 Syme, in: Roman Papers III (1984) 1410 mwN Fn. 108. Weitere Nachweise bei Liebs, in: HLL IV, 1997, § 416.A, S. 118 Fn. 1. Zur Papinian-Legende vgl. Costa III, 1894, 9-30.

19 Vgl. Coriat, 1997, 206 und 208, mwN, anders Spielvogel, Septimius Severus, 2006, 202.

20 Vgl. bereits Costa I, 1894, 41f.; Kunkel, Herkunft, ^{2}1967, 229; Wieacker, RRG II, 128; optimistischer Liebs, in: HLL IV, 1997, § 416.A, S. 118. Zur stadtrömischen Orientierung vgl. Liebs, in: ANRW II.15, 1976, 289-294. sowie Vössing, Africa nutricula causidicorum. Die römische Jurisprudenz in Africa, in: Khanoussi/Ruggeri/Vismara (Hg.), L'africa romana I. Atti dell'IX convegno di studio, Sassari 1996, 127f. und 152-154.

21 Zu diesem Amt vgl. grundlegend Hirschfeld, Die kaiserlichen Verwaltungsbeamten bis auf Diocletian, Berlin ^{2}1905, 329-334; zuletzt Rainer, Staatsrecht, 2006, 258f. mwN. Zur

des Kaisers entwarf. Dies ergibt sich nicht nur aus entsprechenden historischen Berichten, sondern auch aus einem Hinweis in den *disputationes* des Tryphoninus (D. 20.5.12pr. Tryph. 8 disp.[22]).

Schwieriger zu bewerten ist das Selbstzeugnis im zwanzigsten Buch der *Quaestiones*, in dem Papinian berichtet, er habe die Prätorianerpräfekten in einem Erbschaftsstreit des Pollidius beraten (Pal. 289 = D. 22.1.3.3 Pap. 20 quaest.)[23]. Viele ziehen hieraus den Schluss, Papinian sei zunächst Assessor der Präfekten gewesen, wobei sie die Funktion eines Assessors als eine Assistenz im Sinne einer Vorstufe des eigentlichen Amtes verstehen[24]. Zwingend ist diese Annahme indes nicht, da die Formulierung *praefectis praetorii suasi* auch bedeuten kann, dass Papinian ad hoc als Berater in einer schwierigen Sache zum *consilium* hinzugezogen wurde[25], wofür er sich schon aufgrund des Prestiges, das er als Mitglied der kaiserlichen Entourage genoss[26], geeignet hätte. Dass sich Papinian im *principium* der Katene auf eine Konstitution des Marc Aurel beruft, widerspricht dieser Annahme keineswegs, denn erst Papinian konstruiert den Zusammenhang zwischen der Konstitution und dem Fall des Pollidius[27], der mithin nicht unter Marc Aurel entschieden worden sein muss.

Sicher belegt ist dagegen, dass Papinian selbst das Amt des *praefectus praetorio* ausübte, und zwar vermutlich seit der Absetzung des Plautianus[28] im Jahre 205 bis zum Tod des Septimius Severus am 4. Februar 211[29]. Die Tatsache als solche wird auch durch die berühmte *lex lecta* des Paulus (D. 12.1.40 Paul. 3 quaest.) bewiesen[30]. Damit war Papinian nicht nur für die Rechtsprechung in ganz Italien zuständig, sondern auch für die Vorbereitung der Rechtssetzung der severischen Kaiser. So überrascht es nicht, dass wichtige Reformen der Severer wie die *orationes* Severi zur Ehegattenschenkung (198) und zum Schutz des Mündelvermögens (206) Papinian

---

Datierung vgl. Honoré, Emperors and Lawyers, ²1994, 76-81, Liebs, in: HLL IV, 1997, § 416.A, S. 118., Coriat, 1997, 569-572 (mit einigen Vorbehalten).

22 Vgl. Coriat, 1997, 260 auch zu HA Carac. 8, 2. Zu Tryphonin vgl. Millar, The Emperor, 1977, 241-251; Liebs, in: HLL IV, 1997 § 416-A, S. 117f., zuletzt Fildhaut, Die libri disputationum des Claudius Tryphoninus, Berlin 2004, 71 Fn. 268.

23 Zur Katene vgl. unten Erster Teil, IV.3, S. 51-59.

24 Vgl. Schiller, BIDR 58 (1953) 66-68 und noch Coriat, 1997, 243f.

25 Vgl. bereits Millar, The Emperor, 1977, 94f. Zum *consilium* neben der Assessur vgl. Hitzig, Die Assessoren der römischen Magistrate und Richter, München 1893, 44f.; Kunkel, Herkunft, ²1967, 331.

26 Zum Zugang zur Präfektur über das Amt *a libellis* vgl. Coriat, 1997, 271f. mwN.

27 Vgl. Pal. 289 = D. 22.1.3pr. Pap. 20 quaest., dazu Pflaum, Les carrières procuratoriennes équestres sous le Haut Empire romain II, Paris 1960, 584, kritisch bereits Liebs, in: HLL IV, 1997 § 416.B, 118 Fn. 3. Weitere Einzelheiten Erster Teil.IV.3, S. 51-59.

28 Zum Sturz des Plautianus vgl. die Quellen zuletzt bei Spielvogel, Septimius Severus, 2006, 221 Fn. 75-77. Zu Papinian vgl. Giuffrè, in: ANRW II.15, 1976, 644f. mwN.

29 Vgl. Cass. Dio Xiph. 78, 1, 1, dazu Liebs, in: HLL IV, § 416.A, 1997, 117f.

30 Zu weiteren Entscheidungen vgl. Howe, The Pretorian Prefect from Commodus to Diocletian (A.D. 180-305), 1942, 33-57; Coriat, 1997, 305 Fn. 60 (Cass. Dio. 76, 10, 7).

(gemeinsam mit Ulpian) als Urheber nennen[31]. Dabei ist hervorzuheben, dass die zweite *oratio* in den Quellen meist unter dem Titel *oratio Antonini* zitiert wird und von Caracalla im Senat vorgestellt wurde, so dass auch eine Zusammenarbeit Papinians mit Caracalla schon zu Lebzeiten des Septimius Severus als wahrscheinlich erscheint[32]. Auch aus diesem Grund ist es daher glaubhaft, wenn Aurelius Victor und die *Historia Augusta* berichten, Caracalla habe von Papinian verlangt, den Mord an Geta zu rechtfertigen[33]. Diese Information bedeutet nicht – wie schon Aurelius Victor hervorhebt -, dass Papinian „Schreiber" des Caracalla war, weist aber darauf hin, dass der Jurist auch nach dem Tod des Septimius Severus eine bedeutende Rolle im *consilium* des *princeps* gespielt haben dürfte[34]. Schon aus diesem Grund sind die bisherigen Versuche, die Abfassungszeit des *Quaestiones*-Werkes zu datieren, erneut zu prüfen.

2. Zur Datierung des Quaestiones-Werkes

Sicherer *terminus ad quem* ist das Jahr 212 n. Chr., spätestens 213, denn die Quellen stimmen darin überein, dass Caracalla Papinian zu Beginn seiner Herrschaft und wahrscheinlich im Zusammenhang mit der Ermordung des Geta hinrichten ließ[35]. Als *terminus post quem* kommt, da Marc Aurel erst im 13. Buch der *Quaestiones* als *divus* Marcus zitiert wird (Pal. 224 = D. 38.2.42.3 Pap. 13 quaest.), Marcus und Commodus erst im 15. Buch als *divi imperatores* genannt werden (Pal. 241 = D. 31.64 Pap. 15 quaest.), noch das Ende der Regierungszeit des Marc Aurel bzw. die Alleinherrschaft des Commodus (180-192 n. Chr.) in Betracht[36]. Dafür, dass das Werk hauptsächlich unter Septimius Severus entstanden ist, spricht, wie schon Fitting hervorgehoben hat, die dreimalige Nennung *imperator noster Severus*[37]. Gegen diese Vermutung ist allerdings darauf hinzuweisen, dass der aus dem vorletzten Buch der *Quaestiones* stammende Beleg Pal. 376 *optimus noster Severus Augustus* eher auf Caracalla

31 Vgl. zuletzt Coriat, 1997, 559f.

32 Vgl. Coriat, 1997, 506f. mit Belegen Fn. 138. Zur Papinians Rolle als Wahrer der *concordia Augustorum* vgl. auch Behrends, in: Literatur und Recht, 1996, 255f.

33 Vgl. Aur. 20, 33f., HA Carac. 8, 1-8, dazu Syme, in: Roman Papers II, 1978, 793f; Zur *vita Caracallae* vgl. Heinen, Zur Tendenz der Caracalla-Vita in der Historia Augusta Chiron 1971, 421-436. Vgl. auch Petr. Patr. Exc. Vat. 136 (p. 228 Mai = p. 212, 8-14 D).

34 Vgl. Aur. 20, 33f., dazu Syme, in: Roman Papers II (1978) 793f. und ders. in: Roman Papers III (1984) 1395; Behrends, in: Literatur und Recht, 1996, 267f., Wieacker, RRG II, 128. Zu *scrinia* vgl. nur Oppermann, s.v. scrinium, in: Kl. Pauly 5 (1979), 56. Im *consilium* war Papinian als *magister libellorum* wie als *praefectus praetorio* anwesend, vgl. Coriat, 1997, 206f; 273-275.

35 Vgl. zuletzt Fernández de Buján, in: Liber amicorum Miquel, 2006, 333f. Kalb, Roms Juristen, 1890, 113 glaubt, Papiniansmen noch bis Anfang 213 nachzuweisen; kritisch dazu Fitting, Alter und Folge, ^{2}1908, 71 Fn. d.; ferner Liebs, in: HLL IV, § 416.A, 117f.

36 Vgl. Fitting, Alter und Folge, ^{2}1908, 72.

37 Vgl. Pal. 281 = D. 31.67.9 Pap. 19 quaest.; Pal. 358 = D. 22.1.6.1 Pap. 29 quaest.; Pal. 376 = D. 50.5.7 Pap. 36 quaest.

zu beziehen sein dürfte, denn der Ehrentitel *Augustus* steht regelmäßig mit der Erhebung zum Mitregenten zu[38], wäre also für Septimius Severus, der bereits 193 zum *Augustus* erhoben und von Papinian bereits zweimal als *imperator noster* bezeichnet worden ist, eigentlich keiner Rede mehr wert. Für Caracalla dagegen ist der *Augustus*-Titel ein wichtiges Attribut, da er den 197 oder 198 eingeräumten Zugang zur Mitregentschaft anzeigt. Dieser Identifizierung des Severus *Augustus* in Pal. 376 = D. 50.5.7 Pap. 36 quaest. steht der Name Severus nicht entgegen, denn auch für Caracalla ist dieses Cognomen nicht unüblich, sicher und häufig jedenfalls nach dem Tod des Septimius Severus[39]. Mit diesen Prämissen ist zu erwägen, dass die letzten Bücher der *Quaestiones* zum Zeitpunkt der Mitregentschaft des Caracalla (ab 197/198) oder sogar erst unter der Alleinherrschaft des Caracalla (211/212), d. h. kurz vor Papinians Tod, verfasst sind. Fitting hatte diese Möglichkeit gesehen, sie aber verworfen, „weil des Caracalla in den *Quaestiones* nirgend Erwägung geschieht"[40].

Diese Behauptung beruht allerdings darauf, dass Fitting unterstellt, die Titulatur Antoninus verweise bei Papinian, wie z. B. bei Paulus, auf Antoninus Pius[41]. Gegen diese Annahme spricht, dass es eine Reihe von *Quaestiones*-Fragmenten gibt, in denen Papinian die Titulatur Titus Antoninus für Antoninus Pius verwendet und es kaum erklärbar ist, warum der Jurist zwei verschiedene Titulaturen für ein- und denselben Kaiser gebrauchen sollte[42]. Aus eben diesem Grund ist auch Gualandi zu widersprechen, der Antoninus bei Papinian mit Marc Aurel identifiziert, denn auch für Letzteren verwendet Papinian regelmäßig die vollständigere Titulatur Marcus Antoninus[43]. Dagegen wird Caracalla auch in anderen Rechtstexten, vor allem im *Codex*, schlicht als Antoninus tituliert[44]. Die Vorstellung, Papinian habe kaum Kons-

38 Vgl. Pabst, Divisio Regni. Der Zerfall des Imperium Romanum in der Sicht der Zeitgenossen, Bonn 1986, 27-30; Kienast, ^{3}2004, 25f. mwN.

39 Vgl. die Übersicht bei Mastino, Le titolature di Caracalla e Geta attraverso le iscrizioni, 1981, 97-99. Ferner Kienast, ^{3}2004, 162 zum 4. Februar 211. In den *Responsa* gibt es nur Severus *Augustus*, vgl. D. 50.5.8 Pap. 1 resp. und D. 31.78.1 Pap. 9 resp.

40 Fitting, Alter und Folge, ^{2}1908, 74, Liebs, in: HLL IV, § 416.B.5, 120: Die „Schrift entstand in den frühen bis mittleren 190er Jahren". Anders bereits Costa I, 1894, 203f.

41 Fitting, Alter und Folge, ^{2}1908, 74 mit Fn. g. Auch für Paulus stimmt die Behauptung Fittings aber nicht: D. 27.1.46.2 Paul l. sing. de cogn. und D. 27.9.13pr. Paul. l. sing. ad or. Sev. meinen sicherlich Caracalla; ebenso D. 50.15.8.6 Paul 2 de cens.

42 Vgl. Pal. 70 = D. 50.1.11pr.-13 Pap. 2 quaest.; Pal. 90 = D. 1.5.8 Pap. 3 quaest.; Pal. 295 = D. 36.1.12 Pap. 20 quaest.; Pal. 299 = D. 36.1.57.1 Pap. 20 quaest.; Pal. 342 = D. 12.6.3 Pap. 28 quaest.; Pal. 345 = D. 36.3.5.3-4 Pap. 28 quaest.; Pal. 363 = D. 1.7.32.1 Pap. 31 quaest.

43 Vgl. Pal. 289 = D. 22.1.3pr. Pap. 20 quaest.; Pal. 345 = D. 36.3.5.1 Pap. 28 quaest.; Pal. 353 = D. 35.2.11.2 Pap. 29 quaest.; Pal. 378 = D. 48.5.39.8 Pap. 36 quaest. Vgl. Gualandi, I, 1963.

44 Zu Antoninus als Titulatur des Caracalla vgl. Kienast, ^{3}2004, 162-165. Die Erhebung zum Caesar erfolgte offenbar schon am 4. April 196, vgl. auch Mastino, Le titolature di

titutionen des Caracalla kommentieren können, beruht auf der Annahme, Caracalla habe erst nach dem Tod des Septimius Severus und damit zu kurzfristig vor Papinians eigenem Ableben Recht gesetzt. Wenn man allerdings beachtet, dass Caracalla bereits zu Lebzeiten des Septimius Severus, das heißt seit der Erhebung zum Augustus (spätestens 198), eigenständig Konstitutionen erlassen konnte[45], gibt es keinen Grund, Papinian von der Kommentierung dieser Rechtssetzungstätigkeit auszuschließen. Unter dieser Prämisse ist die Frage der Datierung der *Quaestiones* neu zu stellen: Wenn Caracalla nämlich als Urheber von Konstitutionen auftritt, kann das Werk nicht unter der Alleinherrschaft des Severus „in den frühen neunziger Jahren“[46] verfasst worden sein. Vielmehr dürfte Papinian die *Quaestiones* (noch) unter der Samtherrschaft des Septimius Severus und des Caracalla[47] verfasst haben, d. h. auch noch nach 198 n. Chr. Da die letzten Bücher Severus als *Augustus* bezeichnen, ist nicht einmal ausgeschlossen, dass diese unter der Alleinherrschaft Caracallas, d. h. nach 211 n. Chr., entstanden sind. Berücksichtigt man die Nachricht vom Tod des Marc Aurel bzw. des Commodus in Buch 13 bzw. 15, ergibt sich insgesamt ein Abfassungszeitraum von ca. fünfzig Jahren, gerechnet von 169 n. Chr. (Beginn der Alleinherrschaft des Marc Aurel) bis zum Beginn der Alleinherrschaft des Caracalla 212 n. Chr. Das bisherige Urteil über die Entstehungszeit der *Quaestiones* ist mithin in zweifacher Hinsicht zu revidieren: Weder handelt es sich um ein Frühwerk, noch ist es auf die Alleinherrschaft des Septimius Severus beschränkt. Vielmehr dürfte Papinian es auf dem Zenit seiner Macht unter der Samtherrschaft des Septimius Severus mit Caracalla verfasst haben.

Caracalla e Geta attraverso le iscrizioni, 1981, 15f. und 84f., zuletzt Nelson/Manthe, Gai Institutiones III 182-225, 2007, 101f.

45 Vgl. C. 2.11.7 Ant. (a. 205); C. 2.11.8 Ant. (a. 205); C. 2.11.9 (a. 208); C. 2.11.10 Ant. (a. 208); C. 4.15.2 Ant. (a. 205); C. 5.72.1 Ant. (a. 205); C. 8.25.2 Ant. (a. 208); C. 9.1.2pr. Ant. (a. 205); C. 9.1.2.1 Ant. (a. 205). Als Verfälschungen verdächtigt von Sickle, Class. Phil. 23 (1928) 270-277, ähnlich Honoré, SDHI 28 (1962) 171f. und Bauman, SZ 94 (1975), 70f.; genauer Nörr, in: HIA II, 1304-1306. Zu Caracallas Beteiligung an der Rechtssetzung vgl. D. 24.1.3pr. Ulp. 32 ad Sab., auch dazu Nörr, in: HIA II, 288, Coriat, 1997, 509f. Zur Grundlage in *imperium* und *tribunicia potestas* vgl. Mommsen, Römisches Staatsrecht II.2, 1887, 840-884, 905-915, zuletzt Rainer, Staatsrecht, 2006, 222-224.

46 Vgl. Liebs, in: HLL IV, 1997, § 416.B. 4, 118f. und Ankum, OIR 2 (1996) 9. Wie hier jetzt D. Liebs, Hofjuristen, 2011, Kap.1, 13.1.

47 Vgl. unten Erster Teil, S. 21 mit Fn. 122.

II. Bemerkungen zur Textgeschichte

Wie kaum ein anderes Werk der römischen Jurisprudenz sind die *Quaestiones* Papinians in ihrer Authentizität angezweifelt worden. In der umfassendsten Untersuchung der Frage gelangt Fritz Schulz zu dem Ergebnis, die besondere rhetorische Prägung des Werkes beruhe auf einer weitgehenden nachklassischen Überarbeitung[48]. Auch wenn diese These als Hyperkritik abgelehnt wurde[49], muss sie, wenn hier gerade die rhetorische Sprache Papinians zum Anlass genommen werden soll, den möglichen Einfluss der Rhetorik auf die Argumentation zu prüfen, erneut Beachtung finden, denn: „Die heikle Frage jeder Argumentationsanalyse des römischen Denkens ist (...) ihr Verhältnis zur Textkritik“[50]. Bevor auf Schulz einzugehen ist, seien an dieser Stelle die Indizien zur Werkgeschichte der *Quaestiones* zusammengetragen.

Aufgrund der genauen sprachlichen Komposition zählt Liebs die *Quaestiones* trotz einiger Anklänge an Mündlichkeit nicht zu den esoterischen Werken[51]. Dieses Argument kann man mithin als (schwaches) Anzeichen dafür werten, dass Papinian selbst die Herausgabe der *Quaestiones* veranlasst hat. Da Paulus Noten zu den *Quaestiones* verfasst hat, die ohne die *quaestio* unverständlich wären, gilt er als Zweitherausgeber des Werkes[52], wobei freilich Anlass und Datum dieser Ausgabe völlig offenbleiben müssen. Zu Recht hat Fritz Schulz aber davor gewarnt, voreilige Schlüsse aus der Verbindung von Noten und Originalzitat in der Kompilation zu ziehen, da nicht ausgeschlossen sei, dass die Noten zunächst separat publiziert worden seien[53]. Zwar erscheinen die Noten des Paulus auch im Index Florentinus nicht als eigenes Werk, was dafür spricht, dass den Kompilatoren ein annotiertes Exemplar der *Quaestiones* vorlag. Indes genügt auch dieses Indiz nicht, um Paulus als Herausgeber

48 Schulz, in: Scritti Ferrini, IV, 1949, 254-267; ders., RIDA-AHDO 1 (1952) 557-569; ders., RIDA-AHDO 2 (1953) 381-410; ders., Geschichte, 1961, 296-298.

49 Dezidiert zuletzt Manthe, in: FS Wolf, 2000, 181 mit Fn. 74

50 Klami, in: Studi Biscardi IV, 1983, 216.

51 Vgl. Liebs, in: Akten des 36. Rechtshistorikertages, 2008, 40-42.

52 Vgl. Pal. 64 = D. 1.21.1.1 Pap. 1 quaest.; Pal. 82 = D. 22.1.1.2 Pap. 2 quaest.; Pal. 108 = D. 45.1.116 Pap. 4 quaest.; Pal. 173 = D. 18.1.72pr. Pap. 10 quaest.; Pal. 177 = D. 6.2.16 Pap. 10 quaest.; Pal. 223 = D. 38.2.42pr. Pap. 13 quaest.; Pal. 237 = D. 46.5.8 Pap. 15 quaest.; zu allen Santalucia, BIDR 68 (1965) 56-83; Krüger, Römische Juristen und ihre Werke I. Die Noten zu Papinians Werken, in: Studi Bonfante II, 1930, 303-314, Wieacker, Textstufen, 1960, 333; ders., RRG II, 2006, 129. Nur eine Note ist ohne *quaestio* überliefert: Pal. 177 = D. 6.2.16 Pap. 10 quaest. Paul. not. Auch hier spricht die Inskription dafür, dass die Note als Teil des Werkes erschien. Zur Verbindung von Nota und Edition vgl. Balog, in: Études Girard II, 1913, 522; allgemein Rastätter, Marcelli Notae, 1980, 24 Fn. 10.

53 Schulz, Geschichte, 1961, 227f. argumentiert vor allem aus den Sinai-Scholien, dazu zuletzt Liebs, in: Akten des 36. Rechtshistorikertages, 2008, 72-74.

der papinianischen *Quaestiones* anzusehen, da nicht auszuschließen ist, dass beide spätklassischen Werke nachträglich in einer Ausgabe verbunden wurden[54].
Unbewiesen ist auch die Annahme einer Neuausgabe der *Quaestiones* im frühen fünften Jahrhundert. Sie beruht im Wesentlichen auf einer Fehldeutung des Begriffes *Corpus Papiniani* im Zitiergesetz von 426 n. Chr. (CTh. 1, 4, 3)[55]. Dieser bezeichnet gerade nicht eine Gesamtausgabe, sondern lediglich das Werk des Juristen als solches, so dass *Corpus Papiniani* als allgemeiner Verweis auf Papinians vorhandenes Schaffen zu lesen ist[56].
Auch die zwei Doppelüberlieferungen von Fragmenten aus den *Quaestiones* lassen nicht den Schluss einer weitergehenden nachklassischen Überarbeitung zu[57]. Die Gegenüberstellung von Digestentext und *Fragmenta Vaticana* ergibt nur geringe Abweichungen, die sich alle als Folge von Kürzungen durch die Kompilatoren erklären lassen[58]. Sie sind in der folgenden Gegenüberstellung durch Sperrung hervorgehoben:

Pal. 197 = Vat. 224: Papinianus libro XI quaestionum. (...) Sed potest dici non aliis patroni liberis libertum hoc debere, quam qui iure patroni hereditatem sperare possunt. (...)	Pal. 212 = D. 26.5.14 Pap. 12 quaest. Libertus non aliis patroni patronaeve liberis tutor esse cogitur, quam qui iura patronatus sperare possunt.
Pal. 198 = Vat. 225: Item. (...) nequaquam credendum est ei privilegium ablatum, cui fideicommissa libertas soluta est. nam in toto fere iure manumissor eiusmodi nihil iuris patronus adversus personam modo liberti consequitur, licet in bonis eius patroni ius exerceat; excepto, quod in ius vocare patronum iniussu praetoris non debeat.	Pal. 198 = D. 27.1.24 Pap. 11 quaest. Nequaquam credendum est ei privilegium excusationis ablatum, cui fideicommissaria libertas soluta est: nam in toto fere iure manumissor eiusmodi nihil iuris ut patronus adversus liberti personam consequitur, excepto quod in ius vocare patronum iniussu praetoris non debet.

54 Vgl. (zu Marcellus' Noten zu Julian) Rastätter, Marcelli Notae, 1980, 30f.

55 CTh. 1, 4, 3 (a. 426) (...) *Notas etiam Pauli atque Ulpiani in Papiniani corpus factas, sicut durum statutum est, praecipimus infirmari.* Weitgehend Dominicis, Contributo allo studio delle fonte papinianee d'età postclassica, in: Ambrosino et al. (Hg.), Studi De Francisci IV, Mailand 1956, 337f.; vgl. auch Wieacker, Textstufen, 1960, 123f., 333f., 374f.

56 Zum Begriff *corpus* vgl. Traube, in: Theodosiani libri XVI. Tabulae, Berlin 1905, II, Liebs, Gallien, 2002, 228 mit Fn. 547 und 273 mit Fn. 20, ders., in: HLL IV, 1997, § 416.C, S. 123 Fn. 16. Zu C. Th. 1, 4, 3 vgl. zuletzt M. Avenarius, Der pseudo-ulpianische liber singularis regularum. Entstehung, Eigenart und Überlieferung einer hochklassischen Juristenschrift, Göttingen 2005, 150 Fn. 55.

57 Zum Zitat bei Julian von Askalon vgl. Liebs, in: HLL IV, 1997, § 416.B.6, S. 120.

58 Vgl. Wieacker, Textstufen, 1960, 336f. zu Pal. 197 = vat. 224 und die Ersetzung von *sed potest dici* und 338 zu Pal. 198 = vat. 225 und *licet in bonis eius patroni ius exerceat.*

Diese auch von Schulz und Wieacker zugestandene Übereinstimmung zwischen *vaticana* und Digestentext[59] legt nahe, dass den Kompilatoren ein ähnlicher Text vorlag wie dem Verfasser der bereits um 312 oder 318[60] geschriebenen *Fragmenta Vaticana*. Jedenfalls geben die beiden Doppelüberlieferungen keinen Anlass für die Annahme, das Werk sei in der diokletianischen Kanzlei tiefgreifend umgearbeitet worden.

Dennoch behaupten sowohl Fritz Schulz als auch Franz Wieacker, die stilistisch auffällige Prägung der *Quaestiones* sei das Werk eines „papinianisierenden Bearbeiters" aus der früh-nachklassischen Zeit. Die von Schulz entwickelte Vorstellung beruht auf einem Stilideal, das Schulz bereits in der 1916 erschienenen „Einführung in das Studium der Digesten" postuliert hat. Im Einklang mit wichtigen Philologen seiner Zeit behauptet Schulz, die Isolation der klassischen Jurisprudenz manifestiere sich auch in der Sprache der Juristen[61]:

> „Das klassische Juristenlatein bleibt den guten Traditionen der Republik treu und macht die Sprachverschlechterung und die Sprachkünsteleien der Kaiserzeit nicht oder doch nur sehr bedingt mit, in seiner klaren und schönen Sachlichkeit spiegelt sich noch einmal die Größe und der Ernst römischen Wesens (...). Wo wir daher in den Digesten auf verworrene, schwülstige, rhetorische, poetische, gezierte oder saloppe Ausdrucksweise stoßen, da ist der Verdacht der Unechtheit gegeben."

Dieses Ideal führt Schulz zunächst zu den auch sonst in der Literatur der Zeit begegnenden (justinianischen) Interpolationsannahmen[62]. Erst bei der intensiven Beschäftigung mit Papinians *Quaestiones* (1934-1938) gelangt Schulz zu der These einer umfassenden vorjustinianischen Bearbeitung, die er in seiner „History" von 1946 mit den Worten zusammenfasst[63]:

> „Careful study of this difficult work shows that what Justinian's compilers had before them, was not the true classical text but the original text intensively worked upon, altered, abbreviated and added to in the early postclassical period. Almost every surviving fragment exhibits the ravages of the postclassical editor, who is constantly recognizable by his uncertain grasp of classical law, and often betrays himself by a pompous and sentimental rhetoric which is quite unsuitable for precise legal statement and serves only to darken counsel."

---

59 Vgl. Schulz, AHDO-RIDA 2 (1953) 381-395; Wieacker, Textstufen, 1960, 336-340.

60 Vgl. Wieacker, RRG II, 228f., Liebs, Gallien, 2002, 124-126. Anders Schulz, AHDO-RIDA 2 (1953) 385f., der die vatikanische Sammlung zwischen 372 und 438 ansetzt.

61 Schulz, Einführung, 1916, 43, mit Verweis (Fn. 44) auf Norden, Antike Kunstprosa vom VI. Jahrhundert v. Chr. bis in die Zeit der Renaissance, II, Leipzig 1898, 581. Kritisch bereits Bretone, Tecniche, ^{2}1984, 342-344, zuletzt Fögen, Wissen..., 2009, 1-5. Wieacker, Textstufen, 1960, 12 Fn. 10 kennt noch „Konventionen der Fachliteratur".

62 Vgl. Schulz, in: GS Seckel, 1927, 111f. mwN Fn. 1.

63 Schulz, History, 1946, 234; ders., History, 1953, 234f. Ähnlich ders., in: Scritti Ferrini IV, 1949, 254 und ders., Geschichte, 1961, 296f. Zu den Entstehungsumständen vgl. Ernst, Fritz Schulz (1879-1957), in: Beatson/Zimmermann, Jurists Uprooted. German Speaking Emigré Lawyers in Twentieth-century Britain, Oxford, New York 2004, 132f.

Prüft man die Exegesen, die Schulz in seiner „Geschichte der römischen Rechtswissenschaft“ und in drei Aufsätzen publiziert hat, so zeigt sich, dass Schulz den Text voreilig verdammt, anstatt den rhetorischen Gedanken als Bestandteil der Argumentation zu würdigen[64]. Immer wieder beschränkt sich Schulz darauf, besondere Formulierungen als rhetorische Floskel oder pathetisch-hohle Formel abzutun („Rhetorengeschwätz“). Sein vorschnelles Urteil richtet sich vor allem gegen die in den *Quaestiones* häufigen Begründungen, die Schulz als Ausdruck einer für die römische Rechtsfindung untypischen Rationalisierung ansieht und die er daher ohne weitere Prüfung verwirft[65]. Im Ergebnis stammen damit die Hauptkriterien, die Schulz anführt, aus Vorurteilen, die der Romanist unabhängig von den Quellen gewonnen hat[66], denn Beweise dafür, dass diese Auffälligkeiten dem „papinianisierenden Bearbeiter“ und nicht Papinian selbst zuzuschreiben sind, liefert Schulz an keiner Stelle. Auch die Dunkelheit eines Fragments kann kein hinreichendes Kriterium für die Annahme einer nachklassischen Bearbeitung sein[67].

Obwohl Franz Wieacker die Paradoxie der Konstruktion von Schulz hervorhebt, gelangt er ebenfalls zur Annahme eines papinianisierenden Bearbeiters, der Papinians Stil souverän beherrsche[68]:

> „Das gedankliche Niveau gibt zwar Schulz’ Vorstellung von einer unklaren und pompösen Rhetorik ein gewisses Recht. Aber wir müssen diese Vorstellung genauer bestimmen: der Bearbeiter war nicht ein Mann, der die rhetorisch beeinflußte Allerweltsprosa seiner Zeit schrieb, sondern mit dem eigenartigen Sprachgebrauch Papinians selbstständig schaltete: *(...)* Der Bearbeiter muß diese Papinianismen selbstständig angewandt haben.“

Diese Formel Wieackers ist nach eigenem Bekunden ein Kompromiss zwischen einer konservativen Haltung, nach der alle Texte unter Papinians Namen von ihm selbst stammen, und der radikalen Textkritik, derzufolge das gesamte Oeuvre nachklassisch überarbeitet sei[69]. Danach soll die besondere rhetorische Sprache grundsätzlich von Papinian selbst stammen, nur bisweilen eine nachklassische Beifügung im papinianisierenden Stil zu erwägen sein[70]. Die Herkunft dieses „papinianisierenden Bearbeiters“ sucht Wieacker – wie schon Schulz – „unter den Mitarbeitern der diokletianischen (allenfalls der letzten vordiokletianischen) Kanzleien *a libellis*“, da nur dort die notwendige Kenntnis des spätklassischen Rechts vorhanden sei, um

64 Zu Pal. 247 = D. 28.7.15 Pap. 16 quaest., vgl. unten Vierte Teil III.1d, S. 236f.

65 Zu Pal. 199 = D. 26.7.37 Pap. 11 quaest.; vgl. unten Zweiter Teil II.1, S. 67-71.

66 Vgl. Nelson, Rez. Mercogliano, Tituli ex Corpore Ulpiano. 1997, TR 67 (1999) 376; ähnlich Manthe, in: FS Wolf, 2000, 181 mit Fn. 74.

67 Dies muss selbst dann gelten, wenn man mit Kaser, in: RRQ 1986, 116 die Vorstellung teilt, die nachklassischen Bearbeiter handelten bei Texteingriffen regelmäßig aus Unverständnis. Zu Papinians Texten vgl. in diesem Zusammenhang bereits Ankum, OIR 2 (1996) 17-21.

68 Wieacker, Textstufen, 1960, 338f.

69 Ausführliche Abwägung Wieacker, Textstufen, 1960, 359f.

70 Wieacker, Textstufen, 1960, 360f.

den Reskriptenstil, der Papinians Werk präge, nachzuahmen. Zudem werde Papinian dort besonders verehrt und die moralisierende Tendenz seiner Schriften stimme auch mit der zugewiesenen Aufgabe und dem „Selbstgefühl der Kanzleijuristen" überein[71]. Der Standpunkt Wieackers zeigt das Dilemma, aus dem die Textstufenforschung seitdem nicht herausgefunden hat: Da es bei der Frage vorjustinianischer textlicher Veränderung nicht um Eingriffe der Kompilatoren aufgrund ihres veränderten Rechtsverständnisses oder gar aufgrund von justinianischen Reformen geht, sondern um allmählich entstehende Zusätze, Auslassungen oder Erklärungen, die bei Abschrift, Herausgabe oder Unterricht den Text verändern, sind Verfälschungen allenfalls zu erahnen[72]. Damit geht es nicht nur – wie Klami provokativ formuliert hat – um die Frage: „Wie schlecht hat ein Klassiker schreiben können?"[73], sondern auch darum, die darstellerischen Freiheiten eines klassischen Juristen einschätzen zu können. Dies führt zu der bereits oben formulierten Grundfrage zurück, ob sich nicht auch ein klassischer Jurist rhetorischer Überzeugungsmittel bedient haben könnte.

In neueren Einzeluntersuchungen sind die Schriften Papinians gerade auch mit Blick auf ihre rhetorische Prägung überwiegend für authentisch gehalten worden[74]. So hat Hans Ankum in mehreren Arbeiten besonders schwierige, weil prima facie unklare Stellen aus Papinians *Quaestiones* (und *Responsa*) untersucht und trotz mancher Bedenken gegenüber einzelnen Formulierungen die Authentizität der Gesamtargumentation betont[75]. Eine optimistische Grundtendenz lassen auch die Untersuchungen von Detlef Liebs und Ulrich Manthe erkennen. Liebs rechnet mit „kleineren Störungen", vor allem aufgrund von Abschreibeversehen und Randglossen, nicht aber mit einer eigenständigen und weitergehenden Bearbeitung[76]. Mit noch klareren Worten hat zuletzt Manthe den „papinianisierenden Bearbeiter" gänzlich „dem Reich der Phantasie" zugewiesen[77]. Dieser größere Glaube an die Authentizität des Werkes beruht vor allem auf einer veränderten Haltung zu (vorjustinianischen) Textveränderungen. Wie Max Kaser bereits 1967 postulierte, sind Verderbnisse vor allem auf das Unverständnis der Bearbeiter und Herausgeber der

71 Wieacker, Textstufen, 1960, 361.

72 Vgl. noch Kaser, in: RRQ 1986, 115f., der von „Auffrischungen" im dritten Jahrhundert ausgeht; sehr klar (und teilweise abweichend) Wieacker, SZ 91 (1974) 21-26.

73 Klami, in: Studi Biscardi IV, 1983, 215-237 zu Tryphonins Noten zu Scaevola. Ausführlich Kaser, Zur Methodologie, 1972, 47-60. Zur rhetorischen Prägung vgl. auch Wieacker, SZ 91 (1974) 9.

74 Anders Gutiérrez-Masson, Actos proprios y buena fe. En torno a Papiniano 3 quaestionum D. 50, 17, 25, in: Convegno Burdese II, 2003, 286f.

75 Vgl. Ankum, in: Sem. Compl. 1 (1990) 33-63; ders., Le laconisme extrême de Papinien, in: Perez Bustamente (Hg.), Homenaje Martinéz Diez, Madrid 1992, 43-62 und ders. OIR 2 (1996) 5-32. Weitere Lit. bei den einzelnen Exegesen.

76 Vgl. Liebs, in: HLL IV, 1997, § 416.B.5, S. 120.

77 Manthe, in: FS Wolf, 2000, 181 mit Fn. 74.

klassischen Quellen zurückzuführen[78]. Auch wenn sich nur schwerlich „Regeln" für den Umgang mit (angeblichen) nachklassischen Veränderungen formulieren lassen[79], dürfen diese nicht bei jeder Unklarheit des Textes vorschnell behauptet werden. Auf die rhetorischen Anklänge im *Quaestiones*-Werk übertragen bedeutet dies, sie zunächst als solche ernst zu nehmen, d. h. auf ihren tatsächlichen rhetorischen Gehalt hin zu analysieren, um sodann ihr Verhältnis zur juristischen Fachdiskussion zu prüfen.

III. Rhetorik und Jurisprudenz

Um Missverständnisse zu vermeiden, ist der dabei zugrunde gelegte Begriff der (antiken) Rhetorik zu skizzieren.

1. Juristen und Redekunst

Schon Platon kennzeichnet die Rhetorik im Sinne der Theorie der Rede als Kunst der Überzeugung (Persuasion)[80]. Entsprechend formuliert Aristoteles die Aufgabe der Rhetorik derart, dass sie das bei jeder Sache Überzeugende zu betrachten habe[81], woraus er die Redegattungen und die Überzeugungsmittel, d. h. Ethos, Pathos und Logos, ableitet. Obwohl die Rhetorik zunächst eine praktische Kunst ist, erhält sie zumal in der römischen Kaiserzeit auch den Wert einer theoretischen Wissenschaft, die gerade mit dem Anspruch, die Jugend zu glaubwürdigem und ehrenhaftem Verhalten zu führen, in Konkurrenz zur Philosophie gerät[82]. Die Überzeugungskraft der Rede selbst (*logos*) ergibt sich aus der Beweisführung, die die antiken Lehrbücher der Rhetorik für jede Redegattung (*genera causarum*)[83] ausführlich darlegen und systematisieren. Diese Argumentationslehre der antiken Rhetorik, die auf die Instrumente der Erkenntnis des wahrscheinlich Wahren und damit Überzeu-

---

78 Vgl. Kaser, in: La Critica del Testo, 1971, 313-317, 320f. zu Papinian; ähnlich ders., in: RRQ 1986, 116. Etwas anders Wieacker, SZ 91 (1974) 10f.

79 Vgl. Klami, in: Studi Biscardi IV, 1983, 236f.

80 Plat. Gorg. 1355a21-b3, dazu Vickers, In Defence of Rhetoric, Oxford 1988, 83-147; ferner Meyer, in: HWRhet. 7, 2005, Sp. 1482f.

81 Vgl. Aristot. rhet. 1354a 1-7. Weitergehend Quint. 1, 17, 37: *ars bene dicendi.*

82 Diese die Antike beherrschende Konkurrenz kann hier nicht weiterverfolgt werden. Vgl. nur die Hinweise bei Lausberg, § 36, S. 44. Zur Verschärfung der Diskussion in der späten römischen Kaiserzeit vgl. nur Erler, in: HWRhet. 6, 2003, Sp. 983f. mwN. Demgegenüber differenzierend Kasulke, Fronto, Marc Aurel und kein Konflikt zwischen Rhetorik und Philosophie im 2. nachchristlichen Jahrhundert. München 2005.

83 Vgl. Lausberg, § 61, S. 53-55.

genden ausgerichtet ist, verleiht ihr den Charakter einer allgemeinen Wissenschaftstheorie[84]. Die damit verbundene Beweisfunktion, die sich nicht nur im *docere*, sondern auch im *delectare* und *movere* des Publikums zeigt, soll hier gegenüber einem auf die Redegewandtheit (*elocutio*) verengten Rhetorikbegriff im Vordergrund stehen. Damit erübrigt es sich auch, erneut auf die im 19. und Anfangs des 20. Jahrhunderts intensive Diskussion um das Verhältnis von Jurisprudenz und Rhetorik[85] näher einzugehen, da sie Rhetorik als Redeschmuck missverstand[86]. Dagegen wird heute nicht mehr ernsthaft bestritten, dass die Juristen als gebildete Römer über rhetorisches Wissen verfügten und rhetorische Kenntnisse neben die anderen, nicht fachspezifischen „Entscheidungsgrundlagen"[87] getreten sein können[88].

Dass rhetorisches Wissen die juristische Analyse erleichtert, hat bereits Manfred Fuhrmanns Untersuchung zum „systematischen Lehrbuch" gezeigt, der den Systementwurf in Gaius' Institutionen vor dem Hintergrund einer fächerübergreifenden Systemdiskussion analysiert[89]. Die Bedeutung der rhetorischen Grundlagen für die juristische Fachdiskussion belegt sodann Dieter Nörrs 1972 erschienene Untersuchung „*divisio* und *partitio*", die die Rechtsquellenkataloge der klassischen Juristen anhand der Definitionslehre der Rhetorik einer grundsätzlichen Klärung zuführt[90]. Auch andere Arbeiten legen nahe, dass mithilfe der rhetorischen Theorie neue Erkenntnisse über die Argumentationsweise der römischen Juristen zu gewinnen

84 Diese Erkenntnisfunktion steht für Aristot. Rhet. 1354a 1 im Vordergrund, dazu (und zu weiteren Belegen) Veit, s.v. Argumentatio, in: HWRhet 1, 1992, Sp. 908f.

85 Vgl. bereits Voigt, Das ius naturale, aequum et bonum und ius gentium der Römer. Bd 4. Beil. XVII, Leipzig 1871, Bd. IV, 333-376. Grundlegend Stroux, Römische Rechtswissenschaft und Rhetorik, Leipzig 1949. Ein Überblick bei Wieacker, RRG II, 662 Fn. 1. Zur Methodenfrage vgl. Steinwenter, in: Studi Albertario II, 1953, 112-118.

86 Vgl. Honig, Humanitas und Rhetorik in spätrömischen Kaisergesetzen, Göttingen 1960, der die Berechtigung der Rhetorik in den nachklassischen Gesetzen betont. Die Diskussion hat darunter gelitten, dass die Frage des Einflusses der Rhetorik auf das Recht als Vorfrage für die Behandlung von Interpolationen gedeutet wurde, vgl. Albertario, in: Studi Bonfante I, 1930, 611-672. Zum Ganzen Vonglis, La lettre et l'esprit, 1968, 12f.

87 Zu den fachübergreifenden Entscheidungsgrundlagen vgl. Waldstein, in: ANRW II.15, 1976, 3-100 sowie Wieacker, SZ 94 (1977) 1-42.

88 Zum Einfluss der Rhetorik. schon Levy, Rezension Stroux, Summum ius, summa iniuria, SZ 48 (1928) 671f. (= Ges. Schriften I, 22f.) mwN, Wieacker SZ 91 (1974) 9f. und ders., RRG I, 669-675. Zu allgemein bleiben Meyer, Die Quaestionen der Rhetorik und die Anfänge der juristischen Methodenlehre, SZ 68 (1951) 30-78 und Santa Cruz, Der Einfluß der rhetorischen Theorie des status auf die römische Jurisprudenz, insbesondere auf die Auslegung der Gesetze und Rechtsgeschäfte, SZ 75 (1958) 91-115.

89 Fuhrmann, Das systematische Lehrbuch. Ein Beitrag zur Geschichte der Wissenschaft in der Antike, Göttingen 1960, bes. 104-121, 183-188; ferner (zur Regelbildung) Schmidlin, Horoi, pithana und regula – Zum Einfluß der Rhetorik und Dialektik auf die juristische Regelbildung, in: ANRW II.15, 1976, 101-130.

90 Nörr, in: HIA II, 2003, 717f., 760f.

sind[91]. Diese heuristische Funktion der Rhetorik ist nicht mit der Behauptung zu verwechseln, die Jurisprudenz sei von der Rhetorik abhängig oder gehe gar in ihr auf. Entsprechend versteht sich die hier zu liefernde Analyse auch nicht als Beitrag oder Stellungnahme zur sog. Rhetorischen Rechtstheorie[92]. Vielmehr soll die antike Rhetorik für die Analyse eines juristischen Werkes genutzt werden[93], um die bisher vielfach als dunkel[94] bezeichneten *Quaestiones* Papinians zu erhellen.

2. Die Zweite Sophistik und Papinian

Dieser Ansatz rechtfertigt sich auch aus dem historischen Kontext des papinianischen Werkes, denn seine Entstehung fällt in die Zeit der sogenannten Zweiten Sophistik[95], in der die dialektisch-rhetorische Bildung in Anlehnung an das griechische Vorbild der Sophisten eine hohe Wertschätzung erfährt. Besondere Prominenz erlangen dabei die Redner, die sich in der Entourage der Kaiser aufhalten und diesen beraten[96]. Entsprechend gibt es Anhaltspunkte dafür, dass spätestens seit Hadrian rhetorisches Können als entscheidende Voraussetzung auch für die Mitwirkung im kaiserlichen *consilium* angesehen wurde[97]. Da belegt ist, dass Papinian Mitglied des *consilium* des Septimius Severus war und die Privatreskripte des Kaisers

---

91 Zu Parallelen zwischen *declamationes* und Juristentexten vgl. Mantovani, in: Testi e problemi, 323-385. Widersprüchlich sind dagegen die Ergebnisse verschiedener Untersuchungen zum rhetorischen Einfluss auf die Gesetzesauslegung: Verneinend: Wesel, Rhetorische Statuslehre und Gesetzesauslegung der römischen Juristen, Köln u.a. 1967, 133-139, bejahend: Vonglis, La lettre et l'esprit, 1968 ; Bauman, The 'Leges iudiciorum publicorum' and their Interpretation in the Republic, Principate and Later Empire, in: ANRW II. 13, Berlin, New York 1980, 103-233.

92 Vgl. Ballweg, Entwurf einer analytischen Rhetorik, in: Schanze/Kopperschmidt, Rhetorik und Philosophie, München 1989, 229-247, Sobota (=Gräfin von Schlieffen), Sachlichkeit, Rhetorische Kunst der Juristen, Frankfurt 1990, zuletzt dies., Rhetorik und Stilistik in der Rechtswissenschaft, in: Fix/Gardt/Knape, Rhetorik und Stilistik. Ein Internationales Handbuch, Berlin, New York 2008, 1811- 1833.

93 Zur rhetorischen Analyse der Bibel vgl. etwa Vos, Kunst der Argumentation bei Paulus, Tübingen 2002; Meynet, Traité de rhétorique biblique, Paris 2007, zuletzt Classen, Kann die rhetorische Theorie helfen, das Neue Testament, vor allem die Briefe des Paulus, besser zu verstehen?, Zeitschrift für neutestamentliche Wissenschaft 100 (2009) 145-172.

94 Nachweise bei Ankum, OIR 2 (1996) 5-8.

95 Der Begriff ist in der Forschung umstritten, vgl. Anderson: The Second Sophistic. A Cultural Phenomenon in the Roman Empire, London 1993; Gleason: Making men: sophistics and self-presentation in ancient Rome, Princeton 1995; Swain, Hellenism and Empire: Language, Classicism and Power in the Greek World, Oxford 1996. Vgl. ferner Feine, Litterati, 1994, 221 Fn. 1-3; Goldhill, Introduction, in: ders., Being Greek under Rome, Cambridge 2001, 14, zuletzt Whithmarsh, The second Sophistic, Oxford 2005, 3-22.

96 Vgl. Feine, Litterati, 1994, 221-282, zuletzt Flinterman, in: Paideia, 2004, 359-376.

97 Vgl. Millar, The Emperor, 1977, 88-93; Lewis, Literati in the Service of Roman Emperors, in: Studies Bluma L. Trell, 1981, 149-166. Zu Papinian vgl. SZ 126 (2009) 183-185 mwN.

verfasste[98], ist anzunehmen, dass er über die für die Funktion notwendigen Fähigkeiten und somit auch über rhetorische Kenntnisse verfügte.
Ein weiteres Indiz für Verbindungen zur Zweiten Sophistik ergibt sich aus den *Quaestiones* selbst, da Papinian von einer an ihn gerichteten Anfrage des Sophisten Nicostratus berichtet (Pal. 354 = D. 39.5.27 Pap. 29 quaest.)[99]. Nicostratus, der zur Zeit des Antoninus Pius und des Marc Aurel gewirkt haben soll[100], könnte tatsächlich Zeitgenosse von Papinian gewesen sein. Es könnte sich aber auch um einen fiktiven Bericht handeln, dessen Protagonisten Papinian nach dramaturgischen Gesichtspunkten ausgewählt hat[101]. Die ungewöhnliche namentliche Nennung des beteiligten Rhetors[102] zeigt, dass es Papinian darauf ankommt, gerade als Ratgeber dieses Sophisten zu erscheinen. Da der Rhetor für sein Enkomion über Marc Aurel bekannt war, könnte der Jurist bezweckt haben, die kaiserliche Gunst, die Nicostratus wahrscheinlich genoss, auch für sich selbst in Anspruch zu nehmen[103]. Jedenfalls belegt das *Responsum* eine Verbindung zwischen Juristen und Sophisten, die entweder tatsächlich bestand oder von Papinian konstruiert wurde und damit Einblick in sein Selbstverständnis gibt: Von einer Isolierung der Jurisprudenz gegenüber anderen Wissensbereichen, insbesondere gegenüber Rhetorik und Dialektik, kann in der hohen Kaiserzeit keine Rede sein[104].

3. Zum Begriff der quaestio

Als Anklang an rhetorische Konzepte liest sich auch der Werktitel *Quaestiones*. Dieser wird auch von anderen klassischen Juristen für vornehmlich didaktische Werke verwendet[105]. *Quaestio* bedeutet in diesem Zusammenhang Untersuchung (*ζήτημα*) und weist damit auf eine Darstellungsmethode, wie sie sich außerhalb der juristi-

98 Vgl. nur Liebs, in: HLL IV, 1997, § 416.A, S. 118.

99 Als Ausdruck der ethischen Gesinnung Papinians bewerten das Fragment Toso, in: Acta Iuridici Internationalis, 1935, 34 sowie Behrends, in: Literatur und Recht, 1996, 290f.

100 Vgl. Stegemann, s.v. Nikostratos Nr. 27, in: RE 17, 1 (1936) Sp. 551; weiterführend Radicke, Imperial and undated authors, 1999, Nr. 1089, S. 307-311.

101 Vgl. unten Vierter Teil, III.3, S. 247-249.

102 Andere sind z.B. das Aristoteles-Zitat des Julian (D. 46.3.36 Iul. 1 ad Urs. Feroc.), dazu Bund, Methode Julians, 1965, 106f. und die Cicero-Zitate bei klassischen Juristen, dazu Nörr, in: HIA II, 1191-1197.

103 Zum Enkomion vgl. Radicke, Imperial and undated Authors, 1999, S. 310f. Zur Gunsterlangung über Dritte vgl. Flinterman, in: Paideia, 2004, 365f.

104 Zum Juristen als „Mitspieler in der die literarische Welt beherrschenden Diskussion über *verba* und *res*“ vgl. Nörr, in: HIA II, 970f. mwN. Zum interdisziplinären Dialog vgl. auch Herberger, Dogmatik. Zur Geschichte von Begriff und Methode in Medizin und Jurisprudenz. Frankfurt a.M. 1981, bes. 106-120.

105 Zur *Quaestiones*-Literatur vgl. zuletzt Masiello, Le Quaestiones publice tractatae di Cervidio Scaevola, Bari ^{2}2007, 55-79, ferner Schmidt-Ott, Pauli Quaestiones. Eigenart und Textgeschichte einer spätklassischen Juristenschrift., Berlin 1993, 15-17.

schen Literatur vor allem in Senecas *Naturales Quaestiones* findet[106]: Der Philosoph und Redner führt seinen Schüler Lucilius in die Naturwissenschaften ein, indem er fortschreitend Fragen aufwirft, Probleme aufzeigt, gliedert und immer wieder überkommene Antworten und Lehrmeinungen prüft[107]. Der Titel *Quaestiones* weist auf diese „konzeptionelle Mündlichkeit" des (fiktiven) Lehrgespräches und damit auf die Aneignung von Wissen im Dialog[108]. Da schon bei einer ersten Durchsicht von Papinians Werk die Häufigkeit der Frageform ins Auge fällt, gelten die *Quaestiones* Papinians nicht zu Unrecht als Lehrwerk[109], auch wenn die damit verbundene Methode und der mögliche Bezug zu nichtjuristischen *Quaestiones*-Werken bisher kaum thematisiert worden sind.

Dieses Manko mag unter anderem darauf zurückzuführen sein, dass Fritz Schulz den Werkbezeichnungen der Juristen jeden Wert abgesprochen und stattdessen einen eigenen Begriff der „problematischen" Schriften geprägt hat, dem auch die *Quaestiones* zugehören sollen[110]. Als Problemata bezeichnet Schulz „schwierige und schwerste juristische Einzelfragen, die bald kurz, bald in längerer Erörterung beantwortet werden"[111]. In Anlehnung an Aristoteles versteht Schulz dabei unter einem Problem die auf eine Begründung wartende Frage (*quare*)[112]. In der Tat definiert der Stagirit das Problem (*πρόβλημα*) als zweigliedrigen Schluss, der anders als die Prämisse (*πρότασις*) nicht allein mit Ja oder Nein beantwortet werden kann[113]. Schulz übersieht allerdings, dass sich Prämisse und Problem nur in ihrer Formulierung unterscheiden und insoweit beide dem Oberbegriff der Frage (*quaestio*) unterfallen. Lautet z. B. die als Prämisse formulierte Frage: „Ist ‚zweibeiniges, sich zu Lande bewegendes Lebewesen' die Definition für Mensch?", ist sie als Problem wie folgt zu formulieren: „Ist ‚zweibeiniges, sich zu Lande bewegendes Lebewesen' die

106 Vgl. Gross, Senecas Naturales Quaestiones, 1989, bes. 321-330; Gauly, 2004. Zu Rufus' *medicinales quaestiones* vgl. Meißner, Fachliteratur, 1999, 221f.

107 Vgl. dazu Maurach, Hermes 93 (1965) 357-369; Stahl, Die Naturales Quaestiones Senecas. Ein Beitrag zum Spiritualisierungsprozeß der römischen Stoa, Hermes 92 (1964) 425-454.

108 Zum antiken Lehrgespräch vgl. Föllinger, in: Vermittlung und Tradierung, 1993, 279f.; Veit, in: HWRhet. 3, 1996, Sp. 421.

109 Vgl. Frezza, SDHI 43 (1977) 219; Liebs, in: HLL IV, 1997, § 413, S. 99f. „ausführliche Fallbesprechungen". Zu African vgl. D'Ors, Las Quaestiones de Africano, Rom 1997.

110 Schulz, Geschichte, 1961, 281f.: „Die zum Teil nichtssagenden Titel dieser Schriften variieren: *Digesta, Responsa, Quaestiones, Disputationes* oder andere, zum Teil preziöse, Titel".

111 Schulz, Geschichte, 1961, 282.

112 Vgl. Schulz, Geschichte, 1961, 272 Fn. 3, der sich nur auf die pseudo-aristotelischen Problemata beruft anstatt auf die insoweit klare Topik; ähnlich ders., in: Atti del Congresso Internazionale di Diritto Romano e di Storia del Diritto, 1953, I, 297-306 zustimmend Coing, Zum Einfluß der Philosophie des Aristoteles auf die Entwicklung des römischen Rechts, SZ 69 (1952) 31, der *Quare* als Unterart der *quaestio* hervorhebt.

113 Aristot. top. 101 b 32-34, dazu Blühdorn, TR 38 (1970) 296f., Veit, in: HWRhet. 3, 1996, Sp. 424.

Definition für Mensch oder nicht?"[114] Gerade wenn man Aristoteles' Begriffsbildung zugrunde legt, gibt es daher keinen Grund, den originären Titel *Quaestiones* voreilig zu verwerfen. Ob das damit angedeutete Programm verwirklicht wird und welche Verbindungen zur nichtjuristischen Unterweisungsliteratur bestehen, wird am Ende dieser Untersuchung zu fragen sein[115].

IV. Gang der Untersuchung

Die Untersuchung soll in drei Schritten erfolgen: Zunächst sind die *Quaestiones* auf ihren rechtlichen und rhetorischen Gehalt zu analysieren, bevor die allgemeine Frage zu stellen ist, welche Bedeutung dem rhetorischen Argument für Papinians juristische Methode zukommt. Dies leitet über zur dritten, werkgeschichtlichen Fragestellung nach Charakter und Originalität der Schrift.

Bereits an dieser Stelle ist als Besonderheit zu vermerken, dass die Kompilatoren Erörterungen aus Papinians *Quaestiones* in den Digesten in ungewöhnlicher Länge aufgenommen haben[116]. Dieses Zitat regelrechter Katenen lässt sich einerseits mit Justinians Verehrung für Papinian erklären[117], könnte aber auch auf einen argumentativen Zusammenhang innerhalb der Katene weisen, der den Kompilatoren bewusst gewesen sein könnte, in der bisherigen Forschung aber zu wenig beachtet worden ist.

Würdigt man die von Papinian zusammengestellten Fälle und Fragestellungen (Katenen) als argumentative Einheit, werden unterschiedliche Argumentationsstrukturen erkennbar, die dem jeweiligen thematischen Schwerpunkt der Katene entsprechen[118]. Auf diese Weise lassen sich Kommentare zu Kaiserkonstitutionen, Erörterungen von überkommenen Juristenmeinungen und freie Problemerörterungen ungelöster Rechtsfragen unterscheiden. Wegen ihrer stärkeren Formalisierung

---

114 Aristot. top. 101b 30-35.

115 Vgl. Fünfter Teil, III.2, S. 267-269.

116 Vgl. Pal. 70 = D. 50.1.11 Pap. 2 quaest.; Pal. 79 = D. 45.1.115 Pap. 2 quaest.; Pal. 194 = D. 26.5.13 Pap. 11 quaest.; Pal. 261 = D. 31.66 Pap. 17 quaest.; Pal. 264 = D. 35.1.71 Pap. 17 quaest.; Pal. 272 = D. 35.1.72 Pap. 18 quaest.; Pal. 281 = D. 31.67 Pap. 19 quaest.; Pal. 282 = D 31.69 Pap. 19 quaest.; Pal. 289 = D. 22.1.3 Pap. 20 quaest.; Pal. 292 = D. 31.70 Pap. 20 quaest.; Pal. 299 = D. 36.1.57 Pap. 20 quaest.; Pal. 307 = D. 41.3.44 Pap. 23 quaest.; Pal. 323 = D. 18.7.6 u. D. 18.7.8 Pap. 27 quaest.; Pal. 340 = D. 46.3.95 Pap. 28 quaest.; Pal. 345 = D. 36.3.5 Pap. 28 quaest.; Pal. 353 = D. 35.2.11 Pap. 29 quaest.

117 Zum Papinianfest vgl. nur Liebs, in: HLL § 416.C, S. 122f. mwN.

118 Der Begriff der „Katene" soll hier nicht nur für spätere Zusätze, sondern auch für die Argumentationsketten des Spätklassikers selbst verwandt werden.

sind im Folgenden zunächst die Kommentare zum Kaiserrecht (Erster Teil) zu analysieren, bevor Papinians Auseinandersetzung mit anderen Juristen (Zweiter Teil) und seine eigene Problemlösungsarbeit (Dritter Teil) zu würdigen sind. Aufbauend auf diese Analyse der wesentlichen Katenen sind sodann die argumentativen Mikrostrukturen im weiteren Werk zu untersuchen (Vierter Teil). Die dort versuchte Gesamtschau leitet über zur abschließenden Würdigung der rhetorischen Methode in den *Quaestiones* und zu ihrer werkgeschichtlichen Einordnung (Fünfter Teil).

Die *Quaestiones* enthalten Konstitutionen zurückgehend bis zu Tiberius und Trajan[119]. Die Hauptmasse bilden aber Konstitutionen von Hadrian und Marc Aurel[120], wobei Letzterer am häufigsten genannt wird[121]. Septimius Severus und Caracalla, in deren Amtszeit das *Quaestiones*-Werkes wahrscheinlich fällt, sind dagegen viel seltener Gegenstand der Kommentierung[122]. Wenn damit der Eindruck entsteht, Papinian berufe sich lieber auf vergangene als auf amtierende Kaiser, so muss dies nicht im Widerspruch zu Papinians Laufbahn unter den severischen Herrschern stehen. Auch die Propaganda der Severer ist bestrebt, an die Antoninen anzuknüpfen, wie sowohl die fiktive Adoption des Septimius Severus als auch der Namenswechsel des Bassianus (= Caracalla) in „Marcus Aurelius Antoninus" belegen[123].

119 Tiberius: Pal. 378 = D. 48.5.39.10 Pap. 36 quaest.; Trajan: Pal. 195 = D. 37.12.5 Pap. 11 quaest.

120 Hadrian: Pal. 73 = D. 3.1.8 Pap. 2 quaest.; Pal. 194 = D. 26.5.13pr.-2 Pap. 11 quaest.; Pal. 232 = D. 29.1.34pr. Pap. 14 quaest., Pal. 246 = D. 49.17.13 Pap. 16 quaest.; Pal. 294 = D. 35.2.93 Pap. 20 quaest. (alle divus Hadrianus, Titulatur nur in Pal. 196 = D. 36.1.52 Pap. 11 quaest.). Antoninus Pius als divus Pius: Pal. 336 = D. 46.1.49.1 Pap. 27 quaest.; Pal. 378 = D. 48.5.39.8 Pap. 36 quaest.; Titulatur Titus Antoninus: Pal. 70 = D. 50.1.11pr. -13 Pap. 2 quaest.; Pal. 90 = D. 1.5.8 Pap. 3 quaest.; Pal. 295 = D. 36.1.12 Pap. 20 quaest.; Pal. 299 = D. 36.1.57.1 Pap. 20 quaest.; Pal. 342 = D. 12.6.3 Pap. 28 quaest.; Pal. 345 = D. 36.3.5.3-4 Pap. 28 quaest.; Pal. 363 = D. 1.7.32.1 Pap. 31 quaest. Zu den Fragen der Titulatur vgl. Gualandi, I, 1963, 58-102, V. Marotta, Multa de iure sanxit. Aspetti della politica del diritto di Antonino Pio, Mailand 1988, 369f.; Kienast, 32004, 134-136.

121 Mit Lucius Verus: Pal. 75 = D. 48.19.33 Pap. 2 quaest. ; Pal. 197 = vat. 224; Pal. 378 = D. 48.5.39.4-6 Pap. 36 quaest.; Marc Aurel: Pal. 289 = D. 22.1.3pr.-1 Pap. 20 quaest.; Pal. 345 = D. 36.3.5.1 Pap. 28 quaest.; Pal. 353 = D. 35.2.11.2 Pap. 29 quaest.; Pal. 251 = D. 34.9.12 Pap. 16 quaest.; Pal. 286 = D. 36.1.56 Pap. 19 quaest.; Pal. 224 = D. 38.2.42.3 Pap. 12 quaest.; mit Commodus: Pal. 241 = D. 31.64 Pap. 15 quaest.; Pal. 378 = D. 48.5.39.8 Pap. 36 quaest.

122 Septimius Severus: Pal. 292 = D. 31.70pr. Pap. 20 quaest., Pal. 358 = D. 22.1.6pr. Pap. 29 quaest.; zu Caracalla vgl. Belege Einleitung, S. 5f.

123 Vgl. zuletzt allgemein Spielvogel, Septimius Severus, 2006, 88f. mwN. Zur administrativen Kontinuität vgl. bereits Honoré, SDHI 28 (1962) 186-188.

I. *Ratiocinatio* und *status*-Lehre

Bereits Mommsen ist aufgefallen, dass Papinian auch verstorbene Kaiser häufiger mit der Titulatur anstatt mit der Konsekrationsbezeichnung zitiert:

> „Wo kaiserliche Erlasse nicht in die Darstellung eingeflochten, sondern geradezu eingelegt werden, bleibt die Ueberschrift so, wie sie in den Constitutionensammlungen auftritt, das heisst, es steht der den Kaisern bei Lebzeiten zukommende, wenn gleich natürlich abgekürzte Titel." [124]

Mommsen erklärt diese Zitierweise damit, dass sich Papinian aufgrund seiner Herkunft nicht den „Regeln des Curialstils" gefügt habe[125]. Möglich ist aber auch, dass die Einlegung einer Konstitution auf ihren Wortlaut weisen soll, diesem also ein besonderes Gewicht zukommt[126]. Diese Vermutung wird erhärtet durch die Beobachtung, dass Papinian in nahezu alle Katenen, in denen er die Titulatur verwendet, die Konstitution mittels einer *ratiocinatio* auf ihren Gehalt überprüft[127]. Nach dem wiederkehrenden Schema teilt er im Rahmen der Oberprämisse (*propositio*) die Entscheidung des Kaisers im Wortlaut mit[128], woran sich die Stützargumente (*approbatio propositionis*) anschließen, mithilfe derer die Konstitution erklärt und gerechtfertigt wird[129]. Zentral ist sodann die Unterprämisse (*assumptio*), die als Frage (*quaestio*) formuliert wird. Sie ist meist mit *quid ergo* eingeleitet[130] und enthält das Hauptproblem,

---

124 Mommsen, in: Ges. Schriften II, 1907, 157 mit Belegen zum „Curialstil".

125 Mommsen, in: Ges. Schriften II, 1907, 158 mwN Fn. 13. Anders Knütel, SZ 111 (1994) 396, der vermutet, Papinian habe von früheren Juristen abgeschrieben.

126 Zu Sammlungen, vor allem den *semestriae,* vgl. Wenger, Quellen des römischen Rechts, Wien 1953, 439f. und zuletzt Varvaro, Note sugli archivi imperiali nell'età del principato, in: AUPA 51 (2006) 381-413 mit 387 Fn. 21 zu wörtlichen Zitaten bei Papinian.

127 Cic. inv. 1, 57, dazu nur Steudel-Günther, s.v. ratiocinatio, in: HWR 7, 2005, Sp. 595-604. Zur fünfgliedrigen Struktur vgl. Civ. inv. 1, 37, 66f. Dass die *complexio* in Papinians Kommentaren oftmals nicht für sich steht, ist unerheblich. Kritik an der complexio findet bei Auct. ad Her. 2, 19, 3 und Cic. inv. 1, 72-74.

128 Pal. 70 = D. 50.1.11pr. Pap. 2 quaest. *Imperator Titus Antoninus* (...); Pal. 194 = D. 26.5.13pr. Pap. 11 quaest. *Si impuberi libertas et hereditas per fideicommissum data sit* (...) *senatus censuit* (...). *postea divus Hadrianus,* (...); Pal. 196 = D. 36.1.52 Pap. 11 quaest. *Imperator Hadrianus,* (...); Pal. 289 = D. 22.1.3pr. Pap. 20 quaest. *In fideicommissi persecutione (...) iussit imperator Marcus Antoninus,* (...); Pal. 292 = D. 31.70pr. Pap. 20 quaest. *Imperator Antoninus* (...); Pal. 345 = D. 36.3.5.1 Pap. 28 quaest. *Imperator Marcus Antoninus (...).*

129 Pal. 70 = D. 50.1.11pr.-1 Pap. 2 quaest. *quod sic intellegi oportet, (...) Quod si forte is,* (...); Pal. 194 = D. 26.5.13.1 Pap. 11 quaest. *Quamvis* (...) *tamen senatus pro extraneo haberi voluit eum,* (...); Pal. 196 = D. 36.1.52 Pap. 11 quaest. *nam (...). post decreti autem auctoritatem (...);* Pal. 289 = D. 22.1.3pr. Pap. 20 quaest. *quod decretum ita accipi oportet,* (...); Pal. 292 = D. 31.70.1 Pap. 20 quaest. *quid ergo* (...); Pal. 345 = D. 36.3.5.1 Pap. 28 quaest. *recte placuit principi (...).*

130 Pal. 70 = D. 50.1.13 Pap. 2 quaest. *Quid ergo,* (...); Pal. 194 = D. 26.5.13.1 Pap. 11 quaest. *quid ergo* (...); Pal. 196 = D. 36.1.52 Pap. 11 quaest. fehlt; Pal. 292 = D.31.70.2 Pap. 20 quaest. *Cum quidam (...);* Pal. 345 = D. 36.3.5.1 Pap. 28 quaest. *sed quare* (...).

das Papinian in einem vierten Teil, der *approbatio assumptionis,* löst[131]. Das Problem ergibt sich dabei entweder aus einer Auslegungsschwierigkeit der Konstitution selbst (*genus legale*) oder aus der Anwendung der Konstitution auf einen (neuen) Fall (*genus rationale*). Für beide Problembereiche stellt die rhetorische *status*-Lehre Kataloge zur Verfügung, die die Auffindung des eigentlichen Streitpunktes erleichtern sollen[132]. Im *genus legale* sind der *status scripti et voluntatis*, der *status legum contrariarum*, die *ambiguitas* und der *syllogismus* (*collectio*)[133] zu unterscheiden, während das *genus rationale* die *quaestiones coniecturae, finitionis, translationis* und *qualitatis* umfasst[134]. Die klare Struktur der papinianischen Auseinandersetzung mit dem Kaiserrecht erlaubt es, die Katenen nach dem Schwerpunkt des Streits geordnet auf ihren rechtlichen Gehalt zu überprüfen.

II. Restriktive Auslegung (*status scripti et voluntatis*)

Wird um die restriktive Auslegung gestritten, bedeutet dies, dass eine Partei den zu weit geratenen Wortlaut für sich beansprucht, während die andere den Wortlaut im Sinne der Intention des Normgebers beschränkt sehen will (*status scripti et voluntatis*)[135]. So widerspricht der Wortlaut des Reskriptes des Caracalla über die bedingte Freilassung von Sklaven (Pal. 301 = D. 40.7.34.1 Pap. 21 quaest.) nach Papinian dem Sinn dieser Regelung: Während nach dem Wortlaut der Konstitution die Freilassungsbedingung schon dadurch eingetreten zu sein scheint, dass der Erbe die Rechnungslegung verzögert, weist Papinian nach, dass das Angebot des Sklaven ordnungsgemäß auch die Überlassung des Verbliebenen erfassen muss[136]. An die ausführliche Darlegung des richtigen Verständnisses der kaiserlichen Anordnung knüpft die Frage, ob die Bedingung eingetreten sei, wenn sich Sklave und Erbe gegenseitig die Schuld am Scheitern der Rechnungslegung zuweisen[137]. Papinian

131 Pal. 70 = D. 50.1.13 Pap. 2 quaest. *talis ordo dabitur,* (...); Pal. 194 = D. 26.5.13.1 Pap. 11 quaest. *non dubie tutela* (...); Pal. 196 = D. 36.1.52 Pap. 11 quaest. *sed paternae reverentiae congruum est* (...); Pal. 292 = D. 31.70.2 Pap. 20 quaest. *Cum quidam* (...); Pal. 345 = D. 36.3.5.1 Pap. 28 quaest. *sed praetor quidem* (...).

132 Zur Statuslehre vgl. Nachweise bei Calboli Montefusco, ‚Status', 1986, 36 Fn. 21. Zum Verhältnis zur *ratiocinatio* vgl. Steudel-Günther, in: HWRhet. 7, 2005, Sp. 599 mwN.

133 Vgl. Quint. 7, 8, 1, der 3, 6, 43 auch von *ratiocinativus status* spricht.

134 Vgl. Quint. 3, 6, 83, dazu Lausberg, §§ 79-131, 64-83; Martin, 1974, 28-44; Calboli Montefusco, ‚Status', 1986, 35f.

135 Vgl. nur Lausberg, §§ 214-217, S.118f.; Calboli Montefusco, ‚Status', 1986, 12f. Zum griechischen Vorbild vgl. Hoppmann, in: HWRhet. 8, 2007, Sp. 1337f.

136 Dazu ausführlich Babusiaux, SZ 126 (2009) 162-170.

137 Vgl. Babusiaux, SZ 126 (2009) 170-174.

beantwortet sie nach den Grundsätzen des *status coniecturae*, indem er den Sklaven mit dem Beweis belastet, dass er bereit und fähig war, Rechnung zu legen und alles seinerseits Erforderliche unternommen habe.
Eine vergleichbare Stufung nach *genus legale* und *genus rationale* findet sich in:

Pal. 70 = D. 50.1.11pr. -1 und D. 50.1.13 Pap. 2 quaest.

pr. Imperator Titus Antoninus Lentulo Vero rescripsit magistratuum officium individuum ac periculum esse commune. (1)	pr. Der Kaiser Titus Antoninus hat dem Lentulus Verus beschieden, dass die Amtsgewalt der Magistrate ungeteilt und die Haftung gemeinschaftlich sei. (1)
quod sic intellegi oportet, ut ita demum collegae periculum adscribatur, si neque ab ipso qui gessit neque ab his, qui pro eo intervenerunt, res servari possit et solvendo non fuit honore deposito. alioquin si persona vel cautio sit idonea, vel solvendo fuit quo tempore conveniri potuit, unusquisque in id quod administravit tenebitur. (2a)	Dies ist so zu verstehen, dass die Haftung dem Kollegen nur dann zugewiesen wird, wenn weder von dem Amtsausführenden selbst noch von denjenigen, die für ihn Sicherheit geleistet haben, der Verlust ersetzt werden kann und [der Amtsführende] bei der Amtsniederlegung nicht solvent war. Wenn ansonsten die Sicherheitsleistung angemessen ist oder wenn er als Person solvent war zu dem Zeitpunkt, an dem er angegangen werden konnte, wird jeder der beiden [Magistrate] nur für das haften, was er [selbst] verwaltet hat. (2a)
1 Quod si forte is, qui periculo suo nominavit magistratum, solvendo sit, utrum in eum prius actio reddi quasi fideiussorem debeat, an vero non alias, quam si res a collega servari non potuerit? sed placuit fideiussoris exemplo priorem conveniendum qui nominavit, quoniam collega quidem neglegentiae ac poenae causa, qui vero nominavit, fidei ratione convenitur. (2b)	1 Wenn aber etwa jener solvent wäre, der auf seine Gefahr hin den Magistraten ernannt hat, ob dann gegen ihn vorrangig die Klage wie gegen einen Bürgen erteilt werden müsste oder aber nur in dem Fall, dass der Verlust vom Kollegen nicht ausgeglichen werden könnte? Es ist aber anerkannt, dass nach dem Vorbild des Bürgen der Ernennende als Erster anzugehen ist, weil ja der Kollege nur aufgrund seiner Nachlässigkeit und zum Zwecke der Bestrafung in Anspruch genommen wird, der Ernennende aber aus dem Rechtsgrund des Vertrauens. (2b)
13 Quid ergo, si alter ex magistratibus toto anno afuerit aut forte praesens per contumaciam sive ignaviam vel aegram valitudinem rei publicae negotia non gesserit et omnia collega solus administraverit, nec tamen tota res ab eo servari possit. (3)	13 Was also [gilt], wenn einer der Magistrate das ganze Jahr über abwesend war oder vielleicht zwar anwesend war, aber aus Ungehorsam oder sei es auch aus Trägheit oder aber Krankheit die Amtsgeschäfte nicht geführt hat und der Kollege alles allein verwaltet hat und den ganzen Verlust dennoch nicht ersetzen kann? (3)
talis ordo dabitur, ut in primis qui rei publicae negotia gessit et qui pro eo caverunt in solidum conveniantur, mox peractis omnibus periculum adgnoscat qui non idoneum nominavit, postremo alter ex magistratibus, qui rei	Es wird die vorerwähnte Rangfolge gelten, so dass zuvorderst der, der die Amtsgeschäfte geführt hat, und diejenigen, die für ihn Sicherheit geleistet haben, auf das Ganze haften. Nach der vollständigen Durchführung [dieser Verfahren] übernimmt die Haftung derjenige, der einen Ungeeigneten ernannt hat. Zuletzt [trägt die

publicae negotiis se non immiscuit. nec iuste qui nominavit universi periculum recusabit, cum scire deberet eum, qui nominaretur, individuum officium et commune periculum suscepturum. (4)	Haftung] derjenige der beiden Magistrate, der sich nicht in die Amtsführung eingemischt hat. Und zu Unrecht wird der Ernennende die Haftung für das Gesamte von sich weisen, weil er wissen müsste, dass der von ihm Ernannte die ungeteilte Amtsführung und die gemeinschaftliche Haftung auf sich nehmen würde. (4)
nam et cum duo gesserunt et ab altero servari quod debetur non potest, qui collegam nominavit, in universum convenitur. (5)	Denn auch wenn zwei [die Amtsgeschäfte] führten und von einem nicht ausgeglichen werden kann, was er schuldet, wird der, der den Kollegen ernannt hat, auf das Ganze in Anspruch genommen. (5)

Die Erörterung der Konstitution des Antoninus Pius setzt an dem vom Reskript verwendeten Begriff des *periculum commune* an, der auch aus anderen Zusammenhängen für gemeinschaftliche Haftung bekannt ist, z.B. bei Gesellschaftern und Tutoren[138]. Papinians Auslegung verfolgt das Ziel, die Unhaltbarkeit dieser Parallele aufzuzeigen, indem er betont, dass die Magistrate nur subsidiär nach den Bürgen des Amtsführenden haften[139]. Hintergrund des Reskriptes ist die Haftung der Munizipalmagistrate für den Bestand des Gemeindevermögens (*pecunia communis*)[140]: Genau wie Tutoren das Mündelvermögen erhalten die Magistrate das Geld der Gemeinde nur, wenn sie versprechen, es ordnungsgemäß zu verwalten und am Ende der Amtszeit unversehrt zurückzuerstatten (*cautio pecuniam publicam salvam fore*)[141]. Sind sie oder ihre Bürgen nicht in der Lage, den entstandenen Fehlbestand auszugleichen, liegt ein *res servari non posse* vor[142]. Nach Papinians Interpretation haftet der

138 Zur Gesellschaft vgl. D. 17.2.24 Ulp. 31 ad ed. Zur Tutel/Kuratel vgl. D. 26.7.55pr. Tryph. 14 disp., C. 5.37.1 Sev./Ant. (206). Weiterführend Santalucia, BIDR 68 (1965) 102 Fn. 157 mwN.

139 Vgl. Archi, Sul concetto di obbligazione solidale, in: Conferenze romanistiche Pavia 1939, Mailand 1940, 321f. Anders Levy, SZ 37 (1916) 85 mwN in Fn. 5.

140 Die Bezeichnung *magistrati* zielt wahrscheinlich hauptsächlich auf die *duoviri*, vgl. Liebenam, s.v. Duoviri, RE V, 2, 1905, 1839. Zu den finanziellen Kompetenzen der Magistrate vgl Lamberti, ‚Tabulae Irnitanae', 1993, 54-64.

141 *Zur cautio pecuniam publicam salvam fore* vgl. L. Malac. c. 60: *pecuniam communem eorum, quam in honore suo tractaverit, salvam is fore*, dazu bereits Partsch, Der ediktale Garantievertrag durch receptum, SZ 29 (1908) 408 mwN; ebenso l. Irn. c. 60, dazu Lamberti, 'Tabulae Irnitanae', 1993, 81f. und 314f. mwN. Vgl. ferner D. 50.1.38.6 Papirius 2 de const.; D. 50.1.21pr. Paul. 1 resp. Einzelheiten zur *arca publica* bei Weiss, Sklave der Stadt, 2004, bes. 37-39.

142 Zur Rechnungslegungspflicht vgl. auch die *lex municipii Tarentini*, dazu Lamberti, ‚Tabulae Irnitanae', 1993, 83 Fn. 230 mwN. Zur Liquiditätsnot mit Blick auf die Gemeindefinanzen vgl. Weiss, Sklave der Stadt, 2004, 38f., Christol, Les ressources municipales d'après la documentation épigraphique de la colonie d'Orange, in: École française de Rome, Il capitolo delle entrate nelle finanze municipali in occidente ed in oriente, Rom 1999, 115-136. Als

Amtskollege mithin nur, wenn der Amtsführende bei Niederlegung seiner Tätigkeit insolvent war[143], seine blosse Zahlungsunfähigkeit genügt dagegen nicht. Vielmehr mutet der Jurist der Gemeinde zu, zunächst ein Urteil zu erwirken und dessen Vollstreckung mittels *venditio bonorum* gegen den Magistraten abzuwarten[144]. Von einer gemeinschaftlichen Haftung im Sinne des *periculum commune* ist diese Auslegung weit entfernt. Es liegt mithin ein Konflikt zwischen Wortlaut und Wille des Gesetzgebers vor, das heißt ein Fall des *status scripti et voluntatis*.

*1. Pal. 70, die Auslegungsfrage (*genus legale*)*

Da sich Papinian gegen den Wortlaut der Konstitution wendet, trägt er die Begründungslast, die er zunächst durch eine erneute Umschreibung der Haftungsvoraussetzungen erfüllt, die nunmehr positiv festlegen, wann der Kollege für die Amtsführung des anderen einzustehen hat[145]. Dieses *dupliciter dicere*[146] dient der (affektischen) Verdeutlichung und bildet so ein Gegengewicht zur einprägsamen Formel vom *periculum commune* im Reskript. Dass auch sachliche Gründe für die enge Auslegung sprechen, belegt ein Beispiel (§ 1). Der zu diesem Zweck gebildete Sachverhalt führt einen *nominator* ein, der auf eigene Gefahr hin den Nachfolger benannt hat.

Mit diesem Beispiel spielt Papinian auf eine in spätklassischer Zeit wahrscheinlich weit verbreitete Praxis in den Munizipien an: Stand keine ausreichende Anzahl von geeigneten Freiwilligen zur Verfügung, war der amtierende *duumvir* berechtigt, aus den Mitgliedern der Decurionen seinen Nachfolger vorzuschlagen. Hatte der betroffene Decurione keine Ablehnungsgründe auf seiner Seite, so wurde der Vorgeschlagene nur noch vom Statthalter oder von der Kurie bestätigt[147]. Es gibt Anzeichen dafür, dass diese in den Stadtgesetzen nur als Ausnahmefall vorgesehene Ernennung zur Zeit der Spätklassiker mangels geeigneter Bewerber längst die Regel

---

Beleg für den Ruin der Städte gilt zunehmende Zwangsverwaltung, dazu Eck, Die staatliche Organisation Italiens, München 1979, 190f., 270-274.

143 *et solvendo non fuit honore deposito.* Anders Levy, SZ 37 (1916) 83. Dagegen unterstreicht Albertario, Corso di diritto romano. Le obbligazioni solidali, 1948, 208 die Klassizität des Teils, erwägt aber eine Note Ulpians. Beides übersieht die argumentative Funktion der Einschränkung.

144 Zur Insolvenz als Haftungsvoraussetzung des Kollegen vgl. auch C. 4.19.3: Alex. Sev. (a. 231) sowie C. 5.75.4 Gord. (a. 242).

145 Die Gleichstellung von *cautio* und *persona* dient der Pointierung der Situation der vom Bürgen abzugebenden Erklärung (*cautio*) und ist, anders als Levy, SZ 37 (1916) 85 Fn. 4 meint, typisch papinianisch.

146 Zur Einleitung der positiven Formulierung benutzt Papinian hier *alioquin*. Ähnlich Pal. 232 = D. 29.1.34.1 Pap. 14 quaest., Pal. 351 = D. 38.6.7pr. Pap. 29 quaest.; Pal. 306 = D. 41.2.44pr. Pap. 23 quaest. und Pal. 210 = D. 47.2.81.1 Pap. 12 quaest.

147 Vorschriften zur *nominatio*: L. Malac. c. 51, dazu Spitzl, Lex municipii Malacitana, München 1984, 32-36 sowie Lamberti, Tabulae Irnitanae, 1993, 304f. und 78-83 mit umfangreichen Nachweisen. Zur (möglichen) Entwicklung vgl. Einzelheiten bei Liebenam, s.v. Duoviri, RE V, 2, 1905, 1839 und Langhammer, Magistratus Municipales, 1973, 232f.

war[148]. Um willkürliche *nominationes* zu verhindern, scheint man den *nominator* daher bald für die Amtsführung des Nachfolgers haftbar gemacht zu haben[149]. Papinians Hinweis auf den *nominator* und seine Haftung ist im Rahmen seiner Auslegung des Reskriptes trotz der beiläufigen Form (*si forte*) keineswegs anekdotisch, sondern dient einem präzisen argumentativen Zweck: Auch Quintilian empfiehlt, beim Kampf gegen den Wortlaut den Lebenssachverhalt heranzuziehen[150].

Dieser Empfehlung entspricht zunächst der Vergleich zwischen Amtskollege und *nominator*, den Papinian dazu nutzt, den Haftungsgrund herauszuarbeiten. Dieses Argument dient dem Kollegen, denn der *nominator periculo suo* haftet aufgrund einer Zusage bzw. aufgrund der Inanspruchnahme von Vertrauen[151], während der Amtskollege allein wegen seiner Nachlässigkeit oder zum Zwecke der Sanktion in Anspruch genommen wird. Dabei ist z.B. daran zu denken, dass der Amtskollege sein Interzessionsrecht rechtzeitiger oder zielführender hätte einsetzen können. Wesentlich ist die implizit getroffene Feststellung, der Amtskollege habe anders als der *nominator* die *fides* nicht verletzt. Damit nämlich widerspricht es der *aequitas*, den Kollegen vor dem *nominator* zu belangen, dem ein Verstoß gegen dieses grundlegende Gebot vorzuwerfen ist[152], und dies ist ein schlagendes Argument gegen den von Papinian bekämpften zu weiten Wortlaut des Reskriptes[153].

Der von Papinian befürworteten engen Auslegung dient auch der Vergleich zwischen Bürge und *nominator*. Vordergründig wird die Haftung des *nominator* auf die des Bürgen zurückgeführt. In Wahrheit steht die Verantwortung des *nominator* fest (*placuit*), so dass zu vermuten ist, Papinian bezwecke, den Bürgen vor dem Amtskollegen haften zu lassen (*pr.*). Dann nämlich rechtfertigt die Gleichsetzung des Bürgen mit dem *nominator* die vorrangige Inanspruchnahme des Bürgen vor dem Amtskollegen, von der im Reskript gar nicht die Rede ist[154].

---

148 Vgl. Liebenam, s.v. Duoviri, RE V, 2 (1905), Sp. 1838, Langhammer, Magistratus Municipales, 1973, 232f., Sirks, Die Nomination für die städtischen Ämter im römischen Reich, in: Cordes, Albrecht et al. (Hg.), FS Dilcher zum 70., Berlin 2003, bes. 20-22.

149 Vgl. D. 50.1.15.1 Pap. 1 resp.; D. 50.8.2.7 Ulp. 3 opin. Aus späterer Zeit die Texte im Codex: C. 11.34.2 Gord. (s.a.); C. 11.36.3 Carus / Carinus / Numer. (s.a.).

150 Vgl. Quint. 7, 6, 7 *contra scriptum vehementius eo, quod in lite est* (...).

151 Der Zusatz ist nicht nur eine Parodie des *periculum commune* im Reskript, sondern dient der Abwehr von Argumenten gegen die Haftung des *nominator*, vgl. etwa D. 27.8.1pr. Ulp. 36 ad ed., dazu zuletzt Gómez-Iglesias, Régimen procesal de la caución tutelar SDHI 58 (1992) 66f. Zu den politischen Umständen vgl. Abbott/Johnston, Municipal Administration in the Roman Empire, Princeton 1926 (Nachdr. 1968), 85f.

152 Hier klingt das Verbot der *impunitas* durch, vgl. zuletzt Börsch, Übeltaten, 2003, bes. 25f.

153 Zur Bedeutung des *aequitas*- Appels im *status scripti et voluntatis* vgl. Quint. 7, 6, 7.

154 Vgl. Cic. top. 23 und top. 71. Wenn der *nominator* vorrangig haftet, muss auch der *fideiussor* vorrangig vor dem Kollegen zu belangen sein. Dies ist besonders geschickt, weil die Haftung des *nominator* an sich aus dem *exemplum fideiussoris* gerechtfertigt wird. Ähnlich die Parallelität beider Haftungsregime in D. 50.1.17.15 Pap. 1 resp.

*2. Pal. 70, die Tatfrage (*genus rationale*)*

Nach dieser kunstvollen Widerlegung des Wortlautes wendet sich Papinian im § 13 der *quaestio facti* zu, das heißt der Anwendung des Reskriptes auf einen Sachverhalt (*genus rationale*). In diesem Fall spitzt er die bisher erörterte Haftungsrangfrage dadurch zu, dass der Kollege, dessen Haftung in Frage steht, vollständig untätig geblieben ist, seine Amtspflichten also überhaupt nicht wahrgenommen hat. Hier stellt sich die Frage, was gelten soll, wenn der allein tätig Gewordene die entstandenen Verluste nicht tragen kann[155]. Papinian verweist auf die bereits angesprochene Haftungsordnung, nach der zunächst der tätig gewordene Amtsträger mit seinen Bürgen, nach Erschöpfung des Rechtsweges (*mox peractis*)[156] der *nominator* und an letzter Stelle der untätige Magistrat zu belangen sei. Auf die Gründe, die den Amtskollegen vom Tätigwerden abgehalten haben, kommt es nach Papinian nicht an, wie der Euphemismus der Nichteinmischung für die Untätigkeit nahelegt[157]. Vielmehr beweist die *evidentia*, dass der pflichtvergessene Magistrat nur subsidiär haften soll[158]. Diese Darlegungen verfolgen den Zweck, das Argument aus dem Wortlaut des Reskriptes (*pr.*) zu entkräften. Nach dem Wortlaut könnte sich der *nominator* nämlich darauf berufen, der untätige Magistrat habe die Mitverantwortung für die Amtsführung kennen müssen. Papinian dreht dieses naheliegende Argument gegen den Angreifer um (*conciliatio*)[159], indem er die ungeteilte Verantwortung für die Amtsführung der beiden Magistrate dem *nominator* selbst zuweist (*nec iuste...*). Damit verschiebt der Spätklassiker die griffige Formel des Reskriptes auf die Ebene der *nominatores*, die nach seiner Meinung noch vor den Amtskollegen haften. Zur Begründung verweist er darauf, dass der Ernennende eines Magistraten für die gesamte Amtsführung der beiden Amtsträger verantwortlich sei (*nec iuste...*). Im Ergebnis erzielt Papinian somit eine Lösung des Sachverhaltes (§ 13), die der befürworteten engen Auslegung des Reskriptes (§ 11) entspricht.

Vor allem beweist er mithilfe der *quaestio facti*, dass die enge Auslegung des Reskriptes nicht zu Rechtsschutzlücken führt: Weder bestreitet er das geschehene Unrecht (Minderung des Gemeindevermögens) noch das im Reskript ausgesprochene Prinzip des *periculum commune*. Seine Lösung besteht vielmehr darin, die Verantwortlich-

155 Möglich wäre eine vollständige Haftung des Untätigen, vgl. D. 50.1.25 Ulp. 1 ad ed. praet. Vgl. Houdoy, Droit municipal I: De la condition & de l'administration des villes chez les Romains, Paris 1876, 556-564 mwN.

156 Das heißt erfolgloser Vollstreckungsversuch (*venditio bonorum*), vgl. dazu oben.

157 *non immiscere* wird z.B. gesagt von den *sui heredes*, die sich in die Erbschaft „einmischen“ und dadurch ihr *beneficium abstinendi* verlieren, vgl. D. 29.2.11 Pomp. 3 ad Sab., D. 29.2.38 Ulp. 43 ad ed., D. 29.2.57pr. Gai. 23 ad ed. prov.

158 *toto anno afuerit aut forte praesens per contumaciam sive ignaviam vel aegram valitudinem rei publicae negotia non gesserit.* Zur *evidentia* vgl. Lausberg, § 810, S. 399). Als Interpolationsindiz deutet dies Levy, SZ 37 (1916) 85, Fn. 5: „Die ganze Beispielsreihe mit ihren wechselnden Alternativpartikeln ist überflüssig, weil sie alle denkbaren Fälle trifft.“

159 Vgl. Lausberg, § 783, S. 385f.

keit auf einen anderen als den Amtsmüden, nämlich den Ernennenden, abzuwälzen (*status qualitatis*). Diese aus der Rhetorik stammende *remotio*[160] ist nach den dargelegten Argumenten auch rechtlich überzeugend.

III. Widersprechende Anordnungen (*status legum contrariarum*)

Der *status leges contrariae* stellt sich als Doppelung des bereits behandelten *status scripti et voluntatis* dar, denn er besteht aus dem Widerspruch des Wortlautes zweier Gesetze, der durch den Redner durch den Rückgriff auf die Intentionen der widersprechenden Anordnungen zu überwinden ist[161]. Gleich drei Katenen stammen aus dem elften Buch der *Quaestiones*, betreffen also das Recht der Vormundschaft (Pal. 194-196). Auch bei ihnen ist dem Status der Gesetzesauslegung eine knappe Prüfung der Rechtsanwendung beigegeben.

1. Senatsbeschluss und Reskript vs. ius civile*, Pal. 194*

Einen Widerspruch zwischen *ius novum* und *ius civile* behandelt:

Pal. 194 = D. 26.5.13pr.-2 Pap. 11 quaest.

pr. Si impuberi libertas et hereditas per fideicommissum data sit et institutus adire nolit, senatus censuit eum, si impuberis nomine desideretur, adire cogendum, ut tamen pupillo pupillae tutor ab eo, cui ius dandi erit, detur, qui tutelam retineat, quoad restituatur hereditas et rem salvam fore ab herede caveatur. postea divus Hadrianus, ut idem in eo servetur, cui directa libertas data fuerit, rescripsit. (1)	pr. Für den Fall, dass einem Unmündigen durch Fideikommiss die Freiheit und die Erbschaft hinterlassen worden sind, aber der eingesetzte Erbe [die Erbschaft] nicht antreten will, hat der Senat bestimmt, dass er [der Erbe] zum Antritt zu zwingen sei, wenn es im Namen des Unmündigen verlangt werde, und dass derjenige, dem das Ernennungsrecht zustehe, dem oder der Unmündigen wenigstens einen Vormund zuweise. [Der Vormund] solle die Vormundschaft solange innehaben, bis die Erbschaft herausgegeben worden sei und der Erbe die Kaution zum Schutz des [Mündel]vermögens abgegeben habe. Später hat der vergöttlichte Kaiser Hadrian beschieden, dass dasselbe gegenüber dem zu beachten sei, dem die Freiheit [durch Testament] unmittelbar hinterlassen wurde. (1)
1 Quamvis autem a patrono rem salvam pupillo fore non facile cautio exigatur, tamen senatus pro extraneo haberi voluit eum, qui, quod in ipso	1 Wenngleich man freilich vom Freilasser die Kaution zum Schutz des Mündelvermögens nicht ohne weiteres einfordern kann, wollte der Senat dennoch

160 Vgl. Quint. 7, 4, 14, dazu Lausberg, § 183, S. 101f.

161 Einzelheiten bei Lausberg, § 218, S. 119f.

fuit, etiam libertate privavit impuberem: et ius quidem liberti, quod habet, quia ex causa fideicommissi manumittit, non est ei ablatum, tutela vero sine vinculo cautionis non committitur.(2)	denjenigen wie einen Außenstehenden [mit Blick auf das Patronatsverhältnis] behandeln, der, weil es an ihm lag, gleichzeitig einen Unmündigen der Freiheit beraubt hat. Und das Recht an dem Freigelassenen, das er aufgrund der fideikommissarischen Freilassung hat, wird ihm nicht genommen; die Vormundschaft aber wird ihm ohne Anlegung der Fesseln aus der Kaution nicht übertragen werden. (2)
quid ergo si non caveat? (3)	Was also, wenn die Kaution nicht abgegeben wurde? (3)
non dubie tutela non erit apud patronum (4a).	Ohne Zweifel wird die Vormundschaft nicht beim Freilasser sein. (4a)
2 Sed si puella duodecimum annum impleverit, tutor desinit esse: quoniam tamen minoribus annorum desiderantibus curatores dari solent, si curator patronus petatur, fides inquisitionis pro vinculo cedet cautionis (4b).	2 Aber wenn die Unmündige das zwölfte Lebensjahr vollendet hat, hört [der Eingesetzte] auf, Vormund zu sein, weil den *minores* wenigstens, wenn sie es verlangen, Kuratoren erteilt werden. Wenn der Freilasser als Kurator bestellt wird, tritt das Vertrauen in die [magistratische] Untersuchung an die Stelle der Bindung durch die Kaution. (4b).

Papinian berichtet von einem Senatsbeschluss[162] und einem Reskript Hadrians, die beide den Erben zum Antritt zwingen, um ein Erbschaftsfideikommiss zugunsten eines unmündigen Sklaven durchzusetzen. Im Sachverhalt des Senatsbeschlusses erfolgt dessen Freilassung fideikommissarisch, im Reskript dagegen unmittelbar durch das Testament. Den Antrittszwang des fideikommissarisch belasteten Erben regelt an sich das *SC Pegasianum*[163], nach dem der Erbschaftsfideikommissar beim *praetor fideicommissarius* beantragen kann, den Erben zum Antritt zu zwingen. Der von Papinian zitierte Senatsbeschluss betrifft dagegen die Frage, wie zu verfahren ist, wenn der begünstigte Fideikommissar als unmündiger Sklave keinen Antrag gegen den Erben stellen kann und der den Antritt verweigernde Erbe selbst als gesetzlicher Tutor die Zustimmung für einen Antrag verweigert[164]. In dieser Situation kommt der Senat, wie Papinian berichtet, dem Unmündigen entgegen: So soll zum einen jeglicher Antrag namens des Unmündigen ausreichen, zum andern wird ihm von Amts wegen ein Tutor zugewiesen[165]. Der Erbe als gesetzlicher Tutor des frei-

162 Vgl. dazu Arcaria, Senatus censuit, 1992, 277f., der eine Entscheidung des Senats unter Trajan oder Hadrian im Appellationsverfahren für wahrscheinlich hält. Offengelassen bei Buckland, Slavery, 1908, 518f.

163 Vgl. Manthe, Pegasianum, 1989, 41-52.

164 Zur gesetzlichen Tutel vgl. Gai. 1, 165. Wie hier bereits Guzman, Caución tutelar, 1974, 53. Anders Solazzi, in: Scritti III, 1960, 102 Fn. 38.

165 Dieser Fall geht über die in Gai. 1, 185-187 (dazu Nörr, SZ 118 (2001) 4-7, 10f.) genannten Fälle der magistratischen Tutel hinaus, lässt sich aber mit ihrem Grundgedan-

gelassenen Sklaven soll die Tutel mithin erst dann erhalten, wenn er die Erbschaft herausgegeben und die *cautio rem pupilli salvam fore* geleistet hat[166].
Papinian problematisiert, ob der zweite Teil dieses Senatsbeschlusses mit den gesetzlich geschützten Patronatsrechten vereinbar ist. Der damit thematisierte Streitpunkt widersprüchlicher Normen (*status legum contrariarum*) besteht in diesem Fall allerdings nicht generell, sondern erst aufgrund der besonderen Fallgestaltung[167]: Nur wenn sich der Erbe weigere, das Erbschaftsfideikommiss zugunsten des Sklaven zu erfüllen, komme es zum Konflikt zwischen der gesetzlichen Regelung über die Vormundschaft des Freilassers und der vom Senat auferlegten magistratischen Tutel[168].
Gegen das Patronatsrecht könnte vor allem das Postulat des Senates verstoßen, nach dem der Patron verpflichtet sein soll, Sicherheit für das Mündelvermögen zu leisten (§ 1). Der Satz *non facile cautio exigatur* ruft in Erinnerung, dass eine derartigen Verpflichtung prima facie dem Patronatsverhältnis widerspricht[169]: Da nämlich der Freigelassene dem Freilasser Respekt schuldet, kann er nur in Ausnahmefällen die Kaution verlangen. Besondere Anforderungen dürften auch für eine Klage gelten, um die Kautionsleistung zu erzwingen, denn der Freigelassene kann seinen Patron nur mit Erlaubnis des Prätors vor Gericht laden[170]. Die *actio tutelae*, mit der der Freigelassene die Kautionspflicht durchsetzen könnte, gehört zudem zu den infamierenden Klagen, deren Erhebung im Patronatsverhältnis grundsätzlich unzulässig ist[171]. Papinian deutet all diese Schwierigkeiten durch die emphatische Umschreibung *non facile* nur an, fordert also den Zuhörer oder Leser zum Mitdenken auf, und wendet sich dem eigentlichen argumentativen Schwerpunkt, nämlich dem gesetzge-

---

ken gut vereinbaren. Vgl. auch Krüger, Verweisungsedikte im prätorischen Album, SZ 37 (1916) 291 mit Fn. 1. Vergleichbar D. 26.1.6.2 Ulp. 38 Sab.

166 Vgl. auch Arcaria, Senatus censuit, 1992, 274f., der von einem „*tutor interinale*" spricht. Zur *cautio rem pupilli salvam fore* vgl. Mantovani, Le formule, Nr. 194, Lenel, EP 540f.

167 Vgl. Quint. 7, 7, 2, dazu Lausberg, § 219, S. 120.

168 Dies dient zudem der Abgrenzung zum *SC Rubrianum*, das die Verweigerung der Freiheit mit dem Verlust der Patronatsrechte und der Tutel bestraft, vgl. vor allem D. 25.4.3.3 Ulp. 38 ad Sab., dazu Castello, D. 40,5,26,7 in tema di Senatoconsulto Rubriano, in: Biscardi et al. (Hg.), Studi Scherillo I, Mailand 1972, 231f. Anders Solazzi, in: Scritti III, 1970, 100.

169 Das Problem stellt sich nicht in dem von Hadrian entschiedenen Fall, in dem der Erbe nicht Patron war, sondern direkt im Testamente freigelassen war. Vgl. auch. Carbone, in: Studi Nicosia II, 2007, 250f., 268. Als Interpolationsindiz werten dies Taubenschlag, Studien, 1913, 9 Fn. 44, Solazzi, in: Scritti III, 1960, 101. Noch Arcaria, Senatus censuit, 1992, 276 mit Fn. 79 mwN spricht von einer „grave contraddizione logica".

170 Vgl. D. 2.4.4.1 Ulp. 5 ad ed. Zum Respekt vgl. nur Kaser, RP I, § 70.I, 299 mwN. Zum *obsequium* vgl. Waldstein, Operae libertorum, 1986, 53-69, bes. 63-65.

171 Vgl. D. 37.15.2pr. Iul. 14 dig.; D. 37.15.5.1 Ulp. 10 ad ed. mit Kaser, RP I, § 70.I, 299 sowie ders., Die Geschichte der Patronatsgewalt über Freigelassene, SZ 58 (1938) 106-112. Sie ist als *bonae fidei iudicium* auch die richtige Klageart für die Klage auf Kaution, vgl. Pal. 187 = D. 5.1.41 Pap. 11 quaest.

berischen, hier dem senatorischen Willen (*senatus ... voluit*) zu. Dieses Vorgehen entspricht dem *status legum contrariarum*[172], denn ein Gegner der Kautionspflicht des Patrons könnte insbesondere vorbringen, dass es der *aequitas* widerspreche, den Patron wie einen Dritten zu behandeln (§ 1)[173]. Demgegenüber beharrt Papinian auf dem Wortlaut des Senatsbeschlusses, indem er die verwerfliche Haltung des Erben unterstreicht, der den Antritt verweigert habe[174]. Auch diese Auslegung hat die *aequitas* auf ihrer Seite, weil der Erblasser das Freiheitsrecht des Sklaven missachtet hat (*qui libertate privavit*).

Die folgende mit *quid ergo* eingeleitete Frage, was geschehen soll, wenn der Patron nicht Sicherheit leiste, spitzt das in § 1 (*non facile*) nur angedeutete Problem zu, ob und wie der Freigelassene die Kaution vom Freilasser erzwingen kann[175]. Papinians lapidare Antwort löst den Widerspruch zwischen *ius civile* und Senatsbeschluss dadurch auf, dass dem Erben zwar grundsätzlich die Patronatsrechte verblieben, die Vormundschaft vom Senat aber nur verliehen werde, wenn der Erbe Sicherheit leiste[176].

Dass diese Aufteilung der Anwendungsbereiche beider Vorschriften der *aequitas* entspricht, belegt das Beispiel der *puella* (§ 2), das die *cautio pupilli rem salvam fore* mit der Prüfungspflicht des *praetor tutelaris* vergleicht[177]. Vordergründig geht es dabei darum, die Kautionspflicht durch die magistratische Prüfung bei Bestellung des Vormunds abzulösen[178]. In diesem Zusammenhang belegt es aber, dass es der *aequi-*

---

172 Vgl. Lausberg, § 218, S. 119.

173 Nicht die Rechtmäßigkeit beider Belange steht in Frage (vgl. Quint. 7, 7, 7 *Item aut confessum est ex utraque parte ius aut dubium...*), sondern das Instrumentarium ihrer Abstimmung. Zum Begriff des *extraneus* vgl. zuletzt Carbone, in: Scritti Nicosia II, 2007, 261-265 mwN. Sog. *qualitas absoluta*: Der Patron profitiert vom Normenkonflikt und kann sich auf die Rechtmäßigkeit seines Verhaltens berufen, vgl. Quint. 7, 4, 4.

174 Zu *qui quod in ipso fuit* vgl. auch Carbone, in: Scritti Nicosia II, 2007, 260f.

175 Guzman, Caución tutelar, 1974, 153 Fn. 1 hält dies für interpoliert. Anders Carbone, in: Scritti Nicosia II, 2007, 267f.

176 Diese Lösung Papinians ist vorrangig vor der Frage, die Ulpian in D. 26.4.5.1 Ulp. 35 ad ed. behandelt. Zu Unrecht wird daher versucht, beide Fragmente zu harmonisieren, vgl. Taubenschlag, Studien, 1913, 10 Fn. 44 und Guzman, Caución tutelar, 1974, 150 (insoweit im Widerspruch zu 94).

177 Durch die Geschlechtsreife endet die Tutel, vgl. Solazzi, in: Scritti III, 1960, 102, Guzman, Caución tutelar, 1974, 53f. Anders allerdings v. Savigny, in: Vermischte Schriften I, 1850, 283, der im Text von einer Konkurrenz zwischen Kurator und Tutor ausgeht. Gegen die Lesung *administrare* vgl. Solazzi, in: Scritti III, 1960, 90f. In der Literatur ist weiter umstritten, ob die Kuratel eine notwendige ist oder nur auf Antrag gewährt wird, vgl. dazu Cervenca, Iura 40 (1989), 26f. mwN und Desanti, De confirmando, 1995, 284 mit Fn. 96.

178 Für Interpolation Solazzi, Scritti III, 1960, 98, dagegen bereits Cervenca, Iura 40 (1989) 26f. mwN Fn. 10. Zum Ersatz der *cautio* durch die *inquisitio* vgl. auch Pal. 193 = D. 26.3.5 Pap. 11 quaest., dazu Desanti, De confirmando, 1995, 214-221. Zur engen Verbindung der beiden Begriffe vgl. Desanti, aaO., 171 Fn. 40.

tas entspricht, auch vom Freilasser die Kautionsleistung zu verlangen: Da eine Prüfung der Person unterbleibt bzw. das Verhalten des Freilassers auf fehlende Eignung schließen lässt, muss er Sicherheit leisten, um Gewähr für die eigene Zuverlässigkeit zu bieten. Dabei unterstreicht die für Papinian typische metaphorische Personifikation der beiden Termini (*vinculum cautionis – fides inquisitionis*) die Gleichwertigkeit der beiden Instrumente, so dass auch die Kautionspflicht als Ausdruck der *fides*, das heißt der *aequitas,* erscheint. Damit aber gibt es keinen Grund, dem Senat Verletzung des *ius civile* vorzuwerfen.

Erst recht ist nach dem Vorangehenden ein Widerspruch zwischen dem Reskript des Hadrian[179] und dem *ius civile* zu verneinen: Da nämlich der Fideikommissar im Reskript im Testament selbst freigelassen worden war, standen dem Erben auch keine Patronatsrechte zu. Dass Papinian das Reskript an dieser Stelle trotzdem erwähnt, lässt darauf schließen, dass er sich dagegen wendet, die Entscheidung Hadrians als Restriktion des Senatsbeschlusses zu bewerten. Wie der Spätklassiker beweist, ist der unwillige Erbe vielmehr auch in dem vom Senat entschiedenen Fall von der gesetzlichen Vormundschaft auszuschließen.

Insgesamt überwindet Papinian damit die Bedenken, die sich aus dem *ius civile* gegen den Senatsbeschluss und das Reskript ergeben könnten, indem er die Billigkeit aufzeigt, die die Einschränkung der Patronatsrechte rechtfertigt.

2. Widersprechende Dekrete: Pal. 195 vs. Pal. 196

Ebenfalls der Beseitigung von (scheinbaren) Widersprüchen zwischen zwei rechtlichen Anordnungen dient der aus der Palingenesie rekonstruierbare Vergleich zwischen Pal. 195 = D. 37.12.5 Pap. 11 quaest. und Pal. 196 = D. 36.1.52 Pap. 11 quaest. Er zeigt, auf welche Weise Papinian die Antinomie zwischen zwei Dekreten interpretativ beseitigt:

Pal. 195 = D. 37.12.5 Pap. 11 quaest.

Divus Traianus filium, quem pater male contra pietatem adficiebat, coegit emancipare. quo postea defuncto, pater ut manumissor bonorum possessionem sibi competere dicebat: sed consilio Neratii Prisci et Aristonis ei propter necessitatem solvendae pietatis denegata est.	Der vergöttliche Trajan hat [den Vater] gezwungen, den Sohn, dem der Vater unter Verstoß gegen die elterliche Liebe Böses zugefügt hatte, aus der väterlichen Gewalt zu entlassen. Als der Sohn später verstarb, argumentierte der Vater, dass ihm die *bonorum possessio* [an der Erbschaft des Sohnes] zustehe, wie wenn er [dessen] Freilasser wäre. Aber auf den Ratschlag des Neratius Priscus und des Aristo hin ist ihm [der Antrag auf die *bonorum possessio*] abgelehnt worden mit der Begründung, es sei notwendig, die Verpflichtung [des Kindes] aufzuheben, die Eltern zu ehren.

179 Zum Reskript vgl. zuletzt Carbone, in: Studi Nicosia II, 2007, 250 mwN.

Pal. 196 = D. 36.1.52 Pap. 11 quaest.

Imperator Hadrianus, cum Vivius Cerealis filio suo Vivio Simonidi, si in potestate sua esse desisset, hereditatem restituere rogatus esset ac multa in fraudem fideicommissi fieri probaretur, restitui hereditatem filio iussit ita, ne quid ea pecunia, quamdiu filius eius viveret, iuris haberet. (1)	Als der Vivius Cerealis gebeten wurde, seinem Sohn Vivius Simonides mit Ausscheiden aus der väterlichen Gewalt die Erbschaft herauszugeben, und dargetan wurde, dass eine Menge zur Umgehung des Fideikommisses unternommen worden war, hat Kaiser Hadrian angeordnet, dem Sohn die Erbschaft mit der Maßgabe zu übertragen, dass er [der Vater], solange sein Sohn lebe, mit Bezug auf dieses Vermögen nichts mit Berechtigung erwerben könne. (1)
nam quia cautiones non poterant interponi conservata patria potestate, damnum condicionis propter fraudem inflixit. (2a)	Da nämlich keine Kautionen zwischen ihnen [Vater und Sohn] zustande kommen können, weil die väterliche Gewalt fortbesteht, hat er [der Kaiser Hadrian] [dem Vater] die Verschlechterung der Lage wegen seiner Arglist auferlegt. (2a)
post decreti autem auctoritatem in ea hereditate filio militi comparari debuit, si res a possessoribus peti vel etiam cum debitoribus agi oporteret. (2b)	Gemäß der Anordnung des Dekretes müsste der Sohn hinsichtlich der Erbschaft aber einem Soldaten gleichgestellt werden, falls es notwendig wäre, dass er [der Sohn] eine Sache von den Besitzern herausverlangte oder auch gegen Schuldner klagte. (2b)
sed paternae reverentiae congruum est egenti forte patri officio iudicis ex accessionibus hereditariis emolumentum praestari. (3 / 4)	Aber es ist der dem Vater geschuldeten Ehrerbietung angemessen, etwa dem bedürftigen Vater nach richterlichem Ermessen den Ertrag aus den Nebensachen der Erbschaft zu gewähren. (3/4)

Die Milde, mit der Hadrian im Vergleich zu Trajan gegenüber dem Hausvater verfährt, verdeckt auf den ersten Blick die gemeinsame Basis der Entscheidungen, die Papinians Erörterung kunstgerecht herausarbeitet[180]. Als Widerspruch könnte man es insbesondere ansehen, dass Trajan dem Vater sogar nach dem Tod des Sohnes die Teilhabe *(bonorum possessio)* am Erbe verweigert, während Hadrian den Vater immerhin am Zinsgewinn aus der Erbschaft partizipieren lässt. Schon die Sachverhaltsschilderung zeigt allerdings, welcher entscheidende Unterschied zwischen beiden Fällen besteht: Im Fall des Trajan hat der Vater gegen die väterliche *pietas* verstoßen, den von Hadrian bestraften Vivius Cerealis trifft dagegen der diffuse Vorwurf, gegen das Fideikommiss intrigiert zu haben.

Dieser Unterschied findet sich auf Ebene der rechtlichen Würdigung wieder: Während Trajan den Antrag des Vaters ablehnt, ist die Sanktion Hadrians nach Papinian durch die *reverentia paterna* zu begrenzen[181]. Erst der Vergleich der beiden Erörterun-

180 Solazzi, in: Scritti II, 1957, 501f., anders Lenel, Pal. I, Sp. 935 Fn. 2.

181 Die *patria potestas* muss in *pietas* ausgeübt werden, vgl. D. 48.9.6 Marcian. 14 inst., allgemein Rabello, Effetti personali della ‚patria potestas'. Dalle origini al periodo de-

gen führt damit vor Augen, warum Vivius Cerealis nicht gänzlich auf eine Teilhabe an der Erbschaft verzichten muss: Während der Vater in Trajans Entscheidung gegen die *pietas* verstoßen hat und damit die väterliche Gewalt verliert, setzt Papinian voraus, dass das die *pietas (= reverentia)* begründende Kindschaftsverhältnis zwischen Vivius Cerealis und Vivius Simonides fortbesteht[182]. Aus diesem Grund enthält die für die Sanktion Trajans angeführte Rechtfertigung (*propter necessitatem solvendae pietatis)*[183] auch die Grundlage der zugunsten des Vaters getroffenen Entscheidung in Pal. 196[184]: Da das die *pietas* auslösende Naheverhältnis zwischen Vivius Cerealis und Vivius Simonides unversehrt ist, muss der Sohn den Vater ehren und ihn an den Früchten der Erbschaft beteiligen.

Der Widerspruch zwischen den beiden Dekreten führt Papinian mithin zu einer restriktiven Auslegung der hadrianischen Entscheidung, die dadurch gestützt wird, dass Papinian behauptetet, der Kaiser habe dem Vater das Vermögen nur deshalb entzogen, weil es nicht möglich sei, eine Kaution im Gewaltverhältnis zwischen Vater und Sohn abzugeben[185]. Trotz der Arglist des Vaters sei Zweck des Dekretes, die Erbschaft vor Verschlechterungen zu schützen. Damit weist Papinian die Deutung als Strafe für den Vater zurück[186]. Als zweites Argument bemüht Papinian die *aequitas*, die er mit dem Begriff *paterna reverentia* evoziert[187]. Nach den Lehren der

---

gli Antonini, Mailand 1979, 156f. und 237f., zuletzt Torrent, 'Patria potestas in pietate non atrocitate consistere debet', Index 35 (2007), 159–174.

182 Nur *restitui hereditatem filio iussit*, nicht: *coegit emancipare.*

183 BIA ergibt für *solvere pietatem* keine weiteren Belege. Bekannt aber C. 12.36.3 Alex. (a. 224): ... *nexu paternae potestatis iure sacramenti solutus*; Vat. 255: ... *soluta potestate iure emancipationis vita decessit* (Pap. 12 resp.), dazu Scarano Ussani, Valori e storia, 1979, 49 Fn. 89. Dabei spielt Papinian mit den Bedeutungsvarianten von *solvere*: Einerseits ist die *pietas* zerstört („aufgelöst", wobei unklar ist, worin diese Verletzungshandlung besteht, vgl. dazu Gebhardt, Prügelstrafe und Züchtigungsrecht im antiken Rom und in der Gegenwart, Köln 1994, 203 mwN.) und kann die *bonorum possessio* nicht begründen, andererseits besteht ein grundsätzliches Interesse daran, die Verpflichtung zur *pietas* durchzusetzen („erfüllen").

184 Dass Trajans Entscheidung hier als *exemplum*, das heißt zu Beweiszwecken, verwandt ist, während Hadrians Entscheidung auf dem Prüfstand steht, zeigt sich auch an der Zitierweise (*divus Traianus* vs. *Imperator Hadrianus*). Anders Solazzi, in: Scritti II, 1957, 497. Zur Argumentationsweise des Neratius vgl. Scarano Ussani, Valori e storia, 1979, 48 und Nappi, Ius finitium, Labeo 43 (1997) 66f.

185 Wie hier Biondi, Successione testamentaria e donazioni, Mailand 1943, 90f. Zu den möglichen Gründen vgl. Daube, in: Collected Studies I, 1991, 370.

186 Hier verwendet Papinian einen Archaismus, denn die Bedeutung *fraus* = Nachteil ist eine der ältesten, vgl. Krüger/Kaser, Fraus, SZ 63 (1943) 118f.

187 Dies haben die verschiedenen Verdächtigungen gegen den Ausdruck überhaupt nicht berücksichtigt. Der Begriff als solcher ist nur in D. 36.1.52 Pap. 11 quaest. und C. 6.61.8.4d Iust. (a. 531) belegt. Der Gedanke der Schonung der Eltern findet sich auch in der *reverentia parentium,* vgl. z.B. D. 2.4.6 Paul. 1 sent. und D. 44.4.4.16 Ulp. 66 ad ed. Häufiger ist die *reverentia* gegenüber dem Patron. Für die Ehrfurcht gegenüber den Eltern wird meist *verecundia* verwandt, vgl. (für Papinian) D. 28.7.15 Pap. 16 quaest.; D. 39.5.31.1 Pap.

Rhetorik ist die *aequitas* aus den faktischen Gegebenheiten des Falls zu entwickeln (*quod in lite est*)[188], so dass es auf der Hand liegt, das Kindschaftsverhältnis als Argumentationshilfe heranzuziehen. Auch bei dieser Argumentationssuche bietet die Rhetorik (*genus rationale*) Hilfestellung: Ist der Verstoß, wie hier für den Vater, festgestellt (*qualitas assumptiva*), kann der Täter sein Verhalten nur durch Verweis auf sonstige Umstände rechtfertigen[189]. Die schwächste Art dieser Verteidigung ist die Bitte, der Person des Täters Respekt oder Mitleid zu erweisen[190]. Der Appell an die *paterna reverentia* entspricht dieser *deprecatio*, denn der Richter, dessen Ermessen Papinian trotz der Kürze der Darstellung ausdrücklich erwähnt, wird zur Milde (*clementia*) gegenüber dem Vater angehalten[191].

3. Kaiserrecht vs. ius praetorium, *Pal. 345*

Eine dritte, dogmatisch besonders interessante Katene ist den Widersprüchen zwischen einem Reskript des Marc Aurel und dem prätorischen Edikt gewidmet.

Pal. 345 = D. 36.3.5.1 Pap. 28 quaest.

Imperator Marcus Antoninus Iulio Balbo rescripsit eum, a quo res fideicommissae petebantur, cum appellasset, cavere vel, si caveat adversarius, ad adversarium transferri possessionem debere. (1)	Der Kaiser Marc Aurel hat dem Iulius Balbus beschieden, dass der [Erbe], von dem die fideikommissarisch [hinterlassene] Sache eingeklagt würden, die Kaution abgeben müsse, wenn er Berufung eingelegt habe. Wenn aber der Gegner die Kaution abgegeben hätte, sei der [vorläufige] Besitz [an den Sachen] auf den Gegner zu übertragen. (1)
recte placuit principi post provocationem quoque fideicommissi cautionem interponi: quod enim ante sententiam, si petitionis dies moraretur, fieri debuit, amitti post victoriam dilata petitione non oportuit. (2)	Zu Recht nahm der Kaiser an, dass nach der Einlegung der Appellation auch die Kaution [zum Erhalt] des Fideikommisses Anwendung findet. Was nämlich vor dem Urteil unternommen werden musste, wenn die Leistung über den Fälligkeitszeitpunkt hinaus verzögert wurde, darf bei Verzögerungen der Leistung nach dem Sieg [des Fideikommissars] nicht verloren gehen. (2)
sed quare non caverat de fideicommisso qui provocaverit, si caveret adversarius, ad eum possessionem esse transferendam rescripsit, cum alia sit edicti condicio? non enim exigitur a legatario vice	Aber warum gab nicht der Appellant die Kaution [zum Erhalt] des Fideikommisses ab, wenn der Gegner die Kaution abgibt, mit der Folge, dass auf ihn [den Gegner] – wie das Reskript entschieden hat – der Besitz zu übertragen ist, obwohl die Rechtslage nach dem Edikt eine andere ist? Denn vom Legatar wird [im Edikt] nicht verlangt, wech-

12 resp.; D. 49.17.14.1 Pap. 27 quaest., ferner auch *pietas*, vgl. D. 37.12.5 Pap. 11 quaest., zum Gebrauch dieser Maximen bei Papinian vgl. Manthe, OIR 10 (2005) 143-166.

188 Vgl. Quint. 7, 6, 7.

189 Allgemein dazu Lausberg, § 177, S. 98f. mwN.

190 Vgl. Cic. inv. 1, 15; Quint. 7, 4, 17 *Ultima est deprecatio, (...)*.

191 Auch Quintilian nennt die Verwandtschaft als Grund für Milde, vgl. Quint. 7, 4, 18.

mutua cautum, sed vicaria custodiae gratia possessio datur et qui optinuit in possessionem per praetorem aut praesidem inducitur. (3)
sed praetor quidem in omnium rerum possessione, quae in causa hereditaria permanent omnimodo, fideicommissi servandi gratia esse permittit: princeps autem earum rerum nomine, de quibus fuerat iudicatum, mutuas admisit cautiones: sicuti, cum de bonis suis conferendis filius accepta possessione cavere non potest, quia denegamus ei actiones, defertur condicio cavendi fratribus ex forma iurisdictionis, quod ex portione fratris fuerint consecuti, cum bona propria conferre coeperit, se restituturos. sed si nec ipsi cavere possint, utiliter probatum est virum bonum ab utraque parte eligendum, apud quem ut sequestrem fructus deponantur quique utiles actiones a praetore datas exerceat. possessio autem ex rescripto supra relato non aliter ad eum, qui fideicommissum petit, transfertur, quam si caverit, tametsi maxime adversarius non per inopiam, sed per contumaciam cavere noluerit: (4)
sed si is qui vicit non possit cavere, vel res deponenda vel iurisdictio restituenda erit. (5)

selseitig Kaution zu leisten, sondern ihm wird stattdessen der [vorläufige] Besitz zum Schutz [des Fideikommisses] eingeräumt. Und derjenige, der obsiegt hat, wird durch den Prätor oder Präses in den [dauerhaften] Besitz eingewiesen. (3)
Aber der Prätor erlaubt zwar, dass er [der Fideikommissar] zum Schutz des Fideikommisses in den [vorläufigen] Besitz aller Sachen eingewiesen wird, welche in jedem Fall in der Erbschaft verbleiben. Der Kaiser aber lässt mit Blick auf diejenigen Sachen, über die ein Urteil gesprochen worden ist, gegenseitige Kautionsleistungen zu, genauso wie wenn der [emanzipierte] Sohn, nachdem er den Erbschaftsbesitz erhalten hat, hinsichtlich der Einwerfung seiner Sachen [in die Erbschaft] nicht die Kaution leisten kann. Weil wir ihm die [analogen] Klagen [des Erbschaftsbesitzers] verweigern, geht die Pflicht zur Kautionsleistung nach der Vorschrift des Jurisdiktionsedikts auf die Brüder über. [Sie erklären in der Kaution], dass sie zurückerstatten werden, was sie als Erbteil des Bruders erhalten haben werden, sobald er [über seinen Erbteil hinaus] eigenes Vermögen [in die Erbschaft] einwirft. Aber wenn auch sie ihrerseits nicht die Kaution leisten können, ist aus Gründen der Zweckmäßigkeit anerkannt, dass ein vertrauenswürdiger Mann von beiden Parteien auszuwählen sein wird, bei dem wie bei einem Sequester die Früchte hinterlegt werden und der die analogen Klagen, die vom Prätor erteilt worden sind, erhebt. Der [vorläufige] Besitz wird aber aus dem oben genannten Reskript nur dann dem Kläger des Fideikommisses eingeräumt, wenn er die Kaution abgibt, selbst wenn der Gegner weniger aus Mittellosigkeit als aus Ungehorsam nicht die Kaution abgeben will.
Aber wenn der [erstinanzlich] Obsiegende [Fideikommissar] nicht die Kaution [zum Erhalt des Fideikommisses] leisten kann, muss die Sache hinterlegt oder die [Rechtslage] nach dem Edikt wiederhergestellt werden [i.e. Einweisung in den vorläufigen Besitz].

Die die Erörterung auslösende Frage (*sed quare*) ist in ihrer sprachlichen Form nicht eindeutig: Die alte deutsche und die englische Übersetzung der Digesten machen *non caverat de fideicommisso* von *rescripsit* abhängig. Dies setzt freilich Emendationen voraus, z.B. dass man wie Cujas *cavente* liest oder mit Mommsen *cum* einfügt[192]. Derartige Emendationen führen allerdings zu interpretativen Schwierigkeiten, denn wie schon Solazzi bemängelt hat, beantwortet Papinians Kommentar die Frage, wenn man sie derart auffasst, nicht[193]. Es ist daher zu erwägen, *quare* nicht auf *rescripsit* zu beziehen, sondern auf *non caverat.* Das Plusquamperfekt steht dann rhetorisch als Nachsatz des *si caveret adversarius* und verleiht der Frage eine besondere Lebhaftigkeit, deutet aber auch Naivität des Fragestellers an, der nicht versteht, warum die Besitzeinweisung des Fideikommissars dessen Kautionsleistung voraussetzt[194]. Zu diesem Verständnis fügt sich der folgende Satz (*non enim ... inducitur)*, denn er erläutert, dass das Reskript anders als das Edikt die Besitzeinweisung von der eigenen Sicherheitsleistung des Legatars abhängig macht und nicht vom Ausbleiben der Sicherheitsleistung des Erben. Edikt und Reskript stehen also im Widerspruch (*status legum contrariarum*[195]), den Papinian dadurch überwindet, dass er die unterschiedlichen Gegenstände und Zielsetzungen der beiden Anordnungen herausarbeitet und sodann die besondere Zwecksetzung des Reskriptes erläutert.

Papinian übergeht, dass ein Widerspruch zwischen dem prätorischen Edikt und dem Reskript überhaupt nur dann besteht, wenn die *cautio servandorum legatorum causa* im Rahmen des Appellationsverfahrens anwendbar ist[196]. Wie eine Stellungnahme Ulpians zeigt, ist diese Rechtsansicht keinesfalls unumstritten (D. 36.3.1.9-10 Ulp. 79 ad ed.), denn nach Ulpian dient die *cautio* des prätorischen Edikts der vorprozessualen Sicherung des Begünstigten, während die *mutuae cautiones* des Reskriptes die Parteien im Rahmen der Appellation sichern[197]. Nach Papinian sind Legatar und Fideikommissar auch im Rahmen der Appellation gegen Leistungsverzögerungen zu

192 Vgl. Cujas, in: Opera IV, 735. Die Frage lautet dann: „Aber warum hat er nicht reskribiert, dass, wenn der Appellant nicht Sicherheit geleistet hat, der Gegner Sicherheit geleistet hat, der Besitz auf ihn zu übertragen ist, obwohl die Bedingung des Edikts eine andere ist." Unklar Bas. 44.21.3 (= Heimbach, IV, 58, nicht bei Scheltema).

193 Vgl. Solazzi, in: Scritti V, 1972, 202, ebenso Arcaria, BIDR 89 (1986) 271.

194 Vgl. Leumann/Hofmann/Szantyr, ^{2}1972, 328: „Selten und im wesentlichen umgangssprachlich ist das sog. rhetorische Plqpf. in der Apodosis der irrealen Periode; es unterscheidet sich von dem Typus *paene* mit Plqpf. durch die lebhafte Vorwegnahme des Erfolgs der Handlung, der dann durch den folgenden *nisi*-Satz wieder verneint wird. Das Ursprüngliche ist daher die Voranstellung des Hauptsatzes, z. B. Cic. ad fam. 12, 10, 3 *praeclare viceramus, nisi... recepisset.*" Zum *soloecismus per tempora*, dazu Quint. 9, 3, 4f.

195 Zur Art der Antinomie vgl. Quint. 7, 7, 2, dazu Lausberg, § 219, S. 120.

196 Vgl. Muther, Sequestration und Arrest, 1856, 177: „ die vom Kaiser angeordnete Caution ist nicht identisch mit jenen prätorischen *satisdatio de legatis vel fideicommissis*". Zur *cautio* vgl. Lenel, EP 369 und Mantovani, Le formule, Nr. 193. Zur Anwendbarkeit auf das Fideikommiss vgl. D. 36.3.14pr. Ulp. 79 ad ed.

197 Vgl. Arcaria, BIDR 89 (1986) 271. Nach Ulpian bringt die *litis contestatio* aus *der actio ex testamento* den Anspruch des Legatars auf die Kautionsleistung zum Erlöschen. Diese Lösung soll ausdrücklich auch für das Fideikommiss gelten. Vgl. Guarino, Collatio, 1937, 165 Fn. 1, der diese Lösung zu Unrecht für allein klassisch hält.

schützen (*quod enim...*). Da er den Fortbestand der *cautio servandorum legatorum causa* auch für die abschließende Lösung des Konflikts benötigt[198], ist es nur folgerichtigt, dass er diese Voraussetzung bereits in der ersten, das Reskript stützenden Kommentierung (*approbatio propositionis*) klärt.

Aus der Konkurrenz der beiden Kautionsarten erwächst die Fragestellung, der sich die mit *sed quare* eingeleitete Erörterung widmet. Papinian untersucht, warum das Reskript dem Erben trotz Kautionsleistung den Besitz der Sache entzieht, obwohl der Erbe nach der ediktalen *cautio legatorum servandorum causa* die Besitzeinweisung des Fideikommissars verhindern könnte, indem er die Kaution abgibt[199]. Der Widerspruch zwischen den beiden Regelungen (*status legum contrariarum*) ist durch ihre genaue Analyse nach Wortlaut und Wille aufzulösen[200], weshalb auch der Spätklassiker zunächst die gegensätzliche Zwecksetzung der beiden Anordnungen herausstellt[201], die sich auch im unterschiedlichen Anwendungsbereich niederschlägt (*quae in causa hereditaria – de quibus fuerat iudicatum*)[202]. Da die einleitende Frage das prätorische Edikt zum Angriff gegen das Reskript nutzt, legt Papinian freilich besonderen Wert darauf, Gemeinsamkeiten zwischen Edikt und Reskript aufzuzeigen[203]. Zu diesem Zweck führt er das Beispiel der *collatio bonorum* ein (*sicuti*).

Die *collatio bonorum* ermöglicht dem emanzipierten Haussohn, wie ein *suus* am Erbe des Vaters teilzuhaben. Voraussetzung ist allerdings, dass er das seit der Emanzipation für sich selbst erworbene Vermögen in die Erbmasse „einwirft", was er mit der *cautio de conferendis bonis* verspricht. Diese Kaution wird vom Prätor erzwungen, indem er dem *emancipatus* die *bonorum possessio* wie die erbschaftlichen Klagen nur gegen Kautionsleistung erteilt[204]. Leistete der *emancipatus* die Kaution nicht, wurde offenbar noch danach unterschieden, ob dies aus Unvermögen (*inopia*) oder Unwillen (*contumacia*) geschah[205]. Papinian, der diese Rechtslage mehr voraussetzt als erläutert, interessiert das Wechselspiel zwischen *emancipatus* und *sui* mit Blick auf das Verhältnis von Besitzeinweisung und Kautionsleistung. Er beginnt seine Betrachtungen mit dem Fall, dass der aus der Gewalt ausgeschiedene Haussohn die Kaution nicht ableisten konnte (*cavere non potest*). Da der Prätor ihm deshalb die erbschaftlichen Klagen verweigere, könnten nun die Hauserben versprechen, das vom

198 *Iurisdictio restituenda est* verweist emphatisch auf das prätorische Edikt.

199 Zur Diskussion zwischen Erbe und Fideikommissar vgl. Arcaria, BIDR 89 (1986) 271.

200 Vgl. Quint. 7, 7, 1.

201 Zur Vorläufigkeit der Besitzeinweisung vgl. auch D. 36.4.5pr. Ulp. 52 ad ed., dazu Muther, Sequestration und Arrest, 1856, 177f., allgemein Kaser/Hackl, RZ § 65.II.1, 428.

202 Etwas anders Arcaria, BIDR 89 (1986) 272.

203 Zum politischen Charakter der Appellation vgl. Harter-Uibopuu, Die Anlassverfahren für die Appellationen an Mark Aurel (Athen, EM 13366), SZ 125 (2008) 214-250 (zu Athen).

204 Es ist umstritten, ob der Sohn zunächst den Besitz erhält. Vgl. Lenel, EP 345f., Polaček SZ 63 (1943), 406 Fn. 5, zuletzt Caballé Martorell, Collatio, 1997, 159-167 (auch zum Text).

205 Vgl. Caballé Martorell, Collatio, 1997, 170f. Anders Guarino, Collatio, 1937, 150-154, dem Kaden, SZ 58 (1938) 330 folgt.

emancipatus bereits eingebrachte Vermögen anteilig zu restituieren[206]. Grund für diesen Wechsel der Kautionspflicht auf die Erben ist nach Papinians emphatischem Hinweis das prätorische Edikt (*forma iurisdictionis*)[207]. Diese Hervorhebung signalisiert, dass die Kautionen des Appellationsverfahrens und das Edikt übereinstimmend eine Kaution verlangen, um die Restitution zu sichern[208].

Auf diese Weise erreicht Papinian eine Beschränkung des Konflikts zwischen prätorischem und kaiserlichem Recht auf die *cautio servandorum legatorum causa*, widerlegt also den Eindruck eines grundsätzlichen Gegensatzes zwischen Reskript und Edikt. Vielmehr zeigt die *collatio bonorum*, dass auch das Edikt Regelungen kennt, nach denen die Kaution nicht Ersatz, sondern Voraussetzung der Besitzeinweisung ist. Dies zeigt sich besonders deutlich in der Fortsetzung des Falles, nach der auch die *sui heredes* die Kaution nicht erfüllen können (*sed si nec ipsi...*)[209]. Hier wird nicht etwa der *emancipatus* in den Besitz der Sache eingewiesen, sondern ein Sequester[210]. Insgesamt führt das Beispiel somit zu der Erkenntnis, dass die Kaution auch bei der ediktalen *collatio bonorum* Voraussetzung für den Besitzerwerb ist, Edikt und Reskript also insoweit übereinstimmen.

Die Parallele von Reskript und *collatio bonorum* nutzt Papinian auch, um eine Lösung zu finden, wenn der Fideikommissar die Kaution nicht leisten kann. Genau wie bei *collatio bonorum*, scheint es auch bei der Appellation sachgerecht, einem Dritten die Sache vorläufig als Sequester zuzuweisen, wenn keine der Parteien die Kaution abgibt. Da sich das Reskript zu dieser Alternative nicht äußert, schließt Papinian allerdings nicht aus, die *cautio servandorum legatorum causa* zur Anwendung zu bringen, was der bisherigen Argumentation widerspricht. Auch wenn Papinian daher diese Möglichkeit durch die verhüllende Bezeichnung *iurisdictio restituenda erit* verbirgt, kann wenig Zweifel daran bestehen, dass der Fideikommissar bei Anwendung dieses Edikts (vorläufig) in den Besitz einzuweisen wäre[211]. Die Konkurrenz ist damit durch eine vorrangige Anwendung des Reskriptes und eine subsidiäre Berufung auf das Edikt aufzulösen.

Im Ergebnis gelangt Papinian auch hier zu einer Auflösung des scheinbaren Widerspruchs zwischen prätorischem und kaiserlichen Recht. Damit sind die Zweifel des naiven Fragestellers am Reskript als unbegründet zurückzuweisen.

206 Vgl. Voci, DER I, 1960, 705 und zuletzt Caballé Martorell, Collatio, 1997, 171f. mwN.

207 Lenel, EP 346 versteht diesen Text als Beleg für eine Ediktsbestimmung für „den Fall, daß der Kollationspflichtige nicht kavieren kann"; anders Guarino, Collatio, 1937, 161f., der den Text als unecht verdächtigt, dazu bereits kritisch Kaden, SZ 58 (1938) 330.

208 Vgl. Brinz, SZ 4 (1883) 175.

209 So im Ergebnis bereits Arcaria, BIDR 89 (1986) 273f.

210 Vgl. Voci, DER I, 1960, 704f. und Aricò Anselmo, Sequestro omittendae possessionis causa, in: AUPA 40 (1988) 249 (zum Text).

211 Zu diesen *cautiones* vgl. Pergami, L'appello nella legislazione del tardo impero, Mailand 2000, 40f. mwN (zur Stelle). Pergami meint, es habe sich hier nicht um eine „specifica cautio de exercenda provocatione", sondern um die *cautio fideicommissi* gehandelt.

IV. Erweiternde Auslegung (*syllogismus* als *status*)

Der *syllogismus (ratiocinatio, collectio)*[212] als *status* dient der analogen Anwendung von Normen auf einen bisher nicht oder nicht eindeutig umfassten Fall: *ex eo, quod manifestum est, colligitur quod dubium est*[213]. Das Verfahren erinnert auch insoweit an die moderne Analogie, als der Redner zugesteht, dass der Sachverhalt weder vom Wortlaut noch vom Willen des Gesetzgebers erfasst ist[214]. Entsprechend ist es Aufgabe der Normanwendung, eine erweiterte Intention (*voluntas plenior*) herauszuarbeiten.

1. Legatar und Testator beim Fideikommiss, Pal. 292

Von den zahlreichen Zweifelsfragen, die das erst durch Augustus verrechtlichte Fideikommiss aufwirft, untersucht Pal. 292 = D. 31.70 und 72 Pap. 20 quaest., inwieweit ein Fideikommiss die Testierfreiheit beschränken kann:

D. 31.70pr.-3 und D. 31.72 Pap. 20 quaest.

pr. Imperator Antoninus rescripsit legatarium, si nihil ex legato accepit, ei cui debet fideicommissum actionibus suis posse cedere nec id cogendum solvere. (1)	pr. Der Kaiser Antoninus hat beschieden, dass der Legatar, wenn er nichts aus dem Vermächtnis erhalten habe, demjenigen, dem er das Fideikommiss schulde, seine Klagen abtreten könne und er nicht gezwungen sei, ihm [das Fideikommiss] auszuzahlen. (1)
quid ergo si non totum, sed partem legati relicti restituere rogatus abstineat eo? utrum actionibus suis in totum cogetur cedere, an vero non nisi ad eam quantitatem, quae fideicommisso continetur? (2)	Was also [gilt], wenn er gebeten war, nicht das Ganze, sondern nur einen Teil des hinterlassenen Vermächtnisses herauszugeben, und er darauf [auf die Geltendmachung] verzichtet? Ob er gezwungen wird, seine Klagen vollständig abzutreten oder aber nur in Höhe des Betrags, der im Fideikommiss enthalten ist? (2)
quod ratio suadet. sed et si legatum perceperit, non amplius ex causa fideicommissi cogendus erit solvere, quam recepit.	Letzteres legt der Schluss nahe. Aber auch wenn er das Vermächtnis erhalten hat, darf er nicht gezwungen werden, aus dem Rechtsgrund des Fideikommisses mehr zu zahlen, als er erhalten hat. (3)
1 Si centum legatis duplum restituere rogatus sit, ad	1 Wenn er gebeten worden ist, von den hundert Vermachten das Doppelte herauszugeben, wird

212 Vgl. Quint. 7, 8, 1, dazu Lausberg, § 221, S. 121f. und Steudel-Günther, in: HWR 7, 2005, s.v. ratiocinatio, Sp. 599.

213 Vgl. Quint. 7, 8, 6, dazu Peters/ Hambsch, in: HWRhet. 2, 1994, Sp. 271.

214 Vgl. Lausberg, § 221, S. 122 und § 209, S. 116.

summam legati videbitur constituisse: si autem post tempus fideicommissum relictum sit, usurarum dumtaxat additamentum admittetur. nec mutanda sententia erit, quod forte legato percepto magnum emolumentum ex aliquo negotio consecutus est aut poenam stipulationis imminentem evasit. haec ita, si quantitas cum quantitate conferatur. enimvero si pecunia accepta rogatus sit rem propriam, quamquam maioris pretii est, restituere, non est audiendus legatarius, legato percepto si velit computare: non enim aequitas hoc probare patitur, si quod legatorum nomine perceperit legatarius offerat.

2 Cum quidam filio suo ex parte herede instituto patruum eius coheredem ei dedisset et ab eo petisset, ut filium suum pro virili portione filiis suis coheredem faceret: si quidem minus esset in virili portione, quam fratris hereditas habuit, nihil amplius peti posse, quod si plus, etiam fructuum, quos patruus percepit vel, cum percipere potuerit, dolo non cepit, habendam esse rationem responsum est, non secus quam si centum milibus legatis rogetur post tempus maiorem quantitatem restituere.

3 Cum autem rogatus, quidquid ex hereditate supererit, post mortem suam restituere de pretio rerum venditarum alias comparat, deminuisse quae vendidit non videtur,

72 Idem servandum erit et si proprios creditores ex ea pecunia dimiserit: non enim absumitur, quod in corpore patrimonii retinetur.

[das Fideikommiss] als auf den Betrag des Legats festgesetzt anzusehen sein; wenn aber das Fideikommiss hinterlassen worden ist, dass es nach einer Zeit herausgegeben werde, wird nur die Hinzunahme der Zinsen gestattet. Und diese Ansicht sollte nicht geändert werden, weil [der Legatar] etwa durch den Empfang des Vermächtnisses einen großen Vorteil aus einem anderen Geschäft gezogen oder eine unmittelbar fällige Vertragsstrafe vermieden hat. Dies gilt jedenfalls dann, wenn eine Summe mit einer Summe verrechnet wird. Wenn er nämlich hingegen gegen den Erhalt von Geld gebeten worden ist, eine eigene Sache herauszugeben, wird der Legatar, auch wenn sie einen höheren Wert hat, kein Gehör finden, wenn er nach Erhalt des Legats [den höheren Wert] anrechnen will. Dies vorzubringen gestattet nämlich die Billigkeit nicht, wenn der Legatar, was er anstelle des Vermächtnisses erhalten hat, herausgibt.

2 Gesetzt den Fall, jemand hat seinen Sohn auf einen Teil zum Erben eingesetzt und ihm seinen Vaterbruder als Miterben gegeben und von diesem verlangt, seinen [des Testators] Sohn mit seinen eigenen Söhnen [des Vaterbruders] zu gleichen Teilen zum Erben einzusetzen. Wenn freilich weniger im Erbesanteil sein sollte, als die Erbschaft des Bruders enthielt, kann dennoch nicht mehr verlangt werden. Aber wenn es mehr ist, ist zu erwidern, dass auch die Früchte einzurechnen sind, welche er als Vaterbruder erhalten hat oder welche er arglistig nicht gezogen hat, obwohl er sie hätte ziehen können. Es ist nicht anders, als wenn man, nachdem man hunderttausend vermacht bekommen hat, gebeten wird, nach einer gewissen Zeit eine größere Summe herauszugeben.

3 Wenn er aber gebeten worden ist, wieviel auch immer aus der Erbschaft übrigbleibe, nach seinem Tod herauszugeben, und er nun vom Kaufpreis der verkauften [Erbschafts-] Sachen andere erwirbt, so ist, was er verkauft hat, nicht als Verringerung anzusehen.

72 Dasselbe wird auch zu beachten sein, wenn er mit diesem Geld eigene Gläubiger befriedigt hat. Was im Vermögensbestand zurückbleibt, ist nämlich nicht verbraucht worden.

Ausgangspunkt ist ein Reskript des Antoninus Pius, nach dem der Legatar dem Fideikommissar nur dann das Fideikommiss auszahlen muss, wenn er selbst etwas aus dem Legat erhalten hat. Gehe der Legatar selbst leer aus, genüge es, wenn er seine *actio ex testamento* an den Fideikommissar abtrete[215]. Durch die Erörterung der damit verbundenen Rechtsfolgen arbeitet Papinian einen möglichst allgemeinen Grundsatz (*voluntas plenior*) heraus[216] (*pr.*), nach dem der durch das Fideikommiss Belastete nicht mehr herauszugeben hat, als er selbst aus der Erbschaft erhält. Im Ergebnis soll das Reskript auch dann anwendbar sein, wenn der Legatar das Vermächtnis ausschlägt oder wenn das Fideikommiss nur einen Teil des Legats umfasst[217].

Die quantitative Begrenzung des Fideikommisses durch das Legat behandelt § 1. Dabei geht Papinian von dem banal klaren Beispiel aus, dass das Fideikommiss über zweihundert auf einhundert zu kürzen sei, wenn der Legatar selbst nur hundert erhalten habe. Bedeutsamer ist, dass beim aufschiebend befristeten Fideikommiss auch die gezogenen Zinsen zur Summe des Legats hinzuzuzählen sind und die Haftung des Legatars verstärken. Andere Vorteile, die der Legatar durch die Innehabung der Sache erhält, sind dagegen nicht zu berücksichtigen[218]. Und umgekehrt soll der Mehrwert der herauszugebenden Sache nicht zu beachten sein, wenn der Legatar dem Fideikommissar eine eigene Sache herauszugeben habe, nachdem er selbst durch Testament eine Summe erhalten habe. Papinian bezeichnet es als Gebot der Billigkeit, dem Legatar die Berufung auf den Mehrwert zu verweigern. Bei Paulus findet man dazu die Begründung, der Legatar habe den Wert der Sache geschätzt und trage insoweit das Risiko[219].

Diese Erörterung bereitet den in § 2 enthaltenen eigentlichen Sachverhalt vor: Der Testator hat seinen Sohn gemeinsam mit seinem Bruder zum Erben eingesetzt, wobei er den Bruder gebeten hat, den Sohn und Neffen auf dieselbe Erbquote einzusetzen wie die eigenen Kinder des Bruders. Papinian untersucht, ob die Erbquote des Sohnes nach dem Bruder von der Höhe der Erbquote des Onkels nach dem Testator abhängt, das heißt, ob der Sohn verlangen kann, durch das Testament des Onkels nicht weniger als den ursprünglichen Erbteil zu erhalten, bzw. ob der Onkel die Berechtigung des Neffen mit der Begründung kürzen darf, dass er zuvor selbst

215 D. 32.8pr. Paul 1 fideicomm., dazu bereits Glück, Pandekten, Bd. 47, 1871, 295f.

216 Dazu gehört auch die Frage, ob der Legatar wählen darf. Deshalb kann man es mit der Florentina (Korrekturhand) bei *abstineat eo* belassen. Zum *abstinere* beim Legat vgl. D. 48.10.15.1 Call. 1 quaest.; C. 9.23.2.1 Ant. (a. 213); D. 5.2.32.1 Paul. l. sing. de inoff. test.; D. 48.10.6.3 Afr. 3 quaest.; D. 48.10.14.2 Paul. 22 quaest.

217 Argumentum *a maiore ad minus*, vgl. Quint. 7, 8, 4. Auf die Art des Vermächtnisses kommt es dabei nicht an, vgl. Kaser, RP I § 186.II.2, 753 mit Hinweis auf D. 12.1.8 Pomp. 6 ex Plaut.; D. 38.5.1.6 Ulp. 44 ad ed. und D. 34.5.15 Marcian. 2 reg.

218 Vgl. etwa D. 30.114.3 Marcian. 8 inst., dazu Glück, Pandekten Bd. 47, 1871, 297.

219 Vgl. D. 35.2.36pr. Paul. 3 fideicomm., dazu Glück, Pandekten Bd. 47, 1871, S. 298. Zum Fideikommiss einer fremden Sache vgl. Gai. 2, 260f.

vom Bruder weniger geerbt habe. Ohne dies ausdrücklich zu sagen, überträgt Papinian die zuvor beschriebene Regelung für das Verhältnis Legat – Fideikommiss auf das Verhältnis der beiden Testamente[220]. Die stillschweigende Annahme, das Testament des Onkels sei nach dem Testament des Vaters zu beurteilen, beinhaltet ihrerseits, die Bitte des Vaters an den Bruder als Fideikommiss zugunsten des Sohnes anzusehen[221]. Auf diese Weise gelangt Papinian ohne weitere Begründung zu dem Ergebnis, dass der Sohn zwar nicht mehr vom Erben des Onkels verlangen könne, als in der Erbschaft vorhanden sei, aber auch ein Mehr aus der Erbschaft des Onkels nur abschöpfen könne, wenn es den Zinsen der Erbquote entspreche, die der Vater dem Bruder hinterlassen habe.
Umgekehrt rechtfertigt die Parallele zum Legat, dass sich der Onkel die arglistig nicht gezogenen Früchte anrechnen lassen muss: Genau wie nämlich der Legatar, der eine eigene Sache gegen Geld herausgeben muss, das Fideikommiss auch durch Herausgabe des Geldes erfüllen kann, ist es dem Onkel unbenommen, dem Neffen lediglich den Rest seines Anteils an der väterlichen Erbschaft herauszugeben. Entscheidet der Onkel dagegen, die Erbschaft zu behalten, kann er sich der umfänglichen Haftung nicht dadurch entziehen, dass er die Fruchtziehung, das heißt die ordnungsgemäße Bewirtschaftung, unterlässt. § 3 und D. 31.72 stützen dieses Ergebnis zusätzlich ab, da beide Beispiele – der Verkauf von Erbschaftssachen, die Befriedigung von Nachlassgläubigern – belegen, dass der aus dem Fideikommiss *de residuo* Verpflichtete genau wie der Onkel im § 2 für die Erbschaft als Ganzes, nicht aber für die einzelnen Bestandteile der Sachgesamtheit haftet. Beide §§ enthalten zudem die Behauptung, dass die beiden Erbschaften verrechenbar sind wie die im *exemplum* des § 1 gewählten Summen. Damit suggeriert Papinian auch mit Blick auf die eingangs zitierte Konstitution, dass nicht nur der Legatar durch Klageabtretung an den Fideikommissar frei werde, sondern auch der fideikommissarisch verpflichtete Erbe. Im Beispielsfalls soll also der Onkel bzw. sein Erbe die Wahl haben, seinen Anspruch gegen den Vater abzutreten, wenn er vom Neffen aufgrund des Fideikommisses in Anspruch genommen werde.

2. Herausgabepflicht beim sekundären Erbschaftsfideikommiss, Pal. 299

Eine gewagte Analogie vom testamentarisch freigelassenen Sklaven zum primären Fideikommissar bemüht Papinian in Pal. 299 = D. 36.1.57.1-5 Pap. 20 quaest., um die schwierige Rechtslage beim sekundären Erbschaftsfideikommiss zu klären :

220 Dies zeichnet den rhetorischen Schluss aus, vgl. Arist. Rhet. 1357 a 16-22, dazu Schittko, Analogien, 2003, 24.

221 Prozesstechnisch geht es damit um den Inhalt der vom Sohn gegen die Miterben (Cousins) erhobene *actio fideicommissi* auf die (vermehrte) Herausgabe des Nachlasses bzw. um die *exceptio doli* der Miterben, wenn der Sohn aus der *actio ex testamenti* einen höheren Erbteil fordert, als das Testament des Vaters rechtfertigt.

Pal. 299 = D. 36.1.57.1 -5 Pap. 20 quaest.

1 Imperator Titus Antoninus rescripsit in tempus directo data libertate non esse repraesentandam hereditatis restitutionem, quando persona non est, cui restitui potest.

2 Qui fideicommissam hereditatem ex Pegasiano[222], cum suspecta diceretur, totam recepit, si ipse quoque rogatus sit alii restituere, totum restituere cogetur. et erit in hac quoque restitutione Trebelliano locus: quartam enim Falcidiae iure fideicommissarius retinere non potuit. nec ad rem pertinet, quod, nisi prior, ut adiretur hereditas, desiderasset, fideicommissum secundo loco datum intercidisset: cum enim semel adita est hereditas, omnis defuncti voluntas rata constituitur. non est contrarium, quod legata cetera non ultra dodrantem praestat: aliud est enim ex persona heredis conveniri, aliud proprio nomine defuncti precibus adstringi. secundum quae potest dici non esse priore tantum desiderante cogendum institutum adire, ubi nulla portio remansura sit apud eum, utique si confestim vel post tempus cum fructibus rogatus est reddere: sed et si sine fructibus rogatus est reddere, non erit idonea quantitas ad inferendam adeundi necessitatem. nec ad rem pertinebit, si prior etiam libertatem accepit: ut enim pecuniam, ita nec libertatem ad cogendum institutum accepisse satis est. quod si prior recusaverit, placuit, ut recta via secundus possit postulare, ut heres adeat et

1 Für den Fall, dass die Freiheit unmittelbar auf einen Termin hinterlassen worden ist, hat Kaiser Titus Antoninus beschieden, dass die Herausgabe der Erbschaft nicht zu vollziehen ist, solange es keine Person gibt, der herausgegeben werden kann.

2 Wer die fideikommissarische Erbschaft aus dem *SC Pegasianum* vollständig erhalten hat, weil behauptet wurde, sie sei überschuldet, wird, wenn er seinerseits gebeten wird, sie ebenfalls einem anderen herauszugeben, gezwungen, sie insgesamt herauszugeben. Und auch bezüglich dieser Herausgabe wird das *SC Trebellianum* Anwendung finden. Die Quart kann der Fideikommissar nach dem Recht der *lex Falcidia* nämlich nicht zurückbehalten. Und es kommt nicht darauf an, dass ein an zweiter Stelle gegebenes Fideikommiss erloschen wäre, wenn nicht der erste verlangt hätte, dass die Erbschaft angetreten werde. Da nämlich einmal die Erbschaft angetreten ist, ist alles durch den gültigen Willen des Verstorbenen festgesetzt. Dem steht nicht entgegen, dass [der erste Fideikommissar] die übrigen Vermächtnisse nicht über Dreiviertel hinaus leistet. Eines ist es nämlich, aus der Person des Erben angegangen zu werden, etwas anderes, im eigenen Namen den Bitten des Verstorbenen verpflichtet zu sein. Demzufolge kann gesagt werden, dass der eingesetzte [Erbe] nicht gezwungen werden kann, anzutreten, wenn es nur der erste [Fideikommissar] verlangt, sobald bei ihm kein Anteil verbleibt, jedenfalls wenn er gebeten worden ist, [die Erbschaft] sofort oder nach einer Zeitspanne mit den Früchten herauszugeben. Aber auch wenn er gebeten worden ist, sie ohne Früchte herauszugeben, wird es keine geeignete Menge sein, um den Antrittszwang aufzuerlegen. Und es wird nicht darauf ankommen, ob der frühere [Fideikommissar] auch die Freiheit erhalten hat. Wie nämlich Geld, so genügt auch die Freiheit [alleine] nicht, um den Eingesetzten zur Annahme zu zwingen. Aber wenn der Vorrangige ablehnt, ist anerkannt, dass der zweite auf direktem Wege beantragen kann, dass der Erbe antrete und ihm herausgebe.

222 Zur Interpolation vgl. Manthe, Pegasianum, 1989, 73 mit Fn. 42 und 96 mit Fn. 56.

sibi restituat.
3 Quid ergo, si non alii, sed ipsi heredi rogatus sit restituere? quia non debet eidem quandoque quarta reddi quam perdidit, propter huius portionis retentionem erit audiendus. sed nec illud translaticie omittendum est instituto, qui coactus est adire, fideicommissi petitionem denegandam esse: cur enim non videatur indignus, ut qui destituit supremas defuncti preces consequatur aliquid ex voluntate? quod fortius probabitur, si post impletam condicionem coactus est adire. nam si pendente condicione, durum erit idem probare, cum et Falcidiam paenitendo potuit inducere: nec ignoro posse dici nullo modo fideicommissi petitionem denegandam ei <qui, iura sepulchrorum adquiri insequuntur>, adeo senatus nihil apud eum ex ea parte, quam derelinquit, voluit relinquere, ut nec Falcidiam exercere possit nec praeceptio apud eum relinquatur nec substitutio quoque secundarum tabularum ita facta: "quisquis mihi heres erit, filio meo heres esto" eidem daretur.
4 Cui Titiana hereditas ex Trebelliano senatus consulto restituta est, Maevianam hereditatem, quam Titius defunctus ex Trebelliano Sempronio restituere debuit, et ipse restituere poterit sic ut alius quilibet successor.
5 Actiones temporariae Trebelliani solent esse evicta hereditate ab eo, qui, posteaquam fideicommissam restituit hereditatem, victus est, scilicet ante restitutionem lite cum eo contestata: potestas enim evictionis tollit intellectum restitutionis indebito fideicommisso constituto. plane si

3 Was also, wenn er nicht gebeten worden ist, einem anderen, sondern dem Erben selbst [die Erbschaft] herauszugeben? Weil er ja niemals verpflichtet ist, demjenigen die Quart zurückzugeben, welche er verloren hat, wird er wegen der Zurückbehaltung dieses Anteils Gehör finden müssen. Aber auch jenes ist nicht leichtfertig zu übergehen, dass dem Eingesetzten, der gezwungen ist anzutreten, die Forderung des Fideikommisses versagt werden wird. Warum nämlich wird er nicht als unwürdig angesehen, dass er etwas aus dem Willen erlangt, wie [derjenige], der die letzten Bitten des Verstorbenen vereitelt? Was umso stärker zu billigen sein wird, wenn er nach Eintritt einer Bedingung gezwungen wird, anzutreten. Denn, wenn es während der Schwebezeit einer Bedingung hart sein wird, dasselbe zu billigen, weil ja die *lex Falcidia* auch durch seine Reue zur Anwendung gelangen könnte, weiss ich genau, dass gesagt werden kann, dass die Forderung des Fideikommisses in keiner Weise dem zu versagen sein wird, der die Erlangung der Begräbnisrechte verfolgt. Deshalb wollte der Senat nichts bei ihm aus dem Anteil, den er verlassen hat, hinterlassen, damit er nicht die *lex Falcidia* ausüben könne und [damit] nicht das Vorausvermächtnis bei ihm verbleibe und ihm [damit] nicht aus einem zweiten Testament ein Ersatzerbe derart gegeben werde: „wer immer mein Erbe sein wird, der soll meinem Sohn Erbe sein".
4 Wem die titische Erbschaft aus dem *SC Trebellianum* herausgegeben worden ist, der wird die maevische Erbschaft, welche der verstorbene Titius aus dem *SC Trebellianum* dem Sempronius herausgeben musste, selbst auch herausgeben können, so wie irgendein beliebiger Rechtsnachfolger.
5 Die trebellianischen Klagen pflegen zeitlich begrenzt zu sein bis zur Entwehrung der Erbschaft von demjenigen, der, nachdem er die fideikommissarische Erbschaft herausgegeben hatte, unterlegen ist, vorausgesetzt, dass vor der Herausgabe mit ihm die *litis contestatio* vollzogen wurde. Die Wirkung der Eviktion hebt nämlich die Bedeutung der Herausgabe auf, weil das Fideikommiss zur Nichtschuld wird. Wenn allerdings das Fideikommiss auch von dem, der später gewonnen hat, hinterlassen worden ist, kann vertreten werden, dass die trebellianischen Klagen

fideicommissum ab eo quoque qui postea vicit relictum est: quia possessor in ratione reddendae hereditatis partem, quam fideicommissario restituit, heredi reputat, defendi potest actiones Trebelliani durare.

fortdauern, weil ja der Besitzer mit Blick auf die Rechnungslegung den Teil der Erbschaft, den er dem Fideikommissar herausgegeben hat, dem Erben anrechnet.

Das eingangs zitierte Reskript des Antoninus Pius bekräftigt eine auch andernorts zu beobachtende Restriktion des *SC Pegasianum*: Danach kann der Sklave den Erben nur dann zum Antritt zwingen, wenn er unmittelbar testamentarisch freigelassen worden ist oder die fideikommissarische Freiheit neben der Erbschaft vermacht wurde[223]. Im Fall der befristeten Freilassung muss der Sklave dagegen bis zum Eintritt des Termins abwarten[224]. Anknüpfungspunkt Papinians ist die griffige Formel *persona non est*, die er auch für den Antrittszwang beim sekundären Fideikommiss heranziehen wird (§ 1)[225]. Auch dort gelangt er nämlich zu dem Ergebnis, dass der primäre Erbschaftsfideikommissar, der dem sekundären zur Herausgabe verpflichtet ist, kein Interesse hat, den Erben zum Antritt zu zwingen, so dass entgegen der Regelung des *SC Pegasianum*[226] dem zweiten der Antrag gegen den Erben gestattet wird[227]. Der gesamte § 1 ist mithin darauf angelegt, zu beweisen, dass der primäre Fideikommissar keine Rechtsstellung hat, die den Antragszwang begründen kann. Zu diesem Zweck weist Papinian zunächst daraufhin, dass auch die Herausgabe an den sekundären Fideikommissar zum Aktionentransfer des *SC Trebellianum* führt[228], was bedeutet, dass der primäre Erbschaftsfideikommissar ohne Quartabzug an den

223 Vgl. Buckland, Slavery, 1908, 523. Ebenso Arcaria, Senatus censuit, 1992, 288 unter Hinweis D. 36.1.32.1 Marcian. 9 inst., ähnlich Voci, DER II, [2]1963, 358.

224 Es besteht kein Grund, mit Bartošek, in: Scritti Ferrini II, 1948, 333 *directo* als interpoliert anzusehen, vgl. auch D. 29.1.13.4 Ulp. 45 ad ed.; D. 35.1.50 Ulp. 1 de off. cons. Die *libertas directa* meint immer den Gegensatz zur Freilassungspflicht des Erben oder eines sonstigen Bedachten, vgl. z.B. D. 29.4.12pr. Ulp. 50 ad Sab.; D. 35.3.1.12 Ulp. 79 ad ed.; D. 36.1.11.2 Ulp. 4 fideicomm.; D. 36.1.17.13 Ulp. 4 fideicomm.; D. 36.1.23.1 Ulp. 5 disp.; D. 40.5.4.12 Ulp. 60 ad ed.; D. 40.5.24.11 Ulp. 5 fideicomm. Für Papinian vgl. Pal. 285 = D. 36.1.54.1 Pap. 19 quaest., Pal. 194 = D. 26.5.13pr. Pap. 11 quaest.

225 Zur Bezeichnung des Sklaven als *persona* vgl. Buckland, Slavery, 1908, 5f.

226 Argument: Gai. 2, 258. Zur Interpolation vgl. Manthe, Pegasianum, 1989, 73 mit Fn. 42, 96 mit Fn. 56 zur Stelle.

227 Zu denken wäre auch an die Überlassung der Erbschaft an einen Sklaven, um den Vorwand der Überlastung zu vermeiden, vgl. D. 28.5.84.1 Scaev. 18 quaest., dazu Impallomeni, Le manomissioni mortis causa. Studi sulle fonti autoritative romane, Padua 1963, 139. Der Einwand, die Erbschaft sei überlastet (*suspecta hereditas*), ist typisch, vgl. z.B. D. 36.1.6.5 Ulp. 4 fideicomm., D. 36.1.28.2 Iul. 40 dig., D. 36.1.65.11 Gai. 2 fideicomm.

228 Vgl. Manthe, Pegasianum, 1989, 96-101. Die Erstreckung des *SC Trebellianum* auf das Verhältnis von primärem und sekundärem Erbschaftsfideikommissar findet sich bereits bei Julian, vgl. D. 36.1.1.8 Ulp. 3 fideicomm.

zweiten herauszugeben hat. Keine Quartberechtigung sei auch daraus abzuleiten (*nec ad rem pertinet*), dass der erste Fideikommissar durch seinen Antrag dem zweiten überhaupt erst den Erwerb ermöglicht hat. Wie Papinian hervorhebt, wäre diese Überlegung beim Erben, der freiwillig angetreten hat, durchaus angemessen, passt aber beim Fideikommissar nicht[229]. Im Ergebnis erhalte der primäre Fideikommissar damit keinen ausreichenden Vorteil aus dem Erbfall, der ihn befähigt, den Erben nach dem *SC Pegasianum* zum Antritt zu zwingen[230]. Wie Papinian in Übereinstimmung mit dem Reskript ausführt, soll dies auch dann gelten, wenn der primäre Fideikommissar gleichzeitig die Freiheit erhalte[231].

Auf diese Weise beschwört der Jurist eine paradoxe Situation herauf, in der der erste Fideikommissar den Erben mangels Interesse nicht zum Antritt zwingen kann, während der zweite zwar das Interesse, nicht aber die Befugnis hat[232]. Mit dieser Problembeschreibung liegt die Lösung auf der Hand: Das *SC Pegasianum* soll unmittelbar zwischen Erben und sekundärem Fideikommissar zur Anwendung kommen, wobei Papinian auch den Anknüpfungspunkt im Wortlaut des Senatsbeschlusses andeutet, wenn er für den primären Fideikommissar das Verb *recusare* verwendet[233]. Dieses weist nämlich auf den Erben, der die Erbschaft mangels Eigeninteresse nicht antreten will und zum Antritt gezwungen wird[234]. Grundlage für die Ausblendung des primären Fideikommissars ist aber das einleitend zitierte Reskript über die fehlende Antragsbefugnis des Sklaven.

Nicht einfach auszublenden ist dagegen der Erbe, weshalb die in § 3 formulierte Frage, was gelten solle, wenn der primäre Fideikommissar an den Erben selbst herauszugeben habe, die Grenzen dieser analogen Anwendung auslotet[235]. Da der zum Antritt gezwungene Erbe die Quart nicht über das sekundäre Fideikommiss erhalten soll, könnte Papinian an sich wie in § 2 argumentieren[236]. Er verweigert freilich dem Erben schon die Berufung auf das Fideikommiss, indem er in der eindringli-

229 *aliud est enim ex persona heredis conveniri, aliud proprio nomine defuncti precibus adstringi.*

230 D. 36.1.6.5 Ulp. 4 fideic. Zu *quantitas* vgl. Manthe, Pegasianum, 1989, 100 mit Fn. 73.

231 Vgl. D. 36.1.23.1 Ulp. 5 disp., dazu Manthe, Pegasianum, 1989, 99f. mwN.

232 *quod si prior recusaverit, placuit, ut recta via secundus possit postulare, ut heres adeat et sibi restituat.*

233 Zu *recusare fideicommissum* vgl. D. 36.1.6pr. Ulp. 4 fideicomm. Anders Manthe, Pegasianum, 1989, 100, der ein Zusammenwirken der beiden Fideikommissare unterstellt, das dem Text nicht zu entnehmen ist.

234 Vgl. die Rekonstruktion bei Manthe, Pegasianum, 1989, 42f.

235 Es liegt nahe, in diesem Geschäft einen Versuch zu sehen, das Verbot fraudatorischer Freilassungen zu umgehen: Durch das primäre Fideikommiss an den Sklaven wird dessen Freilassung wirksam. Gleichzeitig wird der Sklave zum Schuldner der Nachlassgläubiger durch den Aktionentransfer des *SC Trebellianum*. Der Zugriff der Gläubiger auf das Vermögen des Erblassers wird allerdings durch die erneute Herausgabe der Erbschaft an den Erben mittels sekundären Fideikommiss vereitelt.

236 *quia non debet eidem quandoque quarta reddi quam perdidit.* Den freiwilligen Erbschaftsantritt erörtert Papinian nicht mehr, vgl. bereits Manthe, Pegasianum, 1989, 97f.

chen Form der rhetorischen Frage darauf verweist, dass dieser den Erblasserwillen missachtet habe und daher unwürdig *(indignus)* sei[237]. Ob *indignus* hier technisch im Sinne der Erbunwürdigkeit verwendet ist, kann offen bleiben[238], jedenfalls bezweckt diese Terminologie den Erben in die Nähe des *persona non est* des Reskriptes zu rücken. In diesem Sinne ist auch die Milde, die Papinian gegenüber dem Erben übt, der unter einer Bedingung eingesetzt wurde, nur ein geringes Zugeständnis, denn sie zeigt ja gerade, dass der Erbe die Wahl gehabt hätte, den Erblasserwillen zu befolgen. Der Jurist weist daher auch den stärksten (fiktiven) Einwand in direkter Rede zurück: *nec ignoro ... insequuntur*[239]*:* Damit gesteht er dem Erben zwar die Klage wegen der Begräbnisrechte zu, spricht ihm aber jedes Recht auf einen Vermögensvorteil aus dem missachteten Testament ab[240]. Zum Beleg verweist Papinian auf den Willen des Senats, das heißt auf den Zweck des *SC Pegasianum*, das den zum Antritt gezwungenen Erben in jedem Fall zur vollständigen Herausgabe der Erbschaft verpflichtet und jeden eigenen Erwerb ausschließt[241]. Diese Wertung darf nach seiner Meinung nicht umgangen werden, so dass der antrittsunwillige Erbe auch über das sekundäre Fideikommiss keine Vorteile aus der Erbschaft erhalten kann. Hat Papinian in § 2 dem sekundären Fideikommissar generell die Möglichkeit eröffnet, den Erben direkt zum Antritt zu zwingen, zeigt § 3, in welchen Fällen es beim Antrag des primären Fideikommissar bleiben muss. Beide gegenteiligen Ergebnisse haben ihre Grundlage im Reskript und seinem Grundsatz: *si persona non est.*

Die Beispiele in §§ 4 und 5 dienen dazu, die damit getroffene Differenzierung weiter zu erhellen und abzustützen. In § 4 hat der Fideikommissar aus dem *SC Trebel-*

---

237 Emphase: *destituit supremas defuncti preces.*

238 Für untechnisch hält den Begriff hier Nardi, I casi di indegnità nel diritto successorio romano, Mailand 1937, 331 Fn.1; anders Fadda, Concetti fondamentali I, 1949, 300f. Jedenfalls lassen sich auch andere spätklassische Belege finden, in denen die Juristen die Klage aus dem Fideikommiss oder den Rückbehalt der falzidischen Quart ausschließen, weil der Begünstigte Sachen aus der Erbschaft entfernt hat oder versucht hat, Miterben oder Vermächtnisnehmer um den Vorteil aus der Erbschaft zu bringen. Vgl. z.B. D. 40.7.20pr. Paul. 16 ad Plaut., dazu bereits Voci, DER I, 1960, 455 mwN. Ähnlich Eck, Indignität und Enterbung, Leipzig 1894, 37.

239 Lenel, Pal. 299 Fn. 2 emendiert: „*qui… insequuntur, adeo] requiruntur talia fere: cui iura sepulchorum adquiri intelleguntur. sed etsi iura sepulchorum eum sequuntur, adeo* rel." Dem folgt Voci, DER I, 1960, 305. Anders Editio maior, 246, Fn.2: „*ei qui [tempore ad paenitentiam venit. ceterum si heres quantum in se est voluntatem defuncti destituit, etsi] iura sepulchorum ad[euntem] sequuntur*".

240 Vgl. Fadda, Concetti fondamentali I, 1949, 301. Zur Erbenstellung nach erzwungenem Antritt vgl. Voci, DER II, ²1963, 365. Zu den *iura sepulchrorum* vgl. Kaser, SZ 95 (1978) 69.

241 Vorbild für die Beispiele könnte Julian sein, vgl. D. 36.1.28.2 Iul. 40 dig. *Qui suspectam sibi hereditatem dicit, nullum commodum ex testamento consequetur* ... etc. Ob der Antrittszwang die Berücksichtigung der *substitutio secundarum tabularum* ausschloss, war umstritten, wie der Bericht des Paulus zeigt: D. 28.6.38.3 Paul. l. sing. de sec. tabulis. Ähnlich die Entscheidung des Juristen in D. 28.6.43.3 Paul. 9 quaest. Wie Scaevola und Papinian entscheidet dagegen Ulpian: D. 28.6.10.4 Ulp. 4 ad Sab.

lianum die titische Erbschaft erhalten. Wenn Titius seinerseits aus dem *SC Trebellianum* einem Sempronius zur Herausgabe der maevischen Erbschaft verpflichtet sei, könne der Fideikommissar die maevische Erbschaft wie ein beliebiger Rechtsnachfolger herausgeben. Dieser Hinweis liest sich als Vergleich zur Situation beim sekundären Fideikommiss (§ 2): Weder kann der Sempronius den Erben des Titius zum Antritt zwingen, noch tritt Aktionentransfer zwischen dem Erbschaftsfideikommissar und dem Sempronius ein[242]. § 5 behandelt dagegen die zeitlichen Grenzen des Aktionentransfers aus dem *SC Trebellianum:* Sei die Erbschaft dem Erben nach der Herausgabe an den Fideikommissar durch Urteil evinziert worden, stehe fest, dass der Erbe dem Fideikommissar nichts geschuldet habe. Papinian unterstreicht diese Abhängigkeit des *SC Trebellianum* vom Eigentum mit einer hyperbolischen Metapher (*potestas enim…*), nach der die „Wirkung der Eviktion" die „Bedeutung der Restitution" vertreibt[243]. Der Fall liest sich daher als Bestätigung der in § 3 verfochtenen Auffassung, dass dem Erben die Berechtigung zum Erwerb des sekundären Fideikommisses fehle. Verstärkt wird dieser Gedanke durch ein *exemplum contrarium* (*plane...*) im Fortgang von § 5. Hier hat der Evinzierende durch Fideikommiss vermacht und ist während des Prozesses verstorben. Auch wenn sein Erbe mit der *rei vindicatio* durchdringe, könne es mit Blick auf den Erbschaftsbesitzer sinnvoll sein, dem Fideikommissar die Klagen aus dem *SC Trebellianum* zuzugestehen. Damit könnte auf die in § 3 diskutierte Alternative angespielt sein (*nam si…),* in der der Erbe die Erbschaft während der Schwebezeit der Bedingung antritt, so dass er als sekundärer Fideikommissar doch noch die Restitution der Erbschaft verlangen kann, auf die wie in § 5 das *SC Trebellianum* Anwendung findet.

Als Ergebnis ist damit festzuhalten, dass Papinian zwar den sekundären Fideikommissar für aktivlegitimiert hält, den Antrittszwang zu beantragen. Dies soll aber nicht gelten, wenn der Erbe selbst als sekundärer Fideikommissar berufen ist. Während also der sekundäre Fideikommissar den nicht ausreichend begünstigten primären ersetzen kann, ist der antrittsunwillige Erbe selbst nicht ausreichend legitimiert. Damit unterfallen nach Papinian sowohl der primäre Fideikommissar als auch der Erbe dem Reskript des Pius, das die Antragsbefugnis mit den Worten *quando persona non est* ausgeschlossen hat.

---

242 Dazu bedarf es nämlich eines Fideikommisses über die maevische Erbschaft, das dem Erbschaftsfideikommissar auferlegt worden sein müsste, vgl. D. 36.1.28.8-10 Iul. 40 dig., dazu Manthe, Pegasianum, 1989, 86-88.

243 Dazu Müller-Ehlen, Hereditatis petitio, 1998, 258f. mwN. Zur Metapher vgl. Lausberg, § 579, S. 299. *Potestas* wird allerdings auch sonst für Klagen verwendet, vgl. z.B. D. 9.4.1 Gai. 2 ad ed. prov. (…) *quarum actionum vis et potestas haec est* (…); D. 10.4.1 Ulp. 24 ad ed.; Gai. 4,144 / 170 (zum Interdiktenverfahren). Für den auf Personen bezogenen Gebrauch vgl. D. 26.1.1pr.-1 Paul. 38 ad ed., D. 50.16.125 Paul. l.s. ad l. Fuf. Canin.

3. Zur Fruchtherausgabepflicht beim Fideikommiss, Pal. 289

Ebenfalls die Herausgabepflicht beim Fideikommiss betrifft ein Dekret des Marc Aurel, das Papinian als Grundlage dient, eine Verpflichtung des Erben zu konstruieren, dem Fideikommissar auch die Früchte zu erstatten:

D. 22.1.3pr.-4 Pap. 20 quaest.

pr. In fideicommissi persecutione, cum post iudicis sententiam moram fecisset heres, iussit imperator Marcus Antoninus, intermisso legitimo tempore quod condemnatis praestatur ut usque ad sententiam commoda fideicommissarius accipiat. (1) quod decretum ita accipi oportet, si ante iudicis sententiam mora non intervenit: tametsi non facile evenire possit, ut mora non praecedente perveniatur ad iudicem: sed puta legis Falcidiae rationem intervenisse. (2a) ceterum si ante, quam ad iudicem perveniretur, in mora heres fuit, exinde fructuum praestandorum necessitate adstrictus qua tandem ratione, quoniam et sententia victus est, legitimi temporis spatio fructibus liberabitur, cum ea temporis intercapedo iudicato dilationem dare, non lucrum adferre debeat? (2b)

1 In his quoque iudiciis, quae non sunt arbitraria nec bonae fidei, post litem contestatam actori causa praestanda est in eum diem, quo sententia dicitur: certe post rem iudicatam tempus a fructibus dependendis immune est.

2 Nonnumquam evenit, ut, quamquam fructus hereditatis aut pecuniae usura nominatim relicta non sit, nihilo minus debeatur. ut puta si quis rogetur post mortem suam quidquid ex bonis supererit

pr. Für die gerichtliche Durchsetzung eines Fideikommisses ordnete der Kaiser Marc Aurel an, dass der Fideikommissar, wenn der Erbe nach dem Richterspruch [die Leistung] verzögere, alle Erträge [des Fideikommisses] bis zum Urteil erhalte nach Abzug des zugestandenen Zeitraums, der den Verurteilten [zur Erfüllung des Urteils] eingeräumt worden ist. (1) Es ist geboten, dieses Dekret nur auf den Fall anzuwenden, dass vor dem Richterspruch kein Verzug eingetreten ist. Zwar kann es nicht ohne weiteres vorkommen, dass man ohne vorangehenden Verzug vor den Richter gelangt. Aber z.B. ist [an den Fall] zu denken, dass es zur Berechnung nach der *lex Falcidia* gekommen ist. (2a) Von dem abgesehen, wenn der Erbe, bevor er vor den Richter gelangt ist, im Verzug war, ist er von da an durch die Verpflichtung, die Früchte zu leisten, ohnehin gebunden. Endlich aus diesem Grund wird er, weil er ja auch im Urteil unterlegen ist, für den Zeitraum der Urteilserfüllungsfrist um die Früchte erleichtert werden, weil doch diese Zeitspanne dem Verurteilten Aufschub geben, nicht Gewinn verschaffen soll? (2b)

1 Auch in diesen Prozessrechtsverhältnissen, welche weder Arbiträrklagen noch *bonae fidei iudicia* sind, ist dem Kläger nach der *litis contestatio* die Leistung in ihrer Beschaffenheit an dem Tag geschuldet, an dem das Urteil verkündet wurde. Gewiss ist aber die Zeit nach der Rechtskraft von der Entrichtung der Früchte auszunehmen.

2 Bisweilen kommt es vor, dass, obwohl Früchte der Erbschaft oder Zinsen einer Geldsumme nicht ausdrücklich hinterlassen worden sind, sie dennoch geschuldet sind. Wie z.B. wenn jemand gebeten wird, nach seinem Tod, „was auch immer aus dem Vermögen übriggeblieben ist, dem Titius herauszugeben". Wie nämlich das nicht

244 Für interpoliert hält *sive quod* bis *praetulerat* noch Klami, Zur römischen Prälegatsterminologie und D. 34.3.8.6, SDHI 34 (1968) 260, anders Kaser, Restituere, ^{2}1968, 62.

Titio restituere: ut enim ea quae fide bona deminuta sunt in causa fideicommissi non deprehenduntur, si pro modo ceterorum quoque bonorum deminuantur, ita quod ex fructibus supererit iure voluntatis restitui oportebit.	aus dem Rechtsgrund des Fideikommisses zu entrichten ist, was gutgläubig verringert worden ist, wenn in gleichem Maße auch das übrige Vermögen verringert worden ist, so wird das nach dem Recht des Willens herausgegeben werden müssen, was aus den Früchten verblieben ist,.
3 Cum Pollidius a propinqua sua heres institutus rogatus fuisset filiae mulieris quidquid ex bonis eius ad se pervenisset, cum certam aetatem puella complesset, restituere, idque sibi mater ideo placuisse testamento comprehendisset, ne filiae tutoribus, sed potius necessitudini res committerentur, eundemque Pollidium fundum retinere iussisset: praefectis praetorii suasi fructus, qui bona fide a Pollidio ex bonis defunctae percepti essent, restitui debere, sive quod fundum ei tantum praelegaverat sive quod lubrico tutelae fideicommissi remedium mater praetulerat[244].	3 Als Pollidius von einer seiner Verwandten als Erbe eingesetzt worden war und gebeten worden war, der Tochter der Frau, „was auch immer aus ihrem Vermögen an ihn gelange, der Tochter, sobald sie ein bestimmtes Alter erreicht habe, zu erstatten", hatte die Mutter zudem in ihr Testament aufgenommen, dass sie diese Gestaltung gewählt habe, damit die Erbschaft nicht den Tutoren der Tochter, sondern eher einem Verwandten anvertraut sei. Denselben Pollidius hat sie angewiesen, ein Grundstück zurückzubehalten. Ich habe den Praetorianerpraefekten geraten, dass die Früchte, welche von Pollidius gutgläubig aus dem Vermögen der Verstorbenen gezogen worden seien, erstattet werden müssten, sei es, weil sie ihm das Grundstück nur wie ein Vorausvermächtnis zugewandt habe, sei es, weil die Mutter gegenüber der Unsicherheit der Vormundschaft die Hilfe des Fideikommisses zur Verfügung gestellt habe.
4 Si auro vel argento facto per fideicommissum relicto mora intervenerit, an usurarum aestimatio facienda sit, tractari solet. plane si materiam istam ideo relinquit, ut ea distracta pecuniaque refecta fideicommissa solverentur aut alimenta praestarentur, non oportere frustrationem impunitam esse responderi oportet: quod si forte ideo relinquit, ut his vasis uteretur, non sine rubore desiderabuntur usurae ideoque non exigentur.	4 Es pflegt erörtert zu werden, ob eine Schätzung der Zinsen vorzunehmen ist, wenn Gold oder Silber durch ein Fideikommiss hinterlassen worden ist und Verzug eingetreten ist. Wenn er freilich das Metall nur deshalb hinterlassen hat, damit das aus dem Verkauf erhaltene Geld als Fideikommiss gezahlt werde oder Unterhalt geleistet werde, muss entschieden werden, dass es nicht geboten ist, die Verzögerung ungestraft zu lassen. Aber wenn er es z.B. deshalb hinterlassen hat, damit jene als Gefäße benutzt werden, werden die Zinsen nicht ohne Schamesröte verlangt werden und deshalb nicht eingeklagt werden können.

Nach dem Wortlaut des Dekretes des Marc Aurel erhält der Fideikommissar alle Vorteile und Früchte von der Rechtshängigkeit bis zum Urteil ausgenommen der

Urteilserfüllungsfrist[245]. Diese Formulierung verführt zu der Annahme, der Erbe hafte für die Zeit der Urteilserfüllung grundsätzlich nicht[246], zu einem Fehlschluss, den Papinians Argumentation mithilfe des *status scripti et voluntatis* bekämpft. Zu diesem Zweck belegt er unter Rückgriff auf die im Dekret verwandten Ausdrücke *sententia* und *mora*, dass der Erbe bei Leistungsverzögerungen vor dem Urteil nicht zu schonen ist. Dem möglichen Einwand, diese Auslegung reduziere den Anwendungsbereich der kaiserlichen Entscheidung, begegnet Papinian durch den Hinweis, dass es auch ohne Verzug zum Prozess kommen kann, etwa wenn der Erbe die Herausgabe zur Berechnung der falzidischen Quart verweigert[247]. Die mit *ceterum* eingeführte Variante untermauert diese Überlegung, denn sie zeigt, zu welchen absurden Ergebnissen die Anwendung des Dekretes führte, wenn der Erbe schon vor Rechtshängigkeit im Verzug war. Dabei setzt die emphatische Umschreibung (*exinde... adstrictus*) voraus, dass der Erbe mit Eintritt des Verzugs zur Herausgabe aller Vorteile aus dem Fideikommiss verpflichtet sei, während er sie ansonsten behalten dürfe[248]. Wie die affektisch gefärbte *interrogatio* unterstreicht, darf es daher nicht dazu kommen, dass der im Verzug befindliche Erbe durch das Dekret von seiner Verpflichtung frei wird[249]. Zudem hebt die ironische Formulierung *fructibus liberabitur* hervor[250], dass der Erbe alles, was er seit dem Verzug erhalten hat, an den Fideikommissar herausgeben müsse, da die Urteilserfüllungsfrist den Erben nicht von bereits entstandenen Verpflichtungen befreien soll[251].

Der Fortgang der Katene legt nahe, dass die Auslegung des Dekrets dazu dient, mittels *syllogismus* eine allgemeine Verpflichtung des Erben zu konstruieren, dem Fideikommissar die Früchte herauszugeben[252]. Die über das Dekret hinausgehende *voluntas plenior* gewinnt Papinian dabei aus einem Vergleich der Konstitution mit Klagetypen des Formularverfahrens (§ 1). Die rein negative Umschreibung des einschlägigen Klagetyps erlaubt ihm, daran zu erinnern, welche – den Fideikommissen

245 Zur Klage des Fideikommissars vgl. Giodice Sabbatelli, La tutela dei fedecommessi fra Augusto e Vespasiano, Bari 1993, 139-175. Zur Urteilserfüllungsfrist vgl. Kaser/Hackl, RZ § 56.II, S. 384, Fn. 6; Wenger, Zur Lehre von der actio iudicati, Graz 1901, 223-242, 255.

246 Vgl. *intermisso legitimo tempore und usque ad sententiam.*

247 Zum Fehlen der *mora* in diesen Fällen vgl. Jakobs, Culpa und interpellatio bei der mora debitoris nach klassischem Recht. TR 42 (1974) 38f. Einzelheiten zur *lex Falcidia* bei Wacke, in: Studien Kaser, 1973, 223-225.

248 Vgl. Gai. 2, 280, dazu Giodice-Sabbatelli, in: Sodalitas V, 1984, 2131-2145; Desanti, SDHI 65 (1999) 76.

249 Zu *fructuum praestandorum necessitate adstrictus* vgl. Albanese, Papiniano e la definizione di 'obligatio' in J. 3, 13 pr., SDHI 50 (1984) 173-177. Zu *usurae rei iudicatae* vgl. La Rosa, L'actio iudicati nel diritto romano classico, Mailand 1963, 54f.

250 Gemeint ist *fructibus praestabitur.*

251 Vgl. Quint. 7, 6, 5.

252 Vgl. auch Riccobono (Jr.), Profilo storico della dottrina della mora nel diritto romano, Estr. 1964, 297f., der aber die Besonderheit der Stelle nicht beachtet.

vergleichbaren – Klagen eine umfassende Herausgabepflicht vorsehen[253]: So verpflichten die Arbiträrklagen den Kläger so zu stellen, als wäre die Leistung schon zu einem früheren Zeitpunkt erbracht worden, mit der Folge, dass ihm alle gezogenen Früchte und Vorteile unabhängig vom Verzug des Beklagten zu ersetzen sind[254]. Ebenso hat der Beklagte in den gleichfalls genannten *bonae fidei iudicia* die geschuldete Sache mit allen Sachvorteilen herauszugeben[255]. Den eigentlich treffenden Vergleichspunkt, die *actio ex testamento*, verschweigt Papinian dagegen. Sie ergibt sich allein im Umkehrschluss aus den genannten Klagen. Dass sie dennoch in den Blick genommen sein muss, ergibt sich zum einen aus der prozessualen Parallelität zwischen *actio ex testamento* und *petitio fideicommissaria*[256], zum andern aus ihrer Formulierung auf *quanti ea res est*. Diese Formel führt dazu, dass der Beklagte verpflichtet ist, die Sache in dem Zustand zu leisten, den sie im Zeitpunkt der *litis contestatio* hatte[257]. Durch diesen inzidenten Vergleich des Dekretes des Marc Aurel mit den formularen Herausgabepflichten (*quoque*) erweckt der Spätklassiker den Eindruck, auch die kaiserliche Konstitution sei Ausdruck einer allgemeinen Herausgabepflicht des Erben gegenüber dem Fideikommissar. Diese Deutung widerspricht der anerkannten Juristenmeinung, nach der der Erbe dem Fideikommissar nur dann auf Früchte haftet, wenn er sich im Verzug befindet[258].

Papinian versucht diesen Widerspruch zu mildern, indem er mit dem *fideicommissum de residuo* (§ 2) ein Beispiel einführt, nach dem der Erbe auch ohne Verzug für die Herausgabe der Früchte haftet[259]. Weiter setzt Papinian als anerkannt voraus, dass der Erblasser ausdrücklich eine Herausgabepflicht für Früchte statuieren kann

253 Die Emphase erlaubt, auf die Klagen anzuspielen, die gerade als Vorbild des Fideikommissrechts angesehen werden, die *bonae fidei iudicia*, vgl. Pal. 289 = D. 22.1.3.2/3 Pap. 20 quaest.; Pal. 712 = D. 34.9.18pr. Pap. 15 resp.; Pal. 286 = D. 36.1.56 Pap. 19 quaest.

254 Zum *quanti ea res est* vgl. zuletzt Medicus, SZ 115 (1998) 75f. mwN. Zum Begriff *actiones arbitrariae* vgl. Kaser/Hackl, RZ § 48.I, 335 mwN in Fn. 4.

255 Vgl. dazu Nachweise bei Medicus, Id quod interest, 1962, 17-27; Honsell, Quod interest, 1969, bes. 167-173 zur Interesse-Berechnung; zuletzt Medicus, SZ 115 (1998) 67-69.

256 Offengelassen von Kaser, Restituere, ²1968, 62 mwN.

257 Vgl. Kaser/Hackl, RZ § 42.II.2, 297 Fn. 12f. und Wimmer, Besitz und Haftung des Vindikationsbeklagten, 1995, 105-112 mit Verweis auf D. 50.16.35 Paul. 17 ad ed. So schreibt Julian, dass demjenigen, der mit der *actio ex testamenti* die Übergabe eines Sklaven verlangt, alle mit dem Sklaven zusammenhängenden Früchte und auch das Sklavenkind herauszugeben seien, die seit der *litis contestatio* angefallen bzw. geboren seien, vgl. D. 30.91.7 Iul. 36 dig., dazu Voci, DER II, ²1963, 393mwN; Below, Haftung für lucrum cessans im römischen Recht, München 1964, 53-55.

258 Vgl. Gai. 2, 280, dazu Giodice-Sabbatelli, in: Sodalitas V, 1984, 2131-2145; Desanti, SDHI 65 (1999) 76.

259 Zur Widerlegung eines durch Beispiel gebildeten Enthymems durch einen Einzelfall vgl. Aristot. rhet. 1403a, 7-9. Anders als hier Desanti, 2003, 167 Fn. 182, die die Besonderheit der Konstellation herausstellt.

(*quamquam fructus hereditatis etc.*)[260] und sich diese sogar aus der Zwecksetzung des Fideikommisses ableiten kann. Vor allem mit diesem zweiten Kriterium scheint Papinian auf eine bereits bei Pomponius überlieferte Differenzierung des Pegasus anzuspielen, nach der die Interessenlage des Erben wie des Fideikommissars beim *fideicommissum de residuo* zu berücksichtigen ist[261]. Papinian verweist nämlich auf die Konnexität von Pflicht und Recht: Da es dem Erben erlaubt sei, die Erbschaft im Rahmen von Treu und Glauben zu verringern, sei umgekehrt zu verlangen, die verbliebenen Früchte dem Fideikommissar herauszugeben[262]. Als Ausnahme von der geschilderten Regel *non venire fructus, nisi ex mora* ergibt sich mithin, dass der Erbe beim *fideicommissum de residuo* auch die während der Schwebezeit gezogenen Früchte herauszugeben hat. Während die Differenzierung bei Pegasus das Ziel verfolgte, den Erben zu privilegieren, nutzt Papinian den Verrechnungsgedanken, um den

260 Vgl. D. 36.1.19pr. Ulp. 15 ad Sab., dazu Desanti, 2003, 132 und 165f. mwN.

261 Vgl. D. 31.43.2 Pomp. 3 ad Q. Muc., dazu Murillo Villar, El fideicomiso, 1989, 124f., Coppola, in: Studi Campagna I, 1982, 197-200, Desanti, 2003, 130-132 mwN. Zur Bedeutung des Textes für den Pollidius-Fall vgl. auch Manthe, Pegasianum, 1989, 149 mit Fn. 74.

262 Mit dieser Deutung der Herausgabepflicht als Innovation Papinians lässt sich der Widerspruch zu Pal. 620 = D. 36.1.60.7 Pap. 9 resp. erklären: Nach diesem *Responsum* verpflichtet das mit den Worten umschriebene Fideikommiss *quod ex hereditate superfuisset* den Erben nicht zur Herausgabe der verbliebenen Früchte, sondern rechtfertigt lediglich den Abzug von Ausgaben. Dagegen scheint D. 22.1.3.2 Pap. 20 quaest. zu besagen, dass das Fideikommiss *quidquid ex bonis supererit Titio* auch die Herausgabe der Früchte umfasse, genauso wie der Erbe zum hälftigen Abzug von Belastungen berechtigt sei. Auch die jüngere Literatur operiert wie zuvor Cujas (vgl. Opera IV, 593f.) mit Interpolationsannahmen (vgl. zuletzt noch Coppola, in: Studi Campagna I, 1982, 218-222, dazu kritisch bereits Desanti, 2003, 165 Fn. 177) oder aber unterstellt unterschiedliche Sachverhalte, deren Voraussetzungen nicht mehr nachvollziehbar seien (vgl. z.B. Murillo Villar, El fideicomiso, 1989, 134f. Zu weiteren Deutungsversuchen vgl. Desanti, 2003, 162-173). Weiterführend sind die Überlegungen von Talamanca, BIDR 94/95 (1991/92) 648f. und Desanti, 2003, 170, die beide an den Begriff *fructus superfluos* anknüpfen. Talamanca erwägt einen unterschiedlichen Fruchtbegriff in den beiden Fragmenten, während Desanti den Unterschied zwischen *Responsum* und *Quaestio* derart bestimmt, dass das *Responsum* nur die Frage betreffe, ob der Erbe zum Erhalt der Früchte als Teil des Fideikommisses verpflichtet sei, was Papinian – in Übereinstimmung mit der Lösung in D. 22.1.3.2 Pap. 20 quaest. – verneine (aaO. S. 172f.). Soweit er die Früchte nicht verbrauche, habe er sie aber dem Fideikommissar herauszugeben, was Teil der die Restitution begleitenden Abwägung zwischen Verlusten und Gewinnen aus der *bona fides* sei. M. E. ist die ausführliche Begründung der *Quaestiones* damit zu erklären, dass der Jurist eine neue oder jedenfalls umstrittene Lösung des alten Problems der Fruchtherausgabepflicht beim *fideicommissum de residuo* präsentiert, das er im *Responsum* ganz in den Bahnen des Herkömmlichen (= Privileg des Erben) gelöst hat. Dieser Annahme steht die Chronologie nicht entgegen, wenn man berücksichtigt, dass die *Quaestiones* in die Zeit der Samtherrschaft des Severus und Caracalla fallen können.

Fideikommissar zu schützen, wenn dies dem Willen des Erblassers entspricht[263]. Maßgebliches Kriterium für die Fruchterstattungspflicht soll damit auch beim *fideicommissum de residuo* der Testatorwille sein.

Zum Beweis dieser These führt § 3 das *exemplum* des Pollidius ein. Hier hat die Erblasserin dem Pollidius[264] ihr Vermögen mit der Bitte übertragen, das Verbliebene der Tochter bei Erreichung eines bestimmten Alters herauszugeben[265]. Als Motiv dieser Zuwendung hat sie im Testament festgehalten, dass sie das Vermögen nicht den Tutoren der Tochter, sondern lieber einem Verwandten überlasse. Gleichzeitig hat sie dem Pollidius einen *fundus* aus der Erbschaft zugesprochen, den er behalten können soll[266]. Im Verfahren ging es um die Frage, ob Pollidius die aus dem Vermögen der Mutter gutgläubig gezogenen Früchte der Tochter herauszugeben habe[267]. Papinian hält den Pollidius für erstattungspflichtig, wobei er das an Pegasus (D. 31.43.2 Pomp. 3 ad Q. Muc.) erinnernde Argument ausmalt (*sive…sive*), es liege ein Fideikommiss im Interesse der Tochter vor, so dass eine Herausgabepflicht des Pollidius mit Blick auf die Früchte bestehe. Die auffällige Einkleidung des Falles, von dem Papinian behauptet, er stamme aus einer Beratung der *praefecti praetorii,* hat zu Spekulationen über Papinians Laufbahn geführt[268]. Es ist allerdings nicht zu verkennen, dass der (angebliche) Bericht eine präzise argumentative Funktion hat. So erlaubt er den prozessualen Hintergrund der Entscheidung näher zu beleuchten, der auf den außerordentlichen Rechtsbehelf der *restitutio in integrum* weist: Da vieles dafür spricht, dass den *praefecti praetorii* erlaubt war, über die *restitutio in integrum* von Minderjährigen gegenüber Urteilen anderer Magistrate zu entscheiden[269], ist nahe-

---

263 Zum Verrechnungsgedanken vgl. Pal. 281 = D. 31.67.9-10 Pap. 19 quaest., dazu Coppola, in: Studi Campagna I, 1982, 215-217 mwN; Murillo Villar, El fideicomiso, 1989, 66-78; ders., BIDR 92/93 (1989/90) 132-140; Cuena Boy, in: Sem. Compl. 7 (1995) 51-57.

264 Die Identität des Pollidius lässt sich nicht weiter ermitteln.

265 Z.B. zwölf Jahre, vgl. D. 33.2.21.5 Scaev. 22 dig.

266 Zum Erbschaftsfideikommiss *deducta certa re vel pecunia* vgl. Belege bei Manthe, Pegasianum, 1989, 132 Fn. 36 und Desanti, 2003, 140 Fn. 97 sowie Wimmer, Das Prälegat, 2004, 207f.

267 Die abweichende Deutung von Wimmer, Das Prälegat, 2004, 206 mit Fn. 122 widerspricht dem Wortlaut des Textes: *fructus, qui bona fide a Pollidio ex bonis defunctae percepti essent.*

268 Assessor des *praefectus praetorio?* Vgl. Liebs, in: HLL IV, 1997, § 416.A., S. 117f. mwN; weitergehend Behrends, SZ 86 (1969) 220 mit Fn. 147, unrichtig Rainer, Staatsrecht, 2006, 253 Fn. 396 (Beleg für einen Fall vor dem *praefectus praetorio* Papinian).

269 Vgl. D. 1.11.1.2 Aur. Arcad. Char. l. sing. de off. praef. praet. Als nachklassische Beschränkung deutet das Fragment Kaser/Hackl, RZ § 88.II, 581 mit Fn. 41, als Ausdruck der konstantinischen Rechtslage Cervenca, ‚Restitutio in integrum', 1965, 148-150. Zur Entwicklung der *in integrum restitutio* in klassischer und nachklassischer Zeit vgl. umfassend Levy, SZ 68 (1951), bes. 369-371 und 432f., ferner Grelle, Arcadio Carisio, l'officium' del prefetto del pretorio e i 'munera civilia', Index 15 (1987) 66f.

liegend, dass die Tochter die Früchte mit einem außerordentlichen Rechtsbehelf einklagen wollte und damit vielleicht sogar Erfolg hatte[270].
Ob die Prätorianerpräfekten dem Vorschlag Papinians folgten oder der herkömmlichen Ansicht, muss allerdings offenbleiben[271]. Es könnte daher sein, dass Papinian seine frühere Beraterrolle vor allem hervorhebt, weil er sich nunmehr als Ratgeber empfehlen will. Sein Rat, die Fruchterstattungspflicht zu verändern, verdient Gehör, da er an höherer Stelle gehört zu werden pflegt[272]. Zu dieser Deutung passt auch, dass Papinians Empfehlung Gültigkeit beansprucht, unabhängig davon, auf welche Weise das mütterliche Testament die Tochter vor dem Zugriff der Tutoren schützen wollte[273]. Entscheidend ist nach seiner Darstellung allein der Schutzzweck des Erbschaftsfideikommisses, der sowohl bei der Konstruktion als Universalfideikommiss mit Einzelvorbehalt (*deducta re*) als auch analog des *legatum partitionis* als Quotenfideikommiss zum Tragen kommt[274]. Legt man das Vermächtnis des *fundus* an Pollidius als uneigentliches Prä-Fideikommiss aus, wird dieser mit dem Erbschaftsfideikommiss fällig, so dass sich Pollidius' Anteil auf den *fundus* beschränkt, also gerade nicht die Früchte der Erbschaft erfasst[275]. Auch wenn ein Quotenfideikommiss vorliegt, hat Pollidius das Erbe nur vorläufig im Interesse der Tochter inne, so dass auch hier der Schutzzweck der fideikommissarischen *partitio* zu seinen Lasten durchgreift[276]. Papinians Darstellung konzentiert sich mithin darauf, die In-

270 Dies gilt umso mehr, wenn – wie D. 36.1.60.7 Pap. 9 resp. nahelegt –, der Erbe, der mit einem Fideikommiss *de residuo* belastet ist, üblicherweise die Früchte nicht herauszugeben hatte. Vgl. auch D. 4.4.40pr. Ulp. 5 opin., dazu Santalucia, I libri opinionum di Ulpiano II, Mailand 1971, 221-225.

271 Dafür spricht eine von Voci, DER II, ²1963, 392 mwN in Fn. 69 aus D. 31.87.1 Paul. 14 resp., D. 40.5.26.1 Ulp. 5 fideic. und C. 2.40.3 Diocl./Maxim. (a. 290) rekonstruierte Reform: „Settimio Severo stabilisce, in favore dei minori, che ad essi siano dovuti, per fdc. pecuniari, gli interessi indipendentemente dalla mora". Vor allem der Ulpian-Text stellt ein Indiz dafür dar, dass Septimius Severus den Erben, dem durch Fideikommiss auferlegt war, an einen *minor* herauszugeben, zur Verzinsung gezwungen hat.

272 Vgl. Quint. 3, 8, 38 und Quint. 9, 2, 59, dazu auch Lausberg, § 824, S. 410f. So beschreibt Cicero den idealen Ratgeber als *persona gravissima*, vgl. Cic. de orat. 2, 333. Vgl. auch Quint. 3, 8, 48, zu beiden Martin, 1974, 175f. mwN.

273 Zutreffend Wimmer, Das Prälegat, 2004, 209: Abwehr von zwei möglichen Standpunkten. Ähnlich die Verwendung in Pal. 281 = D. 31.67pr. Pap. 19 quaest. Anders (Über- und Unterordnung) das Scholion des Anonymus zu Bas. 23.3.3.3, vgl. Heimbach II, 682, Scheltema B IV, 1624, 24. Ähnlich Manthe, Pegasianum, 1989, 149 mit Fn. 76.

274 Vgl. dazu Nachweise bei Voci, DER II, ²1963, 344 Fn. 10 und Manthe, Pegasianum, 1989, 81 Fn. 15, dort auch zu Unterschieden mit dem Teilungsvermächtnis 82f.

275 Zum untechnischen Charakter vgl. Klami, SDHI 34 (1968) 259f.; Manthe, Pegasianum, 1989, 149f. ; zuletzt Wimmer, Das Prälegat, 2004, 31f. und 209f.

276 Vgl. Desanti, SDHI 65 (1999) 82; Wimmer, Das Prälegat, 2004, 209f.

tention der Mutter, die Tochter vor den Tutoren zu schützen, auszumalen[277]. Dadurch konkretisiert er das Interesse, das der Fideikommissar an den Früchten hat, in der Person der Tochter, was zu *evidentia* führt, das heißt der Bewegung des Publikums für den Einzelfall[278]. Hintergrund ist der Beweiszweck des Beispiels[279], denn es legt ein pathetisches Zeugnis dafür ab, dass der vom Testator, das heißt hier von der Mutter, angestrebte Schutz des Fideikommissars, das heißt hier der Tochter, den Erben verpflichtet, Fruchtersatz zu leisten.

Über Pomponius und Pegasus hinaus knüpft Papinian dieses Ergebnis formal auch an das Dekret des Marc Aurel (*pr.*). Da Papinian zeigt, dass der Erbe, der schon vor der *litis contestatio* im Verzug war, unverändert haftet, belegt er den Willen des Kaisers, den Erben nur dort zu schonen, wo dieser es verdient. Mit dieser Deutung des Dekretes erhebt Papinian den jeweiligen Einzelfall, d.h. den Zweck des Fideikommisses, zum Maßstab der Herausgabepflicht des Erben. Auf diese Weise erscheint der Pollidius-Fall nur als Umsetzung der im Dekret angedeuteten Vorgaben.

§ 4 rundet diese syllogistische Argumentation, indem Papinian zeigt, dass sich mit dem Kriterium des Interesses auch andere Streitfragen der Herausgabepflicht beim Fideikommiss elegant lösen lassen. So kann die beim Fideikommiss von Gold oder Silbersachen häufig gestellte Frage, ob der Erbe im Verzugsfall Zinsen zu zahlen habe, ebenfalls nach dem Erblasserwillen entschieden werden: Sollten die Silber- oder Goldsachen verkauft und nur der Erlös als Fideikommiss ausgezahlt werden, dürfe der Verzug nicht ungestraft bleiben. Dagegen könne der Fideikommissar keine Zinsen verlangen, wenn die Sachen als solche, z.B. als Gefäße, genutzt werden sollten. In diesem Fall sei das Verlangen von Zinsen unzulässig, wofür der Papinian die Metapher der Schamesröte verwendet[280]. Mit der emphatischen Ausdrucksweise (*impunitas*, *rubor*), die den eigentlichen Tatbestand übertreibt, wiederholt er das bereits im Pollidius-Fall bemühten Pathos. Dennoch drücken sie im Rahmen der im Recht der Fideikommisse geltenden *bona fides* rechtlich anerkannten Gedanken aus. So verlangt die Versorgungsfunktion des Fideikommisses, den Verzug des Erben zu sanktionieren, das heißt ihn zinspflichtig zu halten[281]. Und der Anstand wie die *bona fides* beinhalten, keine Forderungen aus einer lediglich formalen Rechtsposition zu erheben[282]. Letzteres zeigt, dass der Erblasserwille auch zu Ungunsten des Fideikommissars herangezogen werden kann (*argumentum ad abiunctis*), was die Sachange-

277 *idque sibi mater ideo placuisse testamento comprehendisset, ne filiae tutoribus, sed potius necessitudini res committerentur* und *quod lubrico tutelae fideicommissi remedium mater praetulerat.*

278 Vgl. Quint. 8, 3, 5, dazu Lausberg, § 810, S. 400 mwN. Anders Desanti, SDHI 65 (1999) 82, die die Emphase mit der "soluzione eccezionale" erklärt. Vgl. ferner Coppola, in: Studi Campagna I, 1982, 212.

279 Zum *exemplum* als Zeugnis vgl. Aristot. rhet. 1394a 9-12.

280 Anders Genzmer, SZ 44 (1924), 135f. mit weitgehendem Interpolationsverdacht.

281 Vgl. zuletzt Börsch, Übeltaten, 2003, 21 (zur Stelle) und 116-128.

282 Schamesröte als Metonymie für das Gefühl.

messenheit des *ius voluntatis* für die Bestimmung der *causa* des Fideikommisses nochmals unterstreicht[283].

V. Ergebnis

Alle Katenen Papinians zum Kaiserrecht belegen, dass er die „eingelegten" Konstitutionen nicht nur auslegt und erläutert, sondern zum Zwecke der Rechtsfortbildung heranzieht[284]. Aus dieser Zwecksetzung folgt die ungewöhnliche Zitierweise, in der auch verstorbene Kaiser mit der Titulatur genannt werden, offenbar also der Wortlaut der Konstitution mitgeteilt wird. Dass Papinian aus diesem kaiserlichen Text selbst seine Schlussfolgerungen ableitet, kommt formal darin zum Ausdruck, dass die Konstitution in allen untersuchten Katenen als Oberprämisse einer *ratiocinatio* fungiert[285]. Dieser Funktion entsprechend trägt sie das gefundene Ergebnis. Gleichzeitig signalisiert diese Struktur, dass die Oberprämisse zunächst zu beweisen und näher auszulegen ist[286]. Diese Notwendigkeit ergibt sich aber nicht nur aus der rhetorischen Struktur, sondern auch von Rechts wegen, denn es handelt sich durchweg um Einzelfallentscheidungen (Reskripte, Dekrete)[287], die nicht unbesehen als Präjudiz verwendet werden können[288].

---

283 Zum Text vgl. zuletzt Arcaria, Oratio Marci, 2003, 31 Fn. 21 mwN. Weitgehende Verdächtigungen noch bei Segrè, in: Mélanges Girard, II, 1913, 569 Fn. 3; anders bereits Riccobono (Jr.), Profilo storico della dottrina della mora, Estr. 1964, 297.

284 Die Rechtsfragen betreffend durchgehend das *ius novum*. Fideikommiss: Pal. 194 = D. 26.5.13pr.-2 Pap. 11 quaest.; Pal. 345 = D. 36.3.5.1 Pap. 28 quaest.; Pal. 292 = D. 31.70 u. 72 Pap. 20 quaest., Pal. 299 = D. 36.1.57.1-5 Pap. 20 quaest.; Pal. 289 = D. 22.1.3pr.-4 Pap. 20 quaest.; Munizipalmagistrate: Pal. 70 = D. 50.1.11pr.-1 und 13 Pap. 2 quaest.; *pietas* zwischen Vater und Sohn: Pal. 195 = D. 37.5.12 Pap. 11 quaest.; Pal. 196 = D. 36.1.52 Pap. 11 quaest.

285 Vgl. Cic. inv. 1, 57. Zum Beweis durch Deduktion vgl. Aristot. rhet. 1357a, 13.

286 Zur prüfenden Funktion vgl. Cic. inv. 1, 62. Anders Kroll, Das Epicheirema, 1936, 4, 10, 16f., Steudel-Günther, s.v. ratiocinatio, in: HWRhet. 7, 2005, Sp. 596. Wie hier Schittko, Analogien, 2003, 29f. mwN.

287 Reskript: Pal. 70 = D. 50.1.11pr.-1 u. D. 50.1.13 Pap. 2 quaest.; Pal. 194 = D. 26.5.13pr.-2 Pap. 11 quaest. (Hadrian); Pal. 345 = D. 36.3.5.1 Pap. 28 quaest.; Pal. 292 = D. 31.70 u. 72 Pap. 20 quaest.; Pal. 299 = D. 36.1.57.1-5 Pap. 20 quaest.; Dekret oder sonstiges Urteil: Pal. 194 = D. 26.5.13pr.-2 Pap. 11 quaest. (Senat); Pal. 195 = D. 37.12.5 Pap. 11 quaest.; Pal. 196 = D. 36.1.52 Pap. 11 quaest.; Pal. 289 = D. 22.1.3pr.-4 Pap. 20 quaest.

288 Zur Rechtsquellenlehre des Prinzipat vgl. Palazzolo, Potere imperiale ed organi giurisprudenziali nel II secolo d. C., Neapel 1974, 49-59; Nörr, in: HIA II, 1365; zur Berück-

Diese enge Symbiose von Rhetorik und Recht ist auch auf der Ebene der Einzelargumente zu beobachten: So folgt die Gedankenführung der rhetorischen Statuslehre, die sich zur Aufgabe gemacht hat, die eigentlichen Streit- oder Zweifelspunkte bei der Interpretation und Anwendung eines Textes aufzudecken[289]. Die Beantwortung oder Ausfüllung dieser Kernfragen erfolgt aber immer nach Gesichtspunkten, die auch in anderen Juristenschriften erkennbar oder doch rechtlich nachvollziehbar und einleuchtend sind. Erkennbar ersetzt also die Rhetorik nicht die juristische Argumentation, sondern dient Papinian bei der Stoffsuche (*inventio*). Diese Funktionsteilung gilt sogar bei der Würdigung eines Sachverhaltes (*genus rationale*), bei der sich Papinian besonders oft der rhetorischen Lehren bedient, um eine innovative Lösung vorzuschlagen[290].

Gerade diese Innovationsfreude, die häufig zu einem Ergebnis führt, das nach dem mitgeteilten Wortlaut der Konstitution nicht zu erwarten war, mag erklären, warum der Jurist auch auf ethische und pathetische Argumente zurückgreift [291]. Dabei kann es nach den Regeln des *genus legale* nicht überraschen, dass die Katenen zur Auslegung des Kaiserrechts vor allem die *aequitas* bemühen, denn diese ist nicht nur Maßstab jeder Gesetzesauslegung[292], sondern auch wirksame Waffe gegen den Wortlaut[293].

Nur in dem Fall, in dem eine eigene Problemerörterung auf die Untersuchung der Konstitution folgt (Pal. 289 = D. 22.1.3pr.-4 Pap. 20 quaest.), findet sich ein Pathos erheischendes *exemplum*. Es dient dazu, die Zustimmung des Publikums zu der vorgeschlagenen Rechtsänderung auch dadurch zu erhalten, dass es zum Mitleid mit einer Frau gezwungen wird, die versuchte, ihre Tochter vor unfähigen Tutoren zu schützen[294]. Auch hier ist aber die bezweckte Gefühlserregung kein blosser *ornatus*, sondern argumentative Strategie, indem sie das zuvor aus sachlichen Gründen her-

---

sichtigung von Reskripten und Dekreten als Präjudiz vgl. Katzoff, Precedents in the Courts of Egypt, SZ 89 (1972) 256-292.

289 Vgl. Erster Teil I, S. 22f.

290 Pal. 70 = D. 50.1.11pr.-2 und 13 Pap. 2 quaest.: *remotio*, vgl. Erster Teil II.1-2, S. 29; Pal. 301 = D. 40.7.34.1 Pap. 21 quaest.: *coniectura*, dazu Babusiaux, SZ 126 (2009) 171f.; Pal. 196 = D. 36.1.52 Pap. 11 quaest: *deprecatio*, vgl. Erster Teil III.2, S. 36.

291 Vgl. unten Vierter Teil III, S. 226-262.

292 Gesetz im Sinne der Rhetorik sind alle textlich fassbaren Vorschriften und Regelungen, seien sie nun privatrechtlicher oder staatsrechtlicher Natur, vgl. Quint. 7, 5, 6, dazu auch Lausberg, § 199, S. 109.

293 Vgl. Pal. 70 = D. 50.1.11pr.-1 und 13 Pap. 2 quaest.: *fides*-Verstoß des *nominator*; Pal. 194 = D. 26.5.13pr.-2 Pap. 11 quaest: Verstoß gegen *libertas*; *fides* = Kaution; Pal. 196 = D. 36.1.52 Pap. 11 quaest. = *paterna reverentia*; Pal. 289 = D. 22.1.3pr.-4 Pap. 20 quaest.: Verbot der *impunitas*.

294 Vgl. Erster Teil IV.3, S. 56-58.

geleitete Ergebnis unterstreicht. Alle zu beobachtenden rhetorischen Mittel stehen mithin im Dienste der juristischen Argumentation[295].

295 Zur Bedeutung der Rhetorik im *consilium* vgl. bereits Babusiaux, SZ 126 (2009) 181-186. Zu D. 29.2.97 und D. 49.14.50 Paul. 3 decr. vgl. Kunkel, in: Kl. Schriften, 1974, 231. Ein allgemeines Bild vermittelt etwa D. 28.4.3pr. Marcell. 29 dig., dazu zuletzt Wankerl, Appello ad principem. Urteilsstil und Urteilstechnik in kaiserlichen Berufungsentscheidungen (Augustus bis Caracalla), München 2009, 68-93 mwN.

ZWEITER TEIL: DAS DIALEKTISCHE STREITGESPRÄCH

In einer zweiten Gruppe von Katenen setzt sich Papinian mit anderen Juristenmeinungen auseinander, indem er sie auf ihren Gehalt und ihre Konsequenzen hin untersucht. Meist weist er dabei mit Formulierungen wie *constitutum est*, *tractari solet* oder *vulgo dicitur* auf eine anonyme Rechtsansicht[296]. Allein Sabinus und Julian finden mehrfach namentlich Erwähnung[297]. Die Methode Papinians in diesen Katenen folgt anders als die Kommentierung des Kaiserrechts keinem strengen formalen Schema. Vielmehr kann die Erörterung ebenso mit einem Juristenzitat wie mit einer Fallschilderung oder abstrakten Problemdarstellung beginnen[298], ohne dass dies

---

296 *Constitutum est*: Pal. 112 = D. 48.5.38 Pap. 5 quaest.; Pal. 122 = D. 40.4.47.1 Pap. 6 quaest.; Pal. 143 = D. 47.12.10 Pap. 8 quaest.; Pal. 167 = D. 16.3.24 Pap. 9 quaest.; Pal. 307 = D. 41.3.44pr. Pap. 23 quaest.; Pal. 340 = D. 46.3.95 Pap. 28 quaest.; Pal. 386 = D. 35.2.13 Pap. 37 quaest.; *Tractari solet*: Pal. 199 = D. 26.7.37.2 Pap. 11 quaest.: (...) *quaestio, quae vulgo* (...) *tractata est* (...); Pal. 279 = D. 29.7.13.1 Pap. 19 quaest. *Tractari solet de eo* (...); Pal. 282 = D. 31.69.4 Pap. 19 quaest. (...) *tractari potest* (...); Pal. 289 = D. 22.1.3.4 Pap. 20 quaest. : (...) *tractari solet* (...) ; Pal. 315 = D. 27.3.18 Pap. 25 quaest. (...) *tractari solet* (...); Pal. 353 = D. 35.2.11.6 Pap. 29 quaest. (...) *tractari solet* (...); Pal. 378 = D. 48.5.39.3 Pap. 36 quaest. (...) *tractari solent* (...) .*Vulgo*: Vgl. Pal. 125 = D. 22.1.2 Pap. 6 quaest. *Vulgo receptum est* (...) ; Pal. 199 = D. 26.7.37.2 Pap. 11 quaest. (...) *quaestio quae vulgo tractata est*; Pal. 291 = D. 26.9.3 Pap. 20 quaest. (...) *quod autem vulgo dicitur* (...) ; Pal. 340 = D. 46.3.95.3 Pap. 28 quaest. ;Pal. 353 = D. 35.2.11.5-7 Pap. 29 quaest. (...) *quod vulgo dicitur* (...) *volgo probatum est* (...) *volgo diceretur*. Mit weiteren impliziten Bezugnahmen rechnet Wieacker, RRG II, 129.

297 Sabinus: Pal. 79 = D. 45.1.115.2 Pap. 2 quaest.; Pal. 129 = D. 8.1.4pr. Pap. 7 quaest. ; Pal. 140 = D. 10.3.28 Pap. 7 quaest. ; Pal. 199 = D. 26.7.37pr. Pap. 11 quaest. ; Pal. 264 = D. 35.1.71.3 Pap. 17 quaest. ; Pal. 272 = D. 35.1.72.7/8 Pap. 18 quaest. ; Pal. 291 = D. 26.9.3 Pap. 20 quaest. ; Pal. 323 = D. 18.7.6pr. Pap. 27 quaest. Julian: Pal. 123 = D. 6.1.62.1 Pap. 6 quaest.; Pal. 158 = D. 15.1.50pr. und D. 46.1.47pr. Pap. 9 quaest. ; Pal. 163 = D. 30.11 Pap. 9 quaest. ; Pal. 225 = D. 38.2.43 Pap. 14 quaest. ; Pal. 248 = D. 29.4.26pr./1 Pap. 16 quaest. ; Pal. 254 = D. 7.1.33.1 Pap. 17 quaest. ; Pal. 261 = D. 31.66 Pap. 17 quaest. ; Pal. 328 = D. 45.3.18.3 Pap. 27 quaest. ; Pal. 353 = D. 35.2.11.8 Pap. 29 quaest. ; Pal. 380 = D. 4.3.19 Pap. 37 quaest. Ferner Pegasus: Pal. 79 = D. 45.1.115.2 Pap. 2 quaest.; Pal. 340 = D. 46.3.95.7 Pap. 28 quaest.; Cassius: Pal. 129 = D. 8.1.4pr. Pap. 7 quaest.; Pal. 199 = D. 26.7.37 Pap. 11 quaest. und Pal. 272 = D. 35.1.72. 7 Pap. 18 quaest. Labeo: Pal. 151 = D. 19.5.1.1 Pap. 8 quaest. und Pal. 340 = D. 46.3.95.7 Pap. 28 quaest.; Africanus: Pal. 264 = D. 35.1.71pr. Pap. 17 quaest.; Neratius: Pal. 195 = D. 37.12.5 Pap. 11 quaest.; Pal. 254 = D. 7.1.33pr. Pap. 17 quaest.; Pal. 281 = D. 31.67.8 Pap. 19 quaest.; Pal. 380 = D. 4.3.19 Pap. 37 quaest.; Servius: Pal. 176 = D. 40.4.48 Pap. 10 quaest; Pal. 217 = D. 28.7.28 Pap. 13 quaest.

298 Zitat: Pal. 199 = D. 26.7.37pr.-2 Pap. 11 quaest.; Fall: Pal. 323 = D. 18.7.6pr.-1 Pap. 27 quaest.; Pal. 79 = D. 45.1.115pr.-2 Pap. 2 quaest.; Pal. 272 = D. 35.1.72pr.-8 Pap. 18

allein auf den kompilatorischen Eingriff in den Text zurückzuführen sein muss. Würdigt man die überlieferten Katenen in ihrem argumentativen Zusammenhang, werden Übereinstimmungen hinsichtlich der Erörterungsmethode erkennbar. Insbesondere zeigt Papinians Auseinandersetzung mit anderen Rechtsgelehrten deutlich Anleihen bei der antiken Topik und Dialektik. Nach der kontroversen Diskussion um die Topikkonzeption Theodor Viehwegs[299] erscheint es geboten, vorab Begriff und Funktion der hier allein interessierenden antiken Topik zu skizzieren, um Missverständnisse zu vermeiden[300].

I. Vorbemerkungen zum antiken Topik-Begriff

Nach Aristoteles ist die Topik als Teil der Dialektik zu definieren, das heißt einer Methode, sich mit anerkannten Meinungen auseinanderzusetzen. Dabei soll die Topik ein Verfahren anbieten, Probleme aus anerkannten Meinungen abzuleiten und selbst eine abweichende Meinung zu vertreten, ohne sich in Widersprüche zu verwickeln[301]. Topoi sind danach Elemente, unter die Enthymeme fallen[302].
Da Aristoteles unter „Elementen" die ersten Beweise, z.B. in der Geometrie, versteht, sind auch Topoi in dem Sinn Elemente,

> „dass die in ihnen gegebenen Regeln in unterschiedlichen Argumenten in Anspruch genommen werden, so wie elementare geometrische Beweise in allen komplexeren Beweisen benutzt werden oder so wie die Syllogismen der ersten Figur dazu benötigt werden, um die Gültigkeit von Syllogismen anderer Figuren zu demonstrieren."[303]

Enthymeme sind rhetorische Syllogismen, die sich in der Prämisse, nicht aber in der Form von den streng logischen Schlüssen unterscheiden[304], indem sie von Meinungen, nicht von Wahrheiten oder Axiomen ausgehen. Dem Syllogismus als Schlussform können unterschiedliche Topoi zugrunde liegen, die den Schluss „beweisen",

---

quaest.; theoretische Problembeschreibung: Pal. 261 = D. 31.66pr.-7 Pap. 17 quaest.; Pal. 353 = D. 35.2.11pr.-8 Pap. 28 quaest.; Pal. 340 = D. 46.3.95pr.-12 Pap. 28 quaest.

299 Viehweg, Topik und Jurisprudenz, München ^{5}1974, bes. 49-53 zu den römischen Juristen. Zur Diskussion vgl. Calboli, Rhétorique et droit romain, R. É. L. 76 (1998) 158-176; Otte, in: Akten des 36. Deutschen Rechtshistorikertages, 2008, 427-437, zuletzt Launhardt, Topik und Rhetorische Rechtstheorie, 2009.

300 Grundlegend zur antiken Diskussion in diesem Zusammenhang Blühdorn, TR 38 (1970) 269-314, bes. 300-303 zur Aporie-These Viehwegs. Weiterführend (aus romanistischer Sicht) vor allem Horak, Rationes decidendi I, 1969, 45-64.

301 Vgl. Aristot. top. 100 a 18- 20.

302 Vgl. Aristot. rhet. 1403 a17f., dazu de Pater, in: Aristotle on Dialectic, 1968, 164f., zuletzt Schramm, Topik, 2004, 89-107.

303 Rapp, Aristoteles. Rhetorik II, 2002, 272. Zum Element vgl. Schramm, Topik, 2004, 91f.

304 Zum Begriff des Enthymems vgl. Sprute, Hermes 103 (1975) bes. 71-75.

das heißt die Schlussfolgerung tragen. Dialektisch wird diese (allgemeine) Schlussform durch ihren dialogischen Charakter[305]: Der dialektische Syllogismus ist ein Streitgespräch, in dem der Angreifer eine anerkannte Meinung (*ἔνδοξα*) umzustürzen versucht, indem er den Verteidiger zum Zugestehen einzelner Prämissen (*προτάσεις*), die der bekämpften Meinung entgegenstehen, zwingt[306]. Zu diesem Zweck stellt der Angreifer Fragen, deren Inhalt, Färbung oder Einkleidung den Verteidiger zu einem Votum (Ja oder Nein) treibt, das der eigenen Ausgangsthese widerspricht. Mittels der vorhersehbaren Reaktion des Verteidigers zerstört der Angreifer somit schrittweise die Grundlagen der anerkannten Meinung[307]. Die Beweiskraft der Prämissen für die Ausgangsthese ergibt sich dabei aus der Topik, denn die Topoi beschreiben in allgemeiner Form, wie sich die verteidigte Meinung als Ausgangsthese zu den einzelnen neuen Prämissen, die der Fragende dem Verteidiger vorlegt, verhält. Diese beweisenden „Elemente" der Topik geben dem Angreifer gleichzeitig „Suchformeln"[308] an die Hand, von denen aus er seine Fragen zur Bekämpfung der anerkannten Meinung bilden kann[309]. Dem Dialektiker und seiner Kunst bleibt es überlassen, diese Topoi inhaltlich auszufüllen, das heißt die Frage zu formulieren, mit der er angreifen will. Die konkrete Ausgestaltung der Frage richtet sich mithin nach fachwissenschaftlichen Voraussetzungen[310]. Dass die Topik als Argumentationslehre grundsätzlich auch für die Jurisprudenz nützlich sein kann, zeigt Ciceros Topik, die sich an einen Juristen wendet und zahlreiche Beispiele enthält, wie Topoi auch die juristische Argumentation prägen oder bereichern können[311]. Allerdings ist Horak bei seinen Untersuchungen zur Methode der römischen Jurisprudenz zu dem Ergebnis gelangt:

> „Die Topik des Aristoteles und ihre historischen Derivate leisten für wissenschaftliche Erkenntnis als Fundmethode kaum etwas, als Beweismethode nichts".[312]

Dieser Schluss mag für die frühklassischen Juristen, die Horak untersucht hat, zutreffen. Er präjudiziert nichts für die Spätklassik. Vor allem ist Horak aber zu widersprechen, wenn er die Topoi als „Werturteile" (des argumentierenden Juristen oder

---

305 Vgl. dazu vor allem Kapp, s.v. Syllogistik, in: RE 4, 1, 1931, Sp. 1053, 1056-1058 und Moraux, in: Aristotle on Dialectic, 1968, 281-285 mwN aus Cicero 301 Fn. 5.

306 Vgl. Aristot. top. 104a, 8-10, dazu Blühdorn, TR 38 (1970) 287-289 und Schramm, Topik, 2004, 84-88.

307 Dies sieht auch Horak, Rationes decidendi I, 1969, 60-63, der aber *endoxa* zu eng als „Werturteile" wiedergibt. Zu den allgemeinen Anforderungen an den Gehalt von *endoxa* vgl. Rapp, Aristoteles. Rhetorik II, 2002, 302-308 mwN.

308 Lausberg, § 260, S. 146, vgl. ausführlich de Pater, in: Aristotle on Dialectic, 1968, 173.

309 Zum mit der Topik zusammenhängenden Dialektikbegriff im engeren Sinn vgl. Blühdorn, TR 38 (1970) 295f.

310 Vgl. bereits Sprute, Hermes 103 (1975) 79-82 sowie die Beschreibung bei Schramm, Topik, 2004, 91; anders Otte, Dialektik und Jurisprudenz, Frankfurt a.M. 1971, 188, dazu kritisch Rapp, Aristoteles. Rhetorik II, 2002, 237f. mwN.

311 Cic. top. 1-6.

312 Horak, Rationes decidendi I, 1969, 63f.

Redners) auffasst und ihren Nutzen mit dem Argument zurückweist, die Juristen betrieben keine „Rechtspolitik"[313]. Hier setzt sich ein Irrtum fort, dem schon Viehweg unterlegen ist, als er die materialen Topoi ins Zentrum seiner Analyse stellte[314]. Auf diese Weise gerät der dialektische Rahmen der Topik ebenso aus dem Blick wie die vorrangig formale aristotelische Topik-Definition[315].

Beschränkt man sich dagegen auf die formalen aristotelischen Topoi, liegt es wegen der Bedeutung der *responsa prudentium* als Rechtsquelle[316] nahe, zu prüfen, ob sich Dialektik und Topik nicht als Methode eignen, mit der das Ringen um die richtige Rechtsauffassung dargestellt werden kann[317].

Dabei ist zu beachten, dass auch die Rhetorik, die die dialektische Schlussform umfassend rezipiert hat[318], den Angriff auf anerkannte Meinungen als spezifische Art der Rede beschreibt[319]. Da der Angriff das Publikum schockiert, ist sein Standpunkt ungleich schwerer zu vertreten (*genus admirabile*), als wenn er eine allgemein akzeptierte Position vorträgt (*genus honestum*) oder das Empfinden des Publikum nur auf die Probe stellt (*genus anceps* oder *dubium*)[320]. Entsprechend ist die gesamte Rede im *genus admirabile* darauf angelegt, das Publikum zu besänftigen. Insbesondere für das *prooemium* rät etwa Cicero dem Redner sogar zur Einschmeichelung (*insinuatio*) sowie dazu, den gesamten *ductus* der Rede der zu erwartenden Publikumsreaktion anzupassen[321]. Auch in Papinians Erörterungen ist erkennbar, dass die Auseinandersetzung mit den überkommenen Rechtsmeinungen nicht nur dialektisch-topisch, sondern auch im Sinne dieser rhetorischen Vorgaben geprägt ist. Erkennbare Anstrengungen, das Publikum auf seine Seite zu ziehen, geben dabei Aufschluss darüber, wie er selbst die Vertretbarkeit der eigenen Position einschätzt und ob er möglicherweise eine innovative Position vertritt.

---

313 Horak, Rationes decidendi I, 1969, 62f. und öfter. Zu Missverständnissen in der Diskussion um die Topik vgl. Otte, Zeitschr. für Rechtstheorie 1 (1970) 189f.

314 Zu diesem materialen Topoi-Verständnis Viehwegs vgl. zuletzt Launhardt, Topik und Rhetorische Rechtstheorie, 2009, 39f., ähnlich Horak, Rationes decidendi I, 1969, 56.

315 Dazu (in Bezug auf Viehweg) bereits Blühdorn, TR 38 (1970) bes. 305.

316 Vgl. nur Wieacker, RRG I, 495-498 mwN.

317 Voraussetzung ist die Debattierbarkeit des Problems, vgl. Blühdorn, TR 38 (1970) 297f. und ausführlich Moraux, in: Aristotle on Dialectics, 1968, 279f. Positiv zur Rolle der Topik in der römischen Jurisprudenz jetzt auch Leesen, Gaius meets Cicero, 2010, bes. 317-323.

318 Zur Rhetorik als „Seitentrieb" der Dialektik vgl. nur Nachweise bei Lossau, in: HWRhet. 2, 1994, Sp. 562. Allgemein v. Fritz, Grundprobleme der Geschichte der antiken Wissenschaft, 1971, 216f. mwN. Die weitergehenden Möglichkeiten des Redners beim Angriff auf Meinungen diskutiert bereits Aristoteles, vgl. Nachweise bei Price, Paradeigma 1975, 54f.

319 Vgl. Quint. 4, 1, 40, dazu Martin, 1974, 24f.; zur Dialektik vgl. Lausberg, § 64, S. 56.

320 Vgl. Quint. 4, 1, 41 *admirabile autem vocant, quod est praeter opinionem hominum constitutum.* Zu allen *genera* vgl. Auct. ad Her. 1, 3, 5 und Cic. inv. 1, 20.

321 Vgl. Cic. inv. 1, 21 und Quint. 4, 1, 42, dazu auch Martin, 1974, 26-28 mwN.

II. Sabinus

In vier Katenen setzt sich Papinian explizit mit Rechtsmeinungen des Frühklassikers Sabinus auseinander (Pal. 199, Pal. 79, Pal. 323 und Pal. 272).

1. Haftungsfragen der Tutel, Pal. 199

Ein typisches Beispiel bildet:

Pal. 199 = D. 26.7.37pr.- 2 Pap. 11 quaest.

pr. Tutorem, qui tutelam gerit, Sabinus et Cassius, prout gerit, in singulas res per tempora velut ex pluribus causis obligari putaverunt.	pr. Sabinus und Cassius nahmen an, dass der Vormund, der die Geschäftsführung über das Mündelvermögen innehabe, für die Einzelgeschäfte nach Zeitabschnitten wie aus verschiedenen Rechtsgründen verpflichtet sei, je nachdem wie er sie ausführe.
1 Secundum quam sententiam servus institor dominicae mercis vel praepositus debitis exigendis si liber factus in eodem actu perseveret, quamvis tempore servitutis obligari non potuerit, praeteriti temporis nomine actione negotiorum gestorum non inutiliter convenietur, earum scilicet rerum, quae conexam rationem cum his, quae postea gesta sunt, habuerunt: sic enim et tutelae iudicium earum quoque rerum causa tenere placuit, quae post pubertatem administrantur, si posterior actus priori cohaereat neque divisus propriam rationem habet.	1 Nach dieser Ansicht wird der Sklave, der mit Waren des Eigentümers Gewerbe treibt oder der zur Eintreibung von Schulden eingesetzt worden ist, wegen der vorvergangenen Zeit nicht erfolglos mit der Klage aus der Geschäftsführung angegangen werden, wenn er nach seiner Freilassung eben diese Geschäftsführung fortsetzt. Auch wenn er für die Zeit seiner Sklavenschaft nicht haften kann, haftet er für die Geschäfte, die er als Sklave ausgeführt hat, wenn sie eine gemeinsame Rechnung mit denen haben, welche er später ausgeführt hat. Genauso ist nämlich auch anerkannt, dass aus der Vormundschaftsklage wegen solcher Geschäfte gehaftet wird, welche nach der Geschlechtsreife [des Mündels] verwaltet werden, wenn die spätere Geschäftsführung mit der früheren verbunden ist und nicht getrennt [davon] eine eigene Rechnung hat.
2 Inde descendit quaestio, quae volgo circa filium familias tractata est, qui tutor testamento datus post tutelam gestam emancipatus in eodem officio perseveravit. et secundum Sabini et Cassii sententiam eveniet, ut de eo quidem, quod post emancipationem gestum est, in solidum conveniri possit, de praeterito autem, sive peculium non sit ademptum sive ademptum sit, in id quod facere possit. quod si superioris temporis nomine	2 Von daher rührt die Frage, welche gemeinhin mit Bezug auf den Haussohn untersucht wird, der als Vormund im Testament eingesetzt worden ist und nach der begonnenen Ausübung der Vormundschaft als Emanzipierter dasselbe Amt fortgeführt hat. Auch nach der Meinung des Sabinus und Cassius kann es vorkommen, dass er zwar hinsichtlich dessen uneingeschränkt angegangen werden kann, was nach der Entlassung aus der väterlichen Gewalt verwaltet worden ist, er aber hinsichtlich des Vorherigen – unabhängig davon, ob das peculium entzogen worden ist oder nicht – [nur] auf das [haftet], was er zu leisten imstande ist. Aber wenn es das Mündel vorzieht, wegen der früheren Zeitspanne den Vater aus der actio de peculio anzugehen – die

patrem de peculio pupillus convenire maluerit (annus enim utilis ex quo tutela agi posse coepit computabitur): ne capiatur pater inducta totius temporis causa, tempus, quo filius familias tutelam gessit, comprehendendum erit.	Ausschlussfrist von einem Jahr (annus utilis), während der die Klage erhoben werden kann, wird nämlich von [sc. dem Ende] der Tutel an berechnet322 – , soll [nur] der Zeitraum, in der er als Haussohn die Vormundschaft verwaltet hat, erfasst sein, damit der Vater durch die Einleitung der Rechtssache nicht hinsichtlich der gesamten Zeitspanne in die Haftung gerät.

Sabinus und Cassius präzisieren die Haftungsvoraussetzungen der Tutel, indem sie zeitliche Abschnitte einer zusammenhängenden Sache wie separate Rechtsgründe behandeln: Zwar umfasst die *actio tutelae* die gesamte Geschäftsführung des Vormunds und schützt das Mündel umfassend vor unzulässigen Vermögensverschiebungen während der Tutel[323]. Sofern sich Zeitabschnitte unterscheiden lassen, sollen diese aber ebenso getrennt werden, als handle es sich um unterschiedliche Rechtsgründe (*causae*)[324].

Die Konsequenzen dieser Auffassung präsentiert Papinian in § 1 am Beispiel des *servus institor* oder *praepositus debitis exigendis*, der während seiner Dienste vom Herrn freigelassen wurde[325]. Obwohl die Geschäftsführung fortbestehe, könne die *actio negotiorum gestorum* für die Zeit ab der Freilassung eingreifen. Entscheidend für die Haftung ist mithin nicht mehr die Einheitlichkeit der Geschäftsführung, sondern die Trennung von unterschiedlichen Zeitabschnitten, die etwa durch eine Freilassung eine Zäsur erhalten[326]. Weiter haftet der Freigelassene nur für konnexe Forderungen, das heißt für die als Sklave getätigten Geschäfte, welche durch eine gemeinsame Rechnungslegung mit der Geschäftsführung nach Freilassung verbunden sind[327]. Dass Papinian die Haftung des Geschäftsführers nur ausnahmsweise erweitern will, zeigt die vorsichtige Formulierung (*non inutiliter* …) und die Beschränkung

322 Es muss also *tutela* heissen, nicht *tutelae*, wie van de Walter vorschlägt.

323 Vgl. Pernice, Labeo I, 1873, 497f., Solazzi, Istituti tutelari, 1929, 46-50, De Robertis, La responsabilità del tutore nel diritto romano, Bari 1960, 102f.

324 Warum dies byzantinisch sein soll (vgl. Schulz, AHDO-RIDA 2 (1953) 407), ist nicht einzusehen. Zu dieser Fiktion bei den „generellen Aktionen" vgl. bereits Peters, SZ 32 (1911) 189f. Zu den Grenzen der *teoria Sabiniana* vgl. Voci, Iura 21 (1970) 79 Fn. 38.

325 Zu beiden vgl. Wacke, SZ 111 (1994) 322.

326 Überlegungen zur Herkunft dieses Prinzips bei Guzmán, Dos estudios en torno a l historia de la tutela, 1976, 272f.

327 Insoweit lassen sich *ratio* und Geschäft nicht trennen, vgl. D. 2.13.6.3 Ulp. 4 ad ed., dazu Bürge, SZ 104 (1987), 514f. Allein auf Vorurteile und eine rein formale Textkritik stützt sich die gegenteilige Auffassung von Schulz, AHDO-RIDA 2 (1953) 409. Für Authentizität bereits Seiler, Negotiorum gestio, 1968, 157f. mwN.

auf Geschäfte, die in ihrer Berechnung oder Aufstellung von den späteren abhängig sind[328].

Auffällig ist, dass Papinian die Tauglichkeit der sabinianischen Lehre zunächst an der *actio negotiorum gestorum* erläutert und nicht an der Tutel selbst. Die Haftung des geschäftsführenden Sklaven unterscheidet sich auch dadurch von der Haftung des Tutors, dass als Zäsur nicht eine Statusveränderung des Gläubigers (= *pubertas* des Mündels), sondern des „Schuldners" (= Freilassung des Sklaven) dient. Diese Innovation spricht ebenso wie die ausführliche Beweisführung dafür, dass Papinian Sabinus' und Cassius' These erweitert, indem er sie auf andere Fälle der Geschäftsführung überträgt. Diese Annahme erklärt auch, warum er am Ende von § 1 eine anerkannte Rechtsansicht (*placuit*) zur *actio tutelae* zitiert, nach der der Tutor auch für die Geschäfte nach dem Ende der Tutel haftet, die in engem Zusammenhang zur Geschäftsführung während der Vormundschaft stehen[329]. Auch diese, auf Julian zurückzuführende Meinung übernimmt Papinian nicht unbesehen, sondern zieht sie nur zum Vergleich heran (*argumentum ex comparatione*)[330]: Während Julian den Vormund über die Dauer der Vormundschaft hinaus haften lässt, soll der Geschäftsführer nach Papinian für die Zeit haften, in der er Sklave und damit an sich nicht selbst verantwortlich war[331].

Indem Papinian die sabinianische Lehre auch auf Zäsuren erstreckt, die in der Sphäre des Schuldners liegen, bereitet er die nun folgende Problemerörterung (*inde descendit quaestio*) vor. Die *quaestio* treibt die bisherige Diskussion auf die Spitze, da die Zäsur innerhalb der *actio tutelae* nicht durch die *pubertas* des Mündels, sondern durch die Emanzipation des Tutors entsteht. Der Statuswechsel des Tutors birgt, wie Papinian ausführt, für das Mündel ein Risiko, denn gegen den gewaltabhängigen Tutor steht letzterem nur ein Anspruch auf *id quod facere possit*[332] zu, und dies unabhängig

328 Auch in anderen Zusammenhängen zeigt sich, dass beim Statuswechsel der Grundsatz des Haftungsausschlusses nicht durchgehalten werden kann (vgl. Voci, Contratto, 1946, 182-187), weshalb sich ein pauschaler Verdacht gegen die Durchbrechung dieses Prinzips, wie ihn Schulz. AHDO-RIDA 2 (1953) 409 behauptet hat. Gefestigt (*constat*) bei D. 3.5.16 Ulp. 35 ad ed.), dazu zuletzt Waldstein, Mandat und operae libertorum, in: Mandatum und Verwandtes, 1993, 343f. Möglich ist, dass Ulpian die Eigenhaftung des Sklaven erst von Papinian übernommen hat, denn er formuliert parallel: *eum actum, quem quis in servitute egit, manumissus non cogitur reddere.* Zu den unterschiedlichen Bestandsverzeichnissen eines Testators, vgl. D. 33.10.7.2 Cels. 19 dig., dazu Liebenam, s.v. ratio, in: RE II, 1, 1914, 262; allgemein Thilo, Der Codex accepti et expensi im Römischen Recht. Ein Beitrag zur Lehre von der Litteralobligation, Göttingen 1980, 154f.

329 Vgl. D. 27.3.13 Ulp. 35 ad ed. (...), dazu bereits Schulz, AHDO-RIDA 2 (1953) 402-404.

330 Vgl. Cic. top. 23 (*in re pari), denn si posterior actus priori cohaeret neque divisus propriam rationem habet* fügt beide Fälle unter die sabinianische Formel.

331 Zutreffend zu dieser Nuancierung bereits Seiler, Negotiorum gestio, 1968, 157.

332 Vgl. D. 14.5.2pr. Ulp. 29 ad ed. mit Lenel, EP, 278, ferner C. 4.26.2 Sev. Ant. (a. 196).

davon, ob er – am Ende der Tutel! – noch im Besitz des *peculium* ist oder nicht[333]. Da der Haussohn nur beschränkt haftet, kann sich das Mündel mit der *actio de peculio (annalis)* nur an den Vater halten[334], was aber ebenfalls keine Garantie bedeutet: Zwar läuft die Jahresfrist für die *actio de peculio annalis* erst ab dem Ende der Tutel; die Klage hat jedoch nur dann Erfolg, wenn sich das (frühere) *peculium* in den Händen des Vaters befindet und dort noch in entsprechender Höhe vorhanden ist. Gerade weil das Mündel bis zum Ende der Tutel warten muss, um die *actio de peculio* zu erheben, besteht das Risiko, dass andere Gläubiger des Sohnes bereits erfolgreich geklagt haben und das *peculium* vermindert ist[335]. Wie Papinian durch den Hinweis *sive peculium* …. andeutet, kann es mithin dazu kommen, dass das Mündel keinen Zugriff auf das *peculium* des Haussohnes erhält[336]: Bei der Klage gegen den Haussohn, weil die Haftungsbeschränkung auf *id quod facere possit* den Haussohn privilegiert, dem das *peculium* entzogen worden ist, bei der anschließenden Klage gegen den Vater, weil das (entzogene) *peculium* für andere Gläubiger verbraucht ist[337]. Wäre dagegen die Vormundschaft allein Maßstab der Klage, brauchte das Mündel nur einmal die *actio tutelae* zu erheben und könnte Rechenschaft über die Vermögensverwaltung und Herausgabe des Verbliebenen verlangen. Folgt man dagegen Sabinus und Cassius, die die *actio tutelae* in einzelne Rechnungsposten aufteilen, benachteiligt man das besonders schützenswerte Mündel[338].

Dass es Papinian gerade darum geht, diese Konsequenz anzuprangern, zeigt auch die besondere Färbung der Darstellung, die sich erheblich von der nüchternen Schilderung in Ulpians Ediktskommentar (D. 27.3.11 Ulp. 35 ad ed.) unterscheidet[339]. Dies belegt schon der narrative Einstieg Papinians in das Problem (*eveniet*), der die Plausibilität des Sachverhaltes erhöht und die Konsequenzen der Meinung

---

333 Zur *ademptio peculii* vgl. D. 15.1.21pr. Ulp. 29 ad ed. D. 15.1.4pr. Pomp. 7 ad Sab. zeigt, dass nur die dolose *ademptio* die weitergehende Haftung des Vaters auslöst.

334 Die *actio tutelae de peculio* wandelt sich mit Ende des Gewaltverhältnisses in eine *actio tutelae de peculio annalis*, vgl. Schulz, AHDO-RIDA 2 (1953) 405, Kaser, RP I § 141.II.1, 607.

335 Zur *merx peculiaris* vgl. Chiusi, Contributo allo studio dell'editto ‚de tributoria actione', Rom 1993, 283-314.

336 Vgl. Schulz, AHDO-RIDA 2 (1953) 406. Zu anderen Lösungsansätzen vgl. bereits Peters, SZ 32 (1911) 266-269 mit weitreichender Textkritik; noch anders Wacke, Die Notbedarfseinrede des enterbten Haussohnes. Wirkungen der Erbschaftsausschlagung für das peculium und Abwicklung der Pekuliarschulden bei Beendigung der Hausgewalt, SDHI 60 (1994) 484f., der die Problematik der Stelle beseitigt.

337 Dies übersieht Voci, Contratto, 1946, 186f.

338 Dies nimmt noch Marcellus hin, vgl. D. 26.7.21 Marcell. l.sing. resp., dazu Chiusi, Die actio de in rem verso, 2001, 38f.

339 Anders Schulz, AHDO-RIDA 2 (1953) 405-407, der die Authentizität des Textes bezweifelt. Gegen diesen Verdacht bereits Voci, Contratto, 1946, 186f., der Papinian allerdings als Anhänger des Sabinus ansieht.

des Sabinus und Cassius als unbedachte Folgen erscheinen lässt[340]. Auch der Fortgang des Geschehens wird von Papinian gestaltend gesteigert: Da der Tutor für die Zeit vor der Emanzipation (*superioris temporis nomine*[341]) nur beschränkt haftet, ist nachvollziehbar, dass das Mündel vorzieht, den Vater anzugehen, wobei man auf den Gedanken kommen könnte, diese *actio de peculio annalis* auf den Gesamtlauf der Vormundschaft zu beziehen[342]. Demgegenüber betont Papinian, dass nach Sabinus und Cassius Zeitabschnitte zu unterscheiden seien, der Hausvater also nur für die Vormundschaft des Haussohnes hafte, das heißt für die Zeit bis zur Emanzipation[343]. Damit ist die Haftung des Vaters das vierte Beispiel für die Anwendung des Prinzips, das gleichzeitig die Richtigkeit dieses Grundsatzes in Frage stellt[344]. Schon bei Julian wird – wie die Fristberechnung zeigt – das Mündel als schutzwürdiger angesehen als der Hausvater, der nicht für den Haussohn haften will. Diesem Schutzgedanken würde es entsprechen, die sabinianische Lehre nicht anzuwenden. Ingesamt vollbringt Papinian in Pal. 199 das Kunststück, seine Kritik als Lob zu verbrämen. Erst im letzten Beispiel bekennt sich der Spätklassiker offen zur Unhaltbarkeit der Position des Sabinus und Cassius.

2. Auslegungsfragen der Stipulation

Das Spiel mit der sabinianischen Position prägt auch die Erörterung von Auslegungsfragen der Stipulation, die Papinian ausgehend von (tatsächlichen oder fingierten) Einzelfällen vorführt.

a. Pal. 323

Pal. 323 = D. 18.7.6pr.-1 Pap. 27 quaest.

pr. Si venditor ab emptore caverit, ne serva manumitteretur neve prostituatur, et aliquo facto contra quam fuerat exceptum evincatur aut libera iudicetur, et ex stipulatu poena petatur, doli exceptionem

pr. Wenn sich der Verkäufer vom Käufer hat versprechen lassen, dass die [verkaufte] Sklavin nicht freigelassen oder dass sie nicht in die Prostitution gegeben werde, und gegen das, was ausgeschlossen wurde, irgendwie verstoßen worden ist, wird sie [die Sklavin] [dem Käufer] entwehrt werden oder es wird durch Urteil festgestellt werden, dass sie frei

340 Zur Verwandtschaft zwischen *narratio* und *insinuatio* vgl. Lausberg, § 289, 164. *Eveniet* allein ist selten (Pal. 281 = D. 31.67.7 Pap. 19 quaest.). Zum häufigen *nonnumquam evenit* vgl. Vierter Teil II.3a, S. 211-214.

341 Anders auch hier Schulz, AHDO-RIDA 2 (1953) 406 mit zu weitreichender Textkritik.

342 Dieses Argument könnte insbesondere das Mündel vorgetragen haben, indem es auf die zeitliche Einheit der Tutel verwies (*inducta totius temporis causa*).

343 Dass er auf die zuvor zitierte Lehrmeinung anspielt, findet auch sprachlich Ausdruck: *totius temporis causa* vs. *tempus, quod filius familias tutela gessit*. Insoweit zutreffend Schulz, AHDO-RIDA 2 (1953) 406.

344 Zur Haftung des Vaters *in solidum*, vgl. D. 26.1.7 Ulp. 2 disp. Offen bleiben muss, ob man tatsächlich wie Cujas, Opera IV, 317 aus D. 3.5.17 Paul. 9 ad ed.; D. 3.5.18pr. Paul. 2 ad Ner. und D. 3.5.18.1 Paul. 2 ad Ner. eine prokulianische Gegenposition ermitteln kann.

quidam obstaturam putant, Sabinus non obstaturam. sed ratio faciet, ut iure non teneat stipulatio, si ne manumitteretur exceptum est: nam incredibile est de actu manumittentis ac non potius de effectu beneficii cogitatum. ceterum si ne prostituatur exceptum est, nulla ratio occurrit, cur poena peti et exigi non debeat, cum et ancillam contumelia adfecerit et venditoris affectionem, forte simul et verecundiam laeserit: etenim alias remota quoque stipulatione placuit ex vendito esse actionem, si quid emptor contra quam lege venditionis cautum est fecisset aut non fecisset.

1 Nobis aliquando placebat non alias ex vendito propter poenam homini irrogatam agi posse, quam si pecuniae ratione venditoris interesset, veluti quod poenam promisisset: ceterum viro bono non convenire credere venditoris interesse, quod animo saevientis satisfactum non fuisset. sed in contrarium me vocat Sabini sententia, qui utiliter agi ideo arbitratus est, quoniam hoc minoris homo venisse videatur.

ist. Und wenn aus der Stipulation die Strafsumme eingeklagt wird, meinen einige, dass [der Klage] die *exceptio doli* entgegenstehe, Sabinus [aber meinte], dass sie nicht entgegenstehe. Aber es macht Sinn, dass die Stipulation von Rechts wegen nicht eingreift, wenn vorbehalten ist, dass sie [die Sklavin] nicht freigelassen werde, denn es ist unwahrscheinlich, dass an den Freilassungsvorgang, nicht aber eher noch an den Erfolg der Wohltat [der Freilassung] gedacht war. Was das andere betrifft, wenn vorbehalten worden ist, dass sie nicht in die Prostitution gegeben werde, ist kein Grund ersichtlich, warum die Strafsumme nicht eingeklagt und verlangt werden dürfte, obwohl er [der Käufer] der Sklavin und der Zuneigung des Verkäufers Schande angetan hat und vielleicht gleichzeitig den sittlichen Anstand verletzt hat. Und, von der Stipulation abgesehen, ist auch in anderen Fällen anerkannt, dass die *actio ex vendito* zusteht, wenn der Käufer etwas entgegen dem, was in der Vertragsbestimmung des Verkaufs zugesagt worden ist, unternimmt oder nicht [Entsprechendes] unternimmt.

1 Wir haben einst anerkannt, dass nur dann die wegen des Sklaven auferlegte Strafsumme aus dem Verkauf eingeklagt werden könne, wenn es dem Verkäufer auf die Berechnung in Geld angekommen sei, wie z.B., weil er [der Verkäufer] eine Strafe versprochen habe. Was das andere betrifft [hat es uns gefallen], dass es einem *bonus vir* nicht entspreche zu glauben, dass es Aufgabe des Verkäufers sei, den Impuls eines Grausamen zu unterbinden. Aber die Meinung des Sabinus mahnt mich zum Gegenteil, indem sie deshalb für billig anerkennt, dass er wirksam klage, weil anzunehmen sei, dass der Sklave ja umso günstiger verkauft worden sei.

D.18.7.8 Pap. 27 quaest.

Quaesitum est, si quis proprium servum vendidisset et ut manumitteretur intra certum tempus, praecepisset ac postea mutasset voluntatem et emptor nihilo minus manumisisset, an aliquam eo nomine actionem haberet. dixi ex vendito actionem manumisso servo vel mutata venditoris voluntate evanuisse.

In Frage steht, ob jemand deswegen irgendeine Klage habe, wenn er seinen eigenen Sklaven verkauft und bestimmt hätte, dass er bis zu einem bestimmten Termin freigelassen werde, und später seine Meinung geändert hätte und der Käufer ihn dennoch freigelassen hätte. Ich habe gesagt, dass die Klage aus dem Verkauf durch die Freilassung des Sklaven oder durch den Willenswechsel des Verkäufers weggefallen sei.

Ein Verkäufer hat seine in der *lex dicta* gemachten Vorgaben sowohl durch *manus iniectio* als auch durch Strafstipulation sichern lassen[345]. Die damit verbundene doppelte Inanspruchnahme des Käufers hat *quidam* dazu veranlasst, die Strafklage mithilfe der *exceptio doli* auszuschließen[346], während Sabinus die Klage aus der Stipulation zulässt[347]. Papinian differenziert nach Art der Nebenbestimmung: Soweit dem Käufer verboten worden sei, die Sklavin freizulassen, sei die Strafstipulation *ipso iure* wirkungslos, denn unter *manumissio* sei nicht nur die Freilassungshandlung, sondern erst recht der Erfolg zu verstehen. Mithin verhindere das dinglich wirkende Freilassungsverbot der *lex dicta* nicht nur die wirksame Freilassung durch den Käufer, sondern auch den Eintritt der Bedingung der Strafstipulation *ne manumitteretur*[348]. Auch aus dem Parteiwillen soll sich nach Papinian keine andere Deutung ergeben, denn er hält es für unwahrscheinlich (*incredibile est)*, dass der Käufer aus der Strafstipulation haften soll, wenn der Sklave nicht wirksam freigelassen wurde[349].

Es fällt auf, dass Papinian diesen Konjekturalschluss auf den Parteiwillen stützt[350], was eher zu einem Einzelfall in einem Gerichtsverfahren als zu einer theoretischen Diskussion passt. Ein derartiges Ausweichen auf den Sachverhalt bietet sich an, wenn eine *controversia* vorliegt oder wenn das theoretisch schwache Argument kasuistischer Stütze bedarf[351]. Da Papinian später allgemein das Verhältnis von *lex dicta*

---

345 Zur *manus iniectio* als Folge der *lex dicta* vgl. Georgescu, La ‚manus iniectio' en matière de vente d'esclaves, SZ 64 (1944) 376-388; zuletzt McGinn, SZ 107 (1990) 316-320. Die Stipulation wird nicht allein durch *ab emptore caverit* belegt, da *cavere* auch nur die *lex dicta* bezeichnen kann, vgl. Jakab, Praedicere und cavere beim Marktkauf, München 1997, 231f. (zur Stelle). Dem Ausdruck *si venditor ab emptore caverit* fehlt ein *sibi*. Zu *cavere ab* vgl. D. 26.5.13pr. Pap. 11 quaest.; D. 48.3.2pr. Pap. 1 adult.; D. 15.2.1.7 Ulp. 29 ad ed.; D. 39.1.1.17 Ulp. 52 ad ed., dazu auch Sicari, Leges, 1996, 48-61.

346 Zur Lösung der Konkurrenz über die *exceptio doli* vgl. D. 19.1.28 Iul. 3 ad Urs. Feroc.; ferner D. 19.2.54.1 Paul. 5 resp.; D. 44.4.2.3 Ulp. 76 ad ed.

347 Anders Astolfi, SDHI 52 (1986) 538; Knütel, Stipulatio, 1976, 357-359, ähnlich McGinn, SZ 107 (1990) 332 Fn. 62, die eine Kumulation beider Rechtsbehelfe annehmen. Wie D. 2.14.10.1 Ulp. 4 ad ed. zeigt, scheint Sabinus aber von einem Wahlrecht auszugehen, dazu Babusiaux, in: Testi e problemi, 2007, 619f. mwN.

348 Die Juristen sprechen von *ad libertatem perduci non posse*, vgl. D. 40.1.9 Paul. l.s. reg.; D. 40.9.9.2 Marc. 1 inst.; anders D. 29.5.3.15 Ulp. 50 ad ed. Vgl. dazu Wilinski, Studia nad alienacją niewolników w rzymskim prawie prywatnym. Sprzedażniewolnika z zastrzeżeniem niewyzwalania, in: Annal. Univ. Mariae Curie-Sklodowska 19 (1972) 36-40, 51 (frz.), der dies auf imperiale Praxis zurückführt. Vgl. Cujas, in: Opera IV, 681. D. 40.12.24.3 Paul. 51 ad ed.; D. 40.7.40.7 Scaev. 24 dig.; D. 44.2.29pr. Pap. 11 resp.; D. 46.8.8.2 Ven. 15 stip. ; D. 49.1.9 Macer. 2 appell. Zur *quasi-manumissio* vgl. Buckland, Slavery, 1908, 70f. mwN, ferner McGinn, SZ 107 (1990) 333.

349 Vgl. Sicari, Leges, 1996, 163-170. Das Wort *incredibile* findet sich außer bei Papinian (vgl. auch D. 31.66pr. Pap. 17 quaest.) nur in D. 22.3.25pr. Paul 3 quaest und Gai. 3, 75.

350 Vgl. Babusiaux, Id quod actum est, 2006, 135-138, 256-258 mwN. Zum *status* der *coniectura* vgl. Calboli Montefusco, 'Status', 1986, 60-77.

351 Vgl. Quint. 7, 6, 6. Für das *prooemium* vgl. auch Cic. inv. 1, 25.

und *stipulationes* behandelt, dürfte die moralisch aufgeladene Fallschilderung eher diesem zweiten Zweck dienen. Die *quaestio finita* (*ne manumitteretur*) wird also nur aufgeworfen, um die eigentlich diskutierte *quaestio infinita* (= Verhältnis von *lex dicta* und Stipulation) in einer Weise darzustellen, die die eigene Position stärkt.

Diese Strategie verfolgt Papinian auch in der mit *ceterum* eingeleiteten zweiten Konstellation (*ne prostituatur*), in der der Käufer gegen ein Prostitutionsverbot verstoßen hat[352]. Entgegen der zuvor vertretenen Meinung zur Klausel *ne manumitteretur* stellt Papinian hier fest, dass es keinen Grund gebe, dem Verkäufer die Klage aus der Strafstipulation zu versagen, wenn der Käufer gegen das Prostitutionsverbot verstößt[353]. Der emphatische Hinweis auf das der Sklavin angetane Unrecht (*contumelia adfecerit*) und die verletzte Ehre (*verecundiam laeserit*) unterstreichen, wie berechtigt das Interesse des Verkäufers sein kann, trotz der Entwehrung des Käufers die Strafsumme zu erhalten[354].

Dass es nicht selbstverständlich ist, dieses Interesse zu schützen, zeigt die ausführliche Begründung dieser Lösung (§ 1). Wie der Papinian bereits an anderer Stelle (Pal. 175 = D. 18.7.7 Pap. 10 quaest.)[355] herausgearbeitet hat, soll die Strafstipulation deshalb verfallen, weil sie nicht (allein) dem Schutz des Verkäufers, sondern auch dem des Sklaven diente[356]. Anstatt also der *actio venditi* oder der Strafstipulation generell eine Bußfunktion zuzuerkennen, soll der Käufer haften, wenn es das Affek-

352 *Ceterum* dient auch sonst zur Einführung von Varianten bzw. zur Differenzierung, vgl. Pal. 132 = D. 8.4.17 Pap. 7 quaest., Pal. 133 = D. 21.2.64.3 Pap. 7 quaest., Pal. 171 = D. 17.2.81 Pap. 9 quaest., Pal. 205 = D. 46.6.12 Pap. 12 quaest., Pal. 289 = D. 22.1.3pr. Pap. 20 quaest., Pal. 340 = D. 43.3.95.7/9 Pap. 28 quaest., Pal. 351 = D. 38.6.7pr. Pap. 29 quaest., Pal. 374 = D. 49.17.15.1 Pap. 35 quaest. Zur Klausel *ne prostituatur* vgl. Sokala, The effectiveness of the 'ne prostituatur' clauses in Roman Law, Eos 81 (1993) 97-100, ferner McGinn, SZ 107 (1990) 324-337 sowie Sicari, Prostituzione, 1991, 87-117.

353 Zu sonstigen Folgen vgl. Sicari, Prostituzione, 2001, 108-111.

354 Zum Begriff der *verecundia* bei Papinian vgl. bisher die abgewogene Wertung bei Mayer-Maly, in: Estudios Iglesias 1988, 376, 385 (zur Stelle im Vergleich mit D. 28.7.15 Pap. 16 quaest.), der als Ursprung die kaiserliche Kanzlei ausmacht; ferner McGinn, SZ 107 (1990) 346f. und 350. Zur severischen Ideologie vgl. Buraselis, ΘΕΙΑ ΔΟΡΕΑ, 2007.

355 Vgl. dazu zuletzt Igimi, Bemerkungen aus der Sicht der Antike, in: Riesenhuber/Takajama, Rechtsangleichung: Grundlage, Methode u. Inhalte, Berlin 2007, 30f. Zum Vergleich siehe Buckland, Slavery, 1908, 69, Medicus, Id quod interest, 1962, 175-177.

356 Nach beiden Texten ist die Strafe nur dann verfallen, wenn das vom Verkäufer gegenüber dem Käufer ausgesprochene Verbot der Schonung und dem Schutz des Sklaven dient (*ne exportaretur* in Pal. 175, *ne prostituatur* in Pal. 323). Soweit es dem Verkäufer nur darum geht, dem Käufer eine bestimmte Behandlung des Sklaven zu verbieten (*ne in Italia esset* in Pal. 175, *ne manumitteretur* in Pal. 323), soll die Stipulation nicht verfallen sein. Anders zu *saeviens* McGinn, SZ 107 (1990) 334. Medicus, Id quod interest, 1962, 176 meint, D. 18.7.6.1 Pap. 27 quaest. betreffe keine Stipulation, sondern nur ein *pactum adiectum*. Ähnlich noch Wilinski, Zur 'litis aestimatio' in den 'bonae fidei iudicia', Index 3 (1972) 443-453. Anders Viard, Les pactes adjoints aux contrats en droit romain classique, Paris 1929, 88 Fn. 2.

tionsinteresse des Verkäufers am Schutz des Sklaven gebietet[357]. Dies bringt Pal. 323 auf die Formel, die bloße Befriedigung von Rache sei nicht schützenswert, wohl aber ein geldwertes Interesse[358]. Mit diesem letzten Kriterium schließt sich Papinian (Pal. 323) der Meinung des Sabinus an, der die Klage aus der Stipulation dann zuerkennt, wenn sich der Verkäufer wegen des Verbotes gegenüber dem Käufer mit einem geringeren Kaufpreis zufrieden geben musste[359]. Wie in der Literatur immer wieder hervorgehoben, liegt hiermit ein Meinungswechsel Papinians vor, da er im zehnten Buch (Pal. 175) postuliert, die Rache des Verkäufers könne niemals zum Verfall der Strafstipulation führen[360].

Allerdings ist zu beachten, dass Papinians Zugeständnis an Sabinus im siebenundzwanzigsten Buch ohne konkrete Folgen bleibt, weil der Verstoß gegen die Bedingung *ne manumitteretur* aus anderen Gründen nicht die Strafe verfallen lässt[361]. Schon daher liegt die Vermutung nahe, Papinian nutze den Hinweis auf Sabinus als dialektische *concessio*, das heißt als fiktives, ironisches oder nur partielles Eingeständnis mit Nutzen für die eigene Sache[362]. So empfiehlt Cicero dem Redner im *genus admirabile*, auf anerkannte Autoritäten und deren (ähnlichen) Standpunkt zu verweisen[363].

Immerhin stimmen Sabinus' und Papinians Meinung in Ablehnung der *quidam* darin überein, dass die Klage aus der Stipulation zuzulassen ist, wenngleich Differenzen über ihre Anwendungsbreite bestehen[364]. Auch diese partielle *concessio* erhöht aber die Vertretbarkeit der von Papinian vorgetragenen Meinung[365].

Dass sie der sabinianischen Lösung sogar überlegen ist, belegt Papinian durch Blick auf die *bona fides* und auf den Parteiwillen. Dessen Relevanz führt er anhand eines

---

357 Etwas anders Buckland, Slavery, 1908, 69, wie hier Honsell, Quod interest, 1969, 116. In Pal. 323 konkretisiert der Jurist das Interesse des Verkäufers als Ersatz für die Verletzung des Scham- und Ehrgefühl. Zu diesem Zweck betont er die menschliche Natur der Sklavin. Hierin liegt eine pathetische *amplificatio* im Sinne einer „Schrecklichmachung" (*δείνωσις*) des Käufers. Lausberg, § 257, S. 143. Quint. 6, 2, 24; 8, 3, 88; 9, 2, 104.

358 Zu *utiliter agere* in diesem Zusammenhang vgl. Daube, in: Collected Studies II, 946; Medicus, Id quod interest, 1962, 175 versteht *propter poenam homini irrogatam agi posse* als Hinweis auf die *actio venditi*.

359 Zu Sabinus vgl. Astolfi, SDHI 52 (1986) 537-542; Visky, in: Studi Volterra I, 1971, 610f.

360 Vgl. schon Cujas, Opera IV, 682; Dirksen, in: Hinterl. Schriften II, 1871, 468 Fn. 55, der dies als „edlen Freimuth" bezeichnet; Buckland, Slavery, 1908, 69; Medicus, Id quod interest, 1962, 177; Visky, in: Studi Volterra I, 1971, 611.

361 Vgl. bereits Honsell, Quod interest, 1969, 116; Daube, in: Collected Studies II, 949.

362 Lausberg, § 856, S. 425. Auch eine *simulatio* ist möglich, vgl. Quint. 9, 2, 51.

363 Vgl. Cic. inv. 1, 24 a.E..

364 Vgl. zu den Interpolationsverdächtigungen bereits zutreffend McGinn, SZ 107 (1990) 337 Fn. 78 mwN. Umfassend jetzt Sicari, Leges, 1996, 29-43.

365 Lausberg, § 856. S. 425f.; Nitsch, in: HWRhet. 2, 1994, Sp. 309.

Beispiels (D. 18.7.8 Pap. 27 quaest.) vor[366]: In diesem Fall hat der Verkäufer dem Käufer aufgegeben, den Sklaven nach einer gewissen Zeit freizulassen, später aber seine Meinung geändert. Die Frage lautet, ob der Verkäufer gegen den Käufer vorgehen kann, wenn letzterer den Sklaven entsprechend dem ursprünglichen Kaufvertrag freigelassen hat. Papinian zitiert ein eigenes *dictum* (*dixi*), demzufolge die Verkäuferklage entweder durch die Freilassung oder durch den Meinungsumschwung des Verkäufers erloschen sei. Diese in ihrer Alternativenbildung überraschende Begründung greift auf die bekannte Lehre Papinians zu den *pacta adiecta* beim Kaufvertrag zurück[367], nach der nachträgliche Änderungen der Vereinbarung nur über eine *exceptio* berücksichtigt werden. Papinian zeigt, dass wie für den Ausgangsfall (*pr.*) eine interessengesteuerte Auslegung des Parteiwillens unter Berücksichtigung der klagetechnischen Vorgaben der *actiones empti et venditi* zu den richtigen Ergebnissen führt.

Insgesamt gelangt der Spätklassiker damit zu einer differenzierten Lösung des Kumulationsproblems. Sie beruht auf einer von Sabinus angestoßenen, von Papinian fortentwickelten Berücksichtigung des Parteiwillens der Strafstipulation.

b. Pal. 79

Der dialektische Charakter der papinianischen Erörterungen erlaubt auch für einen vieldiskutierten Text (Pal. 79 = D. 45.1.115pr.-2 Pap. 2 quaest.) eine neue Interpretationslinie[368].

Pal. 79 = D. 45.1.115pr.-2 Pap. 2 quaest.

pr. Ita stipulatus sum: „te sisti in certo loco: si non steteris, quinquaginta aureos dari spondes?" si dies in stipulatione per errorem omissus fuerit, cum id ageretur, ut certo die sisteres, imperfecta erit stipulatio. non secus ac si quod pondere numero mensura continetur sine adiectione ponderis numeri mensurae stipulatus essem, vel insulam aedificari non demonstrato loco, vel fundum dari non adiecto nomine. quod si ab initio id	pr. Ich habe mir derart versprechen lassen: „Versprichst du, dich an einem bestimmten Ort zu stellen? Wenn du dich nicht gestellt hast, versprichst du, fünfzig Sesterzen zu geben?" Wenn der Gestellungstag aufgrund eines Irrtums ausgelassen worden ist, obwohl dies vereinbart war, dass du dich an einem bestimmten Tag stelltest, wird die Stipulation unvollständig sein, nicht anders als wenn was durch Gewicht, Zahl oder Maß bestimmt wird, ohne Hinzufügung des Gewichts, der Zahl oder des Maßes stipuliert worden wäre oder wenn stipuliert worden wäre, ein Mietshaus ohne Hinweis auf den Ort zu errichten, oder dass ein Grundstück gegeben wer-

366 Zum Argument aus dem *bonae fidei iudicium* im Rahmen der Stipulation vgl. auch Astolfi, SDHI 52 (1986) 539f. Berüchtigt auch D. 17.1.54pr. Pap. 27 quaest., dazu Raber, in: FG Herdlitczka 1972, 205f. mwN.

367 Vgl. Pal. 173 = D. 18.1.72 Pap. 10 quaest., dazu Knütel, SZ 84 (1967) 144f.; ders., Contrarius consensus, 1968, 61-70, Babusiaux, Id quod actum est, 2006, 219f.

368 Zur bisherigen Interpretation vgl. Sicari, Pena convenzionale, 2001, 45-123, zuletzt Babusiaux, Id quod actum est, 2006, 51-55 mwN Fn. 259.

agebatur, ut quocumque die sisteres et, si non stetisses, pecuniam dares, quasi quaelibet stipulatio sub condicione concepta vires habebit, nec ante committetur, quam fuerit declaratum reum promittendi sisti non posse.

1 Sed et si ita stipulatus fuero: „si in Capitolium non ascenderis" vel „Alexandriam non ieris, centum dari spondes?" non statim committetur stipulatio, quamvis Capitolium ascendere vel Alexandriam pervenire potueris, sed cum certum esse coeperit te Capitolium ascendere vel Alexandriam ire non posse.

2 Item si quis ita stipuletur: „si Pamphilum non dederis, centum dari spondes?" Pegasus respondit non ante committi stipulationem, quam desisset posse Pamphilus dari. Sabinus autem existimabat ex sententia contrahentium, postquam homo potuit dari, confestim agendum et tamdiu ex stipulatione non posse agi, quamdiu per promissorem non stetit, quo minus hominem daret, idque defendebat exemplo penus legatae. Mucius etenim heredem, si dare potuisset penum nec dedisset, confestim in pecuniam legatam teneri scripsit, idque utilitatis causa receptum est ob defuncti voluntatem et ipsius rei naturam. itaque potest Sabini sententia recipi, si stipulatio non a condicione coepit, veluti „si Pamphilum non dederis, tantum dare spondes?", sed ita concepta sit stipulatio: „Pamphilum dari spondes? si non dederis, tantum dari spondes?" quod sine dubio verum erit, cum id actum probatur, ut, si homo datus non fuerit, et homo et pecunia debeatur. sed et si ita cautum sit, ut sola pecunia

de ohne Angabe des Namens. Aber wenn von Anfang an dies vereinbart wurde, dass du dich an einem beliebigen Tag stellen würdest und, wenn du dich nicht stelltest, Geld gäbest, wird die Stipulation wie jede beliebige unter einer Bedingung konzipierte Stipulation Wirksamkeit haben, und sie wird nicht eher verfallen, bis erklärt wurde, dass sich der Versprechensschuldner nicht stellen kann.

1 Aber auch wenn ich mir derart habe versprechen lassen: „Wenn du nicht das Capitol besteigst" oder „Wenn du nicht nach Alexandria gehst, versprichst du hundert zu geben?" wird die Stipulation nicht sofort verfallen, obwohl du das Capitol besteigen oder nach Alexandria gelangen könntest, sondern [sie wird erst dann verfallen], wenn sicher zu sein beginnt, dass du das Capitol nicht besteigen oder nicht nach Alexandria reisen kannst.

2 Ebenso antwortete Pegasus, dass, wenn jemand sich derart hat versprechen lassen: „Wenn du Pamphilus nicht gibst, versprichst du, hundert zu geben?", die Stipulation nicht vorher verfalle, bevor er aufhöre, den Pamphilus geben zu können. Sabinus aber nahm aufgrund des Parteiwillens an, dass sofort geklagt werden könne, sobald der Sklave gegeben werden könne, und dass so lange aus der Stipulation nicht [mit Erfolg] geklagt werden könne, wie es nicht am Versprechenden liege, dass er den Sklaven nicht gebe, und dies verteidigte [Sabinus] unter Hinweis auf das Beispiel des Legats des Lebensmittelvorrates. Auch Quintus Mucius habe geschrieben, dass der Erbe, wenn er geben könne und den Lebensmittelvorrat nicht gegeben habe, sofort auf das vermachte Geld hafte. Und dies ist aus Gründen der Nützlichkeit anerkannt mit Blick auf den Willen des Verstorbenen und aus der Natur der Sache selbst. Daher kann der Ansicht von Sabinus zugestimmt werden, wenn die Stipulation nicht unter einer Bedingung beginnt, wie z.B. „Versprichst du, Pamphilus zu geben? Wenn du ihn nicht gibst, versprichst du, soviel zu geben?", was ohne Zweifel richtig sein wird, wenn bewiesen wird, dass gemeint war, dass, wenn der Sklave nicht gegeben werde, sowohl der Sklave als auch das Geld geschuldet wären. Aber auch wenn so die Stipulation formuliert wurde, dass nur das Geld bei Nichtleis-

non soluto homine debeatur, idem defendendum erit, quoniam fuisse voluntas probatur, ut homo solvatur aut pecunia petatur.	tung des Sklaven geschuldet ist, wird dasselbe zu vertreten sein, weil ja der Wille bewiesen worden sein wird, dass entweder der Sklave geleistet oder das Geld eingeklagt werde.

Wie bereits in anderem Zusammenhang dargelegt, liegt der Schwerpunkt der Katene in der Aussage, dass aus einer *stipulatio imperfecta*[369] dann mit Erfolg geklagt werden kann, wenn der Wille, das heißt die *quaestio facti,* mithilfe einer *coniectura* bewiesen werden kann[370]. Dabei ist sogar vorstellbar, dass Papinian insoweit vollständiges Neuland betritt, als – worauf er selbst mit dem Vergleich *non secus ac si* hinweist – die Ermittlung des Parteiwillens zur Ergänzung von Lücken bis dahin nur im Zusammenhang mit der Stipulation einer vertretbaren Sache belegt ist[371].
Äußerer Anlass der Erörterung ist ein unvollständiges Formular eines Gestellungsversprechens, in dem der Gestellungstermin fehlt. Papinian unterscheidet die Rechtsfolgen danach, ob die Auslassung versehentlich war und dem Parteiwillen widerspricht oder ob ein terminloses Gestellungsversprechen vereinbart war[372]. In diesem zweiten Fall, der offenbar geringe Schwierigkeiten bereitet, liegt nach seiner Ansicht eine bedingte Stipulation vor, deren Bedingung wie sonstige negative Potestativbedingungen erst dann als eingetreten gilt, wenn erklärt worden sei, dass der Versprechende sich nicht stellen könne[373]. Entsprechend knapp fällt die Begründung zum Rechtsregime dieser Auslegungsalternative aus; Papinian verweist in § 1 auf zwei typische Schulbeispiele *si in Capitolium non ascenderis*[374] und *Alexandriam non ieris, centum dari spondes*[375], für die bereits andere Juristen die Meinung vertreten ha-

369 Zur Terminologie vgl. die Sicari, Pena convenzionale, 2001, 59f. mwN in Fn. 19; ähnlich wie dort Voci, in: Scritti Giuffrè I, 1967, 862: „la *stipulatio* è nulla".

370 Vgl. Babusiaux, Id quod actum est, 2006, 51-55, 93f. Zur *quaestio facti* vgl. bereits Voci, in: Scritti Giuffrè I, 1967, 865f.

371 Vgl. D. 45.1.94 Marcell. 3 dig. und D. 45.1.95 Marcell. 5 dig., dazu Talamanca, 'Conventio' e 'stipulato' nel sistema dei contratti romani. In: Kupiszewski/Wolodkiewicz (Hg.): Le droit romain et sa réception en Europe. Warschau 1978, 218f; weitergehend Babusiaux, Id quod actum est, 2006, 78f.

372 Zu *error omissus*, vgl. D. 4.8.43 Scaev. 1 resp.; D. 29.1.33.2 Tert. l. sing. de castr. pec.; D. 31.64 Pap. 15 quaest. und D. 33.4.7.4 Pap. 18 quaest. Zum Fehlen eines Gestellungstermins vgl. D. 2.8.8 pr. Paul. 14 ad ed., dazu Platschek, Vadimonium factum Numerio Negidio, ZPE 137 (2001) 285f. mwN.

373 Zu *declarare voluntatem* vgl. Betti, 'Declarare voluntatem' nella dogmatica bizantina, in: Studi Albertario I, 1953, 443f.

374 Vor allem als Potestativbedingung im Erbrecht geläufig, vgl. D. 31.3 Paul. 4 ad Plaut. und (im Zusammenhang mit der *cautio Muciana*) D. 35.1.7pr. Ulp. 18 ad Sab.; zur bedingten Freilassung vgl. D. 40.4.17pr. Iul. 42 dig.; D. 40.4.28 Paul. l. sing. de iur. codill.; D. 40.4.61pr. Pomp. 11 epist.

375 Diese Bedingung stellt offenbar eine Abwandlung der sonst positiv formulierten Bedingung dar, vgl. zur bedingten Erbeinsetzung D. 28.5.4.1 Ulp. 4 ad Sab. *si Alexandriam per-*

ben, dass die Bedingung erst verfalle, wenn die Erreichung des in der Bedingung verbotenen Tuns dem Versprechenden (subjektiv) unmöglich sei[376].

Hinsichtlich Papinians Diskussion der unvollständigen Stipulation fällt zum einen auf, dass er im *principum* auf die explizite Darlegung der Rechtsfolgen einer derartigen Stipulation verzichtet und – wenn man einen entsprechenden dialektischen Aufbau der Katene annimmt – erst in § 2 die genaue Rechtfertigung für seine Lösung liefert. Das *principum* beschränkt sich nämlich auf einen allgemeinen vergleichenden Hinweis auf die Stipulationen vertretbarer Sachen ohne Mengenangabe sowie auf die Stipulation zum Bau eines Mietshauses ohne Angabe des Ortes. Wie andernorts näher dargelegt, befürworten auch andere Rechtsgelehrte die Zulassung der *actio incerti ex stipulatu* aus der unvollständigen Stipulation, wenn der Stipulator den Willen der Parteien beweisen kann[377]. Dieser Weg scheint für das unvollständige Gestellungsversprechen aber ungewöhnlich zu sein. Die ausführliche Diskussion der Stipulation *si Pamphilum non dederis, centum dari spondes* durch Papinian stellt sich nämlich als Erläuterung der im *principium* angenommenen Lösung dar.

In Anlehnung an Sabinus legt Papinian in § 2 dar, dass die negative Potestativbedingung auch dann eingetreten ist, wenn der Stipulator auf die Erfüllung der in der Bedingung vorausgesetzten Leistung geklagt hat und sich im Rahmen dieser Klage gezeigt hat, dass der Versprechende die Leistung nicht erbringen kann. Der Stipulator hat mithin die Möglichkeit, den Nachweis des Unvermögens zu „beschleunigen" und den Versprechenden zur Leistung „herauszufordern". Sabinus, der diese Möglichkeit für die *dare*-Stipulation diskutiert hat, rechtfertigt dies aus dem Parteiwillen sowie aus dem *exemplum* des Legats eines Lebensmittelvorrates (*legatum penoris*). Papinian schließt sich der sabinianischen Meinung unter dem Vorbehalt an, dass die Stipulation zweigliedrig ist, das heißt auch die Leistung des Sklaven in der Stipulation versprochen wurde und damit Gegenstand einer Klage sein kann[378]. Diese als Zustimmung daherkommende Äußerung bedeutet der Sache nach eine Einschränkung, denn sie nimmt dem Vergleich mit der *penus legata* jegliche Überzeugungskraft, da alle Fragmente, die das *legatum penoris* behandeln, von einer eingliedrigen Verpflichtung ausgehen[379]. Indem Papinian die Lösung des Sabinus gerade nur für den gegenteiligen Fall einer zweigliedrigen Stipulation anerkennen will, widerspricht er

venerit, ebenso D. 28.5.5 Iul. 9 dig. Marcell. not.; D. 28.7.28 Pap. 13 quaest. *si Alexandriam ierit*. Zu allen Knütel, Stipulatio, 1976, 130 mit Fn. 42.

376 Daran ändert die grundsätzlich strenge Haftung aus der Kaution nichts. Papinian vertritt insoweit eine „Sondermeinung", vgl. Knütel, Stipulatio, 1976, 259f., dort auch 198-200 zum strengen Maßstab bei der *cautio vadimonium sisti*.

377 Babusiaux, Id quod actum est, 2006, 77f.

378 Vgl. auch Visky, in: Studi Volterra I, 1971, 611-614.

379 Vgl. D. 36.2.19pr. Iul. 70 dig.; D. 36.2.24pr. Paul. 6 ad l. Iul. et Pap.; D. 33.9.1 Ulp. 24 ad Sab.; D. 35.2.1.8 Paul. l. sing. ad l. Falcid. Zu allen Ormanni, in: Studi Betti IV, 1962, 652-77. Anders Knütel, Stipulatio, 1976, 125f., der gerade Pal. 79 = D. 45.1.115pr.-2 Pap. 2 quaest. als Beispiel für die Gegenmeinung ansieht.

mithin der Ableitung aus dem Legat des Lebensmittelvorrates und lässt nur das andere Argument des Sabinus, die *sententia contrahentium,* gelten[380]. Diesen Parteiwillen, der bei Sabinus wohl im Sinne des typischen Parteiwillens zu verstehen ist, deutet der Spätklassiker im Sinne der faktischen *voluntas* um (*quod sine dubio verum …)*[381]. Gleichzeitig lockert er die Bindung an den Stipulationswortlaut, wenn er auch für die zweigliedrige Stipulation (*Pamphilus dari spondes? si non dederis, centum dari spondes?*) den Nachweis verlangt, dass die Parteien tatsächlich eine Klage auf den Sklaven wie auf die Summe vereinbart haben. Der in den *verba* nur angedeutete Parteiwille ist damit umfänglich im Rahmen der *quaestio facti* zu prüfen.
Mit dieser Annahme wird auch der scheinbar redundante und zunächst als Widerspruch erscheinenden Satz: *sed et si ita cautum…petatur* einsichtig, der die eingliedrige Stipulation betrifft (*si Pamphilum non dederis, centum dari spondes?*): Auch wenn Papinian anders als Sabinus die Klage auf den Sklaven aus der eingliedrigen Stipulation verweigert, eröffnet er dennoch die Möglichkeit, einen von der Form abweichenden Parteiwillen zu beweisen, das heißt, dass in Wahrheit auch der Sklave zu leisten war. Der immer wieder als nachträglicher Einschub oder als ungeschickte Kürzung gestrichene Nachsatz *quod sine dubio verum erit*[382] enthält mithin die Pointe der papinianischen Argumentation, denn hier zeigt der Spätklassiker, welche Konsequenzen er aus der von Sabinus verfochtenen Bindung an die *sententia contrahentium* zu ziehen gedenkt: Genau wie in Pal. 323 nutzt Papinian mithin Sabinus' Autorität, um eine eigene neue Meinung zu etablieren (dialektische *concessio*). Diese entscheidet nicht mehr nach der Form des Versprechens oder dem typischen Parteiwillen, sondern nach der faktisch ermittelbaren *voluntas.* Dabei ist § 1 als Begründung dafür zu lesen, das Gestellungsversprechen als bedingte Stipulation auszulegen, während § 2 das Argument zugunsten Papinians Lösung zur *stipulatio imperfecta* liefert[383]: Auch dort sollen die lückenhaften *verba* durch die Ermittlung des Parteiwillens (*quaestio facti*) ersetzt werden (*argumentum a pari*[384]).

---

380 Die Argumentation aus der *utilitas* (*utilitatis causa receptum*) ist mithin ein Hinweis auf die begrenzte Tragfähigkeit der Analogie, vgl. bereits Ormanni, in: Studi Betti IV, 1962, 655f. Allgemeines zum Argument bei Ankum, in: Symb. David I, 1968, 27.

381 Vgl. Ormanni, in: Studi Betti IV, 1962, 655. Ähnlich Voci, in: Studi Giuffrè, 1967, 868: „Un regime, dettato per un istituto particolare, non può essere esteso per analogia".

382 Für Echtheit bereits Knütel, Stipulatio, 1976, 285f., vgl. auch Babusiaux, Id quod actum est, 2006, 53-55, wo der dialektische Kunstgriff noch nicht erkannt wird.

383 Der Begriff der *imperfecta stipulatio* ist singulär und dürfte aus der Testamentsauslegung stammen. Vgl. Sicari, Pena convenzionale, 2001, 59 Fn. 19f., Nachweise zu Parallelstellen bei Babusiaux, Id quod actum est, 2006, 77 Fn. 381. Wie D. 31.64 Pap. 15 quaest. (dazu Légier, RHD 44 (1966) 15f.; Wieling, Testamentsauslegung, 1972, 182 beide mwN) belegt, werden auch dort Lücken durch den Willen (des Testators) geschlossen.

384 Cic. top. 23.

3. Ergebnis

Alle drei Katenen belegen, dass Papinian Sabinus als Vorbild ansieht, an das sich der Spätklassiker vor allem deshalb dann anlehnt, um die Autorität des Älteren für seine eigene Argumentation zu nutzen (*concessio*)[385]. Offenbar ist der Frühklassiker ein geeigneterer Zeuge als spätere Fachvertreter[386], was gerade mit Blick auf Julian überrascht. Nicht auszuschließen ist, dass die sabinianische Meinung gerade wegen ihres höheren Alters als besonders eindringlicher Beweis gilt[387], der dem jüngeren Zeugnis vorzuziehen ist.

III. Julian, Pal. 261

In der einzigen längeren Katene (Pal. 261 = D. 31.66pr.-7 Pap. 17 quaest.), in der sich der Spätklassiker ausführlich mit Julian auseinandersetzt, überwiegen dagegen die kritischen Töne[388]. So prüft Papinian im ersten Abschnitt Julians Lehre vom *concursus causarum* im Legatsrecht (D. 31.66pr.-3 Pap. 17 quaest.), bevor er sich allgemein dem Begriff der *eadem species* (D. 31.66.4-7 Pap. 17 quaest.) zuwendet.

1. Kritik der julianischen Lehre vom concursus causarum *(pr.- § 3)*

D. 31.66pr.-3 Pap. 17 quaest.

pr. Maevius fundum mihi ac Titio sub condicione legavit, heres autem eius eundem sub eadem condicione mihi legavit. verendum esse Iulianus ait, ne	pr. Maevius hat mir und Titius ein Grundstück unter einer Bedingung vermacht, sein Erbe aber hat dasselbe unter derselben Bedingung mir vermacht. Julian sagt, dass zu prüfen sei, ob nicht bei Eintritt der Bedingung derselbe Teil desselben [Grund-

385 Vgl. ausführlich unten Zweiter Teil VI, S. 134-137.

386 Auch bei Pomponius erscheint Sabinus herausgehoben durch den Bericht, Tiberius habe ihm als erstem das *ius respondendi* erteilt (vgl. D. 1.2.2.49 Pomp. l. sing. enchirid.), dazu nur Wieacker, RRG II, 2006, 32f. Zur Bedeutung von Sabinus' Werk vgl. Liebs, Rez. Astolfi, I libri tres iuris civilis di Sabino, 1983, SDHI 51 (1985) 562-567. Ein Bezug zu diesem Kompendium ist freilich allein bei Pal. 199 = D. 26.7.37pr. Pap. 11 quaest. möglich.

387 Zum Beweis durch *testimonium*, vgl. Cic. top. 73.

388 Die sonstigen Bezugnahmen Papinians auf den hochklassischen Juristen sind knapper gehalten, vgl. Pal. 123 = D. 6.1.62.1 Pap. 6 quaest. ; Pal. 158 = D. 15.1.50pr. Pap. 9 quaest. und D. 46.1.47pr. Pap. 9 quaest. ; Pal. 163 = D. 30.11 Pap. 9 quaest.; Pal. 221 = D. 37.11.11pr. Pap. 13 quaest., Pal. 225 = D. 38.2.43 Pap. 14 quaest. und Pal. 239 = D. 28.5.77 Pap. 15 quaest. ; Pal. 248 = D. 29.4.26pr.-1 Pap. 16 quaest.; Pal. 254 = D. 7.1.33.1 Pap. 17 quaest. Eine ausführliche Prüfung oder Infragestellung der julianischen Meinung findet in diesen Fällen nicht statt. Zur Bedeutung Julians für die Spätklassik vgl. Bund, Salvius Iulianus. Leben und Werk, in: ANRW II.15 (1976) 446-448.

existente condicione pars eadem ex utroque testamento mihi debeatur. voluntatis tamen quaestio erit: nam incredibile videtur id egisse heredem, ut eadem portio bis eidem debeatur, sed verisimile est de altera parte eum cogitasse. sane constitutio principis, qua placuit eidem saepe legatum corpus non onerare heredem, ad unum testamentum pertinet. debitor autem non semper quod debet iure legat, sed ita, si plus sit in specie legati: si enim idem sub eadem condicione relinquitur, quod emolumentum legati futurum est?

1 Duorum testamentis pars fundi, quae Maevii est, Titio legata est: non ineleganter probatum est ab uno herede soluta parte fundi, quae Maevii fuit, ex alio testamento liberationem optingere, neque postea parte alienata revocari actionem semel extinctam.

2 Sed si pars fundi simpliciter, non quae Maevii fuit, legetur, solutio prior non peremit alteram actionem, atque etiam hanc eandem partem aliquo modo suam factam poterit alter heres solvere: namque plures in uno fundo dominium iuris intellectu, non divisione corporis optinent.

3 Non idem respondetur, cum duobus testamentis generatim homo legatur: nam qui solvente altero legatarii factus est quamvis postea sit alienatus, ab altero herede idem solvi non poterit: eademque ratio stipulationis est. hominis enim legatum orationis compendio singulos homines continet utque ab initio non consistit in his qui legatarii fuerunt, ita frustra solvitur cuius dominium postea legatarius adeptus est, tametsi dominus esse

stücks] aus jedem der beiden Testamente mir geschuldet werde. Es wird aber eine Frage des Willens sein, denn wenig glaubhaft scheint es, dass der Erbe gewollt habe, dass derselbe Anteil demselben zweimal geschuldet werde, sondern wahrscheinlich ist, dass er an den anderen Teil gedacht hat. Freilich bezieht sich die Konstitution des Kaisers, mit der bestimmt wurde, dass das mehrfache Vermächtnis derselben körperlichen Sache nicht den Erben belaste, auf ein einziges Testament. Der Schuldner aber vermacht nicht immer, was er schuldet in rechtswirksamer Weise, sondern nur dann, wenn im Legat aufgrund dessen Beschaffenheit ein Mehr enthalten ist. Wenn nämlich dasselbe unter derselben Bedingung hinterlassen worden ist, was sollte der Nutzen des Legats sein?

1 In zwei Testamenten ist der Teil eines Grundstücks, der Maevius gehört, dem Titius vermacht worden. Nicht ohne Scharfsinn hat man befunden, dass, wenn von einem Erben der Teil des Grundstücks, welcher Maevius gehörte, geleistet worden sei, der andere [Erbe] von [der Verpflich-tung aus] dem Testament die Befreiung erreiche und dass, wenn der Teil später [vom Legatar] veräußert werde, die einmal erloschene Klage nicht [ins Leben] zurückgerufen werde.

2 Aber wenn ein Grundstücksteil, der nicht Maevius gehörte, einmalig vermacht worden ist, zerstört die vorhergehende Erfüllung nicht die andere Klage, und auch mit diesem selben Teil kann der andere Erbe, wenn er auf irgendeine Weise in sein Eigentum gelangt ist, erfüllen. Denn mehrere erlangen an einem Grundstück Eigentum nach Maßgabe ihrer Berechtigung, nicht durch Aufteilung der Sache.

3 Anders wird zu entscheiden sein, wenn in zwei Testamenten ein Sklave der Gattung nach vermacht wurde. Wer nämlich durch Erfüllung des einen [Erben] zum Eigentum des Legatars wurde, kann, auch wenn er später entzogen worden ist, dem anderen Erben nicht erneut zur Erfüllung dienen. Und dasselbe Argument gilt für die Stipulation. Die zusammenfassende Bezeichnung „Vermächtnis eines Sklaven" umfasst nämlich jeden einzelnen Sklaven, und so, wie es von vornherein nicht diejenigen umfasst, welche bereits dem Legatar gehören, so wird vergeblich [mit demjenigen] erfüllt, dessen Eigentum der Legatar später erworben hat, auch wenn er [zwischenzeitlich] aufgehört hat, Eigentü-

desinit.	mer zu sein.

Von Julian ist der Satz überliefert (D. 44.7.17 Iul. 33 dig.): *omnes debitores, qui speciem ex causa lucrativa debent, liberantur, cum ea species ex causa lucrativa ad creditores pervenisset.* Auf diesen scheint Papinian Bezug zu nehmen, wenn er den Hochklassiker mit der Aussage zitiert (*pr.*), auch beim zweifachen bedingten Legat eines Grundstücksteiles sei zu prüfen, ob der Begünstigte (*ego*) nicht denselben Teil zweimal erhalten habe. Papinian kritisiert die Befreiungswirkung, die der *concursus causarum* nach Julian in diesem Fall haben soll.

Das Vorbild für den von Papinian diskutierten Fall findet sich in D. 30.82pr. Iul. 33 dig.[389]. In diesem Fragment betont Julian, dass nicht jeder beliebige Eigentumserwerb den konkurrierenden Erwerbsgrund zum Erlöschen bringe, sondern nur der dauerhafte: *non quocumque modo si legatarii res facta fuerit die cedente, obligatio legati exstinguitur, sed ita, si eo modo fuerit eius, quo avelli non possit*[390]. Zum Beleg dient dem Hochklassiker ein Fall, in dem die Sache, die dem Legatar bereits übergeben ist, einem anderen unter einer Bedingung vermacht wurde. Trete die Bedingung ein, habe der Legatar die Sache an den Zweiterwerber herauszugeben und könne vom Erben Erfüllung verlangen. Genauso sei es, wenn ein Sklave aus Stipulation geschuldet werde und übergeben worden sei. Sei derselbe Sklave Gegenstand eines bedingten Legats gewesen, könne der Stipulator bei Eintritt der Bedingung (des Legats) aus der Stipulation klagen (*nihilo minus exsistente condicione ex stipulatu agere potero*)[391]. Zum Einstieg bildet Papinian einen vergleichbaren Fall, in dem zwei Legate konkurrieren, die (scheinbar) ein- und dieselbe Sache betreffen[392]. Dass diese Fallschilderung von Julian inspiriert ist, zeigt das Zitat: *Iulianus ait, ne existente condicione pars eadem ex utroque testamento mihi debeatur*[393]. Indes weist der von Papinian gebildete Fall gegenüber Julians Fall einige Besonderheiten auf, die – wie die spätere Kritik Papinians bestätigt – darauf angelegt sind, die Lehre vom *concursus causarum* neu zu bewerten. Die erste Abweichung liegt darin, dass erst der Erbe des Testators (Maevius) dieselbe Sache erneut derselben Person (*ego*) vermacht. Auf diese Weise kann *ego* nur von einem Schuldner mehrfach fordern und nicht von mehreren *debitores*. Der zweite Unterschied betrifft die vermachte Sache selbst[394]: Während in den von Julian for-

389 Bei Lenel, Pal. 475 Folge von D. 44.7.17 Iul. 33 dig. Anders Schulz, SZ 38 (1917), 155-159 mit weitreichenden Interpolationsannahmen. Zu D. 30.82pr. Iul. 33 dig. vgl. allgemein Kaser/Knütel, § 53, Rn. 33 mwN, zuletzt Wimmer, TR 69 (2001) 204f.

390 Ähnlich D. 30.108.4 Afr. 5 quaest., dazu Schulz, SZ 38 (1917) 204, zuletzt Wimmer, TR 69 (2001) 217 (mit falscher Inskription).

391 Vgl. auch D. 44.7.18 Iul. 44 dig., dazu Schulz, SZ 38 (1917) 136f.

392 Zur Bezugnahme Papinians auf Julian in diesem Text vgl. bereits Schulz, SZ 38 (1917) 174f., 200; Knütel, in: Studi Sanfilippo III, 1983, 355; Costa III, 1896, 93.

393 Für interpoliert hält gerade diese Worte Schulz, SZ 38 (1917) 159.

394 Die Sachverhaltsschilderung hat Anlass zu verschiedenen Interpretationen gegeben. Da sich richtigerweise *eundem* nur auf *fundus* beziehen kann, ist der Fall so zu verstehen, das

mulierten Beispielsfällen überhaupt kein Zweifel daran besteht, dass vermachter und stipulierter Sklave identisch sind, bleibt in Papinians Darstellung offen, ob tatsächlich zweimal derselbe Grundstücksteil (mit-) vermacht ist oder zwei unterschiedliche Teile. Dass beide Disputanden einen vertretbaren Rechtsstandpunkt einnehmen, zeigt die Diskussion um das Damnationslegat zugunsten mehrerer bei Gaius (Gai. 2, 205)[395]: Während das Vindikationslegat an mehrere immer zu Miteigentum führt, kann das Damnationslegat für mehrere Kollegatare *coniunctim* und *disiunctim* gegeben werden[396]. Ist es *coniunctim* hinterlassen, gibt es nur einen Anspruch auf den Miteigentumsanteil, *disiunctim* erhält dagegen jeder Kollegatar Anspruch auf das volle Eigentum an der Sache. Im letztgenannten Fall muss der Erbe die Sache daher an einen Legatar leisten und gleichzeitig die Kollegatare durch Zahlung der Aestimationssumme befriedigen[397]. Geht Julian davon aus, dass *ego* beide Male das Alleineigentum am *fundus* verlangen kann, so setzt er offenbar zwei Vindikationslegate bzw. Damnationslegate *disiunctim* voraus. Dagegen scheint Papinian bereit, das Legat des Maevius an *mihi ac Titio* auch als Damnationslegat *coniunctim* auszulegen mit der Folge, dass *ego* durch das erste Testament nur einen Anspruch auf den Miteigentumsanteil am *fundus*, durch das Testament des Erben des Maevius aber einen Anspruch auf das Alleineigentum erwerben konnte[398].

Zum Beweis seiner Auslegung beruft sich Papinian auf den Willen des Erben des Maevius, was ihm erlaubt, auf den Gehalt des Testaments des Maevius zurückzuschließen[399]: Handelt der Erbe des Maevius zweckmässig, spricht das erneute Vermächtnis des *fundus* an *ego* dafür, dass *ego* im (ursprünglichen) Testament des Maevius nur einen Anspruch auf den Miteigentumsanteil erhalten hat. Diese Deutung der papinianischen Argumentation fügt sich auch zu dem zunächst unvermittelt erscheinenden Zitat der Konstitution (des Pius) und dem Hinweis auf das *legatum debiti*. Bereits Schulz hat den Verweis Papinians *constitutio principis ... placuit* mit der in Ulpians Sabinuskommentar überlieferten Entscheidung des Antoninus Pius identifiziert (D. 30.34.2-3 Ulp. 21 ad Sab.): In dem hier relevanten Reskript (§ 3) war zweimal derselbe Anteil bzw. dieselbe Summe im selben Testament vermacht worden. Da der Kaiser den Nachweis verlangt, dass diese Doppelung tatsächlich auch einen zweifachen Anspruch beinhalten soll, geht er offenbar davon aus, dass die

---

der bereits von Maevius an *ego* vermachte Anteil erneut (mit-) vermacht worden ist. Vgl. Costa III, 1896, 91, anders Schulz, SZ 38 (1917) 173f Fn. 2.

395 Während also Julian *ac/atque* disjunktiv versteht, hält Papinian auch eine konjunktive Verwendung für möglich. Zum Problem vgl. allgemein De Ligt, TR 66 (1998) 53-63. Zu Gai. 2, 205, vgl. Lohsse, Ius adcrescendi, 2008, 6-10 mwN.

396 Dies übersieht Schulz, SZ 38 (1917) 174.

397 Zum Ganzen nur Kaser, RP I § 185.III.2, 748 mit Fn. 29.

398 Vgl. Schulz, SZ 38 (1917) 153f.; anders Sicari, Leges, 1996, 165f. Angedeutet bei Pfeil, Concursus causarum, 1998, 47 Fn. 135.

399 Vgl. auch Bernascondi, SDHI 42 (1976) 60f. Zu *verisimile* als *coniectura voluntatis* vgl. bereits Giaro, Über methodologische Werkmittel der Romanistik, SZ 105 (1988) 254 mit Fn. 276.

Summe im Zweifel nur einmal vermacht sein soll[400]. Auch wenn die Konstitution – wie Papinian einräumt – nur das zweifache Vermächtnis in einem Testament betrifft, führt das kaiserliche Reskript somit tatsächlich eine gewisse Erleichterung des Erben herbei. Sind nämlich bei einem Damnationslegat *disiunctim* an mehrere Sachleistung und die Aestimationssumme wahlweise geschuldet, ist die Abgrenzung zwischen *res* und *aestimatio* für den einzelnen Legatar nicht mehr durchführbar (vgl. § 2): Liegt, wenn der Kollegatar nur die Aestimationssumme erhält, ein Legat über eine *res* oder über eine *quantitas* vor?[401] Genau dieser Widerspruch könnte auch Papinian motiviert haben, Pius' Konstitution im Zusammenhang mit den nachfolgenden Vermächtnissen derselben Sache zu zitierten, zumal Papinian *res* und Schätzsumme gegeneinander austauscht[402]. Erstreckt man nämlich das Reskript des Pius zugunsten des Erben auch auf das Doppellegat in zwei sukzessiven Testamenten, bedarf es besonderer Begründung, warum der Erbe des Maevius dem *ego* überhaupt mehrfach schulden soll. In dieser Sichtweise steht Julians Lösung, die über dieses Problem hinweggeht, im Widerspruch zum Reskript des Antoninus Pius.

Das dritte Argument, das der Spätklassiker dem Hochklassiker entgegenhält, ergibt sich aus der Abgrenzung des *concursus causarum* zum *legatum debiti*. Wie Papinian hervorhebt, ist das *legatum debiti* nur wirksam, wenn der Schuldner mehr vermacht, als er schuldet (*plus est in legato quam in debito*)[403]. Dies folgt daraus, dass der Erbe ohnehin verpflichtet ist, Legate aus dem früheren Testament zu erfüllen (Erbschaftsschulden). Nur wenn dem Legatar aus dem erneuten Vermächtnis derselben Sache ein Vorteil erwächst, ist ein schützenswertes Interesse für das zweite Vermächtnis anzuerkennen. In dem von Papinian gebildeten Sachverhalt ist diese Voraussetzung nicht erfüllt, so dass es unwirksam ist, wie Papinian in der auf Demütigung des Gegners zielenden rhetorischen Frage klar aussagt: *si enim idem sub eadem condicione*

400 Dies entspricht der Auslegung Papinians: *qua placuit* (...). Zu D. 30.34.2.-3 Ulp. 21 ad Sab. vgl. Schulz, SZ 38 (1917) 154f., Müller-Eiselt, Divus Pius constituit. Kaiserliches Erbrecht, Berlin 1982, 310; zuletzt Sicari, Leges, 1996, 166. Im Kaiserrecht ist die Formulierung *si evidentissimis probationibus ostendatur* nicht unüblich und muss nicht interpoliert sein. Vgl. bereits Mayer-Maly, Evidenz im Denken römischer Juristen, in: Watson (Hg.): Daube noster, Edingburgh/London 1974, 225-232 (zur Stelle).

401 Zum Verhältnis von *species* und *aestimatio* vgl. bereits die Überlegungen bei Astolfi, Studi sull'oggetto dei legati II, 1969, 224f. zum Text.

402 Anstatt wie Ulpian von der *quantitas eadem* zu sprechen, gibt Papinian den Inhalt des Reskriptes mit den Worten wieder: *placuit eidem saepe legatum corpus non onerare heredem.*

403 Vgl. Bernascondi, SDHI 42 (1976) 35f. mit weiteren Vergleichstellen; ferner Kaser, RP I § 185.IV.3, 751 mwN in Fn. 84. Kaser, aaO. § 152.I.1, 648, Fn. 10 sieht dies als Ausdruck des allgemeinen Grundsatzes: *qui bis idem promittit, ipso iure amplius quam semel non tenetur.* Zu diesem Prinzip vgl. Ferrini, Teoria generale, 1889, 632f. Zum Gebrauch von *species* bei Papinian vgl. Talamanca, in: La filosofia greca e il diritto romano, II, 1977, 224f. Fn. 637, der eine „predilezione terminologica di questo giurista" feststellt.

relinquitur, quod emolumentum legati futuri est?[404]. Voci hat bezweifelt, dass Julian ein derartiger elementarer Rechtsfehler unterlaufen sei, und rechnet entsprechend mit entstellenden Kürzungen[405]. Diese Kritik verkennt freilich, dass das Urteil über Julian nur dann richtig ist, wenn man von Papinians Sachverhalt ausgeht, das heißt von zwei aufeinander folgenden Vermächtnissen, während in Julians Beispielsfall von nebeneinander ausgesetzten Legaten keine Rechtsfehler erkennbar sind[406]. Richtig ist aber, dass Papinian den Eindruck erweckt, Julian unterlaufe ein elementarer Fehler. Sieht man den Fall zum *legatum debiti* als Prämisse an, die Papinian im Rahmen eines fiktiven dialektischen Streitgesprächs anbietet, muss Julian diese anerkennen und setzt sich gleichzeitig in Widerspruch zur eigenen Ausgangsthese vom *concursus causarum*[407]. Indem Papinian darlegt, dass in dem von ihm gebildeten Fall nach allen möglichen Auslegungsvarianten nur ein wirksames Legat vorliegt, widerlegt er Julians Grundthese (*argumentum ab efficientibus causis*): Nicht der *concursus causarum* verhindert, dass der Erbe zweimal auf dasselbe verpflichtet wird; es ist überhaupt keine zweifache Verpflichtung entstanden[408].

Auch die in §§ 1 und 2 gebildeten Varianten zeigen, dass der *concursus causarum* nach Meinung des Spätklassikers nur einen engen Anwendungsbereich haben kann. Nur in der Konstellation des § 1 billigt Papinian die Lehre vom *concursus causarum* als elegante Lösung (*non ineleganter*)[409]. Dort ist dem Titius ein Grundstücksteil, der dem Maevius gehört, durch zwei Testamente vermacht worden. Leistet einer der Erben an Titius, soll auch nach Papinian die Verpflichtung des anderen Erben erlöschen[410]. Anders als im *principium* besteht kein Anlass, an der Wirksamkeit eines der Testamente zu zweifeln. Ebenso steht fest, dass in beiden Testamenten derselbe Grundstücksteil vermacht wurde[411]. Auch wenn offen bleiben muss, ob sich das

---

404 Zum Verhältnis von *legatum debiti* und *concursus causarum* vgl. Schulz, SZ 38 (1917) 152f. zu D. 34.3.11 Iul. 36 dig.

405 Voci, DER II, ^{2}1963, 259 Fn. 37.

406 Ähnlich Bernascondi, SDHI 42 (1976) 59f., der aber nicht alle Alternativen prüft.

407 So ist, wenn bereits Maevius den gesamten *fundus* an Titius vermacht hat, das Legat des Erben über denselben Gegenstand als *legatum debiti* unwirksam. Hat dagegen Maevius dem Titius nur einen Anspruch auf den Teil hinterlassen, hat sein Erbe den anderen Teil mit-vermacht, das zweite Legat ist somit wirksam und nimmt das erste in sich auf.

408 Vgl. Cic. top. 22, dazu Nörr, in: HIA II, 1449f. mwN.

409 Vgl. bereits Ferrini, Teoria generale, 1889, 610; Schulz, SZ 38 (1917) 174f. und Levy, Nachtr., 1962, 73.

410 Dass es sich um Julian handelt, vermutet bereits Schulz, SZ 38 (1917) 175. Zur Bedeutung der Formulierung des Testaments für die *pars pro indiviso* vgl. Vassalli, in: Studi giuridici III, 1, 1960, 180f.

411 Schulz, SZ 38 (1917) 203, 201f., dem Knütel, in: Studi Sanfilippo III, 1983, 355f. folgt, vermutet, der Hinweis auf das endgültige Erlöschen der Klage sei motiviert durch die „Abwehr einer zu vermutenden prokulianischen Neigung, die aus dem zweiten Vermächtnis entspringende Klage (...) unter Umständen wiederaufleben zu lassen".

lobende Zitat wirklich auf Julian bezieht, stimmt Papinian in dieser Variante der in D. 30.82pr. Iul. 33 dig. ersichtlichen julianischen Meinung zu.

Diese Zustimmung ist freilich eng begrenzt, denn in § 2 konstruiert der Spätklassiker eine neue Variante, in der nicht ein individualisierter Grundstücksteil (des Maevius), sondern ein ideeller Anteil vermacht worden ist. Wie schon die Konjunktion *sed* andeutet, greift auch in diesem Fall der *concursus causarum* nicht ein, da der Legatar Leistung von beiden Erben verlangen kann[412]. Papinian treibt den sich damit ergebenden Gegensatz zu § 1 auf die Spitze, wenn er betont, dem Legatar könne die auf ein- und dieselbe Sache lautende Schuld zweimal mit ein- und derselben Sache erfüllt werden. Diese paradoxe Konsequenz rechtfertigt sich aus der Besonderheit des Miteigentums: Da nicht ein einzelner (räumlich begrenzter) Grundstücksteil, sondern ein ideeller Anteil am Grundstück, das heißt eine gattungsmäßig geschuldete Sache, vermacht ist, kann jeder Erbe mit einem Anteil das Legat erfüllen[413]. Papinian nutzt diese Besonderheit, um ein allgemeines Argument gegen die Grundlagen des *concursus causarum* zu formulieren: Da das Beispiel beweist, dass zweimal mit derselben Sache erfüllt werden kann, steht es dem Postulat des *concursus causarum* entgegen, nach dem die einmalige Erfüllung beide Forderungen zum Erlöschen bringt (*argumentum a repugnantibus*)[414].

Die Schärfe des Widerspruchs scheint allerdings durch § 3 wieder gemildert. Hier grenzt Papinian den Miteigentumsfall von dem Fall ab, in dem der Legatar durch zwei Testamente einen Sklaven erhalten hat. Da das Vermächtnis über einen Sklaven dem Schuldner nur die Wahl[415] lasse, einen Sklaven zu leisten, der nicht bereits Eigentum des Legatars sei, könne der eine Erbe nicht mit dem von anderen Erben geleisteten Sklaven erfüllen[416]. Damit schränkt Papinian das zuvor formulierte Argument *a repugnantibus* ein und sucht, Übereinstimmungen zwischen Julians Lehre und seiner eigenen Ansicht herzustellen[417]. Wie das Fragment D. 30.84.12 Iul. 33 dig. beweist, legt nämlich auch der Hochklassiker das Vermächtnis *Titio et Maevio singulos servos do lego* als Gattungslegat aus, durch das jedem Kollegatar ein anderer Sklave vermacht ist. Dies hat zur Folge, dass Titius und Maevius nicht um densel-

412 Anders Knütel, in: Studi Sanfilippo III, 1983, 356f. der *pars fundi simpliciter, non quae Maevii fuit* als eine gattungsmäßige Bestimmung des Legats deutet.

413 Vgl. bereits Knütel, in: Studi Sanfilippo III, 1983, 357.

414 Vgl. Cic. top. 21.

415 Zum Verhältnis Gattungs- und Wahlschuld vgl. Knütel, in: Studi Sanfilippo III, 1983, 361f., der hier allerdings gerade die Wahlschuld als Gattungsschuld behandelt sieht. Zu der gegenteiligen Entscheidung des Marcellus in D. 46.3.72.4 Marcell. 13 dig. vgl. Grosso, in: Studi Vassalli II, 1960, 956f. sowie ders., Obbligazioni, ^{2}1955, 240f.

416 Vgl. bereits Vassalli, in: Studi giuridici III, 1960, 161 und 473 mit weitgehender Textkritik; ähnlich Knütel, in: Studi Sanfilippo III, 1983, 358.

417 Zum Zusammenhang von § 1 und § 3 vgl. Vassalli, in: Studi giuridici III, 1960, 479f.

ben Sklaven konkurrieren (*non concurrunt*)[418]. Die Variante des § 3 hat damit eine doppelte argumentative Funktion: Da Papinian eine anerkannte Rechtsmeinung angreift und sich mithin im *genus admirabile* befindet, ist es ratsam, sein Publikum nicht mehr als nötig zu irritieren, um die Zustimmung zu seiner neuen Position nicht zu gefährden[419]. Dies gelingt vor allem durch die Anknüfung der Innovation an bestehende Konzepte. Dabei ist es als besonders kunstvoll anzusehen, dass Papinian die kritisierte Ansicht Julians an dieser Stelle zu seinen Gunsten anführt(*concessio*), indem er sie als Beleg dafür verwendet, dass im Sklavenfall mangels *eadem species* kein *concursus causarum* in Betracht kommt[420]. Das einleitende *sed* stellt mithin den in § 2 geführten Angriff auf die Lehre vom *concursus causarum* nicht in Frage. Dadurch dass Papinian mit Blick auf einen Nebenpunkt (Auslegung der Gattungsschuld) Übereinstimmung mit Julian signalisiert, entsteht freilich der Eindruck, Papinians Kritik sei nur eine Fortentwicklung der julianischen Position.

2. Eadem species *beim Legat, Pal. 261 = D. 31.66.4-7 Pap. 17 quaest.*

Dieser Eindruck wird durch die weit ausgreifenden Überlegungen zur *eadem species*, wie Papinian sie in §§ 4-7 vorführt, noch verstärkt.

D. 31.66.4-7 Pap. 17 quaest.

4 In fundo legato si heres sepelierit, aestimatio referenda erit ad totum pretium fundi, quo potuit ante sepulturam aestimari: quare si fuerit solutus, actionem adhuc ex testamento propter locum alienatum durare rationis est.	4 Wenn der Erbe im vermachten Grundstück [jemanden] begraben hat, wird der Schätzpreis auf den Wert des Gesamtgrundstücks, der vor dem Begräbnis geschätzt werden konnte, zu beziehen sein. Und deshalb entspricht es der Folgerichtigkeit, dass die Klage aus dem Testament wegen des veräußerten Grundes auch dann noch andauert, wenn das Grundstück bereits übergeben worden ist.
5 Eum, qui ab uno ex heredibus, qui solus oneratus fuerat, litis aestimationem legatae rei abstulit, postea codicillis apertis ab omnibus heredibus eiusdem rei relictae dixi dominium non quaerere: eum enim, qui pluribus speciebus iuris uteretur, non saepius eandem rem eidem legare, sed loqui saepius.	5 Ich habe gesagt, dass derjenige, der von einem der Erben, der allein [mit einem Vermächtnis] beschwert war, die Schätzung des Streitwertes mit Blick auf die vermachte Sache erhalten hat, nicht das Eigentum verlangen kann, wenn ihm später nach Öffnung der Kodizille dieselbe Sache von allen Erben hinterlassen ist. [Und], dass der nämlich, der mehrere Möglichkeiten des Rechts benutzt, nicht mehrfach dieselbe Sache demselben vermacht, sondern [dies] mehrfach ausspricht.
6 Fundo legato si usus fructus alienus sit, nihilo minus petendus est ab herede: usus	6 Wenn beim Legat eines Grundstücks der Nießbrauch ausgenommen worden ist, kann er nichtsdestotrotz vom Erben verlangt werden: Der Nieß-

418 Dass auch Julian jeweils zwei verschiedene Sklaven als vermacht ansieht, zeigt die Umschreibung des Legats mit den Worten: *Titio servum do lego: Maevio alterum servo do lego.*

419 Vgl. Quint. 4, 1, 44 (...) *nam ut optabile est plus favoris mereri, sic proximum odii minus.*

420 Vgl. bereits Knütel, in: Studi Sanfilippo III, 1983, 358.

fructus enim etsi in iure, non in parte consistit, emolumentum tamen rei continet: enimvero fundo relicto ob reliquas praestationes, quae legatum sequuntur, agetur, verbi gratia si fundus pignori datus vel aliena possessio sit. non idem placuit de ceteris servitutibus. sin autem res mea legetur mihi, legatum propter istas causas non valebit.	brauch nämlich, auch wenn er sich auf das Recht, nicht auf einen Grundstücksteil bezieht, beinhaltet doch den Vorteil der Sache. Hingegen aber wird beim Legat eines Grundstücks wegen der verbleibenden Leistungen, welche dem Legat zugehörig sind, [zu Recht] geklagt, z.B. wenn ein Grundstück als Pfand gegeben worden ist oder sich in fremden Besitz befindet. Etwas anderes ist mit Blick auf die anderen Servituten anerkannt. Wenn mir aber meine eigene Sache vermacht worden ist, wird das Legat aus denselben Gründen unwirksam sein.
7 A municipibus heredibus scriptis detracto usu fructu legari proprietas potest, quia non utendo possunt usum fructum amittere.	7 Wenn Munzipien als Erben eingesetzt worden sind, kann [von ihnen] unter Abzug des Nießbrauchs das Eigentum vermacht werden, weil sie den Nießbrauch durch Nichtgebrauch verlieren können.

Die §§ 4-5 dieses Teiles prüfen, inwieweit der Legatsgegenstand, das heißt die *species*, durch eine Ersatzleistung ersetzt werden kann. Dazu wird zunächst ein Widerspruch konstruiert: Während Papinian nämlich für den Fall des Begräbnisses auf dem vermachten *fundus* zu dem Ergebnis kommt, dass die Aestimationssumme für diese *res religiosa* auch dann vollständig geschuldet ist, wenn der Legatar das Grundstück in Besitz genommen hat, scheint er in § 5 das Gegenteil zu behaupten, wenn er das Vermächtnis, das zunächst einem, jetzt allen Erben auferlegt wurde, als erfüllt ansieht, wenn der Erbe einmalig die Schätzsumme gezahlt hat[421]. Der Widerspruch ist allerdings nur scheinbar, denn er erklärt sich aus den unterschiedlichen Voraussetzungen des jeweiligen Falles: So ist in § 4 zugunsten des Legatars zu berücksichtigen, dass das Grundstück durch die Bestattung aus dem Privatrechtsverkehr ausgeschieden ist und somit auch unersitzbar geworden ist[422]. Dagegen wirkt sich in § 5 zulasten des Legatars aus, dass Papinian dem Testator unterstellt, das einmal gewährte Legat nur unnötig wiederholt zu haben[423].
Diese zweite Entscheidung Papinians hat wiederum eine Parallele und damit wahrscheinlich ein Vorbild in Julians Digesten[424]. So entscheidet Julian in D. 30.86.1 Iul. 34 dig., dass der Sklave, der sowohl durch Testament als auch durch Kodizill an den Maevius vermacht worden ist, nur einmal zu leisten ist, wenn im Kodizill alle Erben

421 Vgl. bereits Ferrini, Teoria generale, 1889, 406 mit Fn. 1.

422 Vgl. Gai. 2, 1 und Gai. 2, 6, dazu De Visscher, Droit des tombeaux, 1963, 65-73. Zur Unersitzbarkeit vgl. D. 11.8.4 Ulp. 2 resp., dazu De Visscher, aaO., 73-82. Anders für die *praescriptio longi temporis*, vgl. C. 3.44.6 Alex. (a. 224) mit De Visscher, aaO., 74f.

423 Oder zur Sicherheit: Das Damnationslegat findet sich in der Testamentspraxis häufiger neben dem Vindikationslegat, um die Wirksamkeit zu sichern, vgl. dazu Nachweise bei Kaser, RP I § 184.III, 745 Fn. 40.

424 Vgl. dazu Grosso, Legati, ²1962, 110f.; Talamanca, in: Studi Betti IV, 1962, 199f.; Pfeil, Concursus causarum, 1998, 59f.

(durch Vindikationslegat), im Testament jedoch nur ein Erbe (mittels Damnationslegat) beschwert worden ist[425]. Auf diese Weise hat Papinian ein weiteres (fiktives) Zugeständnis der angegriffenen Meinung konstruiert: Da der Hochklassiker zum Ergebnis kommt, dass der Legatar, der die Aestimationssumme vom Erben gezahlt bekommen hat, die erneut vermachte Sache nicht herausverlangen kann, erkennt er an, dass ein doppelt ausgesetztes Vermächtnis nicht immer eine doppelte Leistungspflicht auf dieselbe Sache beinhaltet[426]. Genau dies aber hat Papinian im Gegensatz zu Julian bereits im Ausgangsfall (*pr.*) vertreten.

Die Diskussion in §§ 4 und 5 dient weiter dazu, die bereits im *principium* angeklungene allgemeine Frage (*quaestio infinita*) zu lösen, ob zwei Legate über Sachleistung und Aestimationssumme ein Doppellegat über *eadem species* bilden oder zwei verschiedene Legate[427]. Gerade wegen der (scheinbar) gegensätzlichen Folgen der beiden Sachverhaltsvarianten tritt dabei die gemeinsame Grundaussage der beiden Paragraphen klar hervor. Sie lautet, dass die Aestimationssumme – sowohl im Fall der endgültig gescheiterten Erfüllung (§ 4) als auch im Fall der bereits erfolgten Erfüllung (§ 5) – an die Stelle der Leistung des Legatsgegenstands in Natur tritt[428]. Bezieht man diese Aussage auf das *principium*, folgt hieraus ein weiteres Argument gegen Julians Lösung über den *concursus causarum*[429]: Selbst wenn man wie Julian das Testament des Maevius als Damnationslegat *disiunctim* bzw. als Vindikationslegat auslegt, konkurrieren beide Legate nicht, da das auf den Schätzwert lautende Vermächtnis das auf Übertragung des Eigentums verdrängt. Durch dieses *argumentum a genere* hat Papinian bewiesen, dass die Richtschnur, um zu bestimmen, ob ein zweifaches Legat oder ein Doppellegat derselben Sache, nicht der Gegenstand, sondern das Interesse des Berechtigten sein muss[430].

In diese Richtung zielen auch die Überlegungen zur Leistungspflicht des Erben, der mit einem Legat belastet ist, von dem seinerseits ein dingliches Recht zugunsten eines Dritten vorbehalten ist (§§ 6-7). Papinian kommt in § 6 zu dem Ergebnis, dass der Legatar, dessen Vermächtnis ein Nießbrauch entgegenstehe, das volle Grundeigentum verlangen könne, also gerade nicht auf die *nuda proprietas* beschränkt sei, weil dies dem vermachten Nutzungsvorteil widerspreche. Das Pfandrecht an der Sache soll sich dagegen offenbar auch gegenüber dem Vermächtnis durchsetzen. Der Legatar könne aber vom Erben Ersatz verlangen[431]. Ohne Ausgleich wirksam

425 Vgl. Ferrini, Teoria generale, 1889, 124; Zum *dies cedens* vgl. Grosso, Legati, ^{2}1962, 111.

426 Zum Testatorwillen vgl. Talamanca, in: Studi Betti IV, 1962, 201-203 mwN.

427 Zur *quaestio infinita* vgl. Quint. 3, 5, 5, wo auch der Bezug zum dialektischen Gespräch deutlich wird, dazu auch Veit, in : HWRhet. 3, 1996, Sp. 425f.

428 Zutreffend Grosso, Legati, ^{2}1962, 11.

429 Vgl. Pfeil, Concursus causarum, 1998, 59f.

430 Zum *argumentum a genere* vgl. Cic. top. 13 zum Legat von Silber.

431 Zu dieser Eigenschaft der *dare*-Schuld vgl. Ernst, Rechtsmängelhaftung, 1995, 102f. mwN.

seien Servituten, wahrscheinlich weil sie den Sachvorteil nicht wesentlich beeinträchtigen[432].

Die Darlegung zeigt, dass fremde Rechte an der vermachten Sache nicht zwingend die Pflicht des Eigentümers zur Übertragung des Volleigentums beschränken, eine Erkenntnis, die auch im Rahmen des Ausgangsfalles (*pr.*) von Bedeutung ist. Es kann auch dort die Situation eintreten, dass das Legat zugunsten des *ego* ein Grundstück betrifft, an dem *ego* selbst bereits einen Anteil hat, so dass sich die Frage stellt, ob der Erbeserbe verpflichtet ist, den *pars fundi* des Titius an *ego* herauszugeben[433]. § 6 legt eine verneinende Antwort nahe, denn nur beim Nießbrauch, der, wie Papinian betont, keinen *pars fundi* darstellt, ist der Erbe verpflichtet, die Belastung abzulösen[434]. Allerdings kann das Damnationslegat auch als Verschaffungsvermächtnis konzipiert sein; hier fordern die meisten Quellen jedoch wenigstens Kenntnis des Erblassers von der Belastung bzw. dem Dritteigentum[435]. Papinian scheint hier keinen derartigen Willen anzunehmen, denn der Nachsatz von § 6, der daran erinnert, dass das Vermächtnis einer eigenen Sache unwirksam ist, dürfte sich auf den *pars fundi* beziehen, der dem *ego* bereits durch das Testament des Maevius zugewiesen ist. Somit folgt aus § 6 insgesamt, dass der Erbe des Maevius dem *ego* den *fundus* nicht wirksam vermacht haben kann: Hinsichtlich der *pars fundi* des Titius steht dessen Eigentumsrecht entgegen; das Vermächtnis der eigenen *pars fundi* des *ego* ist dagegen als Legat der eigenen Sache unwirksam.

Eine weitere Aussage zum Ausgangssachverhalt trifft § 7, nach dem das Eigentum auch bei Bestehen eines Nießbrauchs zugunsten Dritter ohne weiteres vermacht werden kann, wenn ein *municipium* der Nießbraucher ist[436]. Dass dieses den Nießbrauch durch Nichtgebrauch verlieren kann, scheint Papinian als ausreichenden

---

432 Zur möglichen Interpolation (Nießbrauch als Servitut) vgl. Vaucher, Usufruit et pars dominii, Lausanne 1940, 58f. unter Berufung auf Longo; anders Bretone, Usufrutto I, 1962, 171, der aber von inhaltlicher Richtigkeit ausgeht, ihm folgend Ernst, Rechtsmängelhaftung, 1995, 112 Fn. 82. Zum ökonomischen Hintergrund vgl. Vaucher, aaO., 59f., ferner Tafaro, Labeo 18 (1972) 199, beide mwN.

433 Beim Vindikationslegat ist das Vermächtnis einer einem Dritten gehörigen Sache unwirksam, vgl. Gai. 2, 196. *Eae autem solae res per uindicationem legantur recte, quae ex iure Quiritium ipsius testatoris sunt* (...); anders beim Damnationslegat („Verschaffungsvermächtnis"), vgl. Gai. 2, 202, dazu Nachweise bei Kaser, RP I § 185.IV.1, 749.

434 Anders Bretone, Usufrutto I, 1962, 173. Der von Papinian bezweckte Vergleich zum *principium* erklärt, warum er insoweit überhaupt das Schema der *pars fundi* für den Nießbrauch bemüht. Dies hebt als Besonderheit hervor Tafaro, Labeo 18 (1972) 199. Für eine echte Assimilation von Nießbrauch und als *pars fundi* dagegen Villey, Du sens de l'expression jus in re en droit romain classique, RIDA 3 (1949) 435.

435 Skeptisch Grosso, Legati, ²1962, 256f. mwN. Interpolationsverdächtigungen auch bei Schulz, in: GS Seckel, 1927, 116 Fn. 6, 119. Zum Unterschied von Damnations- und Vindikationslegat in diesem Fall vgl. D'Ors, in: FS Schulz I, 1931, 276f.

436 Zum Vindikationslegat beim *ager vectigalis* vgl. Grosso, Legati, ²1962, 77f. Zur Ersitzbarkeit vgl. Lanfranchi, Studi sull'ager vectigalis II, Neapel 1939, bes. 16-23.

Vorteil für den Legatar anzusehen, so dass dieser nicht gegen den Erben vorgehen kann. Auch für das Eigentum an einem Grundstück oder Grundstücksteil sind Gestaltungen vorstellbar, die dieser Gewährung auf Zeit entsprechen, wie z.B. die fideikommissarische Verpflichtung des Erben, ein Grundstück nach Eintritt einer Bedingung oder einer Zeitbestimmung herauszugeben[437]. Das Beispiel der Munizipien gemahnt daher daran, auch derartige Gestaltungsmöglichkeiten bei der Beantwortung des Ausgangsfalles (*pr.*) zu berücksichtigen[438]. Auch sie, so könnte man den Gedanken zusammenfassen, können die Auslegung der beiden Testamente und mithin die für den *concursus causarum* wichtige Frage der Sachidentität entscheidend beeinflussen.

3. Ergebnis

Papinians Erörterung der julianischen Lehre vom *concursus causarum* fällt damit nicht nur für den eingangs diskutierten Fall, sondern auch hinsichtlich ihrer Grundlagen sehr kritisch aus. Gerade die Diskussion um *eadem species* zeigt (§§ 4-7), dass Papinian diese Lehre grundsätzlich neu bewerten und weniger den Gegenstand als das Gläubigerinteresse zum Maßstab der Doppelverpflichtung erheben will. Trotz der damit verbundenen, in der Sache teilweise vernichtenden Kritik an Julian[439] ist Papinians Bestreben erkennbar, nicht mit dem hochklassischen Vorbild zu brechen, sondern an den Vorgänger anzuknüpfen, indem er immer wieder Aussagen Julians zum Nutzen der eigenen Position verwendet und kreativ fortentwickelt.

IV. Anonyme Juristenmeinungen

Eine ganz ähnliche Tendenz ist in den Katenen erkennbar, in denen Papinian überkommene Rechtsmeinungen ohne Nennung ihres Urhebers zitiert und fortentwickelt. Es kann daher nicht überraschen, dass beide Katenen kontroverse Rechtsfragen betreffen.

1. Ratio ex lege Falcidia, *Pal. 353*

So handelt Pal. 353 = D. 35.2.11pr.-8 Pap. 28 quaest. von der Quartberechnung nach der *lex Falcidia*. Dass diese Berechnung komplex und im Einzelnen streitig war,

---

437 Vgl. Pal. 281 = D. 31.67pr.-10 Pap. 19 quaest.; Pal. 282 = D. 31.69pr.-4 Pap. 19 quaest.

438 Die Erbfähigkeit der Munizipien ist allerdings umstritten und zweifelhaft. Karlowa, Römische Rechtsgeschichte II, 1901, 861f. denkt an besondere Privilegien.

439 Vgl. die Diskussion um das *legatum debiti*, dazu Zweiter Teil II, S. 84f.

haben zuletzt Schanbacher[440] und – für den wichtigen Fall der Pupillarsubstitution – Finazzi[441] dargelegt. Beide Arbeiten belegen auch, dass die Kontroversen und Rechtsfragen nach dem Stand der Überlieferung nicht immer vollständig rekonstruierbar sind. Die folgende Untersuchung übernimmt hinsichtlich der Rechtsfragen der *lex Falcidia* die Ergebnisse der genannten Studien und konzentriert sich darauf, die kunstvolle Dichte der papinianischen Argumentation nachzuvollziehen:

D. 35.2.11pr.-8 Pap. 29 quaest.

pr. In ratione legis Falcidiae retentiones omnis temporis heredi in quadrantem imputantur.	pr. Bei der Berechnung der *lex Falcidia* ist das, was zurückbleibt, unabhängig von dem Zeitpunkt, [an dem es anfällt], dem Erben auf sein Viertel anzurechnen.
1 Si servus sub condicione libertate data vita decessit, si quidem impleta condicio quandoque fuerit, heredi non videbitur perisse: quod si defecerit, in contrarium ratio trahit, sed quanti statuliber moriens fuisse videbitur.	1 Gesetzt den Fall, der Sklave, dem unter einer Bedingung die Freiheit verliehen worden ist, ist aus dem Leben geschieden. Wenn nämlich die Bedingung irgendwann einmal eingetreten war, wird er so behandelt, als sei er nicht zulasten des Erben untergegangen. Wenn sie [die Bedingung] ausgefallen wäre, zieht die Folgerichtigkeit das Gegenteil nach sich, aber es wird gelten, wie viel der bedingt Freigelassene wert war, als er starb.
2 Imperator Marcus Antoninus decrevit heredes, quibus pars bonorum ablata est, non in ampliorem partem quam pro ea parte quae relicta est legatorum nomine teneri.	2 Der Kaiser Marcus Antoninus hat dekretiert, dass die Erben, denen ein Teil der Erbschaft weggenommen wurde, nicht mit einem grösseren Teil für Legate haften als für diesen Teil, welcher ihnen hinterlassen worden ist.
3 Cum quidam parte dimidia bonorum adempta fuisset relegatus idemque provocatione interposita testamento postea facto obisset atque post mortem eius non iuste appellatum esset pronuntiatum: quaesitum est, utrum aeris alieni loco pars dimidia abscederet, ut residua sola videretur fuisse in bonis, an vero succurri heredi necessarium esse videbitur. sed videtur succurri debere, cum animus litigantis et optinendi votum hanc opinionem admittit.	3 Als dem Verbannten die Hälfte der Erbschaft entzogen worden war, hat er zuerst Berufung eingelegt und später ein Testament errichtet und ist dann verschieden. Nach seinem Tod wurde das Urteil gefällt, dass er nicht zu Recht Berufung eingelegt habe. Es stellt sich die Frage, ob entweder die Hälfte [der Erbschaft] anstelle der Schulden wegfällt, damit nur das Verbliebene als im Vermögen vorhanden angesehen werde, oder aber ob es als notwendig anzusehen sei, dem Erben zur Hilfe zu kommen. Aber es scheint, dass ihm geholfen werden muss, weil der Wille als Streitpartei und sein Versprechen zu obsiegen diese Annahme zulässt.
4 Si servus testamento manumissus ante aditam	4 Wenn der Sklave, der im Testament freigelassen worden ist, verstirbt, bevor die Erbschaft angetre-

440 Schanbacher, 1995, dazu Wesener, TR 65 (1997) 505f.

441 Finazzi, Sostituzione, 1997, bes. 336-371, dazu Bund, SZ 118 (2001) 583-585. Leider hat Finazzi die Untersuchung Schanbachers nicht berücksichtigt.

hereditatem decedat, heredi quidem perisse intellegitur: sed cuius pretii erit, qui, si viveret, non aestimaretur? nam et eos, qui moriente domino ea valetudine affecti fuerant, ut eos non posse vivere certum esset, tamen, si postea moriantur, hereditati perisse responsum est. nec aliud in his, qui sub eodem tecto fuerunt, cum dominus a familia necaretur.

5 Quod vulgo dicitur in tabulis patris et filii unam Falcidiam servari quam potestatem habeat, videndum est: quamvis enim substitutus quae a pupillo relicta sunt, cum filius heres exstitit, ut aes alienum quodlibet debeat, tamen propter ea, quae data sunt tabulis secundis, contributioni locus est. secundum quae poterit evenire, ne substitutus quicquam retineat vel ut longe plus habeat quartae paternae hereditatis. quid ergo, si non sufficiat pupilli hereditas legatis, cum patris suffecisset? de suo (quadrante nimirum) dabit substitutus, quoniam pater legavit de suo: nec ad rem pertinet, quod ex nullo testamento praestatur ultra vires patrimonii, cum in hac parte iuris legata, quae tabulis secundis relinquuntur, quasi primis sub condicione relicta intelleguntur.

6 Si filio suo duos substituerit et alterius portionem oneraverit, tractari solet, an ex persona sua Falcidiam possit inducere substitutus, quam pupillus non haberet vel unus pupilli substitutus. et facile quis dixerit consequenter prioribus, quae de patrimonii ratione dicta sunt, non

ten wird, wird es freilich so bewertet, dass er zulasten des Erben untergegangen ist. Aber was wird sein Wert sein, da er, wenn er lebte, nicht geschätzt werden könnte? Es ist nämlich entschieden worden, dass auch diejenigen, welche beim Tod des Eigentümers mit solcher Krankheit angesteckt waren, dass sicher war, dass sie nicht überleben könnten, doch zulasten der Erbschaft untergingen, wenn sie später [nach dem Erbfall] versterben würden. Und nichts anderes gilt bezüglich derer, die unter demselben Dach wohnten, als der Herr von seinen Sklaven erschlagen wurde.

5 Welche Bedeutung es hat, wie gewöhnlich gesagt wird: „Mit Blick auf das Testament des Vaters und des Sohnes ist eine *Falcidia* zu befolgen.“, wird zu untersuchen sein. Obwohl der Ersatzerbe das, was vom Unmündigen hinterlassen wurde, wenn der Sohn als Erbe eingetreten ist, wie beliebige Verpflichtungen schuldet, findet dennoch wegen derjenigen [Legate], die im zweiten Testament gegeben worden sind, die Zusammenrechnung statt. Demzufolge kann es vorkommen, dass der Ersatzerbe nichts erhält oder viel mehr hat als das Viertel der väterlichen Erbschaft. Was also, wenn die Erbschaft des Unmündigen nicht für die Vermächtnisse genügt, während die des Vaters genügt hätte? Von dem Seinigen (die Quart versteht sich) wird der Ersatzerbe geben, weil ja der Vater aus dem Seinigen vermacht hat. Und es kommt nicht darauf an, dass aus keinem Testament über die Grenzen des Vermögens [des Erblassers] hinaus gehaftet wird, weil in diesem Rechtsbereich die Vermächtnisse, welche im zweiten Testament hinterlassen wurden, so angesehen werden, als wären sie im ersten gleichsam unter einer Bedingung hinterlassen worden.[442]

6 Wenn er seinem Sohn zwei Ersatzerben eingesetzt hat und den Anteil des einen [mit Legaten] beschwert hat, wird häufig untersucht, ob sich der [beschwerte] Ersatzerbe aus seiner Person auf die *lex Falcidia* berufen kann, obwohl weder der Unmündige sie hätte noch ein einzelner Ersatzerbe des Unmündigen. Und leichtfertig würde man sa-

442 Anders Schanbacher, 1995, 104.

443 Anders Schanbacher, 1995, 114.

esse Falcidiae locum et ultra vires portionis conveniendum alterum substitutum. sed verior est diversa sententia perinde huic quartam relinquendam existimantium atque ita si patri heres extitisset: ut enim opes patris et contributio legatorum inde capiunt et formam et originem, ita plures substituti subducta persona pupilli revocandi sunt ad intellectum institutionis. quid tamen dicemus de altero substituto, qui non est oneratus? si forte nondum legata pupillus a se relicta solvit et aliquid ultra dodrantem sit in omnibus, et ipsum Falcidiam habiturum? atquin quartam habet neque idem patiatur instituti comparatio. rursus si negemus, aliud aperte, quam quod volgo probatum est, respondetur. itaque varietas exsistet, ut is quidem, qui proprio nomine oneratus est, velut institutus desideret quartam, alter autem, qui non est oneratus, ut substitutus, licet portio largiatur eius, non in solidum conveniatur propter calculi confusionem. huic consequens est, ut, si pupillo de Falcidia cautum fuit, duobus committatur stipulatio, videlicet in eam quantitatem, quam unusquisque sibi retinere potuisset.

7 Quaesitum est, si quis pupillo coheredem substituisset, quemadmodum legis Falcidiae ratio inquiri debeat? et quale est, quod volgo diceretur, legatorum rationem separandam? dixi, quantum ad legata, quae pater a filio, item a substituto reliquit, nullam fieri posse separationem, cum communi calculo subiciantur et invicem inducant contributionem. sed legata, quae ab instituto extero data sunt, permisceri ceteris non oportere:

gen, dass in Folge des Vorangehenden, was zur Berechnung des Vermögens gesagt worden ist, die *lex Falcidia* nicht zur Anwendung komme und der eine [belastete] Ersatzerbe über seinen Anteil hinaus in Anspruch zu nehmen sei. Aber die gegenteilige Ansicht derer, die meinen, diesem sei die Quart so zu belassen, als ob er dem Vater als Erbe eingetreten wäre, ist richtiger. Wie nämlich das Vermögen des Vaters und die Zusammenrechnung der Legate von da [sc. vom Erbfall] an Anfang und Umfang nehmen, so sind unter Beiseitelassung der Person des Unmündigen mehrere Ersatzerben auf den Begriff der Erbeinsetzung zurückzubeziehen. Was aber sollen wir mit Blick auf den anderen Ersatzerben sagen, der nicht [mit Legaten] beschwert worden ist? Wenn zum Beispiel der Unmündige die gegen ihn hinterlassenen Legate noch nicht erfüllt hat und etwas über drei Viertel [von der Erbschaft] in diesen allen enthalten ist, ob er [der Unmündige] nicht selbst die *lex Falcidia* haben wird? Wenn nun aber er die Quart hat, erlaubt dasselbe nicht den Vergleich mit dem Eingesetzten [Erben][443]. Wenn wir sie hinwiederum verweigern, ist offensichtlich etwas anderes als das, was üblicherweise gebilligt worden ist, entschieden worden. Daher besteht die Divergenz, dass zwar jener, der im eigenen Namen beschwert worden ist, wie ein Eingesetzter die Quart verlangt, der andere aber, der nicht beschwert worden ist, wie ein Ersatzerbe, obwohl sein Erbteil überschritten wird, wegen der Zusammenrechnung nicht auf das Ganze in Anspruch genommen werden kann. Die Folge davon ist, dass, wenn dem Unmündigen wegen der *lex Falcidia* Sicherheit geleistet worden ist, zweien die Stipulation verfällt, und zwar in genau der Höhe, in welcher ein jeder für sich selbst zurückbehalten könnte.

7 Es ist gefragt worden, wie die Berechnung nach der *lex Falcidia* vorzunehmen ist, wenn jemand einem Unmündigen einen Miterben als Ersatzerben eingesetzt hat. Und was bedeutet es, wie gemeinhin gesagt wird, dass die Berechnung der Legate zu trennen sei? Ich habe gesagt, dass keine Trennung stattfinden könne, wie gross auch die Legate, welche der Vater dem Sohn, derselbe dem Ersatzerben hinterlassen habe [seien], weil sie eine gemeinsame Berechnung erführen und gegeneinander die Verrechnung auslösten. Aber

ideoque quartam pupillo datae portionis habere substitutum, quamvis suam portionem habeat ut institutus: et aliam causam esse eius, qui ex variis portionibus heres scriberetur: ibi enim legatorum confundi rationem non minus, quam si semel fuisset nuncupatus ex ea portione, quae conficeretur ex pluribus, neque referre, pure saepe an sub diversis condicionibus sit heres institutus.

8 Si quis exheredato filio substituit heredem institutum et ab eo tabulis quoque secundis legaverit, necessario ratio confundetur, cum ideo legata valere dixerit Iulianus a substituto relicta, quod idem patri heres exstiterit.

dass die Legate, welche von einem eingesetzten Dritten gegeben worden seien, nicht mit den übrigen vermengt werden dürften. Und dass daher der auf den Anteil des Unmündigen eingesetzte Ersatzerbe die Quart habe, obwohl er als Eingesetzter seinen [eigenen] Anteil habe. Und ein anderer Fall sei derjenige, der aus verschiedenen Anteilen zum Erben eingesetzt worden sei. Dort nämlich fließe die Berechnung der Legate zusammen, nicht anders, als wenn er einmal eingetragen worden wäre auf diesem Erbteil, welcher sich aus mehreren zusammensetzt. Und es komme nicht darauf an, ob er mehrfach unbedingt oder unter verschiedenen Bedingungen zum Erben eingesetzt worden sei.

8 Wenn jemand einem enterbten Sohn den eingesetzten Erben als Ersatzerben eingesetzt hat und gegen ihn auch im zweiten Testament vermacht hat, wird die Berechnung notwendigerweise zusammengefasst, weil Julian gesagt hat, dass die vom Ersatzerben hinterlassenen Legate deshalb wirksam seien, weil derselbe dem Vater als Erbe eintrete.

Die *lex Falcidia* schützte den Erben vor einer übermäßigen Belastung der Erbschaft durch Legate. Ihm sollte wenigstens ein Viertel der Erbschaft verbleiben, so dass bei einer über diese Quote hinausgehende Beschwer mit Legaten alle Legate anteilig bis zur Quart zu kürzen waren[444]. Die Berechnung des Wertes der Erbschaft einerseits, der Beschwer durch Legate andererseits war allerdings umstritten. Als allgemein anerkannt galt, dass sich der Erbe Vorteile aus unwirksamen Legaten anrechnen lassen musste[445]. Anlass zu Diskussionen gab aber die Frage, ob Früchte und Vorteile, die der Erbe während der Schwebezeit der Bedingung oder bis zur Erfüllung eines Vermächtnisses zog, den einzustellenden Wert der Erbschaft steigerten[446]. Papinian hat sich bereits an anderer Stelle für die Berücksichtigung aller Vorteile ausgesprochen (Pal. 284 = D. 35.2.9pr. Pap. 19 quaest.)[447]. Die sentenzartige

444 Zur *lex Falcidia* allgemein vgl. zuletzt Mannino, Il calcolo, 1989; Schanbacher, 1995.

445 Vgl. D. 35.2.51 Iul. 61 dig., dazu Quadrato, Sulle tracce dell'annulabilità, 1983, 54-57 mwN; D. 35.2.76.1 Gai. 3 de legatis ad ed. prov., dazu Schanbacher, 1995, 193 mit Fn. 48.

446 Vgl. Costa III, 1896, 164 mit Nachweisen in Fn. 25.

447 Vgl. D. 35.2.74 Gai. 3 de legatis ad ed. prov. Auf diesen Zusammenhang verweist schon das Scholion *τὰ ὁτεδήποτε ὑπὸ τοῦ κληρονόμου παρακρατούμενα* zu Bas. 41.1.11pr., vgl. Heimbach IV, 96 = Scheltema B VI, 2409, 1. Vgl. Ferner D. 35.2.76pr. Gai. 3 de legatis ad ed. prov., der bereits die Schwierigkeiten dieser Abgrenzung zeigt, dazu auch Grosso, Legati, ²1962, 353f.

Einleitung des *principium* entspricht dieser Meinung, denn sie rechnet dem Erben all das als Vorteil an, was er irgendwann einmal erhalten hat[448]. Die hieran anschließende Katene zerfällt in drei Abschnitte: Das *principium* evoziert das die Gesamtdiskussion tragende Prinzip, das in §§ 1-4 durch Beispiele gestützt wird, bevor §§ 5-8 die kontroversen Fälle der Pupillarsubstitution diskutieren.

a. Die Stützargumente in §§ 1-4

Die nachfolgenden Beispiele (§§ 1-4) untermauern die Bedeutung und Berechtigung der einleitenden Sentenz. So betrachtet Papinian zunächst, wie der Wert der Erbschaft bei bedingten Legaten zu berechnen ist, und wählt dafür in § 1 das Beispiel eines im Testament bedingt freigelassenen Sklaven: Je nachdem, ob die Bedingung eingetreten oder ausgefallen sei, sei dem Erben ein Vorteil zugeflossen, der bei der Berechnung der Quart zu berücksichtigen sei. Mit Erreichung der Freiheit gelte der Sklave dagegen nicht mehr als Teil der Erbschaft[449]. Umgekehrt müsse der Sklave dem Erben angerechnet werden, wenn die Bedingung ausfalle. Dieses von Papinian als Gebot der Folgerichtigkeit bezeichnete Ergebnis wird dadurch verwirklicht, dass der Wert des Statuliber im Todeszeitpunkt in die Berechnung eingestellt wird[450].

Den Verlusten durch Bedingungsausfall stellen §§ 2-3 andere Verluste des Erben zur Seite. So zitiert Papinian in § 2 ein Dekret des Marc Aurel, dessen Inhalt er so wiedergibt, als betreffe es jeden Entzug (*ablatus*) der Erbschaft. Entsprechend kontrovers sind die Deutungen des Anwendungsbereiches des Dekretes: Ein Scholion des Kyrillus deutet *ablatus* eher im Sinne der fideikommissarischen Restitution, die dem Erben im Testament auferlegt wird[451]. Schanbacher versteht *ablatus* dagegen auch als Verlust durch die *bonorum possessio contra tabulas*[452]. Aus terminologischen Gründen ist zudem die strafweise Entziehung wegen (quasi-) Indignität des Erben, die regelmäßig als *auferre* bezeichnet wird, hinzuzunehmen[453]. Wenn man Papinians Beschreibung des Dekretes folgt, ist es mithin so zu verstehen, als beziehe es sich

---

448 Dies ist z.B. problematisch bei den Außenerben, vgl. D. 50.17.138pr. Paul. 27 ad ed.; D. 50.17.193 Cels. 38 dig., dazu bereits Huschke, ZCP N. F. 6 (1849) 371. Gleichzeitig liegt ein Wortspiel mit dem Begriff der *retentio legis Falcidiae* vor. Zu den Facetten von *retentio* vgl. Bürge, Retentio im römischen Sachen- und Obligationenrecht, Zürich 1979, 241.

449 Zu diesen Fällen vgl. Voci, DER II, ²1963, 761 mit Fn. 35 zum Text.

450 *Sed* bezieht sich hier nur auf die Frage, welcher Wert einzubeziehen ist. Der *Statuliber* kann als bedingt freigelassener Sklave einen Schätzwert haben, der sich z.B. danach bestimmt, wie lange er noch für den Erben hätte arbeiten müssen.

451 Scholion *ἐὰν ἀφαιρεθῇ (...) μέρος τῆς κληρονομίας* zu Bas. 41.1.11.2 (Heimbach IV, 96; Scheltema B VI, 2410, 7: Kyrill.) verweist auf D. 36.3.1.11 Ulp. 79 ad ed., D. 31.77pr.-3 Pap. 8 resp. Zum Meinungswechsel des Testators vgl. D. 34.9.19 Paul. 16 resp.

452 Schanbacher, 1995, 169 Fn. 43 unter Berufung auf D. 37.5.18 Afr. 4 quaest. Ähnlich die Verwendung von *abferre* in D. 28.6.35 Afr. 5 quaest. Nicht überzeugend ist die von Schanbacher, aaO. 169 Fn. 44 angenommene Beschränkung auf die Legate an *excepti*. Vgl. ferner Mannino, Il calcolo, 1989, 133 Fn. 313 mwN; Grosso, Legati, ²1962, 337f.

453 Vgl. D. 5.2.8.14 Ulp. 14 ad ed., D. 11.7.33 Ulp. 58 ad ed., D. 48.20.1.3 Call. l. iur. fisc.

auf jeden (teilweisen) Verlust der Erbschaft und erlaube dem Erben, die auferlegten Legate anteilig zu kürzen[454].

Diese allgemeine Aussage wirft die in § 3 gesondert untersuchte Frage auf, wie die *lex Falcidia* bei mehreren Erbfällen nacheinander zu berechnen ist, wenn die Legate nach dem ersten Erbfall nicht ausgezahlt wurden. Zu diesem Zweck bildet Papinian den Fall, dass dem Erben, der ins Exil gehen musste, ein Teil der Erbschaft durch Konfiskation entzogen worden ist[455]: Sei der Erbe im Exil nach Einlegung der Appellation (im Konfiskationsverfahren) verstorben und die Appellation posthum verworfen worden, stelle sich für dessen testamentarischen Erben die Frage, ob er die dem ersten Erben auferlegten Legate anteilig kürzen könne, genauso wie es dem (ersten) Erben wegen der teilweisen Konfiskation nach § 2 möglich gewesen wäre[456]. In der Tat steht erst mit der posthumen Verwerfung der Appellation die Höhe des ersten Erbes fest, so dass nun der Erbeserbe die Quart (des Ersten) berechnen und die Legate kürzen könnte, wenn man nicht – wie Papinian erwägt – ohnehin nur die Hälfte der Erbschaft als hinterlassen ansieht. Im Ergebnis spricht er sich dafür aus, dem zweiten Erben ausnahmsweise die anteilige Kürzung zu erlauben, was er durch die Emphase *animus litigantis et optinendi votum* rechtfertigt[457]. Die Metapher verweist auf den Willen des (früheren) Erben, der als Streitpartei versuchte, die Konfiskation rückgängig zu machen: Hätte er Erfolg gehabt, wäre dies auch den Legataren (der ersten Erbschaft) zugutegekommen; die Abweisung der Berufung trifft sie nun gleichfalls[458].

Wird in § 3 der Verlust, den der (zweite) Erbe noch vor dem Erbfall erleidet, zu seinen Gunsten bei der Quartberechnung eingestellt, zeigt § 4, dass umgekehrt Vermögensvorteile, die dem Erben vor dem Erbschaftsantritt zustanden, zu seinen Lasten angerechnet werden. So ist nach Papinian der im Testament freigelassene, aber vor dem Antritt der Erbschaft verstorbene Sklave dem (Außen-) Erben auf die

454 Zu unterstellen ist auch hier, dass die falzidische Grenze von ¾ durch die Entziehung überhaupt erreicht wird.

455 *relegatus* kann sich hier nicht auf *relegare* iSv „erneut vermachen" beziehen, sondern muss denjenigen bezeichnen, der eine *relegatio* als Strafsanktion erleidet.

456 Die Legate des ersten Testamentes sind Nachlassschulden, vgl. D. 35.2.87.4 Iul. 61 dig. mit Schanbacher, 1995, 82-86; 202-207. Dabei bleibt offen, ob der Erblasser, das heißt der Erbe des ersten Testamentes, das teilweise der Konfiskation unterlag, die Vermächtnisse vollständig erfüllt hat oder gar nicht.

457 *Succurri* spricht für einen außerordentlichen Rechtsbehelf. Zur dekretalen Restitution vgl. nur Kaser, Zur in integrum restitutio, besonders wegen metus und dolus, SZ 94 (1977) 151f. mwN. Cujas, Opera IV, 781 denkt an das in § 2 zitierte Dekret des Marc Aurel, das jedoch nur für den (ersten) Erben gilt.

458 Dies ist auch deshalb notwendig, weil der Erblasser dem Erben die Erfüllung der Legate ohne Quartvorbehalt auferlegen kann, vgl. dazu Manthe, Pegasianum, 1989, 182-186. Zur Innovativität der Entscheidung vgl. auch Cujas, Opera IV, 782.

Quart anzurechnen[459]. Gleichzeitig führt § 4 durch den von einem Fragesteller formulierten Einwand einen neuen Aspekt ein: *sed cuius pretii erit, qui, si viveret, non aestimaretur?* Der Einwand ist daraus begründet, dass der Sklave beim Erbantritt frei geworden wäre, er also überhaupt keinen Wert für den Erben gehabt hätte[460]. Papinian tritt diesen Bedenken unter Hinweis auf ein *Responsum* entgegen, nach dem auch todkranke Sklaven, die nach dem Erbfall verstorben sind, zur Erbmasse gerechnet werden[461]. Dieser Gedanke wird durch den Verweis auf den Sklaven, der anwesend war, als der Erblasser von der *familia* getötet wurde, pathetisch gesteigert. Auch dieser wird trotz der sicheren Todesstrafe, die ihm für seine Mitwisserschaft droht, zur Erbmasse gezählt werden[462]. Beide Beispiele zeigen, dass unabhängig vom konkreten Nutzen alle beim Erbfall vorhandenen Vermögen in die Berechnung der Quart einzubeziehen sind. Damit konkretisieren §§ 3 - 4 die einleitende Sentenz der *retentiones omnis temporis*, denn sie zeigen, dass dem Erben auch diese ephemeren Vorteile anzurechnen sind.

Der Zusammenhang innerhalb der Katene offenbart, dass die Überlegungen als Vorbereitung auf die folgende Diskussion zur *lex Falcidia* bei der Pupillarsubstitution dienen, in der sich Papinian mit überkommenen Meinungen auseinandersetzt.

b. Die *contributio legatorum* bei der Pupillarsubstitution gem. §§ 5-6

Das *vulgo dictum*, das Papinian prüft, wird in § 5 mit den Worten zitiert: *in tabulis patris et filii unam Falcidiam servari*[463]. Es besagt, dass der Substitut zwar die vom *pupillus* hinterlassenen Legate wie Nachlassschulden (*aes alienum*, das heißt ohne Quartabzug) zu erfüllen hat, für die Zwecke der Berechnung der *lex Falcidia* aber die vom *pupillus* hinterlassenen Legate mit denen, die dem Substituten auferlegt seien, zusammengezogen (*contributioni locus est*) werden[464]. Papinian betont, dass diese (fiktive) Berechnungsgrundlage und die (reale) Erbmasse auseinanderfallen können, so dass der Ersatzerbe mehr oder weniger als die Quart erhalte[465]. Problematisch ist dabei vor allem der Fall (*quid ergo*), dass die vom *pupillus* an den Ersatzerben gelangte Erbmasse nicht ausreicht, um die Legate des *pupillus* (als Erbschaftsschulden) und die eigenen Legate des Substituten zu erfüllen[466]. Papinian weist den Einwand einer zu weitreichenden Erbenhaftung mit einer *redditio*, die die Angemessenheit der Lö-

---

459 D. 35.2.73pr. Gai. 18 ad ed. prov., dazu Schanbacher, 1995, 109 Fn. 29.

460 Auch die Patronatsrechte stehen dem Verstorbenen zu, sog. *libertus orcinus*.

461 Anders Sintenis III, 651 Fn. 81: „Die Antwort liegt hier in der Frage, sie werden nämlich gar nicht geschätzt".

462 Zum *SC Silanianum* vgl. bereits Marquart/Mau, Das Privatleben der Römer I, 1886, 184f. mit Belegen 185 Fn. 1 und 2; aus der jüngeren Lit. vgl. Schumacher, Servus index, 1982, 88f. und 137f. mwN in Fn. 158; Dalla, Senatus Consultum Silanianum, Mailand 1994.

463 Zum Anknüpfungspunkt in der *lex Falcidia* vgl. Schanbacher, 1995, 104f.

464 Zum Begriff der *contributio legatorum* vgl. Schanbacher, 1995, 62-80.

465 Anders Schanbacher, 1995, 105f., vgl. aber Finazzi, Sostituzione, 1997, 337 mit Fn. 75.

466 Zu den mit *quid ergo* eingeleiteten Fragen vgl. Vierter Teil I.2 , S. 179-184.

sung unterstreicht, zurück[467]: Der Substitut solle die Legatare aus „seinem Vermögen“ (*de suo*) befriedigen, da der Vater aus „seinem Vermögen“ (*de suo*) vermacht habe[468].

Was damit genau gemeint ist, ergibt sich aus der mit *nec ad rem pertinet* eingeleiteten Ablehnung einer *distinctio*, die sich aus der *ultra-vires*-Lehre ableiten ließe[469]: Grundsätzlich kann im Testament nicht über den Wert des Vermögens hinaus verfügt werden (*ultra vires patrimonii*), damit der Erbe nicht gezwungen ist, Legate aus seinem eigenen Vermögen (*de suo*) zu erbringen. Nach Papinian soll aber bei der Pupillarsubstitution nicht die Erbmasse massgeblich sein, die der Ersatzerbe vom *pupillus* erhalten hat, sondern das Vaterserbe (*de suo*)[470]. Da die Legate gegen den Ersatzerben als Legate des ersten Testaments (zugunsten des *pupillus*) gelten, muss sich dieser bei der Quartberechnung mithin so behandeln lassen, als habe er selbst die Erbmasse des Vaters erhalten[471]. Entsprechend der im *principium* aufgeführten Sentenz (*retentiones omnis temporis*) und entsprechend dem in § 4 diskutierten Beispiel des Sklaven, der vor Erbschaftsantritt verstorben ist, kommt es für die Berechnung mithin nicht darauf an, dass der (Ersatz-) Erbe den eingestellten Vermögensvorteil tatsächlich nutzen konnte. Im Ergebnis schließt sich Papinian daher trotz neuer Begründung dem eingangs zitierten *vulgo dictum* an[472].

Divergenzen zur überkommenen Meinung offenbart erst § 6. Hier wird der Fall dahingehend variiert, dass der Vater dem *pupillus* zwei Ersatzerben eingesetzt hat und nur einen von ihnen mit Legaten belastet hat. Nach Papinian stellt sich damit die häufig behandelte Frage, ob dem belasteten Ersatzerben die *lex Falcidia* wegen der ihn treffenden Legate zustehe, obwohl weder der *pupillus* noch ein einzelner Ersatzerbe die Quart verlangen könne[473]. Wie Papinian anerkennt, könnte man nach dem in § 5 Gesagten voreilig zu dem Schluss kommen, dass dem belasteten Ersatzerben genauso wenig die *lex Falcidia* zustehe, wie wenn er allein Ersatzerbe geworden wäre[474]. Dennoch sei die gegenteilige Auffassung richtiger, nach der der belastete Ersatzerbe die Quart genauso behalten könne, wie wenn er unmittelbar Erbe des

---

467 Zur *redditio* (Wiederholung als syntaktisch-semantische Klammer) vgl. nur Lausberg, § 625, S. 317f. Anders Schanbacher, 1995, 107f., der den Satz als Chiasmus interpretiert.

468 Anders Schanbacher, 1995, 107-111, der darauf verweist, dass der Erbe auch mit dem eigenen Vermögen haftet. Mit *nimirum quadrante* könnte aber gerade die Möglichkeit gemeint sein, dass der Substitut angesichts der zu weitreichenden Belastung ausschlägt.

469 Zur Ablehnung von *distinctiones* mit *nec ad rem pertinet* vgl. Vierter Teil II.4b, S. 221-224.

470 Vgl. Huschke, ZCP N. F. 6 (1849), 392f.; ferner Schanbacher, 1995, 111f.

471 Sie sind gleichsam bedingte Legate. Vgl. Finazzi, Sostituzione, 1997, 337 mit Fn. 76.

472 Kritische Vorbehalte entdeckt Schanbacher, 1995, 104 Fn. 17 in dem Satz *de suo....de suo*.

473 Möglich sind zwei Fälle: 1. Fall: Das Vermögen würde ausreichen, wenn er allein substituiert worden wäre, oder 2. Fall (§ 5): Das Vatersvermögen genügt, das vom *pupillus* hinterlassene Vermögen nicht. Zu *alterum* vgl. Huschke, ZCP N. F. 6 (1849) 404-406.

474 Zur Vorwegnahme der Gegenauffassung durch fiktiven Einwand vgl. bereits zutreffend Schanbacher, 1995, 115 Fn. 53.

Vaters geworden wäre. Papinian begründet diese zunächst überraschende Lösung mit dem Satz: *ut enim opes patris et contributio legatorum inde capiunt et formam et originem, ita plures substituti subducta persona pupilli revocandi sunt ad intellectum institutionis*[475]. Nach dieser metaphorisch gefärbten Erklärung ist das väterliche Vermögen maßgeblich für den Vermögensumfang, die Zusammenrechnung der Legate (vgl. § 5) und die Quartberechnung der Ersatzerben[476].

Dabei ist zu beachten, dass nach Papinian „mehrere Ersatzerben auf den Begriff der Erbeinsetzung zurückzubeziehen" sind. Dies bedeutet nichts anderes, als dass die Verringerung des väterlichen Erbes, die durch die Aufteilung auf zwei Ersatzerben für jeden einzelnen entstanden ist, sehr wohl bei der Quartberechnung zugunsten des einzelnen Ersatzerben zu berücksichtigen ist. Der Widerspruch zu § 5, den auch Papinian anspricht, ist also nur scheinbar: Keine Privilegierung erfährt der Ersatzerbe, wenn die Legate, die er aus der Erbschaft des *pupillus* und aus der eigenen zu erfüllen hat, die Quart der Erbschaft des *pupillus* überschreiten. Dagegen gilt die Quart für die Verringerungen, die der Ersatzerbe durch das väterliche Testament erlitten hat (§ 6). Beide Erscheinungen werden aus einem übereinstimmenden Gedanken gerechtfertigt: Der Ersatzerbe ist Erbe des Vaters und als solcher von dessen Vermögensverhältnissen abhängig[477].

Mit dieser Begründung stellt sich allerdings die Frage, was für den zweiten, unbelasteten Ersatzerben gelten soll. Papinian fragt insbesondere, was gelten soll, wenn der *pupillus* die ihm auferlegten Legate nicht erfüllt hat und eine derart verringerte Erbschaft an den selbst nicht belasteten Substituten herausgegeben hat, so dass diesem bei Erfüllung der Legate weniger als die Quart verbliebe[478]. Die in diesem Fall widerstreitenden dogmatischen Prinzipien spitzt die direkte Rede zu: So könnte man einerseits behaupten, der Substitut habe die Quart (mit Blick auf das väterliche Erbe) und bedürfe des Vergleichs mit dem eingesetzten Erben nicht[479]. Andererseits

475 Der Satz ist weniger kompliziert als Schanbacher, 1995, 122 meint, weil *inde* nicht auf *intellectum institutionis*, also atypisch nach vorne verweist, sondern zurück auf den mit *atque* eingeleiten Vergleich, der bereits den wesentlichen Gesichtspunkt, die Erbenstellung nach dem Vater, enthält. Wie hier Huschke, ZCP N. F. 6 (1849) 406f.

476 Vgl. Schanbacher, 1995, 117-123. Finazzi, Sostituzione, 1997, 339-341. Wie hier Amann, Berechnung, 1876, 105-108. Die auffällige sprachliche Form der Begründung muss entgegen Schanbacher nicht auf der Übernahme aristotelischer Metaphysik beruhen. Insbesondere der Hinweis auf *forma et origo* des väterlichen Vermögens und der *contributio*-Lehre für die Legate entspricht der auch sonst bei Papinian zu beobachtenden Verpersönlichung abstrakte Rechtsbegriffe, vgl. Vierter Teil III.3, S. 259-262.

477 Dies wird trotz der gedrängten Kürze mehrfach hervorgehoben. So in *atque ita si patri heres extitisset*, das in *revocandi sunt ad intellectum institutionis* noch einmal aufgegriffen ist, vgl. Finazzi, Sostituzione, 1997, 344f. Bereits in § 3 hat Papinian diesen Gedanken für die Berechnung der falzidischen Quart bei mehreren aufeinanderfolgenden Erben formuliert.

478 Wie hier Finazzi, Sostituzione, 1997, 345f., Amann, Berechnung, 1876, 117f. Anders Schanbacher, 1995, 131 mit Fn. 119 mwN

479 *atquin quartam habet neque idem patiatur instituti comparatio.* Anders Schanbacher, 1995, 131f.

setze man sich, wenn man ihm die Berufung auf Quart verweigere, in Widerspruch zur üblicherweise akzeptierten Meinung[480].

Papinian löst den Widerspruch mittels *distinctio*, indem er einen Unterschied zwischen dem ersten Ersatzerben und dem zweiten Ersatzerben postuliert: Während der erste in eigenem Namen belastet worden sei und daher wie ein eingesetzter Erbe die Quart verlangen könne, erfülle der zweite Ersatzerbe nur die Legate des *pupillus*, sei selbst also nicht belastet worden[481]. Daraus folgt, dass dem selbst unbelasteten Ersatzerben die *lex Falcidia* zu versagen ist, womit sich Papinian offenbar in Gegensatz zur herrschenden Ansicht setzt[482].

Grundlage für diese Innovation ist die im *principium* zitierte Sentenz, die er in §§ 1-4 erklärt und begründet hat: Da es für die Berechnung nach der *lex Falcidia* nicht auf das tatsächlich vorhandene Vermögen beim Erbschaftsantritt ankommt, muss sich auch für den selbst nicht belasteten Ersatzerben das als Erbe gelten, was der *pupillus* erworben hat. Den naheliegenden Vorwurf, die beiden Ersatzerben zu Unrecht ungleich zu behandeln, entkräftet Papinian mit einem Blick auf die Stipulation, die dem Unmündigen als Sicherheit für die *lex Falcidia* geleistet worden ist[483]: Die Stipulation verfalle in unterschiedlicher Höhe, je nachdem, ob sie für den Unmündigen oder den Ersatzerben eintrete[484]. Die hier erkennbare Flexibilität, die sich aus der Interpretation der Stipulationsformel *quod amplius legatorum nomine* ergibt, rechtfertigt nach Papinian auch die unterschiedliche Behandlung der beiden Ersatzerben.

Nachdem §§ 5-6 die *contributio legatorum* derart präzisiert haben, enthalten §§ 7-8 Ausnahmen zum Prinzip, die die Gesamtargumentation in der Katene abrunden.

c. Die Funktion von §§ 7-8

Das *quaesitum* des § 7 behandelt die Frage, wie die Berechnung der *lex Falcidia* zu erfolgen habe, wenn der Ersatzerbe gleichzeitig Miterbe des *pupillus* sei. Die überkommene Ansicht (*volgo dictum)* trennt in diesem Fall die Legate von *pupillus* und Ersatzerbe[485]. Papinian beruft sich dagegen auf die in § 5 ausführlich dargelegte Ansicht (*dixi*), nach der die Legate mit Blick auf das väterliche Testament zusammenzurechnen seien[486]. Das frühere *dictum* sei allerdings mit Blick auf den Miterben (*instituto extero*) zu präzisieren, da die Legate, die einen anderen Erben beschwerten, nicht mitzurechnen seien[487]. Die praktischen Konsequenzen dieser Ansicht führt

480 *rursus si negemus, aliud aperte, quam quod volgo probatum est, respondetur.*

481 Insoweit übereinstimmend Schanbacher, 1995, 133f.

482 Vgl. Schanbacher, 1995, 132.

483 Zur *cautio quod amplius per legem Falcidiam ceperit reddi,* vgl. nur Lenel, EP 537; Mantovani, Le formule Nr. 190, 105; Einzelheiten zuletzt bei Schanbacher, 1995, 41f.

484 Anders Schanbacher, 1995, 134, der *duobus* als Verweis auf zwei Substituten versteht.

485 Zur *separatio legatorum* vgl. Schanbacher, 1995, 59-61 mwN.

486 Anders Schanbacher, 1995, 136 Fn. 1. Noch anders Amann, Berechnung, 1876, 183, der dies als Einleitung des eigenen *Responsum* deutet.

487 Zum Miterben vgl. Schanbacher, 1995, 139 Fn. 13, der 137f. aber zu einem abweichenden Ergebnis gelangt; Finazzi, Sostituzione, 1997, 366 mwN.

der Jurist anhand des eingangs gebildeten Falles vor Augen: Seinen Erbteil habe der Miterbe wie ein eingesetzter Erbe, den Erbteil des *pupillus* nur als Ersatzerbe. Aus diesem Grund scheide eine Zusammenrechnung beider Erbteile aus, und die Legatslast sei unabhängig voneinander zu berechnen[488].

Davon abzugrenzen ist der in § 8 angeführte Fall, in dem der Vater seinen Sohn enterbt und einen Miterben (*heres institutus*) als Ersatzerben eingesetzt hat, dem er auch Legate auferlegt[489]. Hier können nach der von Papinian angeführten Meinung Julians beide Erbteile des eingesetzten Erben bei der *lex Falcidia* zusammengerechnet werden, denn der Substitut habe sowohl als eingesetzter Erbe als auch als Ersatzerbe vom Vater geerbt (vgl. § 5)[490]. Auch für die beiden letzten Konstellationen bewährt sich daher der im *principium* zitierte Satz, nach dem dem Erben alle Vorteile unabhängig von ihrem Entstehungszeitpunkt anzurechnen sind. Nach Papinians Darlegung soll dieser Grundsatz auch für die Pupillarsubstitution gelten, für die er das Kriterium dahingehend abwandelt, dass der einmal vom *pupillus* genutzte Vorteil dem Substituten angerechnet wird. Hat der *pupillus* dagegen die *lex Falcidia* nicht in Anspruch genommen, kann der Substitut sie selbst vollständig geltend machen.

d. Ergebnis

Die komplexe Katene gewinnt an Klarheit, wenn man sie in ihrem Zusammenhang würdigt. So ist auch hier das Vorgehen Papinians zu beobachten, zunächst die Grundlagen (§§ 1-4) zu fixieren, um ein umstrittenes Problem von sicherer Basis aus anzugehen[491]. Aus diesem Grund sind die eingangs dargelegten Grundsätze zur *retentio legis Falcidiae* als Argumente einer umfassenden Kritik der *volgo dicta* zur Pupillarsubstitution zu lesen (§§ 5 - 8)[492]: Papinians Kritik an der bisherigen Ansicht ist getragen vom Grundsatz, dass der Erbe jeglichen Vorteil aus der Erbschaft unabhängig vom Zeitpunkt seines Anfalls gegen sich gelten lassen muss.

2. Das bedingte Legat si a liberis non discesserit, *Pal. 272*

In das Recht der unwirksamen Bedingung[493] führt:

---

488 Ausführlich dazu Schanbacher, 1995, 138f. Vgl. auch Huschke, ZCP N. F. 7 (1850) 217f. Zu D. 28.6.41.6 Pap. 6 resp. vgl. zuletzt Finazzi, Sostituzione, 1997, 366.

489 Zur Wirksamkeit der Substitution vgl. Schanbacher, 1995, 156.

490 Zum Widerspruch zu Julian vgl. Nachweise bei Schanbacher, 1995, 157. Anders Finazzi, Sostituzione, 1997, 341f. Zur Zusammenrechnung vgl. Huschke, ZCP N. F. 6 (1849), 378.

491 Die Beispiele dienen hier mithin als Zeugen, nicht zur Induktion, was sich daraus erklären könnte, dass die Sentenz in ihrer Allgemeinheit, sich gar nicht für weitere Beweisführung eignet, sondern nur zur *captatio benevolentiae* des Zuhörers taugt.

492 Zu Begriff und argumentativer Funktion der *vulgo dicta* vgl. Zweiter Teil IV.1, S. 136f.

493 Vgl. MacCormack, RIDA 21 (1974) 263-297. Zum bedingten Vermächtnis vgl. zuletzt Effer-Uhe, Die Wirkung der condicio im römischen Recht, Baden-Baden 2008, 70-80.

D. 35.1.72pr.-8 Pap. 18 quaest.

pr. Cum tale legatum esset relictum Titiae „si a liberis non discesserit", negaverunt eam recte cavere, quia vel mortuis liberis legati condicio possit exsistere. sed displicuit sententia: non enim voto matris opponi tam ominosa non interponendae cautionis interpretatio debuit.	pr. Wenn zugunsten der Titia ein Vermächtnis mit den Worten „wenn sie von ihren Kindern nicht fortgegangen ist" hinterlassen worden ist, versagten sie ihr, mit rechtlichen Folgen Sicherheit zu leisten, weil ja auch beim Tod der Kinder die Bedingung des Vermächtnisses eintreten könne. Aber diese Ansicht missfiel: Der Hoffnung der Mutter durfte nämlich nicht eine so unglücksvolle Auslegung der [vom Vermächtnisnehmer] abzugebenden Sicherheitsleistung entgegengesetzt werden.
1 Et cum patronus liberto certam pecuniam legasset, si a liberis eius non discessisset, permisit imperator velut Mucianam cautionem offerri: fuit enim periculosum ac triste libertum coniunctum patroni liberis eorundem mortem exspectare.	1 Und wenn der Freilasser dem Freigelassenen eine bestimmte Summe Geld hinterlassen hat, „wenn er von seinen [des Freilassers] Kindern nicht fortgegangen sei", erlaubte der Kaiser, dass eine Sicherheitsleistung der *cautio Muciana* vergleichbar angeboten würde. Es wäre nämlich sehr gefährlich und traurig, dass der Freigelassene gemeinsam mit den Kindern des Freilassers ihren Tod erwartete.
2 Titius heredem institutum rogavit post mortem suam hereditatem restituere, si fideicommissi cautio non fuisset petita. Mucianae cautionis exemplum ante constitutionem remissae cautionis locum habere non potuit, quoniam vivo eo, cui relictum est, impleri condicio potuit.	2 Titius hat den eingesetzten Erben gebeten, nach seinem [des Erben] Tod die Erbschaft herauszugeben, wenn die Kaution für das Fideikommiss nicht verlangt worden wäre. Die Sicherheitsleistung nach dem Beispiel der *cautio Muciana* konnte vor der Konstitution über den Nachlass der Sicherheitsleistung [über das Fideikommiss] keine Anwendung finden, weil ja zu Lebzeiten dessen, dem hinterlassen worden ist, die Bedingung eintreten könnte.
3 Quid ergo, si ita scriptum sit: „peto, post mortem tuam restituas hereditatem ita, ne satis fideicommissi petatur neve ratio exigatur". sine dubio per huiusmodi verba non interponendae quidem cautionis condicio videbitur adscripta, rationi vero non exigendae modus adhibitus, scilicet ut culpa, non etiam dolus remissus intellegatur: idque in eius persona, qui negotia gessit cuique rationis reddendae necessitas fuerat testamento remissa, rescriptum est.	3 Was gilt also, wenn er so geschrieben hat: „Ich bitte dich, nach deinem Tod die Erbschaft so herauszugeben, dass weder die Sicherheitsleistung für das Fideikommiss noch eine Rechnungslegung verlangt werde." Zweifellos würde durch diese Worte als Voraussetzung hinzugefügt angesehen, keine Sicherheitsleistung zu verlangen, die Vorgabe aber, keine Rechnungslegung zu verlangen, [ebenso] als hinzugenommen betrachtet, genauso wie [der Erlass von] Fahrlässigkeit nicht als Erlass der Arglist angesehen werden kann. Dasselbe ist auch beschieden worden für die Person, die Geschäfte geführt hat und der die Pflicht zur Rechnungslegung im Testament erlassen worden ist.
4 „si arbitratu Titii Seia nupserit, heres meus ei fundum dato". vivo Titio etiam sine arbitrio Titii eam nubentem legatum accipere respondendum est eamque legis	4 „Wenn Seia nach dem Ermessen des Titius geheiratet hat, soll mein Erbe ihr ein Grundstück geben". Es ist zu entscheiden, dass sie, auch wenn

sententiam videri, ne quod omnino nuptiis impedimentum inferatur. sed si Titius vivo testatore decedat, licet condicio deficit, quia tamen suspensa quoque pro nihilo foret, mulieri succurretur.

5 „Maeviae, si non nupserit, fundum cum morietur lego". potest dici et si nupserit, eam confestim ad legatum admitti. non idem probatur, si certus dies incertusve alius legato fuerit adscriptus.

6 Falsam causam legato non obesse verius est, quia ratio legandi legato non cohaeret: sed plerumque doli exceptio locum habebit, si probetur alias legaturus non fuisse.

7 Falsam condicionem Cassius et Caelius Sabinus impossibilem esse dixerunt, veluti: „Pamphilus, si quod Titio debeo solverit, liber esto", si modo nihil Titio fuit debitum: quod si post testamentum factum testator pecuniam exsolvit, defecisse condicionem intellegi.

8 Falsam legati demonstrationem non facere legatum Sabinus respondit (veluti si quis, cum Titio nihil legasset, ita scriptum reliquerit: „ex centum, quae Titio legavi, quinquaginta heres Seio dato") idque sumpsit ex defuncti voluntate, quia non animo legandi, sed deminuendi legatum, quod falso datum existimaret, ita scriberet. propter falsam tamen demonstrationem legati non plus Seius adsequetur, quam si vere demonstratum fuisset.

sie ohne Zustimmung des Titius geheiratet hat, zu Lebzeiten des Titius das Vermächtnis erhält, und dies scheint der Wille des Gesetzgebers zu sein, damit gar nichts zur Erschwerung der Eheschließung auferlegt werde. Aber wenn Titius zu Lebzeiten des Testators verstirbt, wird der Frau zu helfen sein, selbst wenn die Bedingung ausfällt, weil sie ja dennoch auch in der Schwebezeit nichts bewirkt hätte.

5 „Wenn Maevia nicht heiratet, vermache ich ihr auf ihren Todestag ein Grundstück." Es kann gesagt werden, dass sie, auch wenn sie geheiratet hat, sofort zum Vermächtnis zuzulassen ist. Nicht dasselbe wird gebilligt, wenn ein bestimmter Termin oder irgendetwas anderes Unbestimmtes dem Vermächtnis hinzugeschrieben war.

6 Es ist richtiger, dass ein falscher Beweggrund dem Vermächtnis nicht entgegensteht, weil ja das Vermachensmotiv nicht mit dem Vermächtnis zusammenhängt. Aber oft wird die Arglisteinrede zur Anwendung kommen, wenn bewiesen werden kann, dass anders nicht vermacht worden wäre.

7 Cassius und Caelius Sabinus meinten, die unrichtige Bedingung sei unwirksam, wie z.B. „Wenn Pamphilus das, was ich dem Titius schulde, zahlt, soll er frei sein", wenn nur dem Titius nichts geschuldet wurde, aber dass die Bedingung als ausgefallen anzusehen sei, wenn der Testator das Geld gezahlt habe, nachdem er das Testament errichtet habe.

8 Sabinus hat entschieden, dass eine Falschbezeichnung des Vermächtnisses nicht ein Vermächtnis begründe (wie z.B. wenn jemand, obwohl er dem Titius nichts vermacht hatte, ein Schriftstück hinterlassen hat: „Aus den hundert, welche ich dem Titius vermacht habe, soll der Erbe dem Seius fünfzig geben."). Und dies hat er aus dem Willen des Verstorbenen abgeleitet, weil er dies ja nicht mit dem Willen, etwas zu vermachen, geschrieben habe, sondern [mit dem Willen], das Vermächtnis zu verringern, von dem er irrtümlich annahm, es gegeben zu haben. Wegen einer Falschbezeichnung aber des Vermächtnisses wird Seius nicht mehr erlangen, als wenn wirksam vermacht worden wäre.

Die Katene trennt sich in zwei Teile, von denen der erste (D. 35.1.72pr.-5 Pap. 18 quaest.) Fallvarianten enthält, die zur Lösung der Ausgangsfrage im *principium* dienen, während der zweite (D. 35.1.72.6-8 Pap. 18 quaest. verallgemeinernd die Folgen eines unrichtigen Beweggrundes *(falsa causa),* einer falschen Bedingung *(falsa condicio)* und der Falschbezeichnung *(falsa demonstratio)* beim Legat behandelt[494].

a. Die umstrittene Auslegung

Ausgangspunkt ist die Frage, ob eine Frau, die unter der Bedingung: *si a liberis non discesserit* ein Legat erhalten hat, die *cautio Muciana* abgeben und das Legat entgegennehmen kann. In den Basiliken wird der Fall so wiedergegeben, dass es sich um ein Legat zugunsten der Ehefrau des Erblassers handelt[495]. Waren nämlich Kinder vorhanden, war das Legat zugunsten der *uxor* ein Mittel, ihre Versorgung sicherzustellen, ohne die Erbenstellung der Kinder zu gefährden[496]. Dass es sich um die eigenen Kinder der Legatarin handelt, setzt auch Papinian voraus, wenn er die Meinung einer unbekannten Gruppe von Juristen, die der Mutter die *cautio* verweigern, mit dem Hinweis auf den Wunsch der Mutter, die Kinder zu überleben, verwirft[497]. Von der Auslegung der Bedingung hängt ab, ob die Frau die *cautio Muciana* abgeben, das heißt zu Lebzeiten das Legat beanspruchen kann, oder nicht. Während die von Papinian bekämpfte Rechtsansicht der Mutter die *cautio Muciana* mit der Begründung verweigert (*negaverunt*), nicht nur ihr eigener Tod, sondern auch der Tod der Kinder führe zum Bedingungseintritt[498], verbietet Papinian, den Tod der Kinder überhaupt als Auslegungsalternative anzunehmen, da es der Hoffnung der Mutter entspreche, ihre Kinder nicht zu überleben[499]. Das ethisch verbrämte Diktum *non enim voto matris opponi tam ominosa non interponendae cautionis interpretatio debuit* weist zudem auf den hypothetischen Willen des Erblassers, der nach dem üblichen Verlauf der Dinge

494 Staffhorst, Teilnichtigkeit, 2006, 190-192 deutet § 7 als Folge einer *regula Sabiniana* (über unmögliche Bedingung).

495 Vgl. Bas. 44.19.70. Anders Sturm, in: Trabajos Ferran Valls y Taberner I, 1989, 27-30, der den Sachverhalt so versteht, dass die Mutter der Kinder der Titia das Vermächtnis hinterlassen hat.

496 Einzelheiten bei Champlin, Final Judgments, 1991, 121-123, ferner Humbert, Le remariage, 1972, 208-224, der von einem Interessenausgleich zwischen Ehefrau und Kindern ausgeht. Anders Krüger, in: Mélanges Girard II, 1913, 23.

497 Ausführlich Manthe, in: FS Wolf, 2000, 174.

498 Belege für die Vertreter dieser Meinung lassen sich nicht finden; D. 4.4.16.2 Ulp. 11 ad ed., der die Auslegung der Bedingung *si sine liberis decessisset* behandelt, betrifft die Restitution von erbschaftlichen Sachen und damit wahrscheinlich der Kaution beim *legatum modale*, vgl. ausführlich Di Salvo, Legato modale, 1973, 228-232, bes. 231 Fn. 27f. mwN. Die üblicherweise diskutierte Bedingung lautet allerdings *si sine liberis decesserit*, vgl. z.B. D. 36.1.64.1 Scaev. 4 resp.; D. 36.1.83 Paul. 1 imp. sent. 2 decr. ; C. 2.3.1 Sev. (a. 200). Am meisten Ähnlichkeit mit der hier diskutierten Klausel hat D. 35.1.62.2 Clem. 4 ad l. Iul. et Pap. Hier mischt sich die Auslegung mit den Belangen der *lex Iulia et Papia*. Auf Julian verlegt sich Krüger, in: Mélanges Girard II, 1913, 22-24.

499 Vgl. Manthe, in: FS Wolf, 2000, 176.

davon ausgehen musste, dass die Mutter vor ihren Kindern versterbe und der daher den Tod der Kinder nicht mitbedacht hat[500].

Dass Papinian diese der wirtschaftlichen Vernunft und dem hypothetischen Testatorwillen entsprechende Auslegung mit ethischen, das heißt der *aequitas* entsprechenden Argumenten zusätzliches Gewicht verleiht, hat persuasive Funktion. Der besondere Begründungsaufwand ergibt sich zunächst daraus, dass *negaverunt* für eine gewisse Anzahl von Gegnern spricht[501]. Hinzu kommt, dass der Wortlaut der Bedingung auch das Vorversterben der Kinder einschließt[502]. Aus Sicht der rhetorischen *status*-Lehre bedarf der vom Wortlaut abweichende Wille besonderer Rechtfertigung durch *aequitas* und *exempla*[503]. Die *aequitas* zeigt, dass die bisherige Rechtsansicht nicht nur die wahren Intentionen des Erblassers verkennt, sondern grundlegenden ethischen Anschauungen (Eltern versterben vor den Kindern) widerspricht[504]. Genau dieser Darlegung dient auch das *exemplum* des *libertus*, das Papinian in § 1 anfügt und das sich auf die Autorität des Kaisers stützt[505]. Sein Beweiswert für den Fall der Mutter liegt darin, dass der Kaiser dem Freigelassenen, dem sein Patron ein Legat zuwenden wollte, einen Ausweg über eine *quasi cautio Muciana* eröffnet[506]. Wenn der Kaiser dem *libertus* zur Hilfe kommt, muss – so ist zu ergänzen – erst recht der Mutter geholfen werden (*a minoribus a maiora*), wenn sie ihren Anteil am Erbe ihres Mannes verlangt[507].

---

500 Dafür spricht das Vermächtnis zugunsten der Frau, vgl. Champlin, Final Judgments, 1991, 122. Vgl. auch Humbert, Le remariage, 1972, 189-204. Zu *ominosa* (pr.) und *triste* (§ 1) vgl. ausführlich Manthe, OIR 10 (2005) 162f.

501 Willkürlich die Annahme Krügers, in: Mélanges Girard II, 1913, 22f. *negaverunt* und *permisit imperator* verwiesen auf eine Diskussion im *consilium*. *Negaverunt* bezieht sich auch sonst auf kontroverses Juristenrecht, vgl. D. 17.1.3.2 Paul. 32 ad ed.; D. 33.9.5.1 Paul. 4 ad Sab.; genauer D. 33.7.12.3 Ulp. 20 ad Sab. (Labeo und Pegasus) und D. 33.9.3.9 Ulp. 22 ad Sab. (Quintus Mucius und Ofilius). Wie Krüger dagegen Sturm, in: Trabajos Ferran Valls y Taberner I, 1989, 29f. und Manthe, OIR 10 (2005) 161.

502 Es ist aber gerade umstritten, ob das Legat auf den Tod eines Dritten wirklich als bedingtes gilt, vgl. Voci, DER II, ^{2}1963, 619 mit Fn. 16.

503 Vgl. Quint. 7, 6, 7; vgl. bereits oben Erster Teil II.1, S. 27.

504 Zutreffend bereits Levy, SZ 24 (1903) 137.

505 Astolfi, Studi sull'oggetto dei legati III, 1979, 129f. sieht hierin eine severische Neuerung. Die Emphase Papinians würde sich zu dieser Annahme durchaus fügen. Anders Levy, SZ 24 (1903) 125, der den Rückgriff auf die *cautio Muciana* als Ausnahme bewertet. Diese Interpretation übersieht den Zusammenhang innerhalb der Katene.

506 Zur testamentarischen Alimentierung der Freigelassenen durch die Patrone vgl. Boyer, La fonction sociale des legs d'après la jurisprudence classique, RHD 43 (1965), 346-348. Insoweit sind Mutter und Freigelassener also auch vergleichbar.

507 Zum Schutzargument vgl. Levy, SZ 24 (1903) 136f., anders Krüger, in: Mélanges Girard II, 1913, 24. Papinian parallelisiert beide Gruppen auch durch die Darstellung der Beweggründe des Freigelassenen im Vergleich zur Mutter: *non enim voto matris opponi tam ominosa non interponendae cautionis interpretatio debuit* (pr.) und *fuit enim periculosum ac triste libertum coniunctum patroni liberis eorundem mortem exspectare* (1).

b. Die Funktion der Varianten §§ 1-5

Ausgehend von der Bedingung *si a liberis non discesserit* untersucht Papinian andere Fälle der Verfügung von Todes wegen mit Blick auf den Bedingungseintritt wie auf den Bedingungsausfall. Dabei gelangt er über eine fast spielerische Variantenbildung in §§ 1-5 zu dem Ergebnis, dass die *cautio Muciana* nur die (Potestativ-) Bedingung auf den eigenen Tod des Bedachten ersetzen kann, nicht aber einen anderen Termin oder eine andere Bedingung[508]. Diese Beschränkung der *cautio Muciana* ist auch in anderen Texten klar ausgesprochen[509]. Es liegt daher nahe, die Varianten nicht als Neubegründung einer ohnehin anerkannten Meinung, sondern als Teil einer dialektisch-topischen Beweisführung gegen die im *principium* genannten *quidam* anzusehen. Es ist also zu prüfen, ob die Fälle die Richtigkeit der rechtlichen Konstruktion Papinians beweisen können, so dass der Mutter die *cautio Muciana* nicht nur aus Gründen der Billigkeit (pr. / § 1), sondern auch aus dogmatischen Erwägungen zusteht. Da es Kennzeichen des dialektischen Streitgespräches ist, den Gegner, das heißt hier die die *cautio Muciana* ablehnenden Juristen, durch schrittweises Zugeständnis zur Aufgabe seiner Position und zur Annahme der vom Angreifer (Papinian) eingenommenen Gegenposition zu bringen, sind die Varianten §§ 2 bis 5 somit im Licht des Ausgangsfalles zu prüfen. Dabei muss die in der Variante angebotene These zum einen anerkannt oder jedenfalls auch von der angegriffenen Meinung als vertretbar angesehen werden, zum andern muss sie sich als (Teil-) Zugeständnis der vom Angreifer (Papinian) im Ausgangsfall vertretenen Position darstellen. Das damit angenommene Verhältnis zwischen Ausgangsthese und ihrer Variation muss also mithilfe von Topoi beschrieben werden können.

In § 2 diskutiert Papinian den Fall, dass der Erblasser Titius seinen Erben gebeten hat, nach seinem (des Erben) Tod die Erbschaft an einen Fideikommissar herauszugeben, *si fideicommissi cautio non fuisset petita*[510]. Aus dialektischer Sicht dient die Erörterung dazu, das Argument abzuwenden, die *cautio Muciana* greife beim Legat *si a liberis non discesserit* nicht ein, da die Bedingung auch durch den Tod der Kinder, das heißt zu Lebzeiten der Mutter, eintreten könne. § 2 zeigt demgegenüber, dass dieses Verständnis der *cautio Muciana* nicht zwingend ist, indem Papinian eine Konstitution des Marc Aurel zitiert, die den Erben von der Verpflichtung zur *cautio fideicommissi* befreit habe[511]. Infolgedessen sei für die Fälle des Erbschaftsfideikommisses eine

---

508 Ausführlich dazu Krüger, in: Mélanges Girard II, 1913, 6.

509 Die Regel lässt sich in ihrer allgemeinen (das heißt nicht auf die Witwe beschränkten) Form offenbar auf Julian zurückführen, vgl. D. 35.1.7pr. Ulp. 18 ad Sab.; D. 36.1.67.1 Maecian. 5 fideic.; Papinian erkennt sie auch andernorts an: D. 35.1.73 Pap. 19 quaest. Zu allem bereits Krüger, in: Mélanges Girard II, 1913, 8f. und Masi, Iura 13 (1962) 182-184. Zur Gleichwertigkeit von *condiciones quae nisi fine vitae expleri non possunt* und zum Termin *cum morietur* vgl. Masi, aaO. 178-182.

510 Vgl. D. 35.1.103 Paul. 14 quaest., dazu Masi, Iura 13 (1962) 189f. mwN.

511 Zur Konstitution vgl. Lenel, Pal. S. 851 Fn. 1, der auf C. 6.54.2 Marc. (s.a.) verweist. Zu Anlass und Ausmaß der Reform vgl. Nachweise bei Masi, Iura 13 (1962) 190f. Fn. 53. aus-

cautio nach dem Vorbild der *Muciana* zugelassen worden, obwohl die Bedingung zu Lebzeiten des Begünstigten eintreten könne[512]. Dann aber gibt es keinen Grund, den (möglichen) Tod der Kinder zu Lebzeiten der Mutter mit Blick auf die *cautio Muciana* anders zu behandeln (*argumentum in re pari*)[513].

Papinians Darstellung verdeckt die hier im Klartext formulierte Beweisführung, indem er vordergründig die Aussage trifft, die *cautio Muciana* oder *cautio ad exemplum Mucianae* sei unzulässig, wenn die Bedingung des Fideikommisses auch zu Lebzeiten des Begünstigten eintreten kann. Die eigentlich relevante Information, dass nämlich diese Beschränkung durch die Konstitution Marc Aurels weggefallen sei, wird nur indirekt mitgeteilt, indem vorausgesetzt ist, dass die Kaution vor der Konstitution nicht anwendbar war. Folgt man freilich dieser Ansicht, gesteht man gleichzeitig zu, dass die *cautio Muciana* s e i t der Konstitution dennoch in diesen Fällen möglich ist. Anstatt also eine umstrittene Aussage zu treffen, formuliert Papinian eine allgemein billigenswerte Feststellung, was sich als *insinuatio* deuten lässt: Mit ihr verfolgt der Redner den Zweck, den Zuhörer im *genus admirabile* zu beschwichtigen und für seinen neuen Standpunkt einzunehmen[514]. Dieser Taktik dürfte auch der verwirrende Vergleich in § 2 dienen: Anstatt zu argumentieren, die Mutter sei als Erbin im Fall des Fideikommisses von der *cautio fideicommissi servandorum causa* befreit[515], konstruiert der Jurist eine Parallele zwischen der (aufgehobenen) Bedingung zugunsten des Fideikommissars und der (interpretativ reduzierten) Bedingung zugunsten der Mutter.

Auch § 3 hat zwei Lesarten: Vordergründig erörtert Papinian, ob das Fideikommiss unter Beschränkung der Kautionspflicht wirksam ausgesetzt wurde und knüpft da-

---

führlich bereits Schulz, Einführung, 1916, 125-133. Anwendungsfälle zum Erlass der *cautio* sind D. 36.3.12 Marcian. 7 inst. und D. 35.1.77.3 Pap. 7 resp. Schulz, aaO., 132f. postuliert eine Rechtsänderung zwischen Pal. 272 = D. 35.1.72.2 Pap. 18 quaest. und Pal. 591 = D. 35.1.77.3 Pap. 7 resp. Dieses Postulat ist in der Argumentation fragil, denn es knüpft an die angebliche stilistische Unrichtigkeit des Satzes *ante constitutionem remissae cautionis* an. So schon Solazzi, RISG 3 (1949) 43-45.

512 Anders die bisher herrschende Meinung, die den eingeschobenen Teil *ante constitutionem remissae cautionis* für interpoliert hält, vgl. Nachweise bei Masi, Iura 13 (1962) 191 Fn. 54 und Solazzi, RISG 3 (1949) 41f. In der Tat ist die Form auffällig. Gegen eine Interpolation spricht aber, dass die beiläufige Nennung der Konstitution gerade Papinians Argumentation entgegenkommt, in der es darum geht, die Gegner seiner Lösung auf seine Seite zu ziehen. Diese werden der Aussage, *locum habere non potuit, quoniam vivo eo, cui relictum est, impleri condicio potuit,* sicherlich zustimmen, denn genau diese Position haben sie im *principium* vertreten. Damit berufen sie sich aber auf eine veraltete, weil vor der Konstitution des Marc Aurel geltende Rechtslage. Ähnlich Solazzi, RISG 3 (1949) 41f.

513 Hierzu passt die Definition des Anwendungsbereichs in D. 35.1.77.1 Pap. 7 resp. *Muciana cautio locum non habet, si per aliam condicionem actio legati differri possit.* Zur *cautio ad exemplum Mucianae* vgl. auch D. 35.1.77.2 Pap. 7 resp. Zum *argumentum in re pari* vgl. Cic. top. 23.

514 Vgl. Cic. inv. 1, 23; Cic. inv. 1, 24.

515 Vgl. z.B. D. 35.77.25 Pap. 8 resp.; D. 35.1.77.3 Pap. 7 resp.; D. 36.1.77.1 Scaev. 18 dig. (auch zum Zeitpunkt); D. 36.1.80.14 Scaev. 21 dig.; D. 49.14.48.1 Paul. 2 decret.

mit an die in § 2 zitierte Konstitution über die Beschränkung der Kautionspflicht an. Beachtet man allerdings die Wortwahl und das Ergebnis, so zeigt sich, dass es Papinian weniger darum geht, einen Anwendungsfall der *remissio cautionis* vorzuführen, als ein mögliches Gegenargument gegen seine Auslegung des Legats im *principium* zu entkräften. Der entscheidende Berührungspunkt zwischen den beiden Fragmenten ist die Auslegung der Vermächtnisbestimmung[516]: Wenn Papinian in § 3 betont, dass die Klausel zum Erlass der Rechnungslegung nur fahrlässige, nicht aber arglistige Fehler ausschließen könne, führt er vor Augen, dass nicht der Wortlaut der testamentarischen Bestimmung maßgeblich ist, sondern die *aequitas*, die es verbietet, die Haftung für *dolus* zu erlassen. Gerade dann, wenn man wie Papinian in § 2 die *cautio (quasi) Muciana* als Ersatz für die *cautio fideicommissi servandorum causa* vorgeführt hat, liegt es nahe, diesen für die *cautio fideicommissi* anerkannten Gedanken auch auf die *cautio Muciana* zu erstrecken. Dann aber sagt § 3 nichts anderes (*argumentum a pari*), als dass Bedingungen, die Kautionen beschränken, eng auszulegen sind bzw. Auslegungen, die das „Dazwischentreten" von Kautionen mit Blick auf Bedingungen einschränken, zu vermeiden sind. Auch hier ist der Vergleichspunkt so gewählt, dass nicht sofort erkennbar ist, welche Stoßrichtung das Beispiel verfolgt: Stimmt aber der Gegner Papinians dem scheinbar belanglosen Ergebnis zur Auslegung des Fideikommisses zu, muss er rechtfertigen, warum er im Fall der Mutter eine andere Auslegung gewählt und die Kaution verweigert hat.

Auch das Beispiel der Seia, der ein Grundstück vermacht sein soll, wenn sie nach dem Ermessen des Titius heirate (§ 4), dient dazu, ein vorhersehbares Gegenargument gegen Papinians Auslegung des Legats *si a liberis non discesserit* abzuwehren[517], indem § 4 die Folgen der Teilnichtigkeit einer Bedingung aufzeigt[518]. Anschauungsmaterial hierfür bietet der klare Fall der *lex Iulia et Papia*, die verbietet, Eheschließungen zu erschweren, also z.B. auch vom *arbitratus* eines Dritten abhängig zu machen[519]. Da die Eheschließung als solche aber gewollt ist, halten die Rechtsgelehrten derartige Bedingungen nicht für vollständig unwirksam, sondern reduzieren sie auf ihren zulässigen Gehalt („Eheschließung")[520]. Sobald Seia geheiratet hat,

516 Vgl. auch die sprachliche Parallelisierung: pr.: *non enim voto matris opponi tam ominosa non interponendae cautionis interpretatio debuit* und § 3: *sine dubio per huiusmodi verba non interponendae quidem cautionis condicio videbitur adscripta.*

517 Zu vergleichbaren Stellen vgl. auch Masi, Studi sulla condizione nel diritto romano, 1966, 236 Fn. 33; zu § 4 vgl. auch Cosentini, Condicio impossibilis, 1952, 109f.

518 Dazu ausführlich Staffhorst, Teilnichtigkeit, 2006, 233f.

519 Vgl. dazu Astolfi, La lex Iulia et Papia, ^{4}1996, 163f. unter Berufung auf D. 35.1.72.4 Pap. 18 quaest.; zuvor bereits Humbert, Le remariage, 164, 166; zusammenfassend Mette-Dittmann, Die Ehegesetze des Augustus, 1991, 137.

520 Zur Teilunwirksamkeit vgl. nur Voci, DER II, ^{2}1963, 609-615, 610 mwN. Zur Heirat der Seia ohne Zustimmung des Titius vgl. den Fall der Attia in D. 35.1.28pr. Paul. 2 epit. Alf. dig. Zum Tod des Titius vgl. den Fall in D. 30.54.1 Pomp. 8 ad Sab., dazu ausführlich Solazzi, SDHI 6 (1940) 166f.; jetzt Astolfi, La lex Iulia et Papia, ^{4}1996, 163f.

steht ihr damit das Legat zu. Diese Rechtsfolge greift auch dann, wenn der Titius zu Lebzeiten des Testators verstorben ist, die Bedingung also nach ihrem Wortlaut nicht mehr erfüllt werden kann. Die allgemeine Formulierung, es solle der Frau „geholfen werden" ist nämlich so zu verstehen, dass Seia das Legat bei einer Eheschließung erhält[521].

Im Ergebnis dient die in § 4 enthaltene Aussage, nach der teilnichtige Bedingungen geltungserhaltend reduziert werden können, dazu, den Vorwurf zu entkräften, die von Papinian favorisierte Tabuisierung des Todes der Kinder beim Legat *si a liberis non discesserit* sei praktisch nicht durchführbar, z.B. wenn nur eines der Kinder versterbe[522]. Vergleicht man dagegen die Hoffnung der Mutter, vorzuversterben, mit den Folgen des Verbots der *lex Iulia et Papia*, so gelangt man zu dem Ergebnis, dass der Tod eines ihrer Kinder die Legatsbedingung genauso eintreten lassen muss, wie es die Heirat der Seia ohne Zustimmung des Titius tun würde. In ganz ähnlicher Weise belegt das Beispiel der Seia, welche Folgen der Bedingungsausfall zu Lebzeiten des Erblassers für das Legat hat: Genauso wie sich der Tod des Titius nicht zu Lasten der Seia auswirken darf, soll der Tod eines Kindes vor dem Erbfall nicht verhindern, dass die Mutter das Legat erwirbt. Auch hier widerlegt Papinian das Gegenargument inzident, indem er die Stoßrichtung seines Beispiels verschleiert: Wer aber zustimmt, dass die Seia in beiden Alternativen das Legat erwerben kann, wird Schwierigkeiten haben, der Mutter den Legatserwerb auch bei teilnichtiger Bedingung abzusprechen.

Mit dem Beispiel der Seia endet die defensive und die Intentionen verdeckende *insinuatio*. Vielmehr geht Papinian zum Angriff auf die Grundlagen der gegnerischen Meinung über. Auch dieser Strategiewechsel ist konform mit der rhetorischen Theorie, denn z.B. Cicero rät, den Gegner anzugreifen, sobald das Vertrauen des Publikums für die neue und zunächst schwer vertretbare Meinung gewonnen ist[523]. Als effektives Angriffsmittel gilt, eigene Argumente des Gegners für sich zu verwenden. Auch wenn offen bleiben muss, mit welchen Argumenten die von Papinian bekämpfte Meinung der Legatarin die *cautio Muciana* versagt hat[524], sieht doch eine verbreitete Ansicht in der Romanistik den Ursprung der *cautio Muciana* im Le-

---

521 Vgl. Astolfi, La lex Iulia et Papia, ^{4}1996, 164f. mit Fn. 11. Zur Rechtsfolge vgl. D. 35.1.72.7 Pap. 18 quaest. Zur *falsa condicio* vgl. auch Consentini, Condicio impossibilis, 1952, 61f., 109f. *Succurri* im Zusammenhang mit der *condicio* bezeichnet oft Fiktionen zum Bedingungseintritt bzw. zur Vermeidung des Bedingungsausfalls, vgl. nur D. 29.5.3.31 Ulp. 50 ad ed.; D. 38.2.20.4 Iul. 25 dig.; D. 40.5.24.21 Ulp. 5 fideicomm. Zu den vielfältigen Fiktionen vgl. den Überblick bei Voci, DER II, ^{2}1963, 591-604. Dies übersieht Solazzi, Iura 6 (1940) 166.

522 Erhalten bleibt die Bedingung *si nupserit*, vgl. zuletzt Staffhorst, Teilnichtigkeit, 2006, 234 mwN. Fn. 408.

523 Vgl. Cic. inv. 1, 25.

524 Möglich auch, dass es um die Frage ging, ob überhaupt eine Bedingung vorliege, vgl. Voci, DER II, ^{2}1963, 619 mit Fn. 17.

gat, das der Witwe unter der Bedingung *si non nupserit* gewährt wurde[525]. Wenn Papinian in § 5 gerade auf dieses Beispiel zurückgreift, könnte dies mithin als Versuch gedeutet werden, die Gegner seiner Ansicht auf ihrem eigenen Terrain zu schlagen. Da die Bedingung, nicht wieder zu heiraten, gegen die *lex Iulia et Papia* verstößt[526], kann die Frau in diesem Fall gegen Kaution das Vermächtnis erhalten (*confestim ad legatum admitti*), das heißt in den Genuss des Legats gelangen, obwohl ihr das Grundstück nur unter der Bedingung des eigenen Todes zugedacht wurde. Auch § 5 zeigt mithin, dass die unwirksame Bedingung ohne Schaden gestrichen werden kann, so dass nur die Bedingung des eigenen Todes der Maevia (*cum morietur*) übrigbleibt, für die die *cautio Muciana* ohne weiteres Anwendung findet[527].

c. Die Funktion der §§ 6-8

§§ 6 bis 8 könnten ebenfalls als Argumente im Streit gegen die Verweigerer der *cautio Muciana* (*pr.*) dienen: Wenn § 6 darauf verweist, dass die *falsa causa* als Irrtum im Beweggrund des Erblassers das Legat zivilrechtlich nicht tangiere, sondern allenfalls mittels *exceptio doli* beachtlich sei[528], liest sich dies als Argument für Milde gegenüber dem Ehemann, der das Legat zugunsten seiner Frau so ungeschickt formuliert hat. Zwar liegt an sich kein beachtlicher Motivirrtum vor, denn der Mann hat sich allenfalls über die Rechtsfolgen seines Legates geirrt. Dennoch fügt sich der Gedanke insoweit gut in die Gesamtargumentation ein, als der Mann – wie man unterstellen könnte – die Frau nur zum Verbleib bei den Kindern anhalten wollte, keinesfalls aber den Erwerb des Legates verhindern wollte. Mit ähnlicher Stoßrichtung ließen sich die Ausführungen zur *falsa condicio* deuten (§ 7), die Papinian mit Sabinus und Cassius nicht einfach streichen will, sondern je nach dem Zeitpunkt der Unmög-

525 Vgl. Krüger, in: Mélanges Girard II, 1913, 2-4, anders z.B. Voci, DER II, ^{2}1963, 609. Interessant ist, dass Wieling, SZ 87 (1970) 204f. auch den Grund der Regel *falsa demonstratio* bei der Witwe sieht. Hier könnte die Verbindung zwischen den allgemeinen Ausführungen Papinians und der kasuistischen Prüfung des Ausgangsfalls sein. Kritisch allerdings nun Rampazzo, La 'falsa demonstratio' e l'oggetto dei legati, Index 29 (2001) 271f.

526 Einen ausdrücklichen Passus vermutet Masi, Iura 13 (1962) 185. Für Interpretation dagegen Humbert, Le remariage, 1972, 161 Fn. 3.

527 Anders Masi, Iura 13 (1962) 185. Zur Bedingung *cum morietur* vgl. D. 35.1.79pr.-1 Pap. 1 def.; D. 36.2.4 Ulp. 19 ad Sab., D. 36.2.13 Pomp. 6 ad Sab., dazu Rodger, The Palingenesia of Digest 36.2.13, SZ 98 (1981) 366-368.

528 Weitergehend Wieling, SZ 87 (1970) 208, der von einer Verkehrung der Regel in ihr Gegenteil spricht. Für interpoliert hält den Nachsatz auch Zilletti, La dottrina dell'errore, Mailand 1961, 383f. mwN. Zu *alias legaturus non fuisse* vgl. Willvonseder, Denkfigur, 1984, 77. Zur *exceptio doli* vgl. Gai. 2, 198; beachtlich ist insoweit der palingenetische Zusammenhang zu Pal. 270 = D. 33.4.7pr.-5 Pap. 18 quaest.; weitere Beispiele aus Papinians Schriften D. 29.1.36.3 Pap. 6 resp.; D. 31.76pr. Pap. 7 resp.; D. 34.4.22 Pap. 6 resp.; D. 35.1.71.3 Pap. 17 quaest.; D. 35.2.12 Pap. 30 quaest. Für Klassizität jetzt Finazzi, L'exceptio doli generalis, 2006, 163.

lichkeit als unmöglich oder ausgefallen behandelt [529]. Bezieht man diese Überlegungen nicht mehr auf den Erblasser, sondern auf die Frau, so liegt auch hier eine Differenzierung danach nahe, ob die Bedingung von Anfang an unwirksam war, ob also z.B. Kinder beim Tod des Vaters schon vorverstorben waren, oder ob die Bedingung erst nachträglich durch Handeln der Betroffenen eintritt, z.B., weil sie ihre Kinder verlässt. Diese Argumentation könnte eine Differenzierung auch für die *cautio Muciana* nahelegen, derart, dass die Kaution nicht für objektive Unwirksamkeitsgründe, sondern nur für vorhersehbares Verhalten des Begünstigten gilt. Schließlich nutzt Papinian die in § 8 angeführte *falsa demonstratio,* das heißt die Falschbezeichnung der vermachten Sache, erneut dazu, die Bedeutung der *voluntas* des Verstorbenen hervorzuheben[530]: Habe nämlich der Erblasser dem Seius fünfzig von den hundert, die er Titius hinterlassen zu haben glaubt, vermacht, in Wirklichkeit dem Titius aber kein Legat ausgesetzt, erhalte der Seius nichts. Genau der Schutz dieses Willens liegt auch Papinians Entscheidung im *principium* zugrunde[531].

d. Ergebnis

Rekapituliert man den Gedankengang der Katene, ergibt sich mithin ein argumentativer Dreischritt: Im ersten Schritt widerspricht Papinian der überkommenen Meinung mit Blick auf die *aequitas*, bevor er im Wege der *insinuatio* zum Zugeständnis von bestimmten Prämissen seiner Meinung zwingt. Erst im dritten Schritt agiert er offen gegen die Grundlagen der kritisierten Ansicht, indem er zeigt, dass es auch dogmatisch angemessen ist, die Bedingung zugunsten der Mutter teilweise zu streichen, um sie in den Genuss des Legates noch zu Lebzeiten der Kinder zu bringen.

V. Ein theoretischer Traktat, Pal. 340

Die längste der von den Kompilatoren in die Digesten aufgenommenen Katene Papinians, Pal. 340 = D. 46.3.95pr.-12 Pap. 28 quaest., setzt sich in thematisch zunächst disparat anmutenden Teilen mit anonymen Rechtsmeinungen auseinander. Das gemeinsame Band dieser Teile liegt in einer theoretischen Beobachtung, die

529 Vgl. ausführlich Wieling, SZ 87 (1970) 218f; ähnlich MacCormack, RIDA 21 (1974) 291f., der die Atypizität des Beispiels hervorhebt. Zuletzt Manthe, OIR 10 (2005) 148.

530 Vgl. dazu nur Inst. 2.20.30; eine weiterführende Deutung der Parömie (*falsa demonstratio legatum non peremit*) bei Wieling, SZ 87 (1970), 199-204 mwN Ausführlich zu Sabinus' Position Voci, DER II, ²1963, 818 Fn. 45.

531 Vielleicht eine spätklassische Errungenschaft. Gleichsinnig D. 35.1.19pr. Ulp. 5 disp., dazu Wieling, Testamentsauslegung, 1972, 196 Fn. 57. Vgl. auch D. 35.1.101pr. Pap. 8 resp. Im Zusammenhang mit der *cautio Muciana* vgl. bereits Krüger, in: Mélanges Girard II, 1913, 6; zur Willensauslegung vgl. vor allem Gandolfi, Studi sull'interpretazione degli atti negoziali in diritto romano, Mailand 1966, 95f. (zum Text) mwN. in Fn. 236.

Aufschluß über die Lösung zukünftiger Falle gibt. Sie wird nach Durchsicht aller Einzelabschnitte zu formulieren sein.

1. Teilunmöglichkeit bei der Wahlschuld (pr.- § 1)

Der Traktat beginnt mit der Teilunmöglichkeit bei der Wahlschuld, wobei die Situation bei Wahlrecht des Gläubigers (*pr.*) mit der bei Wahlrecht des Schuldners (§ 1) verglichen werden.

D. 46.3.95pr.-1 Pap. 28 quaest.[532]

pr. „Stichum aut Pamphilum, utrum ego velim, dare spondes?" altero mortuo qui vivit solus petetur, nisi si mora facta sit in eo mortuo, quem petitor elegit: tunc enim perinde solus ille qui decessit praebetur, ac si solus in obligationem deductus fuisset.

1 Quod si promissoris fuerit electio, defuncto altero qui superest aeque peti poterit. enimvero si facto debitoris alter sit mortuus, cum debitoris esset electio, quamvis interim non alius peti possit, quam qui solvi etiam potest, neque defuncti offerri aestimatio potest, si forte longe fuit vilior, quoniam id pro petitore in poenam promissoris constitutum est, tamen, si et alter servus postea sine culpa debitoris moriatur, nullo modo ex stipulatu agi poterit, cum illo in tempore, quo moriebatur, non commiserit stipulationem. sane quoniam impunita non debent esse admissa, doli actio non immerito desiderabitur: aliter quam in persona fideiussoris, qui promissum hominem interfecit, quia tenetur ex stipulatu actione fideiussor, quemadmodum tenebatur, si debitor sine herede decessisset.

pr. „Versprichst du, Stichus oder Pamphilus, welchen von beiden ich wählen sollte, zu geben?". Wenn der eine [der Sklaven] verstorben ist, wird nur der Lebende eingeklagt werden, außer wenn Verzug eingetreten ist mit Blick auf den Verstorbenen, den der Kläger ausgewählt hat. Dann nämlich wird nur jener allein, der verstorben ist, geleistet werden, gleichso als ob er allein in die Verpflichtung aufgenommen worden wäre.

1 Aber wenn das Wahlrecht beim Versprechenden läge, könnte bei dem Tod des einen der übriggebliebene [Sklave] gleichfalls eingeklagt werden. Hingegen aber, wenn der eine durch Verursachung des Schuldners zu Tode gekommen wäre, könnte der andere, weil es das Wahlrecht des Schuldners wäre, gleichwohl nicht eingeklagt werden, wie sehr mit ihm auch erfüllt werden kann. Und er [der Schuldner] kann nicht den Schätzwert des Verstorbenen anbieten, wenn [dieser] z.B. viel weniger wert war, weil dies zugunsten des Klägers in der versprochenen Strafe festgelegt worden ist. Wenn aber auch der andere Sklave später ohne Verschulden des Schuldners verstorben ist, wird keineswegs aus der Stipulation geklagt werden können, weil zu jenem Zeitpunkt, als er verstarb, die Stipulation nicht verfallen war. Da es freilich nicht zu billigen ist, dass Übeltaten ungestraft bleiben, wird er [der Gläubiger] die [Erteilung] der *actio de dolo* nicht ohne Berechtigung verlangen. Anderes [gilt] für die Person des Bürgen, der den versprochenen Sklaven getötet hat, weil ja der Bürge aus der Stipulationsklage haftet, wie er haften würde, wenn der Schuldner ohne Erben verstorben wäre.

532 Weitreichende Streichungen bei Schulz, Einführung, 1916, 104f.

Als Ausgangspunkt (*pr.*) dient das Zitat eines Stipulationsformulars, mit dem sich der Gläubiger alternativ die Leistung von zwei Sklaven hat versprechen lassen. Stehe wie im zitierten Formular dem Gläubiger das Wahlrecht zu, konkretisiere sich diese Schuld mit dem zufälligen Tod des einen Sklaven auf den anderen[533]. Eine Klage auf den verstorbenen Sklaven könne der Gläubiger dagegen nur erheben, wenn er diesen bereits zuvor ausgewählt habe und durch Verzug des Schuldners eine *perpetuatio obligationis* eingetreten sei[534].

Schwerpunkt der Erörterung ist die ungleich schwierigere Teilunmöglichkeit beim Wahlrecht des Schuldners[535], wobei Papinian den vom Schuldner nicht zu vertretenden Untergang vom verschuldeten Tod des Sklaven unterscheidet. Den ersten Fall löst er parallel zur Rechtslage beim Wahlrecht des Gläubigers, was er sprachlich durch die synonyme Wiederholung der im *principium* verwandten Formel andeutet[536]. Diese Wiederholung spielt den entscheidenden Unterschied zwischen beiden Situationen herunter, der nur in den Qualifikationen *solus* (*pr.*) und *aeque* (§ 1) erhalten bleibt[537]: Wird nämlich beim Wahlrecht des Gläubigers die eine Leistung unmöglich, konkretisiert sich die Schuld auf die andere (*pr.*). Liegt das Wahlrecht dagegen beim Schuldner, kann der Gläubiger weiterhin (mit der *actio incerti ex stipulatu*) auf beide Sklaven klagen[538]. Der Schuldner wird dann auf wahlweise Leistung des Schätzwertes eines Sklaven verurteilt[539].

Besondere Aufmerksamkeit widmet Papinian dem vom Schuldner zu vertretenden Tod des einen Sklaven[540]. Dieser Fall führt zu einer in den bisherigen Konstellationen nicht zu beobachtenden Asymmetrie: Obwohl der Schuldner nur noch mit dem verbleibenden Sklaven erfüllen kann, ist dem Gläubiger die Klage auf den übriggebliebenen Sklaven verwehrt (*quamvis interim non alius peti possit*). Der Stipulator kann mithin allenfalls aus einer Strafstipulation vorgehen. Letztere setzt Papinian einfach voraus, wenn er darauf verweist, dass es dem Schuldner verwehrt ist, die Schätzsumme anstelle des verstorbenen Sklaven anzubieten: *quoniam id pro petitore in poenam*

---

533 Vgl. D. 45.1.128 Paul. 10 quaest.

534 Vgl. D. 45.1.23 Pomp. 9 ad Sab., dazu Fossati Vanzetti, Perpetuatio obligationis, Padua 1979; Cannata, Perpetuatio obligationis, in: Sem. Compl. 4 (1992) 49-56, alle mwN.

535 Genau diese Pointe streicht Schulz, Einführung, 1916, 104f.

536 Vgl. pr. *altero mortuo qui vivit solus petetur*; § 1 *defuncto altero qui superest aeque peti poterit.* Zur *repetitio* durch Synonyme vgl. Lausberg, § 649, S. 329f.

537 Dies sieht bereits Schulz, Einführung, 1916, 104. Offenbar hiervon getäuscht MacCormack, TR 41 (1973) 62.

538 Zur Klageart vgl. nur D. 45.1.75.8 Ulp. 22 ad ed.

539 Vgl. auch D. 30.47.3. Ulp. 22 ad Sab., dazu Grosso, Obbligazioni, ^{2}1955, 222f. und Bonini, Problemi di storia della codificazione II, Bologna 1975, 36-41 beide mwN.

540 MacCormack, TR 41 (1973) 62f. betont die Nuancierung *factum* und *culpa debitoris*, die allerdings durch den Verweis auf D. 45.1.91pr. Paul. 17 ad Plaut. an Schärfe verliert.

promissoris constitutum est[541]. Diese Begründung leuchtet auch deshalb ein, weil die Strafsumme, die den Schuldner zur Leistung anhalten soll, üblicherweise über den reinen Schätzwert hinausgeht[542]. Genau diese Funktion der Vertragsstrafe – so könnte man Papinians Satz deuten –, ginge verloren, wenn der Schuldner auch nach dem von ihm verschuldeten Untergang der Sache noch sein Wahlrecht ausüben könnte.

Die Strafstipulation hilft dem Gläubiger allerdings dann nicht weiter, wenn auch der zweite Sklave, wie Papinian konstruiert, nunmehr ohne Verschulden des Schuldners, verstirbt[543]. Mit Blick auf diesen Sklaven verfällt die Strafstipulation mangels Verschulden nicht. Welche Zuspitzung diese Fallvariante bezweckt, wird erst einsichtig, wenn man voraussetzt, dass der Schuldner sein Wahlrecht nach dem Tod des zweiten zugunsten dieses Sklaven ausgeübt hat[544]: Da insgesamt nur ein Sklave geschuldet sei, könne der Gläubiger weder aus der Strafstipulation (mit Blick auf den ersten Sklaven) noch auf den nunmehr durch Zufall untergangenen zweiten Sklaven klagen. Erst mit dieser Rekonstruktion wird deutlich, worin das verwerfliche Verhalten des Schuldners liegt, dessen Sanktion der Jurist einfordert (*impunita non debent esse admissa)*[545]*:* Der Schuldner profitiert davon, dass einer der Sklaven durch sein Verschulden untergegangen ist und er nun gar nicht mehr leisten kann! Als allgemeiner Ausweg bleibt eine *actio doli* gegen ihn, die auch Papinian für möglich hält. Allerdings ist in der Literatur gerügt worden, dass eine derart plumpe Lösung der feinsinnigen Herleitung der Problematik widerspreche[546]. Auch wenn eingewandt wurde, die *actio de dolo* müsse als auf den Sachverhalt abstellende Klage weniger unbeholfen sein, als dies den Anschein habe[547], bleibt doch zu bedenken,

---

541 Zu den dagegen vorgebrachten Interpolationsvorwürfen vgl. zuletzt den ausführlichen Bericht bei Ziliotto, Obbligazioni alternative, 2004, 42-44, Fn. 39. Gegen diese Annahmen bereits zutreffend Wacke, Zum dolus-Begriff der 'actio de dolo', RIDA 27 (1980) 365, Fn. 43 und 367. Für eine klassische Kontroverse Kaser, RP I, § 116.I.3, 495 Fn. 10.

542 Vgl. Knütel, Stipulatio, 1976, 53-56. Zur Formulierung vgl. § 2.

543 Zur Deutung dieser Variante vgl. den Meinungsstand bei Ziliotto, Obbligazioni alternative, 2004, 48, Fn. 45 und 46.

544 Anders die Bewertung von Kaser/Knütel, § 34 Rn. 21; Ziliotto, Obbligazioni alternative, 2004, 49f., die insoweit konsequent (48, Fn. 44) den *impunitas*-Vorwurf für interpoliert hält. Mit dieser Lösung bleibt das bereits von Scialoja, Tribonianismi in materia di obbligazioni alternative e generiche, BIDR 11 (1898) 68 hervorgehobene Problem: „Il primo schiavo è perito per colpa del debitore: ma perchè mai la colpa diventa dolo?".

545 Für interpoliert hält dies Grosso, Obbligazioni, ^{2}1955, 224f. mwN. Zustimmend noch Ziliotto, Obbligazioni alternative, 2004, 48 Fn. 44: „Condivisibile è l'ipotesi che la frase quoniam impunita non debent esse admissa non sia genuina".

546 Vgl. Schulz, Einführung, 1916, 105, der das Stück *sane... desiderabitur* streichen will: „weil gar kein *dolus* des Schuldners vorliegt". Zum Sprachgebrauch *actio doli* vgl. Kaser, RP § 146.II, 627 mit Fn. 20.

547 Zum Meinungsstand vgl. Ziliotto, Obbligazioni alternative, 2004, 51-54.

dass auch Papinian eher vage auf diesen Rechtsbehelf verweist und der Prozesserfolg offen bleibt.

Dafür, dass Papinian die Lösung über die *actio doli* ebenfalls skeptisch beurteilt, spricht auch das am Ende eingeführte Beispiel des Bürgen, der den in der Hauptschuld versprochenen Sklaven getötet hat. Papinian gibt gegen ihn die *actio ex stipulatu*, was zunächst überrascht, da die Haftung des *fideiussor* grundsätzlich vom Bestand der Hauptschuld abhängt[548], letztere aber mit dem Tod des Sklaven erloschen ist. Mit welcher Begründung Papinian seine Lösung verteidigt, lässt sich aus einem anderen Fragment der *Quaestiones* schließen, das in der Literatur häufig als Widerspruch zu Pal. 340 gedeutet worden ist[549]. In Pal. 380 = D. 4.3.19 Pap. 37 quaest. hat der *fideiussor* das vom Hauptschuldner versprochene Tier getötet, weshalb Neratius und Julian die *actio de dolo* gewähren, *quoniam debitore liberato per consequentias ipse quoque dimittitur*[550]. Papinians Begründung für die Bürgenhaftung in § 1 liest sich als Erwiderung auf dieses Argument: *quemadmodum tenebatur, si debitor sine herede decessisset.* Der Hinweis auf den Erben beweist, dass der Bürge entgegen der traditionellen Ansicht auch dann haftet, wenn der Hauptschuldner selbst nicht (mehr) in Anspruch genommen werden kann, weil gerade diese Ausfallhaftung zum Zweck der Bürgschaft erklärt wird. Ganz ähnlich wie beim erbenlosen Tod des Hauptschuldners soll mithin auch dann die Hauptschuld fingiert werden, wenn der Bürge für den Untergang der versprochenen Sache verantwortlich ist[551].

Ist diese Rekonstruktion zutreffend, dient das Beispiel des Bürgen in § 1 als *argumentum a similitudine*[552]: Wenn schon der Bürge für den verschuldeten Untergang der Hauptsache haftet, ohne dass es auf den Fortbestand der Ausgangsschuld ankommt, muss erst recht der Hauptschuldner für die Tötung des (ersten) Sklaven einstehen, unabhängig davon, ob die Gesamtobligation noch besteht oder nicht[553].

---

548 Vgl. zuletzt Steiner, Die praescriptio aus Gai. 4, 137 und ihre Bedeutung für das „materielle" Bürgschaftsrecht, SZ 123 (2006) 196 mwN; Babusiaux, Id quod actum est, 2006, 72f. mit Fn. 362 mwN.

549 Einen Widerspruch zum hier untersuchten Text konstatiert bereits Cujas, Opera IV, 742. Flume, SZ 113 (1996) 112 meint, D. 46.3.95.1 Pap. 28 quaest. habe von der *sponsio* gehandelt. Es ist aber bereits fraglich, ob überhaupt ein Widerspruch besteht, da Papinian in D. 4.3.19 Pap. 37 quaest. lediglich die fremde Meinung referiert.

550 Zu Interpolationsverdächtigungen vgl. Ziliotto, Obbligazioni alternative, 2004, 41 Fn. 38. Weiter Pugliese, Scritti giuridici scelti II, 1985, 572. Eine Kontroverse vermuten Kaser, RP I § 155.II.4, 664 mit Fn. 48, Steiner, Solidarobligationen, 2009, 151f.

551 Zur Position des Neratius Priscus und des Julian vgl. Pugliese, in: Scritti giur. II, 1985, 457: „È enunciato qui, con tutta la chiarezza desiderabile, il principio civilistico", insoweit zustimmend Flume, SZ 113 (1996) 111f.

552 Vgl. Cic. top. 15.

553 Dies übersieht Cenderelli, Le garanzie personale delle obbligazioni per debiti e crediti della eredità giacente, SDHI 30 (1964) 140f., wenn er den Vergleich für ein Glossem hält. Im übrigen gebraucht Papinian *quemadmodum* häufiger für „gewagte“ Vergleiche,

Genau diese Stossrichtung verfolgt auch die oben beobachtete Parallelisierung (§ 1) zwischen beiden Formen der Wahlschuld[554]. Für das im *principium* behandelte Wahlrecht des Gläubigers ist nämlich unbestritten, dass der vom Schuldner zu vertretende Untergang einer geschuldeten Alternativleistung die Schuld auf die verbleibende konkretisiert (*ac si solus in obligationem deductus fuisset*). Dass Papinian eine ganz ähnliche Fiktion für die Wahlschuld mit Wahlrecht des Schuldners befürwortet, deutet er auch in dem Satz *quoniam id pro petitore in poenam promissoris constitutum est* an. Dies liest sich als Hinweis auf den Verfall der Vertragsstrafe bei schuldhafter Nichtleistung[555]. Die außergewöhnliche Wortwahl *constitutum est* assoziiert aber zusätzlich die *constitutio* der *veteres* zur *perpetuatio obligationis*[556]. Die Anwendung dieses Grundsatzes im Rahmen der *actio incerta* – so kann man die Doppeldeutigkeit des Ausdrucks interpretieren – wäre auch deshalb empfehlenswert, weil sie dem Parteiwillen, das heißt der ohnehin abgeschlossenen Strafstipulation, entspricht. Entgegen dem ersten Anschein verfolgen die Ausführungen *pr.*- § 1 mithin eine rechtliche Innovation: Auch beim Wahlrecht des Schuldners soll dieser dem Gläubiger für die schuldhafte Vernichtung einer wahlweise geschuldeten Sache einstehen. Die *perpetuatio obligationis* soll mithin auch in der *actio incerti ex stipulatu* Anwendung finden.

2. Konfusionsfragen der Bürgschaft (§§ 2-4)

§§ 2-4 behandeln die Auswirkungen des Erbfalles auf die Obligation, insbesondere die Konfusion der Bürgenschuld, wenn der Bürge dem Hauptschuldner als Erbe eingetreten ist.

D. 46.3.95.2-4 Pap. 28 quaest.

2 Aditio hereditatis nonnumquam iure confundit obligationem, veluti si creditor debitoris vel contra debitor creditoris adierit hereditatem. aliquando pro solutione cedit, si forte creditor, qui pupillo sine tutoris auctoritate nummos crediderat, heres ei extitit: non enim quanto locupletior pupillus factus est, consequeretur, sed in solidum creditum suum ex hereditate	2 Der Erbschaftsantritt führt bisweilen von Rechts wegen zum Erlöschen der Verpflichtung [durch Konfusion], z.B. wenn der Gläubiger die Erbschaft des Schuldners oder umgekehrt der Schuldner die Erbschaft des Gläubigers angetreten hat. Bisweilen weicht [die Verpflichtung erst] durch Zahlung, wenn z.B. der Gläubiger, welcher dem Mündel ohne Zustimmung des Vormunds Münzen dargeliehen hat, [dem Mündel] als Erbe eintritt. Denn er wird nicht soviel erhalten, um wieviel das Mündel bereichert worden ist, sondern ihm steht sein gesamter Kreditbetrag aus der

vgl. Pal. 133= D. 21.2.64.4 Pap. 7 quaest., Pal. 217 = D. 28.7.28 Pap. 13 quaest., Pal. 282 = D. 31.69.2 Pap. 19 quaest., Pal. 326 = D. 45.1.118pr. Pap. 27 quaest.

554 Anders Ziliotto, Obbligazioni alternative, 2004, 257.

555 Genau die Doppeldeutigkeit des Ausdrucks dient Schulz, Einführung, 1916, 106 als Anhaltspunkt für eine Verfälschung.

556 Vgl. D. 45.1.91.3 Paul. 17 ad Plaut., dazu Mantello, La retorica di Celso figlio: a proposito d'una quaestio de bono et aequo, in: Studi Nicosia V, 2007, 123-142.

retinet. aliquando evenit, ut inanis obligatio aditione hereditatis confirmetur. nam si heres, qui restituerit ex Trebelliano hereditatem, fideicommissario heres exstiterit, vel mulier, quae pro Titio intercesserat, eidem heres extiterit, incipit obligatio civilis propter hereditatem eius, qui iure tenebatur, auxilium exceptionis amittere: etenim inconditum est subvenire sexui mulieris, quae suo nomine periclitetur.

Erbschaft zu. Bisweilen kommt es vor, dass eine unwirksame Verpflichtung durch den Erbschaftsantritt bestätigt wird. Wenn nämlich der Erbe, der die Erbschaft aus dem *SC Trebellianum* [sc. Pegasianum] herausgegeben hat, dem Fideikommissar als Erbe eingetreten ist oder die Frau, welche sich für Titius verbürgt hat, demselben als Erbe eingetreten ist. Aufgrund der Erbenstellung beginnt die zivilrechtliche Verpflichtung die Hilfe der Einrede der Person zu entziehen, die sie [die Frau] von Rechts wegen innehatte. Es ist nämlich ungereimt, dem weiblichen Geschlecht zu Hilfe zu kommen, wenn es sich für eigene Rechnung [durch die Bürgschaft] in Gefahr begeben hat.

3 Quod volgo iactatur fideiussorem, qui debitori heres extitit, ex causa fideiussionis liberari, totiens verum est, quotiens rei plenior promittendi obligatio invenitur. nam si reus dumtaxat fuit obligatus, fideiussor liberabitur. e contrario non potest dici non tolli fideiussoris obligationem, si debitor propriam et personalem habuit defensionem: nam si minori viginti quinque annis bonae fidei pecuniam credidit isque nummos acceptos perdidit et intra tempora in integrum restitutionis decessit herede fideiussore, difficile est dicere causam iuris honorarii, quae potuit auxilio minori esse, retinere fideiussoris obligationem, quae principalis fuit et cui fideiussoris accessit sine contemplatione iuris praetorii. auxilium igitur restitutionis fideiussoris qui adulescenti heres extitit, intra constitutum tempus salvum erit.

3 Was das betrifft, dass üblicherweise gesagt wird, der Bürge, der dem Schuldner als Erben eingetreten ist, werde aus dem Rechtsgrund der Bürgschaft befreit, ist dies nur insoweit richtig, als die Verpflichtung des Versprechenden als eine stärkere Schuld befunden wird, denn wenn nur der Hauptschuldner verpflichtet war, wird der Bürge befreit werden. Im umgekehrten Fall kann nicht gesagt werden, dass die Verpflichtung des Bürgen untergehe, wenn der Schuldner eine eigene und höchstpersönliche Einrede hatte. Denn wenn ein *minor* gutgläubig Geld dargeliehen hat und jener die übergebenen Münzen verloren hat und während der Frist zur Wiedereinsetzung in den vorigen Stand [*restitutio in integrum*] verstorben ist unter Hinterlassung des Bürgen als Erben, ist schwerlich zu sagen, dass der Rechtsgrund des Honorarrechts, obwohl er dem *minor* eine Hilfe sein könnte, die Verpflichtung des Bürgen betreffe, weil er [= der Rechtsgrund] der Hauptsache zugehörig war und weil ihm [= dem Rechtsgrund] <die Verpflichtung> des Bürgen hinzugetreten ist ohne Betrachtung des prätorischen Rechts. Deshalb wird dem Bürgen, weil er dem *minor* als Erbe eingetreten ist, die Hilfe der Restitution innerhalb der festgesetzten Zeit sicher sein.

4 Naturalis obligatio ut pecuniae numeratione, ita iusto pacto vel iureiurando ipso iure tollitur, quod vinculum aequitatis, quo solo sustinebatur, conventionis aequitate dissolvitur: ideoque fideiussor, quem pupillus dedit, ex istis causis liberari dicitur.

4 Die Naturalobligation erlischt wie durch Zahlung des Geldes so durch wirksame Vereinbarung oder Eid von Rechts wegen, weil die Verpflichtung aus der Billigkeit, durch welche sie allein zusammengehalten wurde, durch die Billigkeit der Vereinbarung aufgehoben wird. Und deshalb wird gesagt, der Bürge, den der Unmündige gegeben hatte, sei aus eben diesen Gründe befreit.

Einleitend werden drei Wirkungen des Erbfalles auf die Obligation unterschieden. Papinian führt sie freilich nicht systematisch, sondern als zufällige Beobachtungen ein (*nonnumquam, aliquando, aliquando*). Der erste Fall betrifft den gegenseitigen Erbeintritt von Gläubiger und Schuldner, wodurch Konfusion entsteht, so dass die Forderungen erlöschen[557]. Anderes gilt, wenn die Verpflichtung nur eine Naturalobligation war und der Gläubiger dem Schuldner, in casu einem Unmündigen, als Erbe eingetreten ist. Nach Papinian soll hier nicht schon der Erbeintritt, sondern erst die Zahlung zum Erlöschen der Schuld führen. Der Gläubiger und Erbe des Unmündigen müsse sich mithin die gesamte Darlehenssumme und nicht nur die tatsächliche Bereicherung des unmündigen Schuldners auf sein Erbe anrechnen lassen[558]. Als Gegenbeispiel zum ersten erscheint der dritte Fall, in dem die erbfallbedingte Vereinigung von Gläubiger und Schuldner einer unwirksamen oder einredebehafteten Forderung zur Wirksamkeit verhilft. Zu diesem Zweck bildet Papinian das Beispiel eines herausgabeunwilligen Erben und das einer für einen Dritten interzedierenden Frau: Beerbe der durch Senatsbeschluss zur Restitution gezwungene Erbe den Fideikommissar, habe er die Erbschaft vollwirksam inne; trete die Frau dem Schuldner, für den sie entgegen dem *SC Velleanum* interzediert sei, als Erbin ein, hafte sie als solche umfassend.

Wie der Fortgang zeigt, dienen diese Überlegungen dazu, den in § 3 diskutierten Fall des Bürgen, der als Erbe des Hauptschuldners eintritt, argumentativ vorzubereiten[559]. Dabei wird deutlich, dass sich Papinian kritisch mit einer bestehenden Ansicht auseinandersetzen will (*volgo iactatur*)[560], nach der der Bürge, der dem Hauptschuldner als Erbe eintritt, von seiner Bürgenschuld befreit ist[561]. Papinian kritisiert die fehlende Präzision dieser Regel: Trete der *fideiussor* dem Hauptschuldner als Erbe ein, erlösche die Bürgenschuld nur dann, wenn die Verpflichtung des Hauptschuldners stärker (*plenior*) sei als die zu verdrängende Bürgenschuld[562]. Dieses Kriterium

557 Zum Verhältnis der Obligationen von *debitor* und *creditor* in § 2 vgl. bereits Devilla, Studi Sassaresi 18 (1940) 51f., zuletzt Talamanca, in: Studi Franciosi IV, 2007, 2567-2570.

558 Dies ist z.B. für die *lex Falcidia* eine erhebliche Information.

559 Vgl. Liebs, in: ANRW II.15, 1976, 259, der belegt, dass hier eine Kontroverse bestand.

560 Vgl. auch *quaestio vulgo tractata* Pal. 199 = D. 26.7.37.3 Pap. 11 quaest.; *vulgo receptum est* : Pal. 125 = D. 22.1.2 Pap. 6 quaest. ; *volgo probatum* Pal. 353 = D. 35.2.11.6 Pap. 29 quaest.; *vulgo dicitur* Pal. 291 = D. 26.9.3 Pap. 20 quaest., Pal. 353 = D. 35.2.11.5 Pap. 29 quaest.; *volgo diceretur* Pal. 353 = D. 35.2.11.7 Pap. 29 quaest. Vgl. auch Cujas, Opera omnia IV, 746. Zu *vulgo dicta* vgl. Zweiter Teil VI, S. 136f.

561 Dies dürfte an eine als Rechtsregel beschriebene *regula* anknüpfen, nach der derjenige, der zweimal die identische Schuld versprochen hat, nur einmal hafte (*qui bis idem promittet, pro ipso amplius quam semel non tenetur*). Vgl. D. 45.1.18 Pomp. 10 ad Sab., dazu Apathy, Animus novandi, 1975, 275f. mwN.

562 Zutreffend bereits Mayer-Maly, Labeo 6 (1960) 23f. mwN. in Fn. 93.

der *plenior obligatio* findet sich bei Julian (D. 46.1.5 Ulp. 46 ad Sab.)[563], der es dann als erfüllt ansieht, wenn die verdrängte Schuld von der verdrängenden Schuld abhängig war, wie es bei der Bürgenschuld der Fall ist, nicht aber z.B. bei einer Solidarobligation[564]. Gegen dieses Verständnis setzt Papinian den Fall, dass nur der Hauptschuldner, nicht aber der Bürge verpflichtet war. In dieser Konstellation greift Julians Kriterium zu kurz, denn die höchstpersönliche Pflicht des Schuldners kann trotz der Abhängigkeit der Bürgschaft von der Hauptschuld nicht auf den Bürgen übergehen, wenn der Hauptschuldner ihn als Erben hinterlässt[565]. Vielmehr erlischt in diesem Fall die Hauptschuld mit dem Tod des Hauptschuldners und kann nicht auf den Bürgen übergehen.[566].

Nach dieser Vorbereitung führt Papinian den umgekehrten Fall ein (*e contrario*)[567], dass nicht die Schuld, sondern die Einrede des Hauptschuldners auf seine Person beschränkt war. Dabei warnt er davor, die exzeptionsbelastete Hauptschuld im Verhältnis zur Bürgschaft als schwächere Obligation anzusehen[568]. Die emphatische, weil untechnische Ausdrucksweise *propriam et personalem habuit defensionem* spielt auf die Unterscheidung von *exceptiones in rem* und *in personam* an[569]. So schützen die gegen die Hauptschuld zustehenden *exceptiones in rem* auch den Bürgen, während die *exceptiones in personam* grundsätzlich nur dem Hauptschuldner zugutekommen[570]. Tritt der Bürge als Erbe des Hauptschuldners ein, stellt sich mithin die Frage, ob dem Rechtsnachfolger auch die persönlichen Einreden des Verstorbenen zustehen sollen oder nicht. Als Beispiel einer derartigen Konstellation wählt Papinian einen *minor*, der ohne *auctoritas tutoris* einen Geldkredit erhalten hat und nach dem Verbrauch des Geldes noch innerhalb der Wiedereinsetzungsfrist verstorben ist: Werde er von dem Bürgen der Darlehensschuld beerbt, sei zu prüfen, ob der Bürge aus der

563 Zum Text vgl. Kieß, Confusio, 1995, 95f. mwN auch zu D. 45.2.13 Ven. 3 stip.

564 Kieß, Confusio, 1995, 102-104 sieht hierin den einzigen Fall der *plenior obligatio*. Er übersieht, dass Papinian mögliche Fehldeutungen des Plenioritätskriteriums diskutiert.

565 Vgl. D. 46.3.31 Ulp. 7 disp., dazu Kaser, RP I, § 149.I, 636 mit Fn. 12 sowie Rainer, Zur Bedeutung des Mandates im Baurecht, in: Mandatum und Verwandtes, 1993, 378f. Anders die bisherigen Deutungen, die von einer *naturalis obligatio* des Hauptschuldners ausgehen, so auch noch Kieß, Confusio, 1995, 99f. mwN.

566 *nam si reus dumtaxat fuit obligatus, fideiussor liberabitur.* Der Satz wird immer wieder in Frage gestellt. Noch Talamanca, in: Studi Franciosi IV, 2007, 2570f. ergänzt (wie schon Cujas) *nam si reus dumtaxat <natura> fuit obligatus, fideiussor <non> liberabitur.* Damit wird Papinians Problematisierung der *plenior obligatio* aber verflacht.

567 Vgl. Cic. top. 17.

568 Anders die bisherige Deutung, z.B. bei Betti, Sulla concezione classica della 'confusio', SDHI 26 (1982) 25.

569 Vgl. ausführlich Mannino, L'estensione, 1992, bes. 9-29; zuletzt Babusiaux, Id quod actum est, 2006, 129-133 mwN.

570 Ausnahmen sind über die (allgemeine) *exceptio doli* zu beobachten, vgl. D. 2.14.10.2 Ulp. 4 ad ed. (*subsidium*), dazu Wacke, SZ 90 (1973) 230f. und D. 44.4.2.4 Ulp. 76 ad ed., Nachweise bei Babusiaux, Id quod actum est, 2006, 141 mit Fn. 683.

Hauptschuld oder der Bürgschaft angegangen werden könne und ob er sich auf den Schutz des Edikts *de minoribus viginti quinque annis* berufen könne. Papinians Antwort auf diese Frage ist nicht leicht verständlich. Zunächst betont er die Schwierigkeit, den Bürgen in den Schutz des Edikts einzubeziehen: *difficile est... retinere fideiussoris obligationem*[571]. Hieran schließt sich der in der Literatur als widersinnig beschriebene Gedanke an: *quae principalis fuit et cui fideiussoris accessit sine contemplatione iuris praetorii*[572]. So wird Anstoß daran genommen, dass (mittels *quae*) die Verpflichtung des Bürgen zur *principalis obligatio* werde[573].

Sieht man *quae principalis fuit* allerdings nicht als Relativsatz zu *fideiussoris obligationem*, sondern zieht den Satzteil zu *causam iuris honorarii*, ergibt sich auch ohne Emendation ein sinnvoller Text, der zudem die nachfolgende Entscheidung trägt. Die Argumentation ist dann lediglich lebhaft verdichtet durch die unverbundene Abfolge zweier gleich geordneter Relativsätze[574], von denen der eine adversative, der andere kausale Färbung aufweist[575] und die beide die Argumente enthalten, die dafür bzw. dagegen streiten, den Schutz des *minor* auch auf seinen Bürgen zu erstrecken. Dieser Gegensatz wird durch die *geminatio* (*quae-quae*) noch unterstrichen[576], denn das mit *igitur* eingeleitete Ergebnis bedeutet einen Kompromiss zwischen widersprechenden Argumenten. Deutet man den Abschnitt derart, zeigt Papinian, dass der Schutz, den das Honorarrecht bezweckt (*causa*), zu Lebzeiten des *minor* gerade nicht für den Bürgen gilt[577], da dieser nicht auf diesen Schutz vertraut habe (*sine contemplatione iuris praetorii*). Als Argument für den Schutz des Bürgen, der den *minor* beerbt hat, verweist Papinian dagegen auf die Abhängigkeit der Bürgschaft von der Hauptschuld (*cui fideiussoris <obligatio> accessit*). Aus diesem Grund verdrängt die Hauptschuld als *plenior obligatio* die eigene Verpflichtung des Bürgen.

Diese Lösung wird durch das in § 4 gebildete Beispiel der *fideiussio* für eine *naturalis obligatio* gestützt, denn es belegt, dass die Haftung des Bürgen auch in diesen Fällen

571 Vgl. D. 4.4.13pr. Ulp. 4 ad ed., dazu Babusiaux, in: Testi e problemi, 2007, 622-624.

572 Zur Diskussion vgl. zuletzt Talamanca, in: Studi Franciosi IV, 2007, 2571-2576.

573 Anders Editio maior II, 717. *difficile est dicere causam iuris honorarii, quae potuit auxilio minori esse, retinere fideiussoris obligationem, <non retinere obligationem> quae principalis fuit et cui fideiussoris accessit sine contemplatione iuris praetorii,* dazu Kieß, Confusio, 1995, 100.

574 Leumann/Hofmann/Szantyr, ²1972, 656 mit Beispielen aus Cicero.

575 Der Indikativ (*potuit, fuit*) steht dieser Annahme nicht entgegen. Auch der indikativische Relativsatz kann kausal oder adversativ gefärbt sein, vgl. Leumann/Hofmann/Szantyr, ²1972, 559 (kausal); 560 (adversativ).

576 Vgl. Lausberg, § 617, S. 312f.

577 In diesem Sinne D. 4.4.13pr. Ulp. 11 ad ed., dazu ausführlich Cervenca, ‚Restitutio in integrum', 1965, 97f.; Martini, Il problema delle causae cognitio pretoria, Mailand 1960, 75, zuletzt Mannino, L'estensione al garante, 1992, 22 Fn. 27 mwN.

vom Bestand der Hauptschuld abhängt[578]: So befreit die Aufhebung der *naturalis obligatio* durch *pactum*, Zahlung und Eidesleistung *ipso iure* auch den Bürgen[579]. Im Ergebnis gelangt Papinian demnach genau wie Julian zu dem Ergebnis, dass die Hauptschuld auch dann *plenior obligatio* gegenüber der Bürgschaft ist, wenn nur dem Hauptschuldner eine persönliche Einrede zur Verfügung steht. Der argumentative Aufwand, den Papinian betreibt, ist zunächst überraschend[580]. Es liegt daher nahe, dass Papinian vor allem Julians Begründung auf den Prüfstand stellen wollte, wobei schon der Einstiegsfall dafür spricht, dass der Spätklassiker vor allem ein rein formales Verständnis der *plenior obligatio* angreifen wollte[581]. Auch wenn er im Ergebnis Julian zustimmt und sogar die exzeptionsbelastete Hauptschuld als *plenior obligatio* gegenüber der Bürgenschuld ansieht, bedarf es nach Papinian auch der Prüfung der materiellen Abhängigkeit beider Forderungen, wie § 4 mit der *naturalis obligatio* des Mündels exemplarisch vor Augen führt (*argumentum ex comparatione*)[582].

3. Erfüllung und solutionis causa adiectus *(§§ 5-7)*

Nuancierungen im Recht des *solutionis causa adiectus* behandeln:

D. 46.3.95.5-7 Pap. 28 quaest.

5 Quaesitum est, an ita stipulari quis possit: „mihi aut filio meo decem dari?“ vel ita: „mihi aut patri?“ sed non incommode potest adhiberi distinctio, ut filio quidem stipulante patris tunc adiciatur persona, cum stipulatio ei adquiri non possit: e contrario autem nihil prohibeat patre stipulante filii personam adici, cum totiens,	5 Es wurde gefragt, ob jemand sich derart versprechen lassen könnte: „[Versprichst du], mir oder meinem Sohn zehn zu geben?” oder so „mir oder dem Vater”? Aber treffend kann die Unterscheidung verwendet werden, dass in der Stipulation des Sohnes die Person des Vaters insoweit hinzugenommen wird, als ihm [dem Sohn] die Stipulation nicht erworben werden könnte. Im umgekehrten Fall aber verbietet nichts, dass der Vater die Person des Sohnes in die Stipulation hinzunimmt, weil so oft, was der Vater zugunsten des Sohnes verspre-

578 Ausführlich dazu bereits Burdese, La nozione classica di naturalis obligatio, Turin 1955, 86f. Skeptisch Frezza, Le garanzie I, 1962, 48, zuletzt De Cinto, L'obbligo del pupillo tra naturalis obligatio et vinculum aequitatis, SDHI 74 (2008) 459-465.

579 Es gibt keinen Grund, *quod vinculum aequitatis, (...) conventionis aequitate dissolvitur* für interpoliert zu halten (vgl. aber Cornioley, Naturalis obligatio, 1964, 204f. und Thomas, in: FG Lübtow zum 70., 1970, 479), wenn man an die Begründung des Ediktes *de pactis* aus der *aequitas* bei Ulpian denkt, vgl. D. 2.14.1pr. Ulp. 4 ad ed., dazu Babusiaux, in: Testi e problemi, 2007, 607f. Die Konformität der Aufhebbarkeit der *naturalis obligatio* durch ein *pactum* mit der Billigkeit ist für Papinian in diesem Fall zwar nur ein Nebenschauplatz, erlaubt aber, die gesamte Lösung als der *aequitas* entsprechend darzustellen. Zur *naturalis obligatio* als Grundlage der Verpflichtung des *fideiussor* vgl. Flume, SZ 113 (1996) 109f. Vgl. Talamanca, in: Studi Franciosi IV, 2007, 2563-2602.

580 Kritisch dazu noch Kieß, Confusio, 1995, 101f. mwN zur Interpolationenkritik.

581 Zu Pal. 261 = D. 31.66 Pap. 17 quaest. vgl. Zweiter Teil III, S. 81-92.

582 Vgl. Cic. top. 23.

quod pater filio stipulatur, sibi stipulatus intellegitur, cum ipsi sibi stipulatus non est, et in proposito manifestum est non obligationis, sed solutionis gratia filii personam adiectam.	chen lässt, so anzusehen ist, als habe er [der Vater] sich selbst versprechen lassen, obwohl er sich selbst nicht hat versprechen lassen. Und im vorliegenden Fall ist es offensichtlich, dass die Person des Sohnes nicht zum Zwecke der Verpflichtung, sondern der Erfüllung hinzugefügt worden ist.
6 „Usum fructum mihi aut Titio dari" [583] stipulatus sum: Titio capite deminuto, facultas solvendi Titio non intercidit, quia et sic stipulari possumus: „mihi aut Titio, cum capite minutus erit, dari?"	6 Ich habe mir versprechen lassen, „dass der Nießbrauch mir oder dem Titius eingeräumt werde". Wenn der Titius in seiner Rechtsfähigkeit beschränkt worden ist, entfällt die Möglichkeit, an Titius zu erfüllen, nicht, weil wir uns ja auch derart versprechen lassen können: „[Versprichst du], mir oder Titius, wenn er beschränkt rechtsfähig sein wird, zu geben?"
7 Nam si furiosi vel pupilli persona adiecta sit, ita tutori vel curatori pecunia recte dabitur, si condicionis quoque implendae causa recte pecunia tutori vel curatori datur. quod quidem Labeo et Pegasus putaverunt utilitatis causa recipiendum: idque ita recipi potest, si pecunia in rem vel pupilli vel furiosi versa est, quomodo si domino iussus dare servo dedisset, ut domino daret. ceterum qui servo dare iussus est, domino dando non aliter implesse condicionem intellegendus est, quam si ex voluntate servi dedit. idem respondendum est in solutione, si stipulato Sempronio sibi aut Sticho Maevii servo decem dari debitor Maevio domino pecuniam solverit.	7 Wenn nämlich die Person eines Geisteskranken oder eines Unmündigen hinzugefügt worden ist, wird dem Tutor oder Kurator das Geld dann zu Recht gegeben werden, wenn das Geld dem Tutor oder Kurator wirksam gegeben wird, um die Bedingung zu erfüllen. Dies nämlich, meinten Labeo und Pegasus, sei aus Gründen der Zweckmässigkeit zuzulassen. Und es kann dann angenommen werden, wenn das Geld in das Vermögen des Unmündigen oder Geisteskranken geflossen ist, genau wie wenn angeordnet worden wäre, dem Herrn zu geben, und dem Sklaven gegeben worden wäre, damit er dem Herrn gebe. Wer im übrigen angeordnet hat, dem Sklaven zu geben, wird durch die Gabe an den Herrn nur dann so angesehen, als habe er die Bedingung erfüllt, wenn er [das Geld] mit Zustimmung des Sklaven gegeben hat. Dasselbe wird zu antworten sein mit Blick auf die Erfüllung, wenn sich Sempronius hat stipulieren lassen, dass „ihm oder dem Stichus als Sklaven des Maevius zehn gegeben werden", und der Schuldner dem Maevius als Eigentümer [des Sklaven] das Geld zahlt.

Wie in den vorangehenden Abschnitten entwickelt Papinian die eigene Position durch topische Variantenbildung, wobei sich die zu beweisende These in § 6 verbirgt. Sie lautet, dass auch einer in ihrer Rechtsfähigkeit beschränkten Person wirksam ein Nießbrauch versprochen werden kann.

Aus dieser Perspektive dient § 5 der Vorbereitung der späteren Argumentation: Zum einen kann der Vergleich zwischen der Stipulation des Vaters *mihi aut filio* und der des Sohnes *mihi aut patri* als *captatio benevolentiae* gedeutet werden, denn die darge-

583 Anführungsstriche hinzugefügt.

stellte Rechtsfrage ist elementar und einfach zu lösen, wie ihre Behandlung bei Gaius zeigt[584]. Daher liegt der Schluss nahe, mit diesem Beispiel unterhalte Papinian sein Publikum. Dafür spricht auch, dass er den Grund der angeführten *distinctio* gerade nicht nennt, sondern es dem Zuhörer überlässt, diesen zu ergänzen[585]. Hat aber der Hörer das Kriterium der „Gewaltunterworfenheit" selbst herausgefunden, wird er aufmerksam und geschmeichelt den weiteren Überlegungen lauschen[586]. Zum andern bereitet der Vergleich zwischen der Stipulation des Vaters und der des Sohnes die nun folgende Auseinandersetzung vor, indem er vermittelt, entscheidende Voraussetzung für die wirksame *adiectio solutionis causa* sei die Gewaltunabhängigkeit der als Zahlstelle hinzugefügten Person[587]. Damit klärt der § 5 die Voraussetzungen für das auch in § 6 untersuchte Rechtsinstitut im Sinne des Redners[588].
Diese Vorbereitung ist durchaus notwendig, denn Papinian stellt im Folgenden eine an sich unhaltbare Behauptung auf, wenn er die Stipulation *usumfructum mihi aut Titio, cum capite minutus erit, dari?* für wirksam (und erfüllbar) erklärt. Wie nämlich der Grundsatz *usus fructus sine persona esse non potest* zeigt, kann einer in der Rechtsfähigkeit beschränkten Person kein *ususfructus* zustehen (D. 45.3.26 Paul. 1 manual.)[589]. Ebenso ist belegt, dass der Usufruktuar den Nießbrauch verliert, wenn er eine *capitis deminutio* erleidet[590]. Die zitierte Stipulation sei allein dann wirksam, wenn nicht der Nießbrauch selbst, sondern nur seine Ausübung überlassen worden wäre. Wie der Stipulationswortlaut *dari* zeigt, ist aber tatsächlich die Bestellung des Nießbrauchs zugunsten des Titius gemeint[591], obwohl dieser in seiner Rechtsfähigkeit beschränkt ist. Papinian begegnet dem naheliegenden Vorwurf der unwirksamen Stipulation zum einen dadurch, dass er im vorausgehenden § 5 die Gewaltfreiheit zum (einzigen) Kriterium der wirksamen *adiectio solutionis causa* erhebt, zum andern durch die in § 7 folgende Begründung: *nam si furiosi vel pupilli persona adiecta sit, ita tutori vel curatori pecunia recte dabitur* (...)[592].

584 Vgl. Gai. 3, 103, ferner D. 45.1.38.17 Ulp. 49 ad Sab., zu beiden zuletzt Nelson/Manthe, Gai Institutiones III 88-181, 1999, 135 mwN.

585 Gegenüber D. 45.1.56.2 Iul. 52 dig. hat Papinian die Folgen der Stipulation *mihi aut filio* auch genauer unterschieden danach, ob der Sohn gewaltabhängig oder gewaltfrei ist. Für interpoliert hält beides Solazzi, , L'estinzione dell'obbligazione I, ^{2}1935, 65.

586 Zur *captatio benevolentiae* vgl. Kalivoda, in : HWRhet. 7, 2005, Sp. 501f. *figura sententiae* mit Appellcharakter.

587 Zum *solutionis causa adiectus* vgl. zuletzt Ankum, in: Studi Nicosia I, 2007, 139-161, der sich mit der Feststellung begnügt, Gewaltabhängige könnten *solutionis causa adiecti* sein.

588 Anders Solazzi, L'estinzione dell'obbligazione I, ^{2}1935, 65f., der übersieht, dass die Konzentration auf das Gewaltverhältnis gerade die Möglichkeit eröffnet, zugunsten eines Mündels oder sonst Geschäftsunfähigen versprechen zu lassen.

589 Vgl. D. 45.3.26 Paul. 1 manual. und vat. 55, zu beiden Wieacker, Textstufen, 1960, 382f.

590 D. 7.4.1pr. Ulp. 17 ad Sab.; vat. 61; PS 3,6, 29.

591 Vorausgesetzt auch in D. 7.1.25.4 Ulp. 18 ad ed. und D. 45.1.56.6 Iul. 52 dig.

592 Solazzi, L'estinzione dell'obbligazione I, ^{2}1935, 65f. hält dies für nachklassisch.

Mit dieser spezifischen argumentativen Funktion des § 7 ist die Wiederholung *ita tutori vel curatori pecunia r e c t e dabitur, si condicionis quoque implendae causa r e c t e pecunia tutori vel curatori datur* nicht als redundant zu rügen[593]: Während Papinian mit der ersten Nennung des Wortes nämlich allgemein festhält, dass auch an den Tutor oder Kurator befreiend geleistet werden kann, gesteht die Qualifizierung im *si*-Satz zu, dass auch für den Bedingungseintritt nicht ohne weiteres die Zahlung an Tutor oder Kurator genügte. Papinian folgt dabei einer Lösung von Labeo und Pegasus, die er als *utilitatis causa receptum* bezeichnet[594]. Wie Leptien gezeigt hat, dient diese Formel dazu, ein zu enges Prinzip aus Praktikabilitätsgründen aufzubrechen[595], hier also ausnahmsweise nicht an den in der Bedingung Genannten zu zahlen[596]. Bei Marcellus findet sich in drastischer Form eine Begründung dafür, warum beim Unmündigen wie beim *furiosus* von diesem Prinzip abzuweichen sei: *ne datio ex illorum inbecillitate pereat*[597]. Auch wenn Papinian dieser Überlegung im Grundsatz folgt, hält er eine Zahlung an den Tutor oder Kurator, wie der Satz *idque itat recipi potest…* zeigt, nur dann für ausreichend, wenn das gezahlte Geld tatsächlich dem Vermögen der geschützten Personen zugeflossen ist[598].
Überträgt man diese Überlegungen zur Empfangszuständigkeit von Tutor und Kurator auf § 6, ergibt sich auch für die Stipulation eines Nießbrauchs zugunsten des in seiner Rechtsfähigkeit beschränkten Titius eine Lösungsmöglichkeit: Wenn man wie Papinian den Tutor des Mündels bzw. den Kurator des *furiosus* für empfangszuständig hält, so bedarf es auch für den Nießbrauch zugunsten des Titius lediglich einer Person, die das Recht für diesen übernehmen kann. Gerade bei der (strafweisen) *capitis deminutio* liegt es nahe, diese Person im *curator bonorum* zu erblicken, der die Gesamtvollstreckung über das Vermögen des Rechtsunfähigen durchführt[599]. Dass Papinian an diese Parallele denkt, liegt schon deshalb nahe, weil er in seiner Kritik an Labeo und Pegasus anmahnt, die Vermögensinteressen von Unmündigen und Geisteskranken zu berücksichtigen. Der Schutz des Vermögens im Interesse des Schuldners ist aber gerade für die Gesamtvollstreckung, wie sie bei der *capitis deminutio* stattfindet, anerkannt. Dies zeigt sich schon darin, dass der kurzfristig in den Besitz eingewiesene Gläubiger mit einer *actio in factum* für die ordnungsgemäße Verwal-

593 Vgl. Leptien, Utilitatis causa, 1967, 60f. Wie hier Voci, DER II, ²1963, 594f. mwN.

594 Vgl. D. 35.1.13 Paul. 5 ad Sab. Anders z.B. D. 40.4.22 Afr. 9 quaest.

595 Ähnlich wohl Ankum, in: Symb. David I, 1968, 21, der aber nur zu Papinians eigener These meint: „This seems indeed a practical solution".

596 Vgl. Leptien, Utilitatis causa, 1967, 59-62, der allerdings D. 46.3.68 Marcell. 16 dig. nicht zitiert.

597 Vgl. D. 46.3.68 Marcell. 16 dig., dazu Donatuti, Lo statulibero, 1940, 246f.; Solazzi, in: Scritti I, 1957, 126 beide mit zu weitgehender Textkritik. In diesem Sinne noch Zülch, Der liber singularis responsorum des Ulpius Marcellus, Berlin 2001, 100 Fn. 262.

598 Zur eingeschränkten Analogiefähigkeit einer Konstruktion, die *utilitatis causa receptum* ist, vgl. ausführlich Pal. 79 = D. 45.1.115pr.-2 Pap. 2 quaest.; Zweiter Teil II.2b, S. 79f.

599 Einzelheiten bei Kaser/Hackl, RZ § 57.II.1, 390f. mit Fn. 31.

tung haftet[600]. Er könnte sich, so ließe sich Papinians Gedankengang rekonstruieren, mithin auch den Nießbrauch für den nunmehr rechtsunfähigen Titius einräumen lassen.

Zu dieser Rekonstruktion fügt sich das von Papinian im Fortgang angeführte Beispiel, in dem ein Sklave als Zahlstelle des Eigentümers eingesetzt worden ist: Zahle der Schuldner in diesem Fall an den Herrn selbst, so führe dies nur dann zum Bedingungseintritt, wenn die Zahlung mit dem Willen des Sklaven (*ex voluntate servi*) geschehe[601]. Das Beispiel dürfte auf ein *argumentum a similitudine* zielen: Wenn schon der Wille des Sklaven beachtlich ist, so muss erst recht der Wille eines ursprünglich voll rechtsfähigen Bürgers respektiert werden. Auf die Nießbrauchstipulation bezogen bedeutet dies, dass Titius trotz seiner beschränkten Rechtsfähigkeit der Übertragung auf den Dritten (*curator bonorum*) widersprechen könnte, Papinians Konstruktion in § 6 also vom Einverständnis des Begünstigten abhängt.

Der Vergleich zum Sklaven dient auch für eine weitere Präzisierung. In dem mit *idem respondendum est* eingeleiteten Beispiel gehört der als Zahlstelle angegebene Sklave nicht dem Stipulator (Sempronius), sondern einem Dritten (Maevius)[602]. Auch hier kann nach Papinian wirksam an Maevius als Eigentümer des Sklaven geleistet werden, obwohl ja eine Stipulation zugunsten eines Dritten unwirksam wäre[603]. Die Beifügung einer Zahlstelle bzw. eines *solutionis causa adiectus* ist mithin eine Möglichkeit, einen Dritten in den Genuss einer Stipulation zu bringen, ohne gegen den Grundsatz des *alteri neminem stipulari potest* zu verstoßen[604]. In ganz ähnlicher Weise – so kann man den Gedankengang ergänzen – ist es möglich, einen in der Rechtsfähigkeit Beschränkten als *solutionis causa adiectus* in eine Nießbrauchstipulation aufzunehmen, auch wenn die eigentliche Stipulation eines Nießbrauchs zu seinen Gunsten ausgeschlossen wäre.

4. *Klagenkonkurrenz bei der* hereditatis petitio *(§§ 8-9)*

Den Haftungsumfang des Erbschaftsbesitzers aus der *hereditatis petitio* betreffen:

D. 46.3.95.8-9 Pap. 28 quaest.

8 Si creditor debitoris hereditatem ad se non pertinentem possedit et tantum ad eum pervenit, quantum,	8 Wenn der Gläubiger die Erbschaft des Schuldners in Besitz genommen hat, obwohl sie ihm nicht zusteht, und soviel an ihn gelangt ist,

600 Vgl. dazu zuletzt ausführlich Gröschler, Actiones in factum, 2002, 94-97.

601 Eine *voluntas servi* begegnet nur als Faktum im Rahmen des Besitzes vgl. D. 41.4.2.12 Paul. 54 ad ed. Auch hier ist sie aber der *voluntas domini* klar untergeordnet. Vgl. Lausberg, § 552-556, 282-285 mwN. Möglich wäre auch eine Katachrese, vgl. Quint. 8, 6, 34.

602 Zur Wirksamkeit einer derartigen Stipulation vgl. D. 45.1.56.2 Iul. 52 dig.

603 Zu Recht betont aber Leptien, Utilitatis causa, 1967, 62, dass der *solutionis causa adiectus* insoweit ein Umweg ist, um dem Mündel oder dem *furiosus* eine Zuwendung zu machen.

604 Zur bedingten Einsetzung eines *causa solutionis adiectus* vgl. Pal. 340 =D. 46.3.98.5 Paul. 15 quaest., dazu Knütel, Stipulatio, 1976, 242f., Ankum, in: Studi Nicosia I, 2007, 139-161.

si quilibet alius bonorum possessor ei solveret, liberaret heredem, non potest dici fideiussores liberari: neque enim ipsum sibi solvisse pecuniam credendum est, a quo hereditas evincitur.	wieviel den Erben befreit hätte, wenn irgend ein beliebiger anderer Besitzer des Nachlasses ihm gezahlt hätte, kann nicht gesagt werden, dass die Bürgen befreit würden. Und man darf nämlich nicht glauben, dass er sich selbst das Geld gezahlt habe, von dem die Erbschaft evinziert wurde.
9 Dolo fecisti, quo minus possideres quod ex hereditate ad alium pertinente adprehenderas: si possessor corpus aut litis aestimationem praestitit, ea res tibi proderit, quia nihil petitoris interest: ceterum si tu ante conventus ex praeterito dolo praestiteris, nihil ea res possessori proderit.	9 Ich habe arglistig dafür gesorgt, dass du nicht besitzt, was du aus der Erbschaft, die einem anderen zusteht, ergriffen hast. Wenn der Besitzer den Schätzpreis des Gegenstands oder des Streites leistet, nützt dir diese Tatsache, weil ja kein Interesse des Klägers besteht. Wenn du im Übrigen, bevor du angegangen wirst, für die vergangene Arglist geleistet hast, wird diese Tatsache dem Besitzer nichts nutzen.

In § 8 ist der Erbschaftsbesitzer Gläubiger des Erben. Zudem sind Bürgen für die Schuld des Erblassers eingetreten[605]. Papinian entscheidet, dass die Bürgen, wenn der Erbschaftsbesitzer Leistungen Dritter für die Erbschaft entgegennehme, (dem Gläubiger) weiter haften, die auf den Erben übergegangene Schuld des Erblassers mithin nicht getilgt ist. Dieses Ergebnis steht im Widerspruch zu einer Äußerung Ulpians, der unter Berufung auf Julian entscheidet, dass der Erbschaftsbesitzer Schulden des Erben gegenüber der *hereditatis petitio* in Abzug bringen kann, soweit er sich gegenüber dem klagenden Erben zur Defension verpflichtet[606]. Noch weitergehend befindet ein Reskript Caracallas, dass der gutgläubige Erbschaftsbesitzer die gezahlten Erbschaftsschulden auch ohne entsprechende Kaution verrechnen darf[607].

Als Argument gegen derartige Verrechnungen ist Papinians Bemerkung anzusehen, der Erbschaftsbesitzer (Gläubiger) habe nicht an sich selbst zahlen können. Entsprechend, so ist die Überlegung fortzuführen, könne er auch nicht eigenmächtig Zahlungen Dritter auf die Erbschaft zu seinen Gunsten verrechnen. Immerhin kann er sich – und dies allein betont Papinian – an die Bürgen halten[608]. Ebenfalls unausgesprochen bleibt, dass es damit allein in der Hand des Erben liegt, ob er die Zahlung durch die Dritten als Erfüllung der Schuld ansehen und die *hereditatis petitio* ver-

605 Zu den kontroversen Antworten der römischen Juristen vgl. Müller-Ehlen, Hereditatis petitio, 1998, 134-152 mwN.

606 Vgl. D. 5.3.31pr. Ulp. 15 ad ed., dazu Kaser, Die Passivlegitimation zur hereditatis petitio, SZ 72 (1955) 119, vor allem Müller-Ehlen, Hereditatis petitio 1998, 148-151mwN.

607 Vgl. C. 3.31.5 Ant. (a. 213), dazu Müller-Ehlen, Hereditatis petitio, 1998, 134-142 mwN.

608 Für die Genehmigungsmöglichkeit, die Frezza, Le garanzie I, 1962, 150f. annimmt, gibt es keinen direkten textlichen Beleg.

ringern will oder ob er die Erbschaft insgesamt fordert und die Bürgen einstehen lässt[609].

Dass Papinian an dieses Wahlrecht des Erben denkt, belegt die in § 9 entwickelte Variante, die die dolose Verringerung der Erbschaft durch den Erbschaftsbesitzer betrifft. Nachdem die römische Jurisprudenz das *Senatusconsultum Iuventianum* auch auf die *hereditatis petitio* erstreckt hat, wird der Erbschaftsbesitzer bei dolosem Verkauf der Sache so behandelt, als habe er sie noch im Besitz[610]. Papinian zeigt die Folgen dieser Fiktion, die sich danach unterscheiden, wann der Erbe die alternativ denkbare *rei vindicatio* gegen den Sachinhaber ausübt[611]: Wähle der Erbe zuerst die *rei vindicatio*, könne er, wenn der Erwerber die Sache herausgegeben oder den Schätzwert geleistet habe, nichts mehr vom Erbschaftsbesitzer verlangen[612]. Habe der Erbe aber zuerst den Erbschaftsbesitzer angegangen, bleibe die Klage gegen den Erwerber weiterhin möglich. Dies führe zur doppelten Inanspruchnahme des Erbschaftsbesitzers, denn wegen der Eviktion durch den Erben könne sich der Erwerber mit der *actio empti* beim Erbschaftsbesitzer schadlos halten[613].

Im Einklang mit anderen Juristen stellt Papinian die doppelte Inanspruchnahme des Erbschaftsbesitzers nicht in Frage[614], sondern widmet sich allein dem Wahlrecht des Erben[615]: Da der Besitzer der Sache in jedem Fall haftet, der Erbschaftsbesitzer hingegen nur subsidiär, bleibt zu erwägen, ob nicht eine Klagenzession vom Erben

609 Vgl. auch Müller-Ehlen, Hereditatis petitio, 1998, 144 Fn. 39.

610 Vgl. D. 5.3.20.6c/9 Ulp. 15 ad ed., dazu Müller-Ehlen, Hereditatis petitio, 1998, 315-337; ferner Provera, La vindicatio caducorum, 1964, 32-47.

611 Zur möglichen Klagenkonkurrenz vgl. Levy, Nachtr., 1962, 70-73; weitere Nachweise bei Müller-Ehlen, Hereditatis petitio, 1998, 275f. mit Fn. 100 zur Stelle.

612 Erhellend zu diesem Aspekt Levy, Nachtr., 1962, 71. Aus dem Vorrang der Naturalherstellung erklärt dies zuletzt Wimmer, Besitz und Haftung des Vindikationsbeklagten, 1995, 120f. mwN; ähnlich Blank, Condemnatio pecuniaria und Sachzugriff, SZ 99 (1982) 307f., Tafaro, La interpretatio ai verba ‚quanti ea res est' nella giurisprudenza romana. L'analisi di Ulpiano, Neapel 1980, bes. 105-108.

613 Anders Levy, Nachtr. 1962, 70: „Papinian (Lenel Nr. 340) war dagegen mit dem Thema *de solutionibus et liberationibus* aus Stipulationen befaßt und hatte es daher mit der *clausula doli* der Prozeßkaution zu tun, die der Beklagte zu leisten hatte, wenn er sich auf die *hereditatis petitio* einließ". Zur *actio empti* wegen Eviktion vgl. nur D. 19.1.11.18 Ulp. 32 ad ed, dazu Medicus, Id quod interest, 1962, 61f. und Honsell, Quod interest, 1969, 45-47.

614 D. 5.3.20.17 Ulp. 15 ad ed. und D. 5.3.20.21 Ulp. 15 ad ed. zur Herausgabe des Preises trotz Untergangs der Sache sowie die *oratio divi Hadriani* in D. 5.3.22 Paul. 20 ad ed., dazu Medicus, Der historische Normzweck bei den römischen Klassikern, in: Studien Kaser, 1973, 76; Provera, La vindicatio caducorum, 1964, 37f.: „il possessore dei caduca non doveva in nessun caso facere lucrum". Zum Papinian vgl. bereits Levy, Nachtr. 1962, 72.

615 Hier könnte ein *argumentum a genere* vorliegen, vgl. Cic. top. 13. Als *genus* dient die Klageart *hereditatis petitio*, der bestimmte Eigenschaften mit Blick auf andere Rechtsverhältnisse des Beklagten (Erbschaftsbesitzers) und des Klägers (Erbe) zukommen.

an den Erbschaftsbesitzer sachgerecht wäre, wenn letzterer für die Veräußerung der Sache den Schätzwert gezahlt hat[616].

5. Die Klagenzession beim Kreditmandat (§ 10-12)

Möglichkeiten der Klagezession untersucht Papinian im letzten Teilstück der Katene (§§ 10-12), in dem er Auftrag und Vormundschaft vergleicht.

D. 46.3.95.10-12 Pap. 28 quaest.

10 Si mandatu meo Titio pecuniam credidisses, eiusmodi contractus similis est tutori et debitori pupilli: et ideo mandatore convento et damnato, quamquam pecunia soluta sit, non liberari debitorem ratio suadet, sed et praestare debet creditor actiones mandatori adversus debitorem, ut ei satisfiat. et hoc pertinet tutoris et pupilli debitoris nos fecisse comparationem: nam cum tutor pupillo tenetur ob id, quod debitorem eius non convenit, neque iudicio cum altero accepto liberatur alter nec, si damnatus tutor solverit, ea res proderit debitori: quin etiam dici solet tutelae contraria actione agendum, ut ei pupillus adversus debitores actionibus cedat.

11 Si creditor a debitore culpa sua causa ceciderit, prope est, ut actione mandati nihil a mandatore consequi debeat, cum ipsius vitio acciderit, ne mandatori possit actionibus cedere.

12 Si inter emptorem et venditorem convenerit, priusquam aliquid ex alterutra parte solveretur, ut ab emptione discedatur, fideiussor eo nomine acceptus soluto contractu liberabitur.

10 Wenn du in meinem Auftrag dem Titius Geld geliehen hast, ist der so beschaffene Vertrag dem zwischen Tutor und Schuldner des Mündels vergleichbar. Und deshalb rät die Vernunft, nach der Inanspruchnahme und Verurteilung des Auftraggebers, auch wenn das Geld gezahlt worden ist, den Schuldner nicht zu befreien. Vielmehr muss der Gläubiger auch dem Auftraggeber die Klagen gegen den Schuldner leisten, damit er [der Schuldner] ihn befriedigt. Und es hat einen Zweck, dass wir einen Vergleich zum Tutor und zum Schuldner des Mündels gezogen haben: Denn, weil der Tutor dem Mündel auf das haftet, was [das Mündel] von seinem Schuldner nicht in Anspruch nimmt, und der eine [von beiden] durch Annahme des Streitverfahrens mit dem anderen nicht befreit wird, und wenn der verurteilte Tutor gezahlt hat, diese Tatsache dem Schuldner nichts nutzt, pflegt ja sogar gesagt zu werden, dass mit der Konträrklage der Vormundschaft darauf zu klagen sei, dass ihm das Mündel die Klagen gegen die Schuldner abtrete.

11 Wenn der Gläubiger vom Schuldner durch seine [des Gläubigers] Schuld eine Rechtssache verloren hat, ist es angemessen, dass er mit der Auftragsklage nichts vom Auftraggeber verlangen kann, weil es durch seinen eigenen Fehler geschehen ist, dass er dem Auftraggeber nicht die Klagen abtreten kann.

12 Wenn zwischen Käufer und Verkäufer vereinbart wurde, dass vom Kauf abgegangen werde, bevor irgendetwas aus einem Teil erfüllt worden ist, wird der Bürge, der für diesen Vertrag angenommen worden ist, durch die Aufhebung des Vertrags befreit werden.

616 Zum Zusammenhang vgl. Cujas, Opera IV, 759 zu § Si mandatu &c..; ähnlich Levy, Die Enteignung des Klägers im Formularprozeß, SZ 42 (1921) 505f.

Aufgrund der gedrängten Darstellung lässt sich erst aus den Rechtsfolgen ableiten, welche Parteien der Dreipersonenverhältnisse überhaupt verglichen werden. Die für beide Verhältnisse geltenden Bezeichnungen *debitor-creditor*[617] zeigen nämlich, dass Papinian den Auftraggeber des Kreditauftrages dem Tutor, den Kreditgeber dagegen dem Mündel gleichstellen will, denn ihn interessiert vorrangig, ob der Auftraggeber bzw. der Vormund, der den Gläubiger befriedigt hat, Abtretung der Klage gegen Schuldner vom Auftragnehmer bzw. Mündel verlangen kann. Zuletzt geht Jan Wacke davon aus, dass die Vormundschaft der Vergleichsfall ist, dessen Lösung derart evident sein muss, dass er sich für den Beweis überhaupt eignet[618]. Nach den bisherigen Erfahrungen innerhalb der Katene muss die Ausführlichkeit, mit der der Vergleich gerechtfertigt wird, allerdings skeptisch stimmen. In der Tat gibt es keinen weiteren Beleg für die Klagenzession bei der Vormundschaft, während beim Kreditmandat schon Julian dem Auftraggeber einen Regress zubilligt[619]. Auch Papinian scheint in den *Quaestiones* dieser Ansicht zu folgen, wenn er schreibt, der Auftraggeber wolle im Zweifel nicht die Schuld des Kreditnehmers tilgen, sondern nur seine eigene subsidiäre Haftung erfüllen[620].

Diese Begründung passt nicht ohne weiteres auf die Vormundschaft, denn der Vormund ist Inhaber des Mündelvermögens und erfüllt als solcher Geschäfte, die unmittelbar in seine Vermögenssphäre fallen[621]. Erst mit Ende der Tutel kann er die Aufwendungen, die er hatte, mit der *actio tutelae contraria* geltend machen, das heißt auch Zahlungen an Gläubiger des Mündels zurückverlangen[622]. Aus diesem Grund liegt es nahe, dass der Vergleich Papinians dazu dient, die bereits anerkannten Rechtsfolgen des Kreditmandats mit Blick auf die Tutel auf eine neue Grundlage zu stellen[623]. Entgegen dem Anschein bezweckt Papinian, die Interessenlage, die den Fortbestand der Haftung des *debitor* gegenüber dem *mandator* rechtfertigt, auch für die Tutel fruchtbar zu machen.

Ein weiteres Argument für dieses Verständnis des Vergleichs ergibt sich aus dem Fortgang der Darstellung (§ 11): Auch hier interessiert vordergründig die Rechtslage beim Kreditmandat und nicht die Vormundschaft, indem Papinian die Grenzen der

617 Vgl. J. Wacke, SZ 124 (2007) 117.

618 Vgl. J. Wacke, SZ 124 (2007) 118.; Emunds, Solvendo quisque, 2007, 262f. Vgl. ferner D. 26.7.15 Paul. 2 sent.

619 Vgl. D. 46.1.13 Iul. 14 dig., ferner D. 17.1.27.5 Gai. 9 ad ed. prov., dazu zuletzt Emunds, Solvendo quisque, 2007, 260 Fn. 83.

620 Vgl. Pal. 103 = D. 17.1.28 Ulp. 14 ad ed., dazu Nachweise bei Emunds, Solvendo quisque, 2007, 255-262. Entwicklungshypothesen bei Schulz, SZ 27 (1906) 100f., dazu kritisch J. Wacke, OIR 10 (2005) 244f. bes. Fn. 6.

621 Vgl. dazu Pernice, Labeo I, 1873, 497.

622 Vgl. D. 27.4.3.1 Ulp. 36 ad ed. Dies zeigt auch der parallele Fall D. 46.1.49 Tryph. 9 disp., dazu Emunds, Solvendo quisque, 2007, 203-217, bes. 209f.

623 Zu *nos fecisse comparationem* vgl. Emunds, Solvendo quisque, 2007, 264, anders J. Wacke, SZ 124 (2007) 132f., der die didaktischen Ziele für die Darstellung verantwortlich macht

Klagenzession beim Kreditmandat aufzeigt. Der beauftragte Gläubiger dürfe die subsidiäre Haftung des Mandanten nicht dazu benutzen, Fehler in der Prozessführung mit dem Schuldner dem Mandanten aufzuerlegen. Daher erlösche die subsidiäre Haftung bei Verschulden des Gläubigers, denn sie enthalte nur das Risiko für die Liquidität des Schuldners[624]. Dieser Gedanke wird durch einen weiteren Vergleich bewiesen (*argumentum ab effectibus*[625]), der das Freiwerden des Bürgen beim *contrarius consensus* der Kaufparteien betrifft. Diese trotz der Ähnlichkeit von *fideiussio* und Kreditmandat auf den ersten Blick wenig passende Parallele gewinnt an Konturen, wenn man sich vor Augen führt, dass die Klagenzession als (fiktiver) Klagenkauf angesehen wird, das heißt dass der Mandant die Klage des Gläubigers gegen den Schuldner wie ein Käufer „erwirbt"[626]. Die Existenz des „Kaufgegenstands" hängt allerdings vom Verhalten der Vertragsparteien ab[627]. Heben diese den Vertrag auf, wird auch der Bürge *ipso iure* frei[628].

Betrachtet man den Zusammenhang innerhalb der Katene, so fällt auf, dass die scheinbar redundante Doppelung von Kreditmandat und Tutel den beiden auch für die Erbschaftsklage diskutierten Fällen entspricht. Für das Kreditmandat spricht Papinian die Rechtsfolgen aus (*et ideo mandatore convento ...),* die auch für die Haftung der Bürgen der Erbschaftsschuld gelten müssen: Wenn sie den Gläubiger befriedigen, so können auch sie mit der *actio mandati contraria,* die auch das Abtretungsverlangen beim Kreditmandat trägt, die Übertragung der Klage gegen den Hauptschuldner verlangen[629]. Dieser klare Fall dient somit zum Einstieg in die schwerer zu begründende Parallelisierung von Vormundschaft und Erbschaftsanspruch, die sich aus der Betonung der subsidiären Haftung des Erbschaftsbesitzers im Verhältnis zum Erwerber ableiten lässt[630]. Dass Papinian nun noch die Vormundschaft hinzuzieht, dürfte den Zweck verfolgen, die Zessionsregelung des Kreditmandats auch auf die Verwaltung fremden Vermögens zu erstrecken, unabhängig davon, ob sie berechtigt (Tutor) oder unberechtigt (Erbschaftsbesitzer) stattfindet: Sie haften

---

624 Vgl. D. 17.1.48.1 Cels. 7 dig. Zu § 10 bereits treffend Schulz, SZ 27 (1906) 100.

625 Vgl. Cic. top. 23.

626 Dazu Medicus, in: FS Kaser, 1976, 391 mit 404f. Vgl. ferner Reichard, Die Frage des Drittschadenersatzes im klassischen römischen Recht, Köln et al. 1993, 262 Fn. 5 mwN.

627 Zum Verhältnis von Kauffiktion und Untergang der „Hauptschuld" vgl. Medicus, in: FS Kaser, 1976, 405.

628 So vor allem Flume, Rechtsakt, 1990, 48f., der die Spekulationen über eine bloße exzeptionsweise Wirkung aus terminologischen Gründen zurückweist, anders noch Frezza, Le garanzie I, 1962, 112; unentschieden Mannino, L'estensione al garante, 1992, 61-63. Zur Frage der *res integra* in diesem Zusammenhang vgl. Knütel, Contrarius consensus, 1968, 28f. (Die Bürgenbestellung beseitigt die *res integra* nicht.).

629 Zum Bürgenregress vgl. Giménez-Candela, in: Mandatum und Verwandtes, 1993, 169-177.

630 Dies geschieht durch die Gegenüberstellung: *si possessor corpus aut litis aestimationem praestitit, ea res tibi proderit, quia nihil petitoris interest: ceterum si tu ante conventus ex praeterito dolo praestiteris, nihil ea res possessori proderit.*

beide auf das Interesse und ihre Leistung befreit das Mündel oder den Erben nicht[631]. Insgesamt besteht Papinians Innovation darin, die bei dem Kreditmandat anerkannte Klagezession auf die Tutel und von dort auf die *hereditatis petitio* zugunsten des Erbschaftsbesitzers zu erstrecken (*argumentum ab adiunctis*)[632]. Bei näherer Betrachtung widerlegen daher §§ 10-12 die Darlegungen aus §§ 8-9, indem sie vorführen, dass dem Erbschaftsbesitzer entgegen der herrschenden Meinung ein Anspruch auf Klagenzession gewährt werden sollte.

6. Gesamtbetrachtung der Katene, Pal. 340

Dass die einzelnen Abschnitte über §§ 8-12 zusammenhängen, offenbart sich, wenn man die Hauptaussagen Papinians aus den einzelnen Passagen vergleicht: Im ersten Abschnitt (*pr.*/1) fordert er, auch bei der Wahlschuld mit Wahlrecht des Schuldners das Schuldverhältnis auf die verbleibende Sache zu konzentrieren, wenn der Schuldner eine der beiden wahlweise geschuldeten Leistungen schuldhaft zerstört. Im zweiten Abschnitt (§§ 2-4) wird der Begriff der *plenior obligatio* kritisch durchleuchtet und festgehalten, dass eine rein formale Deutung des Begriffs nicht zielführend ist. Mit dem *solutionis causa adiectus* führt Papinian (§§ 5-7) eine Möglichkeit vor, einer Person, die an sich unfähig ist, Inhaber von Rechten und Pflichten zu sein, durch die Person ihres Tutors oder Kurators einen Nießbrauch oder sonstigen höchstpersönlichen Vorteil zukommen zu lassen. Der letzte und längste Abschnitt (§§ 8-12) befasst sich schließlich mit den Ausgleichsmöglichkeiten bei Drei-Personen-Verhältnissen, wobei Papinian zunächst die *hereditatis petitio* untersucht, die einen entsprechenden Ausgleich nicht kennt, bevor er anhand von Kreditmandat und Tutel nachweist, dass es jedenfalls für den Fall der dolosen Weiterveräußerung durch den Erbschaftsbesitzer angemessen ist, den Erben zur Klagenzession zu zwingen, wenn er den Besitzer vor dem Erwerber angegangen hat.

Übereinstimmend betreffen daher alle vier Abschnitte die Frage, was mit parallelen Forderungen oder Klagerechten, die auf ein- und dasselbe Interesse gerichtet sind, geschieht, wenn die eine oder andere Forderung ausfällt, erfüllt oder übertragen wird. Die verschiedenen, teilweise sehr spezifischen Sachargumentationen lesen sich damit als Variationen eines Grundgedankens, demzufolge zwei Obligationen, die auf dieselbe Sache oder ein identisches Interesse gerichtet sind, nicht unabhängig nebeneinander stehen, sondern aufeinander wirken. Papinians Zusammenstellung der verschiedenen Konstellationen zur Wirkung derart „verbundener" Obligationen gerät damit trotz des palingenetisch naheliegenden praktischen Anlasses der Diskussion in die Nähe einer allgemeinen, eher rechtsphilosophischen Fragestellung (*quaes-*

631 Vgl. § 9: *petitoris interest*; § 10: *tutor … tenetur ob id, quod debitorem eius non convenit;* und: § 9: *nihil ea res possessori proderit*, § 10: *nec, si damnatus tutor solverit, ea res proderit debitori.*

632 Zur Abgrenzung von *ab adiunctis* und den *loci dialecticorum*, vgl. Cic. top. 51-53. Anders als Papinian: Paulus in D. 6.1.69 Paul. 13 ad Sab., dazu Levy, Nachtr., 1962, 72.

tio infinita)[633]. Als Grundthese der Katene ließe sich etwa isolieren, dass trotz formaler Doppelung der Obligationen (oder der Erfüllungsmöglichkeiten) in jedem Einzelfall zu prüfen ist, ob im Ergebnis nur eine Leistung erfolgen soll. Diese These ist keine Rechtsregel, kann aber ein hilfreiches Instrument für die Bearbeitung zukünftiger Einzelfälle (*quaestiones finitae*) sein oder ein theoretisch-didaktisches Interesse befriedigen[634]. In dieser in Ausführlichkeit und Ansatz singulären Katene ist die kritische Auseinandersetzung mit überkommenen Rechtsmeinungen somit ein Mittel der tieferen Rechtserkenntnis.

VI. Ergebnisse und Folgerungen

Die Analyse der Katenen zu überkommenen Juristenmeinungen nach rechtlichen wie dialektisch-topischen Gesichtspunkten zeigt, dass Papinian in der literarischen Diskussion mit anderen Juristen weitaus komplexer, aber auch planvoller argumentiert, als dies bisher für die römische Jurisprudenz angenommen worden ist[635]. So beschränkt sich Papinian erkennbar nicht auf eine knappe zustimmende oder widersprechende Stellungnahme, sondern zeigt Voraussetzungen, Konsequenzen oder auch Fehler einer bestehenden Meinung auf[636]. Der dialektischen Perspektive entsprechend sind diese Argumente aber nicht abstrakt, sondern als Variation eines Ausgangsfalls oder gar als Parallelfälle formuliert[637], deren Lösung sich als topisches Argument gegen die bekämpfte Meinung oder für Papinians Neulösung darstellt. Die Kasuistik Papinians ist in diesen Katenen mithin keine assoziative Weiterent-

---

633 Die Gesamtkatene steht nach der Palingenesie unter dem Titel *De stipulationibus* und dem Untertitel: *De solutionibus et liberationibus.* Zur *quaestio infinita* vgl. Quint. 3, 5, 5.

634 Vgl. Cic. orat. 45f. Zur Definition der Rechtsregel vgl. Schmidlin, Die römischen Rechtsregeln, 1970, dazu präzisierend Nörr, in: HIA II, 775-850.

635 Zur „assoziativen Rechtsfindung“ vgl. Knütel, in: Studi Sanfilippo III, 1983, 357 (zu Pal. 261); ders., in: GS Heinze, 2005, 477f. und in: Liber amicorum Miquel, 2006, 523-556.

636 Zu den verschiedenen Möglichkeiten, die Wirkung der Topoi zu ordnen, vgl. Rapp, Aristoteles. Rhetorik, II, 2002, 282-289.

637 Dabei sei nochmals betont, dass "Topik" nicht die Verwendung fertiger argumentativer Versatzstücke oder gar die Bezugnahme auf Rechtsregeln bedeutet. So aber Kaser, in: Ausg. Schriften I, 1976, 8. Er definiert die Topik als Kunst, „allgemeine Leitsätze und Leitbegriffe aufzufinden", ähnlich Schmidlin, Die römischen Rechtsregeln, 1970, 197-203, der die Erstellung von Topen-Katalogen erwartet. Gegen dieses Verständnis der Topik bereits Otte, Zeitschrift für Rechtstheorie 1 (1970), 183-192; ähnlich zuletzt Calboli Montefusco, in: Rhetorik zwischen den Wissenschaften, 1991, 21-34 und dies., in: DNP XII, 1, 2002, 691-693. Vgl. oben Zweiter Teil I, S. 64-66.

wicklung eines Falls, sondern Ausdruck einer geplanten, weit ausgreifenden Argumentationskultur[638].

Die so geführten Angriffe auf überkommene Meinungen sind von unterschiedlicher Intensität: Dem eigentlichen dialektischen Streitgespräch stehen die Erörterungen am nächsten, in denen Papinian der einleitend zitierten Meinung sofort widerspricht, um sie dann schrittweise durch die Formulierung von Fallvarianten zu entkräften[639]. Es ist aber auch das Vorgehen zu beobachten, zunächst die überkommene Ansicht zu erörtern und scheinbar zustimmend zu zitieren, um sie dann an einem Grenz- oder Ausnahmefall scheitern zu lassen und gleichzeitig die eigene, neue Ansicht zu formulieren[640]. Der Einstieg kann aber auch direkt über diesen Grenzfall erfolgen, dessen Lösung zur theoretischen Erörterung der verschiedenen Juristenmeinungen führt, wobei sich gleichsam zufällig die Vorzugswürdigkeit der eigenen Position herausstellt[641]. Papinian nutzt somit regelmäßig die praktische Untauglichkeit eines Konzepts, um seine theoretische Fundierung in Frage zu stellen[642]. Dieser Zusammenhang zeigt sich in besonderem Maße in den Katenen, in denen Papinian eine allgemeine Rechtsfrage in einer besonderen Fallgestalt präsentiert, um diese Rechtsfrage auch aus den Eigentümlichkeiten des Sachverhaltes heraus zu beantworten[643]. Diese Verquickung von Tat- und Rechtsfrage, die gerade die Katenen zu Sabinus kennzeichnet, empfiehlt Quintilian in Rechtsfällen, in denen die üblichen *loci* erschöpft sind[644]. Auch Papinian dient der Umweg über den Einzelfall dazu, die Zustimmung des Publikums zu seiner Grundaussage zu erhalten.

Zu dieser Überzeugungsstrategie gehört auch die Verwendung von dialektischen Figuren, das heißt die sachbezogenen Sinnfiguren, die zur Stärkung des eigenen Standpunktes in der dialektischen Auseinandersetzung mit dem gegnerischen

638 Zu dieser Funktion der Rhetorik vgl. vor allem Nörr, in: HIA II, 28.

639 Vgl. Pal. 272 = D. 35.1.72pr.-8 Pap. 18 quaest.; Pal. 261 = D. 31.66pr.-7 Pap. 17 quaest.

640 Vgl. Pal. 199 = D. 26.7.37pr.-2 Pap. 11 quaest.; Pal. 323 = D. 18.7.6pr.-1 u. D. 18.7.8 Pap. 27 quaest.; Pal. 79 = D. 45.1.11pr.-2 Pap. 2 quaest.; Pal. 340 = D. 46.3.95pr.-1, 2-4, 5-7, 8-9, 10-12 Pap. 28 quaest.

641 Fall: Pal. 323 = D. 18.7.6pr.-1 und D. 18.7.8 Pap. 27 quaest.; Pal. 79 = D. 45.1.115pr.-2 Pap. 2 quaest.; Pal. 261 = D. 31.66pr.-3 Pap. 17 quaest.; Pal. 272 = D. 35.1.72pr.-8 Pap. 18 quaest.; theoretische Fragestellung: Pal. 199 = D. 26.7.37pr.-2 Pap. 11 quaest.; Pal. 353 = D. 35.2.11pr.-8 Pap. 29 quaest., Pal. 340 = D. 46.3.95pr.-12 Pap. 28 quaest.

642 Eher von der praktischen Frage zur Theorie: Pal. 261 = D. 31.66pr.-7 Pap. 17 quaest.; Pal. 272 = D. 35.1.72pr.-8 Pap. 18 quaest.; eher von der theoretischen Konzeption zur praktischen Tauglichkeit: Pal. 353 = D. 35.2.11pr.-8 Pap. 29 quaest.; Pal. 340 = D. 46.3.95pr.-1, 2-4, 5-7, 8-9, 10-12 Pap. 28 quaest.

643 Vgl. Pal. 199 = D. 26.7.37pr.-2 Pap. 11 quaest.; Pal. 323 = D. 18.7.6pr-1 u. D. 18.7.8 Pap. 27 quaest.; Pal. 79 = D. 45.1.115pr.-2 Pap. 2 quaest.

644 Vgl. Quint. 5, 10, 103f. Zur *περιστάσεις* vgl. Lausberg, § 399, S. 220; Martin, 1974, 17f.

Standpunkt verwendet werden[645]. So verwendet Papinian die *conciliatio,* also ein gegnerisches Argument für den eigenen Zweck[646], ebenso wie die *πρόληψις* (*anticipatio*), dass heißt eine präventive Abwehr der erwarteten gegnerischen Argumente[647]. Besonders häufig findet sich die *concessio*, die in der Ausnutzung und Verfremdung einer bestehenden Meinung zu eigenen Zwecken besteht, wobei die Abwandlung als Unterwerfung getarnt wird[648]. Sie ist typisch für die Katenen zu Sabinus[649], findet sich aber auch im Umgang mit Julian, Labeo und Pegasus[650]. Dabei nutzt Papinian die Formel *utilitatis causa receptum* als Einbruchsstelle, um die *utilitas* einer anerkannten Meinung in Frage zu stellen und gegebenenfalls auch abweichend zu beantworten[651].

Der unterschiedliche Gebrauch der dialektischen Figuren belegt erneut, dass Papinian nur selten den offenen Widerspruch zur konsentierten Meinung sucht und bei aller Innovativität, die seine Lösungen auszeichnen, eher die Kontinuitäten und Gemeinsamkeiten zum bestehenden Recht betont[652]. Diese Anlehnung an fremde Meinungen, die gerade im *genus admirabile* notwendig ist, um die eigene neue Meinung mit entsprechender Überzeugungskraft vortragen zu können, könnte auch die häufige Benutzung von Formeln wie *vulgo dictum* oder *vulgo diceretur* erklären[653].

Die *vulgo dictae sententiae* oder *γνῶμαι*, das heißt „ein behauptender Satz, jedoch nicht über die Dinge im Einzelnen, (…), sondern von allgemeiner Art" dienen dem Beweis, verzichten aber anders als die Enthymeme auf die Begründung, da diese als allgemein bekannt oder evident vorausgesetzt wird[654]. Im Zusammenhang mit der Trivialität der *vulgo dicta* ist dabei von besonderem Interesse, dass der Redner nach Aristoteles auch abgedroschene Sentenzen (*τεθρυλημένα*) und allgemein bekannte

---

645 Zur *insinuatio* vgl. Zweiter Teil I, S. 66f. Zu den dialektischen Figuren vgl. Lausberg, § 755-757, S. 375; Martin, 1974, 275. Es fehlt die *permissio*, das heißt die (ironisch gemeinte) Überlassung, was entgegen dem gut gemeinten Rat zu tun sei, vgl. nur Lausberg, § 857, 426.

646 Vgl. Pal. 340 = D. 46.3.95.1 Pap. 28 quaest. zur *actio doli.* Zur *conciliatio* vgl. Lausberg, § 783, S. 385f. u. Martin, 1974, 293 (mit Kritik an Lausbergs Beispiel).

647 Vgl. Pal. 272 = D. 35.1.72.2 Pap. 18 quaest. Zur *anticipatio* vgl. Quint. 4, 1, 49, dazu Lausberg, § 855, S. 425.

648 Zur *concessio* vgl. Lausberg, § 856, 425f. und Martin, 1974, 280f.

649 Vgl. Pal. 323 = D. 18.7.6pr.-1 u. D. 18.7.8 Pap. 27 quaest.; Pal. 79 = D. 45.1.115pr.-2 Pap. 2 quaest. Zur Vorliebe für Sabinus vgl. Zweiter Teil II, S. 81.

650 Vgl. Pal. 340 = D. 46.3.95.3-4 und 5-7 Pap. 28 quaest.

651 Vgl. Pal. 79 = D. 45.1.115.2 Pap. 2 quaest.; Pal. 340 = D. 46.3.95.7 Pap. 28 quaest. Vgl. ferner Pal. 306 = D. 41.2.44.1 Pap. 23 quaest., wo die Begrenztheit der Lösung noch durch den Ausdruck *ius singulare* hervorgehoben wird, vgl. Vierter Teil II.1b, S. 198f.

652 Aus diesem Grund trifft die Qualifizierung Papinians durch Giuffrè, in: ANRW II.15, 1976, 632-666 als „fra tradizione ed innovazione" auch für die *Quaestiones* zu.

653 Grundlegend Mayer-Maly, Labeo 6 (1960) 23-25; ferner Schmidlin, Die römischen Rechtsregeln, 1970, 113, dazu bereits Nörr, in: HIA II, 826f.

654 Vgl. Aristot. rhet. 1394a 19-34, vgl. dazu Martin, 1974, 123f.

Weisheiten (*κοινά*) benutzen kann[655], wenn er seine Distanz zu dieser Aussage bekundet oder ihre Verbesserungswürdigkeit aufzeigt[656]. Genau dieses Vorgehen zeichnet Papinians *Quaestiones* aus: Einerseits baut er seine eigene Argumentation konsequent auf den herkömmlichen Juristenmeinungen auf; andererseits führt er ihre Defizite und Schwächen vor Augen[657]. Diese respektvoll-kritische Diskussion der hergebrachten Meinungen ist aber nicht nur juristische Auseinandersetzung mit der Tradition des Fachs, sondern dürfte auch der Anbiederung *(insinuatio)* beim Publikum dienen: Nach Aristoteles haben die *vulgo dicta* nämlich die Funktion, die Zuhörer zu erfreuen und gegenüber dem Anliegen des Redners wohlwollend zu stimmen[658]. Diese Zustimmung benötigt Papinian gerade deshalb, weil er eine neue Lösung vorschlägt, die der herkömmlichen nicht nur im Detail, sondern in wesentlichen Punkten widerspricht.

655 Vgl. Aristot. rhet. 1395 a 12.

656 Aristot. rhet. 1395a 28, dazu nur Rapp, Aristoteles. Rhetorik II, 2002, 739.

657 Vgl. Mayer-Maly, Labeo 6 (1960) 25, der die Distanzierung als Ablehnung erstarrten Rechtsdenkens deutet; ähnlich Schmidlin, Die römischen Rechtsregeln, 1970, 113f., der einen Gegensatz zwischen diesen Regeln und kasuistischem Aktionendenken konstruiert.

658 Vgl. Aristot. rhet. 1395b 1-17.

DRITTER TEIL: TOPISCHE PROBLEMERÖRTERUNGEN

Der dritte Teil als letzter Teil der exegetischen Untersuchung widmet sich den eigenen Problemerörterungen Papinians. Anders als im Zweiten Teil steht damit nicht die Widerlegung überkommener Meinungen im Mittelpunkt, sondern das ungelöste Rechtsproblem (*πρόβλημα*). Nach Aristoteles ist es zu definieren als „Fragestellung, die entweder auf Wählen und Vermeiden oder auf Wahrheit und Erkenntnis zielt", wobei keine sichere Antwort zu erhalten ist, weil Meinungsverschiedenheiten zwischen den Fachleuten und der Menge oder aber innerhalb der Fachkreise oder der Menge bestehen[659].

Diese Definition bestätigt die Nähe von Meinungsstreit und dialektischem Problem und zeigt die unterschiedlichen Zwecksetzungen der dialektischen Problemerörterung, die einerseits praktisch orientiert sein kann, also dem Ratschlag dient, andererseits auf theoretischen Erkenntnisgewinn abzielen kann[660]. Entsprechend ähnelt das methodische Instrumentarium den für die dialektische Auseinandersetzung verwandten Techniken, greift also insbesondere auf die Topik, verstanden als Hilfestellung bei der Formulierung von Prämissen, zurück[661]. Neu ist allein ihr Rahmen und Zweck: Während die Topoi im Rahmen einer dialektischen Auseinandersetzung helfen, die Prämissen zu formulieren, die der Angreifer dem Verteidiger der anerkannten Meinung entgegensetzt[662], nutzt sie der Redner im Rahmen der Problemlösung als Erkenntnismittel. Er fragt sich s e l b s t, ob es mit dem Ausgangsfall vergleichbare (das heißt über Topoi zusammenhängende) Fälle gibt, für die anerkannte Meinungen existieren[663]. Sodann muss er prüfen, welchen Schluss die für den Vergleichsfall festgestellte Meinung oder Lösung für den Ausgangsfall erlaubt.

Im Gegensatz zum dialektischen Streitgespräch kann die Problemlösung tatsächlich eine suchende Tätigkeit sein, das heißt ergebnisoffen verlaufen[664], während beim dialektischen Dialog die Positionen der Beteiligten feststehen, die Suche nach Vergleichsfällen also mit dem Ziel auf ein bestimmtes Ergebnis orientiert ist. Bei seiner

659 Vgl. Aristot. top. 104b 1-5. Zum Begriff vgl. oben Einleitung III.3, S. 17f.

660 Vgl. Quint. 2, 18, 3, dazu Lausberg, § 35, S. 42 und § 36 S. 44. Zur Abgrenzung vgl. auch Aristot. top. 101a, 25. Zur dialogischen und nicht-dialogischen Dialektik, vgl. zuletzt Rapp, Aristoteles Rhetorik II, 2002, 244-255 mwN.

661 Vgl. Zweiter Teil I, S. 64-66.

662 Vgl. Zweiter Teil I, S. 65 mit Fn. 309.

663 Vgl. Aristot. top. 101a, 34-101b, 6.

664 Zur eliminativen Funktion der Dialektik vgl. Aristot. top. 163a 36-b 12. Zum Vorgang vgl. Aristot. cael. II, 13, 294b 6-13, dazu Föllinger, in: Vermittlung und Tradierung, 1993, 265f.

Suche kann der Redner auch *exempla* (*παραδείγματα*)[665] heranziehen, wobei bereits Aristoteles ihre Wirkungsweise danach unterscheidet, ob sie als Mittel der Induktion, das heißt zur Formulierung einer allgemeinen Aussage, verwendet werden oder ob das Beispiel den Leser oder Hörer über die unmittelbare Anschauung zur Lösung des Ausgangsfalles anleiten soll[666]. Im ersten Fall liegt ein Induktionsschluss vor, der durch einen syllogistischen Schluss (Enthymem) vom Allgemeinen auf den Ausgangsfall ergänzt wird[667]; im zweiten Fall handelt es sich dagegen um eine analogische Übertragung (*illustrantia*) vom einen Einzelfall auf den anderen auf Grundlage der unmittelbar einsichtigen Ähnlichkeit (*similitudo*), ohne dass es einer allgemeinen Schlussfolgerung aus dem Beispielsfall bedarf[668]. Von diesem zweiten Fall dürfte sich ableiten, dass das Beispiel im Vergleich zum (syllogistischen) Enthymem als volksnähere Argumentationsform angesehen wird[669], denn diese analogische Funktion kann dem *exemplum* nur zukommen, wenn jeder Zuhörer die Aussagekraft des Beispiels für den Ausgangsfall intuitiv erfassen kann. Eine dritte, spezifische, Funktion kann das Beispiel im Rahmen der dialektischen Topik als *τόπος ἐξ ἐπαγωγῆς* einnehmen, indem es der Bildung von Protasen dient, die nicht auf anerkannte Meinungen, sondern nur auf das (in seiner Evidenz unmittelbar einleuchtende) Beispiel gestützt werden[670].

Im Folgenden sind zunächst Katenen mit dialektischer Selbstprüfung (I) zu betrachten, bevor die spezifisch dialektische Nutzung des Beispiels (*τόπος ἐξ ἐπαγωγῆς*) zu untersuchen ist (II).

I. Dialektische Selbstprüfung

In zwei Katenen sucht Papinian, rechtspolitische Vorschläge durch dialektische Erörterung zu untermauern und zur Entscheidung vorzubereiten.

---

665 Zum Zusammenhang von Induktion und Beispiel vgl. nur Aristot. top. 105 a 11-14, dazu von Fritz, in: Sitzungsber. Bay. Akad. Wiss. phil./hist. Kl. 5 (1964) 49ff. Zusammenfassend Ptassek, in: HWRhet. 2, 1994, Sp. 1234-1236. Zur Verwendung von Enthymemen und *exempla* in den verschiedenen Redegattungen vgl. Aristot. rhet. 1418a 1-2.

666 Vgl. Price, Paradeigma, 1975, 58-69.

667 Vgl. Aristot. An. Pr. 68 b 38-39 a 19, dazu Price, Paradeigma, 1975, 59; anschaulich zuletzt Schittko, Analogien, 2003, 23f.

668 Aristot. rhet. 1394 a 7-8, dazu Price, Paradeigma, 1975, 62f. mwN.

669 Aristot. top. 105a 17-29, dazu allgemein Klein, in: HWRhet. 1, 1992, Sp. 1432.

670 Vgl. Aristot. rhet. 1398a 33- 1398b 19; Cic. top. 41-45; Quint. 5, 10, 73. Zur Diskussion vgl. Price, Paradeigma, 1975, 75f., der die Anerkennung des Topos als widersprüchlich ansieht. Wie hier Lausberg, § 394, S. 217 (zu Cicero und Quintilian).

1. Das Familienfideikommiss, Pal. 281

Die erste Katene handelt vom Familienfideikommiss[671]:

Pal. 281 = D. 31.67pr.-10 Pap. 19 quaest.

pr. Unum ex familia propter fideicommissum a se cum moreretur relictum heres eligere debet: ei quem elegit frustra testamento suo legat quod, posteaquam electus est, ex alio testamento petere potest. utrum ergo non constitit quod datur, quasi creditori relictum, an, quamdiu potest mutari voluntas, non recte creditori comparabitur? sive tamen durat electio, fuisse videtur creditor, sive mutetur, ex neutro testamento petitio competit.	pr. Einen aus der Familie muss der Erbe wegen des Fideikommisses, das vom Testator auf seinen [des Erben] Todesfall hinterlassen worden ist, auswählen. Dem Auserwählten vermacht er in seinem Testament vergeblich, weil er nach seiner Erwählung aus einem anderen Testament einklagen kann. Ist nun also, was er [der Erbe] gegeben hat, nicht wirksam festgelegt, weil gleichsam einem Gläubiger hinterlassen wird, oder wird er [der Auserwählte], solange der Wille [des Erben] sich ändern kann, zu Unrecht mit einem Gläubiger verglichen werden? Entweder aber ist die Wahl von Dauer und er scheint Gläubiger gewesen zu sein, oder er [der Erbe] ändert seinen Willen und es steht aus keinem Testament die Klage zu.
1 Si de Falcidia quaeratur, perinde omnia servabuntur ac si nominatim ei, qui postea electus est, primo testamento fideicommissum relictum fuisset: non enim facultas necessariae electionis propriae liberalitatis beneficium est: quid est enim, quod de suo videatur reliquisse, qui quod relinquit omnimodo reddere debuit?	1 Wenn mit Blick auf die *lex Falcidia* untersucht wird, wird alles so Berücksichtigung finden, als wenn dem später Ausgewählten im ersten Testament das Fideikommiss namentlich hinterlassen worden wäre, denn die Befugnis, eine notwendige Wahl vorzunehmen, ist keine Wohltat aus eigener Freigiebigkeit. Was ist nämlich als von seinem Vermögen hinterlassen anzusehen, wenn er, was er hinterlässt, in jedem Fall zurückgeben musste?
2 Itaque si, cum forte tres ex familia essent eius, qui fideicommissum reliquit, eodem vel dispari gradu, satis erit uni reliquisse: nam postquam paritum est voluntati, ceteri condicione deficiunt.	2 Wenn er nun ein Fideikommiss hinterlässt, während z.B. drei gleichen oder unterschiedlichen Grades zu seiner Familie gehören, wird es ausreichen, einem von ihnen zu hinterlassen, denn nachdem dem Willen [des Erblassers] Folge geleistet ist, fällt den übrigen die Bedingung aus.
3 Sed si uno ex familia herede instituto ille fundus extraneo relictus est, perinde fideicommissum ex illo testamento petetur, ac si nemo de familia heredi heres exstitisset. verum is, qui heres scriptus est, ratione doli exceptionis ceteris fideicommissum petentibus facere	3 Aber wenn, nachdem einer aus der Familie zum Erben eingesetzt worden ist, jenes Grundstück einem Außenstehenden hinterlassen worden ist, wird das Fideikommiss aus jenem Testament genauso eingeklagt, als wenn niemand

671 Zum römischen Recht vgl. Declareuil, in: Mélanges Gérardin, 1907, 135-155; Torrent, Fideicommissum familiae, 1975, Desanti, 2003, 279-295. Zur Rezeption vgl. Bayer, Sukzession und Freiheit. Historische Voraussetzungen um das Institut der Familienfideikommisse im 18. und 19. Jahrhundert, Berlin 1999.

partem intellegitur: nam quae ratio ceteros admittit, eadem tacitam inducit pensationem.

4 Si duos de familia non aequis portionibus heredes scripserit et partem forte quartam extero eiusdem fundi legaverit, pro his quidem portionibus, quas iure hereditario retinent, fideicommissum non petetur, non magis quam si alteri fundum praelegasset: pro altera vero parte, quae in exterum collata est, virilem qui sunt de familia petent admissa propter heredes virilium portionum pensatione.

5 Sed et si fundum heres uni ex familia reliquerit eiusque fidei commiserit, ut eum extero restituat, quaesitum est, an hoc fideicommissum peti possit. dixi ita demum peti posse, si fundi pretium efficiat. sed si quidem ille prior testator ita fideicommissum reliquisset: "rogo fundum cui voles aut quibus voles ex familia relinquas", rem in expedito fore: quod si talia verba fuissent: "peto non fundus de familia exeat", heredis heredem propter sequens fideicommissum, quod in exterum collatum est, oneratum intellegi, petituris deinceps ceteris ex primo testamento fideicommissum post mortem videlicet eius qui primo electus est.

6 Et ideo si electo uno fideicommissum in exterum non conferatur, non alias ei qui electus est fideicommissum praestandum erit, quam interpositis cautionibus: "fundum, cum morietur, si non in familia cum effectu relinqueretur, restitui".

7 „rogo, fundum cum morieris restituas ex libertis cui voles". quod ad verba attinet, ipsius erit electio nec petere quisquam poterit, quamdiu praeferri alius potest:

aus der Familie dem Erben als Erbe eingetreten wäre. Aber es wird angenommen, dass jener, der als Erbe eingesetzt worden ist, seinen Anteil [am Fideikommiss] unter Beachtung der *exceptio doli* erhält, wenn die übrigen das Fideikommiss einklagen. Da nämlich diese Berücksichtigung [des Arglistgedankens] die übrigen zulässt, führt dieselbe auch die stillschweigende Abrechnung herbei.

4 Wenn der [mit dem Fideikommiss belastete Erbe] zwei aus der Familie zu ungleichen Teilen als Erben eingesetzt hat und einen Teil, z.B. ein Viertel, desselben Grundstücks einem Außenstehenden vermacht hat, wird zwar für jene Anteile, welche sie als Erben erhalten, das Fideikommiss nicht verlangt, ebensowenig, als wenn er einem das Grundstück als Voraus vermacht hätte. Hinsichtlich des anderen Teiles aber, welcher dem Außenstehenden zugewendet wurde, klagen alle aus der Familie auf den gleichen Anteil unter Abzug der jeweiligen Anteile der beiden Erben.

5 Aber auch wenn der Erbe das Grundstück einem aus der Familie hinterlassen hat und dessen Treue anvertraut hat, dass er es einem Außenstehenden herausgebe, ist gefragt worden, ob dieser das Fideikommiss einklagen könne. Ich habe gesagt, dass er es nur dann einklagen könne, wenn es auf den Schätzwert des Grundstücks lautete. Aber wenn freilich jener erste Testator das Fideikommiss so hinterlassen hätte: „Ich bitte dich, das Grundstück, wem du willst oder welchen du willst aus der Familie zu hinterlassen.", wäre die Sache klar bestimmt. Aber wenn der Wortlaut gewesen wäre: „Ich bitte, dass das Grundstück nicht aus der Familie hinausgeht.", wird der Erbeserbe wegen des nachfolgenden Fideikommisses, welches einem Außenstehenden zugedacht ist, als belastet angesehen. Die übrigen klagen daraufhin nach dem Tod des Ersterwählten das Fideikommiss aus dem ersten Testament.

6 Und wenn also, nachdem einer ausgewählt worden ist, kein Fideikommiss einem Fremden ausgesetzt wird, wird dem Auserwählten das Fideikommiss nur zu leisten sein, wenn er die Kaution geleistet hat: „Dass das Grundstück, wenn es nicht wirksam in die Familie hinterlassen worden ist, zurückgegeben wird, wenn ich

defuncto eo prius quam eligat petent omnes. itaque eveniet, ut quod uni datum est vivis pluribus unus petere non possit, sed omnes petant quod non omnibus datum est, et ita demum petere possit unus, si solus moriente eo superfuit.

8 Si rem tuam, quam existimabam meam, te herede instituto Titio legem, non est Neratii Prisci sententiae nec constitutioni locus, qua cavetur non cogendum praestare legatum heredem: nam succursum est heredibus, ne cogerentur redimere, quod testator suum existimans reliquit: sunt enim magis in legandis suis rebus quam in alienis comparandis et onerandis heredibus faciliores voluntates: quod in hac specie non evenit, cum dominium rei sit apud heredem.

9 Si omissa fideicommissi verba sint et cetera quae leguntur cum his, quae scribi debuerunt, congruant, recte datum et minus scriptum exemplo institutionis legatorumque intellegetur: quam sententiam optimus quoque imperator noster Severus secutus est.

10 Item Marcus imperator rescripsit verba, quibus testator ita caverat "non dubitare se, quodcumque uxor eius cepisset, liberis suis reddituram", pro fideicommisso accipienda. quod rescriptum summam habet utilitatem, ne scilicet honor bene transacti matrimonii, fides etiam communium liberorum decipiat patrem, qui melius de matre praesumpserat: et ideo princeps providentissimus et iuris religiosissimus cum fideicommissi verba cessare animadverteret, eum sermonem pro fideicommisso rescripsit accipiendum.

versterbe".

7 „Ich bitte dich, das Grundstück, wenn du stirbst, einem der Freigelassenen herauszugeben, welchen du auswählst.". Nach diesen Worten wird [der Erbe] selbst das Wahlrecht haben und niemand kann klagen, solange ein anderer vorgezogen werden kann. Stirbt er aber, bevor er seine Wahl getroffen hat, klagen alle. Daher kommt es vor, dass etwas, was einem zugedacht worden ist, dieser [alleine] nicht einklagen kann, solange mehrere leben, sondern alle einklagen, was gar nicht allen zugedacht worden ist. Und so kann einer nur klagen, wenn er nach dem Tod [des Erben] allein noch am Leben war.

8 Wenn ich deine Sache, welche ich für meine hielt, dem Titius unter deiner Einsetzung als Erbe vermache, kommt weder die Ansicht des Neratius Priscus noch die Konstitution zur Anwendung, welche dafür sorgte, dass der Erbe nicht gezwungen werden solle, das Legat zu leisten. Denn man sollte den Erben zur Hilfe kommen, damit sie nicht gezwungen sind, etwas anzukaufen, was der Testator im Glauben, dass es das seinige sei, hinterlassen hat. Die Testatoren sind nämlich gewöhnlich geneigter, eigene Sachen zu vermachen als die Erben mit dem Erwerb fremder Sachen zu belasten. Was im vorliegenden Fall nicht eintritt, weil das Eigentum der Sache dem Erben zusteht.

9 Wenn Worte des Fideikommisses ausgelassen worden sind und das übrige [aber], was dort steht, mit dem, was geschrieben hätte werden müssen, zusammenpasst, wird [das Fideikommiss] als wirksam gegeben und der Wortlaut nach dem Vorbild der Einsetzung und der Legate weniger beachtet. Diese Ansicht hat unser vortrefflicher Kaiser Severus bestätigt.

10 Ebenso beschied der Kaiser Marcus, dass die Worte, durch welche der Testator derart Vorsorge getragen hatte: „dass er nicht zweifele, dass seine Frau alles, was sie erhalten habe, seinen Kindern herausgebe", als Fideikommiss anzusehen seien. Dieses Reskript hat höchste Nützlichkeit, damit die ehrenvolle Rücksicht auf eine wohl geführte Ehe und das Vertrauen, dass die Kinder gemeinsam seien, den Vater nicht täuschten, der Besseres von der Mutter erwartet hätte. Und deshalb entschied der überaus vorsorgende und mit dem Recht äußerst sorgfältige

> *princeps*, als er feststellte, dass Worte des Fideikommisses fehlten, diese Äußerung als Fideikommiss anzusehen.

Papinian betritt Neuland, wenn er seine Dogmatik der Familienfideikommisse vorstellt (*pr.*) und gegen konstruktive Bedenken (§§ 1-8) verteidigt, indem er ihre rechtspolitische Nützlichkeit (§§ 9-10) herausstellt[672]. Das im *principium* angenommene Wahlrecht des Erben, dem durch Fideikommiss aufgetragen ist, „einem aus der Familie zu hinterlassen", weist auf eine der dogmatischen Schwierigkeiten dieses sog. Familienfideikomisses. Es kann nämlich in Widerspruch zum Verbot des Vermächtnisses *ad incertas personas* geraten, das nach einer Konstitution Hadrians auch für Fideikommisse gilt[673]. Nach diesen Regeln ist ein Fideikommiss nur dann wirksam, wenn der Kreis der Berechtigten von vornherein näher bestimmt ist[674]. Schon aus diesem Grund liegt es kautelarjuristisch nahe, die drohende Unwirksamkeit des Familienfideikomisses dadurch abzuwenden, dass der Erbe parallel Legate zugunsten (eines) der Bedachten aussetzt[675]. Papinian wendet sich gegen diese in der Frage (*utrum ergo...*) angesprochene Praxis, indem er das Legat unabhängig von der Ausübung des Wahlrechts für unwirksam erklärt[676]. Die Nichtigkeit dieses Legats ist zunächst damit zu erklären, dass Papinian die *regula Catoniana* anwendet, das heißt den Zeitpunkt der Testamentserrichtung für maßgeblich und das einmal angeordne-

---

672 Zutreffend Johnston, The Roman Law of Trusts, 1988, 79.

673 Ein Vermächtnis *ad incertas personas* liegt vor, wenn der Erblasser sich nur eine unbestimmte Vorstellung von der Person, an die vermacht werden soll, gemacht hat. Ausreichend bestimmt ist dieses Legat nur dann, wenn die Personengruppe, aus der der Bedachte kommen soll, begrenzt ist, vgl. Gai. 2, 238 mit Desanti, 2003, 224-230. Zur Erstreckung auf Fideikommisse vgl. Gai. 2, 287, dazu Johnston, The Roman Law of Trusts, 1988, 79f.

674 Vgl. Johnston, The Roman Law of Trusts, 1988, 79f. mit Fn. 15. Angesichts der geringen Lebenserwartung, die nach vorsichtigen Schätzungen dazu führte, dass nur jeder zehnte Römer zu Lebzeiten seines Großvaters geboren wurde (vgl. Krause, Rechtliche und soziale Stellung von Waisen, Stuttgart 1995, 4-10), ist diese Regel eine größere Einschränkung, als es zunächst den Anschein hat, verhindert sie doch Verfügungen des Großvaters zugunsten der noch nicht geborenen Enkel und damit die generationsübergreifende Bindung. Dies kann die Aufweichungen des Verbots zum Ende der Klassik erklären, wie sie in D. 31.32.6 Mod. 9 reg. deutlich werden, vgl. Johnston, The Roman Law of Trusts, 1988, 80f.

675 Dazu bereits allgemein Declareuil, in: Mélanges Gérardin, 1907, 136f. Vgl. seitdem den Überblick bei Desanti, 2003, 22-25 und 280f., ferner Torrent, Fideicommissum familiae, 1975, 31. Zu den Gestaltungsmöglichkeiten vgl. Longchamps de Bérier, Il fedecommesso universale, 1997, 203f.

676 Die Argumentationsstruktur *sive...sive* ist typisch für die Abwehr von irrelevanten Gegenargumenten, vgl. Vierter Teil II.4c, S. 224f.

te *legatum debiti* für unwirksam hält[677]. Dass der Erbe seine Meinung ändern und einen anderen einsetzen könne, soll nach Papinian der Annahme eines *legatum debiti* nicht entgegenstehen: Sei die Wahl von Dauer, liege in jedem Fall ein *legatum debiti* vor; ändere der Erbe die Wahl, soll sich ein *legatum debiti* zu Lasten des Nächsterwählten ergeben, das gleichzeitig die Rechte des früher Bedachten ausschließt. Nach Papinians Meinung steht somit weder aus dem ersten noch aus dem zweiten Testament eine Klage zu, da das erste Testament durch die Auswahl erledigt, die Wahl im zweiten wirkungslos ist.

a. Vorteile der Bedingungskonstruktion, §§ 1-3

Papinian konstruiert das Familienfideikommiss als bedingtes Fideikommiss des ursprünglichen Testators. Dies folgt aus § 1, in dem er vordergründig die Quartberechnung nach der *lex Falcidia* betrachtet, bei der der Erbe seit dem *SC Pegasianum* nicht nur Legate, sondern auch Fideikommisse in Abzug bringen kann[678]. Wenn Papinian betont, dass der Abzug beim Familienfideikommiss nicht dem zweiten Testament, sondern dem ursprünglichen zugute komme[679], führt er beiläufig eine neue rechtliche Konstruktion des Familienfideikommisses ein, nach der es als bedingte Verfügung des ursprünglichen Erblassers zu behandeln sei (*argumentum ab effectis rebus*)[680]. Dass diese konstruktive Lösung auch der Billigkeit entspricht, zeigt die rhetorische Frage, die den Gegner mit der Aussage verhöhnt, dass der Erbe, der nur den Fideikommissar auswähle, doch keinen Vermögensverlust erleide[681]. Ein

---

677 Vgl. D. 34.7.1pr. Cels. 35 dig., dazu Voci, DER II, ²1963, 998f. vgl. auch Gai. 2, 244, dazu Leesen, Gaius meets Cicero, 2010, 151-161, weitere Nachweise bei Kaser, RP I § 187.I.2, 754f. Dies gilt selbst dann, wenn Papinian die *regula Catoniana* einschränkend auslegt, vgl. D. 34.7.3 Pap. 15 quaest., dazu Flume, Die regula Catoniana - ein Exempel römischer Jurisprudenz, in: Jayme et al. (Hg.), FS Niederländer, Heidelberg 1991, 23f., denn die Einschränkung gilt für das Legat des Erben gerade nicht. Zum *legatum debiti* vgl. Voci, DER II, ²1963, 323f. mwN. Das Familienfideikommiss steht der Erbeinsetzung des Begünstigten nicht entgegen, vgl. D. 35.2.54 Marcell. 15 dig.; D. 30.123pr. Marcell. l. sing. resp.; D. 30.114.15-18 Marcian. 8 inst.

678 Zu dem Bericht in Gai. 2, 254 vgl. ausführlich Manthe, Pegasianum, 1989, 40-45, 53-55; ferner Schanbacher, 1995, 76f. Damit ist vereinbar, dass Fideikommisse auferlegt werden mit Quartverzicht, dazu bereits Wacke, in: Studien Kaser, 1973, 229; ausführlich Manthe, Pegasianum, 1989, 186-188.

679 Zum *argumentum ab effectis* vgl. Cic. top. 23.

680 Maßgeblich ist der Wert der Erbschaft, den sie im Zeitpunkt des Todes des Erblassers hat, vgl. D. 35.2.73pr. Gai. 18 ad ed. prov. *In quantitate patrimonii exquirenda visum est mortis tempus spectari.* (...). Zur Schätzung vgl. D. 35.2.12 Pap. 30 quaest., dazu Wacke, in: Studien Kaser, 1973, 221-223. Dies gilt auch bei bedingten Forderungen, vgl. D. 35.1.73.1 Gai. 18 ad ed. prov., dazu Kaser, RP I § 188.II, 757 mit Fn. 14 und Grosso, Legati, ²1962, 349-351.

681 Der Bezug zur Billigkeit wird durch die Worte *non enim facultas necessariae electionis propriae liberalitatis beneficium est* hergestellt; zur Verpflichtung aus dem *beneficium* als Teilbereich der *aequitas* vgl. nur D. 43.26.2pr.-2 Ulp. 71 ad ed. und D. 43.26.15pr. Pomp. 29 ad Sab.,

weiteres Argument, das erstmals die Bedingungskonstruktion klar ausspricht, zieht Papinian aus den Rechtsfolgen der Wahl: Mit der Auswahl eines Bedachten falle für die übrigen die Bedingung aus. Diese Lösung ist nicht nur bestechend klar, sondern angesichts der auch in den Juristenschriften bekämpften Irrmeinung, das Familienvermögen gemeinschaftlich verwalten zu müssen, rechtspolitisch erwünscht (*argumentum a consequentibus*)[682]. Ein weiterer Vorteil zeigt sich, wenn der Erbe das Grundstück entgegen dem Familienfideikommiss einem Außenstehenden vermacht hat (§ 3)[683]. Nach Papinian hat die Bedingungskonstruktion zur Folge, dass das Familienfideikommiss so eingeklagt werden kann, als ob niemand aus der Familie als Erbe eingesetzt worden wäre (*ac si nemo …)*. Diese Fiktion, die an die Fiktion bei Vereitelung des Bedingungseintritts anknüpft[684], ermöglicht es, den Familienangehörigen in ihrer Gesamtheit (*familia*) eine Klage aus dem Testament des Erblassers zuzuweisen und vom Erben Herausgabe des *fundus* zu verlangen[685]. Genauso wie aber die übrigen Familienmitglieder als berechtigt am Grundstück angesehen werden, soll auch der eingesetzte Erbe im Wege der *exceptio doli* seinen Anteil gegenüber der Klage in Abzug bringen können (*nam quae ratio…)*[686].

b. Zur Durchsetzbarkeit des Familienfideikommisses, §§ 4-7

Da Papinian das ursprüngliche Testament als Grundlage für den Anspruch des Fideikommissars ansieht, muss er sich mit der Frage befassen, auf welche Weise das

---

dazu Babusiaux, in: Testi e problemi, 2007, 616f. mit Fn. 79. Zur herabsetzenden Wirkung der *interrogatio* vgl. nur Lausberg, § 767, S. 379.

682 Zum *argumentum a consequentibus* vgl. Cic. top. 20. Zur gemeinschaftlichen Verwaltung vgl. D. 30.114.17 Marcian. 8 inst., dazu Johnston, The Roman Law of Trusts, 1988, 82, Fn. 27 u.a. zu § 2. Ähnlich wie hier Desanti, 2003, 281.

683 *Relictus est* spricht für ein Legat, vgl. D. 7.5.8 Pap. 17 quaest.; D. 35.1.74 Pap. 32 quaest.

684 Vgl. D. 50.17.161 Ulp. 77 ad ed., dazu Grosso, Legati, ²1962, 458; Daube, in: Collected Studies II, 999f. Als Grundlage gelten die Potestativbedingungen des Testamentes, vgl. D. 40.7.3.16 Ulp. 27 ad Sab. (Arescusa-Fall), dazu nur Kaser/Knütel, § 10 Rn. 5.

685 Beachtlich ist, dass D. 30.114.15 Marcian 8 inst. eine Konstitution des Severus und Caracalla überliefert, die eine entsprechende Anordnung trifft, dazu Desanti, 2003, 296. Dass es um diese Klage gegen den als Erben eingesetzten Angehörigen und nicht etwas um eine dingliche Wirkung des Fideikommisses geht, zeigt der Fortgang von § 3, in dem die Gegenrechte des Erben erörtert werden. Davon geht offenbar auch Desanti, 2003, 282f. aus. Die Annahme, dass es sich um ein Vindikationslegat handle (so Desanti, 2003, 282 unter Berufung auf Cujas Fn. 328), ist nicht zwingend. Ist der Erbe zur Herausgabe außerstande, kann die Klage auch auf den Schätzpreis gerichtet sein.

686 *ratione doli exceptionis* ist ein Papinianismus, vgl. Pal. 119 = D. 5.3.50.1 Pap. 6 quaest. *impensas ratione doli exceptionis*; Pal. 282 = D. 31.69.3 Pap. 19 quaest. *cautionem autem ratione doli mali exceptionis puto iuste desiderari;* Pal. 360 = D. 35.2.12 Pap. 30 quaest. *ratione doli mali exceptionis apud arbitrum* Falcidiae *defuncti voluntas servatur*. Zum Kompensationsgedanken bei der unteilbaren Sache vgl. bereits Wacke, in: Studien Kaser, 1973, 229-234 Fn. 108. Zur *bona fides* beim Fideikommiss vgl. nur Voci, DER II, ²1963, 233f. Wegen der Inhärenz der *exceptio doli* im *bonae fidei iudicium* bedarf diese Berücksichtigung keiner besonderen Geltendmachung und ist eine *tacita pensatio*, vgl. bereits Cujas, in: Opera IV, 537.

Fideikommiss gegenüber Dritten durchgesetzt werden kann, denen der Erbe eine durch Familienfideikommiss gebundene Sache zugewandt hat (§§ 4-6). Ausgangspunkt dieser Untersuchung ist der Fall (§ 4), dass der Erbe neben der Erbeinsetzung von zwei Familienmitgliedern einem Fremden ein Viertel des durch Familienfideikommiss gebundenen Grundstücks vermacht. Papinian erteilt den (beiden) Familienmitgliedern die Klage auf diesen Anteil unter Abzug dessen, was den Erben bereits zugewandt wurde[687]. Der teilweise Klageausschluss anderer Familienmitglieder ergibt sich aus einem Vergleich zum Prälegat (*non magis quam* ...), denn auch hier begründet die im Vorhinein erfolgende Zuwendung an einen Erben keinen Anspruch der verbleibenden Erben auf Ausgleich[688]. Schwieriger zu rechtfertigen ist die „dingliche Wirkung" des Fideikommisses, das ja nun gegenüber einem Dritten durchgesetzt wird[689]. Die in § 3 verwandte Fiktion (*ac si nemo*...) kann diese Wirkung nicht begründen, denn zum einen hat der Erbe mit der Einsetzung der Familienangehörigen dem Fideikommiss wenigstens teilweise entsprochen, zum andern kann der Erbe nach dem *SC Pegasianum* beim Einzelfideikommiss die falzidische Quart behalten, die jedenfalls im Beispiel dem Legat an den Dritten entspricht[690]. Papinians Begründung (*propter heredes*...) greift auf die Anwachsungsvorschriften des Erbrechts zurück, was er auch in der Formulierung (*quae in exterum collata est)* andeutet: Genauso wie der Erbteil des nicht erbwürdigen Eingesetzten den übrigen Erben anwächst, soll der Anteil des *extraneus* am Grundstück den aufgrund des Familienfideikommisses eingesetzten Erben zukommen[691]. Gerade da Papinian die fehlende Gleichartigkeit der Erbteile betont (*non aequis portionibus*) und diese auch bei Bestimmung des Klagerechts eine Rolle spielen sollen, erscheint das Anwachsungsrecht von Vorteil[692].

Die Konstellation in § 5, die den Konflikt zwischen dem Dritten und der Familie dadurch zuspitzt, dass der Erbe dem Ausgewählten durch Fideikommiss auferlegt

---

687 *Qui sunt de familia* steht hier im Gegensatz zu *exterum*, bezeichnet also die bedachten Erben, nicht die übrigen Familienmitglieder. Dies folgt auch aus dem Vergleich mit dem Prälegat, durch den der Jurist die übrigen Berechtigten ausschließt.

688 Vgl. Wimmer, Das Prälegat, 2004, 199f.

689 Vgl. Desanti, 2003, 283.

690 Zum *SC Pegasianum* vgl. Erster Teil IV.2, S.47f. Ein echter Ausschluss des *Pegasianum* für die Familienfideikommisse ist nicht überliefert.

691 Zur Anwachsung vgl. nur Kaser/Knütel, § 65, Rn. 25. Zur Rückführung auf die republikanische Jurisprudenz vgl. Schmidlin, Sinn, Funktion und Herkunft der Testamentsregeln: *nemo pro parte testatus pro parte intestatus decedere potest - hereditas adimi non potest*, BIDR 78 (1975) 79-83; jetzt Pérez Simeón, Nemo pro parte, 2001 (nicht zum Text).

692 Zum Anwachsungsrecht vgl. Zimmermann, 'Coniunctio verbis tantum'. Accrual, the methods of joinder in a will and the rule against partial intestacy in Roman-Dutch and Roman Law, SZ 101 (1984) 236-251, umfassend jetzt Lohsse, Ius adcrescendi, 2008, 52-58, der auch der Rückführung der Anwachsung auf die Regel *nemo pro parte*... angreift. Zur Berechnung vgl. Wimmer, Das Prälegat, 2004, 201.

hat, die gebundene Sache an einen Dritten herauszugeben, nutzt Papinian, um die Frage der Drittwirkung zu behandeln: Soll der Ausgewählte an den Dritten herausgeben, wenn dies dem Familienfideikommiss widerspricht? Papinians Antwort differenziert eine eigene frühere Ansicht, nach der der Dritte nur den Schätzpreis des Grundstücks vom Erbeserben erhalten kann[693]. Dieses *dictum* dürfte durch das Legatsrecht inspiriert sein, denn es entspricht der Rechtslage beim Damnationslegat *disiunctim*, bei dem die in getrennten Sätzen vermachte Sache nur an einen der Legatare zu leisten ist, während die übrigen den Schätzwert erhalten[694]. Gemäß § 5 ist die Wirkung des Fideikommisses zugunsten des Dritten nach dem Inhalt des Familienfideikommisses zu unterscheiden: Habe der (ursprüngliche) Erblasser dem Erben nur auferlegt, das Grundstück an seine Kinder weiterzugeben, dürfe der Dritte das Grundstück behalten, weil eine weitergehende Bindung über die Generation der

693 Zu *dixi* vgl. Vierter Teil II.1, S. 192-200. Doppeldeutig ist hier *efficere*. Es kann einmal im Sinne von „bewirken", das heißt „zahlen", verwendet sein (Th. L. L. s.v. *efficere*, Sp. 166 Z. 54-66), so dass die Bedingung mithin lautete, der Fideikommissar habe dem Erbeserben einen Ausgleich zu zahlen (vgl. Desanti, 2003, 284). Zum andern kann *efficere* aber auch „ausführen" heißen, das heißt „herstellen" bedeuten (Th. L. L. s.v. *efficere*, Sp. 169, Z.52 - Sp. 170, Z. 24). Dann könnte *si pretium efficiat* meinen, dass das zweite Fideikommiss zugunsten des Außenstehenden nur dann wirksam ist, wenn es nicht auf den *fundus* als solchen, sondern auf den Schätzwert des *fundus* gerichtet ist (vgl. Sintenis, 310: „als es von dem Werthe des Grundstücks verstanden würde"). Hinsichtlich der ersten angesprochenen Deutung von *pretium efficiat* als Zahlung durch den *extraneus* besteht die Schwierigkeit, die Pflicht zur Preiszahlung zu konstruieren. Man könnte unterstellen, dass das Fideikommiss für den Außenstehenden auf einen Zwangsverkauf wegen Insolvenz der Erbmasse zurückgeht (Vgl. D. 31.69.1 Pap. 19 quaest., dazu Klingmüller, SZ 44 (1924) 218; Johnston, The Roman Law of Trusts, 1988, 235f.). Dies würde jedenfalls den Vorrang des *extraneus* vor der Familie erklären. Bereits Cujas (in: Opera IV, 540, ähnlich Desanti, 2003, 284 Fn. 335) hat noch eine andere Möglichkeit gesehen: Da der Erbe aufgrund des Familienfideikommiss zur Weitergabe an den Erbeserben gezwungen sei, könne er dem letzteren nur dann ein Fideikommiss auferlegen, wenn dieser dafür ein *commodum* erhalte (vgl. z.B. D. 32.7.2 Ulp. 1 fideicomm., D. 35.2.5 Pap. 8 resp., zu beiden Masi, Studi sulla condizione nel diritto romano, 1966, 37f.). Dies bedeutet, dass das Fideikommiss des Grundstücks zugunsten des Dritten nur dann wirksam ist, wenn der Erbe diesen zur Zahlung des Schätzwertes verpflichtet. M.E. spricht der Hinweis auf die dem Schutz des Fideikommisses dienende Kaution in § 6, die vermutlich wie die *cautio servandorum legatorum causa* eine *missio in bona* erlaubt, dafür, dass die Klage aus dem Fideikommiss selbst nur innerhalb der Familie, gegen den jeweils Auserwählten und seine Erben erhoben werden konnte, nicht aber gegen Dritte. Erst die *cautio* gewährt über die Möglichkeit der Besitzeinweisung bei Verstoß gegen die Restitutionspflicht durch den unmittelbaren Vermögenszugriff eine „dingliche Wirkung" des Familienfideikommisses.

694 Als Besonderheit des Familienfideikommisses ist demgegenüber anzusehen, dass dem Erbeserben kein Wahlrecht zustünde, er vielmehr das Grundstück der Familie, den Schätzpreis dem Dritten zu leisten hätte.

Kinder hinaus erkennbar nicht gewollt ist (*rem in expedito fore*)[695]. Anderes gelte, wenn der Erblasser bestimmt habe, das Grundstück dürfe die Familie nicht verlassen, denn in diesem Fall – so ist zu ergänzen – besteht auch der Konflikt zwischen dem Familienfideikommiss und dem Einzelfideikommiss des Erben fort. Hier soll der Auserwählte durch das Fideikommiss beschwert sein, während die übrigen Familienmitglieder das Grundstück aus dem Familienfideikommiss einklagen können, ohne durch das Einzelfideikommiss gebunden zu sein[696]. Der richtige Klagegegner folgt aus § 6, der daran erinnert, dass der Ausgewählte das Grundstück regelmässig nur erhält, wenn er die Rückübertragung durch Kaution zusagt. Restituiert der Auserwählte nämlich nicht, kann wahrscheinlich eine *missio in bona* erfolgen und der Familie ein unmittelbarer Vermögenszugriff auf die Sache gewährt werden[697]. Diese Annahme hat zur Folge, dass das gegen das Familienfideikommiss verstoßende Fideikommiss zugunsten des Dritten grundsätzlich wirksam ist, der Auserwählte, der die Sache in Erfüllung des Familienfideikommisses erhalten hat, aber aus der üblicherweise abgegebenen Kaution haftet. Um die *missio in bona* zu vermeiden, hat er die Sache nicht dem Dritten, sondern der Familie herauszugeben.

Wie das Familienfideikommiss vor der Bestimmung des Berechtigten oder nach seinem Tod geschützt werden kann, behandelt § 7. Papinian zitiert hier das Fideikommiss zugunsten eines Freigelassenen, den der Erbe auswählen darf. Eine Klage auf das Fideikommiss sei frühestens möglich, wenn die Wahl des Berechtigten unwiderruflich geworden sei. Die übrigen Freigelassenen könnten erst klagen, wenn der Ausgewählte verstorben sei. Papinian kennzeichnet die Rechtslage, die sinngemäß auch für das Familienfideikommiss gilt, als widersprüchlich (*itaque eveniet…*), indem er notwendige Differenzierungen bewusst unterschlägt: So trifft die Aussage, dass das, was einem gegeben worden ist, nicht eingeklagt werden könne (*quod uni…)*, solange andere noch lebten, nur dann zu, wenn der Erbe noch keine Wahl getroffen hat. Ebenso ist die Behauptung, alle könnten klagen, obwohl das Familienfideikommiss nur für einen ausgesetzt worden sei (*sed omnes…),* nur dann richtig, wenn der Bezugsberechtigte bereits verstorben ist. Letztlich stimmt auch die Annahme, die Klage eines Einzelnen komme nur in Betracht, wenn er allein übriggeblieben sei (*et ita demum …),* nur dann, wenn er nicht ausgewählt wurde, sondern zu den Familienangehörigen zählt. Die scheinbare Verwirrung, die diese Darstellung beim Leser auslöst, nutzt Papinian dazu, die Zustimmung seines Publikums zu ge-

695 Vgl. auch Desanti, 2003, 285.

696 Vgl. auch Lewis, Das Recht des Familienfideicommisses, 1868, 11f.

697 Zur *missio in bona* vgl. Arcaria, BIDR 89 (1986) 251-255. Die dingliche Wirkung der Familienfideikommisse ist umstritten. Sie ist wohl – wie hier – nicht allgemein zu bejahen, sondern richtet sich nach der Kautionsleistung, vgl. bereits Lewis, Das Recht der Familienfideikommisse, 1868, 15 mit Fn. 30; ähnlich Klingmüller, SZ 44 (1924), 211-223 mit 218 zu D. 31.69.1 Pap. 19 quaest. und Declareuil, in: Mélanges Gérardin, 1907, 142. Vgl. auch Impallomeni, BIDR 70 (1967) 34-45 und Kaser, in: RRQ 1986, 187-190.

winnen: Da der Hörer selbst zur Einsicht gelangen wird, dass die Widersprüche nicht bestehen, wird er im Ergebnis Papinians Lösung leichter zustimmen, als wenn ihm dieser die Ergebnisse unverhüllt präsentiert hätte[698].
Auf Zustimmung angelegt ist auch die in § 8 aufgeworfene Frage, ob der Erblasser überhaupt wirksam Anordnungen über das (Familien-) Vermögen treffen kann, das sich bei seinem Erben befindet. Nach Papinians Überlegungen könnte insbesondere eine Konstitution des Antoninus Pius entgegenstehen, nach der der Erbe nur dann das Legat einer fremden Sachen zu erfüllen hat[699], wenn der Erblasser wusste, dass die Sache ihm nicht gehörte. Konstruiert man das Familienfideikommiss als bedingtes Fideikommiss, so gerät es mit dieser Regelung in Konflikt, da der *dies cedens* der Zeitpunkt des Bedingungseintritts ist, das heißt regelmäßig der Tag, an dem der Erbe den Bedachten auswählt[700]. Zu diesem Zeitpunkt ist der Erblasser bereits verstorben und nicht mehr Inhaber des Vermögens, über das er (nach Papinians Konstruktion) mit dem Familienfideikommiss verfügt hat, so dass er den Erben aus der Perspektive des *dies cedens* unwissentlich ein Fideikommiss über dessen eigene Sachen auferlegt. Papinian widerspricht dieser Auslegung, indem er auf die engere Zwecksetzung des Reskriptes verweist, das lediglich zu verhindern trachte, dass der Erblasser den Erben unbewusst zum Erwerb von Sachen zwinge. Somit sind Familienfideikommisse, die Sachen Dritter betreffen, unwirksam, nicht aber die Familienfideikommisse, durch die der Erblasser typischerweise über das eigene Vermögen des Erben bestimmt[701].

c. Zur *utilitas* der vorgeschlagenen Rechtsänderung

Mit den beiden kaiserrechtlichen *exempla* (§§ 9-10), die die Katene und die Argumentation abschließen, begründet Papinian die rechtspolitische Angemessenheit seines Vorschlages[702]. Da er anders als die von ihm bekämpfte Meinung (*pr.*) das Familienfideikommiss selbst als Grundlage der Zuwendung ansieht, rundet der

698 Vgl. Quint. 9, 2, 22-24. Dies ist eine Folge der durch das Paradoxon entstehenden Spannung, vgl. Plett, Das Paradoxon als rhetorische Kategorie, in: Das Paradox, Tübingen ²2002, 92f. Daraus ergibt sich die besondere Eignung des Paradoxon zur Formulierung unkonventioneller Thesen, vgl. Lefèvre, Die Bedeutung des Paradoxen in der römischen Literatur, in: aaO., 211f.

699 Vgl. D. 31.67.8 Pap. 19 quaest. und Inst. 2.20.4. Eine Anspielung enthält D. 32.85.1 Pomp. 2 ad Q. Muc., dazu Voci, DER II, ²1963, 254f., Grosso, Legati, ²1962, 252f. Zum Ganzen vgl. Fitting, Alter und Folge, ²1908, 73.

700 Vgl. Grosso, Legati, ²1962, 252 Fn. 2. Zum *dies cedens* vgl. Kaser/Knütel, § 76, Rn.13.

701 Eine weitere Komplikation, die das problematische Verhältnis der Regel zum Familienfideikommiss nochmals bestätigt, führt die Spätzeit ein, vgl. C. 6.37.10 Alex. Sev. (a. 227), dazu Grosso, Legati, ²1962, 252f.

702 Vgl. Voci, DER II, ²1963, 901, ihm folgend Longchamps de Bérier, RIDA 45 (1998) 486, Johnston, The Roman Law of Trusts, 1988, 182; unklar Torrent, TR 43 (1975) 76.

Hinweis auf den Grundsatz *plus nuncupatum quam scriptum* des Legatsrechts die bisherige Argumentation ab[703]. Wenn nämlich Septimius Severus die Auslegung und Ergänzung des erblasserischen Willens auch für Fideikommisse *(cognitio extra ordinem)* anerkannt hat, so steht nichts mehr entgegen, Formulierungen wie *peto non fundus de familia exeat* (§ 5) als Begünstigung einer Person aufzufassen. Dass ein Fideikommiss nicht einmal eine Anordnung zu treffen braucht, um eine einklagbare Verpflichtung zu begründen, zeigt das Beispiel aus der Reskriptenpraxis des Marc Aurel (§ 10). Danach gilt die Erklärung des Testators, „er zweifele nicht daran, dass seine Frau den Kindern die Erbschaft herausgeben werde", als Fideikommiss zugunsten der Kinder[704], womit der Kaiser eine Vermutung des Testators zum Befehl umdeutet[705]. Auf das Familienfideikommiss bezogen, kann dieses Beispiel nur darauf zielen, die erblasserische Bestimmung im Sinne der *utilitas* auszulegen und zu ergänzen[706], das heißt letztlich auch den Erblasserwillen über Generationen hinweg durchzusetzen, indem man dem Familienfideikommiss volle Wirksamkeit verleiht. Trägt die auf das Reskript gestützte *utilitas* somit letztlich die Argumentation der Katene, so hat auch das scheinbar redundante und übertriebene Lob der kaiserlichen Entscheidung eine spezifische Funktion[707]: Die dem Marc Aurel auch an anderer Stelle zugeschriebene Fürsorglichkeit und Sorgfalt in Rechtsangelegenheiten dient als Vorbild[708]. Es liegt nahe, dass Papinian durch dieses Beispiel die severischen Kaiser anregen wollte,

---

703 Vgl. D. 28.5.1.5 Ulp. 1 ad Sab., dazu bereits Voci, DER II, ^{2}1963, 901f., zustimmend Torrent, TR 43 (1975) 76f. Grundlegend zur Regel Dulckeit, Plus nuncupatum minus scriptum, SZ 70 (1953), bes. 196-199 (trotz weitreichender Textkritik), sodann 201-211 mit zutreffenden Erwägungen. Zur Terminologie vgl. Solazzi, SDHI 18 (1952), 212-218.

704 Zu dieser Auslegung vgl. Johnston, The Roman Law of Trusts, 1988, 162. Bedenken kennt die *humanitas* nicht, vgl. D. 32.39pr. Scaev. 20 dig. (...) *sed cum sententiam defuncti a liberto decipi satis inhumanum est, centum ei relictos filiis testatoris debere restitui, quia in simili specie et imperator noster divus Marcus hoc constituit.* Vgl. ferner C. 6.25.7.1 Iust. (a. 530), dazu Torrent, Fideicommissum familiae, 1975, 114f.

705 Ähnlich D. 30.115 Ulp. 2 inst. (…) „*credo te daturum" fideicommissum est*; D. 30.118 Nerat. 10 reg. (…) „*scio hereditatem meam restituturum te Titio*".

706 Zur Anerkennung der konkludenten Fideikommisse vgl. Voci, DER II. ^{2}1963, 902 mit Belegen: Pal. 241 = D. 31.64 Pap. 15 quaest.; Pal. 571 = D. 31.76.5 Pap. 7 resp. Aufschlussreich auch der Bericht des Ulpian in D. 35.1.92 Ulp. 5 fideic. Vordergründig Torrent, Fideicommissum familiae, 1975, 33. Zum sozialgeschichtlichen Hintergrund vgl. Treggiari, Roman Marriage, 1991, 393-396.

707 Umstritten die Bewertung, vgl. einerseits Johnston, The Roman Law of Trusts, 1988, 162: „Papinian, like Scaevola, is concerned about the lack of clarity in the words. But the imperial rescript tramples such considerations under foot.", andererseits Longchamps de Bérier, RIDA 45 (1998) 484: „Papiniano loda la decisione di Marco Aurelio (...)."

708 Vgl. die Belege bei Arcaria, Oratio Marci, 2003, 2 Fn. 9. Zur Autorität des Urhebers eines *exemplum* vgl. Quint. 5, 2, 2. Zu bemerken ist zudem, dass die *utilitas* auch die Hauptqualität der Beratungsrede ist, vgl. nur Lausberg, § 224, 123.

Marc Aurel nachzuahmen, das heißt die Familienfideikommisse entsprechend seinem Vorschlag als durchsetzbar anzusehen[709].

2. Die institutio ex certa re, *Pal. 282*

In der unmittelbar an Pal. 281 anschließenden Katene äußert sich Papinian nicht minder innovativ zur Auslegung der Testamentsklausel *peto pro parte tua contentus sis … centum*:

D. 31.69pr.-4 Pap. 19 quaest.

pr. „Peto, Luci Titi, contentus sis centum aureis". fideicommissum valere placuit idque rescriptum est. quid ergo si, cum heredem ex parte instituisset, ita locutus est: „peto pro parte tua contentus sis, Luci Titi, centum aureis?" petere poterunt coheredes partem hereditatis, retinente sive praecipiente quo contentum esse voluit defunctus. sine dubio facilius est hoc probare, quam probari potuit illud, cum ibi fideicommissum petatur ab his, cum quibus non est testator locutus. idem dicemus, si, cum ex asse scripsisset heredem, eius gratia, qui legitimus heres futurus esset, ita loquatur: „peto pro hereditate, quam tibi reliqui, quae ad fratrem meum iure legitimo rediret, contentus sis centum aureis".

1 Praedium, quod nomine familiae relinquitur, si non voluntaria facta sit alienatio, sed bona heredis veneant, tamdiu emptor retinere debet, quamdiu debitor haberet bonis non venditis, post mortem eius non habiturus quod exter heres praestare cogeretur.

2 Mater filio impubere herede instituto tutorem eidem adscripsit eiusque fidei commisit, ut, si filius suus intra quattuordecim annos

pr. „Ich bitte dich, Lucius Titius, dich mit hundert Sesterzen zufriedenzugeben". Es ist anerkannt, dass das Fideikommiss wirksam ist, und dies ist durch Reskript beschieden worden. Was also, wenn er, nachdem er einen Erben auf einen Teil eingesetzt hatte, so formuliert hat: „Ich bitte dich, dass du dich für deinen Teil, Lucius Titius, mit hundert Sesterzen zufrieden gibst"? Die Miterben können den Teil der Erbschaft einklagen, während er [Lucius Titius] zurückbehalten oder vorbehalten darf, womit der Erblasser ihn zufrieden sehen wollte. Ohne Zweifel ist dies leichter zu billigen, als jenes gebilligt werden könnte, wo das Fideikommiss von denen, an die sich der Testator nicht gewandt hatte, eingeklagt wurde. Dasselbe wird zu sagen sein, wenn er, weil er einen Erben auf das Ganze eingesetzt hat, aber etwa einen gesetzlichen Erben zukünftig erwartet, nach eigenem Gutdünken so formuliert hat: „Ich verlange für die Erbschaft, welche ich dir hinterlassen habe und welche mein Bruder vom Gesetz her erhalten wird, dass du dich mit hundert Sesterzen begnügst."

1 Das Grundstück, welches zum Behalt in der Familie hinterlassen wurde, muss der Käufer so lange behalten, wenn die Veräußerung nicht freiwillig geschah, sondern das Vermögen des Erben zwangsversteigert wurde, wie der Schuldner es innehätte, wenn es nicht versteigert worden wäre. Nach dessen Tod kann er es nicht mehr behalten, da auch ein fremder Erbe gezwungen würde, es herauszugeben.

2 Eine Mutter setzte ihren unmündigen Sohn

709 Zu dieser Rolle Papinians vgl. bereits Declareuil, in: Mélanges Gérardin, 1907, 137f. Vgl. auch D. 30.114.11-15 Marcian. 8 inst.

decessisset, restitueret hereditatem Sempronio. non ideo minus fideicommissum recte datum intellegi debet, quia tutorem dare mater non potuit. nam et si pater non iure facto testamento tutoris fidei commiserit, aeque praestabitur, quemadmodum si iure testamentum factum fuisset: sufficit enim, ut ab impubere datum fideicommissum videatur, ab eo dari, quem is qui dabat tutorem dederat vel etiam tutorem fore arbitrabatur. idem in curatore impuberis vel minoris annis debet probari. nec interest, tutor recte datus vivo patre moriatur vel aliquo privilegio excusetur vel tutor esse non possit propter aetatem, cui tutor fuerat datus: quibus certe casibus fideicommissum non intercidit, quod a pupillo datum videtur. hac denique ratione placuit a tutore, qui nihil accepit, fideicommissum pupillo relinqui non posse, quoniam quod ab eo relinquitur extero, non ipsius proprio, sed pupilli iure debeatur.

3 Fratre herede instituto petit, ne domus alienaretur, sed ut in familia relinqueretur. si non paruerit heres voluntati, sed domum alienaverit vel extero herede instituto decesserit, omnes fideicommissum petent qui in familia fuerunt. quid ergo si non sint eiusdem gradus? ita res temperari debet, ut proximus quisque primo loco videatur invitatus. nec tamen ideo sequentium causa propter superiores in posterum laedi debet, sed ita proximus quisque admittendus est, si paratus sit cavere se familiae domum restituturum. quod si cautio non fuerit ab eo, qui primo loco admissus est, desiderata, nulla quidem eo nomine nascetur condictio, sed si domus ad exterum

zum Erben ein und bestellte demselben einen Vormund, dem sie ein Fideikommiss auferlegte, dass er, wenn ihr Sohn vor seinem vierzehnten Lebensjahr verstorben sei, dem Sempronius die Erbschaft herausgebe. Hier wird das Fideikommiss nicht deshalb als ungültig zu bewerten sein, weil die Mutter keinen Vormund geben konnte. Denn auch wenn der Vater in einem nicht wirksam errichteten Testament dem Vormund ein Fideikommiss auferlegt, wird es ebenso erfüllt werden, wie wenn das Testament wirksam errichtet worden wäre. Damit das Fideikommiss als vom Unmündigen gegeben angesehen wird, genügt es nämlich, dass es von demjenigen gegeben wird, den jener, der die Vormundschaft anordnete, gegeben hat, oder von dem er glaubte, dass er Vormund werde. Dasselbe muss für den Kurator des Unmündigen oder des *minor* gelten. Und es kommt nicht darauf an, ob der eingesetzte Vormund zu Lebzeiten des Vaters verstirbt oder durch irgendeine Ausnahmevorschrift entschuldigt ist oder wegen des Alters dessen, dem er zum Vormund gegeben wurde, nicht Vormund sein kann. In all diesen Fällen erlischt das Fideikommiss sicherlich nicht, weil es als vom Unmündigen gegeben angesehen wird. Aus diesem Grund ist auch anerkannt, dass von dem Vormund, der nichts erhält, dem Mündel kein Fideikommiss hinterlassen werden kann, weil er [der Vormund] das, was von ihm einem Dritten hinterlassen wird, nicht aus eigenem Recht schuldet, sondern aus dem Recht des Mündels.

3 Nachdem er seinen Bruder als Erben eingesetzt hatte, bat er ihn, dass Wohnhaus nicht zu veräußern, sondern in der Familie zu belassen. Wenn der Erbe den Willen nicht befolgt, sondern das Wohnhaus veräußert oder nach Einsetzung eines Fremden als Erben verstorben ist, können alle, die zur Familie gehören, das Fideikommiss einklagen. Was aber gilt, wenn sie nicht gleichen Grades sind? Die Sache muss so geordnet werden, dass anzunehmen ist, der jeweils Gradnächste sei an erster Stelle berufen. Es darf jedoch deshalb nicht das Recht der Gradferneren durch die Gradnäheren für die Zukunft beeinträchtigt werden, sondern der jeweils Nächste ist nur dann [zur Klage] zuzulassen, wenn er bereit ist, zu versprechen, dass

quandoque pervenerit, fideicommissi petitio familiae competit. cautionem autem ratione doli mali exceptionis puto iuste desiderari, quamvis nemo alius ulterior ex familia supersit.
4 Si quidam sint postea emancipati, tractari potest, an hi quoque recte fideicommissum petant. et puto recte petituros, quoniam familiae appellatione personae quoque hae demonstratae intelleguntur.

er das Wohnhaus der Familie zurückgebe. Wenn aber die Kaution von dem, der an erster Stelle zugelassen worden ist, nicht verlangt wurde, erwächst deshalb zwar nicht die Kondiktion, aber wenn und sobald das Wohnhaus an einen Fremden gelangt ist, steht der Familie die Geltendmachung des Fideikommisses zu. Ich meine, dass die Kaution aber mithilfe der *exceptio doli mali* erfolgreich verlangt werden kann, auch wenn niemand weiteres aus der Familie übriggeblieben ist.
4 Wenn es einige gibt, die später emanzipiert worden sind, kann erwogen werden, ob diese auch mit Erfolg das Fideikommiss verlangen. Und ich meine, dass sie zu Recht klagen werden, weil ja die Bezeichnung „Familie" auch als Hinweis auf diese Personen anzusehen ist.

Das *principium* stellt die These auf, die *institutio ex certa re* könne als Fideikommiss (zugunsten der Miterben) Wirksamkeit entfalten. §§ 1-4 enthalten Argumente zur Stützung dieser These.

a. Die Erbeinsetzung *ex certa re* als Erbschaftsfideikommiss

Als Einstieg dient die Anerkennung der Formulierung *contentus sis* als Fideikommiss zugunsten der übrigen Erben[710]. In der mit *quid ergo* eingeleiteten Frage zieht Papinian die Konsequenzen aus dieser Auslegung, die nach seiner Meinung auch für die *institutio ex certa re* gelten. Anstatt unwirksam zu sein, soll sie als vollständige Erbeinsetzung mit einem Fideikommiss zugunsten der übrigen Testaments-Erben[711] gelten. Da diese Lösung von der auf Sabinus zurückgehenden Streichung der *res certa* unter Beibehaltung der Erbeinsetzung als solcher abweicht, bedarf sie weiterer Rechtfertigung[712]. Diese folgt zunächst in einer formal an eine Glosse erinnernde Kommentierung des Vorgehenden *sine dubio facilius est hoc probare*. Gegen eine Glosse spricht aber, dass sich mit *facilius* eingeleitete Selbstreflexionen häufiger in den *Quaestiones* finden und gut zur dialogischen Struktur der Argumentation (*quid ergo*)

710 Vgl. D. 33.2.32.4 Scaev. 15 dig.; D. 32.11.4 Ulp. 2 fideicomm. Zur möglichen Klassizität der *aurei* vgl. Frier, Subsistence Annuities and per Capita Income in the Early Roman Empire, Class. Philology 88, 227f.

711 Zutreffend Pérez Simeón, Nemo pro parte, 2001, 178f.

712 Zu Sabinus vgl. D. 28.5.1.4 Ulp. 1 ad Sab.; D. 28.5.9.13 Ulp. 5 ad Sab.; D. 28.5.10 Paul. 1 ad Sab., zu allen David, Studien zur heredis institutio ex re certa, 1930, 9-19. Wie hier bereits Voci, DER II, ²1963 147 mit Fn. 39 zur Stelle sowie zu D. 28.6.41 Pap. 6 resp. Eine Andeutung in Bezug auf ein Prälegat des Erben enthält die Struktur *retinente sive praecipiente*, dazu Voci, DER II, ²1963 148f.; gegen eine echte Gleichsetzung aber Leuba, Origine et nature du legs per praeceptionem, Lausanne 1962, 38f

passen[713]. Hinzu kommt die besondere argumentative Funktion der Selbstreflexion, die Papinian dazu nutzt, einen Erst-recht-Schluss anzuknüpfen: Wenn die einfache Bestimmung *peto... contentus sis* als Fideikommiss zugunsten der übrigen Erben gelte, müsse erst recht ein Fideikommiss vorliegen, wenn die übrigen Erben vom Erblasser direkt angesprochen worden seien, wie dies für die *institutio ex certa re* offenbar typisch ist[714]. Der Verweis auf ein Erbschaftsfideikommiss zugunsten eines im Zeitpunkt des Erbfalles noch nicht geborenen Erben stützt diese Argumentation, denn auch dort ist es üblich, dem eingesetzten Erben, der die Erbschaft herausgegeben hat, eine Sache oder Summe als Entschädigung zuzuwenden (*argumentum a similibus*)[715]. Nachdem Papinian mithilfe der beiden Parallelfälle (Fideikommiss auf *contentus sis* und Erbschaftsfideikommiss mit Prä-Fideikommiss) seine These etabliert hat, widmet er sich im Fortgang der Katene ihrer weiteren Begründung[716].

b. §§ 1-4 als Stützargumente der Ausgangsthese

§ 1 behandelt die für die Bewertung der *institutio ex certa re* wichtige Vorfrage, inwieweit zwingende Vorschriften überhaupt durch den Erblasserwillen überwunden werden können. Dazu wird ein Fall gebildet, in dem die Anordnung eines Familienfideikommisses mit der *venditio bonorum* (*non voluntaria alienatio*) wegen Insolvenz des Erben in Konflikt gerät[717]. Nach Papinian kann der *bonorum emptor* die Sache nur solange behalten, wie der insolvente Erbe lebt[718]. Mithin hat die im öffentlichen Interesse angeordnete *venditio bonorum* bei Insolvenz des Erben hinter dem privaten Erblasserwillen zurückzustehen[719]. Dass der private Wille öffentlichrechtliche Schranken überwinden kann, stützt die im *principium* verfochtene Umdeutung der

713 Vgl. Pal. 92 = D. 37.6.8 Pap. 3 quaest. *quem tamen facilius admittendum existimo*; Pal. 7 = D. 48.3.2.1 Pap. 1 adult. *quod utique facilius admitti poterit*; Pal. 378 = D. 48.5.39.7 Pap. 36 quaest. *et facilius*. Zu *quid ergo* vgl. Vierter Teil I.2, S. 179-184.

714 Formulierungsbeispiel in D. 28.5.11 Iav. 7 epist. *probare* heißt hier „billigen" nicht „beweisen" wie Johnston, The Roman Law of Trusts, 1988, 170f. meint.

715 Ausführlich zu diesem Erwerb Manthe, Pegasianum, 1989, 146-151 sowie unten zu Pal. 289 = D. 22.1.3.3 Pap. 20 quaest. Zum Verhältnis von *res certa* und *quarta ex lege Falcidia* für diese Fälle vgl. auch Haß, Institutio und Substitutio Heredis, 1995, 12-14. Allerdings ist *idem dicemus* unüblich für Papinian und die Stelle ist der einzige Beleg. Bevor man dies als nachklassisches Glossem deutet, wäre an einen Zusatz des Paulus zu denken, der häufig diese Wendung gebraucht (vgl. D. 22.6.1.4 Paul. 44 ad ed.; D. 24.1.28.7 Paul. 7 ad Sab.; D. 26.4.6 Paul. 38 ad ed.; D. 28.2.22 Paul. 2 ad Sab.; D. 46.3.63 Paul. 9 ad Plaut.; D. 46.4.11pr. Paul. 11 ad Sab.).

716 Anders Astolfi, Studi sull'oggetto dei legati I, 1964, 222f. Zum Prä-Fideikommiss vgl. Wimmer, Das Prälegat, 2004, 26-31.

717 Zur Anordnung der *venditio bonorum* vgl. Kaser/Knütel, § 85, Rn. 6f.

718 Vgl. Klingmüller, SZ 44 (1924) 218 sowie die ausführliche Diskussion in Pal. 281 = D. 31.67.3-6 Pap. 20 quaest. Ein Fragment aus den *libri decretorum* des Paulus weist auf eine kaiserliche Konstitution hin, vgl. D. 49.14.48.1 Paul. 2 decr.

719 Vgl. Impallomeni, BIDR 70 (1967) 34-36.

institutio ex certa re in eine Erbeinsetzung mit Erbschaftsfideikommiss unter Vorbehalt der *res*[720]. Auch dort geht es nämlich darum, dem Erblasserwillen gegen die gesetzlichen Schranken der Testierfreiheit zur Geltung zu verhelfen[721]. Der Abwehr eines weiteren Argumentes dient die ausführliche Darlegung der Rechtslage bei unwirksamer Tutorenbestellung in § 2. Gebildet wird dafür der Fall, dass die Mutter dem unmündigen Sohn einen Vormund bestellt und diesem durch Fideikommiss auferlegt hat, das Mündelvermögen an einen Dritten herauszugeben. Papinian betont, dass das Fideikommiss auch dann wirksam ist, wenn Zweifel an der Wirksamkeit der Vormundschaft bestehen, da die von der Mutter angeordnete Tutel der Bestätigung bedarf[722]. Zur Unterstützung verweist er auf die Parallele bei der vom Vater angeordneten testamentarischen Tutel, denn auch dort könne das dem Tutor auferlegte Fideikommiss wirksam sein, selbst wenn er nicht wirksam zum Vormund eingesetzt worden sei[723]. Diese fast redundante Aufzählung von Unwirksamkeitsgründen der Tutel soll offenbar eindringlich machen, dass die Auferlegung des Fideikommisses von der Einsetzung des Tutors zu trennen ist[724].

Dass Papinian zunächst die Wirksamkeit des Fideikommisses im Testament der Mutter festhält, bevor er die Wirksamkeit des Fideikommisses bei Unwirksamkeit des väterlichen Testaments untersucht, bedeutet einen Umweg, der freilich notwendig ist, um die Verbindung zum Ausgangsfall (*pr.*) herzustellen[725]. In beiden Fällen (*institutio ex certa re*, Vormundschaft der Mutter) wird nämlich eine nur teilweise unwirksame Bestimmung in ein wirksames Fideikommiss umgedeutet und dies, obwohl in beiden Fällen Rettungsmöglichkeiten für die prima facie unwirksame testamentarische Bestimmung existierten (Sabinus-Regel, Inquisition)[726]. Als Grund für diese Lösung nennt Papinian im Fall des Vaters (§ 2) die Fremdnützigkeit der Tutel, die sich unter anderem darin äußert, dass dem Tutor kein Fideikommiss auferlegt werden kann, denn jede Verpflichtung mit Blick auf das Mündelvermögen gilt als

720 Zu dieser Umdeutung vgl. David, Studien zur heredis institutio ex re certa, 1930, 29-31. Anders Giuffrè, L'utilizzazione degli atti giuridici mediante ‚conversione' in diritto romano, Neapel 1965, 363. Papinians Lösungsvorschlag dürfte die Grundlage der bei Ulpian anerkannten Meinung sein.

721 Vgl. Cic. top. 15 und 41ff.

722 Vgl. Voci, DER II, ²1963, 435f. mwN. Fn. 19, Desanti, De confirmando, 1995, 107-109.

723 *Idem in curatore impuberis vel minoris annis debet probari* kann tatsächlich eine Interpolation sein, denn der Hinweis stört die Argumentation in Form des *dupliciter dicere*: *sufficit*...(positive Feststellung der Voraussetzungen)... *nec interest* (negative Formulierung). Auf den unsicheren Ausgang dieses Verfahrens kommt es aber für die Beurteilung der Wirksamkeit des Fideikommisses nicht an, vgl. Voci, DER II, ²1963, 820 mit Fn. 57 zum Text.

724 Auch *sufficit enim* ist typisch papinianisch, vgl. Pal. 138 = D. 10.2.31 Pap. 7 quaest.; Pal. 223 = D. 5.2.15.1 Pap. 14 quaest.; Pal. 301 = D. 40.7.34.1 Pap. 21 quaest.

725 Methodisch ist dies eine doppelte *conlatio*, vgl. Cic. top. 43.

726 Vgl. Voci, DER II, ²1963, 879f.

Verpflichtung des Unmündigen (*hac denique*)[727]. Setzt man den Tutor mit dem eingesetzten Erben, das Mündel mit den sonstigen Erbberechtigen gleich, verletzt die von Sabinus zugelassene Streichung der *res certa* die schutzwürdigen Interessen der übrigen Erben. Deutet man dagegen mit Papinian die *institutio ex certa res* als Erbeinsetzung mit Erbschaftsfideikommiss, werden ganz wie im Falle der testamentarischen Tutorenbestellung die Vermögensinteressen aller Beteiligten gewahrt[728].

Wer aber sind die Begünstigten des Fideikommisses, den Papinian aus der *institutio ex re certa* entwickelt hat? Diese Frage behandelt der folgende Abschnitt. So knüpft Papinian an die bereits in § 1 angedeutete Gleichstellung von *institutio ex certa re* und *fideicommissum familiae relictum* an, wenn er den Fall bildet, in dem der als Erbe eingesetzte Bruder gebeten worden ist, das Haus nicht zu veräußern, sondern der Familie zu hinterlassen (*fratre herede ...*). Auch hier stellt sich wie im Ausgangsfall (*pr.*) das Problem, dass die Begünstigten nicht genau bestimmt sind, sondern allgemein die *familia* bedacht ist. Beim *fideicommissum familiae relictum* wird diese Schwierigkeit allerdings dadurch überwunden werden, dass alle Familienmitglieder [gegen den Erbeserben] klagen können, wenn der Erbe den Willen des Erblassers verletzt[729]. Papinian präzisiert den Kreis der Berechtigten noch dadurch, dass er entsprechend der prätorischen Erbfolge nach Gradnähe unterscheidet[730]. Zum Schutz der gradferneren Familienmitglieder will Papinian die Kaution einsetzen, die beim Familienfideikommiss ohnehin regelmäßig dem vorrangig Berechtigten abverlangt wird, bevor er die Erbschaft erhält. Zwar könne die Kaution nicht nachträglich (mittels *condictio*) verlangt werden[731], die Familienangehörigen könnten das Familiengrundstück aber vom Erbeserben herausverlangen, was der schon in § 1 propagierten Lösung entspricht. Die Wiederholung dürfte dem Beweis dienen, dass das Fideikommiss auch in anderen Zusammenhängen der Erbeinsetzung vorgeht und diese korrigieren kann. Diese Korrektur rechtfertigt letztlich die Interessenlage, insbesondere die Gleichbehandlung der Erben, die Papinian schon zuvor betont hat (§ 2) und die auch zwischen den Fideikommissaren untereinander Geltung beansprucht (§ 3).

727 Zu den Verdächtigungen gegen die Form vgl. nur Ind. Int. ad l.

728 Vgl. Tellegen-Couperus, Testamentary succession in the Constitutions of Diocletian, Zutphen 1982, 112. Allerdings ist im *principium* der Begünstigte nicht genannt, während im § 2 die Person des Belasteten durch Auslegung ermittelt wird.

729 Zu dieser „dinglichen Wirkung“ vgl. Impallomeni, BIDR 70 (1967) 38-40.

730 Auf die selbst gestellte Frage *quid ergo si non sint eiusdem gradus*? antwortet er nämlich, dass der Gradnächste zur Klage berechtigt sei, das heißt das Fideikommiss für sich verlangen könne. Dies wäre – ohne dass der Jurist es nochmals ausdrücklich ausspricht – auch eine sinnvolle Lösung für die eingangs behandelte *institutio ex re certa*, denn damit wäre auch dort die Unsicherheit über den Begünstigten durch Auslegung zu überwinden. Zur prätorischen Erbfolge vgl. nur Kaser, RP I § 167.I.-II, 697-699.

731 Diese Präzisierung ist vor dem Hintergrund der Klage auf die *cautio quod amplius* bei der *lex Falcidia* durchaus angebracht, vgl. dazu D. 35.3.3.10 Ulp. 79 ad ed.; D. 12.6.39 Marcian. 8 inst., zu allen Wacke, in: Studien Kaser, 1973, 226f. mit Fn. 94.

Auf die Verteilungsgerechtigkeit innerhalb der Familie weist auch das Beispiel der *emancipati* in § 4, die Papinian ebenfalls unter den Begriff der Familie fassen will und daher zur Klage auf das Familienfideikommiss zulässt[732]. Hiermit zeigt er erneut, dass nicht nur der eingesetzte Erbe das Vermögen des Erblassers erwirbt, sondern dass, wie seine Lösung zur *institutio ex certa re* propagiert (*pr.*), möglichst alle Familienmitglieder zu beteiligen sind. Das Mittel hierfür ist wie bei der familiären Bindung des Vermögens das Fideikommiss.

Im Ergebnis gelangt Papinian damit zu einer originellen Lösung der *institutio ex certa re:* Anstatt die Einsetzung auf die Sache mit Sabinus zu streichen, deutet er sie als Erbschaftsfideikommiss zugunsten der Miterben. Der Begünstigte muss sich daher mit der genannten Sache zufrieden geben und das übrige Erbe an die *coheredes* herausgeben.

c. Pal. 282 als Grundlage einer severischen Reform?

Marcians Institutionen und die Institutionen Justinians überliefern ein Reskript des Septimius Severus und des Caracalla, das (teilweise) die von Papinian in Pal. 282 diskutierten Rechtsfragen betrifft[733]. In dem dort erkennbaren Sachverhalt hatte der Erblasser zwei Testamente hinterlassen, wobei er im ersten mehrere Erben eingesetzt, im zweiten einen der Erben auf bestimmte Sachen verwiesen hatte. Der Anfragende, ein gewisser Cocceius Campanus wollte wissen, wem das Erbe zustehe. Die Kaiser entscheiden zunächst nach der sabinianischen Regel, die *mentio rerum* zu streichen und den Erben des zweiten Testaments, das ja das erste aufgehoben habe, als Vollerben anzusehen. Eine Neuerung in Richtung des papinianischen Vorschlags enthält das Reskript aber dadurch, dass es den Erben verpflichtet, sich mit den vermachten Sachen, gegebenenfalls ergänzt auf ein Viertel der Erbschaft, zufrieden zu geben und im übrigen die Erbschaft an die Erben des ersten Testaments herauszugeben, wobei als Begründung angeführt wird: *propter inserta fideicommissaria verba, quibus ut valeret prius testamentum expressum est, dubitari non poterit*[734]. Das zweite Testament soll also als Fideikommiss ausgelegt werden, um das erste, das durch die Errichtung des zweiten an sich aufgehoben ist, zu retten[735]. Diese inhaltliche wie konstruktive Übereinstimmung zwischen dem Reskript und Papinians Erörterungen in Pal. 282 könnte man als Hinweis dafür sehen, dass der Verfasser der *Quaestiones*

---

732 Gemeint sind die nach dem Tod des Erblassers Emanzipierten, vgl. Torrent, Fideicommissum familiae, 1975, 28. Vgl. Grosso, Legati, ^{2}1962, 125.

733 Vgl. D. 36.1.30 Marcian. 4 inst., dazu Voci, DER II, ^{2}1963, 147 Fn. 38, Gandolfi, Prius testamentum ruptum, in: Studi Betti III, 1962, 211-228; zuletzt Haß, Institutio und Substitutio Heredis, 1995, 4-8 beide mwN.

734 Zu dieser Neuerung vgl. David, Studien zur institutio ex certa re, 1930, 39-41. Diesen Satz hat Justinian in Inst. 2.17.3 entscheidend verändert: *propter inserta verba secundo testamento* (...). Er greift also gerade nicht auf die papinianische Lösung zurück. Zu parallelen Veränderungen zwischen Gai. 2, 144 und Inst. 2.17.2 vgl. Haß, aaO., der *fideicommissaria* allerdings für interpoliert hält, um das Fragment in den Titel ad *SC Trebellianum* einzufügen.

735 Vgl. Haß, Institutio und Substitutio Heredis, 1995, 8f.

auch das Reskript inspiriert oder vorbereitet hat[736]. Angesichts der lückenhaften Überlieferung muss dies freilich eine Hypothese bleiben, für deren Plausibilität Papinians prägende Bedeutung unter Septimius Severus und Caracalla streitet[737], nicht aber den letzten Beweis führen kann[738].

II. Der Induktionstopos

Eine dialektische Funktion des Beispiels begegnet beim Induktionstopos (*τόπος ἐξ ἐπαγωγῆς*), den Aristoteles als Sonderfall der rhetorischen Induktion darstellt[739]. Wie ausgeführt zeichnet er sich dadurch aus, dass die Beispiele nicht zur Formulierung allgemeiner Prämissen, sondern allein zur Illustration verwendet werden. Zwar ließe sich eine allgemeine Prämisse jederzeit formulieren[740]. Da sie aber zu allgemein und daher weniger eindringlich ist, setzt der Redner lieber auf die pathetisch-illustrative Wirkung des Einzelfalls[741]. Anwendungsfälle des Induktionstopos finden sich in Pal. 264 = D. 35.1.71pr.-3 Pap. 17 quaest. und Pal. 307 = D. 41.3.44pr.-7 Pap. 23 quaest.

---

736 Vgl. Siber, Römisches Recht II, Berlin 1928, 348f. Fn. 8; ähnlich Haß, Institutio und Substitutio Heredis, 1995, 19-24. Aus der gräko-ägyptischen Praxis der Erbteilung erklärt die Reform L. Cohen, Heredis institutio ex Re Certa and a New Will of the Roman Type, in: Transactions and Proceedings of the American Philological Association 68 (1937) 343-356.

737 Zur Bedeutung papinianischer Innovationen vgl. den Bericht des Paulus in D. 48.14.50 Paul. 3 decr. (...) *Papinianus et Messius novam sententiam introduxerunt,* (...), dazu Sanfilippo, Pauli decretorum libri tres, Catania 1938, 112-114; Mayer-Maly, Locatio conductio, 1956, 50-52; Thomas, TR 41 (1973) 39f.; Liebs, Römische Provinzialjurisprudenz, in: ANRW II.15, 1976, 293 Fn. 33; Amarelli, Consilia principum, 1983, 152f.

738 Papinian folgt dieser Ansicht auch in D. 28.6.41.8 Pap. 6 resp. Anders Haß, Institutio und Substitutio Heredis, 1995, 5 Fn. 7, der übersieht, dass Papinian die sabinianische Regel nur dann anwenden will, wenn kein Miterbe vorhanden ist (*coherede non dato*). Eine Rechtsänderung bereits vor Papinian erwägt Kunkel, Rezension David, Studien zur heredis institutio ex re certa, SZ 51 (1931) 540.

739 Vgl. Aristot. rhet. 1398b 5-11, dazu Price, Paradeigma, 1975, 71f. Hier wirken die Beispiele der Leute, die sich um fremde Pferde schlecht gekümmert haben und anvertraute Schiffe haben untergehen lassen, durch *illustrantia*: Man sollte solche, die fremde Leute schlecht bewacht haben, nicht zur eigenen Sicherheit heranziehen. Die einzige verallgemeinernde Prämisse ist der Hinweis auf die Ähnlichkeit anderer Fälle.

740 Vgl. Aristot. rhet. 1398a 34-1398b 4.

741 Vgl. Aristot. top. 157a 21-24.

1. Das Legat der Mitgift, Pal. 264

Pal. 264 betrifft das Legat unter Auflage, das heißt die Einzelzuwendung von Todes wegen, mit der ein bestimmtes Verhalten vom Bedachten verlangt wird, ohne dass dieses Verhalten zur Bedingung des Legats erhoben wird. Generell gilt das Versprechen (*cautio*) des Legatars, die Auflage zu befolgen, als Erfüllung der Auflage, so dass sofort auf das Legat geklagt werden kann[742]. Verweigert der Legatar die Kautionsleistung, wird ihm die Klage denegiert oder durch *exceptio doli* gehemmt[743].

a. Formulierung der Prämissen (*pr.*- § 2)

D. 35.1.71pr.– 2 Pap. 17 quaest.

pr. Titio centum ita, ut fundum emat, legata sunt: non esse cogendum Titium cavere Sextus Caecilius existimat, quoniam ad ipsum dumtaxat emolumentum legati rediret. sed si filio fratri alumno minus industrio prospectum esse voluit, interesse heredis credendum est atque ideo cautionem interponendam, ut et fundus comparetur ac postea non alienaretur.	pr. Dem Titius sind hundert zu dem Zweck, dass er ein Landgut kaufe, vermacht worden. Sextus Caecilius nimmt an, dass Titius nicht angehalten werden könne, die Kaution abzugeben, weil ja der Vorteil des Legats nur an ihn selbst zurückfließe. Aber wenn er [der Erblasser] wollte, dass das Landgut einem wenig leistungsfähigen Sohn, Bruder oder Pflegekind[744] zugute kommt, ist anzunehmen, dass es den Erben etwas angeht und daher die Kaution dazwischen zu setzen ist, damit das Landgut auch gekauft und später nicht veräußert wird.
1 Titio centum relicta sunt ita, ut Maeviam uxorem quae vidua est ducat: condicio non remittetur et ideo nec cautio remittenda est. huic sententiae non refragatur, quod, si quis pecuniam promittat, si Maeviam uxorem non ducat, praetor actionem denegat: aliud est enim eligendi matrimonii poenae metu libertatem auferri, aliud ad testamentum certa lege invitari.	1 Dem Titius sind hundert mit der Maßgabe hinterlassen, dass er die Maevia, welche verwitwet ist, als Ehefrau heimführe. Die Bedingung wird nicht aufgehoben und daher ist auch die Kaution nicht zu erlassen. Dem Zweck [der *lex Iulia et Papia*[745]] steht es nicht entgegen, dass der Prätor die Klage denegiert, wenn jemand Geld verspricht für den Fall, dass er Maevia nicht als Frau heimführe. Das Eine ist es, die Freiheit der Ehepartnerwahl durch die Angst vor Strafe versagt zu erhalten, das Andere, zum Testament unter einer bestimmten Vorgabe zugelassen zu werden.
2 Titio centum relicta sunt ita, ut a monumento meo non recedat	2 Dem Titius sind hundert mit der Maßgabe hinterlassen, dass er sich nicht von meinem Grabmal

742 Umstritten ist, ob die Klagbarkeit aus *ius civile* besteht oder nicht, vgl. die Nachweise bei Di Salvo, Legato modale, 1973, 54-58, der sich für die zivile Beachtlichkeit ausspricht.

743 Vgl. Voci, DER II, ²1963, 620f. mwN und Di Salvo, Legato modale, 1973, 54-90.

744 Hal. emendiert plausibel, aber ohne Not: *filio fratris alumni*. Unrichtig Sintenis, die lautet: „eine Vorsichtsmassregel in Betreffs eines verschwenderischen Sohnes, Bruders oder Pflegesohns treffen wollen". Es bleibt unklar, warum der *fundus* ausgerechnet dem Verschwender dienen soll. Zutreffend Scheurl, Beiträge zur Bearbeitung des Römischen Rechts II.2, 1871, 250: „in wirtschaftlicher Beziehung sorgloser Mensch".

745 Vgl. nur Astolfi, La Lex Iulia et Papia, ⁴1996, 162f.

vel uti in illa civitate domicilium habeat. potest dici non esse locum cautioni, per quam ius libertatis infringitur. sed in defuncti libertis alio iure utimur.

entferne oder dass er in jener Stadt seinen Wohnsitz innehabe. Es kann gesagt werden, dass die Kaution nicht zur Anwendung kommt, durch welche das Recht der (Bewegungs)freiheit verletzt wird. Aber mit Blick auf den Freigelassenen des Verstorbenen wenden wir ein anderes Recht an.

Die Anapher „Titio" erweckt den Eindruck der Gleichförmigkeit, obwohl die drei Fälle hinsichtlich der Kautionspflicht des unter einer Auflage Bedachten ganz unterschiedlich gelöst werden[746]: Dem *principium* zufolge soll der Legatar verpflichtet sein, die Kaution über die Erfüllung der Auflage zu leisten, wenn die Auflage (erkennbar) dem Schutz eines Dritten diente[747]. Papinian widerspricht damit der Auffassung des Africanus, der die Kautionspflicht noch pauschal abgelehnt hatte[748]. Dies erklärt, warum gleich drei Beispiele für Dritte genannt werden, die möglicherweise einer Versorgung durch ein Landgut bedürfen[749]. § 1 betrachtet am Beispiel der *lex Iulia et Papia* die gesetzeswidrige, § 2 die sittenwidrige Auflage. Dabei gelangt Papinian zu dem Ergebnis, die gesetzeswidrige Bedingung sei anders als die gesetzeswidrige Auflage wirksam[750]. Den naheliegenden Einwand, auch die Auflage beschränke die von der *lex Iulia* geschützte Eheschließungsfreiheit, weist er durch eine Distinktion zurück: Die *lex* verbiete lediglich, die Ehefreiheit einzuschränken[751], nicht aber eine bestimmte Ehe zu begünstigen. Dieser durch Emphase verdeutlichte Unterschied (*aliud est enim*[752]) führt dazu, dass die Auflage wirksam und der Legatar zur Kaution

746 Vgl. Lausberg, § 629, S. 318.

747 Zur Bedeutung des Erblasserwillens für die Sanktion der Auflage vgl. D. 35.1.40.5 Iavol. 2 ex post. Lab., dazu bereits Voci, DER II, ^{2}1963, 622 mit Fn. 12 und ausführlich Di Salvo, Legato modale, 1973, 69-76 mit 117 im Zusammenhang zum hier untersuchten Text. Dabei bleibt offen, ob dies im Legat ausdrücklich angeordnet sein muss. Die Formulierung *interesse heredis credendum est* spricht dafür, dass die durch Auslegung ermittelte Zwecksetzung des Erblassers genügt. Zu *credendum est* vgl. zutreffend Scheurl, Beiträge zur Bearbeitung des Römischen Rechts II.2, 1871, 251, Di Salvo, aaO., 119f.

748 In Africans Werk findet sich kein Paralleltext. Zur Äußerung vgl. Scheurl, Beiträge zur Bearbeitung des Römischen Rechts II.2, 1871, 250, Di Salvo, Legato modale, 1973, 117.

749 Zur Versorgung durch *fundus cum instrumento,* vgl. Kehoe, Investment, Profit and Tenancy, 1997, 97-136, Bürge, Rez.. Ligios, Interpretazione giuridica e realtà economica dell' 'instrumentum fundi' tra il I sec. a.C. e il III sec. d. C, Neapel 1996, TR 68 (2000), 575f.

750 Zur prätorischen *denegatio* einer nach *ius civile* an sich gültigen Stipulation vgl. Nachweise bei Sacconi, Ricerche sulla stipulatio, 1989, 135f. und Kaser/Hackl, RZ § 32.IV.3, 240 Fn. 48. Zum Begriff der *condicio* vgl. nur Kaser, RP I § 61.III, 259 Fn. 74.

751 Zur *lex* vgl. Zweiter Teil IV.2, S. 110-112. Voci, DER II, ^{2}1963, 797 mit Fn. 27 schließt aus D. 35.1.64.1 Clem. 5 ad l. Iul. et Pap. auf eine allgemeine Fassung der *lex Iulia et Papia*. Vgl. auch Knütel, Stipulatio, 1976, 52 mwN.

752 Zu den Abgrenzungen *aliud...aliud* vgl. Vierter Teil III.3, S. 259f.

verpflichtet ist[753]. Als Beispiel für die sittenwidrige Auflage dient das Vermächtnis, in dem dem Legatar aufgegeben ist, das Grabmal des Erblassers nicht zu verlassen oder seinen Wohnsitz in einer bestimmten Stadt zu wählen[754]. Papinian hält diese Auflage für unwirksam, weil sie dem Freiheitsrecht des Legatars (*ius libertatis*) widerspreche, denn nur Freigelassene könnten verpflichtet werden, das Grab des Patrons zu bewachen[755].

Mit allen drei Lösungen zum Legat unter Auflage widerspricht Papinian damit einer anerkannten oder vordergründig eindeutigen Rechtsmeinung, indem er Sinn und Zweck der Auflage näher analysiert und eine differenzierte Betrachtungsweise anmahnt.

b. Papinians Lösungsansatz (§ 3)

§ 3 betrifft das Legat der Mitgift. Obwohl Papinian auch diesen Fall mittels Anapher an das Vorherige anknüpft, zeigen das wörtliche Zitat des Legats wie die ausführliche Erörterung, dass hier der Schwerpunkt der Erörterung liegt.

D. 35.1.71.3 Pap. 17 quaest.

„Titio genero meo heres meus dotis Seiae filiae meae nomine centum dato". legati quidem emolumentum ad Seiam, quae dotem habere incipit, pertinebit, sed quia non tantum mulieri, sed Titio quoque, cui pecuniam legavit, consultum videtur, prope est, ut ipse legatarius intellegatur et legatum petere debeat.	„Meinem Schwiegersohn Titius soll mein Erbe zum Zweck der Mitgift meiner Tochter Seia hundert geben". Zwar wird der Vorteil des Legats an die Seia gelangen, sobald sie eine Mitgift zu haben beginnt, aber weil ja anzunehmen ist, dass nicht nur der Frau, sondern auch dem Titius geholfen wurde, dem das Geld vermacht worden ist, ist es angemessen, dass er selbst als Legatar angesehen wird und das Legat einklagen können muss.
a) si post divortium genero pecuniam heres solverit, aeque liberabitur, quoniam in dotem solutio convertitur.	a) Wenn der Erbe dem Schwiegersohn nach der Scheidung das Geld ausgezahlt hat, wird er gleichfalls befreit, weil die Zahlung in eine Mitgift umgewandelt wird.
b) constante autem matrimonio	b) Bei Fortbestand der Ehe zahlt er [der Erbe]

753 Vgl. Kaser, Über Verbotsgesetze und verbotswidrige Geschäfte im römischen Recht, Wien 1977, 89f.

754 Zu testamentarischen Beschränkungen der Freizügigkeit vgl. Sturm, in: Trabajos Ferran Valls y Taberner I, 1989, 23-41 mit 25f. zur Stelle.

755 Es geht hier um die dem *modus* eigene Kaution, nicht um die *cautio Muciana*, so aber Sturm, in: Trabajos Ferran Valls y Taberner I, 1989, 25, der die Auflage als Bedingung auffasst. Gegen eine schlichte Gleichsetzung spricht der unterschiedliche Inhalt der *cautio Muciana* (Erstattung) und der *cautio* des *legatum modale* (Erfüllung), dazu Di Salvo, Legato modale, 1973, 30-33 mwN Fn. 29. Zur zulässigen Einschränkung der Bewegungsfreiheit des *libertus* vgl. Voci, DER II, ²1963, 799 Fn. 34. Die Zulässigkeit dürfte sich aus dem *obsequium* ergeben, das dem *libertus* auferlegt ist, vgl. Waldstein, Operae libertorum, 1986, 51-69.

etiam prohibente muliere Titio recte solvetur: hoc enim et mulieris interest, ut incipiat esse dotata. nam et si quis ipsam quoque petitionem habere responderit eaque pecuniam petat neque dotis fieri velit, non dubie doli summovebitur exceptione.

c) ante nuptias vero Titio vel muliere defunctis legatum apud heredem manet. quod si nolit eam uxorem ducere, causa legati, quod ad mulieris personam attinet, satisfactum intellegetur, sed Titio legatum petenti nocebit exceptio doli.

d) Sabinus autem existimabat nupta muliere Titio sine cautione legatum deberi, quoniam pecunia dotis efficeretur: sed cum ante nuptias, quia purum legatum est, peti potest, cautio „mulieri pecuniam reddi" necessaria erit.

e) quod si maritus vitio suo causa ceciderit neque solvendo sit, numquid adversus heredem mulieri, quae nihil deliquit, succurri debeat ob eam pecuniam, quae doti fuerat destinata? sed quoniam ambo legati petitionem habuerunt, salvam habebit, non soluta pecunia viro, mulier actionem.

auch gegen das Verbot der Frau wirksam an den Titius. Dies nämlich steht der Frau zu, dass sie eine Dotierung erhält. Auch wenn nämlich irgendeiner antworten wird, dass sie selbst auch die Klage habe, und sie das Geld verlangt und es nicht zur Mitgift verwenden will, wird sie ohne Zweifel durch die Einrede der Arglist [an der Klage] gehindert werden.

c) Vor der Ehe aber oder nach dem Tod des Titius oder der Frau verbleibt das Legat beim Erben. Aber wenn er sie nicht als Ehefrau heimführen will, wird der Beweggrund des Legats, was die Person der Frau angeht, als befriedigt angesehen, aber dem Titius wird, wenn er das Legat einklagt, die Einrede der Arglist schaden.

d) Sabinus aber nahm an, dass dem Titius nach der Heirat der Frau das Legat ohne Kaution geschuldet werde, weil es Geld der Mitgift werde. Aber obwohl vor der Eheschließung geklagt werden könne, weil es ja ein unbedingtes Legat ist, wird die Kaution, „dass der Frau das Geld zurückgegeben werde", notwendig sein.

e) Aber wenn der Ehemann durch einen eigenen Fehler den Rechtsstreit verloren hat und nicht solvent ist, ob nicht der Frau, die nichts Unerlaubtes getan hat, gegen den Erben geholfen werden müsse wegen dieses Geldes, welches für die Mitgift bestimmt war? Aber weil ja beide die Klage auf das Legat haben, wird der Frau die Klage sicher sein, wenn dem Mann das Geld nicht gezahlt wurde.

Dem Titius ist die Mitgift zugunsten der Seia als unbedingtes Damnationslegat hinterlassen (*dato*), wobei Papinian den Titius als vollwertigen Legatar[756], die Seia als Begünstigte aus einer Auflage ansieht[757]. In den hier mit a) – e) gekennzeichneten Varianten untersucht Papinian das rechtliche Schicksal des Legats in verschiedenen

756 Zu der „merkwürdig unjuristischen Begründung" (so König, SDHI 29 [1963] 207) *prope est* vgl. auch Pal. 326 = D. 45.1.118pr. Pap. 27 quaest.; Pal. 328 = D. 45.3.18.1 Pap. 27 quaest. und Pal. 340 = D. 46.3.95.11 Pap. 28 quaest. Angesichts der rechtlichen Evidenz der vorgeschlagenen Lösungen hat *prope est* fast einen ironischen Unterton.

757 Dies ist durchaus bemerkenswert, weil die Dotalstipulation als bedingt gilt (durch die tatsächliche Eingehung der Ehe), vgl. bereits König, SDHI 29 (1963) 209 zur Stelle; allgemein zuletzt Stagl, Favor dotis, 2009, 13f. Die sprachliche Parallelität zwischen pr. und § 3 spricht gegen eine Textveränderung, wie sie z.B. König, aaO. 207 annimmt.

Stadien der Ehe. Abschließend prüft er, wie Seia dagegen geschützt werden kann, dass Titius gegen die Auflage verstößt oder erfolglos auf das Legat klagt.
Papinian beginnt mit der Rechtslage *post divortium* (a)[758]: Zahle der Erbe, weil der Erbfall nach der Scheidung eintrete, das Legat an Titius erst nach dem Ende der Ehe, stelle sich die Frage, ob diese Leistung auch zugunsten der Seia wirkt, das heißt den Erben befreie, obwohl an sich keine *dos* mehr begründet werden könne[759]. Papinian entscheidet knapp: *aeque liberabitur, quoniam in dotem solutio convertitur,* lässt also die geschiedene Ehe als Grundlage der Mitgift genügen. Dies ergibt sich zum einen daraus, dass kein *indebitum* vorliegt, der Erbe das Gezahlte mithin nicht zurückfordern kann, weil das Legat selbst unbedingt hinterlassen ist. Für das Innenverhältnis der geschiedenen Eheleute bedeutet dies nichts anderes, als dass der Frau die *actio rei uxoriae* auf (teilweise) Herausgabe des Gezahlten zusteht, genauso als wäre das Legat während des Bestehens der Ehe ausgezahlt worden[760]. Da Papinian die Zweckbestimmung des Legats als Auflage zugunsten der Frau auslegt, den Mann aber als (alleinigen!) Legatar behandelt, ist es nur folgerichtig, dass die Leistung an den Mann als Rechtsinhaber den Erben befreit, sofern überhaupt einmal eine Ehe bestanden hat[761].
Aus dieser Überlegung ergibt sich auch die Lösung in der nächsten Variante (b), die die Zahlung des Erben an Titius während des Bestehens der Ehe mit Seia untersucht. Die Erfüllung muss hier befreiende Wirkung haben, und zwar auch dann, wie Papinian betont, wenn die Frau der Leistung widerspreche, da ihr Widerspruch ihrem Interesse, dotiert zu werden, entgegenstehe. Aus diesem Grund könne die Frau auch nicht mit Erfolg Klage erheben, wenn sie das Geld nicht als Mitgift verwenden wolle[762]. Eine der Zweckbestimmung des Legates widersprechende Klage sei durch *exceptio doli* zu hemmen[763].

---

758 Einen sinnlosen Wechsel bedeutet dies entgegen König, SDHI 29 (1963) 208 nicht, denn der *nam*-Satz gehört zur Argumentation innerhalb der Alternative *constante autem matrimonio*, kann also nicht einfach zum Ausgangsfall geschlagen werden.

759 Zum Motiv vgl. Genius, Vorsorge für die geschiedene Ehefrau nach römischem Recht. in: Hübner/Klingmüller/Wacke (Hg.), FS Seidl, Köln 1975, 39-52.

760 Vgl. dazu zuletzt Stagl, Favor dotis, 2009, 214f. mwN.

761 Zu beachten ist freilich, dass diese Lösung im Zusammenhang der Katene nicht aus der besonderen Situation der Mitgift gerechtfertigt wird, sondern aus der Legatsauslegung.

762 Voci, DER II, ²1963, 819 Fn. 52 deutet dies überzeugend als Hinweis auf D. 23.3.48.1 Iul. 2 ad Urs. Feroc. Die distanzierende Perspektive Papinians zu dieser Lösung spricht dafür, Papinians Lösung *quoniam ambo legati petitionem habuerunt* nicht so zu verstehen, dass die Frau selbst Legatarin sein soll.

763 Zur *exceptio doli* in diesem Zusammenhang vgl. Finazzi, L'exceptio doli generalis, 2006, 164-166. Vgl. auch Pal. 272 = D. 35.1.72.6 Pap. 18 quaest. Stagl, Favor dotis, 2009, 209-211 sieht dies als Ausdruck des *favor dotis* an. Aus Sicht des Legatsrechts ist allerdings der Testatorwille entscheidend: Die Tochter ist nicht Legatarin, sondern mittelbar Begünstigte über die Auslegung des *dotis nomine* Legats an den Ehemann – sie kann daher das

Diese Zweckbestimmung des Legats erklärt auch die Rechtslage bei Ausfall der Eheschließung, die Papinian unter c) betrachtet, wobei er danach unterscheidet, ob die Ehe durch Tod eines Ehegatten oder durch Willensänderung des Titius verhindert wurde. Wenn einer der beiden Verlobten vor der Eheschließung versterbe, verbleibe das Legat beim Erben, der überlebende Verlobte könne das Legat mithin nicht für eine andere Ehe in Anspruch nehmen, was der personalisierten Zweckbestimmung der letztwilligen Verfügung: *Titio genero meo ... dotis Seiae filiae meae nomine* entspricht. Konstruktive Schwierigkeiten bereitet es dagegen, wenn Titius das als Mitgift gedachte Legat einklagt, obwohl er keine Ehe mit der Seia anstrebt. Da hier der Legatar die Auflage vereitelt, stellt sich vor allem die Frage, ob der durch die Auflage begünstigte Dritte (hier die Frau) die negativen Folgen dieses Verhaltens zu tragen hat[764]. Zur ersten Frage stellt Papinian lapidar fest, die Frau gelte mit Blick auf das Legat als befriedigt (*satisfactum intellegetur*)[765]. Offenbar sieht er also die Zweckbestimmung des Mitgiftlegats als erfüllt an, wenn überhaupt die Eheschließung möglich ist. Dagegen begründe es weder eine Pflicht zur Eheschließung, noch könne das Vermächtnis eingeklagt werden, wenn die Ehe nicht geschlossen werde. Diese Abgrenzung, die sich bereits in der emphatischen Begründung des § 1 (*aliud est enim ... certa lege invitari)*[766] findet, passt auch für § 3, denn auch dort tangiert die Auflage, das Geld als Mitgift zu verwenden, die Eheabschlussfreiheit nicht. Um die Befolgung der Auflage zu sichern, muss der Legatar, der vor der Eheschließung das Legat einklagt, die bereits zuvor betrachtete Kaution erklären.

Papinian behandelt diese Frage im folgenden Teilstück, in dem er zunächst eine Ansicht des Sabinus referiert (d), nach der der Mann vor der Eheschließung eine Kaution abzugeben habe, mit der er zusichere, das Geld auch tatsächlich als *dos* zu verwenden[767]. Obwohl sich Papinian auf eine fremde Autorität beruft, entspricht diese Lösung auch der bisher vom Spätklassiker befürworteten Ausgestaltung des

---

Geld nur als Mitgift erhalten; ihr Wille, das Geld anderweitig zu verwenden, ist unbeachtlich bzw. führt zum Verlust des Legats.

764 Die Hemmung der auflagewidrigen Klage des Mannes auf das Legat erfolgt mithilfe der bereits für die Frau angesprochenen *exceptio doli,* da die Klage auf das Legat ohne Eheschließung der *causa legati* widerspricht.

765 Astolfi, Studi sull'oggetto dei legati I, 1964, 282 hält die Lösung für nicht überzeugend. Im Zusammenhang mit § 2 sind seine Bedenken zu widerlegen.

766 Für Authentizität bereits Knütel, Stipulatio, 1976, 52: „Der Gegensatz zwischen einer harmlosen *invitatio* und einer freiheitsberaubenden *ablatio* ist zwar überspitzt, aber dafür recht plastisch: Die Vertragsstrafe ist nicht Lock-, sondern Pressionsmittel (...)".

767 Vgl. König, SDHI 29 (1963) 212. Ohne die Kaution fehlt es der Frau an Möglichkeiten, die Einbringung des Geldes in die Ehe zu erreichen. Eine *condictio* scheitert am Rechtsgrund des Legates. Zur Kaution vgl. Astolfi, Studi sull'oggetto dei legati I, 1964, 281. Dies sagt nicht unbedingt etwas über die zivile Beachtlichkeit der Auflage aus. Vielmehr geht es darum, dass keine Bedingung vorliegt, die die Klage auf den Zeitpunkt des Bedingungseintritts (Eheschließung) verschieben würde.

Legats der Mitgift als *legatum sub modo*, wie sie im *principium* deutlich geworden ist. Ergibt sich die vorgeschlagene Kautionspflicht aber aus dem bereits Gesagten, dient die Berufung auf Sabinus nur dazu, das eigene Ergebnis zu stärken[768] und sich der Zustimmung der Zuhörer zu vergewissern[769], da Papinian im Folgenden Neuland betreten wird: In der letzten Konstellation (e) hat Titius nämlich (vor der Ehe) auf die Erfüllung des Legats geklagt und ist aus eigenem Verschulden unterlegen oder insolvent, so dass er die für den Erhalt des Legates notwendige Kaution nicht leisten kann[770]. Papinian stellt die positiv zu beantwortende Frage (*numquid*), ob nicht der Frau, die das Versagen des Mannes unverschuldet treffe, gegenüber dem Erben geholfen werden müsse, damit sie die Mitgift erlangen könne. Diese wahrscheinlich auf ein außerordentliches Rechtsmittel (*succurri*) zielende Frage wird durch die mit *sed* eingeleitete Antwort disqualifiziert: Diese hält fest, dass die Frau selbst die *petitio legati* habe, das heißt offenbar auch diese Klage durch die *litis contestatio* des Mannes gegenüber dem Erben nicht erloschen sein soll. Diese überraschende, von der Berechtigung des Mannes unabhängige Klagebefugnis der Frau hat zuletzt Stagl als Ausdruck des *favor dotis* angesehen und die Frau zur Legatarin neben dem Mann erklärt[771].

Gegen beide Annahmen bestehen Bedenken, die sich vor allem aus der ausführlichen Herleitung der Lösung durch Papinian ergeben: Zunächst ist hervorzuheben, dass der Jurist es geradezu vermeidet, die Frau als Legatarin zu bezeichnen. So spricht er zu Beginn des § 3 nur davon, dass der Frau das *emolumentum* des Legats zustehe, eine Terminologie, die er bereits im *principium* für die durch die Auflage begünstigten Dritten verwendet hat. Auch der Bericht über ein (fiktives) *Responsum* eines *quis*, der der Frau eine eigene Klage zuerkannt habe, wirkt distanziert und steht der vorschnellen Annahme einer eigenen Legatsberechtigung der Frau entgegen[772]. Vor allem aber besagt auch Papinians eigene Aussage, *quoniam ambo legati petitionem habuerunt* nur, dass die Frau die Legatsklage habe, womit im Übrigen nicht zwingend die *actio ex testamento* gemeint sein muss. Da das Legat als Mitgift vorgesehen ist, ist

768 Dafür lässt sich auch anführen, dass Papinian im *pr.* der Lösung Africans (teilweise) widersprochen hat, indem er die konkludente Zweckbestimmung genügen lässt, um eine Auflage und damit eine Kautionspflicht des Legatars anzunehmen.

769 Sie ist immer wieder als justinianisch verdächtigt worden, vgl. Nachweise bei Stagl, Favor dotis, 2009, 2f. (zum *favor dotis*). Zum Text auch König, SDHI 29 (1963) 211-213.

770 Vgl. zuletzt Stagl, Favor dotis, 2009, 217f. Zu den beiden Fällen vgl. Kroppenberg, Die Insolvenz im klassischen römischen Recht, 2001, 374 Fn. 13.

771 Stagl, Favor dotis, 2009, 217f. Zum Schutz der Mitgift in der Insolvenz vgl. Kroppenberg, Die Insolvenz im klassischen römischen Recht, 2001, 79-89.

772 Voci, DER II, ^{2}1963, 819 Fn. 52 sieht dies als Julianzitat an. Zutreffend auch Jhering, Jher. Jahrb. 24 (1886) 435f.

vielmehr auch an eine *actio rei uxoriae* (*utilis*) zu denken, mit der die Frau ihre Mitgift ausnahmsweise direkt vom Erben verlangen könnte[773].

Grundlage der *actio rei uxoriae* wäre – wie schon in der gesamten vorhergehenden Argumentation – die Zweckbestimmung des Legats[774]. Diese Konstruktion erklärt, warum die Klage der Frau sogar nach dem Scheitern des Mannes gegenüber dem Erben – sei es wegen Nichtleistung der *cautio*, sei es wegen schlechter Prozessführung – fortbesteht. Eine Klagenkonsumption der der Frau zustehenden Klage durch die *litis contestatio* des Mannes mit dem Erben setzte nämlich voraus, dass beide Klagen auf *eadem res* gerichtet wären. Wie aber schon Levy beobachtet hat, zeigt die vom Mann gegenüber dem Erben abzugebende Kaution (*mulieri pecuniam reddi*), dass die Klagen der Eheleute nicht *eadem res* betreffen. Sie zeigt auch, dass der Erbe nicht zweimal in Anspruch genommen werden kann[775]. Fehlt es an der Kaution oder hat der Mann den Prozess verloren, so gewährt Papinian der Frau den direkten Zugriff aus der *actio rei uxoriae*[776].

c. Die Fälle *pr.*-2 als *τόπος ἐξ ἐπαγωγῆς* für § 3

Die fallgenaue, behutsame Herausarbeitung dieser Lösung in § 3 wird gestützt durch die drei vorangehenden Fallvarianten (*pr.*-§ 2)[777]. Dabei beschränken sich diese Varianten nicht auf eine rechtliche Begründung, sondern enthalten auch pathetische und ethische Argumente, die die Überzeugungskraft der Lösung stärken sollen. So wird der Drittschutz (*pr.*) der Auflage nicht nur rechtlich, sondern auch durch die besondere Färbung des Beispiels mit Blick auf § 3 begründet: Indem Papinian die Kaution zum Schutz des Sohnes, Bruders oder Pflegekindes verlangt, weil diese

773 Anders Jhering, Jher. Jahrb. 24 (1886) 440, der aus dem Wesen der Solidarobligation argumentiert. Zur *actio utilis* des Zessionars vgl. allgemein D. 2.14.16pr. Ulp. 4 ad ed., dazu Kaser, Zum 'pignus nominis', in: Études Macqueron, 1970, 403-406. Zur *actio rei uxoriae utilis* vgl. Astolfi, Studi sull'oggetto dei legati I, 1964, 205-208. Ähnlich Pal. 270 = D. 33.4.7pr.-5 Pap. 18 quaest.

774 Auch hier ist der Vergleich mit Pal. 370 = D. 33.4.7pr. Pap. 18 quaest. hilfreich, denn wie schon Levy, Nachtr., 1962, 44 erkennt, gilt für den dortigen Fall (der enterbte Sohn hat die Mitgift als Legat erhalten; die Ehe war nach Levy – dies ist aber nicht zwingend – aufgelöst) der Konkurrenz von *actio rei uxoriae* und *actio ex testamento*.

775 Vgl. Levy, Nachtr., 1962, 41-43 zur Konkurrenz von *actio ex testamento* der Frau und *actio familiae erciscundae* des Mannes, 43-45 zur *actio ex testamento* neben der *actio rei uxoriae*.

776 Denkbar wäre auch eine *actio utilis ex testamento*, mit der fingiert wird, der Mann sei Zedent und die Frau Zessionar der *actio ex testamento*, vgl. C. 8.16.4 Alex. (a. 225), bzw. eine *actio utilis* aufgrund fiktiver Stipulation, wie sie für die Schenkung unter Auflage belegt ist, vgl. Wesenberg, Der Anspruch des Drittbedachten einer mittelbaren Schenkung, in: Studi Arangio-Ruiz I, 1957, 415-421. Die Frau kann aber ihre *actio rei uxoriae* auch gegen den Erben durchsetzen, vgl. Kroppenberg, Die Insolvenz im klassischen römischen Recht, 2001, 94-98.

777 Zutreffend bereits die Beobachtung Jherings, Jher. Jahrb. 24 (1886) 435 „führt diese Stelle uns das Bild eines Schriftstellers vor Augen, der sich erst während des Schreibens klar wird, eines Suchenden".

nicht für sich selbst sorgen können, nimmt er vorweg, dass auch die (verheiratete) Frau versorgt sein muss, denn eigenständige wirtschaftliche Betätigung steht ihr in der Regel nicht offen[778]. Damit begründet das *principium* auch ethisch die Verpflichtung, dem Legatar zugunsten der Frau die Kaution aufzuerlegen. In ganz ähnlicher Weise bereitet der in § 1 gebildete Gegensatz zwischen der gegen die *lex Iulia et Papia* verstoßenden Stipulation und dem Mitgiftlegat die Argumentation des § 3 vor, in der Papinian das Legat dem Erben zuspricht, wenn Titius die Seia doch nicht heiraten will. § 1 formuliert das Argument, nach dem das Legat niemanden zur Ehe zwinge; der Vermögensnachteil, der dadurch entsteht, dass sich die Beteiligten gegen die Ehe entscheiden, kann umgekehrt nicht zur Klage gegen das Testament führen, das nur eine Einladung darstellt, was auch für das Mitgiftlegat in § 3 gelten muss. Mit dieser über die rein rechtliche Argumentation hinausgehenden Perspektive lässt sich auch eine Verbindung zwischen § 2 und § 3 herstellen. Nur vordergründig ist § 2 eine Abhandlung zur Freizügigkeit und zur Grabespflege durch *liberti.* Weitergehend enthält er die Aussage, dass eine Auflage nicht die Freiheit des Legatars beschränken darf: Da Titius nicht gezwungen werden darf, am Grabe des Erblassers zu verbleiben, weil dies dem *ius libertatis* widerspräche (§ 2), darf auch die Frau durch die Mitgift nicht gezwungen sein, bei ihrem Mann zu bleiben. Konsequenterweise muss also die im Legat der Mitgift enthaltene Auflage so ausgelegt werden, dass sie die Freiheit der Frau erhält. Diese Freiheit wird garantiert, wenn sie bei Insolvenz oder Klageverlust des Mannes eine eigene Klage auf Zahlung erhält. Nur als *mulier dotata* ist nämlich ihre Unabhängigkeit, spätestens bei Scheidung, gewährleistet.

Mit diesen Überlegungen lässt sich die Argumentationsweise in der Katene als Sonderform der Induktion beschreiben, bei der die drei Ausgangsfälle beispielhafte, das heißt illustrative Wirkung für den Problemfall (§ 3) haben (Induktionstopos, *τόπος ἐξ ἐπαγωγῆς*). Dieses Vorgehen ist auch bei Papinians Prämissenbildung in *pr.*-§ 2 gut zu beobachten: Anstelle der rein rechtlichen Ableitung von Grundsätzen steht das eindringliche Beispiel, dessen Appellcharakter (versorgungsbedürftiger Angehöriger, *lex Iulia et Papia*, *ius libertati*) die rechtliche Argumentation unterstützt. Ein Grund für dieses Vorgehen könnte die durchaus unklare Rechtslage hinsichtlich der Klagemöglichkeiten beim Legat der Mitgift sein[779].

778 Vgl. Wagner-Hasel, s.v. Frau, in: DNP IV, 1998, 636. Zur Versorgungsfunktion der *dos* vgl. Saller, Patriarchy, property and death in the Roman family, Cambridge 1994, 204-224. Zu Einzelheiten der Anlagepraxis vgl. Kehoe, Investment, Profit and Tenancy, 1997, 89f., 101f. und 120f.

779 Vgl. D. 30.69.2 Gai. 2 ad leg. ed. praet.; D. 23.3.48.1 Iul. 2 ad Urs. Feroc., dazu bereits Kaser, RP I § 185.IV.3, 751 mit Fn. 85; ausführlich Astolfi, Studi sull'oggetto dei legati I, 1964, 286-290. Zum Ganzen jetzt Stagl, Favor dotis, 2009, 209-218, der freilich alle drei, teilweise widersprüchlichen Entscheidungen apodiktisch aus dem *favor dotis* erklärt.

2. Ersitzung durch den Haussohn, Pal. 307

Umstritten sind auch die folgenden Fragen des Ersitzungsrechts, die Papinian ebenfalls in der Form des Induktionstopos erörtert:

D. 41.3.44pr.-7 Pap. 23 quaest.

pr. Iusto errore ductus Titium filium meum et in mea potestate esse existimavi, cum adrogatio non iure intervenisset: eum ex re mea quaerere mihi non existimo. non enim constitutum est in hoc, quod in homine libero qui bona fide servit placuit: ibi propter adsiduam et cottidianam comparationem servorum ita constitui publice interfuit, nam frequenter ignorantia liberos emimus, non autem tam facilis frequens adoptio vel adrogatio filiorum est.

1 Constat, si rem alienam scienti mihi vendas, tradas autem eo tempore, quo dominus ratum habet, traditionis tempus inspiciendum remque meam fieri.

2 Etsi possessionis, non contractus initium, quod ad usucapionem pertinet, inspici placet, nonnumquam tamen evenit, ut non initium praesentis possessionis, sed causam antiquiorem traditionis, quae bonam fidem habuit, inspiciamus, veluti circa partum eius mulieris, quam bona fide coepit possidere: non enim ideo minus capietur usu puer, quod alienam matrem, priusquam eniteretur, esse cognovit. idem in servo postliminio reverso dictum est.

3 Nondum aditae hereditatis tempus usucapioni datum est, sive servus hereditarius aliquid comparat, sive defunctus usucapere coeperat: sed haec iure singulari recepta sunt.

4 Filius familias emptor alienae rei, cum patrem familias se factum

pr. „Dass Titius mein Sohn und in meiner Gewalt ist", nahm ich durch einen gerechtfertigten Irrtum verleitet an, weil die Adrogation nicht wirksam stattgefunden hatte. Ich glaube nicht, dass er mir mit Wirkung für mein Vermögen erwirbt, denn mit Bezug auf diesen [Sachverhalt] ist nicht festgesetzt worden, was mit Blick auf einen freien Menschen, der gutgläubig als Sklave gedient hat, unbestritten ist. Dort war im öffentlichen Interesse so zu entscheiden wegen des häufigen und alltäglichen Erwerbs der Sklaven, denn oft kaufen wir ohne Wissen Freie, nicht aber derart ohne Schwierigkeit, und häufig ist die Adoption oder Adrogation von Kindern.

1 Es steht fest, dass die Sache zu dem maßgeblichen Zeitpunkt der Übergabe mein wird, wenn du mir mit meiner Kenntnis eine fremde Sache verkaufst, sie aber in dem Moment überträgst, in dem der Eigentümer zugestimmt hat.

2 Auch wenn anerkannt ist, dass auf die Erlangung des Besitzes, nicht des Vertrags, welcher zur Ersitzung gehört, abzustellen ist, kommt es dennoch bisweilen vor, dass wir nicht auf die Erlangung des gegenwärtigen Besitzes abstellen, sondern auf den früheren Rechtsgrund der Übergabe, welche die *bona fides* in sich trug, wie z.B. wegen des Kindes derjenigen Sklavin, welche er mit *bona fides* zu besitzen begonnen hat. Das Sklavenkind wird nämlich nicht deshalb weniger ersessen, weil man erkannt hat, dass die Mutter, bevor sie geboren hat, einem anderen gehörte. Dasselbe wurde auch in Bezug auf einen Sklaven, der aus der Kriegsgefangenschaft zurückgekehrt war, gesagt.

3 Die Zeitspanne, in der die Erbschaft noch nicht angetreten ist, wird zur Ersitzungs-(Zeit) hinzugerechnet, sei es, dass der Erbschaftssklave etwas gekauft hat, sei es, dass der Verstorbene zu ersitzen begonnen hat. Aber dies ist als Sonderrecht anerkannt worden.

4 Als Käufer einer fremden Sache beginnt der Haussohn die übergebene Sache für sich zu besitzen, obwohl er nicht weiss, dass er zum Hausvater geworden ist. Warum soll er nicht ersitzen, wenn

ignoret, coepit rem sibi traditam possidere: cur non capiat usu, cum bona fides initio possessionis adsit, quamvis eum se per errorem esse arbitretur, qui rem ex causa peculiari quaesitam nec possidere possit? idem dicendum erit et si ex patris hereditate ad se pervenisse rem emptam non levi praesumptione credat.

5 Non mutat usucapio superveniens pro emptore vel pro herede, quo minus pignoris persecutio salva sit: ut enim usus fructus usucapi non potest, ita persecutio pignoris, quae nulla societate dominii coniungitur, sed sola conventione constituitur, usucapione rei non peremitur.

6 Eum, qui postea quam usucapere coepit in furorem incidit, utilitate suadente relictum est, ne languor animi damnum etiam in bonis adferat, ex omni causa implere usucapionem.

7 Si, cum apud hostes dominus aut pater agat, servus aut filius emat, an et tenere incipiat?

a) si quidem ex causa peculii possedit, usucapionem inchoari nec impedimento domini captivitatem esse, cuius scientia non esset in civitate necessaria.

b) si vero non ex causa peculii comparetur, usu non capi nec iure postliminii quaesitum intellegi, cum prius esset, ut, quod usucaptum diceretur, possessum foret.

c) sin autem pater ibi decesserit, quia tempora captivitatis ex die quo capitur morti iungerentur, potest filium dici et possedisse sibi et usucepisse intellegi.

die *bona fides* bei Erlangung des Besitzes vorhanden ist, obwohl er irrtümlich meinte, eine solche Person zu sein, die eine aus der Pekuliar-*causa* erworbene Sache nicht besitzen könne? Dasselbe wird auch zu sagen sein, wenn er nicht leichtfertig zu der Annahme gelangt, dass die gekaufte Sache aus der Erbschaft des Vaters an ihn gelangt sei.

5 Die einsetzende Ersitzung für einen Käufer oder für einen Erben ändert nichts daran, dass die Pfandverfolgung [dem Pfandgläubiger] sicher ist. Wie nämlich der Nießbrauch nicht ersessen werden kann, so wird die Verfolgung des Pfandes durch die Ersitzung der Sache nicht aufgehoben, weil sie keine Beteiligung am Eigentum begründet, sondern allein durch Vereinbarung zustandegekommen ist,

6 Es ist überliefert, dass, wer später, als er zu ersitzen begonnen hat, in die Geisteskrankheit verfällt, aus Gründen der Nützlichkeit aus jedem Rechtsgrund die Ersitzung vervollständigen kann, damit nicht die Geistesschwäche zusätzlich Schaden im Vermögen anrichtet.

7 Wenn ein Sklave oder Sohn kauft, während der Herr oder Vater sich in Gefangenschaft befindet, beginnt er auch zu besitzen?

a) [Ich habe gesagt, dass] wenn er etwa aus der Pekuliarcausa besitzt, die Ersitzung beginnt und die Gefangenschaft des Herrn kein Hindernis ist, da seine Kenntnis auch bei Verbleiben in der Stadt nicht notwendig gewesen wäre.

b) Wenn er aber nicht aus der Pekuliarcausa erworben hat, kann er nicht ersitzen und nicht nach dem *ius postliminii* so betrachtet werden, als habe er erworben, weil es vorangig wäre, dass das, was als ersessen bezeichnet wird, besessen worden wäre.

c) Wenn aber der Vater dort [in der Gefangenschaft] verstorben ist, könne behauptet werden, dass der Sohn besessen habe, und es sei anzunehmen, dass er für sich ersitzen könne, weil ja die Zeit der Gefangenschaft von dem Tage an, an dem er gefangen genommen wurde, unmittelbar an den Tod anschließt.

Die eklektisch anmutende Sammlung in *pr.*-6 dient der Vorbereitung des Problemfalles in § 7. Die in den einleitenden Beispielen vermittelten Erkenntnisse lassen sich in drei Thesen zusammenfassen. Erstens: Der Haussohn erwirbt nur dann für den

Vater, wenn das Gewaltverhältnis fortbesteht (*pr.*), nicht bloß eingebildet ist, selbst wenn die Parteien gutgläubig sind[780]. Zweitens: Maßgeblicher Zeitpunkt für den guten Glauben der Ersitzung ist grundsätzlich die Besitzerlangung (§ 1), obwohl Ausnahmen (*ius singulare*) zugelassen sind (§§ 2, 3 und 5) [781]. Drittens: Die Ersitzung wird durch den Irrtum über den eigenen Status (§ 4) ebensowenig verhindert wie durch die Geschäftsunfähigkeit des Erwerbers (§ 6).
Mit diesem Regelungsgerüst bearbeitet Papinian auch die in § 7 gestellte Frage, ob der Gewaltunterworfene bei Kriegsgefangenschaft des Gewalthabers Besitz erwerben kann, wobei er verschiedene Varianten unterscheidet[782]. Die erste problematisiert, ob ein entsprechender Besitzwille vorliegt, wenn sich der Gewalthaber in der Kriegsgefangenschaft befindet. Liege ein Pekuliarerwerb vor (a), genüge der Wille des Gewalthabers bei Erteilung des *peculium*[783]. Bei Geschäften außerhalb des *peculium* (b) fehle dagegen sowohl der Besitzwille des Hausvaters, da er als Kriegsgefangener keinen rechtlich erheblichen Willen bilden kann[784], als auch der Eigenbesitzwille des Gewaltunterworfenen, so dass letzterer weder für sich noch für den Gewalthaber ersitzen kann[785]. Auswege hieraus gibt es nach Papinian nicht, denn die in §§ 2-3 erörterten Konstellationen zeigen zwar, dass der (zeitweise) fehlende Besitz nicht immer die Ersitzung hindert, sie passen aber im Fall des § 7 b nicht: So nützt der Rückbezug des guten Glaubens auf einen anderen Zeitpunkt als den der Besitzerlangung nichts (§ 2), wenn kein Besitz erlangt wurde[786]. Auch die Möglichkeit, bereits vor Erbschaftsantritt, das heißt vor der Besitzerlangung zu ersitzen (§ 3), erlaubt dem Gewaltunterworfenen in § 7 b keine Ersitzung, denn sie ist – wie Papinian zutreffend hervorgehoben hat – *ius singulare* der Erbschaft und damit nicht verallgemeinerbar[787].

---

780 Vgl. dazu zuletzt Harke, Liber homo bona fide serviens und Vertragsgeltung im klassischen römischen Recht, RIDA 52 (2005) 167f.

781 Auch § 1 enthält eine Irrtumsproblematik, die aber nur der Anknüpfung an das *principium* dient. Einzelheiten zu § 1 bei Voci, L'errore nel diritto romano, 1937, 84f.

782 Nicosia, L'acquisto del possesso, 1960, 201f. und Benöhr, Besitzerwerb, 1972, 114 Fn. 28 mwN bemängeln, es stelle sich gar nicht die Frage, ob Sklave und Haussohn besitzen, sondern ob sie ersitzen könnten. Sie übersehen, dass der Jurist einen Bezug zwischen Eigenbesitz und Ersitzung herstellt, der dadurch gerechtfertigt ist, dass der Besitz vom Besitzwillen getragen sein muss, an dem es hier – aus ganz verschiedenen Gründen – fehlen kann, vgl. auch D. 41.2.49.1 Pap. 2 defin., dazu Benöhr, aaO., 1972, 66.

783 Vgl. nur Nachweise bei Kaser, RP I § 95.II.IV, 392 Fn. 26.

784 Vgl. D. 41.2.23.1 Iav. 1 epist., dazu Ratti, Studi sulla ‚captivitas', 1980, 105f. (mit zu weitgehender Textkritik).Zum *postliminium* vgl. zuletzt Wieling, Die Begründung des Sklavenstatus nach ius gentium und ius civile, Stuttgart 1999, 4f. mwN Fn. 25.

785 Zum Besitzwillen des Gewaltunterworfenen vgl. Ratti, Studi sulla ‚captivitas', 1980, 112 mit weitreichender Textkritik. Weiteres bei Benöhr, Besitzerwerb, 1972, 73f. und 78f.

786 Es bleibt insoweit bei der Lösung des § 1.

787 Zum *ius singulare* vgl. Gioffredi, Sul' ius postliminii'. La struttura dell'istituto, SDHI 16 (1950) 48-51. Da Papinian in § 3 das *ius singulare* der *hereditas iacens* anspricht, das für sei-

Eine Hilfe bietet aber die Konstellation des § 4, die belegt, dass der Irrtum über den eigenen Status dem Besitzwillen nicht entgegensteht, wenn der Haussohn durch den zwischenzeitlichen Tod des Vaters gewaltfrei geworden ist[788]. Mit dieser Begründung kann der Haussohn auch im Fall der Kriegsgefangenschaft des Vaters ersitzen, wenn letzterer in der Kriegsgefangenschaft verstorben ist (c)[789]. Vorausgesetzt ist, dass nach dem *ius postliminii* der Zeitpunkt der Gefangennahme als Todeszeitpunkt anzusehen ist[790].

Fraglich bleibt folglich nur, wie sich diese Fiktion auf den Besitzwillen auswirkt, das heißt, ob die Hoffnung, dass der Vater noch am Leben sei, nicht den Eigenbesitz des Haussohnes und damit der *usucapio* zu seinen eigenen Gunsten ausschließt. Dass Papinian dies verneint, folgt zunächst aus § 4, denn das dortige Beispiel zeigt, dass es nur auf die tatsächliche Besitzfähigkeit und den guten Glauben ankommt, nicht dagegen auf die Kenntnis des eigenen Status[791]. Auch § 1 belegt, dass der Käuferwille ausreicht, um das Eigentum zu erwerben, und es insoweit nicht auf den Eigentümerwillen ankommt[792]. Der Ersitzung durch den Haussohn (§ 7 c) könnte weiter entgegenstehen, dass der Sohn zu einem Zeitpunkt die Sachherrschaft erhält, an dem er nur für den Vater den Besitz innehaben kann. Hier greift freilich der im *principium* angesprochene Grundsatz ein, nach dem der Sohn nicht für den Vater ersitzt, wenn das Gewaltverhältnis – wie in der Kriegsgefangenschaft – ruht. Weiter soll, wenn man das Beispiel des § 2 vor Augen hat, dem Sohn auch die gesamte Ersitzungszeit zugute kommen, so dass der gute Glaube auf den Zeitpunkt des Vertrags zurückzubeziehen ist, was im Fall des Todes des Vaters in der Gefangenschaft (§ 7 c) bedeutet, den Zeitpunkt für maßgeblich zu erklären, an dem der Sohn die Sache erhalten hat.

Die ethische Rechtfertigung für dieses Vorgehen folgt aus § 6: Wenn dort die nachträgliche Geisteskrankheit nicht zum Verlust der Ersitzungsmöglichkeit führt, so darf auch der Tod des Vaters nicht zum Vermögensverlust des Sohnes führen, der bereits die Sache in Gewahrsam hat. § 5 schließlich verdeutlicht die Grenzen zwischen der Regel (§ 7b) und ihrer Ausnahme (§ 7c), wenn man die Verfolgbarkeit des

---

ne Lösung des *postliminium*-Falles in § 7 unerheblich ist, könnte erneut eine (irreführende) Anspielung des Spätklassikers sein, wie sie auch an anderen Orten begegnet ist. Vgl. Pal. 96 = D. 4.6.19 Pap. 3 quaest., dazu Benöhr, Besitzerwerb, 1972, 116.

788 Anders Nicosia, L'acquisto del possesso, 1960, 203-205, der den Hinweis auf das *peculium* für interpoliert hält, dagegen bereits Benöhr, Besitzerwerb, 1972, 115 Fn. 29.

789 Zum Sklaven vgl. Buti, Studi sulla capacità patrimoniale dei servi, 1976, 99 Fn. 63.

790 Solange freillich noch die Möglichkeit der Rückkehr besteht, wird der Gefangene gerade nicht als tot behandelt. Zur *cura bonorum* vgl. Sertorio, La prigiona di guerra e il diritto di postliminio, Mailand 1916, 89f.

791 Zu *plus est in rem quam in existimatione* vgl. Bonfante, Corso di diritto romano, 1933, 192f.

792 So auch Burdese, Il c.d. error in dominio nella traditio classica, in: Zepos (Hg.), Archive de droit privé dedié à F. Pringsheim, Revue jur. trim. 16 (1953), 41f.; Reggi, L'error in dominio 'nella traditio', SDHI 18 (1952) 96.

Pfandes als Platzhalter für die Rechte des Vaters während der Gefangenschaft ansieht: Solange der Vater noch lebt, kann der Sohn die Rechte des Vaters nicht durch Ersitzung beschädigen; mit seinem Tod aber besteht kein Grund mehr, den Vater vor der Ersitzung durch den Sohn zu schützen[793].

Im Ergebnis offenbart sich damit der immer wieder als nicht nachvollziehbar angegriffene § 7 als eine innovative Lösung der schwierigen Abstimmung zwischen den Fiktionen des *ius postliminii*[794] und den Vorgaben der *usucapio*[795]. Ihre Begründung folgt aus den vorangehenden §§, die sich als Induktionstopos lesen lassen.

III. Ergebnis

Rekapituliert man die Katenen, in denen Papinian eigenständig Probleme erörtert, so ist neben der Dialektik die Bedeutung der *exempla* hervorzuheben. Mehr noch als bei den im Zweiten Teil betrachteten Auseinandersetzungen mit fremden Meinungen dienen die Fälle nicht nur als dialektisch-topische Vergleichspunkte, sondern als Grundlage der beispielhaften Induktion und letztlich der Untermalung.

Diese amplifikatorische Funktion des *exemplum* zeigt sich sowohl für die im Recht der Fideikommisse häufigen Bezugnahmen auf Kaiserkonstitutionen[796] als auch bei den fiktiven Fällen, die die Argumentation in allen betrachteten Katenen prägen. Die Sachverhalte appellieren, wie z.B. die Tötung des Herrn durch Sklaven[797], der Schutz der wenig produktiven Verwandten[798] oder das Vertrauen des Mannes in die

793 Diese Abgrenzung ist notwendig, weil die Ersitzung des Haussohnes außerhalb des *peculium* umstritten war, vgl. Nicosia, L'acquisto del possesso, 163f.

794 Die Fragestellungen zum *postliminium* sind aufgrund der nicht vollständig konsequenten Durchführung der alternativen Rechtslage regelmäßig sehr verwickelt, vgl. bereits Kaser, RP I, § 68.II.2, 290 mwN. Fn. 17. Für die hier interessierende Frage des Besitzes vgl. z.B. D. 41.3.15pr. Paul. 15 ad Plaut. und D. 49.15.12.2 Tryph. 4 disp., zu beiden Benöhr, Besitzerwerb, 1972, 117-121. Nichts dazu bei Cursi, La struttura del ‚postliminium' nella repubblica e nel principato, Neapel 1996.

795 Zur *usucapio* vgl. Nachweise bei Fuenteseca, Possessio domini ignoranti, AHDE 24 (1954) 570f. mit Fn. 18 und Benöhr, Besitzerwerb, 1972, 114-116 mit Fn. 27-37, die sich beide für Authentizität aussprechen. Ebenso Bonfante, Corso di diritto romano III, 1972, 344f.

796 Vgl. Pal. 281 = D. 31.67.9-10 Pap. 19 quaest.; Pal. 289 = D. 22.1.3pr.-4 Pap. 20 quaest.; Pal. 286 = D. 36.1.56 Pap. 19 quaest.

797 Diese Funktion des Beispiels auch in Pal. 353 = D. 35.2.11.4 Pap. 27 quaest. *dominus a familia necaretur,* dazu Zweiter Teil IV.1, S. 99.

798 Vgl. Pal. 264 = D. 35.1.71pr. Pap. 17 quaest. *filio fratri alumno minus industrio prospectum,* vgl. Dritter Teil II.1, S. 161.

Redlichkeit seiner Frau[799], an die Gefühle der Zuhörer und stützen die rechtliche Argumentation auch durch die evozierende Wirkung des Beispiels[800]. Selbst dort, wo die Beispiele auf eine rechtliche Parallele weisen, stammt diese nicht immer aus demselben Rechtsgebiet oder einem thematisch nahen Bereich. Vielmehr setzt Papinian, wie vor allem die Argumentation aus der Tutorenbestellung der Mutter für die *institutio ex certa re* in Pal. 282 = D. 31.69pr.-4 Pap. 19 quaest. zeigt, eine weitergehende Abstraktionsfähigkeit seines Publikums voraus: Es muss nicht nur den Ausgangsfall in allen rechtlichen Facetten erfasst haben, sondern hat auch die Implikationen des rechtlich fernliegenden Vergleichsfalles zu durchschauen, will es die Bedeutung des Vergleichs für den Ausgangsfall ermessen. Dass die mit diesem Vorgehen verbundene Innovativität wie der Einsatz von rhetorischen Überzeugungsmitteln neben dem rechtlichen Argument der Schaffung neuer rechtlicher Regeln dient, hat schon Cujas erkannt[801]. Auch wenn eindeutige Beweise dafür fehlen, dass diese Überzeugungsarbeit Niederschlag in der severischen Gesetzgebung fand, gibt es doch Anzeichen dafür, dass sich Papinians Deutung der *institutio ex certa re* unter Septimius Severus und Caracalla als neue Rechtskonzeption durchsetzte[802]. Auch wegen der großen praktischen Relevanz der behandelten Fragen[803] liegt daher die Annahme nahe, dass die untersuchten Problemerörterungen nicht nur einer geistvollen Spielerei dienten, sondern den Zweck verfolgten, drängende Rechtsfragen einer Lösung zuzuführen. Genau wie bei Papinians Konstitutionenkommentaren (Erster Teil) und Erörterungen fremder Juristenmeinungen (Zweiter Teil) sind damit auch in den hier untersuchten Katenen Rechtsänderung und Rechtsfortbildung ein wesentliches Anliegen der papinianischen Argumentation[804].

---

799 Vgl. Pal. 281 = D. 31.67.10 Pap. 19 quaest. *fides etiam communium liberorum decipiat patrem, qui melius de matre praesumpserat*, vgl. Dritter Teil I.1, S. 150-152.

800 Allgemein zu Pathos und Ethos bei Papinian vgl. Vierter Teil III, S. 226-262.

801 Cujas, Opera IV, 8: „introduxit novas plerasque sententias", anders Dirksen, in: Hinterl. Schriften II, 1871, 455.

802 Vgl. Pal. 282 = D. 31.69pr.-4 Pap. 19 quaest., dazu Dritter Teil I.2, S. 158f.

803 Es geht um den Eigentumserwerb des Haussohnes beim *postliminium* (Pal. 307 = D. 41.3.44pr.-7 Pap. 23 quaest., die Mitgift (Pal. 264 = D. 35.1.71pr.-3 Pap. 17 quaest.), das Familienfideikommiss (Pal. 281 = D. 31.67pr.-10 Pap. 19 quaest.) und die *institutio ex certa re* (Pal. 282 = D. 31.69pr.-4 Pap. 19 quaest.).

804 Vgl. bes. Erster Teil V, S. 60f.; Zweiter Teil I.1, S. 144, I.2, S. 158f.

VIERTER TEIL: WIEDERKEHRENDE MIKROSTRUKTUREN DER ARGUMENTATION

Nachdem in den vorangehenden Teilen argumentative Makrostrukturen einzelner Katenen analysiert worden sind, soll nun die Mikrostruktur der papinianischen Argumentation, wie sie auch in kleineren Katenen und Fragmenten zu Tage tritt, gewürdigt werden. Wie bereits die exegetische Arbeit an den Katenen gezeigt hat, kehren in der Einzelargumentation bestimmte Verfahren und Wendungen wieder. Um ein Gesamtbild der papinianischen Argumentation zu gewinnen, bleibt daher zu prüfen, ob sich diese argumentativen „Papinianismen"[805] auch in den bisher nicht untersuchten Fragmenten finden. Zu diesem Zweck ist zunächst das Aufwerfen von Fragen (I) zu untersuchen, bevor die verschiedenen Beantwortungsmuster betrachtet werden (II) und schließlich geprüft wird (III), mit welchen ethischen und pathetischen Beweismitteln der Jurist seine Sachargumentation untermauert und verstärkt.

I. Die Frage als zentrales Moment der *Quaestiones*

Wesentliches Strukturelement der *Quaestiones* ist das Aufwerfen von Fragen, die Papinian entweder unmittelbar an sich selbst (und seine Zuhörer) richtet oder von denen er berichtet, sie seien ihm gestellt worden.

1. Unmittelbare Frage

Am eindringlichsten sind die direkt gestellten Fragen. Sie sind in den *Quaestiones* häufig und meist tragend für die Argumentation, wie ein Blick auf die bereits behandelten Katenen zeigt:

Pal. 70 = D. 50.1.11.1 Pap. 2 quaest.[806]

(...), u t r u m in eum prius actio reddi quasi fideiussorem debeat, a n vero non alias, quam si res a collega servari non potuerit? (...).

---

805 Gemeint sind die für Papinians *Quaestiones* typischen Ausdrucksweisen, die auch bei anderen Juristen vorkommen können, in der Überlieferung aber vor allem für den spätklassischen Juristen belegt sind. Enger Leipold, Sprache, 1891, 47.

806 Vgl. Erster Teil II.1, S. 26f.

Pal. 264 = D. 35.1.71.3 Pap. 17 quaest.[807]
(...) quod si maritus vitio suo causa ceciderit neque solvendo sit, numquid adversus heredem mulieri, quae nihil deliquit, succurri debeat ob eam pecuniam, quae doti fuerat destinata? (...).
Pal. 281 = D. 31.67pr. Pap. 19 quaest.[808]
(…) utrum ergo non constitit quod datur, quasi creditori relictum, an, quamdiu potest mutari voluntas, non recte creditori comparabitur? (…).
Pal. 292 = D. 31.70pr. Pap. 20 quaest.[809]
(…) utrum actionibus suis in totum cogetur cedere, an vero non nisi ad eam quantitatem, quae fideicommisso continetur?
Pal. 307 = D. 41.3.44. 7 Pap. 23 quaest.[810]
Si, cum apud hostes dominus aut pater agat, servus aut filius emat, an et tenere incipiat? (...)
Pal. 345 = D. 36.3.5.1 Pap. 28 quaest.[811]
(...) sed quare non caverat de fideicommisso qui provocaverit, si caveret adversarius, ad eum possessionem esse transferendam rescripsit, cum alia sit edicti condicio? (...)
Pal. 353 = D. 35.2.11.4 Pap. 29 quaest.[812]
(...) sed cuius pretii erit, qui, si viveret, non aestimaretur? (...)

Ihnen ist gemeinsam, dass das für den Fortgang der Argumentation entscheidende Element erst von Papinian in Frageform an den Sachverhalt herangetragen wird: So enthält das Reskript des Antoninus Pius zur Haftung der Munizipalmagistrate, das Papinian in Pal. 70 = D. 50.1.11.1 Pap. 2 quaest. kommentiert, keinerlei Angaben zum *nominator*. Diese Information, die Papinian benutzt, um im Fortgang die Geltung des Reskriptes einzuschränken, wird vielmehr im Wege der Frage eingeführt. Ähnliches gilt für die Auslegung des dem Manne zugewiesenen Legats der Mitgift zugunsten der Frau in Pal. 264 = D. 35.1.71.3 Pap. 17 quaest. Auch hier bringt der Jurist mit dem Fragesatz *quod si…* die wesentlichen Gefahren in das Geschehen ein, die der Frau bei einer vom Manne abhängigen Berechtigung an der *dos* drohen. Die Bekämpfung dieser Gefahren rechtfertigt die rechtliche Lösung.

Auch dogmatische Konstruktionen können im Wege der Frage eingeführt werden, wie Pal. 281 = D. 31.67pr. Pap. 19 quaest. zeigt: Hier spielt die Frage *utrum ergo* auf die Schwierigkeiten einer später verworfenen Kautelarpraxis an, der Papinian im Fortgang umso leichter widersprechen kann. In ganz ähnlicher Weise dient die in Pal. 345 = D. 36.3.5.1 Pap. 28 quaest. formulierte Frage (*cur non…*) dazu, den Konflikt zwischen Edikt und Dekret darzulegen und durch den Hinweis auf das prätori-

807 Vgl. Dritter Teil II.1, S. 165f.
808 Vgl. Dritter Teil I.1, S. 144f.
809 Vgl. Erster Teil IV.1, S. 43.
810 Vgl. Dritter Teil II.2, S. 171f.
811 Vgl. Erster Teil III.3, S. 37f.
812 Vgl. Zweiter Teil IV.1, S. 98f.

sche Recht die anschließende Erörterung des Widerspruchs anzustoßen. Dagegen mutet die in Pal. 292 = D. 31.70pr. Pap. 20 quaest. gestellte Frage aufgrund der evidenten Antwort fast rhetorisch an[813]. Auch sie enthält aber den Kern der später folgenden Diskussion, indem sie das Verhältnis zwischen vermachtem Vorteil und durch Fideikommiss auferlegtem Nachteil in den Vordergrund rückt. Daher ist sie trotz der Naivität des Fragenden ernst zu nehmen[814]. Auch die wegen der induktiven Struktur der Katene in Pal. 307 = D. 41.3.44.7 Pap. 23 quaest. am Ende stehende Frage hat eine vergleichbare Funktion: Sie weist auf die Frage, ob Haussohn und Sklaven während der Kriegsgefangenschaft des Gewalthabers ersitzen können. Auf diese Weise lenkt auch sie die Aufmerksamkeit des Hörers oder Lesers auf das Problem, das im Zentrum der Erörterung steht.

Betrachtet man die bisher nicht untersuchten Fragmente, bestätigt sich der Befund, denn auch hier nutzt Papinian die Frage als Impuls für den Fortgang der Argumentation[815]:

Pal. 214 = D. 38.2.41 Pap. 12 quaest.[816]

Si libertus patrono, quod ad debitam portionem attinet, satisfaciat, invito tamen aliquid extorquere conetur, quid statuendum est, quaeritur. quid enim, si ex parte debita instituto decem praeterea legentur et rogetur servum proprium, qui sit decem vel minoris pretii, manumittere? (...)

So fragt er, wie zu entscheiden sei, wenn der Freigelassene, der den Patron in seinem Testament in Höhe des geschuldeten Anteils bedacht habe[817], versuche, gegen den Willen des Freilassers „etwas herauszupressen"[818]. Gemeint ist, dass der Freigelassene im Testament nicht einfach den geschuldeten Erbteil vermacht, sondern weitere Auflagen zu Lasten des Erben formuliert. Mit *quid enim* eingeleitet folgt eine Frage, die die geschilderte Problematik durch ein Beispiel illustriert: Hier hat ein Freigelassener dem Patron zwar den Erbteil hinterlassen, gleichzeitig aber verlangt, einen eigenen Sklaven, der weniger als zehn wert ist, freizulassen, und als Kompensation ein Legat über zehn gewährt[819]. Papinian entscheidet, dass der Freilasser, der das Vermächtnis erhalten wolle, auch den Sklaven freizulassen habe. Es bleibe dem Patron aber unbenommen, das Legat nicht anzunehmen, um nicht einen Sklaven freilassen zu müssen, obwohl es dieser z.B. gar nicht verdiene[820]. Sowohl das allgemeine (*quaeritur*) als auch das spezifische Problem (*quid enim*) werden mithin in Frageform eingeführt und beantwortet.

---

813 Zur rhetorischen Frage vgl. unten Vierter Teil III.3c, S. 249-255.

814 Zur Naivität des Fragenden vgl. unten Vierter Teil I.5, S. 190f.

815 Zu Pal. 204 = D. 26.7.38pr. Pap. 12 quaest. vgl. unten Vierter Teil II.2a, S. 202f.

816 Ausführliche Exegese zuletzt bei Masi Doria, Bona libertorum, 1996, 302-305.

817 Gemeint ist der Pflichtteil des Patrons, vgl. Gai. 3, 41, dazu Kaser/Knütel, § 69, Rn. 10.

818 Zur Emphase vgl. Vierter Teil III.2a, S. 238-240.

819 Vgl. Gai. 2, 272, dazu Masi Doria, Bona libertorum, 1996, 303f.

820 Zu den Vermutungen zu Textverderbnis vgl. Masi Doria, Bona libertorum, 1996, 304. Zur Unwürdigkeit von Sklaven vgl. Kaser/Knütel, § 16, Rn. 11 mwN.

Ebenso wird in folgendem Fragment der Hauptgedanke als Frage formuliert:

Pal. 236 = D. 37.3.1 Pap. 15 quaest.

(...) q u i d e r g o , si curator accipere nolit? nonne iustius atque utilius erit ad eundem modum proximo cuique possessionem dari, ne bona iaceant? quo admisso substitutus cautionem praestare cogitur omnibus his, quibus bona restitui debent, si forte institutus in eodem furore decesserit aut compos mentis effectus ante mortem obierit, quam hereditatem agnosceret. nam et fieri potest, ut vivo furioso substitutus decedat nec tamen furiosus obstet ceteris, si prius et ipse decesserit, quam hereditatem adquireret.

Titius ist einem *furiosus* substituiert worden. Papinian stellt fest, die Frist für die Geltendmachung der *bonorum possessio* laufe nicht, solange der Zustand der Geistesschwäche andauere[821]. Daran ändere auch die Überlassung des Nachlassbesitzes an den Kurator des *furiosus* nichts, denn auch der Vater, der für sein unmündiges Kind die *bonorum possessio* empfange, schließe nicht das Kind von der Forderung des Nachlassbesitzes aus. An diesen Vergleich schließen sich die zwei entscheidenden Fragen an: Zunächst die mit *quid ergo* eingeleitete (Anwendungs-) Frage[822], was gelten soll, wenn der Kurator den Erbschaftsbesitz nicht annehmen will. Sodann trägt die mit *nonne* eingeleitete Frage eine mögliche Lösung vor: Um zu verhindern, dass das Vermögen ohne Verwaltung bleibe, erwägt der Fragesteller, ob es nicht angemessener sei, denjenigen, der nach dem *furiosus* zur prätorischen Erbfolge berufen ist, in den Nachlassbesitz einzuweisen. Papinian beantwortet diese Frage nicht direkt, sondern lässt ohne weiteres den Ersatzerben Titius zum Zuge komme.

Den Bedenken des Fragestellers trägt er allerdings dadurch Rechnung, dass er den Titius zur Sicherheitsleistung gegenüber all denjenigen verpflichtet hält, die zum Nachlassbesitz berechtigt wären, wenn der *furiosus* verstorben wäre, ohne die Einsichtsfähigkeit oder die Erbschaft erhalten zu haben[823]. Erst wenn der Ersatzerbe selbst vor dem *furiosus* verstorben sei, sollten die Nächstberufenen zum Zuge kommen. Die Frageform dient hier mithin dazu, die gegensätzlichen Interessen vor Augen zu führen: Der sich auf die Billigkeit berufende Fragesteller verkörpert die Interessen der zur *bonorum possessio* Berufenen, während Papinian Partei für den Ersatzerben (Titius) ergreift.

Ebenfalls eine Frage der Erbberechtigung betrifft:

Pal. 244 = D. 29.2.84 Pap. 16 quaest.[824]

(...) e r g o si ventre pleno sit mulier, nonne iniquum erit interea defunctum filium heredi suo relinquere nihil? et ideo decreto filio succurrendum est, quia, sive frater ei nascatur sive

---

821 Dazu Biondi, DER, 1954, 135f.

822 Zu den mit *quid ergo* eingeleiteten Sachverhaltsfragen vgl. Vierter Teil I.2 , S. 179-182.

823 Dabei ist zu beachten, dass die *substitutio vulgaris* regelmäßig nicht, anders als die Pupillarsubstitution, für den (späteren) Tod des eingesetzten Erben vorgesehen ist, sondern für den Fall, dass der eingesetzte gar nicht Erbe wird, z.B. weil er die Erbschaft ausschlägt oder vor dem Erbfall verstorben ist, vgl. nur Kaser/Knütel, § 68, Rn. 9. Dies folgt aus dem Prinzip *semel heres, semper heres*, vgl. Schulz, CRL, 1954, 261 Rn. 456.

824 Vgl. Exegese bei La Pira, Successione, 1930, 19f., 43.

non nascatur, patri heres futurus est. eademque ratio facit, ut emancipato quoque subveniri debeat, qui alterutro casu rem omnimodo habiturus est.

Der Vater hat im Testament einen emanzipierten Sohn oder einen Dritten als Erben eingesetzt und dabei einen noch nicht geborenen Sohn übergangen. Papinian hält fest, dass die Erbschaft solange nicht angetreten werden könne, wie das Kind die Unwirksamkeit des Testaments angreifen und die *bonorum possessio* verlangen könne. Stelle sich dagegen heraus, dass die Frau nicht schwanger gewesen sei, und sei während der Schwebezeit ein (enterbter) *filius familias* verstorben, so gelte dieser als Erbe. Ein *emancipatus* und ein außenstehender Dritter könnten nämlich nur dann die Erbschaft antreten, wenn sie (sicher) wüssten, dass keine Schwangerschaft bestehe. Die hieran anschließende Frage (*ergo*), ob der als Erbe angesehene Haussohn selbst vererben könne, auch wenn sich die Schwangerschaft bestätige, bemüht erneut die Billigkeit. Anders als im vorherigen Fragment (Pal. 236) folgt Papinian dem Fragesteller, indem er dem Haussohn die außerordentliche *bonorum possessio decretalis* zuspricht[825]. Das Beispiel des Haussohnes dient sodann dazu, auch dem *emancipatus* prätorische Hilfe zuzusagen, da er selbst dann die *bonorum possessio unde liberi* erhalten könne, wenn ein *postumus* geboren werde. Damit formuliert Papinian auch in diesem Fragment das rechtliche Kernproblem, nämlich den Schutz der prätorischen Miterben des *postumus*, als Frage.

2. *Die mit* quid ergo *eingeleiteten Fragesätze*

Besonders häufig sind die mit *quid ergo* eingeleiteten Fragesätze[826], die in der Verbindung von Schlussfolgerung und Frage einen Wendepunkt in der Argumentation anzeigen. Sie dienen Papinian dazu, Tatfragen (*quaestio facti*) und Varianten in die Diskussion einzubringen.

a. Aufwerfen einer *quaestio facti*

Die mit *quid ergo* angeschlossene *quaestio facti* führt vor Augen, dass nicht nur der Gehalt einer rechtlichen Regelung, sondern auch ihre Anwendung im Einzelfall Schwierigkeiten verursachten kann.

Besonders klare Beispiele entstammen Papinians Kommentaren zum Kaiserrecht:

---

825 Zur *bonorum possessio decretalis* in diesem Fall vgl. Biondi, DER, 1954, 183f. Sie ist *contra tabulas* oder *unde liberi.*

826 *quid ergo* findet sich auch bei anderen Digesten-Juristen. Celsus:D. 19.1.38.2 Cels. 8 dig.; D. 28.5.60.7 Cels. 16 dig.; Julian: D. 18.2.10 Iul. 33 dig.; D. 23.5.7.1 Iul. 16 dig.; D. 35.2.87.7 Iul. 61 dig.; Africanus, z.B. D. 16.1.19.4 Afr. 4 quaest.; D. 35.2.88.1 Afr. 5 quaest.; Gaius: Gai. 1, 125; Gai. 2, 212; Gai. 4, 51; D. 4.7.3.5 Gai. 4 ad ed. prov.; Pomponius: D. 30.81 Pomp. 2 ad Sab.; D. 33.5.6 Pomp. 6 ad Sab.; D. 34.3.4 Pomp. 7 ex Plaut.; Scaevola: D. 21.2.69.3 Scaev. 2 quaest.; D. 42.8.24 Scaev. l. sing. quaest. publ. tract.; Marcian: D. 20.3.1.2 Marcian. l. sing. ad form. hyp.; D. 30.114.7 Marcian. 8 inst.; D. 35.1.33.4 Marcian. 6 inst. Redundant Ulpian: z.B. D. 2.7.3pr. Ulp. 5 ad ed.; D. 5.2.6pr. Ulp. 14 ad ed.; D. 12.1.11.2 Ulp. 26 ad ed.; D. 19.5.13.1 Ulp. 30 ad Sab.

Pal. 194 = D. 26.5.13.1 Pap. 11 quaest.[827]

(...) quid ergo si non caveat? (...)

Pal. 70 = D. 50.1.13 Pap. 2 quaest.[828]

Quid ergo, si alter ex magistratibus toto anno afuerit aut forte praesens per contumaciam sive ignaviam vel aegram valitudinem rei publicae negotia non gesserit et omnia collega solus administraverit, nec tamen tota res ab eo servari possit?

Beide Katenen greifen zu Argumenten des *genus rationale*, um die Interpretation der kaiserlichen Entscheidung auch für den praktischen Fall zu begründen[829]. Allerdings ist die kritische Frage, wie sich eine Regelung in der praktischen Durchsetzung bewährt, nicht auf das Kaiserrecht beschränkt[830], wie Papinians dialektische Erörterungen zeigen:

Pal. 353 = D. 35.2.11.5 Pap. 29 quaest.[831]

(...). quid ergo, si non sufficiat pupilli hereditas legatis, cum patris suffecisset? de suo (quadrante nimirum) dabit substitutus, quoniam pater legavit de suo: (...).

Pal. 282 = D. 31.69.3 Pap. 19 quaest.

Fratre herede instituto petit, ne domus alienaretur, sed ut in familia relinqueretur. si non paruerit heres voluntati, sed domum alienaverit vel extero herede instituto decesserit, omnes fideicommissum petent qui in familia fuerunt. quid ergo si non sint eiusdem gradus? ita res temperari debet, ut proximus quisque primo loco videatur invitatus (...).

In Pal. 353 prüft der Jurist eine überkommene Meinung *(vulgo dictum),* indem er auf ihre praktischen Konsequenzen verweist: Soll der Substitut wirklich zur Leistung über die Quart hinaus verpflichtet sein?[832] Papinian bejaht diese Pflicht und verteidigt im Fortgang die herkömmliche Lösung, obwohl sie prima facie zu unbilligen Ergebnissen führt. Noch deutlicher ist diese bestätigende Funktion der Frage in Pal. 282, da dort ein eigenes *dictum* auf Tauglichkeit überprüft wird[833]: Gesteht man mit Papinian allen Familienmitgliedern ein Klagerecht aus dem Familienfideikommiss zu, ist zu klären, wie diese konkurrierenden Rechte durchgesetzt werden können[834]. Papinians Antwort bildet eine Rangfolge, die sich an den Vorgaben des prätorischen Edikts bei der *bonorum possessio intestati* orientiert[835], und beweist damit die Durchführbarkeit der eigenen Lösung.

Als Sachverhaltsfrage liest sich *quid ergo* auch in:

827 Vgl. Erster Teil III 1, S. 32.

828 Vgl. Erster Teil II.2, S. 28.

829 Ähnlich Pal. 236 =D. 37.3.1 Pap. 15 quaest., dazu Vierter Teil I.1, 178f.

830 Ähnlich auch Pal. 270 = D. 33.4.7.5 Pap. 18 quaest., dazu Astolfi, Studi sull'oggetto dei legati I, 1964, 207.

831 Vgl. Zweiter Teil IV.1, S. 99f.

832 Anders Schanbacher, 1995, 104-113, vgl. Zweiter Teil IV.1, S. 100 mit Fn. 468.

833 Vgl. Dritter Teil I.2, S. 157.

834 Vgl. Dritter Teil I.2, S. 157 Fn. 730

835 Gai. 3, 19-24.

Pal. 270 = D. 33.4.7.5 Pap. 18 quaest.[836]

Q u i d   e r g o si patri heres solvendo non sit? nonne iuste mulieri dabitur adversus virum utilis actio dotis? cui dos perire non debet, quia non interposuit per errorem heres cautionem (...).

Ein Vater hat seinem enterbten Sohn die Mitgift der Schwiegertochter als Fideikommiss vermacht. Falls die Ehe geschieden werden, könne die Frau die Mitgift mit der *actio rei uxoriae* herausverlangen. In § 4 hat Papinian diese Möglichkeit aber auf den Fall beschränkt, dass der Sohn gegenüber dem Erben die Rückgabekaution abgegeben habe. Sei die Kautionsleistung unterblieben, könne das Fideikommiss nicht zurückverlangt werden. Dies hat zur Folge, dass die Frau gegen den Erben des Vaters vorgeht. Die hier interessierende Frage (*quid ergo*) untersucht, was geschieht, wenn der Erbe insolvent ist. Der Fragesteller erwägt, der Frau eine *actio dotis utilis* zu erteilen, denn es könne nicht sein, dass sie die Mitgift verliere, weil der Erbe einen Fehler gemacht habe. Obwohl eine explizite Antwort fehlt, dürfte dem Leser nach der Art der Frage (*nonne*) wie nach der Begründung klar sein, dass die Frage zu bejahen ist.

Eine mit *quid ergo* eingeleitete Folgenbetrachtung dient Papinian zur Stellungnahme in der Kontroverse zur *separatio bonorum*[837]:

Pal. 337 = D. 42.6.3.1 Pap. 27 quaest.

Q u i d   e r g o , si bonis fideiussoris separatis solidum ex hereditate stipulator consequi non possit? utrum portio cum ceteris heredis creditoribus ei quaerenda erit an contentus esse debebit bonis, quae separari maluit? sed cum stipulator iste non adita fideiussoris a reo hereditate bonis fideiussoris venditis in residuum pro misceri debitoris creditoribus potuerit, ratio non patitur eum in proposito summoveri.

Ist der in Konkurs gefallene Hauptschuldner dem Bürgen als Erbe eingetreten, muss er das Vermögen des Bürgen mittels *separatio bonorum* vom Konkursverfahren ausschließen[838]. Dafür ist regelmäßig ein Antrag des Nachlassgläubigers erforderlich, das heißt hier ein Antrag der Gläubiger des Bürgen[839]. In dem hier interessierenden Teil behandelt Papinian die Frage, ob der Stipulationsgläubiger, der die *separatio* beantragt hat, auch auf das Vermögen des Erben zugreifen kann oder sich mit dem separierten Vermögen des Bürgen zufrieden geben muss[840]. Diese mit *quid ergo* eingeleitete Frage führt die Schwierigkeiten, die bei Anwendung der (ediktalen) Regeln entstehen, vor Augen und bereitet gleichzeitig Papinians Lösung der Kontroverse vor[841]. Zugunsten des Stipulationsgläubiger vergleicht er die Lage mit dem Fall, in dem der Hauptschuldner das Erbe des Bürgen nicht angetreten hat. Hier

---

836 Zur *correctio* vgl. Vierter Teil III.1b, S. 229-231.

837 Vgl. Nachweise bei Wiechmann, Die separatio bonorum, 1992, 58 Fn. 23; Giunti, Ius controversum e separatio bonorum, 1993, 123-136.

838 Vgl. Pal. 337 = D. 42.6.3.1pr. Pap. 27 quaest.; allgemein Kaser/Hackl, RZ § 58.II.2, 400f.

839 Vgl. Wiechmann, Die separatio bonorum, 1992, 57 mit Fn. 19.

840 Zu den Juristenkontroversen vgl. Nachweise bei Kaser/Hackl, RZ § 58.II.2, 402 Fn. 48.

841 Zum Edikt vgl. Lenel, EP 433. Anders z.B. die Lösungen von D. 42.6.1.17 Ulp. 64 ad ed. und D. 42.6.5 Paul. 13 quaest.

wäre der Gläubiger, der seine Forderung am Nachlass des Bürgen nur quotal hätte geltend machen können, wegen des Restbetrags an der *venditio bonorum* über das Vermögen des Hauptschuldners beteiligt gewesen. Da sich das Privileg der *separatio bonorum* nicht zum Nachteil des Gläubigers auswirken soll (*ratio*)[842], muss ihm nach Papinian auch beim Erbschaftsantritt des Schuldners dieses Recht erhalten bleiben[843].

b. Einführung eines Parallelfalls

Eine weitere Funktion der mit *quid ergo* eingeleiteten Frage liegt darin, einen Parallelfall einzuführen. Diese findet sich vor allem in den bereits bekannten dialektischen Erörterungen. So führt *quid ergo* einen Fall ein, der die favorisierte Lösung stützt:

Pal. 272 = D. 35.1.72.3 Pap. 18 quaest.[844]

Q u i d e r g o, si ita scriptum sit: „peto, post mortem tuam restituas hereditatem ita, ne satis fideicommissi petatur neve ratio exigatur". sine dubio per huiusmodi verba non interponendae quidem cautionis condicio videbitur adscripta, rationi vero non exigendae modus adhibitus, scilicet ut culpa, non etiam dolus remissus intellegatur: idque in eius persona, qui negotia gessit cuique rationis reddendae necessitas fuerat testamento remissa, rescriptum est

Entgegen der überkommenen Rechtsmeinung will Papinian der Mutter das Legat *si a liberis non discesserit* sofort auszahlen, wenn sie die *cautio Muciana* erbringt. Der in § 3 eingeführte Fall stützt diese (enge) Auslegung der Legatsbedingung, denn er trifft die Aussage, dass Bedingungen, die Sicherheitsleistungen beschneiden, eng auszulegen sind, in der Regel also eine Kautionspflicht bzw. eine Kautionsmöglichkeit bestehen muss.

Zur sinngemäßen Übertragung einer Lösung auf einen anderen Fall dient die mit *quid ergo* eingeleitete Frage in:

Pal. 282 = D. 31.69pr. Pap. 19 quaest.[845]

(...) q u i d e r g o si, cum heredem ex parte instituisset, ita locutus est: „peto pro parte tua contentus sis, Luci Titi, centum aureis?"

Pal. 292 = D. 31.70pr. Pap. 20 quaest.[846]

(...) q u i d e r g o si non totum, sed partem legati relicti restituere rogatus abstineat eo? (...)

So will Papinian in Pal. 282 auch die Erbeinsetzung *ex parte* als Fideikommiss zugunsten der Übrigen auslegen. Ebenso nutzt er die im Reskript des Caracalla getroffene Anordnung zur Klagenzession, um den in der Frage aufgeworfenen Fall bei teilweiser Legatsrestitution zu lösen (Pal. 292).

Ebenfalls der Erweiterung auf einen anders gelagerten Fall dient *quid ergo* in[847]:

---

842 Vgl. Wiechmann, Die separatio bonorum, 1992, 58. Anders Giunti, Ius controversum e separatio bonorum, 1993, 126f., die *ratio* auf die Konfusionswirkung des Erbschaftsantritts bezieht.

843 Vgl. Pal. 337 = D. 42.6.3pr. Pap. 27 quaest., dazu zuletzt Kieß, Confusio, 1995, 120f.

844 Vgl. Zweiter Teil IV.2, S. 109f.

845 Vgl. Dritter Teil I.2, S. 154f

846 Dazu Erster Teil IV.1, S. 43.

847 Zum Text vgl. ausführlich Paulus, Postmortale Persönlichkeit, 1992, 268f.

D. 30.87 Pap. 18 quaest.

Filio pater, quem in potestate retinuit, heredi pro parte instituto legatum quoque relinquit. Durissima sententia est existimantium denegandam ei legati petitionem, si patris abstinuerit hereditate: non enim impugnatur iudicium ab eo, qui iustis rationibus noluit negotiis hereditariis implicari.

D. 30.90pr. Pap. 18 quaest.

pr. Q u i d e r g o si ita legaverit 'hoc amplius filio meo?' non dubie voluntatis quidem quaestio erit, sed non absimilis est prioris casus circa filii providentiam, nisi evidens voluntas contraria patris probetur.

Ein Vater hat seine Kinder mit entsprechender Ausstattung emanzipiert[848] und nur einen Sohn in der Gewalt zurückbehalten. Letzteren hat er als Teilerben eingesetzt und ihm ein Legat hinterlassen. Die überkommene Ansicht[849], die Papinian hier als zu hart kritisiert, verweigert dem Sohn die Klage auf das Vermächtnis, wenn er sich der Kollation mit den emanzipierten Kindern durch Nichtantritt der Erbschaft entziehe[850]. Dagegen will der Spätklassiker die Legatsklage offenbar zulassen, denn er betont, der Sohn habe die Erbschaft nicht aus Ungehorsam gegenüber dem Testament ausgeschlagen, sondern um Streitigkeiten in der Auseinandersetzung zu vermeiden. Im Ergebnis behandelt Papinian das Legat zugunsten des ausschlagenden *suus* mithin als Prälegat[851].

Mit *quid ergo* wird die weitergehende Frage eingeleitet, was gelten soll, wenn der Vater dem Sohn ein Legat *hoc amplius filio meo* ausgesetzt hat. Die Formel *hoc amplius* wiederholt den bereits einem anderen ausgesetzten Legatsinhalt und weist ihn dem Sohn zu[852]. Das Legat zugunsten des Sohnes könne mithin auch deshalb unwirksam sein, weil das Vermächtnis, auf das durch *hoc amplius* verwiesen werde, keine Wirkungen entfalte, wenn der Sohn die Erbschaft ausschlage[853]. Genau wie im Ausgangsfall rettet Papinian diese zweite Zuwendung zugunsten des Sohnes: Soweit nicht der evidente Wille des Vaters entgegensteht, soll weder die Unwirksamkeit des Testaments noch die des ersten Legats den Erwerb des Sohnes verhindern[854].

---

848 Anders Grosso, Legati, ^{2}1962, 234 Fn. 2, der auf die *actio familiae erciscundae* verweist. Für eine Kollationsproblematik spricht die Formulierung *filio pater, quem in potestate retinuit.* Vgl. Paulus, Postmortale Persönlichkeit, 1992, 270.

849 Vgl. Grosso, Legati, ^{2}1962, 233f., der den Satz auf Sabinus zurückführt.

850 Dies soll der proculianischen Auffassung entsprechen, so Grosso, Legati, ^{2}1962, 234f. mwN. Vgl. auch Kaser, RP I § 184.II.3, 744 mwN. Beachtlich ist die Parallele in Pal. 92 = D. 37.6.8 Pap. 3 quaest., vgl. Vierter Teil II.3, S. 213.

851 Zur besonderen Position des ausschlagenden *suus* mit Blick auf das Prälegat vgl. Paulus, Postmortale Persönlichkeit, 1992, 268f. mwN.

852 Vgl. ausführlich Voci, DER II, ^{2}1963, 249f.

853 Zur Heilung des Erstlegats durch das Legat *hoc amplius* vgl. D. 30.19pr.-1 Ulp. 15 ad Sab., der sich gerade auf Papinian beruft. Ähnlich Paulus, Postmortale Persönlichkeit, 1992, 269.

854 Eine ausführliche Würdigung dieser Variante bei Glück, Pandekten, Bd. 47, 1871, 60-63. Im Ergebnis auch Paulus, Postmortale Persönlichkeit, 1992, 270.

Der mit *quid ergo* eingeführte Vergleichsfall kann aber die bisherige Lösung auch (scheinbar) in Frage stellen. So in dem bereits bekannten Fall des sekundären Fideikommisses:

Pal. 299 = D. 36.1.57.3 Pap. 20 quaest.[855]

Quid ergo, si non alii, sed ipsi heredi rogatus sit restituere? (...)

Hier stellt Papinian die fast provokante Frage, ob die von ihm in § 2 favorisierte Lösung auch dann gelten kann, wenn der Erbe, der den Erbschaftsantritt verweigert hat, selbst sekundärer Fideikommissar ist. Der so variierte Fall spitzt das Dilemma, das durch den sekundären Fideikommiss entsteht, zu. Gleichzeitig erlaubt der Vergleich, die Interessenlage in beiden Fällen herauszuarbeiten und die wesentlichen Kriterien zu formulieren, die über die Durchsetzbarkeit des Fideikommisses entscheiden[856].

Eine ähnliche Abgrenzungsfunktion hat der mit *quid ergo* eingeführte Fall in:

Pal. 214 = D. 38.2.41 Pap. 12 quaest.[857]

(...) Quid ergo si solo eodem herede instituto idem libertus petierit? Si substitutum habebit, aeque decreti remedium poterit procedere, ut accepta debita portione cetera pars ad substitutum perveniat ita, ut, si forte servus redimi potuisset, praestaretur libertas: cessante vero substitutione patronum hereditatem liberti amplectentem praetor, qui de fideicommisso cognoscit, libertatem servo eum imponere cogat.

Nachdem er dargelegt hat, dass der Freigelassene den Freilasser nicht durch Legat zwingen kann, einen eigenen Sklaven freizulassen, fragt Papinian, was gelten soll, wenn der Freilasser alleiniger testamentarischer Erbe des Freigelassenen ist. Seine Antwort differenziert: Sei ein Ersatzerbe vorgesehen, müsse dieser das Legat erfüllen, während der Freilasser nur die *portio legitima* erhalte. Fehle dagegen ein Ersatzerbe, sei der *praetor fideicommissarius* verpflichtet, die Freilassung des Sklaven anzuordnen. Diese Variante, die sich wohl aus dem *favor libertatis* erklären lässt[858], widerspricht damit scheinbar der gefundenen Lösung, begründet aber ihre Gültigkeit im Regelfall.

3. *Briefe und* Responsa

Zwischen den direkten und den indirekten Fragen stehen die Briefe und Berichte über Anfragen, die Papinian in sein *Quaestiones*-Werk integriert hat:

Pal. 145 = D. 46.3.94.3 Pap. 8 quaest.

„Fabius Ianuarius Papiniano salutem. cum Titius Gaio Seio deberet ex causa fideicommissi certam quantitatem et tantundem eidem ex alia causa, quae peti quidem non poterat, ex solutione autem petitionem non praestat, Titii servus actor absente domino solvit eam summam, quae efficeret ad quantitatem unius debiti, cautumque est ei solutum ex universo credito: quaero, id quod solutum est in quam causam acceptum

855 Vgl. Erster Teil IV.2, S. 48.

856 Vgl. Erster Teil IV.2, S. 50.

857 Zur direkten Frage vgl. Vierter Teil I.1, S. 175f.

858 Zum *favor libertatis* vgl. zuletzt Starace, Lo statuliber e l'adempimento fittizio della condizione, Bari 2006, 23- 98.

videtur". „r e s p o n d i , si quidem Titio Seius ita cavisset, ut sibi solutum ex universo credito significaret, crediti appellatio solam fideicommissi pecuniam demonstrare videtur, non eam, quae petitionem quidem non habet, solutione autem facta repeti pecunia non potest. cum vero servus Titii actor absente domino pecuniam solverit, ne dominium quidem nummorum in eam speciem obligationis, quae habuit auxilium exceptionis, translatum foret, si ex ea causa solutio facta proponeretur, quia non est vero simile dominum ad eam speciem solvendis pecuniis servum praeposuisse, quae solvi non debuerunt, non magis quam ut nummos peculiares ex causa fideiussionis, quam servus non ex utilitate peculii suscepit, solveret."

Fabius Ianuarius berichtet, der Rechnungsklave des Titius habe in Abwesenheit seines Herrn eine Summe an Seius ausgezahlt, der den Empfang des Geldes mit den Worten *solutum ex universo credito* quittiert hat. Da die Summe in ihrer Höhe sowohl einer Schuld aus einem Fideikommiss als auch einer Naturalobligation entspreche, fragt der Schreiber, welche Schuld getilgt sei. Papinian bezieht die Zahlung auf das Fideikommiss, denn die Empfangsquittung spreche von *creditum*, was sich nur auf das Fideikommiss beziehen könne[859]. Ergänzend verweist er darauf, dass der Sklave nicht berechtigt sei, eine Naturalobligation ohne Rücksprache mit dem Herrn zu erfüllen. Sollte der Sklave also die Naturalobligation gemeint haben, hätte der Seius kein Eigentum an den Münzen erlangt[860]. Dieses Ergebnis, das den Eigentümer vor zu weitgehenden Verfügungen des Sklaven schützt, wird durch einen Vergleich mit Pekuliarschulden gestützt: Auch hier könne der Sklave nicht ohne Einschaltung des Herrn eine Bürgschaft erfüllen, die dem *peculium* nicht zugute komme[861].

Pal. 368 = D. 34.9.13 Pap. 32 quaest.

„C l a u d i u s S e l e u c u s P a p i n i a n o s u o s a l u t e m . Maevius in adulterio Semproniae damnatus eandem Semproniam non damnatam duxit uxorem: qui moriens heredem eam reliquit: quaero, an iustum matrimonium fuerit et an mulier ad hereditatem admittatur." „r e s p o n d i neque tale matrimonium stare neque hereditatis lucrum ad mulierem pertinere, sed quod relictum est ad fiscum pervenire. sed et si talis mulier virum heredem instituerit, et ab eo quasi ab indigno hereditatem auferri dicimus."

Nach der Schilderung des Claudius Seleucus hat Maevius, der wegen Ehebruchs mit der Sempronia verurteilt worden war, Sempronia, die nicht formell verurteilt wurde[862], geheiratet und als Alleinerbin eingesetzt. Nach dem Tod des Maevius stellt sich die Frage, ob die Frau die Erbschaft erwerben kann (*capacitas*)[863]. Papinian bescheidet den Fragesteller, dass keine wirksame Ehe vorliege und die Frau nicht erbwürdig sei, und stützt diese Überlegung durch einen Vergleich mit der Situation, in

859 Es geht hier nur um eine Ermittlung des Parteiwillens, nicht um eine rechtliche Aussage, denn die Juristen sprechen vom *creditor* der *naturalis obligatio*, vgl. D. 12.2.42pr. Pomp. 18 epist., D. 36.1.61pr. Paul. 4 quaest., D. 46.3.49 Marcian. l. sing. ad hyp.

860 Vgl. auch D. 50.17.133 Gai. 8 ad ed. prov., dazu Burdese, Autorizzazione ad alienare in diritto romano, Turin 1950, 26-28; Aubert, Business managers in Ancient Rome, Leiden, New York, Köln 1994, 45, 189 mit Fn. 253.

861 Dazu Karlowa, Römische Rechtsgeschichte II, 1901, 1132.

862 So auch Treggiari, Roman Marriage, 1991, S. 385.

863 D. 22.5.14 Pap. l. sing de adult., dazu Voci, DER II, ^{2}1963, 71 mit Fn. 25.

der die Frau verstorben ist und den Mann als Erben zurückgelassen hat[864]. Auch hier verfällt die Erbschaft dem Fiskus.

Die beiden Briefe scheinen ohne redaktionelle Anpassung in das *Quaestiones*-Werk eingelegt[865]: Dafür spricht nicht nur die vollständig erhaltene Grußformel, sondern auch die subjektive Stilisierung der Frage (*quaero*), der die Antwort unverarbeitet entgegengesetzt wird (*respondi*)[866]. Damit wird der Eindruck erweckt, der Leser nehme unmittelbar am brieflichen Gedankenaustausch teil. Diese Unmittelbarkeit wird noch dadurch verstärkt, dass es Papinian anders als in den *libri responsorum* dem Fragesteller überlässt, den Sachverhalt zu schildern[867]. Obwohl sich die Identität der Briefeschreiber nicht weiter klären lässt[868], zeigt die namentliche Identifizierung, dass die Person des Schreibers für Papinian bedeutsam war. Sachliche oder stilistische Gründe hierfür sind aber nicht auszumachen[869]. Möglicherweise geht es nur darum, die bereits in den Fragen zum Ausdruck kommende Dialogstruktur durch Wiedergabe eines Briefwechsels zu variieren. So wird der Brief in der antiken Literatur hauptsächlich als Fortsetzung des persönlichen Gesprächs in Schriftform gesehen[870]. Dass Papinian den Brief veröffentlicht, ist nicht nur als Selbstdarstellung zu sehen, sondern kann auch schlicht dem Bedürfnis gedient haben, ihn zugänglich zu machen und dem ohnehin eng begrenzten Leserkreis die Diskussion über die dort gestellten Fragen und das eigene Gutachten zu eröffnen[871].

---

864 Zur *mulier notata* vgl. Mette-Dittmann, Die Ehegesetze des Augustus, 1991, 67.

865 Zur Frage der Authentizität der *epistulae* vgl. Wieacker, RRG II, 42 mwN. Vgl. auch Chr. Krampe, Proculi Epistulae, Karlsruhe 1970, 13-16.

866 *Respondi* findet sich sonst in den *libri responsorum* des Juristen. Vgl. z.B. D. 2.14.42 Pap. 17 resp., D. 28.5.79.1 Pap. 6 resp., D. 31.77.17 Pap. 8 resp., D. 35.1.101pr. Pap. 8 resp., D. 39.5.31pr. Pap. 12 resp., D. 48.5.40pr. Pap. 15 resp., D. 49.17.16.1 Pap. 19 resp.

867 Zur Stilisierung der Sachverhalte in den *Responsa* vgl. nur Liebs, in: HLL IV, 1997, § 416.B.7, 121f.: „ungewöhnlich gründlich redigiert, so dass Anfrage und Bescheid äußerlich nicht mehr getrennt (...) sind".

868 Beide kennt die RE nicht. Inschriften mit diesen Namen lassen sich nachweisen, so zu Claudius Seleucus: CIL X, 02275 = CIL XI, *00250,2c (Lucius C(?) Seleucus); CIL XIII, 03542 (4, p. 42) (Ti(berius) Claudius Aug(usti) l(ibertus) Seleucus) und zu Fabius Ianuarius: AE 1907, 00107; AE 2004, 01723 (Q(uintus) Fabius Ianuarius); CIL VIII, 09071, CIL VIII, 15087; CIL XIV, 0987 (M(arcus) Fabius Ia[nuarius?]) und 0988 (P(ublius) Fabius Ianuarius); AE 1987, 01098; ILAfr. 174, 11 (C(aius) Fabius Ianuarius); ILAlg-02-03, 09756 (L(ucius) Fabius Ianuarius). Sofern sie zu datieren sind, passt Seleucus, den Saddington, The Origin and Nature of the German and British Fleets, Britannia 21 (1990) 228 als Freigelassenen unter Claudius oder Nero ansieht, zeitlich nicht. Für Fabius Ianuarius fehlt eine zeitliche Zuordnung; örtlich stammen die meisten Belege aus Africa.

869 Weder ist die Sprache der beiden Briefeschreiber besonders auffällig, noch sind die geschilderten Umstände besonders dramatisch.

870 Vgl. Thraede, Grundzüge griechisch-römischer Brieftopik, München 1970, 27-47 zu Cicero, 47-65 (Ovid) und 65-74 (Seneca). Allgemein Müller, HWRhet. 2, 1994, Sp. 61.

871 Zu den Zwecken der Veröffentlichung vgl. zuletzt Essig, Der offene Brief, Würzburg 2000, 44-48. Dafür spricht auch die Beobachtung, dass zweimal ein Ausspruch mit *respondit*

Eine vergleichbare Funktion könnten die in den *Quaestiones* enthaltenen Berichte über eigene *Responsa* haben, von denen an dieser Stelle nur Pal. 371 = D. 34.9.14 Pap. 33 quaest. zu würdigen ist[872]:

Pal. 371 = 34.9.14 Pap. 33 quaest.

Mulierem, quae stupro cognita in contubernio militis fuit, etsi sacramento miles solutus intra annum mortem obierit, non admitti ad testamentum iure militiae factum et id quod relictum est ad fiscum pertinere proxime tibi respondi.

Papinian hält hier nur die Antwort an den unbekannten *tu* fest und teilt dabei auch den Sachverhalt mit: Eine Frau, die für *stuprum*[873] verurteilt worden ist, kann auch nach dem *ius militare* nicht zur Erbschaft zugelassen werden, sondern das Erbe verfällt dem Fiskus. Es ist nicht mehr zu entscheiden, ob Papinian selbst das *Responsum* entsprechend kürzte oder erst die Kompilatoren, die das Fragment in unmittelbaren Zusammenhang zum Brief des Seleucus (Pal. 368) stellten. Allerdings zeigt die Bandbreite der direkten wie auch der nun zu betrachtenden indirekten Fragen, dass schon im Original mit einer gewissen darstellerischen Variation zu rechnen ist, die Elemente des unmittelbaren Dialogs und des Berichtes über einen Dialog miteinander verknüpft.

*4. Indirekte Fragen (*quaesitum est, quaerebatur, quaeretur*)*

Die in indirekter Rede mitgeteilten Fragen leitet Papinian meist ein mit Formeln wie *quaesitum est, quaerebatur*, *quaeretur*. Es handelt sich durchweg um komplexe Fragen[874]. Selten ist die einfache Antwort ohne Selbstzitat:

Pal. 353 = D. 35.2.11.3 Pap. 29 quaest.[875]

(...) q u a e s i t u m e s t, utrum aeris alieni loco pars dimidia abscederet, ut residua sola videretur fuisse in bonis, an vero succurri heredi necessarium esse videbitur. sed videbitur succurri debere, cum animus litigantis et optinendi votum hanc opinionum admittit.

Von den beiden Alternativen, die hier schon in der Frage enthalten sind, wählt Papinian die dem Erben günstige, indem er auf den Willen des Erblassers verweist. Häufiger ist umgekehrt zu beobachten, dass der Jurist dem Fragesteller eine Distinktion entgegensetzt, die die Frage als zu pauschal erscheinen lässt. Bereits bekannt ist[876]:

---

aus Papinians *Quaestiones* zitiert wird. Vgl. D. 38.5.3pr. Ulp. 44 ad ed. (...) . *et Papinianus libro quarto decimo quaestionum respondit* (...), vat. 224. *Papinianus libro XI quaestionum respondit (...).*

872 Zu Pal. 167 = D. 16.3.24 Pap. 9 quaest. vgl. Vierter Teil II.3c, S. 232f.; zu Pal. 354 = D. 39.5.27 Pap. 29 quaest. vgl. Vierter Teil III.3a, S. 247f.

873 Vgl. Mette-Dittmann, Die Ehegesetze des Augustus, 1991, 40f.

874 An dieser Stelle sind nur die Belege berücksichtigt, die nicht die Struktur *quaesitum est – dixi* bzw. *quaerebatur – dixi* aufweisen, welche erst im Zusammenhang mit den „Antwortfiguren" zu behandeln sind. Zum *quaesitum* (*πύσμα*) als Erscheinung vgl. Schöpsdau, in: HWRhet. 3, 1996, Sp. 446 und Kalivoda, in: HWRhet 7, 2005, Sp. 501f.

875 Vgl. Zweiter Teil IV.1, S. 98.

876 Vgl. Zweiter Teil V, S. 124f.

Pal. 340 = D. 46.3.95.5 Pap. 28 quaest.

Quaesitum est, an ita stipulari quis possit: „mihi aut filio meo decem dari?" vel ita: „mihi aut patri?" sed non incommode potest adhiberi distinctio (...).

Papinian legt dar, dass die Stipulation des Vaters für sich und den Sohn ebenso wie die Stipulation des Sohnes für sich und den Vater nur dann wirksam ist, wenn der Sohn nicht in der Gewalt des Vaters steht.

Eine noch genauere Differenzierung findet sich in:

Pal. 223 = D. 38.2.42.2 Pap. 13 quaest.[877]

Cum filius liberti impubes, qui subiectus dicitur, ex prima parte bonorum possessionem accipiat, an patronus defuncti possessionem accipere possit, quaesitum est. et sine dubio qui sequentis gradus sunt, non admittuntur interim: cum enim praecedit alia possessio, qui sequitur accipere non potest. plane si contra eum qui subiectus dicitur fuerit iudicatum, data non intellegitur. sed et in patrono pendente controversia idem erit dicendum. plane quod ad patroni quoque personam pertinet, differri controversia debebit.

Der Fragesteller will wissen, ob der Freilasser die *bonorum possessio* erhalten kann, wenn von dem unmündigen Sohn des Freigelassenen, der sie nach dem *edictum Carbonianum* innehat, behauptet wird, er sei untergeschoben. Papinians Antwort erinnert zunächst daran, dass die nachrangig Berechtigten nur dann zur *bonorum possessio* berufen sind, wenn der vorrangig Berechtigte keinen Besitz erhalten hat. Daher könne ein nachrangig Berufener nur dann den Nachlassbesitz erlangen, wenn gerichtlich festgestellt sei, dass der *bonorum possessor* nicht Sohn des Freigelassenen ist. Diesem ersten Ergebnis scheint der mit *sed in* eingeleitete Teil zu widersprechen, so dass Stiegler in Fortentwicklung eines Gedankens von Cujas eine Kontroverse zwischen Papinian und einem anderen Rechtsgelehrten annimmt, der meist mit Paulus identifiziert wird[878]. Dagegen lässt sich der Einwand auch als Fortentwicklung der zuvor geäußerten Position deuten: Entgegen seinen sonstigen Privilegien kann der Freilasser kein Sonderrecht beanspruchen, sondern muss wie andere nachrangig Berufene den Ausgang des Verfahrens über die Kindeseigenschaft abwarten[879].

Die einzige Konzession an das Patronatsrecht enthält der folgende Satz (*plane*), nach dem der Freilasser bis zum Entscheid über die Legitimität des Sohnes vorläufig in den Besitz eingewiesen werden kann[880]. Papinians Antwort, die schrittweise das Für und Wider abwägt, erinnert an das Ringen um die Lösung in einem Dialog. Anstelle eines Texteingriffes ist daher an eine rhetorische *subiectio* zu denken[881]. Damit einher

877 Vgl. die Exegese bei Stiegler, Statusstreit, 1972, 139f., der *quaesitum est* als Hinweis auf eine Kontroverse auffasst, die durch *sine dubio* unterdrückt werde.

878 Vgl. H. Stiegler, Statusstreit, 1972, 139 mwN.

879 *Idem erit dicendum* ist dann auf die gesamten vorherigen Ausführungen zu beziehen. Anders wohl Stiegler, Statusstreit, 1972, 139 Fn. 38.

880 Zu *differri controversia* vgl. Stiegler, Statusstreit, 1972, 77-80. Ein Aufschub des Streites bis zur *pubertas* des Mündels ist bei Fehlen der Kindeseigenschaft ausgeschlossen, vgl. D. 37.10.7.7 Iul. 24 dig.

881 Zur *subiectio* vgl. Lausberg, § 771, S. 381f.

geht eine Herabsetzung des Fragestellers, der wissen wollte, ob dem Freilasser die *bonorum possessio* zusteht, und nun erfahren muss, dass er seine Frage ohne Berücksichtigung der prozessualen Bedingungen und damit unvollständig formuliert hat.
Eine noch stärkere Appellfunktion hat *quaesitum est* in folgendem Fragment:

Pal. 173 = D. 18.1.72pr. Pap. 10 quaest.[882]

(...) idem dici possit aucto postea vel deminuto pretio, non immerito quaesitum est, quoniam emptionis substantia constitit ex pretio. Paulus notat: si omnibus integris manentibus de augendo vel deminuendo pretio rursum convenit, recessum a priore contractu et nova emptio intercessisse videtur.

Nachdem Papinian dargelegt hat, auf welche unterschiedliche Weise die *pacta adiecta* im *bonae fidei iudicium* wirken[883], hält er es für nachdenkenswert, ob nachträgliche Vereinbarungen über den Kaufpreis ebenfalls über die *bona fides* Berücksichtigung finden können, obwohl der Kaufpreis zu den *essentialia negotii* gehört. Diese Frage bleibt bei Papinian (scheinbar) unbeantwortet, denn erst die Note des Paulus formuliert eine Antwort[884], in der Paulus das *pactum* über den Kaufpreis als teilweise Aufhebung des alten Kaufs (*contrarius consensus*) unter Abschluss eines neuen Kaufvertrags zum neuen Preis deutet[885]. Es ist indes nicht zwingend, dass Paulus Papinians Meinung wiedergibt, denn in anderen Noten widerspricht Paulus dem Vorgänger[886].
Geht man weiter davon aus, dass Papinian ein *quaesitum est* wie in den vorherigen Fragmenten mit einer Distinktion beantwortet, so liegt nahe, dass er das *pactum* über die *substantia* (Kaufpreis) anders behandeln wollte als die *pacta* über *adminicula*, so dass es gerade nicht als *pactum adiectum* Berücksichtigung finden kann. Dafür spricht auch, dass Papinian bereits im vorangehenden Abschnitt die *pacta adiecta* auf *pacta* über *adminicula* beschränkt hat[887]. Unter dieser Prämisse ist die von ihm als „löblich" (*non immerito*) bezeichnete Frage alles andere als verdienstvoll, da sie zeigt, dass der Fragesteller nicht weiß, was die *substantia* des Kaufs beinhaltet. Es könnte sich mithin um eine *dubitatio* handeln, mit der der Redner eigene Hilflosigkeit vortäuscht

---

882 Gegen Interpolationsverdächtigungen vgl. Santalucia, BIDR 68 (1965) 71f. mwN.

883 Zur Inhärenz der *pacta adiecta* vgl. Knütel, SZ 84 (1967) 133-161 mwN.

884 *Paulus notat: si omnibus integris manentibus de augendo vel deminuendo pretio rursum convenit, recessum a priore contractu et nova emptio intercessisse videtur.* Zu Paulus vgl. Santalucia, BIDR 68 (1965) 72f. unter Verweis auf D. 2.14.27.2 Paul. 3 ad ed. Zu dem vergleichbaren Problem in D. 2.14.7.6 Ulp. 4 ad ed. vgl. Quadrato, Sulle tracce dell'annullabilità, 1983, 33f.

885 Diese Konstruktion ist nicht ohne Schwierigkeiten, setzt doch die Wirksamkeit des *contrarius consensus* die *res integra* voraus, die bei fortschreitender Zeit durchaus gefährdet ist, dazu vor allem Mayer-Maly, Res integra, in: Klingenberg/Rainer/Stiegler (Hg.), FS Wesener, Graz 1992, 306-311, zuletzt Staffhorst, Teilnichtigkeit, 2006, 112f.

886 Vgl. Nachweise bei Santalucia, BIDR 68 (1965) 69 Fn. 53; ausführlich Knütel, Contrarius consensus, 1968, 67f.; zuletzt Staffhorst, Teilnichtigkeit, 2006, 106f. mwN.

887 Vgl. Pal. 173 = D. 18.1.72pr. Pap. 10 quaest. *Pacta conventa, quae postea facta detrahunt aliquid emptioni, contineri contractui videntur: quae vero adiciunt, credimus non inesse. Quod locum habet in his, quae adminicula sunt emptionis*, (…).

und die Antwort des Publikums in seinem Sinne provoziert[888]: Mit dieser Annahme kann nach den bisherigen Ausführungen Papinians die hier unterschlagene Antwort nur lauten, dass *pacta,* die den Preis verändern, nicht mit der Klage aus dem Ursprungsvertrag durchsetzbar sind, weil sie die Substanz betreffen. Erst Paulus könnte im Gegenteil gefolgert haben, dass das *pactum,* als *contrarius consensus* interpretiert, Wirksamkeit entfalten kann.

Seltener sind die mit *quaerebatur* eingeleiteten komplexen Fragen. Auch diese beantwortet Papinian selbst:

Pal. 154 = D. 20.4.1pr. Pap. 8 quaest.

(...) q u a e r e b a t u r de pignore. Cum ex causa promissionis ad universae quantitatis exsolutionem qui dotem promisit compellitur, non utique solutionem observanda sunt tempora, sed dies contractae obligationis. (...)

Pal. 155 = D. 21.2.65 Pap. 8 quaest.[889]

(...) q u a e r e b a t u r an uterque heredum conveniri possit? Idque placebat propter indivisam pignoris causam. (...)

In beiden Fragmenten schließt sich Papinian einer überkommenen Ansicht an, die er kurz berichtet (Pal. 155) oder sogar voraussetzt (Pal. 154). Die Frage dient hier nur dazu, das Problem des zuvor geschilderten Sachverhaltes herauszustellen.

In ähnlicher Weise präsentiert Papinian den Inhalt eines Reskriptes des Antoninus Pius:

Pal. 345 = D. 36.3.5.3 Pap. 28 quaest[890]

Cum q u a e r e b a t u r , ubi fideicommissi servandi causa caveri oporteat, imperator Titus Antoninus rescripsit, si domicilium Romae non haberet heres et omnis hereditas in provincia esset, ad satisdationem fideicommissi nomine in provinciam fideicommissarium remittendum esse. (...)

Mit *quaerebatur* wird die das Reskript auslösende Anfrage zitiert, mit der Folge, dass die Konstitution von vornherein aus dem Blickwinkel des Fragenden erscheint. Das Zitat des Reskriptes gibt Auskunft darüber, an welchem Ort die Kaution zur Sicherung des Fideikommisses abzugeben ist[891].

5. Echte Frage oder Figur?

Ob es sich bei den untersuchten direkten und indirekten Fragen um echte Fragen handelt, die – sowohl als philosophisch-erkenntnistheoretische als auch als anleitende mäeutische Frage – mit offenem Ergebnis gestellt werden, oder um eine rhetorische Figur[892], ist nicht einheitlich zu beantworten. Die eingelegten Briefe wie die Berichte über eigene *Responsa* könnten auf echte Fragen zurückgehen[893], die Papini-

888 Vgl. Quint. 9, 2, 19, dazu Lausberg, § 776, S. 383f.

889 Zum Fragment und zur rhetorischen Frage vgl. Vierter Teil III.3c, S. 249, 251.

890 Zur Katene Pal. 345 = D. 36.3.5.1 Pap. 28 quaest. vgl. Erster Teil III.3, S. 36-41.

891 Vgl. dazu ausführlich Solazzi, in: Scritti V, 1972, 197f. Zur kaiserrechtlichen Ausweitung des Edikts über die *cautio legatorum servandorum causa* vgl. Arcaria, BIDR 89 (1986), 254f.

892 Vgl. Schöpsdau, in: HWRhet. 3, 1996, Sp. 449.

893 Pal. 145 = D. 46.3.94.3 Pap. 8 quaest.; Pal. 368 = D. 34.9.13 Pap. 32 quaest.

an in seine Darstellung eingeflochten hat, um die Relevanz und Praxisnähe seines Ratschlages zu beweisen. Ebenso erscheint es möglich, dass manche der aufgeworfenen Fragen tatsächlich einmal gestellt wurden und nun vom Juristen zur Veranschaulichung erneut aufgebracht werden[894]. Gerade die Fragmente, die die Frage besonders einfärben[895], um die Naivität des Fragenden (bes. Pal. 345) oder die Redundanz der Frage (Pal. 173) zu zeigen, sind aber wohl nicht als authentisches Zeugnis über einen besonders unbedarften Fragesteller zu lesen, sondern gehorchen darstellungstaktischen Erwägungen[896]. Da sie genau wie alle anderen Fragen regelmäßig dazu dienen, die Argumentation voranzutreiben und das entscheidende Problem zu erfassen, liegt insgesamt nahe, dass Papinian die meisten Fragen selbst erdacht hat[897]. Besonders klar ist dies in den Fragmenten[898], in denen Papinian einen Parallelfall einführt, mit dem er den Leser bzw. Hörer zunächst in die Aporie treibt (Elenktik), bevor er durch weitergehende Unterweisung (oder Frage) zu tieferer Erkenntnis führt (Protreptik)[899]. Zwar ist nicht ausgeschlossen, dass Papinian hier über eigene Unterrichtstätigkeit berichtet und insoweit tatsächlich gestellte Fragen nur erneut wiedergibt. Da diese Fragen aber die Argumentation gezielt vorantreiben, ist es unwahrscheinlich, dass sie von einem Schüler oder Ratsuchenden stammen. Vielmehr sind sie Teil des Erkenntnisprozesses, den er schriftlich mit sich selbst oder aber mit Schülern im Gespräch (nach-) vollzieht[900] oder vollzogen hat.

Die somit deutlich werdende Erkenntnisfunktion der Frage in den *Quaestiones* schließt aber die Verwendung rhetorischer Fragefiguren nicht aus. Im Gegenteil liegt es nahe, die den Dialog als Erkenntnismittel nachahmende Frageform auch dort zu verwenden, wo nur Erkenntnisse rekapituliert werden sollen, der Befragte aber zum Mitdenken angeregt werden soll[901]. Entsprechend ist davon auszugehen, dass die Grenzen zwischen beiden Erscheinungsformen der Frage auch in Papinians Werk fließen.

894 Dies gilt vor allem für die *quaestio facti*.

895 Vgl. Pal. 292 = D. 31.70pr. Pap. 20 quaest., Pal. 345 = D. 36.3.5.1 Pap. 28 quaest., Pal. 244 = D. 29.2.84 Pap. 16 quaest.; Pal. 173 = D. 18.1.72pr. Pap. 10 quaest.

896 Zur rhetorischen Frage vgl. Vierter Teil III.3c, S. 249-255.

897 Dies gilt sicher für Pal. 70 = D. 50.1.11.1 Pap. 2 quaest., Pal. 264 = D. 35.1.71.3 Pap. 17 quaest., Pal. 281 = D. 31.67pr. Pap. 19 quaest., Pal. 307 = D. 41.3.44.7 Pap. 23 quaest., Pal. 214 = D. 38.2.41 Pap. 12 quaest., Pal. 236 = D. 37.3.1 Pap. 15 quaest., Pal. 269 = D. 30.87 u. D. 30.90pr. Pap. 18 quaest., Pal. 272 = D. 35.1.72.3 Pap. 18 quaest.

898 Vgl. Pal. 214 = D. 38.2.41 Pap. 12 quaest.; Pal. 299 = D. 36.1.57.3 Pap. 20 quaest.

899 Vgl. Matuschek, HWRhet. 1, 1992, Sp. 826f.; Wils, in: HWRhet. 7, 2005, Sp. 376-379.

900 Dazu Föllinger, in: Vermittlung und Tradierung, 1993, 265f.; zuletzt dies., Gymnasium 113 (2006) 455-464.

901 Zu dieser Funktion der rhetorischen Fragefiguren vgl. Lausberg, §§ 767-779, S. 379-384.

II. Antworten

Bei den Antworten, die der Jurist auf die gestellten Fragen gibt, fällt das häufige Selbstzitat *dixi* ins Auge, das vorgibt, ein Bericht über eine eigene zuvor getroffene Aussage zu sein[902].

1. *Die dialogische Struktur mit* quaesitum est - dixi

Entsprechend steht es häufig gemeinsam mit dem über eine Frage berichtenden *quaesitum est*[903]. Neu zu betrachten sind hier die folgenden Passagen:

Pal. 133 = D. 21.2.64.2 Pap. 7 quaest.

Quaesitum est, si mille iugeribus traditis perissent ducenta, mox alluvio per aliam partem fundi ducenta attulisset ac postea pro indiviso quinta pars evicta esset: pro qua parte auctor teneretur. dixi consequens esse superioribus, ut neque pars quinta mille iugerum neque quarta debeatur evictionis nomine, (...)

Papinian antwortet dem Fragesteller unter Verweis auf die im Text vorangegangenen Ausführungen[904]. Der Eviktionsbürge haftet mithin nur auf den fünften Teil von achthundert Morgen, das heißt einhundertsechzig Morgen[905].

Pal. 143 = D. 47.12.10 Pap. 8 quaest.[906]

Quaesitum est, an ad heredem necessarium, cum se bonis non miscuisset, actio sepulchri violati pertineret. dixi recte eum ea actione experiri, quae in bonum et aequum concepta est: (...)

Auch die Frage, ob dem *heres necessarius* die *actio de sepulchro violato* zustehe, selbst wenn er sich nicht um das Erbe gekümmert habe, beantwortet Papinian durch Verweis auf ein eigenes *dictum*, nach dem dem Erben die Klage, weil sie auf *bonum et aequum* lautet, zustehe[907].

---

902 Vgl. Schulz, Geschichte, 1961, 296; Giuffrè, in: ANRW II.15, 1976, 658 mit Fn. 115, die das häufige Selbstzitat *dixi* als Hinweis auf einen Vortrag im *consilium* ansehen. Ähnlich Wieacker, RRG II, 29.

903 Vgl. bereits Pal. 323 = D. 18.7.8 Pap. 27 quaest, dazu Zweiter Teil II.2, S. 74-76. Zu Pal. 150 = D. 13.5.25pr. Pap. 8 quaest., vgl. Vierter Teil III, S. 241f

904 Pal. 133 = D. 21.2.64pr.-1 Pap. 7 quaest.: Im ersten Fall (pr.) sind tausend Morgen verkauft, zweihundert werden weggespült; wenn nun zweihundert evinziert würden, hafte der Eviktionsbürge für 1/5, denn maßgeblich sei das verkaufte Grundstück. Im zweiten Fall (§ 1) werden zu den tausend verkauften Morgen zweihundert angespült. Wenn der Käufer zu 1/5 die Eviktion erleide, bedeute dies einen Verlust von zweihundertvierzig, den der Eviktionsbürge aber nur in Höhe der ursprünglichen zweihundert trage.

905 Vgl. ausführlich Hackel, SZ 114 (1997) 439-441 mwN.

906 Vgl. Casavola, Studi sulle azioni popolari romane, 1958, 46f.

907 Casavola, Studi sulle azioni popolari romane, 1958, 47 erklärt dies aus dem Rachegedanken. Anders Carcaterra, Il coefficiente, SDHI 56 (1990) 152, der eine andere Klage für einschlägig hält. Zur Formel vgl. aber Lenel, EP 228f.

Pal. 318 = D. 43.16.18pr. Pap. 26 quaest.[908]

(...) quaesitum est, an emptori succurri debeat, si voluntate venditoris colonum postea vi expulisset. dixi non esse iuvandum, qui mandatum illicitum susceperit.

Der Käufer hat auf Bitte des Verkäufers den Pächter vom Grundstück vertrieben. Papinian verweist darauf, dass er entschieden habe, dem Käufer jede (prätorische) Hilfe zu verweigern, da er einen unrechten Auftrag angenommen habe[909].

Pal. 324 = D. 19.5.8 Pap. 27 quaest.[910]

(...) sed quaesitum est, qua actione pecunia, si eam dominus elegisset, peti posset. dixi, tametsi quod inter eos ageretur verbis quoque stipulationis conclusum non fuisset, si tamen lex contractus non lateret, praescriptis verbis incerti et hic agi posse, nec videri nudum pactum intervenisse, quotiens certa lege dari probaretur.

Auch für die Frage, mit welcher Klage der Eigentümer, der den Sklaven zur Prüfung des Tatvorwurfes überlassen hat, die Aestimationssumme verlangen kann, beruft sich Papinian auf ein eigenes *dictum*, nach dem die *actio praescriptis verbis* einschlägig ist[911], sofern die Parteien bei der Übergabe des Sklaven ein Wahlrecht vereinbart haben.

Da Papinian seine Lösung in den zitierten Fragmenten auch in Form eines einfachen Aussagesatzes präsentieren könnte, ist die Dialogform hier wohl aus darstellungstechnischen Gründen (*subiectio*) gewählt[912]. Sie erlaubt es, die als Zitat daherkommende Aussage zu begründen, das heißt ein bereits bekanntes Resultat mit einer Begründung (*αἰτιολογία*)[913] zu versehen. Aus dem Rhetorikunterricht ist diese Angabe eines Grundes zu einem vorgegebenen Gedanken als Spezialform der Chrie bekannt und wird meist anhand paradoxer oder kontroverser Sentenzen geübt[914].

a. Das Selbstzitat als Entscheidungsgrundlage neuer Fälle

Dass auch Papinian unsicheres und damit auch kontroverses Recht behandelt, legen die Fragmente nahe, in denen er nicht nur sich selbst zitiert (*dixi*), sondern anschließend sogar korrigiert, indem er die frühere Meinung für nicht anwendbar erklärt. Bereits bekannt sind: [915]

---

908 Zum Fragment vgl. Mayer-Maly, Locatio conductio, 1956, 50-52; Thomas, TR 41 (1973) 37; zuletzt Sklenář, RIDA 41 (1994) 379-389.

909 Vgl. Sklenář RIDA 41 (1994), 387.

910 Zum Text vgl. Buckland, Slavery, 1908, 87 Fn. 13; Voci, Contratto, 1946, 249f.; Burdese, Ancora in tema di contratti innominati, SDHI 52 (1986) 444, 450; zuletzt Babusiaux, Id quod actum est, 2006, 234.

911 Es gibt keinen Grund, die *actio praescriptis verbis* hier zu verdächtigen, vgl. zuletzt Artner, Agere praescriptis verbis, 2002, 217 mwN.

912 Zur *subiectio* vgl. Lausberg, §§ 771-775, S. 381-383.

913 Quint. 9, 3, 93f. *quod vero schema est ad propositum subiecta ratio, quod Rutilius αἰτιολογίαν vocat*, dazu Bons, in: HWRhet. 1, 1992, Sp. 203f.

914 Vgl. Bonner, Education in Ancient Rome, 1977, 258.

915 Vgl. Dritter Teil I.1, S. 148f.

Pal. 281 = D. 31.67.5 Pap. 19 quaest.

Sed et si fundum heres uni ex familia reliquerit eiusque fidei commiserit, ut eum extero restituat, quaesitum est, an hoc fideicommissum peti possit. d i x i ita demum peti posse, si fundi pretium efficiat. sed si quidem ille prior testator ita fideicommissum reliquisset: „rogo fundum cui voles aut quibus voles ex familia relinquas", rem in expedito fore: q u o d s i talia verba fuissent: „peto non fundus de familia exeat", heredis heredem propter sequens fideicommissum, quod in exterum collatum est, oneratum intellegi, petituris deinceps ceteris ex primo testamento fideicommissum post mortem videlicet eius qui primo electus est.

Hinterlässt der durch Familienfideikommiss Beschwerte das Familiengut einem Dritten mittels Einzelfideikommiss, kann dieser nach der früheren Meinung Papinians nur den Schätzpreis erhalten (*dixi*). In Pal. 281 unterscheidet der Jurist dagegen danach, ob das Familienfideikommiss eine oder mehrere Generationen bindet. Nur im letzten Fall will er nun der Familie den Erhalt der Sache zusagen.

Pal. 353 = D. 35.2.11.7-8 Pap. 29 quaest.

7 Q u a e s i t u m e s t , si quis pupillo coheredem substituisset, quemadmodum legis Falcidiae ratio inquiri debeat? (...) d i x i , quantum ad legata, quae pater a filio, item a substituto reliquit, nullam fieri posse separationem, cum communi calculo subiciantur et invicem inducant contributionem. sed legata, quae ab instituto extero data sunt, permisceri ceteris non oportere: ideoque quartam pupillo datae portionis habere substitutum, (...).

8 Si quis exheredato filio substituit heredem institutum et ab eo tabulis quoque secundis legaverit, necessario ratio confundetur, cum ideo legata valere dixerit Iulianus a substituto relicta, quod idem patri heres exstiterit.

Komplex ist auch die Stellungnahme zur Frage, wie die *lex Falcidia* in dem Fall zu berechnen ist, dass der Erblasser als Ersatzerbe des Unmündigen einen Miterben eingesetzt hat. Papinian erinnert zunächst an sein *dictum*, das die verschiedenen Berechnungsmodalitäten erläutert[916]. Von dieser Rechtslage abzugrenzen ist der unter Berufung auf Julian gelöste Fall, in dem der Vater dem enterbten Sohn einen Ersatzerben eingesetzt hat und von diesem Legate aussetzt. In dieser besonderen Konstellation gilt das *dictum* mithin nicht.

In den neu zu würdigenden Fragmenten findet sich für diese Abgrenzungsoperationen der Dreischritt *quaesitum est – dixi – in proposito*. So in:

Pal. 186 = D. 12.7.5pr. Pap. 11 quaest.

Avunculo nuptura pecuniam in dotem dedit neque nupsit: an eandem repetere possit, q u a e s i t u m e s t . d i x i , cum ob turpem causam dantis et accipientis pecunia numeretur, cessare condictionem et in delicto pari potiorem esse possessorem: quam rationem fortassis aliquem secutum respondere non habituram mulierem condictionem: s e d r e c t e defendi non turpem causam in proposito quam nullam fuisse, cum pecunia quae daretur in dotem converti nequiret: non enim stupri, sed matrimonii gratia datam esse.

Das *quaesitum* handelt davon, ob eine Braut, die ihren Onkel entgegen dem Inzestverbot heiraten wollte, das Geld, das sie ihm als Mitgift gegeben hat, kondizieren

916 Vgl. ausführlich oben Zweiter Teil, IV.1, S. 102f.

kann, wenn die Ehe nicht zustande kommt[917]. Papinian zitiert eine eigene Entscheidung, nach der die *condictio* ausgeschlossen ist, wenn beiden Parteien ein Sittenverstoß vorzuwerfen sei, da bei einem Delikt die Position des Besitzenden die stärkere sei[918]. Der Spätklassiker räumt ein, dass man nach diesem *dictum* der Frau auch im Ausgangsfall die *condictio* verweigern könne[919], denn die Eheschließung mit dem Onkel sei ein widerrechtliches *stuprum*[920]. Im letzten, mit *sed recte defendi* eingeleiteten Teil widerspricht er der zuvor vertretenen Ansicht, indem er den Sittenverstoß der Frau bei Zahlung bestreitet: Die *mulier* habe das Geld nicht zum Zwecke des *stuprum*, sondern zur Eingehung einer Ehe gezahlt[921].

Das eigene *dictum* bestätigt dagegen:

Pal. 336 = D. 46.1.49.2 Pap. 27 quaest.[922]

Quaesitum est, an fideiussor, qui 'Capuae pecuniam se daturum' Romae promisit, si reus promittendi Capuae esset, statim conveniri possit. dixi non magis fideiussorem confestim teneri, quam si ipse Capuae spopondisset, cum reus adhuc Capuam pervenire non potuisset: (...) nam e contrario quoque si quis responderit, quoniam debitor Capuae sit, fideiussorem confestim teneri non habita ratione taciti proprii temporis, eventurum, ut eo casu fideiussor conveniatur, quo debitor ipse, si Romae fuisset, non conveniretur. itaque nobis placet fideiussoriam obligationem condicionem taciti temporis ex utriusque persona reciperare tam rei promittendi quam ipsius fideiussoris, quoniam aliud respondentibus contra iuris formam in duriorem condicionem acceptus intellegetur.

Die Frage lautet, ob gegen den Bürgen, der in Rom versprochen hat, Geld in Capua zu zahlen, sofort Klage erhoben werden kann[923], wenn der Hauptschuldner sich in Capua befinde. Als Antwort verweist Papinian auf seine Ansicht, nach der die *actio certo loco* nur dann erhoben werden könne, wenn die Bürgen selbst in Capua seien und der Hauptschuldner nicht mehr nach Capua gelangen könne[924]. Grund ist – wie Papinian voraussetzt – die Rechtsregel, nach der der Bürge nicht stärker haften darf

917 Zur *condictio* der *dos* bei Ausbleiben der Ehe vgl. D. 23.3.3 Ulp. 63 ad ed. und D. 12.6.52 Pomp. 27 ad Q. Muc., zu beiden zuletzt Behrends, in: FS Wacke, 2001, 16 Fn. 4 und 57 Fn. 102. Zum Zusammenhang zwischen *condictio* und *actio rei uxoriae* vgl. zuletzt Babusiaux, Id quod actum est, 2006, 244-247 mwN.

918 Zu diesem grundlegenden Prinzip vgl. nur Zimmermann, The Law of obligations, Cape Town 1990, 846f. mit Fn. 79 zur Stelle.

919 Für Authentizität des pr. vgl. Guarino, Studi sul 'incestum', SZ 63 (1943) 236f.

920 Zur strafrechtlichen Frage vgl. auch Puliatti, Incesti Crimina, 2001, 92f.

921 Trofimoff, La cause dans l'exception et la querelle non numeratae pecuniae, SZ 103 (1986) 340f. verweist auf den kausalen Charakter der *dos*-Stipulation. Diese Tatsache könnte die überraschende Lösung Papinians durchaus erklären.

922 Zum Text vgl. Talamanca, in: Studi Grosso III, 1970, 169-179; Briguglio, BIDR 98/99 (1995/96) 446-448.

923 Zur Stipulation *certo loco* vgl. nur Gai. 4, 53c. Zur *condicio tacita* in diesen Fällen (spätestens seit Celsus) vgl. Talamanca, in: Studi Grosso III, 1970, 140-155, zuletzt Nachweise bei Babusiaux, Id quod actum est, 2006, 57f.

924 Zur Haftung für *mora* vgl. Talamanca, s.v. fideiussione, in: ED XVII, 1968, 333.

als der Hauptschuldner[925]. In der mit *nam e contrario* beginnenden Passage werden die Folgen beleuchtet, die ein gegenteiliges Gutachten eines beliebigen *quis* bedeuten könnte[926]. Wenn *quis* die Haftung der Bürgen mit dem Argument zulasse, die Hauptschuld sei fällig, weil der Hauptschuldner sich in Capua aufhalte, könne es dazu kommen, dass der Bürge im Ergebnis strenger hafte als der Hauptschuldner[927], der ja, wenn er noch in Rom wäre, nicht sofort, sondern erst nach Verstreichen der Reisezeit angegangen werden könnte[928]. Ist die Alternative zum bisherigen *dictum* mithin zu verwerfen, bleibt es bei der dort gefundenen Lösung, die Papinian mit *itaque nobis placet* bestätigt[929].

Anlass, sich von einer eigenen früher eingenommenen Position abzugrenzen, bietet:

Pal. 171 = D. 17.2.81 Pap. 9 quaest.[930]

Si socius pro filia dotem promisit et prius quam solveret herede ea relicta decessit: quae postea cum marito de exigenda dote egit, accepto liberata est.

q u a e s i t u m e s t , an, si pro socio ageret, dotis quantitatem praecipere deberet, si forte convenisset inter socios, ut de communi dos constitueretur.

d i x i pactum non esse iniquum, utique si non de alterius tantum filia convenit: nam si commune hoc pactum fuit, non interesse, quod alter solus filiam habuit. ceterum si numeratam dotem pater defuncta in matrimonio filia reciperasset, reddi pecuniam societati debuisse, pactum ex aequitate sic nobis interpretantibus. quod si salva societate divortio matrimonium solutum foret, cum sua causa dotem reciperari, scilicet ut ea vel alii marito dari possit. nec, si prior maritus facere non posset, denuo de societate constituendam dotem, nisi si nominatim ita convenisset.

verum i n p r o p o s i t o largiter interesse videbatur, dos numerata esset an vero promissa: nam si filia datam dotem, posteaquam patri heres exstitit, iure suo recepisset, non esse referendam pecuniam societati, quam mulier habitura fuit, etsi alius heres exstitisset: quod si accepto a marito liberata esset, nequaquam imputari posse societati non solutam pecuniam.

Ein Gesellschafter hat für seine Tochter eine Mitgift durch Stipulation gegenüber dem Schwiegersohn versprochen und ist dann unter Hinterlassung der Tochter als Erbin verstorben. Nach dem Ende der Ehe hat die Tochter die *actio rei uxoriae* erhoben und vom Mann die Befreiung von der Stipulationsschuld mittels *acceptilatio* er-

925 Zur in *eandem* oder *in leviorem causa* vgl. Gai. 3, 126, dazu Talamanca, s.v. fideiussione, in: ED XVII, 1968, 332, zuletzt Briguglio, BIDR 98/99 (1995/96) 449 zum Text.

926 arg.: *responderit*.

927 Ausführlich dazu Talamanca, in: Studi Grosso III, 1970, 177-179.

928 Anders Briguglio, BIDR 98/99 (1995/96) 448.

929 Jede andere Auslegung führte zu einer größeren Belastung des Bürgen als des Hauptschuldners, was dem in der Klageformel zum Ausdruck gebrachten *ius civile* (*iuris forma*) widerspreche Zum Begriff *forma iuris* vgl. Pal. 743 = D. 2.14.42 Pap. 17 resp. und Pal. Pal. 205 = D. 46.6.12 Pap. 12 quaest. Er ist typisch für Konstitutionen der severischen Kaiser, vgl. z.B. C. 3.32.1pr. Sev./Ant. (a. 210); C. 4.2.1 Sev./Ant. (a. 204); C. 6.35.2.1 Sev./Ant. (a. 208). Die damit verbundene Vorstellung eines formellen und zwingenden Rechts bedarf näherer Untersuchung, vgl. Honoré, SDHI 28 (1962) 196- 198.

930 Vgl. dazu die Exegese bei Ankum, in: Extravagantes, 2007, 313-321.

reicht. Der Fall gab Anlass zur Frage, ob die Tochter, wenn sie aus der *actio pro socio* gegen die Gesellschafter vorgeht, sich den Anteil, der der Mitgift entspricht, vorbehalten dürfe, wenn zwischen den Gesellschaftern vereinbart war, die Mitgift aus dem Gesellschaftsvermögen auszuzahlen.

Nach Papinians früherer Ansicht (*dixi*) wäre diese Vereinbarung insbesondere dann wirksam, wenn allen Gesellschaftern die Möglichkeit offenstand, Mitgiften aus dem Gesellschaftsvermögen zu zahlen. Etwas anderes solle nur dann gelten, wenn der Vater das gezahlte Geld nach dem Tod der Tochter während der Ehe zurückerhalten hätte, denn die Vereinbarung sei im Sinne der gesellschaftsrechtlichen Gleichheit der Partner auszulegen[931]. Wieder anders – so führt Papinian sein Selbstzitat fort – sei die Situation, wenn die Ehe der Tochter durch Scheidung aufgelöst worden sei, denn hier fließe das Geld zwar an die Gesellschaft zurück, müsse aber jederzeit für eine neue Mitgift zur Verfügung gestellt werden[932]. Habe der erste Ehemann die Mitgift nicht vollständig erstatten können, seien die Gesellschafter aber nicht verpflichtet, den fehlenden Anteil für eine erneute Ehe aufzubringen.

Mit *in proposito* kehrt der Jurist zum Ausgangsfall zurück. Da er unterstellt, dass das *pactum* nach den bisher aufgestellten Kriterien wirksam ist[933], geht es nun nur noch um die Voraussetzungen der *actio pro socio*. Nach Papinian kann nämlich die Tochter nur dann Zahlung der Mitgift aus dem Gesellschaftsvermögen verlangen, wenn tatsächlich Geld gezahlt worden ist. Zur Begründung verweist er auf die Situation, in der nicht die Tochter Erbin des Vaters geworden ist, sondern ein anderer: In diesem Fall erhalte sie das Geld mit der *actio rei uxoriae* vom Manne zurück und sei nicht verpflichtet, es an die Gesellschaft, der sie nicht angehöre, zurückzuzahlen. Wenn sie selbst Erbin sei, solle nichts anderes gelten[934]. Sei die *dos* wie im Ausgangsfall nur stipuliert, habe die Tochter kein Geld, sondern nur die Befreiung vom Manne erlangt, so dass kein Anlass bestehe, der Tochter ein Vorbehaltungsrecht an Gütern der Gesellschaft zu erteilen[935].

In verknappter Form findet sich die Struktur in:

Pal. 159 = D. 15.1.50.3 Pap. 9 quaest.

Servus alienus, cum bonae fidei serviret mihi, nummos a Titio mutuatos mihi dedit, ut eum manumitterem, et manumissi: creditor q u a e r e b a t, quem de peculio conveniret. d i x i, quamquam creditor electionem alias haberet, tamen i n p r o p o s i t o dominum

931 Zu diesem Gebot der gesellschaftsrechtlichen *aequitas* vgl. zuletzt Hingst, Die societas leonina in der europäischen Privatrechtsgeschichte, Berlin 2003, 35-117 (nicht zum Text). Als Teil des „byzantinischen Nachspiels“ deutet den Text wie den Gedanken noch Wieacker, Societas. Hausgemeinschaft und Erwerbsgesellschaft, 1936, 271, Fn. 2.

932 Zu *cum causa sua* vgl. bereits Karlowa, Römische Rechtsgeschichte II, 1901, 230f.; ähnlich Arnò, Corso di diritto romano. Il contratto di società, Turin 1936/37, 83f.

933 Vgl. bereits Ankum, in: Extravagantes, 2007, 314 Fn. 37.

934 Vgl. Willvonseder, Denkfigur, 1984, 108 (zu *nam si filia… heres extitisset*).

935 Ähnlich Ankum, in: Extravagantes, 2007, 321.

esse conveniendum et eum ad exhibendum mecum acturum pecuniae nomine, quae ipsi esset adquisita nec in eam causam alienata, quae pro capite servi facta proponeretur: (...)

Ein fremder Sklave, der dem *ego* guten Glaubens zu Diensten ist, hat *ego* die von einem Titius geliehenen Münzen gegeben, damit *ego* ihn freilasse. Nachdem *ego* dem Ansinnen nachgekommen ist, hat Titius gefragt, gegen wen er mit der *actio de peculio* vorgehen könne. Papinians Selbstzitat erinnert kurz daran, dass Titius üblicherweise ein Wahlrecht habe, ob er gegen den wahren Eigentümer oder den Scheineigentümer des Sklaven aus der *actio de peculio* vorgehe. In dem hier zu entscheidenden Fall könne Titius aber nur gegen den wahren Eigentümer klagen, der seinerseits gegen *ego* die *actio ad exhibendum* hinsichtlich der Münzen erheben könne, da das Geld weiterhin dem Eigentümer des Sklaven gehöre.

b. Kombination zweier *dicta*

Zwei besondere Funktionen haben die zwei aufeinander folgenden Selbstzitate in:

Pal. 306 = D. 41.2.44pr.-1 Pap. 23 quaest.[936]

pr. Peregre profecturus pecuniam in terra custodiae causa condiderat: cum reversus locum thensauri immemoria non repeteret, an desisset pecuniam possidere, vel, si postea recognovisset locum, an confestim possidere inciperet, quaesitum est. dixi, quoniam custodiae causa pecunia condita proponeretur, ius possessionis ei, qui condidisset, non videri peremptum, nec infirmitatem memoriae damnum adferre possessionis, quam alius non invasit: alioquin responsuros per momenta servorum, quos non viderimus, interire possessionem. (...)

1 Quaesitum est, cur ex peculii causa per servum ignorantibus possessio quaereretur. dixi utilitatis causa iure singulari receptum, ne cogerentur domini per momenta species et causas peculiorum inquirere. nec tamen eo pertinere speciem istam, ut animo videatur adquiri possessio: nam si non ex causa peculiari quaeratur aliquid, scientiam quidem domini esse necessariam, sed corpore servi quaeri possessionem.

Das *principium* erinnert daran, dass der Besitzer, der eine Sache vergraben hat, im Besitz verbleibe, auch wenn er keinen konkreten Besitzwillen mehr habe, weil er den Ort des Schatzes vergessen habe. Erst wenn ein Dritter das Grundstück besetze oder den Schatz ausgrabe[937], trete Besitzverlust ein. Geringer geschützt sei allerdings der Eigentümer, der seinen Besitz durch Sklaven ausübe.

§ 1 stellt die Frage, warum der Eigentümer des Sklaven auch dann Besitz erlange, wenn der Sklave *ex causa peculii* eine Sache erhalte. Als Antwort zitiert Papinian das eigene *dictum*, das den außerordentlichen Charakter dieser Möglichkeit herausstellt und den Zweck, den Eigentümer vor lästigen Nachforschungen zu bewahren[938].

---

936 Zum Text vgl. Cannata, SDHI 26 (1960) 88f.; zuletzt Solidoro Maruotti, La tutela del possesso in età costantiniana, 1998, 252f.; dies., Studi sull'abbandono degli immobili nel diritto romano, 1989, 192f.

937 Diese beiden Möglichkeiten ergeben sich aus der abgelehnten Distinktion zwischen Besitz über und unter der Erde, deren Implikationen hier nicht weiter zu verfolgen sind.

938 Zu *utilitatis causa iure receptum* vgl. Longo, Ius singulare, in: Études Macqueron, 1970, 451-453, der den Begriff für interpoliert hält. Anders Ankum, in: Symb. David I, 1968, 11, der ein anderes Ergebnis nur als „unpractical" bezeichnet. Weiterführend demgegen-

Zudem enthält das Selbstzitat die wichtige Einschränkung, dass der Sklave den Herrn nur hinsichtlich der körperlichen Sachherrschaft (*corpus*)[939] vertreten kann[940]. Beide Argumentationsstränge werden zusammen geführt in:

Pal. 306 = D. 41.2.44.2 Pap. 23 quaest.[941]

Quibus explicitis, cum de amittenda possessione quaeratur, multum interesse dicam, per nosmet ipsos an per alios possideremus: nam eius quidem, quod corpore nostro teneremus, possessionem amitti vel animo vel etiam corpore, si modo eo animo inde digressi fuissemus, ne possideremus: eius vero, quod servi vel etiam coloni corpore possidetur, non aliter amitti possessionem, quam eam alius ingressus fuisset, eamque amitti nobis quoque ignorantibus. illa quoque possessionis amittendae separatio est. nam saltus hibernos et aestivos, quorum possessio retinetur animo, (...)

Papinian sucht mithin eine Synthese zur allgemeinen Frage, wann Besitzverlust eintritt. Dabei legen die zitierten *dicta* eine Distinktion nahe, die Papinian in Form einer *dubitatio (multum interesse dicam)*[942] einführt. Danach soll zu unterscheiden sein, ob der Besitz durch den Besitzer selbst oder durch seine Besitzdiener ausgeübt wird[943]. Wie das *principium* und § 1 gezeigt haben, tritt der Besitzverlust bei der eigenen Sachherrschaft des Besitzers nur dann ein, wenn er sowohl den Besitzwillen als auch den körperlichen Zugriff auf die Sache verloren hat. Dagegen geht der Besitz, den Sklaven oder andere Abhängige im Besitz ausüben, schon dann unter, wenn letztere den tatsächlichen Zugriff verlieren[944]. Die Selbstzitate dienen hier somit nicht der Abgrenzung, sondern bilden die Grundlage für eine neue Aussage, die im Fortgang durch zwei Beispiele, zum einen die Besitzverhältnisse an Winter- und Sommerweide, zum andern das Konträraktsprinzip des Obligationsrechts gestützt wird[945].

c. Ergebnis

Für die Fragmente mit *dixi* ist mithin festzuhalten, dass das Selbstzitat regelmäßig nicht die definitive Antwort auf das *quaesitum* bietet, sondern gleichsam die Voraus-

---

über Benöhr, Besitzerwerb, 1972, 92f. (abwertend). Näheres zu den praktischen Hintergründen bei Bürge, Lo schiavo (in)dipendente e il suo patrimonio, in: A. Corbino/M. Humbert/G. Negri (Hg.), Homo, caput, persona. La costruzione giuridica dell'identità nell'esperienza romana. Cedant 2008, Pavia 2010, 377f. Als Ausdruck der Billigkeit sieht diese Entscheidung Wieacker, SZ 94 (1977), 36.

939 Benöhr, Besitzerwerb, 1972, 23 geht wegen der Unklarheit darüber, wessen *animus* notwendig sei, von einem Texteingriff aus. Wahrscheinlich kommt es hierauf gar nicht an, denn der Besitzerwerb *ex causa peculiari* knüpft an die Verleihung des *peculium* an.

940 Vgl. Cannata, SDHI 26 (1960) 89; Nicosia, L'acquisto del possesso, 1960, 205-207.

941 Ausführlich dazu Möhler, SZ 77 (1960) 86-88, allerdings mit zu weitreichender Textkritik. Wie hier zuletzt Sklenář, RIDA 41 (1994), 383.

942 Anders, aber nicht überzeugend Möhler, SZ 77 (1960) 87.

943 Die *dubitatio* hat ihren Anlass wohl darin, dass man auch den Besitzerwerb durch Sklaven als Besitzerwerb *solo animo* deuten könnte, vgl. dazu Benöhr, Besitzerwerb, 1972, 24 mwN.

944 Dazu zuletzt Solidoro Maruotti, Studi sull'abbandono degli immobili nel diritto romano, 1989, 190-193; Lambrini, L'elemento soggettivo nelle situazioni possessorie del diritto romano classico, Padua 1998, 106-109.

945 Zu den Einzelheiten dieses Arguments vgl. Benöhr, Besitzerwerb, 1972, 23f. mwN.

setzungen anführt, nach denen bisher entschieden wurde. Erst nachdem der Jurist die frühere Entscheidung auf ihre Grundlagen untersucht und begründet hat, beantwortet er die Ausgangsfrage. Dabei sind sowohl Entscheidungen im Sinne des früheren *dictum* als auch Widersprüche oder Abgrenzungen zu beobachten. Diese besondere Argumentationstruktur dürfte ein deutliches Indiz für den Lehrcharakter der *Quaestiones* sein, lässt sie doch daran denken, dass Papinian reale oder fiktive Fragestellungen (*quaesitum*) benutzt, um bereits erläuterte Rechtsgrundsätze (*dixi*) in ihrer konkreten Anwendung (*in proposito*) darzulegen[946]. Dass die persuasive Wirkung der in der Auseinandersetzung eingenommenen Position gesteigert wird, wenn man auch die Gegenposition ausführlich würdigt, betont bereits Aristoteles[947]. Auf diese Weise könne auch im Monolog der Anschein vermieden werden, die gegnerischen Argumente einfach zu übergehen und gleichsam „in Abwesenheit" des Gegners zu einem Urteil zu gelangen. Stilistisch erinnert das Selbstzitat an eine Form der Chrie, in der ein Ausspruch einer Person zum Anlass genommen wird, ein Problem zu diskutieren[948], nur dass sich Papinian hier selbst zitiert.

2. Übertragung einer bestehenden Lösung auf einen Ausgangsfall

Übernimmt der Jurist eine bereits existierende Lösung für einen neuen Fall, verwendet er häufig die Formeln *quod ratio suadet*, *non secus ac si*, *perinde ac si.*

a. quod ratio suadet

Als echter Papinianismus[949] erscheint der Ausdruck *quod ratio suadet,* wie er bereits bekannt ist, aus:

Pal. 292 = D. 31.70pr. Pap. 20 quaest.[950]

pr. Imperator Antoninus rescripsit legatarium, si nihil ex legato accepit, ei cui debet fideicommissum actionibus suis posse cedere nec id cogendum solvere. quid ergo si non totum, sed partem legati relicti restituere rogatus abstineat eo? utrum actionibus suis in totum cogetur cedere, an vero non nisi ad eam quantitatem, quae fideicommisso

---

946 Ähnlich Pal. 133= D. 21.2.64.1-2 Pap. 7 quaest., dazu Vierter Teil II.2, S. 208f.

947 Vgl. Aristot., cael. I, 10, 279b 7-9 *μᾶλλον ἂν εἴη πιστὰ τὰ μέλλοντα λεχθήσεσθαι προακηκοόσι τὰ τῶν ἀμφισβητούντων λόγων δικαιώματα. τὸ γὰρ ἐρήμην καταδικάζεσθαι δοκεῖν ἧττον ἂν ἡμῖν ὑπάρχοι; καὶ γὰρ δεῖ διαιτητὰς ἀλλ' οὐκ ἀντιδίκους εἶναι τοὺς μέλλοντας τἀληθὲς κρίνειν ἱκανῶς,* dazu Föllinger, in: Vermittlung und Tradierung, 1993, 266f.

948 Quint. 1, 9, 4-5 (...) *unum simile sententiae, quod est positum in voce simplici ‚dixit ille' aut ‚dicere solebat'* (...), dazu Schissel, Die Einteilung der Chrie bei Quintilian, Hermes 68 (1933) 245f.

949 Anders Gaius, der *ratio suadere* mit einer materiellen Konnotation für das Naturrecht (vgl. z.B. D. 7.5.2.1 Gai. 7 ad ed. prov.; D. 9.2.4pr. Gai. 7 ad ed. prov.; Gai. 1, 1; Gai. 2, 79) oder unspezifisch für den „gesunden Menschenverstand" verwendet, vgl. Gai. 1, 190 (dazu Nörr, Rechtskritik, 1974, 92) und D. 28.7.22 Gai. 18 ad ed. prov. Wie Wagner, Studien zur allgemeinen Rechtslehre des Gaius, Zutphen 1978, 104-114 herausarbeitet, ist die *naturalis ratio* „Quelle und Rechtfertigung des *ius gentium*".

950 Vgl. Erster Teil IV.1, S. 43.

continetur? quod ratio suadet. sed et si legatum perceperit, non amplius ex causa fideicommissi cogendus erit solvere, quam recepit.

Pal. 340 = D. 46.3.95.10 Pap. 28 quaest.[951]

Si mandatu meo Titio pecuniam credidisses, eiusmodi contractus similis est tutori et debitori pupilli: et ideo mandatore convento et damnato, quamquam pecunia soluta sit, non liberari debitorem ratio suadet, (...).

In beiden Fragmenten dient die Formel dazu, eine anerkannte Lösung (Reskript, Fortbestand der Verpflichtung des Mündels) auf einen von ihr nicht erfassten Fall zu übertragen (*pars legati relicti, mandatum*). Pal. 292 begründet die Anwendung des Reskriptes nicht explizit; sie ergibt sich aber aus dem in der Frage angedeuteten Verhältnis *a maiore ad minus*, das zwischen der umfänglichen Verpflichtung, das Legat herauszugeben und dem Fideikommiss für einen Legatsteil besteht[952]. Dagegen betont Pal. 340 nicht nur, dass sich Kreditmandat und Tutel ähneln, sondern begründet ausführlich, worin ihre Vergleichbarkeit besteht[953]. Geht man davon aus, dass die Klagenzession beim Kreditmandat als Regel des Juristenrechts anerkannt war, kann man Papinians Argumentation als *syllogismus*[954] bezeichnen, der eine bestehende Regelung auf einen neuen Fall überträgt.

Zur sinngemäßen Anwendung eines rechtlichen Prinzips findet die Formel Verwendung in[955]:

Pal. 374 = D. 49.17.15.3 Pap. 35 quaest.

Servus peculii, quod ad filium spectat, ab extero si stipuletur aut per traditionem accipiat, sine distinctione causarum res ad filium pertinebit: non enim ut filius duplex ius sustinet patris et filii familias, ita servus, qui peculii castrensis est quique nullo iure, quamdiu filius vivit, patri subiectus est, aliquid adquirere simpliciter stipulando vel accipiendo patri potest. quae ratio suadet, ut, si ab ipso patre servus, qui ad filium pertinet, stipuletur ex quacumque causa vel traditum accipiat, sic adquiratur filio res et stipulatio, quemadmodum si exter promisisset, quoniam persona stipulantis et accipientis ea est, ut sine differentia causarum quod per eum agitur emolumentum filii spectet.

Wenn dem Sklaven, der sich im *peculium (castrense)* des Haussohnes befinde, von einem Dritten stipuliert oder übergeben werde, erwerbe er unabhängig vom Rechtsgrund nur für den Sohn.

Auf diese Weise unterscheidet Papinian die Leistung an den im *peculium castrense* befindlichen Sklaven von der Leistung an den *filius familias* mit *peculium castrense*, die er in §§ 1-2 behandelt hat[956] und auf die er hier noch einmal zurückkommt (*non enim*): Anders als beim Erwerb des Haussohnes selbst ist für den Erwerb durch den Sklaven im *peculium (castrense)* nicht danach zu unterscheiden, ob für den Sohn oder den

---

951 Vgl. Zweiter Teil V.5, S. 131.

952 Zum *argumentum a maiore ad minus* vgl. Quint. 7, 8, 4.

953 Zur Vergleichbarkeit vgl. Quint. 7, 8, 6-7.

954 Zum *syllogismus* vgl. Quint. 7, 8, 1, dazu Lausberg, § 221, S. 121f.

955 Vgl. Daube, in: Collected Studies I, 1991, 389f. mit weitgehenden Interpolationenkritik, weiterführend Lehmann, in: ANRW II.14, 218-221.

956 Zu Pal. 374 = D. 49.17.15.1-2 Pap. 35 quaest. vgl. Vierter Teil II.3b, S. 215.

Vater erworben wird, denn der Vater hat keinerlei Gewalt über den Sklaven. Steht der *pater* dem Sklaven im *peculium (castrense)* mithin wie ein beliebiger Dritter gegenüber, muss es auch möglich sein, dem Sklaven zugunsten des Sohnes zu stipulieren und Eigentum zu übertragen[957]. Auch hier bezeichnet *quod ratio suadet* mithin die Schlussfolgerung, die aus dem Vergleich von *extraneus* und Vater folgt. Das argumentative Geschick Papinians ergibt sich an dieser Stelle vor allem daraus, dass eine definitorische Gleichsetzung von *pater* und *exter* kaum durchsetzbar wäre[958]. Schon Quintilian empfiehlt aber, anstelle einer angreifbaren Definition auf den *syllogismus* auszuweichen[959].

Weniger klar ist die mit *quod ratio suadet* eingeleitete Argumentation in:

Pal. 204 = D. 26.7.38pr. Pap. 12 quaest.[960]

Si plures tutelam non administraverint et omnes solvendo sint, utrum, quia nullae partes administrationis inveniuntur, electioni locus erit an ut eiusdem pecuniae debitores excipere debebunt periculi societatem? q u o d m a g i s r a t i o s u a d e t.

Wenn alle Tutoren untätig geblieben sind und auch ihre Verwaltungsbereiche nicht aufgeteilt haben, stellt sich die Frage, wie das Mündel den Rechtsschutz aus der *actio tutelae utilis* realisieren kann[961]. Die mit *utrum … an* gebildete Frage deutet dabei zwei Alternativen an[962]: Nach der ersten kann das Mündel einen Tutor auswählen[963], nach der zweiten müssen die Schuldner das „Risiko der Gemeinschaftlichkeit“ ausschließen, womit wohl gemeint ist, dass die Tutoren gemeinschaftlich verklagt werden, dabei aber ihre Haftung auf den Kopfteil beschränken können[964]. Mit *quod ma-*

957 Diese ausführliche Erläuterung ist für die syllogistische Erweiterung allerdings unnötig; sie dient eher der Vorbereitung des kommenden § 4, in dem der Jurist auch den Nießbrauch des Vaters am castrensischen Sklaven des Sohnes für wirksam erachtet. Vgl. dazu Lehmann, in: ANRW II.14, 1982, 219 mwN Fn. 95.

958 Daube, in: Collected Studies I, 1991, 391 zeigt sich enttäuscht, anders Lehmann, in: ANRW II.14, 1982, 219f. Zur Frage vgl. zuletzt Lobrano, Pater et filius eadem persona. Per lo studio della patria potestas, Mailand 1984, 25-49.

959 Vgl. Quint. 7, 8, 2 *nam saepe, si finitio infirma est, in syllogismum delabitur. (…) quod si parum valebit, fiet syllogismus, ad quem velut remissa priore contentione veniemus.*

960 Vgl. Levy, SZ 37 (1916), 69-71; Voci, Iura 21 (1970) 93f., 114-117, zuletzt Steiner, Solidarobligationen, 2009, 249f.

961 Zur *actio tutelae utilis* vgl. D. 26.7.39.11 Pap. 5 resp., dazu Lenel, EP 318 Fn. 10; Kaser, RP I, § 88, 366, Fn. 40, zuletzt Steiner, Solidarobligationen, 2009, 249. Papinian scheint eine Haftungsbeschränkung gegenüber dem Mündel abzulehnen, vgl. Pal. 85 = D. 26.7.36 Pap. 3 quaest., dazu Voci, Iura 21 (1970), 77-80.

962 Albertario, Corso di diritto romano. Le obbligazioni solidali, Mailand 1948, 217f. hält Frage und Antwort für interpoliert. Wie hier Steiner, Solidarobligationen, 2009, 249.

963 Vgl. den parallelen Fall in D. 27.7.6 Pap. 2 resp. Zur gesamtschuldnerischen Haftung vgl. D. 27.8.5 Iul. 21 dig.; 26.7.55pr. Tryph. 14 disp. und D. 17.2.24 Ulp. 31 ad ed. Zu allen bereits Sachers, s.v. Tutela, in: RE VII A, 1948, 1575f.

964 Vgl. Pal. 68 = D. 11.2.2 Pap. 2 quaest., dazu Voci, Iura 21 (1970) 87f. Vgl. auch Meffert, Die Streitgenossenschaft im klassischen römischen Recht, Berlin 1974, 101f. Als solidarische Haftung deutet dies Levy, SZ 37 (1916) 70; anders Steiner, Solidarobligationen,

gis ratio suadet[965] entscheidet sich Papinian für diese zweite Alternative, allerdings ohne dies weiter zu begründen.

Argumente für seine Lösung lassen sich damit nur aus der Fragestellung (*an ut...)* und dem Sachverhalt erschließen. Die Frage weist auf das gemeinschaftliche Risiko, das die untätigen Tutoren übernommen haben, und auf die Identität der Schuld, die unter der *actio de tutelae* eher für eine solidarische Haftung und damit für die erste Alternative sprechen würde. Die hier einschlägige *actio tutelae utilis* ist freilich keine Klage aus Geschäftsführung, sondern für fehlende *gestio*[966], so dass diese weitergehende Rechtsfolge besonderer Begründung bedarf. Solange aber alle Tutoren, wie der Sachverhalt mitteilt, solvent sind[967], besteht hierfür kein Bedürfnis. Die Formel *quod ratio suadet* gelangt somit zu dem Ergebnis, dass eine Übertragung der Solidarhaftung aus der *actio tutelae* auf die *actio tutelae utilis* nicht angezeigt ist, eine Analogie also ausscheidet, so dass die Tutoren ihre Haftung beschränken können

Auch bei der Auslegung eines Vertragstextes (*lex*) kann ein *syllogismus* zur Anwendung kommen:

Pal. 333 = D. 22.1.4pr. Pap. 27 quaest.[968]

Si stipulatus sis rem dari vacuamque possessionem tradi, fructus postea captos actione incerti ex stipulatu propter inferiora verba consecuturum t e r a t i o s u a d e t . (...)

Tu hat sich durch Stipulation sowohl das Eigentum als auch den ungestörten Besitz versprechen lassen. Nach Papinian ist die Stipulation *vacuamque possessionem tradi* so auszulegen, dass *tu* auch die gezogenen Früchte aus der *actio incerti ex stipulatu* erhält[969]. Diese Auslegung steht im Widerspruch zu einer bei Pomponius überlieferten Meinung, nach der die Stipulation *vacuam possessionem tradi* nicht zur Klage auf die Früchte berechtigt, wobei bedeutsam ist, dass der Hochklassiker dies durch einen Vergleich mit der Stipulation *fundum dari* begründet, die nicht zum Erwerb der Früchte berechtige[970]. Wenn Pomponius die Stipulation *vacuam possessionem tradi* als Minus zur Stipulation *fundum dari* ansieht, könnte man die doppelte Stipulation in Papinians Fall als tautologisch ansehen und als Stipulation *fundum dari* auslegen. Dies bedeutete nichts anderes, als die bestehende Regelung für die einfache Klausel auf die doppelte Klausel zu übertragen, was man mit Quintilian als Fall des *syllogismus*:

2009, 249 mit Fn. 892, die 246f. vermutet, der einzelne Tutor habe seine Haftung mittels *taxatio* auf einen Bruchteil beschränken können.

965 Vgl. auch Voci, Iura 21 (1970) 115, der *ratio* aber als allgemeine Begründung auffasst.

966 Zu diesem Unterschied vgl. Steiner, Solidarobligationen, 2009, 249f.

967 Dies gilt als unecht, vgl. Kaser, RP I § 154.IV.2, 657 mit Fn. 13. Die Alternativenbildung ist aber mit Blick auf Pal. 204 = D. 26.7.38.1 Pap. 12 quaest. nachvollziehbar.

968 Vgl. nur Nachweise und Exegesen bei Bonifacio, La novazione nel diritto romano, Neapel ^{2}1959, 141-144 und Apathy, Animus novandi, 1977, 219-224 (mwN 220 Fn. 30).

969 Zur Auslegung in den Basilikenscholien vgl. Michaélidès-Nouaros, RHD 16 (1937) 371f.

970 Vgl. D. 19.1.3.1 Pomp. 9 ad Sab., dazu Apathy, Animus novandi, 1977, 220-222; Knütel, Stipulatio, 1976, 347f.

an quod in uno et in pluribus ansehen könnte[971]. Statt die bisherige Auslegung auch auf diesen Fall zu erweitern, spricht sich Papinian dafür aus, der Stipulation *rem dari vacuamque possessionem* eine neue Rechtsfolge zuzuerkennen und die Früchte in die *actio incerti* aufzunehmen[972]. Im Ergebnis erkennt der Spätklassiker damit beiden Klauseln eine eigene Bedeutung zu, lehnt also das naheliegende syllogistische Argument ab.

Auch wenn in den beiden letzten Fragmenten eine bestehende Regel nicht auf neue Fälle ausgeweitet wird, verweist *ratio suadet* in den *Quaestiones* auf das syllogistische Argument, das heißt die im Einzelnen begründete oder abgelehnte Unterstellung eines bisher nicht erfassten Falles unter eine existierende Regel[973]. Damit könnte hier ein technischer Sprachgebrauch vorliegen, der sich von der naturrechtlich aufgeladenen *naturalis ratio* des Gaius ebenso unterscheidet wie von einer „Appell-Formel" ohne „genauere Inhaltsfixierung"[974].

b. *non secus ac si*

Der in den *Quaestiones* ebenfalls für einen Vergleich anzutreffende Ausdruck *non secus ac si* ist nicht auf Papinian beschränkt, bei ihm aber häufiger zu beobachten[975]:

Pal. 79 = D. 45.1.115pr. Pap. 2 quaest.

(...) si dies in stipulatione per errorem omissus fuerit, cum id ageretur, ut certo die sisteres, imperfecta erit stipulatio. n o n s e c u s a c s i quod pondere numero mensura continetur sine adiectione ponderis numeri mensurae stipulatus essem, vel insulam aedificari non demonstrato loco, vel fundum dari non adiecto nomine (...)

Wie bereits oben angeführt, hält es Papinian für möglich, das Gestellungsversprechen ohne Datum als *stipulatio imperfecta* zu behandeln, genauso wie dies für Stipulationen anerkannt sei, bei denen der Stipulator bestimmende Präzisierungen ausgelassen habe[976]. Der mit *non secus ac si* eingeleitete Vergleich dient mithin dazu, die für diese Fälle anerkannte Rechtsfolge (Ergänzung der *quaestio facti* im Rahmen der *actio incerti ex stipulatu*) auch auf den Fall des unvollständigen Gestellungsversprechens zu übertragen.

Neuer Würdigung bedarf:

---

971 Quint. 7, 8, 3 mit dem Beispiel: *qui duos uno tempore tyrannos occidit, duo praemia petit.*

972 Zur Verkäuferpflicht vgl. zuletzt Artner, Agere praescriptis verbis, 2002, 128 mit Fn. 301. Zum Ergebnis vgl. auch D. 45.1.75.7 Ulp. 22 ad ed.

973 Anders Steinwenter, in: Studi Albertario II, 1953, 105-127 und ders., in: Studi Arangio-Ruiz II, 1949, 169-182, der *ratio* nicht als analogisches Argument anerkennen will, hauptsächlich allerdings deshalb, weil er verkennt, dass nicht nur das Gesetzesrecht Grundlage der Analogie sein kann. Vgl. bereits Bund, Methode Julians, 1965, 103-106.

974 Vgl. Nörr, Rechtskritik, 1974, 136f. Vgl. ferner Honoré, SDHI 28 (1962) 180f.

975 Vgl. D. 45.2.11pr. Pap. 11 resp. Sonst Labeo: D. 18.4.25 Lab. 2 pith. (a Paulo epit.) und Julian: D. 29.4.21 Iul. 21 dig., D. 30.81.3 Iul. 32 dig., D. 41.3.33.6 Iul. 44 dig.

976 Vgl. ausführlich oben Zweiter Teil II.2b, S. 78f.

Pal. 75 = D. 48.19.33 Pap. 2 quaest.[977]

Fratres imperatores rescripserunt servos in temporaria vincula damnatos libertatem et hereditatem sive legatum, postquam tempus expleverint, consequi, quia temporaria coercitio, quae descendit ex sententia, poenae est abolitio. si autem beneficium libertatis in vinculis eos inveniat, ratio iuris et verba constitutionis libertati refragantur. plane si testamento libertas data sit et eo tempore, quo aditur hereditas, tempus vinculorum solutum sit, recte manumissus intellegetur, n o n s e c u s a c s i pignori datum servum debitor manumisisset eiusque post liberatum pignus adita fuisset hereditas.

Ausgangspunkt ist ein Reskript der *divi fratres*[978], das den auf begrenzte Zeit verurteilten[979] Sklaven ermächtigt, die testamentarisch verfügte Freiheit einzuklagen, wenn die Zeit der Strafe verstrichen ist. Papinian betont, dass dies nach Wortlaut und Zweck des Reskriptes nicht für den Sklaven gelte, der während der Strafdauer freigelassen werde[980]. Allerdings befürwortet Papinian, den Sklaven dann als wirksam freigelassen anzusehen, wenn das Testament zwar noch während der Strafdauer verfasst wurde, der Sklave aber vor dem Erbschaftantritt die Strafe getilgt habe. Zur Begründung (*non secus ac si*) verweist er auf die Rechtslage beim Sklaven, den der Schuldner im Testament freigelassen hat, obwohl er dem Gläubiger verpfändet war. Auch hier sei die Freilassung wirksam, wenn die Erbschaft angetreten werde, nachdem das Pfand erloschen sei[981].

Zur Begründung der Auslegung eines Testaments dient der Vergleich in:

Pal. 221 = D. 37.11.11.2 Pap. 13 quaest.[982]

(...) plane si sui iuris effectus codicillis aut aliis litteris eodem testamento se mori velle declaraverit, voluntas, quae defecerat, iudicio recenti redisse intellegetur, n o n s e c u s a c s i quis aliud testamentum fecisset ac supremas tabulas incidisset, ut priores supremas relinqueret. nec putaverit quisquam nuda voluntate constitui testamentum: non enim de iure testamenti maxime quaeritur, sed viribus exceptionis. quae in hoc iudicio quamquam actori opponatur, ex persona tamen eius qui opponit aestimatur.

Titius hat sich nach Errichtung eines Testaments durch Arrogation in fremde Hausgewalt begeben[983] und ist, nachdem er (erneut) *sui iuris* war, verstorben. Nach Papinians Gutachten kann der Testamentserbe nicht die Erbschaft verlangen, weil

---

977 Vgl. Schulz, SZ 48 (1928) 269-272; D'Ors, in: Estudios Ursicino Álvarez Suárez, 1978, 327-335 beide mit Interpolationsverdacht, anders Sicari, Leges, 1996, 130 Fn. 17 mwN.

978 Gemeint sind Marc Aurel und Lucius Verus, vgl. Schulz, SZ 48 (1928) 270, anders D'Ors, in: Estudios Ursicino Alvarez Suarez, 1978, 327-335.

979 Zum strafrechtlichen Hintergrund vgl. Lovato, Il carcere nel diritto penale romano. Dai Severi a Giustiniano, Bari 1994, 124-128.

980 Zu *ratio iuris* vgl. Nörr, Rechtskritik, 1974, 138f. mit Fn. 38.

981 Die Freilassung des verpfändeten Sklaven verstößt gegen die *lex Aelia Sentia*, denn sie stellt eine Gläubigerbenachteiligung dar, vgl. Gai. 1, 37, dazu zuletzt Balestri Fumagalli, Lex Iulia de manumissionibus, Mailand 1985, 57f.

982 Vgl. Cerami, in: AUPA 50 (2005) 61f.; Finazzi, L'exceptio doli generalis, 2006, 71-74.

983 Zu Vermögensverschiebungen mittels Arrogation vgl. Kaser, RP I § 83 (82).II.1, 347 mit Fn. 33; zur Rücknahme der Arrogation bei Benachteiligung des Arrogierten vgl. Kunst, Römische Adoption, 2005, 185f.

die nachträgliche *adrogatio* das Testament aufgehoben habe[984]. Nur wenn Titius, nachdem er aus dieser neuen Gewalt ausgeschieden war, erklärt habe, das Testament wieder in Geltung zu setzen, sei die Aufhebung unwirksam[985]. Dieses Ergebnis wird durch den Vergleich mit dem Fall gestützt, in dem jemand zwei Testamente hinterlassen hat und das spätere zerschnitten hat. Auch hier gelte das frühere Testament als gültig, das sonst durch das spätere aufgehoben worden wäre[986].

Die Legatsauslegung betrifft:

> Pal. 273 = D. 36.2.25.1 Pap. 18 quaest.
>
> „heres meus Titio dato quod mihi Seius debet". si Seius pupillus sine tutoris auctoritate nummos accepit nec locupletior factus est et creditor ad praesens debitum verba rettulit, quia nihil Seius debet, nullius momenti legatum erit: quod si verbo debiti naturalem obligationem et futuram solutionem cogitavit, interim nihil Titius petet, quasi tacite condicio inserta sit, n o n s e c u s a c s i ita dixisset: „Titio dato, quod pupillus solverit" vel si legasset „quod ex Arethusa natum erit" vel „fructus, qui in illo fundo nascentur". (...).

Das Legat, das den Erben verpflichtet, dem Titius zu geben, was der Seius schulde, sei unwirksam, wenn Seius beim Empfang des Geldes unmündig war und das Darlehen ohne Zustimmung des Tutors angenommen habe und auch nicht bereichert sei. Dies gelte jedenfalls dann, wenn der Erblasser eine bereits bestehende Schuld gemeint habe[987]. Es sei jedoch möglich, dass der Erblasser die *naturalis obligatio* des Mündels gemeint habe bzw. die zukünftig durch Zahlung entstehende vollwirksame Verpflichtung[988]. In diesem Fall sei das Legat unter einer Bedingung wirksam, und Titius könne es nach Ablauf der Schwebezeit einklagen[989]. Diese zweite Auslegung stützt der *non secus ac si* eingeleitete Vergleich. Dabei zeigt Papinian zunächst, wie das Legat zugunsten des Titius zu formulieren wäre, damit es Wirksamkeit erlangt: *Titio dato, quod pupillus solverit*[990]. Sodann verweist er auf das Legat, mit dem der Erblasser zukünftige Sklavenkinder oder zukünftige Früchte eines Grundstücks vermacht[991].

---

984 Dazu ausführlich Cerami, in: AUPA 50 (2005) 61f. Einzelheiten zur *bonorum possessio secundum tabulas* bei Voci, DER II, ²1963, 520.

985 Vgl. Voci, DER II, ²1963, 520.

986 Vgl. D. 37.11.1.1 Ulp. 39 ad ed., dazu Voci, DER II, ²1963, 521f. Zur Bedeutung der *exceptio* vgl. Cerami, in: AUPA 50 (2005) 62.

987 Die Diskussion um die Ersetzung von *creditor* durch *testator* geht an der Sache vorbei (vgl. dazu nur Thomas, in: FG Lübtow, 1970 464f.), denn mit dem allgemeinen *creditor* ist (emphatisch) der *testator* gemeint.

988 Zum Streit um die Klassizität der *naturalis obligatio* vgl. einerseits (extrem textkritisch) Devilla, in: Studi Sassaresi 18 (1940), 46f.; Cornioley, Naturalis obligatio, 1964, 190f., andererseits (vorsichtig konservativ) Thomas, in: FG Lübtow, 1970, 464f. Zur Klassizität der Bereicherungshaftung des Mündels im Fragment vgl. bereits Niederländer, Die Bereicherungshaftung im klassischen römischen Recht, Weimar 1953, 91f.

989 Légier, RHD 44 (1966) 7 mit Fn. 16 hält das Legat bedingt auf die Volljährigkeit. Zur *tacita condicio* vgl. Kaser, in: Symb. Taubenschlag I, 1956, 428-431 mwN.

990 Zur Frage vgl. Grosso, Legati, ²1962, 285-287 zum Text mwN.

991 Zur Arethusa vgl. auch D. 7.7.1 Paul. 2 ad ed.; D. 45.1.75.4 Ulp. 22 ad ed. Zur Arescusa vgl. Nörr, Römisches Recht: Geschichte und Geschichten. Der Fall der Arescusa et alii

Für diese wird als stillschweigende Bedingung anerkannt, dass die versprochene Sache tatsächlich zur Entstehung gelangt[992]. Entsprechendes soll nach Papinian auch für das Legat *heres meus Titio dato quod mihi Seius debet* gelten.

Auch in diesen Fragmenten dient *non secus ac si* somit dazu, einen oder mehrere Vergleichsfälle anzuführen, um die rechtliche Lösung oder Konstruktion des Ausgangsfalles zu rechtfertigen. Die zum Beweis verwandten Fälle betreffen regelmäßig eine anerkannte oder unmittelbar einleuchtende Rechtsfolge. Grundlage des Beweises ist die Ähnlichkeit zwischen beiden Fällen, das heißt ein *argumentum a similibus*[993].

c. *perinde ac si*

Vergleichbar ist der vor allem bei Julian belegte Ausdruck *perinde ac si* bzw. *atque ita si*[994], der sich auch in Papinians *Quaestiones* findet. Bekannt sind:

> Pal. 281 = D. 31.67.1 und 3 Pap. 19 quaest.[995]
>
> 1 (...) p e r i n d e omnia servabuntur a c s i nominatim ei, qui postea electus est, primo testamento fideicommissum relictum fuisset, (...).
>
> 3 (...) p e r i n d e fideicommissum ex illo testamento petetur, a c s i nemo de familia heredi heres exstitisset (...).
>
> Pal. 340 = D. 46.3.95pr. Pap. 28 quaest.[996]
>
> (...) tunc enim p e r i n d e solus ille qui decessit praebetur, a c s i solus in obligationem deductus fuisset (...)
>
> Pal. 353 = D. 35.2.11.6 Pap. 29 quaest.[997]
>
> (...) p e r i n d e huic quartam relinquendam existimantium a t q u e i t a s i patri heres extitisset (...)

Pal. 281 nutzt den doppelten Vergleich dazu, Papinians Konstruktion des Familienfideikommisses als praktikabel zu verteidigen: So will er das Fideikommiss für die Berechnung der falzidischen Quart bereits beim ersten Testament berücksichtigen, genauso wie wenn der Bedachte bereits dort ausdrücklich benannt worden wäre (§ 1). Verletzt der Erbe das Familienfideikommiss, indem er das Grundstück einem Außenstehenden überlässt, könnten alle potentiell Berechtigten klagen, genauso wie wenn niemand als Erbe eingetreten wäre (§ 3).

Pal. 340 betrifft die *perpetuatio obligationis* bei der Wahlschuld mit Wahlrecht des Gläubigers: Papinian legt dar, der Gläubiger könne nur dann auf den verstorbenen Sklaven klagen, wenn der Schuldner mit Lieferung des bereits ausgewählten Sklavens in Verzug gewesen sei. Nur dann nämlich sei der Verstorbene so anzusehen, als sei er allein Gegenstand der Verpflichtung gewesen (*tunc enim* ...). In Pal. 353 begründet der mit *perinde atque si* eingeleitete Vergleich, warum der Substitut doch in

(Dig. 19.1.43sq.), München 2005, bes. 20 Fn. 42 zum Namen. Zum Legat zukünftiger Früchte vgl. Kaser, RP I § 185.IV.1, 749 Fn. 38.

992 Zutreffend Kaser, in: Symb. Taubenschlag I, 1956, 429.

993 Vgl. allgemein Lausberg, § 422, S. 232-234.

994 Vgl. Leipold, Sprache, 1891, 23f.

995 Vgl. bereits Dritter Teil, I.1, S. 141-152.

996 Vgl. bereits ausführlich Zweiter Teil, V.1, S.114-118.

997 Vgl. oben Zweiter Teil, IV.1, S. 93-103.

den Genuss der falzidischen Quart gelangen soll: Er sei genau so zu behandeln, als sei er unmittelbarer Erbe des Vaters geworden.

Aus den noch ausstehenden Fragmenten sind zunächst zu nennen:

Pal. 141 = D. 11.1.19 Pap. 8 quaest.

Si filius, cum pro patre suo ageret, taceat interrogatus, omnia p e r i n d e observanda erunt, a c s i non esset interrogatus.

Pal. 374 = D. 49.17.15pr. Pap. 35 quaest.

Pater militi filio reverso quod donat, castrensis peculii non facit, sed alterius peculii, p e r i n d e a c s i filius numquam militasset.

In beiden Fällen geht es darum, die naheliegende Lösung durch einen Vergleich mit einer fiktiven, aber sofort einsichtigen und konsensfähigen Konstellation abzustützen: So ist das Schweigen des Sohnes auf die *interrogatio* genau so behandeln, als sei er nicht befragt worden[998] (Pal. 141), und der aus dem Militärdienst zurückgekehrte Sohn erhält ein gewöhnliches *peculium*, ganz so, als sei er niemals beim Militär gewesen.

Ähnlich evident ist der Vergleichsfall in:

Pal. 303 = D. 40.5.22.1 Pap. 22 quaest.[999]

A duobus heredibus qui tres servos habebat petit, ut duos ex his quos voluissent manumittant: altero heredum latitante alter declarat, quos velit manumittere. potest dici fieri liberos, ut p e r i n d e libertas competat, a c s i praesens solus manumittere potuisset. quod si ex servis unus decesserit, sive iusta ex causa absit heres sive fari non possit a quo petitum est, decernente praetore duos qui supersunt fieri liberos convenit.

Der Erblasser hat von seinen beiden Erben verlangt, von den drei Sklaven, die er habe, zwei nach ihrer Wahl freizulassen. Der eine Erbe hat sich versteckt, der andere seine Wahl getroffen. Es stellt sich die – von Papinian vorausgesetzte – Frage, ob die *manumissio* wirksam ist. Papinian verweist darauf, dass die Freilassung des einen Miteigentümers genüge, genauso wie wenn der Erblasser nur dem Anwesenden erlaubt habe, freizulassen.

Der Einsichtigkeit dient der Vergleich auch bei Berechnung der Eviktionshaftung des Verkäufers in:

Pal. 133= D. 21.2.64.1 -2 Pap. 7 quaest.[1000]

1 Quod si modo terrae integro qui fuerat traditus ducenta iugera per alluvionem accesserunt ac postea pro indiviso pars quinta totius evicta sit, p e r i n d e pars quinta praestabitur, a c s i sola ducenta de illis mille iugeribus quae tradita sunt fuissent evicta, quia alluvionis periculum non praestat venditor.

2 (...) dixi consequens esse superioribus, ut neque pars quinta mille iugerum neque quarta debeatur evictionis nomine, s e d p e r i n d e teneatur auctor, a c s i de octingentis illis residuis sola centum sexaginta fuissent evicta: nam reliqua quadraginta, quae universo fundo decesserunt, pro rata novae regionis esse intellegi.

---

998 Vgl. Spengler, Studien zur interrogatio in iure, München 1994, 44.

999 Vgl. Buckland, Slavery, 1908, 616f. mit Fn. 1.

1000 Vgl. zuletzt Hackel, SZ 114 (1997) 435-448 mwN.

In § 1 sind zweihundert Morgen an das gekaufte Grundstück angeschwemmt worden, bevor der Käufer die Eviktion in Höhe von einem Fünftel erleidet. Da der Verkäufer nicht das Risiko für Schwemmland trage, entscheidet Papinian, ihn so haften zu lassen, als sei nur ein Fünftel des ursprünglich verkauften Grundstücks (eintausend Morgen) evinziert worden, das heißt zweihundert Morgen[1001]. In § 2 sind dagegen zunächst zweihundert Morgen abgeschwemmt, sodann wieder angeschwemmt worden, bevor der Käufer die Eviktion in Höhe eines Fünftels erlitten hat. Entsprechend soll der Verkäufer, der weder für den Verlust durch Abschwemmung noch für nachträglich erworbenes Land einzustehen habe, so haften, als sei von dem (ursprünglich) übergebenen Land (achthundert Morgen) ein Fünftel (hundertsechzig Morgen) evinziert worden[1002]. Der Umfang der Eviktionshaftung richtet sich mithin in beiden Fällen nach der Größe des Grundstücks bei Gefahrübergang (*perinde ac si*), nicht aber nach dem tatsächlichen Verlust des Käufers[1003].

Die Vergleichbarkeit verneint Papinian dagegen in:

> Pal. 223 = D. 38.2.42.1 Pap. 13 quaest.[1004]
>
> Castrensium bonorum Titium libertus fecit heredem, ceterorum alium: adita est a Titio hereditas: magis nobis placebat nondum patronum possessionem contra tabulas petere posse. v e r u m i l l a q u a e s t i o i n t e r v e n i t, an omittente eo qui reliqua bona accepit perinde Titio adcrescant, ac si partes eiusdem hereditatis accepissent.
> verius mihi videtur intestati iure deferri bona cetera. (...).

Ein Freigelassener hat Titius auf sein castrensisches Vermögen als Erben eingesetzt und einen anderen auf das nicht-castrensische. Während Titius das Erbe antritt, bleibt die Erbschaft des sonstigen Vermögens ohne Erben, weshalb sich die Frage stellt, ob der Freilasser die *bonorum possessio contra tabulas* verlangen kann. Papinian referiert eine eigene frühere Meinung, nach der der Patron abzuwarten hat[1005]. In dem hier vorliegenden Fall sei aber darüber zu entscheiden, ob die Erbschaft des zweiten Erben dem Titius anwachse, genauso wie wenn sie Teile ein- und derselben Erbschaft erhalten hätten (*ac si…)*. Entgegen dem Fragesteller will Papinian die beiden Vermögensmassen aber trennen, weshalb für den nicht-castrensischen Teil gesetzliche Erbfolge eintrete[1006].

d. Die Vergleichsschlüsse als *argumentum a similibus*

Alle hier betrachteten Vergleichsschlüsse mit *non secus ac si* und *perinde ac si* sind rhetorisch als *argumenta a similibus* zu qualifizieren. Dafür ist unerheblich, ob die Vergleichsfälle echt, realistisch oder vollständig fiktiv sind, denn entscheidend ist allein,

1001 Ausführlich Hackel, SZ 114 (1997) 439.

1002 Ausführlich zuletzt Hackel, SZ 114 (1997) 439.

1003 Vgl. zuletzt Hackel, SZ 114 (1997) 444f.

1004 Vgl. La Pira, Successione, 1930, 382 Fn. 2.

1005 Zu D. 38.2.3.12 Ulp. 41 ad ed., D. 38.2.3.5 Ulp. 41 ad ed. vgl. Kaser, RP I § 172.II, 709. Zum vergleichbaren und für Papinian typischen *dixi* vgl. Vierter Teil II.1, S. 192-200.

1006 *Titius igitur heres non poterit invitare manumissorem* betrifft die Klage des Titius gegen den Freilasser, die Papinian vorerst für nicht zulässig hält.

ob die *res certa* mit der *res dubia* vergleichbar ist[1007]. Wenig weiterführend ist daher der in den Kategorien der modernen Dogmatik geführte Streit darüber, ob der Vergleichstatbestand seiner Ähnlichkeit oder seiner Rechtsfolgen wegen ausgewählt worden sei. Wie die widersprüchlichen Ergebnisse zeigen[1008], ist es nicht möglich, die Vergleiche eindeutig dem Bereich der „Fiktion" oder der „Analogie" zuzuweisen[1009].

Aus der Perspektive der antiken Rhetorik ist vielmehr zu fragen, auf welche Weise die Vergleichsfälle beim Adressaten wirken, das heißt ob sie zur Bildung von Obersätzen im Wege der Induktion oder zur bloßen Veranschaulichung (*illustrantia*) genutzt werden[1010]. Im ersten Fall ist die (rhetorische) Induktion ein Zwei-Schritt, bei dem gedanklich oder explizit von einem Einzelfall (*exemplum*) auf einen Obersatz oder wieder zurück auf den zu lösenden Einzelfall geschlossen wird. Im zweiten Fall stehen die Einzelfälle dagegen nebeneinander, ohne dass ein Obersatz formulierbar wäre, und wirken allein durch die anschauliche *similitudo* zwischen *exemplum* und zu lösendem Fall[1011]. Es ist hervorzuheben, dass sich nach diesen Kriterien die Fragmente mit *quod ratio suadet* klar von den Texten mit der Wendung *non secus ac si* und *perinde ac si* unterscheiden: Während der Jurist beim Appell an die *ratio* jedenfalls einen gemeinsamen Obersatz voraussetzt oder andeutet, wirken die im Vergleich angeführten Fälle durch ihre unmittelbar einsichtige Evidenz, die die bestehende Überzeugung nur verstärkt[1012].

3. Ablehnung der Übertragung einer bestehenden Lösung

Das gedankliche Gegenstück zur Übertragung von bestehenden Lösungen auf den Ausgangsfall liegt vor, wenn Papinian ablehnt, eine bestehende Lösung auf ein neues Problem zu übertragen. Auch hier sind typische Wendungen zu beobachten.

1007 Vgl. Cic. top. 44f.

1008 Keine Übereinstimmung erzielen Reggi, L'interpretazione analogica in Salvio Giuliano, in: Studi Parmensi II, 1952, 105-159 / III, 1953, 467-502; Bund, Methode Julians, 1965, 91-177; Gallo, Alle origini dell'analogia, in: Bona/Miglietta, Opuscula selecta, Mailand 1999, 893-931; zuletzt Humbert, in: Testi e problemi, 2007, 419-473. Dies gilt vor allem für Julian, vgl. Bund, aaO., 97-177 im Unterschied zu Humbert, in: aaO., 429-444.

1009 Kritisch zu diesen Kategorien auch Giaro, Römische Rechtswahrheiten, Frankfurt a.M. 2007, 487-492 mwN. Zum Verhältnis von *exemplum* und Analogie vgl. Nörr, SZ 126 (2009) 51-53.

1010 Vgl. Dritter Teil, II, S. 159f.

1011 Zur Wirkung vgl. Price, Paradeigma, 1975, 62f. Zur persuasiven Funktion der *illustrantia* vgl. Perelman/Olbrechts-Tyteca, Traité, [4]1970, 481, Nörr, SZ 126 (2009) 50f.

1012 Hält man sich an die aristotelische Erläuterung der *exempla*, ergibt sich dies schon daraus, dass sie in den untersuchten Texten nachgestellt sind, das heißt „wie Zeugen" verwendet werden, vgl. Aristot. rhet. 1394a 11f., dazu Schittko, Analogien, 2003, 29f. mwN.

a. *nonnumquam evenit*

Nicht auf Papinians *Quaestiones* beschränkt ist das bereits beobachtete fast beiläufige Aufwerfen eines Einzelfalles mit *nonnumquam evenit*[1013] oder vergleichbaren Ausdrücken[1014]:

Pal. 307 = D. 41.3.44.2 Pap. 23 quaest. [1015]

(...) n o n n u m q u a m tamen e v e n i t , ut non initium praesentis possessionis, sed causam antiquiorem traditionis, quae bonam fidem habuit, inspiciamus (...)

Pal. 289 = D. 22.1.3.2 Pap. 20 quaest.[1016]

N o n n u m q u a m e v e n i t , ut, quamquam fructus hereditatis aut pecuniae usura nominatim relicta non sit, nihilo minus debeatur. (...)

Pal. 340 = D. 46.3.95.2 Pap. 28 quaest.[1017]

Aditio hereditatis n o n n u m q u a m iure confundit obligationem, veluti si creditor debitoris vel contra debitor creditoris adierit hereditatem. Aliquando pro solutione cedit, si forte creditor, qui pupillo sine tutoris auctoritate nummos crediderat, heres ei extitit: (...) Aliquando evenit, ut inanis obligatio aditione hereditatis confirmetur. (...)

In allen drei Belegen hebt die Formel *nonnumquam* bzw. *aliquando evenit* hervor, dass Fälle vorkommen können, die der zuvor dargelegten Regel widersprechen: So soll in Pal. 307 der für die Ersitzung notwendige gute Glaube ausnahmsweise nicht im Zeitpunkt der Besitzerlangung, sondern zum Zeitpunkt des Vertragsschlusses[1018] maßgeblich sein. Entgegen der allgemein anerkannten Regel (vgl. § 1), dass der Erbe dem Fideikommissar die Früchte nur bei *mora* zu leisten hat, führt Papinian in Pal. 289 Konstellationen an, in denen der Erbe auch ohne Verzug Fruchtersatz schuldet. Ebenso ist in Pal. 340 vorausgesetzt, dass der Erbe des Schuldners mit dessen Tod die Schulden übernimmt, weshalb Papinian Konfusion und Bestätigung der Schuld als Ausnahmen von dieser Regel präsentiert.

Ebenfalls zur Einleitung einer Ausnahme dient die Wendung in:

Pal. 151 = D. 19.5.1pr.-1 Pap. 8 quaest.[1019]

pr. N o n n u m q u a m evenit, ut cessantibus iudiciis proditis et vulgaribus actionibus, cum proprium nomen invenire non possumus, facile descendemus ad eas, quae in factum appellantur. sed ne res exemplis egeat, paucis agam.

1 Domino mercium in magistrum navis, si sit incertum, utrum navem conduxerit an merces vehendas locaverit, civilem actionem in factum esse dandam Labeo scribit.

Es könne vorkommen, dass alle benannten Klagen und *iudicia* nicht weiterführten, so dass eine *actio in factum* notwendig sei. Zum Beweis dieser Behauptung dient das

---

1013 Vgl. noch D. 39.2.6 Gai. 1 ad ed. prov., D. 35.1.52 Mod. 7 diff., D. 48.19.16.10 Claud. Saturn. 1 de poenis pag.

1014 Auch bei anderen Juristen, vor allem Ulpian, vgl. z.B. D. 5.1.72 Ulp. 8 disp., D. 25.6.1.8 Ulp. 34 ad ed., D. 37.5.14pr. Ulp. 40 ad ed.

1015 Vgl. Dritter Teil II.2, S. 167f.

1016 Vgl. Erster Teil IV.3, S. 54-56 zum *fideicommissum de residuo.*

1017 Vgl. Zweiter Teil V.2, S. 118-123.

1018 Zu den Kontroversen vgl. Hausmaninger, Die bona fides des Ersitzungsbesitzers im klassischen römischen Recht, Wien, München 1964, 81-96.

1019 Zum Text vgl. zuletzt Cannata, L'actio in factum civilis, Iura 57 (2008/2009) 13-17.

Beispiel des Labeo (§ 1), der die *actio civilis in factum* gegen den Schiffsführer zugelassen habe, wenn unklar sei, ob der Verschiffende nur das Schiff miete oder den Transport von Waren. Hieraus folgert Papinian, dass auch für die Überlassung der Sache *pretii explorandi gratia* ein Klagerecht gegeben werden müsse, wenn der Empfänger gegen die entgegengebrachte *fides* verstoße, auch wenn kein *depositum* oder *commodatum* vorliege.

Vorausgesetzt sind die Vergleichspunkte auch in:

Pal. 363 = D. 1.7.32pr. Pap. 31 quaest.

Nonnumquam autem impubes qui adoptatus est audiendus erit, si pubes factus emancipari desideret, idque causa cognita per iudicem statuendum erit.

Pal. 243 = D. 36.1.25 Pap. 15 quaest.[1020]

Nonnumquam autem ex voluntate varie rescriptum et iudicatum est, videlicet si non sub appellatione heredum, sed propriis nominibus expressis fideicommissum relinquatur.

Pal. 363 vergleicht Adoption und Emanzipation mit Blick auf das Recht des Gewaltabhängigen, angehört zu werden. Während Papinian für die Adoption Unmündiger betont, dass nur ausnahmsweise eine Anhörung stattfinde, könne das Adoptivkind, das die Mündigkeit erreicht habe, die Emanzipation verlangen[1021]. Auch wenn hierüber mit besonderem Ermessen (*causa cognita*) befunden wird, bleibt der vorausgesetzte Unterschied zwischen Adoption und Emanzipation bestehen. Der im Adoptionsrecht gültige Grundsatz, das Adoptivkind nicht anzuhören, wird durch die Ausnahme *nonnumquam* nicht in Frage gestellt[1022].

Ebenso ist der Hinweis auf eine bisweilen abweichende Auslegung des Testaments in Pal. 243 nur einsichtig, wenn man unterstellt, dass das Erbschaftsfideikommiss den Miterben regelmäßig zu gleichen Teilen zusteht[1023].

Zur Rechtfertigung einer Ausnahme dient die Wendung in:

Pal. 142 = D. 11.7.43 Pap. 8 quaest.

(...) Nam propter publicam utilitatem, ne insepulta cadavera iacerent, strictam rationem insuper habemus, quae nonnumquam in ambiguis religionum quaestionibus omitti solent: nam summam esse rationem, quae pro religione facit.

Das Interdikt *de mortuo inferendo*[1024] stehe sogar den Personen zu, die keinen *locus religiosus* begründen könnten, denn die *publica utilitas* verbiete, Tote unbegraben zu lassen. Daher sehe man bei der Gewährung dieses Interdiktes von den strengen Voraussetzungen für die Errichtung eines *locus religiosus* ab und gewähre es auch dem Miteigentümer, der gegen den Willen der anderen auf dem gemeinsamen Grund

1020 Vgl. Ferrini, Teoria generale, 1889, 382.

1021 Dazu Bonfante, Corso di diritto romano I, 1925, 45.

1022 Dies folgt schon aus der Konstruktion der Adoption, vgl. Kaser, RP I § 15.IV, 67f.

1023 In der Kompilation gibt Julian diese Regel vor: D. 36.1.24 Iul. 39 dig. Entsprechend ergänzt Lenel, Pal. I, 844: *Quotiens pater familias unum vel duos heredes coheredibus suis restituere hereditatem iubet, intellegitur easdem partes in fideicommissis facere, quas in hereditate distribuenda fecerit.*

1024 Vgl. D. 11.8.1pr. Ulp. 68 ad ed., dazu Lenel, EP 458.

bestatten wolle[1025]. Zur Begründung verweist Papinian auf das öffentliche Wohl, das im Grabrecht auch in anderen Zweifelsfragen eine strenge, das heißt zivilrechtliche Betrachtung verdränge[1026]. Die Bestattung und Weihe des Grabes seien als *res religiosa* vorrangig (*summa ratio quae pro religione facit*) vor der Frage der Berechtigung[1027]. Ihren Ausnahmecharakter behält auch die mit *nonnumquam* eingeführte *benignior interpretatio* in:

Pal. 92 = D. 37.6.8 Pap. 3 quaest.[1028]

Nonnumquam praetor variantem non repellit et consilium mutantis non aspernatur. unde quidam filium emancipatum, qui de bonis conferendis cavere fratribus noluit, audiendum postea putaverunt, si vellet oblata cautione beneficium bonorum possessionis exercere. tametsi responderi potest videri eum possessionem repudiasse, qui formam possessionis conservare noluit: sed benignior est diversa sententia, maxime cum de bonis parentis inter fratres disputetur. Quem tamen facilius admittendum existimo, si intra tempus delatae possessionis cautionem offerat: nam post annum, quam delata esset bonorum possessio, voluntariam moram cautionis admittere difficilius est.

Anknüpfungspunkt ist die bisweilen zu beobachtende prätorische Nachsicht gegenüber Wankelmut[1029]. Sie habe einige Juristen zu der Annahme verleitet, die *bonorum possessio* sei dem emanzipierten Haussohn auch dann noch zu gewähren, wenn er die Kollation zunächst abgelehnt habe, aber nun zur Kautionsleistung bereit sei[1030]. Dagegen sei freilich anzuführen, dass demjenigen, der sich nicht an die geltenden Regeln halte, die *bonorum possessio* definitiv zu verweigern sei. Dennoch folgt Papinian im Ergebnis der als *benignior* bezeichneten Ansicht, die er vor allem dann für richtig hält, wenn Streit um den väterlichen Nachlass besteht[1031]. Als formale Grenze einer Willensänderung sei aber ein Jahr vom Anfall der *bonorum possessio* anzusehen.

Ebenfalls eine Ausnahme beschreibt *nonnumquam* in[1032]:

1025 Zur weiteren Abwicklung vgl. Gröschler, Actiones in factum, 2002, 132f. mit Fn. 65. Zu *utiliter agere* vgl. Daube, in: Collected Studies II, 1991, 936f. Zu *locus religiosus* vgl. De Visscher, Droit des tombeaux, 1963, 60-63.

1026 Vgl. De Visscher, Droit des tombeaux, 1963, 63. Zu Unrecht verdächtigt von Steinwenter, Utilitas publica–utilitas singulorum, in: Rechts- und Staatswiss. Fakultät der Univ. Berlin (Hg.): FS Koschaker I, 1939, 99.

1027 Taubenschlag, Miszellen aus dem römischen Grabrecht, SZ 38 (1917) 246f. und Daube, in: Collected Studies II, 1991, 937 verdächtigen den *nam*-Satz. Für Papinian: Wieacker, SZ 94 (1977) 36f. und Kalb, Roms Juristen, 1890, 112.

1028 Vgl. Tondo, Convalida del pegno, 1959, 17-22.

1029 Zu dem ebenfalls bei Papinian zu findenden Grundsatz *mutare consilium quis non potest in alterius detrimentum* (Pal. 92 = D. 50.17.75 Pap. 3 quaest.) vgl. Liebs, Lateinische Rechtsregeln und Rechtssprichwörter, München 72007, Nr. 83, S. 139.

1030 Zur Situation vgl. ausführlich Tondo, Convalida del pegno, 1959, 17 mwN Fn. 3.

1031 Vgl. Tondo, Convalida del pegno, 1959, 19, der aber das von Papinian angesprochene Vorverhalten der Brüder außer Acht lässt.

1032 Zum Text vgl. Kaser, in: Symb. Taubenschlag I, 1956, 433-435 mwN; Schmidlin, TR 38 (1970) 373-380; Flume, Rechtsakt, 1990, 122-124.

Pal. 341 = D. 50.17.77 Pap. 28 quaest.

Actus legitimi, qui non recipiunt diem vel condicionem, veluti emancipatio, acceptilatio, hereditatis aditio, servi optio, datio tutoris, in totum vitiantur per temporis vel condicionis adiectionem. nonnumquam tamen actus supra scripti tacite recipiunt, quae aperte comprehensa vitium adferunt. (...)

Den eingangs aufgestellten Grundsatz, nach dem *actus legitimi* nicht bedingt vorgenommen werden können, schränkt der Jurist im zweiten Teil (*nonnumquam)* ein, indem er aufzeigt, dass stillschweigende Bedingungen, wie sie bisweilen eingefügt würden, der Wirksamkeit der Akte nicht entgegenstehen[1033]. Die dem Grundsatz an sich widersprechende Praxis, stillschweigende Bedingungen einzufügen, wird von Papinian als Ausnahme eingeführt, die die Regel als solche nicht tangiert, in Wahrheit aber in ihrer Bedeutung schwächt.

Verweisen alle mit *nonnumquam* eingeleiteten Sätze bei Papinian auf einen Ausnahmefall, der einer dargelegten oder vorausgesetzten Regel widerspricht, so bedient er sich einer bereits von Aristoteles propagierten Widerlegungstechnik aus *exempla.* Dem Stagiriten zufolge können die aus Beispielen gebildeten Enthymeme nämlich durch einen einzigen Gegenfall widerlegt werden[1034], weil bereits ein Gegenbeispiel beweise, dass die aus der Induktion ermittelte Prämisse nicht zwingend sei[1035]. Es liegt nahe, dass sich diese Technik vor allem für Regeln der Jurisprudenz anbietet, die kasuistisch, das heißt in der Fortentwicklung von Beispielen, gefunden, geprüft und erneuert werden[1036].

Eine andere Strategie, die Anwendbarkeit von Regeln auf einen Fall in Frage zu stellen, ist die Distinktion.

b. *distinctiones*

Nach Aristoteles ist sie vor allem dann zu empfehlen, wenn sich die Regel selbst nicht widerlegen lässt: Habe der Redner keine Gegenbeispiele zur Hand, könne er einen Unterschied zwischen Regel und Fall anführen, der die Anwendung der Regel im vorliegenden Fall ausschließe[1037]. Auch Papinian bedient sich dieser Technik[1038],

---

1033 *Non recipiunt diem vel condicionem* ist eine Wortemphase, vgl. Vierter Teil III.2a, S. 238f.; Eine inhaltliche bei Schmidlin, TR 38 (1970) 374f. Zum altzivilen Formalismus vgl. Flume, Rechtsakt, 1990, 123 mwN. Als klassische Pendenzlehre bezeichnet dies Kaser, in: Symb. Taubenschlag I, 1956, 434. Diese Auffassung bedürfte, da sich ja Papinian gerade gegen die eingangs genannte Definition wendet, näherer Prüfung.

1034 Vgl. Aristot. rhet. 1402b 12- 1402b 20.

1035 Vgl. Aristot. rhet. 1403a 6-9, zum Ganzen Rapp, Aristoteles. Rhetorik, 2002, 796f.

1036 Zu diesem Charakter des römischen Fallrechts vgl. nur Nörr, in: HIA II, 1365f.

1037 Vgl. Aristot. rhet. 1403a 8-10.

1038 Die *distinctio* ist nicht auf Papinian beschränkt, vgl. z.B. Africanus : D. 19.2.35pr. Afr. 8 quaest. ... *et haec distinctio convenit illi... nos hac distinctione uti de eo...*; Pomponius : D. 32.85 Pomp. 2 ad Quint. Muc. ... *elegans est illa distinctio*; Gaius: D. 50.16.236pr. Gai. 4 ad leg. duod. tab. ... *distinctio fit*; Ulpian: D. 2.14.7.14 Ulp. 4 ad ed. *Labeo... distinguit... quae distinctio vera est;* D. 4.3.9.3 Ulp. 11 ad ed.; ... *quae distinctio vera esse videtur*; D. 12.1.11pr. Ulp. 26 ad ed. ... *mihi videtur Nervae distinctio verissima...*; D. 19.1.17.2 Ulp. 32 ad ed. ... *in... autem dis-*

wobei die Formulierungen ganz unterschiedlich ausfallen. Oft knüpft er einen abzugrenzenden Fall durch einfaches *ceterum* an. Bereits bekannt sind:

Pal. 133 = D. 21.2.64.3 Pap. 7 quaest.

2 Quaesitum est, si mille iugeribus traditis perissent ducenta, mox alluvio per aliam partem fundi ducenta attulisset ac postea pro indiviso quinta pars evicta esset (...)

3 C e t e r u m cum pro diviso pars aliqua fundi evincitur, tametsi certus numerus iugerum traditus sit, tamen non pro modo, sed pro bonitate regionis praestatur evictio.

Pal. 171 = D. 17.2.81 Pap. 9 quaest.

(...) Quaesitum est, an, si pro socio ageret, dotis quantitatem praecipere deberet, si forte convenisset inter socios, ut de communi dos constitueretur. dixi pactum non esse iniquum, utique si non de alterius tantum filia convenit: nam si commune hoc pactum fuit, non interesse, quod alter solus filiam habuit.

c e t e r u m si numeratam dotem pater defuncta in matrimonio filia reciperasset, reddi pecuniam societati debuisse, pactum ex aequitate sic nobis interpretantibus.

Pal. 289 = D. 22.1.3pr. Pap. 20 quaest.

(...) quod decretum ita accipi oportet, si ante iudicis sententiam mora non intervenit (...) c e t e r u m si ante, quam ad iudicem perveniretur, in mora heres fuit, exinde fructuum praestandorum necessitate adstrictus (...)

Pal. 323 = D. 18.7.6pr. -1 Pap. 27 quaest.

pr. Sed ratio faciet, ut iure non teneat stipulatio, si ne manumitteretur exceptum est (...) c e t e r u m si ne prostituatur exceptum est, nulla ratio occurrit, cur poena peti et exigi non debeat, (...)

1 Nobis aliquando placebat non alias ex vendito propter poenam homini irrogatam agi posse, quam si pecuniae ratione venditoris interesset, (...) c e t e r u m viro bono non convenire credere venditoris interesse, quod animo saevientis satisfactum non fuisset.

Pal. 340 = D. 46.3.95.7 Pap. 28 quaest.

(...) idque ita recipi potest, si pecunia in rem vel pupilli vel furiosi versa est, quomodo si domino iussus dare servo dedisset, ut domino daret. c e t e r u m qui servo dare iussus est, domino dando non aliter implesse condicionem intellegendus est, quam si ex voluntate servi dedit. idem respondendum est in solutione, si stipulato Sempronio sibi aut Sticho Maevii servo decem dari debitor Maevio domino pecuniam solverit.

Pal. 374= D. 49.17.15.1-2 Pap. 35 quaest.[1039]

1 Si stipulanti filio spondeat, si quidem ex causa peculii castrensis, tenebit stipulatio: ceterum ex qualibet alia causa non tenebit.

2 Si pater a filio stipulatur, e a d e m d i s t i n c t i o servabitur.

Bereits bekannt ist auch der Hinweis *potest adhiberi distinctio* (Pal. 340 = D. 46.3.95.5 Pap. 28 quaest.)[1040].

Als Distinktion liest sich auch die Formel *multum interest*, wie sie bekannt ist aus:

tinctio Trebatii probanda est...; D. 43.5.3.15 Ulp. 68 ad ed. ... *eadem est distinctio...*; D. 48.1.9.5.2 Ulp. 7 de off. proc. ... *distinctio... elicere*; Paulus: D. 6.1.8 Paul. 12 ad ed. Pomponius... *quae distinctio neque... neque... locum habet...*; D. 7.8.18 Paul. 9 ad Plaut. .... *quae distinctio rationem habet...*; Callistratus: D. 14.2.4.2 Call. 2 quaest. ... *sed distinctio suptiliter adhibenda est...* ; Modestinus : D. 34.4.18 Mod. 8 diff. ... *haec enim distinctio ... non cadit.*

1039 Vgl. bereits Vierter Teil II.2, S. 201f.

1040 Vgl. bereits Zweiter Teil V.3, S. 123-127 sowie Vierter Teil I.4, S. 187f.

Pal. 306 = D. 41.2.44.2 Pap. 23 quaest.[1041]

Quibus explicitis, cum de amittenda possessione quaeratur, multum interesse dicam, per nosmet ipsos an per alios possideremus (...).

Hinzuzunehmen ist:

Pal. 279 = D. 29.7.13.1 Pap. 19 quaest.[1042]

Tractari solet de eo, qui, cum tabulas testamenti non fecisset, codicillis ita scripsit: „Titium heredem esse volo". sed multum interest, utrum fideicommissariam hereditatem a legitimo per hanc scripturam, quam codicillorum instar habere voluit, reliquerit an vero testamentum facere se existimaverit: nam hoc casu nihil a legitimo peti poterit. (...)

Häufig behandelt sei die Frage, ob Kodizille, in denen festgehalten sei, dass Titius Erbe werde, die aber nicht durch das Testament gedeckt seien, als Fideikommiss Wirksamkeit entfalten könnten. Nach Papinian ist danach zu unterscheiden, ob der Testator glaubte, eine Ergänzung zu einem tatsächlich nicht existierenden Testament vorzunehmen, oder ob er das Kodizill als eigentliches Testament ansah. Während die Klausel im ersten Fall als Fideikommiss (*ab intestato*) Wirksamkeit entfalten kann, ist sie im zweiten Fall unwirksam.

Vergleichbar ist:

Pal. 378 = D. 48.5.39.1 Pap. 36 quaest.

Stuprum in sororis filiam si committatur, an adulterii poena sufficiat mari, considerandum est. Occurrit, quod hic duplex admissum est, quia multum interest, errore matrimonium illicite contrahatur an contumacia iuris et sanguinis contumelia concurrant.

Ein Mann hat Ehebruch mit seiner Nichte begangen, weshalb Papinian fragt, ob er nur für *adulterium* oder auch für *stuprum* bestraft werden solle. Seine Antwort unterscheidet: Sei der Mann im Irrtum über das Eheverbot gewesen, das das *stuprum* begründet, genüge die Strafe wegen des Ehebruchs. Habe er dagegen sowohl bewusst gegen das Gesetz als auch gegen die Verwandtschaft[1043] verstoßen, seien beide Strafen gegen den Mann zu verhängen.

Mittels einer Frage wird die *distinctio* eingeleitet in:

Pal. 217 = D. 28.7.28 Pap. 13 quaest.

Si filius sub condicione heres erit et nepotes ex eo substituantur, cum non sufficit sub qualibet condicione filium heredem institui, sed ita demum testamentum ratum est, si condicio fuit in filii potestate, consideremus, numquid intersit, quae condicio fuerit adscripta, utrum quae moriente filio impleri non potuit, veluti „si Alexandriam ierit, filius heres esto" isque Romae decessit, an vero quae potuit etiam extremo vitae momento impleri, veluti „si Titio decem dederit, filius heres esto", quae condicio nomine filii per alium impleri potest. nam superior quidem species condictionis admittit vivo filio nepotes ad hereditatem, qui si neminem substitutum haberet, dum moritur, legitimus patri heres exstiterit (...) altera vero species condicionis vivo filio non admittit nepotes ad hereditatem, qui substituti si non essent, intestato avo heredes existerent: neque enim filius

1041 Vgl. Vierter Teil II.1b, S. 199.

1042 Vgl. Voci, DER II, ²1963, 127; Negri, La clausola codicillare nel testamento romano, Mailand 1975, 16f., 31f.

1043 Zur Bedeutung vgl. Puliatti, Incesti Crimina, 2001, 107f.

videretur obstitisse, post cuius mortem patris testamentum destituitur, quemadmodum si exheredato eodem filio nepotes, cum filius moreretur, heredes fuissent instituti.

Die bedingte Erbeinsetzung des Haussohnes unter Einsetzung der Enkel als Ersatzerben sei nur dann wirksam, wenn es sich um eine Potestativbedingung handle[1044]. Papinian prüft, ob die Rechtsfolgen weitergehend nach Art der Potestativbedingung zu unterscheiden sind (*consideremus…*)[1045]. Es gebe nämlich Bedingungen, die auf dem Sterbebett nicht mehr erfüllbar seien, wie etwa nach Alexandria zu reisen, während andere Bedingungen, wie etwa eine Summe an einen Begünstigten zu zahlen, auch noch kurz dem Tode oder auch durch andere erfüllt werden könnten[1046].

Im ersten Fall könnten die Enkel schon zu Lebzeiten des Sohnes zum Zuge kommen, nämlich, wenn feststehe, dass er die Bedingung nicht mehr erfüllen könne[1047]. Im zweiten Fall dauere die Schwebezeit dagegen bis zum Tod des Sohnes an, der gleichzeitig den Ausfall der Bedingung bedeute. Dies habe zur Folge, dass die Enkel die Erbschaft nur als gesetzliche Erben des Großvaters erlangen könnten. Dabei stehe das großväterliche Testament der gesetzlichen Erbfolge nicht entgegen, denn mit dem Tod des Sohnes sei die Bedingung ausgefallen und er als übergangen anzusehen[1048].

4. Ablehnung einer Distinktion

Umgekehrt ist zu beobachten, dass Papinian eine von anderer Seite vorgeschlagene oder mögliche Distinktion ablehnt, das heißt die Fortgeltung der Regel auch für einen angeblich atypischen Fall behauptet. Dies geschieht explizit mit *sin neque admittandam esse distinctionem*[1049] oder vergleichbaren Wendungen.

a. *neque admittendam esse distinctionem* und ähnliche Wendungen

Bereits bekannt ist die Aussage *nec mutanda sententia erit* in:

1044 Vgl. Vogel, Über die bedingte Erbeinsetzung von *sui heredes* nach *ius civile,* SZ 68 (1951) 490-502; Meinhart, in: Studien Kaser, 1973, 111-136. Zur Ersatzerbschaft vgl. D. 28.5.4pr. Ulp. 4 ad Sab.

1045 Zur *facere*-Bedingung auf den Tod vgl. bereits Backhaus, Casus perplexus, 1981, 85-91; zu den verschiedenen Bedingungstypen vgl. Watson, Studies in Roman Private Law, London 1991, 170f., 174.

1046 Die Beispiele stammen von Julian, vgl. D. 28.5.5 Marcell. not ad Iul. 29 dig., dazu Backhaus, SZ 101 (1984) 368f.

1047 Zum Beispiel des Servius vgl. Meinhart, in: Studien Kaser, 1973, 125; Stein, The place of Servius Sulpicius Rufus in the development of Roman Legal science, in: FS Wieacker, 1978, 181f.; Mayer-Maly, argumentum, SZ 125 (2008) 255f.

1048 Vgl. dazu bereits Voci, DER II, ^{2}1963, 635, Fn. 5 und 993 Fn. 19 sowie Meinhart, in: Studien Kaser, 1973, 125. Zur Abgrenzung von D. 28.5.5 Marcell. not. ad Iul. 29 dig. vgl. Backhaus, SZ 101 (1984) 370.

1049 Hinsichtlich des Besitzes kommt es nicht darauf an, ob die Erdoberfläche oder der Untergrund betroffen ist, vgl. Pal. 306 = D. 41.2.44 Pap. 23 quaest.

Pal. 292 =D. 31.70.1 Pap. 20 quaest.[1050]

Si centum legatis duplum restituere rogatus sit, ad summam legati videbitur constituisse: si autem post tempus fideicommissum relictum sit, usurarum dumtaxat additamentum admittetur. n e c m u t a n d a s e n t e n t i a e r i t, quod forte legato percepto magnum emolumentum ex aliquo negotio consecutus est aut poenam stipulationis imminentem evasit.

Mit diesen Worten hält Papinian daran fest, dass der Legatar, der durch Fideikommiss zur Herausgabe des Legats gezwungen sei, nicht mehr als das Empfangene nebst Zinsen zu zahlen habe. Diese Begrenzung sei auch dann nicht aufzugeben, wenn der Legatar mit dem vermachten Geld einen Gewinn erzielt oder drohenden Verlust abgewendet habe.

Mit *nec adhibetur distinctio* wird eine Differenzierung abgelehnt in:

Pal. 73 = D. 3.1.8 Pap. 2 quaest.[1051]

Imperator Titus Antoninus rescripsit eum, cui advocationibus in quinquennio interdictum esset, post quinquennium pro omnibus postulare non prohiberi. divus quoque Hadrianus rescripserat de exilio reversum postulare posse. n e c a d h i b e t u r d i s t i n c t i o, quo crimine silentium vel exilium sit irrogatum, ne scilicet poena tempore determinata contra sententiae fidem ulterius porrigatur.

Das Fragment betrifft die Aufhebung eines prätorischen Postulationsverbots (Infamie[1052]) nach Ablauf der dafür bestimmten Zeit. Das eingangs zitierte Reskript des Antoninus Pius erklärt den Advokaten, dem für fünf Jahre die Berufsausübung verboten worden war, nach Ablauf der Zeit für voll postulationsfähig[1053]. Papinian bestärkt diese restriktive Auslegung der Strafe, indem er sich auf ein Reskript Hadrians beruft, nach dem der aus dem (strafweise verhängten) Exil Zurückgekehrte postulationsfähig sei. Eine Unterscheidung der beiden Reskripte nach der Art der Strafe (*silentium* vs *exilium*) weist der Jurist dagegen als unbillig zurück[1054].

Vergleichbar ist:

1050 Vgl. Erster Teil IV.1, S. 41-44.

1051 Lenel, Pal. S. 815 Fn. 1 vermutet einen Zusammenhang zu Pal. 74 = D. 50.2.5 Pap. 2 quaest. und Pal. 75 = D. 48.19.33 Pap. 2 quaest. Dieser liegt in der *ignominia.*

1052 Vgl. Mommsen, Römisches Strafrecht, Leipzig 1899 (Nachdr. Graz 1955), 1003 mit Fn. 2 zur Stelle; Kaser/Hackl, RZ § 29.III.3, 208 und Kaser, SZ 73 (1956), 269f.

1053 Zur Advokatur vgl. Nörr, RE s.v. pragmaticus, Suppl. 10 (1965) 641-643, in: HIA I, 2003, 461-467.

1054 Zur Technik vgl. Lausberg, § 169, S. 95 und § 107, S. 72f. Anders als in den dort zitierten Beispielen ist in Papinians Fall die Alltagssprache die gefährliche, denn sie lässt an eine Unterscheidung denken (Schweigen – Abwesenheit), die Rechtssprache (im Sinne der *aequitas*) dagegen nicht. Zur Sache vgl. auch D. 50.2.3.1 Ulp. 3 de off. procons. und C. 10.61.1 Ant. (a. 212), dazu Kaser, SZ 73 (1956) 270f mwN.

Pal. 150 = D. 13.5.25.1 Pap. 8 quaest.[1055]
Si iureiurando delato deberi tibi iuraveris, cum habeas eo nomine actionem, recte de constituta agis. sed et si non ultro detulero iusiurandum, sed referendi necessitate compulsus id fecero, quia nemo dubitat modestius facere qui referat, quam ut ipse iuret, n u l l a d i s t i n c t i o a d h i b e t u r , tametsi ob tuam facilitatem ac meam verecundiam subsecuta sit referendi necessitas.

Tu (der Gläubiger) hat auf die Zuschiebung durch *ego* (den Schuldner) beeidet, dass *ego* Geld schulde, weshalb *tu* die *actio ex iureiurando* zustehe, aber weiterhin auch die *actio de pecunia constituta*[1056]. Damit ist ausgesagt, dass die Klage aus dem Eid die ursprüngliche Klage nicht verdrängt oder gar noviert[1057]. In der mit *sed* eingeleiteten Abwandlung hat *ego* dem *tu* den Eid „gezwungenermaßen" zugeschoben[1058], womit gemeint ist, dass *ego* den Gläubiger (*tu*) zur Beeidung auffordert, nachdem *tu* seinerseits Eidesleistung vom Schuldner (*ego*) verlangt hat[1059]. Auch hier stellt sich die von Papinian vorausgesetzte Frage, ob der Eid und die daraus folgende Klage des *tu* gegen *ego* die Ausgangsschuld beeinträchtigen[1060]. Papinian lehnt eine vom Ausgangsfall abweichende Entscheidung, also eine Novation der Klage, ab, da der den Eid zuschiebende Schuldner sich „bescheidener" zeige, als der selbst beeidende Gläubiger (*quia nemo dubitat…)*. Diese Begründung ist nicht etwa eine Glosse[1061], sondern nimmt Stellung zum gegnerischen Argument, nach dem *tu* Leichtsinn vorzuwerfen ist, während *ego* gewissenhaft handelte. Hinter diesen moralisch aufgeladenen Begriffen verbirgt sich die Überlegung, dass *tu* die Eideszuschiebung selbst verursacht hat, wofür er mit Verlust der Ausgangsklage sanktioniert werden könnte. Papinian lehnt ein derartiges Argument im *quia*-Satz allerdings ab, indem er herausstellt, dass die Rollenverteilung in der Natur des Eidesverfahrens liege. Es gibt da-

1055 Dazu Sicari, Leges, 1996, 265-257; Ankum, in: Extravagantes, 2007, 285-289. Umfassend jetzt Platschek, Das Edikt De pecunia constituta. Die römische Erfüllungszusage und ihre Einbettung in den hellenistischen Kreditverkehr, München 2009 (unveröffentl. Habilitationsschrift), 264-277, der das *pactum* des Eides selbst als *constitutum* deutet.

1056 Zur *actio ex iureiurando* vgl. Amirante, Il giuramento prestato prima della litis contestatio nelle legis actiones e nelle formulae, Mailand 1954, 73-75. Zur Ausweitung der ursprünglich nur für die *actio certae creditae pecuniae* geltenden Auferlegung des Eides vgl. Kaser/Hackl, RZ § 36.III, 268f. mit Fn. 19.

1057 Vgl. Kaser/Hackl, RZ § 36.III, 268 Fn. 17 und M. Wlassak, Konfessio in Iure und Defensionsverweigerung nach der Lex Rubria de Gallia Cisalpina, München 1934, 41f. Als Durchsetzungsvoraussetzung behandelt den Eid J. Roussier, in: Varia III, 1958, 65f.

1058 Zu den Implikationen der *necessitas* vgl. Mayer-Maly, Topik der necessitas, in: Études Macqueron, 1970, 485f. zur Stelle.

1059 Zur „Willenswidrigkeit" des *iusiurandum necessarium* vgl. bereits Mayer-Maly, Obligamur necessitate, SZ 83 (1966) 53 Fn. 28 mwN; Kaser/Hackl, RZ § 36.III, 268f.

1060 Zum Anschluss an ein *constitutum* vgl. Mayer-Maly, in: Estudios Iglesias I, 1988, 385f., dem Ankum, in: Extravagantes, 2007, 288 Fn. 43 zu Unrecht widerspricht.

1061 Als Glosse deutet dies Ankum, in: Extravagantes, 2007, 289 Fn. 45. Zu Interpolationsannahmen vgl. Nachweise bei Sturm, Der Eid im Dienste von Abtretung und Schuldübernahme, in: Studi Scherillo II, 1972, 529 Fn. 42.

her keinen Grund, das Kriterium auch noch zur Grundlage einer Distinktion zu erheben[1062].

Die Untauglichkeit des Differenzierungskriteriums sticht auch heraus in:

Pal. 159 = D. 15.1.50.3 Pap. 9 quaest.

(...) neque enim admittendum esse distinctionem existimantium, si non manumittam, domini pecuniam esse, manumissione vero secuta videri pecuniam ex re mea quaesitam mihi, quoniam magis propter rem meam, quam ex re mea pecunia mihi daretur.

In dem bereits betrachteten Fall zur Freilassung eines Scheinsklaven hat Papinian die Meinung derjenigen abgelehnt, die für die Klage des wahren Eigentümers gegen den Scheineigentümer danach unterscheiden wollen, ob *ego* den Sklaven bereits freigelassen hat[1063]. Wie der Spätklassiker bereits zuvor betont hat, erhält der Eigentümer des Sklaven auch Eigentum an den Münzen[1064], so dass es für die Klage gegen *ego* nicht auf den Zweck ankommen kann, mit dem der Sklave dem Scheineigentümer gezahlt hat.

Noch weniger beeindruckt zeigt sich Papinian, wenn er eine Distinktion mit *nec me movet* zurückweist[1065]:

Pal. 181 = D. 13.1.17 Pap. 10 quaest.

Parvi refert ad tollendam condictionem, offeratur servus furtivus an in aliud nomen aliumque statum obligationis transferatur:

nec me movet, praesens homo fuerit nec ne, cum mora, quae eveniebat ex furto, veluti quadam delegatione finiatur.

Pal. 170 = D. 17.1.53 Pap. 9 quaest.[1066]

Qui fide alterius pro alio fideiussit praesente et non recusante, utrosque obligatos habet iure mandati: quod si pro invito vel ignorante alterutrius mandatum secutus fideiussit, eum solum convenire potest qui mandavit, non etiam reum promittendi:

nec me movet, quod pecunia fideiussoris reus liberetur: id enim contingit et si meo mandato pro alio solvas.

Beide Fragmente lehnen eine eher fernliegende Unterscheidung ab: Nach Pal. 181 kann das Erlöschen der *condictio ex causa furtiva* nicht davon abhängen, ob der gestohlene Sklave als solcher präsentiert wird oder nur ein Ersatz[1067]. Ebenso wenig überzeugend wäre es gemäß Pal. 170, dem Hauptschuldner nur deshalb die *actio mandati* zu geben, weil die Leistung des Bürgen ihn befreit. Voraussetzung des Mandats bleibt ein Konsens zwischen den Parteien[1068].

1062 Anders Ankum, in: Extravagantes, 2007, 289.

1063 Vgl. Vierter Teil II.1a, S. 187f.

1064 Vgl. *quae ipsi esset adquisita nec in eam causam alienata.*

1065 Sonst nur einmal bei Paulus: D. 27.1.31pr. Paul. 6 quaest.

1066 Dazu zuletzt Giménez-Candela, in: Mandatum und Verwandtes, 1993, 174f.

1067 Vgl. Pika, Ex causa furtiva, 1988, 34 mwN Fn. 62.

1068 Zum Konsenserfordernis vgl. D. 17.1.6.2 Ulp. 31 ad ed. *Si passus sim aliquem pro me fideiubere* (...). Zu Papinian vgl. Giménez-Candela, in: Mandatum und Verwandtes, 1993, 175.

Besondere Qualität hat die Ablehnung einer sonst notwendigen Distinktion in zwei Sonderfällen:

Pal. 232 = D. 29.1.34.1-2 Pap. 14 quaest.[1069]

1 Militia missus intra annum testamentum facere coepit neque perficere potuit: potest dici solutum ita esse testamentum quod in militia fecit, si iure militiae fuit scriptum: alioquin si valuit iure communi, non esse iure rescissum.

2 Nec tamen circa militem eadem adhibebitur distinctio: nam quocumque modo testamentum fecerit, novissima voluntate rescindetur, quoniam voluntas quoque militis testamentum est.

Pal. 284 = D. 35.2.9pr.-1 Pap. 19 quaest.

pr. In Falcidia placuit, ut fructus postea percepti, qui maturi mortis tempore fuerunt, augeant hereditatis aestimationem fundi nomine, qui videtur illo in tempore fuisse pretiosior.

1. Circa ventrem ancillae nulla temporis admissa distinctio est nec immerito, quia partus nondum editus homo non recte fuisse dicitur.

Pal. 232 referiert, dass für den aus dem Kriegsdienst entlassenen Soldaten zu unterscheiden ist, ob er sein unvollendetes zweites Testament nach *ius militare* oder nach *ius commune* errichtet hat. Für den im Kriegsdienst befindlichen Soldaten gilt diese Unterscheidung nicht, so dass jede, auch teilweise Willensäußerung unabhängig von ihrer Form als neues Testament anzusehen ist, das das frühere (auch teilweise) aufheben kann[1070].

In Pal. 284 erinnert Papinian daran, dass bei Berechnung der *lex Falcidia* die Früchte, die zum Zeitpunkt des Todes reif, aber noch nicht geernetet waren, als Teil der Erbschaft anzusehen seien. Diese Unterscheidung lehnt er für die schwangere Sklavenfrau ab, denn das ungeborene Kind sei noch kein Sklave[1071].

b. *nec ad rem pertinet*

Häufiger dient der Ausdruck *nec ad rem pertinet* zur Ablehnung einer Distinktion. Er findet sich nicht nur in den *Quaestiones*[1072], sondern auch in Werken anderer Juristen[1073]. Papinian verwendet ihn regelmäßig dazu, eine Distinktion abzulehnen, die

1069 Zum Soldatentestament als *ius singulare* vgl. D. 29.1.2 Gai. 19 ad ed., dazu nur Voci, DER II, ^{2}1963, 100f. mwN.

1070 Vgl. auch Pal. 279 = D. 29.7.13 Pap. 19 quaest.

1071 *Homo* meint hier wie meistens in den Juristenschriften nicht die Menschenqualität des Ungeborenen, denn es geht ja um die Vermögensvorteile aus der Erbschaft. Diese hängen an der Sklaveneigenschaft des Kindes.

1072 *Responsa*: D. 35.2.15.6 Pap. 13 resp.; D. 50.1.17pr. Pap. 1 resp.

1073 Häufig bei Gaius: D. 1.8.1.1 Gai. 2 inst.; D. 17.1.27.4 Gai. 9 ad ed. prov.; D. 20.1.4 Gai. l. sing. de form. hyp.; D. 29.3.7 Gai. 7 ad ed. prov.; D. 35.2.79 Gai. 18 ad ed. prov.; D. 37.9.5pr. Gai. 14 ad ed. prov.; D. 38.2.5.1 Gai. 15 ad ed. prov.; D. 41.1.5.5 Gai. 2 rer. cott. /aur. und Gai. 2, 14 und Gai. 2, 16; seltener bei Paulus: D. 8.3.36 Paul. 2 resp.; D. 14.2.24 Paul. 34 ad ed.; D. 41.2.1.8 Paul. 44 ad ed.; ferner Ulpian: D. 14.6.9.2 Ulp. 29 ad ed.; Macer: D. 2.8.15.6 Macer l. appell.; Venuleius: D. 43.24.8 Ven. 2 interd., D. 45.1.137.6 Ven. 1 stip.

die Anwendung einer zuvor entwickelten Regel auf den Einzelfall gefährden würde[1074]:

Pal. 299 = D. 36.1.57.2 Pap. 20 quaest.[1075]

(...) n e c a d r e m p e r t i n e b i t, si prior etiam libertatem accepit: ut enim pecuniam, ita nec libertatem ad cogendum institutum accepisse satis est. (...)

Pal. 353 = D. 35.2.11.5 Pap. 29 quaest.[1076]

(...) n e c a d r e m p e r t i n e t, quod ex nullo testamento praestatur ultra vires patrimonii, cum in hac parte iuris legata, quae tabulis secundis relinquuntur, quasi primis sub condicione relicta intelleguntur.

So kann der primäre Fideikommissar gegenüber dem sekundären nicht die falzidische Quart in Anrechnung bringen. Dass der zweite Fideikommissar nur deshalb zum Zuge kommt, weil der erste den Erben zum Antritt gezwungen hat, ändert daran nichts (Pal. 299). Ebenso besteht Papinian in Pal. 353 darauf, dass der Ersatzerbe verpflichtet sei, die Vermächtnisse zu erfüllen, auch wenn das Vermögen, das das Mündel hinterlassen habe, nicht ausreiche. Die *ultra-vires* Regel ändere hieran nichts, denn maßgeblich sei das Erbe des Vaters.

Hinzuzunehmen ist:

Pal. 158 = D. 15.1.50pr. Pap. 9 quaest.[1077]

Eo tempore, quo in peculio nihil est, pater latitat: in bonorum possessionem eius rei servandae causa mitti non possum, qui de peculio cum eo acturus sum, quia non fraudationis causa latitat qui, si iudicium acciperet, absolvi deberet.

n e c a d r e m p e r t i n e t, quod fieri potest, ut damnatio sequatur: nam et si in diem vel sub condicione debeatur, fraudationis causa non videtur latitare, tametsi potest iudicis iniuria condemnari. (...)

Sei das *peculium* aufgebraucht, könne der Pekuliargläubiger nicht gegen den Vater auf Einweisung in den Besitz zur Vollstreckung klagen, wenn sich der Vater versteckt halte[1078]. Da nämlich die *actio de peculio* abgewiesen werden müsse, könne dem Vater, der sich dem Zugriff des Gläubigers entziehe, keine Gläubigerschädigung vorgeworfen werden[1079]. Die *fraus creditoris* ist nach Papinian auch dann nicht anders zu beurteilen, wenn ein Richter den Vater irrtümlich doch zur Zahlung verurteilt (*nec ad rem pertinet*). Auch dem Schuldner nämlich, der aufgrund eines richterlichen Fehlers verurteilt worden sei, sich aber wegen einer Bedingung oder Befristung versteckt halte, sei keine Gläubigerschädigung vorzuwerfen.

Die Vergleichbarkeit zweier Situationen behauptet auch:

1074 Der mit *nec ad rem pertinet* eingeleitete Hinweis in: Pal. 88 = D. 39.1.18pr.-1 Pap. 3 quaest. verweist darauf, dass maßgeblich für *operis novis nuntiatio* der Besitz, nicht das Eigentum ist.

1075 Vgl. Erster Teil IV.2, S. 45-50.

1076 Vgl. Zweiter Teil IV.1, S. 112.

1077 Vgl. Solazzi, Il concorso dei creditori I, 1937, 112-114, 121f.

1078 Zu den Voraussetzungen vgl. im Einzelnen Kaser/Hackl, RZ § 57.II.1, 390f.

1079 Nur diese würde den Vater als Nichtverurteilter der Vollstreckung aussetzen: *qui fraudationis causa latitabit,* dazu D. 42.4.7.2-8 Ulp. 59 ad ed.

Pal. 215 = D. 28.2.23pr. Pap. 12 quaest.[1080]

pr. Filio, quem pater post emancipationem a se factam iterum adrogavit, exheredationem antea scriptam nocere dixi: nam in omni fere iure sic observari convenit, ut veri patris adoptivus filius numquam intellegatur, ne imagine naturae veritas adumbretur, videlicet quod non translatus, sed redditus videretur:

nec multum puto referre, quod ad propositum attinet, quod loco nepotis filium exheredatum pater adrogavit.

Ein Sohn ist von seinem Vater emanzipiert worden und sodann erneut arrogiert worden. Papinian zitiert sich selbst mit den Worten, dass die vor der Arrogation stattgefundene Enterbung wirksam ist, denn das leibliche Kind des Vaters könne niemals als Adoptivkind angesehen werden, damit nicht durch die Nachbildung der Natur (Adoption) die Wahrheit (Abstammung) verdunkelt werde[1081]. Daher sei der Sohn nicht als in die Gewalt aufgenommen, sondern in die Gewalt zurückgekehrt anzusehen[1082]. Keinen Unterschied soll es daher machen, ob der Sohn an Sohnes statt oder an Stelle eines Enkels arrogiert werde[1083].

Pal. 220 = D. 37.10.11 Pap. 13 quaest.[1084]

Cum sine beneficio praetoris qui patitur controversiam filius heres esse potest, forte quia scriptus est, edicto Carboniano locus non est: ac similiter cum certum est, quamvis filius sit, eum tamen heredem non fore, veluti si Titio herede instituto postumus aut impubes exheredatus negetur filius.

Nec ad rem pertinet, quod interest illius in quibusdam filium esse, veluti propter fratris ex alia matre nati bona vel iura libertorum et sepulchrorum: istos enim casus ad Carbonianum constat non pertinere.

Das *Edictum Carbonianum* finde keine Anwendung, wenn der streitbeteiligte Sohn auch ohne prätorische Hilfe die Erbenstellung erhalte[1085], z.B., weil er als solcher

---

1080 Zum Text vgl. Russo Ruggeri, La datio in adoptionem I, Mailand 1990, 379f., die auf eine billigende Äußerung Ulpians in D. 37.4.8.7 Ulp. 40 ad ed. hinweist.

1081 Zur Abbildung der Natur durch das Recht vgl. auch vat. 226. Für nachklassisch hält dies Schulz, in: Scritti Ferrini IV, 1949, 264; anders Archi, 'Lex' e 'natura' nelle Istituzioni di Gaio, in: Ballerstedt/Mann et al. (Hg.), FS Flume zum 70., I, Köln 1978, 11f. , der auf die *naturalis aequitas* bei Gaius hinweist und den Text auch wegen D. 37.4.8.7 Ulp. 40 ad ed. für den Ausdruck einer Kontroverse hält.

1082 Diese Begründung hält Schulz, in: Scritti Ferrini IV, 1949, 266 für nachklassisch. Er übersieht, dass die Einbeziehung des Sohnes in die Enterbung durchaus problematisch ist, denn die Arrogation hat ihre Wirksamkeit erst nach der Testamentserrichtung. Wäre der Arrogierte tatsächlich kein (früherer) Haussohn, würde er daher – wenn er nicht zum Erben eingesetzt würde – als Übergangener das Testament angreifen können.

1083 Zur *pietas* bei Konkurrenz von Adoption und natürlicher Verwandtschaft vgl. zuletzt Kunst, Römische Adoption, 2005, 285-289 mwN.

1084 Vgl. Stiegler, Statusstreit, 1972, 64-66; Segnalini, L'Editto Carboniano, 2007, 43-45.

1085 Dass der Prätor den Erben bestimmt, muss nicht auf eine Überarbeitung weisen (so Stiegler, Statusstreit, 1972, 65), sondern kann einfach Emphase für die *bonorum possessio* sein. Dass die *bonorum possessio* insoweit als Normalfall gegenüber der zivilen Erbschaft angesehen wird (vgl. auch Niedermeyer, Studien zum Edictum Carbonianum, SZ 50 [1950] 84), erklärt sich aus der einfacheren prozessualen Durchsetzung.

eingesetzt worden sei oder wenn ausgeschlossen sei, dass er Erbe sein könne, z.B. wenn ein anderer als Erbe eingesetzt worden sei und behauptet werde, der enterbte *postumus* oder *impubes* sei nicht der Sohn seines Vaters. Auch wenn der Sohn im zweiten Fall ein Interesse daran haben könne, die Abstammung festzustellen, finde das *Edictum Carbonianum* in diesem Fall keine Anwendung.

Ein Festhalten an einer gefundenen Lösung kennzeichnet auch:

Pal. 336 = D. 46.1.49.2 Pap. 27 quaest.[1086]

(...) d i x i non magis fideiussorem confestim teneri, quam si ipse Capuae spopondisset, cum reus adhuc Capuam pervenire non potuisset:

n e c a d r e m p e r t i n e r e, quod hoc latere nemo dubitet nondum fideiussorem teneri, quia nec ipse reus promittendi teneretur.

Papinian hat zuvor ausgeführt, dass Bürgen nur dann sofort für eine Stipulation *certo loco* hafteten, wenn sie gerade das Risiko dafür übernommen hätten, dass der Schuldner nicht mehr an den Leistungsort gelangen kann[1087]. Ob dies für den Gläubiger erkennbar ist, soll nach Papinian keine Rolle spielen, denn grundsätzlich gelte, dass der Bürge nur hafte, wenn der Hauptschuldner in Anspruch genommen werden könne.

c. *sive... sive*

Besonders knapp und damit besonders abfällig ist die Ablehnung einer Distinktion in der Form *sive...sive,* wie sie ebenfalls häufig in den *Quaestiones* begegnet[1088].

Pal. 82 = D. 22.1.1.3 Pap. 2 quaest.

(...) s i v e iudex accipiatur, in diem sententiae, s i v e sine iudice tutela restituatur; (...)

Pal. 144 = D. 46.3.94.1 Pap. 8 quaest.

(...) s i v e in singulis nummis communionem pro indiviso quis esse intellegat s i v e in pecunia non corpora cogitet, sed quantitatem; (...)

Pal. 172 = D. 18.1.58 Pap. 10 quaest.

(...) s i v e sciente sive ignorante venditore s i v e autem emptor sciebat vel ignorabat vel uterque eorum;(...)

Pal. 199 = D. 26.7.37.3 Pap. 11 quaest.[1089]

(...) s i v e peculium non sit ademtpum s i v e ademptum sit; (...)

Pal. 244 = D. 29.2.84 Pap. 16 quaest.

(...) s i v e frater ei nascatur s i v e non nascatur; (...)

1086 Zu Pal. 336 = D. 46.1.49 Pap. 27 quaest. vgl. Talamanca, in: Studi Grosso III, 1970, 169- 179; zuletzt Briguglio, BIDR 98/99 (1995/96) 446-448.

1087 Hier ist zu unterstellen, dass die Bürgschaft bei einer Stipulation *certo loco* das mit dem Ortswechsel verbundene Risiko absichert. Zur Haftung des Bürgen ohne Haftung des Hauptschuldners vgl. Kaser/Knütel, § 57 Rn. 13.

1088 Genau wie *nec ad rem pertinet* bedient sich Papinian mit der Figur *sive... sive* der *praeteritio*, indem er die Antwort gibt, ohne die Frage auszusprechen. Zur *praeteritio* vgl. nur Lausberg, §§ 882-885, S. 326f.

1089 Vgl. Zweiter Teil II.1, S. 67-71.

Pal. 249 = D. 31.65.3 Pap. 16 quaest.
(...) s i v e adierit hereditatem Titius s i v e non adierit; (...)
Pal. 289 = D. 22.1.3.3 Pa. 20 quaest.[1090]
(...) s i v e quod fundum ei tantum praelegaverat s i v e quod lubrico tutelae fideicommissi remedium mater praetulerat; (...)
Pal. 303 = D. 40.5.22.1 Pap. 22 quaest.
(...) s i v e ex iusta causa absit heres s i v e fari non possit a quo petitum est; (...)
Pal. 307 = D. 41.3.44.3 Pap. 23 quaest.[1091]
(...) s i v e servus hereditarius aliquid comparat, s i v e defunctus usucapere coeperat; (...)
Pal. 324 = D. 19.5.8 Pap. 27 quaest.
(...) s i v e dominus pro eo pecuniam elegisset s i v e in admisso deprehensus fuisset; (...)
Pal. 333 = D. 22.1.4pr. Pap. 27 quaest.
(...) s i v e factum rei promittendi s i v e effectum per traditionem dominii transferendi continent; (...)
Pal. 337 = D. 42.6.3pr. Pap. 27 quaest.
(...) s i v e solus sit hereditarius creditor s i v e plures; (...)
Pal. 365 = D. 49.15.11pr. Pap. 31 quaest.
(...) s i v e quoniam vivo patre filius familias mori intellegitur, s i v e quoniam non reverso exinde sui iuris videtur fuisse, (...)

In diesen Fragmenten weist Papinian den Versuch einer Differenzierung schon im Ansatz zurück, indem er für beide Alternativen (*sive…sive*) eine einheitliche Lösung befürwortet.

5. Ergebnis

Die das Werk durchziehende Dialogstruktur kennt sowohl zustimmende als auch ablehnende Antworten. Im einfachsten Fall folgt Papinian dem Fragesteller, indem er eine bestehende Lösung auf einen neuen Fall überträgt oder ihre Übertragung ablehnt. Komplexer sind die Fallgestaltungen, in denen der (fiktive) Fragesteller Distinktionen vorschlägt, die Papinian entweder akzeptiert oder mit entsprechender Begründung ablehnt. Die genaue Komposition und die kunstvolle Anordnung der Fragen und ihrer Antworten lässt hier erneut erkennen, dass der Jurist keine zufälligen Dialoge protokolliert, sondern allenfalls Material aus seinem Unterricht auf- und umgearbeitet hat. Sehr wahrscheinlich sind aber viele Dialoge auch vollständig fiktiv, das heißt ahmen ein Unterrichtsgespräch nur nach, um die Entscheidungsfindung nachzuvollziehen und/oder einsichtiger zu machen[1092]. Dabei verwendet Papinian typische Signalworte und Ausdrucksweisen für bestimmte Argumentationsformen. Dies ist nicht nur Ausdruck rhetorischer Routine, sondern zeigt auch das

1090 Vgl. Erster Teil IV.3, S. 51-59.
1091 Vgl. Dritter Teil II.2, S. 169-173.
1092 Vgl. Baxtin, Discourse Typology in Prose, in: L. Matejka, K. Pomorska, Readings in Russian Poetics: Formalist and Structuralist Views, Cambridge / London 1971, 176-196, der den Begriff ‚double focus' (176) geprägt hat.

planvolle Vorgehen, in dem rechtliches Fachwissen und rhetorische Dialogstruktur aufs Engste verbunden sind.

Wenn der Spätklassiker aber seine sachbezogenen Argumente mithilfe der rhetorisch-dialektischen Technik aufbereitet, ist weiter zu prüfen, ob er nicht auch Anleihen bei Ethos und Pathos nimmt, da sie die sachliche Beweisführung ergänzen.

III. Ethische und pathetische Beweisführung

Das Ethos, das heißt das *delectare*, dient dazu, den Redner und dessen Sache als besonders vertrauenswürdig darzustellen[1093], während das Pathos, das heißt das *movere*, umgekehrt die Gefühlserregung beim Publikum bezeichnet, das mit Leidenschaft die Position des Redners ergreifen soll[1094].

1. Stärkung der sachlichen argumentatio durch Ethos

Eine enge Verbindung zum Ethos weisen die für Papinian typischen Appelle an die *aequitas*[1095] auf, die Kommentatoren verschiedener Zeiten nicht zufällig zur Annahme verleitet haben, Papinian sei ein besonders edler Charakter[1096]. Rhetorisch gesehen bedeutet der häufige Gebrauch von Begriffen wie *aequitas, aequum, iniquum* und *fides* den Versuch, die Glaubwürdigkeit seiner Position zu stärken, das heißt, die sachliche Argumentation durch Amplifikation im Sinne der rhetorischen Affektlehre zu steigern. Verschiedene Anwendungsfälle der *amplificatio* lassen sich dabei unterscheiden.

a. Steigerung mittels *incrementum*

Der erste ist das *incrementum,* das in der von unten graduell aufsteigenden sprachlichen Bezeichnung des zu amplifizierenden Gegenstands besteht[1097]. Im eigentlichen Sinne bezeichnet es eine Steigerung durch graduell aufsteigende Bezeichnung, wo-

---

1093 Vgl. Aristot. rhet. 1356a 3-5, dazu Rapp, in: Poeschke, Tugenden und Affekte, 2002, 10f. Vgl. auch Lausberg, § 355, S. 193f.

1094 Zur Affektenlehre vgl. Wisse, in: HWRhet. 1, 1992, Sp. 220f.

1095 Oftmals meint *aequitas* einfach emphatisch die Verteilungsgerechtigkeit, vgl. Pal. 85 = D. 26.7.36 Pap. 3 quaest.; Pal. 148 = D. 12.6.66 Pap. 8 quaest.; Pal. 171 = D. 17.2.81 Pap. 9 quaest.; Pal. 214 = D. 38.2.41 Pap. 12 quaest.; Pal. 308 = D. 4.6.20 Pap. 23 quaest.

1096 Der Bogen reicht von Cujas, in: Opera IV, 3f. unter Berufung auf den Kirchenvater Hieronymus: „*Si ius piumque Christianis esset, illius aram opima imbueret hostia, sed religio vetat* (...)“ bis zu Manthe, OIR 10 (2005), 165f.: „Wir sehen in Papinian einen Juristen, der seine Entscheidungen (...) aus humanitären, sittlichen und religiösen Erwägungen traf“.

1097 Lausberg, § 402, S. 221.

bei bereits die unteren Grade als stark gelten, jedoch im letzten Grad noch überboten werden[1098].

Zu erinnern ist an:

Pal. 194 = D. 26.5.13.1-2 Pap. 11 quaest.[1099]

1. Quamvis autem a patrono rem salvam pupillo fore non facile cautio exigatur, (...), tutela vero sine vinculo cautionis non committitur. Quid ergo si non caveat? Non dubie tutela non erit apud patronum.

2. Sed si puella duodecimum annum impleverit, tutor desinit esse: quoniam tamen minoribus annorum desiderantibus curatores dari solent, si curator patronus petatur, fides inquisitionis pro vinculo cedet cautionis.

Papinian steigert die Schwierigkeiten, die der Patron aufgrund des Senatsbeschlusses erleidet, in drei Schritten: Zunächst hebt er nur allgemein hervor, dass es schwierig sei, den Patron zur Kautionsleistung zu zwingen (§ 1 *non facile*), bevor er ausführt, dass der Freilasser nicht Vormund werden kann, wenn er sich nicht durch Kaution bindet (§ 1 *tutela vero*...). Diese Konsequenz führt er in Dialogform (*quid ergo – non dubie*) noch einmal vor Augen. Die eigene Lösung, die Papinian in § 2 anbietet, ist die letzte Stufe der Steigerung, denn sie wird *aequitas*-konform eingeführt und gleichzeitig verhüllt (*fides inquisitionis ...*): Will der Patron keine Kaution leisten, soll der Prätor prüfen, ob der Freilasser als Vormund taugt.

Ähnlich die Struktur in:

Pal. 292 = D. 31.70.1 Pap. 20 quaest.[1100]

Si centum legatis duplum restituere rogatus sit, ad summam legati videbitur constituisse: si autem post tempus fideicommissum relictum sit, usurarum dumtaxat additamentum admittetur. (...) haec ita, si quantitas cum quantitate conferatur. enimvero si pecunia accepta rogatus sit rem propriam, quamquam maioris pretii est, restituere, non est audiendus legatarius, legato percepto si velit computare: non enim aequitas hoc probare patitur, si quod legatorum nomine perceperit legatarius offerat.

Papinian hat zuvor festgehalten, dass der Legatar nicht mehr aus dem Fideikommiss zu leisten verpflichtet ist, als er selbst erhalten hat (*non amplius...*). § 1 führt die Folgen dieser Aussage vor Augen, indem er ein übermäßiges Fideikommiss auf die Legatssumme herabsetzt. Der nun folgende Hinweis, die Regel gelte nur, wenn Legat und Fideikommiss auf Geldsummen lauteten, gibt Gelegenheit, die Billigkeit dieser Regelung hervorzuheben (*non enim aequitas*...). Danach ist die Verrechnung nur dann möglich, wenn der Legatar das herausgeben soll, was er selbst erhalten hat[1101].

Als ein *incrementum* erweißt sich der Appell an die *fides* auch in[1102]:

1098 Vgl. Quint. 8, 4, 3f. (...)*pervenit (...) interdum quodam modum supra summum.*

1099 Vgl. Erster Teil III.1, S. 29-33.

1100 Vgl. Erster Teil IV.1, S. 41-44.

1101 Ähnlich der Appell an die *fides* in Pal. 164 = D. 16.1.7 Pap. 9 quaest.

1102 Zur Katene vgl. Vierter Teil II.4, S. 211f.

Pal. 151 = D. 19.5.1.2 Pap. 8 quaest.
pr. Nonnumquam evenit, ut cessantibus iudiciis proditis et vulgaribus actionibus, cum proprium nomen invenire non possumus, facile descendemus a d e a s , q u a e i n f a c t u m a p p e l l a n t u r . Sed ne res exemplis egeat, paucis agam.
1 Domino mercium in magistrum navis, si sit incertum, utrum navem conduxerit an merces vehendas locaverit, c i v i l e m a c t i o n e m i n f a c t u m esse dandam Labeo scribit.
2 Item si quis pretii explorandi gratia rem tradat, neque depositum neque commodatum erit, sed non exhibita fide i n f a c t u m c i v i l i s s u b i c i t u r a c t i o .

Die Steigerung erfolgt dadurch, dass Papinian die angestrebte *actio praescriptis verbis* innerhalb der Katene immer wieder anders bezeichnet. Im *principium* wählt er *quae in factum appellantur*[1103] und kennzeichnet die Klage nur negativ im Gegensatz zu den *iudicia prodita* und *actiones vulgares.* Unter Berufung auf Labeo führt § 1 dann die Bezeichnung *civilis actio in factum* ein, bevor Papinian in § 2 die *bona fides* als Grundlage der *actio in factum* benennt: *non exhibita fide*[1104] und damit gleichzeitig eine positive Bestimmung der zuvor nur negativ abgegrenzten Klagen liefert.

Berücksichtigt man die Möglichkeit des *incrementum,* wird auch eine bisher als *crux* verstandene Stelle verständlich:

Pal. 120 = D. 5.4.10 Pap. 6 quaest.[1105]
Cum heredis ex parte instituti filius, qui patrem suum ignorabat vivo testatore decessisse, partem hereditatis nomine patris ut absentis administraverit et pecunias distractis rebus acceperit, hereditas ab eo peti non potest, quia neque pro herede neque pro possessore pretia possidet, sed ut filius patris negotium curavit. Negotiorum autem gestorum actio ceteris coheredibus, ad quos portio defuncti pertinet, dabitur. Illud enim utique non est metuendum, ne etiam patris, a quo forte exheredatus est, teneatur heredibus, quasi negotia hereditaria gesserit, cum id quod administravit non fuerit paternae hereditatis. N a m e t s i n e g o t i o r u m g e s t o r u m a c t i o s i t e i , c u i u s n o m i n e p e r c e p t u m e s t e i c u i u s n o m i n e p e r c e p t u m a e q u u m e s t[1106]. (...)

Der als Teilerbe eingesetzte Sohn hat den Erbschaftsteil des Vaters im Glauben verwaltet, dass der Vater noch lebe, obwohl dieser bereits zu Lebzeiten des Erblassers verstorben war[1107]. Wenn der Sohn Erbschaftssachen verkaufe, müsse er die erzielten Preise nicht mit der *hereditatis petitio* herausgeben, weil er die Kaufpreise weder als Erbe noch als Besitzer erhalten, sondern als Sohn verwaltet habe[1108]. Den übrigen Miterben will Papinian deswegen die *actio negotiorum gestorum* erteilen. Dage-

1103 Als Zeichen nachklassischer Bearbeitung deutet dies Soubie, Recherches sur les origines des rubriques du Digeste, Paris 1960, 146 Fn. 32.

1104 Vgl. dazu zuletzt Artner, Agere praescriptis verbis, 2002, 199f. mwN.

1105 Vgl. Talamanca, Studi sulla legittimazione passiva alla ‚hereditatis petitio', Mailand 1956, 148-151; Kaser, in: Studien Sanfilippo II, 1982, 262f., zuletzt Böhr, Verbot, 2002, 203-212.

1106 Lesart der Florentina.

1107 Der Ausgangsfall: Der Vater ist abwesend und – ohne dass der Sohn dies weiß – verstorben. Der Sohn verwaltet den Erbteil, den der Vater geerbt hat, im Glauben, dass der Vater zurückkehren werde, vgl. Kaser, in: Studi Sanfilippo II, 1982, 262f.

1108 Zur Passivlegitimation der *hereditatis petitio* vgl. Kaser, in: Studi Sanfilippo II, 1982, 248 mwN und Müller-Ehlen, Hereditatis petitio, 1998, 14f. mit Fn. 48 zur Stelle.

gen brauche der Sohn nicht zu befürchten, dass er auch den väterlichen Erben mit der *actio negotiorum gestorum* hafte, denn das, was er verwaltet habe, sei nicht die väterliche Erbschaft. Zur Begründung verweist Papinian auf den Grundsatz, demzufolge die *actio negotiorum gestorum* demjenigen zustehe, in dessen Geschäftsbereich die Besorgung falle (*nam etsi negotiorum gestorum actio sit ei, cuius nomine perceptum est*). Liest man den Satz so, wie er überliefert ist, sagt die mit *aequum est* eingeleitete Wiederholung *ei cuius nomine perceptum est*, dass es (nur dann) billig ist, diese Klage zuzugestehen, wenn tatsächlich im Namen des scheinbaren Geschäftsherrn gehandelt wurde[1109]. Der mit *aequum est* eingeleitete Zusatz liest sich mithin als *aequitas*-konforme Präzisierung der Regel, nach der die Geschäftsherrneigenschaft besonders kritisch zu prüfen ist.

Für diese konservierende Deutung des immer wieder emendierten Schlusssatzes des Fragmentes spricht der steigernde Aufbau der Argumentation[1110]: So weist Papinian bei Untersuchung der *hereditatis petitio* zunächst darauf hin, dass der Sohn weder *pro herede* noch *pro possessore* besitze, sondern *patris negotium curavit.* Wenn der Jurist sodann die Ansprüche der väterlichen Erben prüft, untersucht er, ob der Sohn ihnen ebenfalls aus *Quasi*-Geschäftsführung hafte, was Papinian verneint, denn das Verwaltete sei nicht die väterliche Erbschaft (*non fuerit paternae hereditatis*). Der hier untersuchte Satz spricht diesen Gedanken ein drittes Mal aus, weshalb sich Papinian darauf beschränkt, die *aequitas* dieser Entscheidung hervorzuheben. Die für Uneingeweihte verwirrende Doppelung *ei cuius nomine perceptum est*, die das Argument emphatisch verhüllt, bereitet dem aufmerksamen Zuhörer der Steigerung keine Schwierigkeiten[1111]: Der Sohn hat nicht für die Erben gehandelt, weshalb die *actio negotiorum gestorum* nicht eingreifen kann.

b. Selbstkorrektur (*correctio)*

Als einen Unterfall des *incrementum* stellt Quintilian die mit der verharrenden Frage verwandte *correctio* dar[1112]. Sie bedeutet eine durch Steigerung hervorgehobene Selbstkorrektur des Redners, mit der zuvor geäußerte schockierende Gedankenin-

1109 Für diese Interpretation spricht auch der Fortgang der Diskussion, in der es unter dem Stichwort *controversiam movere* um den Fall geht, dass der Sohn den Vater beerbt hat, denn dann geht es um die Frage (*ille tractatus incurrit*), „ob er (der Sohn) seinen Besitzgrund verändert habe“ (*an ipse sibi causam possessionis mutare videtur*). Einzelheiten zu dieser Konstellation bei Kaser, in: Studi Sanfilippo II, 1982, 263f. Abweichende Erklärung bei Seiler, Negotiorum gestio 1968, 28 Fn. 28.

1110 Für Emendation Kaser, in: Studi Sanfilippo II, 1982, 262 Fn. 196: *nam etsi negotiorum gestorum actio sit ei, cuius nomine perceptum est, ei cuius <est negotium, perceptum alieno> nomine restitui aequum est.* Ihm folgt Böhr, Verbot, 2002, 204f.

1111 Syntaktische Emphase (*πλάγιον*), denn die wichtige Mitteilungsneuigkeit: *si ei cuius nomine perceptum est* wird semantisch wie syntaktisch untergeordnet mitgeteilt.

1112 Zur *correctio* (*quod dicam ampli*us) vgl. Quint. 9, 3, 89.

halte oder Worte für das Publikum (scheinbar) abgeschwächt werden[1113]. Einige *aequitas*-Appelle lassen sich in diesem Sinne verstehen, da Papinian in diesen Fragmenten die *aequitas* dazu nutzt, scheinbar schwer erträgliche Rechtsfolgen abzumildern, um das Wohlwollen der Zuhörer für die eigene Position zu bewahren[1114].
Dies gilt vor allem für:

Pal. 210 = D. 47.2.81.5 Pap. 12 quaest.[1115]

Si Titius, cuius nomine pecuniam perperam falsus procurator accepit, ratum habeat, ipse quidem Titius negotiorum gestorum aget, ei vero, qui pecuniam indebitam dedit, adversus Titium erit indebiti condictio, adversus falsum procuratorem furtiva durabit: electo Titio n o n i n i q u e per doli exceptionem, uti praestetur ei furtiva condictio, desiderabitur. Quod si pecunia fuit debita, ratum habente Titio furti actio evanescit, quia debitor liberatur.

Ein *falsus procurator* hat Geld für den Titius angenommen, obwohl die Forderung in Wahrheit nicht bestand. Papinian entscheidet, Titius könne die Zahlung genehmigen und gegen den *falsus procurator* mit der *actio negotiorum gestorum* vorgehen, um das Geld herauszuverlangen[1116]. Gleichzeitig hält er fest, dass der Zahlende gegen Titius die *condictio indebiti* habe, gegen den *procurator* aber die *condictio furtiva.*
Es liegt nahe, diese Lösung wegen ihrer doppelten Begünstigung des irrtümlich Zahlenden zu kritisieren bzw. diese Begünstigung als schockierend anzusehen[1117]. Genau diesem Vorwurf begegnet Papinians Hinweis auf die mithilfe der *exceptio doli* zu realisierende *aequitas*. Sie besteht darin, dem Zahlenden insgesamt nur einmal die Verfolgung der Summe zu erlauben, das heißt dem Titius die *exceptio doli* auf Abtretung der *condictio furtiva* gegen den *procurator* zu erteilen.
In ganz ähnlichen Bahnen korrigiert der Spätklassiker seine Lösung im folgenden Text:

Pal. 270 = D. 33.4.7.4 Pap. 18 quaest.[1118]

(...) cautionis enim praestandae necessitas solutionem moratur, non indebitum facit quod fuit debitum: s e d n o n e r i t i n i q u u m heredi subveniri (...)

Im *principium* der Katene hat Papinian festgehalten, dass der Erbe des Vaters, der dem enterbten Sohn die Mitgift der Schwiegertochter vermacht hat, nur dann das Legat auszahlen muss, wenn der Sohn die Kaution leistet[1119]. § 4 untersucht, was

1113 Lausberg, § 786, S. 388f. Nicht mehr rekonstruierbar ist der Kontext von Pal. 346 = D. 36.4.4 Pap. 28 quaest.

1114 Zu *incrementum* und *correctio* vgl. Quint. 8, 4, 7, dazu Lausberg, § 403, S. 222.

1115 Zum Text vgl. Levy, Nachtr., 1962, 12-16; Medicus, Zur Leistungsannahme durch den 'falsus procurator', in: Guarino/Labruna (Hg.): Synteleia Arangio-Ruiz I, Neapel 1964, 215f.; zuletzt Pika, Ex causa furtiva, 1988, 59-61.

1116 Dazu vor allem Levy, Nachtr., 1962, 13f., der auch für Echtheit des Textes plädiert.

1117 Zur Rechtfertigung vgl. Pika, Ex causa furtiva, 1988, 61. Anders als Papinian entscheidet Paulus, D. 12.4.14 Paul. 3 ad Sab.

1118 Zu *quid ergo* vgl. Vierter Teil I.2, S. 179-184.

1119 *Pater dotem a nuru acceptam filio exheredato legavit: heres patris opposita doli exceptione non ante solvere legatum cogendus est, quam ei cautum fuerit de indemnitate soluto matrimonio.*

gelten soll, wenn der Sohn die als Fideikommiss hinterlassene Mitgift bereits ausgezahlt erhalten habe, ohne Kaution geleistet zu haben. Papinian hält fest, dass die Mitgift, wenn die Kaution irrtümlich nicht verlangt worden sei, nicht nachträglich herausverlangt werden könne, denn – so betont er in dem hier interessierenden Teil – die Kautionspflicht des Sohnes zum Erhalt des Fideikommisses sei nicht Rechtsgrund der Leistung, mache also aus dem geschuldeten Vermächtnis kein *indebitum*[1120]. Auch dieses Ergebnis dürfte „schockieren", bedeutet es doch, dass die Frau möglicherweise die *dos* verliert[1121], die eigentlich zu ihrer Versorgung bestimmt war. Um diese Konsequenz zu verhindern, entscheidet der Jurist, „es sei nicht unbillig dem Erben zu helfen". Dieser Hinweis auf die *aequitas* dürfte eine emphatische Umschreibung für die *condictio* (*incerti*) auf (nachträgliche) Abgabe der Kautionsleistung sein[1122].

Zur *amplificatio* gehört auch die Verallgemeinerung einer *res dubia* (*quaestio finita*)[1123] mittels *loci communes.*

c. Die *amplificatio* mittels *locus communis*

Es handelt sich um ein in vielen Reden verwendbares Argument, das der Redner aus einem Katalog von memorierten Versatzstücken auswählt[1124]. In Papinians *Quaestiones* stammen diese häufig aus der *aequitas*[1125].

Bereits bekannt sind die Bezugnahmen auf die Vermeidung von *impunitas*:

Pal. 289 = D. 22.1.3.4 Pap. 20 quaest.[1126]

Si auro vel argento facto per fideicommissum relicto mora intervenerit, an usurarum aestimatio facienda sit, tractari solet. plane si materiam istam ideo relinquit, ut ea distracta pecuniaque refecta fideicommissa solverentur aut alimenta praestarentur, n o n o p o r t e r e f r u s t r a t i o n e m i m p u n i t a m e s s e r e s p o n d e r i o p o r t e t : (...).

Pal. 340 = D. 46.3.95.1 Pap. 28 quaest.[1127]

(...) s a n e q u o n i a m i m p u n i t a n o n d e b e n t e s s e a d m i s s a , doli actio non immerito desiderabitur: aliter quam in persona fideiussoris, qui promissum hominem

---

1120 Ausführlich dazu Astolfi, Studi sull'oggetto dei legati I, 1964, 205f.

1121 Zu dieser Konstellation vgl. Pal. 270 = D. 33.4.7.5 Pap. 18 quaest.

1122 Zur Ablehnung der Kaution vgl. Pal. 282 = D. 31.69.3 Pap. 19 quaest.

1123 Vgl. Lausberg, § 408, S. 225f.

1124 Vgl. Cic. inv. 2, 48. Diese *loci* sind von den *topoi*, die Cicero auch mit *loci* übersetzt, zu unterscheiden: Die *loci communes* können als solche in verschiedenen Argumentationen verwendet werden, die *loci* der Topik sind dagegen „Sitze der Argumentation" und erlauben die Entwicklung eines Argumentes. Die Wortgleichheit zwischen *loci* und *loci communes* dürfte der Grund sein für die Verwendung des Begriffes „topische Argumentation" für typische (inhaltliche) Argumente., vgl. Coenen, HWRhet. 5, 2001, Sp. 404.

1125 Ebenfalls zur *amplificatio* dienen die verallgemeinernden Aussagen in Pal. 272 = D. 35.1.72.6-8 Pap. 18 quaest. 6 *Falsam causam legato non obesse verius est* (…) 7 *Falsam condicionem Cassius et Caelius Sabinus impossibilem esse dixerunt* (…) 8 *Falsam legati demonstrationem non facere legatum Sabinus respondit (…).*

1126 Vgl. Erster Teil IV.3, S. 51-59.

1127 Vgl. Zweiter Teil V.1, S. 114-118.

interfecit, quia tenetur ex stipulatu actione fideiussor, quemadmodum tenebatur, si debitor sine herede decessisset.

In beiden Fällen geht es freilich nicht darum, schändliches Verhalten nicht ungestraft zu lassen, sondern um zivilrechtliche Folgen: So soll der Erbe in Pal. 289 Zinsen zahlen müssen, wenn das Fideikommiss Versorgungsfunktion hatte. Ebenso soll der Schuldner in Pal. 340 für den untergegangenen Sklaven einstehen müssen. Der Appell an das Verbot der *impunitas* als Unterfall der Billigkeit dient hier dazu, eine papinianische Innovation zu rechtfertigen[1128], das heißt Einklang mit dem Publikum herzustellen.

Einen ähnlichen Zweck verfolgen die steigernden Verallgemeinerungen in:

Pal. 340 = D. 46.3.95.4 Pap. 28 quaest.[1129]

(...) quod vinculum aequitatis, quo solo sustinebatur, c o n v e n t i o n i s a e q u i t a t e dissolvitur: ideoque fideiussor, quem pupillus dedit, ex istis causis liberari dicitur.

Um zu rechtfertigen, dass das *pactum* die *naturalis obligatio ipso iure* erlöschen lässt, beruft sich Papinian auf die *aequitas*[1130]: Da die *naturalis obligatio* auf der *aequitas* beruht, kann sie auch durch die *aequitas*, die hier aus der Vereinbarung der Parteien abgeleitet wird, aufgehoben werden[1131].

Pal. 349 = D. 21.2.66.1 Pap. 28 quaest.[1132]

Si is qui rei publicae causa afuit fundum petat, utilis possessori pro evictione competit actio. Item si privatus a milite petat, e a d e m a e q u i t a s est emptori restituendae pro evictione actionis.

Beide Fälle handeln von der Wiedereinsetzung in den vorigen Stand bei der Herausgabeklage. Im ersten Fall war der Käufer zum Wohl des Staates abwesend, weshalb Papinian dem Besitzer die *rei vindicatio utilis*[1133] zugesteht. Dieselbe Billigkeit soll gelten, wenn ein Privatmann von einem Soldaten die Herausgabe der Sache verlange. Nach Rückkehr des Soldaten könne der Eigentümer daher die Wiedereinsetzung in den vorigen Stand ebenfalls Herausgabe verlangen[1134].

Eine Auslegungsentscheidung rechtfertigt:

Pal. 167 = D. 16.3.24 Pap. 9 quaest.[1135]

(...) in qua quaestione si depositi actio non teneat, cum convenit tantundem, non idem reddi, rationem usurarum haberi non facile dicendum est. et est quidem constitutum in bonae fidei iudiciis, quod ad usuras attinet ut tantundem possit officium arbitri quantum stipulatio: s e d c o n t r a b o n a m f i d e m e t d e p o s i t i n a t u r a m e s t

---

1128 Zur *impunitas* vgl. zuletzt Börsch, Übeltaten, 2003.

1129 Dazu bereits ausführlich Zweiter Teil V.2, S.118-123.

1130 Zu dieser Funktion der *aequitas* vgl. Talamanca, in: Studi Franciosi IV, 2007, 2593f., der ihre Bedeutung für das *ius controversum* herausstellt.

1131 *Conventionis aequitas* steht emphatisch für *exceptio pacti*, vgl. auch Talamanca, in: Studi Franciosi IV, 2007, 2594. Zur Emphase vgl. Vierter Teil III.2a, S. 238-240.

1132 Vgl. Ankum, in: Essays Institute for Legal History, 1979, 9-10.

1133 *Pro evictione utilis* ist Verschrecklichung der Herausgabeklage im Sinne des Käufers.

1134 Der Soldat hat durch Sklaven oder Haussohn ersessen. Zur Abgrenzung von *actio directa* und *actio utilis* vgl. Ankum, in: Essays Institute for Legal History, 1979, 10-14.

1135 Zum Text vgl. Nachweise bei Babusiaux, Id quod actum est, 2006, 232f. mwN.

usuras ab eo desiderare temporis ante moram, qui beneficium in suscipienda pecunia dedit. (...)

In dem hier interessierenden Teil des Fragmentes zum *depositum irregulare* betont Papinian, dass es schwierig sei, eine Verzinsungspflicht anzunehmen, wenn es sich bei dem geprüften Vertrag nicht um ein *depositum* handle[1136]. Zwar könne der Richter im *bonae fidei iudicia* auch dann Zinsen zusprechen, wenn die Parteien keine besondere Vereinbarung getroffen hätten[1137]. Bei einem *depositum* widerspreche es aber der *bona fides* und der Rechtsnatur des Vertrags, vom Empfänger schon Zinsen zu verlangen, bevor er in Verzug geraten sei[1138].

Auch hier ist der Verweis auf die *bona fides* neben der Rechtsnatur des Vertrags, insbesondere der emphatisch angesprochenen Interessenlage (*beneficium suscipienda dedit*), an sich entbehrlich[1139]. Die Heraufstufung auf die allgemeine Frage der Verzinsungspflicht in den *bonae fidei iudicia* verstärkt aber die Argumentation über den Einzelfall und den Vertragstyp hinaus.

Eine Haftungsbeschränkung rechtfertigt die *aequitas* in:

Pal. 205 = D. 46.6.12 Pap. 12 quaest.[1140]

(...) Nec quisquam putaverit ab iure discessum, postquam pro ea parte placuit tutores condemnari, quam administraverunt, et ita demum in solidum, si res a ceteris non servetur et idonea culpa detegatur, quod suspectum facere supersederit: nam aequitas arbitri atque officium viri boni videtur eam formam iuris desiderasse. (...)

Ein Vormund, der für einen bestimmten Verwaltungsbereich zuständig war, hafte dem Mündel nur dann auf das Ganze, wenn er es schuldhaft versäumt habe, die ungeeigneten übrigen Vormünder mit der *accusatio suspecti tutoris* anzuzeigen[1141]. Obwohl die Haftung des Vormunds schon dadurch beschränkt ist, dass die Tutoren die Verantwortungsbereiche aufgeteilt haben, verweist Papinian weitergehend auf die *aequitas* des *arbiter* und das Ermessen des *bonus vir*, das heißt auf die allgemeinen Vorgaben, die im Rahmen des *bonae fidei iudicium* für den entscheidenden *iudex* gel-

1136 Zur Frage vgl. Bürge, SZ 104 (1987) 546f., Pieler, in: FS Welser, 2004, 799f.

1137 Vgl. Pal. 82 = D. 22.1.1pr. Pap. 2 quaest. Zur Frage vgl. auch Talamanca, in: Convegno Burdese IV, 2003, 200 mwN.

1138 Dass dies überhaupt erwogen wird, weist auf griechisches Rechtsdenken, vgl. Kübler, Griechische Tatbestände in den Werken der kasuistischen Literatur, SZ 29 (1908), 198-207; Klami, Mutua magis videtur quam deposita. Über die Geldverwahrung im Denken der römischen Juristen, Helsinki, Helsingfors 1969, bes. 118-142 hält dies für nachklassisch. Instruktiv der Vergleich mit ägyptischen Urkunden bei Pieler, in: FS Welser, 2004, 800-806.

1139 Vgl. Waldstein, in: ANRW II.15 (1976) 63f. („intuitive" Entscheidung).

1140 Zum Text vgl. Levy, SZ 37 (1916) 78-81; P. Voci, Iura 20 (1969) 313-324.

1141 Zur *accusatio suspecti tutoris* vgl. nur Kaser, RP I § 88.I, 363f. Für interpoliert hält dies Levy, SZ 37 (1916) 78 Fn. 3, anders 80f.

ten[1142]. Auch hier ergänzt also die allgemeine Billigkeit die rechtlich-technische Argumentation. Dadurch erleichtert Papinian seinem Publikum, die Entscheidung zu akzeptieren[1143].

d. Die *amplificatio* durch *ratiocinatio*

Ein weiterer Unterfall der *amplificatio* mittels Appells an die *aequitas* ist die Ausschmückung (*ratiocinatio*) der Begleitumstände des Falls (*coniectura*)[1144]. Sie zielt darauf ab, dem Publikum indirekt die besondere Bedeutung und Größe des Gegenstands nahezulegen[1145].

So kennzeichnet der Jurist das Verhalten eines Protagonisten als Verstoß gegen die *aequitas* und nimmt dadurch das Publikum gegen diesen ein:

Pal. 323 = D. 18.7.6pr. Pap. 27 quaest.

Ceterum si ne prostituatur exceptum est, nulla ratio occurrit, cur poena peti et exigi non debeat, cum et ancillam contumelia adfecerit et venditoris affectionem, forte simul et verecundiam laeserit: (…)

Pal. 150 = D. 13.5.25pr. Pap. 8 quaest.[1146]

(…) dixi non esse audiendum, si velit hodie fidem constitutae rei frangere (…).

Pal. 170 = D. 17.1.53 Pap. 9 quaest.

Qui fide alterius pro alio fideiussit praesente et non recusante, utrosque obligatos habet iure mandati (…).

Umgekehrt kann die *aequitas* auch eine besondere Rücksichtnahme erfordern, die jedes andere Verhalten unbillig erscheinen ließe. Bereits bekannt ist die Rücksichtnahme zwischen Eltern und Kindern :

Pal. 195 = D. 37.12.5 Pap. 11 quaest.

Divus Traianus filium, quem pater male contra pietatem adficiebat, coegit emancipare. (...)

Pal. 196 = D. 36.1.52 Pap. 11 quaest.

(...) sed paternae reverentiae congruum est egenti forte patri officio iudicis ex accessionibus hereditariis emolumentum praestari.

Pal. 272 = D. 35.1.72pr. Pap. 18 quaest.

(...) sed displicuit sententia: non enim voto matris opponi tam ominosa non interponendae cautionis interpretatio debuit.

1142 Zum *arbitrium* in der *actio tutelae* in diesem Zusammenhang vgl. Voci, Iura 20 (1969) 321f.

1143 Grund hierfür ist, dass Papinian die Bürgen, die der Vormund dem Mündel beigegeben hat, mit mehreren Tutoren vergleicht. Für *fideiussores* soll keine entsprechende Begünstigung gelten, denn: *civiliter in solidum obligati.*

1144 Vgl. auch die Einstiege über die Kaiserkonstitutionen in Pal. 289 = D. 22.1.3pr. Pap. 20 quaest. und vor allem Pal. 299 = D. 36.1.57.1 Pap. 20 quaest.

1145 Quint. 8, 4, 15, dazu Lausberg, § 405, S. 223.

1146 Hier geht es um die Leistungspflicht des Schuldners aus der Wahlschuld, wenn er sein Wahlrecht bereits durch Eingehung eines *constitutum* ausgeübt hat. Die *fides*, die auch sonst als Grundlage des *constitutum debiti* gilt (vgl. D. 13.5.1pr.-1 Ulp. 27 ad ed.), bindet den Schuldner an das einmal gegebene Wort. Zum Text vgl. Weiss, Institutionen des römischen Privatrechts, Basel [2]1949, 317f. und Roussier, in: Varia III, 1958, 86f.

Die *pietas* rechtfertigt die unterschiedliche Behandlung des Vaters durch das Dekret des Trajan (Pal. 195) im Vergleich zu dem des Hadrian (Pal. 196)[1147]. Umgekehrt diskreditiert der *pietas*-Verstoß die von Papinian bekämpfte Meinung zum Legat *si a liberis non discesserit* (Pal. 272)[1148].

Hinzuzunehmen ist[1149]:

Pal. 327 = D. 49.17.14.1 Pap. 27 quaest.[1150]

Proxima species videtur, ut scriptis heredibus deliberantibus, quod servus interim stipulatus est vel ab alio sibi traditum accepit, quod quidem ad patris personam attinet, si forte peculium apud eum resederit, nullius momenti videatur, cum in illo tempore non fuerit servus patris: (...) S e d p a t e r n a v e r e c u n d i a n o s m o v e t , quatenus et in illa specie, ubi iure pristino apud patrem peculium remanet, etiam adquisitio stipulationis vel rei traditae per servum fiat.

Das Fragment behandelt die erbrechtliche Position des Vaters, dessen Sohn verstorben ist und ein *peculium castrense* hinterlassen hat. Im *principium* hat der Jurist festgehalten, dass der Vater zum Zuge kommt, wenn die Erben die Erbschaft ausschlagen. § 1 betrifft nun den Fall, dass die Erben zögern. Nach Papinian erwirbt der Vater in beiden Fällen nichts, wenn ein Dritter dem Pekuliarsklaven etwas verspricht oder übereignet. Schlügen die Erben aber aus, falle das *peculium* an den Vater zurück und der Sklave werde so behandelt, als sei er seit dem Erbfall der Sklave des Vaters gewesen. Diese Rückwirkung rechtfertigt Papinian aus der *verecundia*, die dem Vater geschuldet sei[1151]. Seine Wortwahl appelliert an seine Zuhörer oder Leser, diese sittliche Pflicht ebenfalls zu beachten.

Auch das affektisch evozierte Vorgeschehen (*ex iis quae antecesserunt*) kann die Entscheidung in eine bestimmte Richtung lenken:

Pal. 281 = D. 31.67.10 Pap. 19 quaest.[1152]

(…). Quod rescriptum summam habet utilitatem, ne scilicet h o n o r b e n e t r a n s a c t i m a t r i m o n i i , f i d e s e t i a m c o m m u n i u m l i b e r o r u m d e c i p i a t p a t r e m , qui melius de matre praesumpserat: (...)

Papinian lobt das Reskript des Marc Aurel mit Blick auf die glückliche Ehe, die beim inzwischen verstorbenen Ehemann berechtigte Erwartungen ausgelöst habe, und rechtfertigt damit die Auslegung der Testamentsklausel *non dubitare se* als Fideikommiss. Vergleichbar ist:

1147 Vgl. Erster Teil III.2, S. 33-36.

1148 Vgl. Zweiter Teil IV.2, S. 103-113.

1149 Vgl. auch Pal. 229 = D. 5.2.15 Pap. 14 quaest. *Nam etsi parentibus non debetur filiorum hereditas propter votum parentium et naturalem erga filios caritatem* (…) Pal. 248 = D. 29.4.26 Pap. 16 quaest. (…) *quia nemo filiae patrem contra votum parentium substituere videtur (…).*

1150 Vgl. Sicari, Leges, 1996, 260f.; Manthe, in: FS Wolf, 2000, 178.

1151 Das Gegenteil gilt, wenn sich die Erben zur Annahme entscheiden: *quod autem ad scriptos heredes, in suspenso fuisse traditio itemque stipulatio intellegatur: ut enim hereditarius fuisse credatur, post aditam fit hereditatem.*

1152 Vgl. Dritter Teil I.1, S. 150-152.

Pal. 353 = D. 35.2.11.3 Pap. 29 quaest.[1153]

(...) sed videtur succurri debere, cum animus litigantis et optinendi votum hanc opinionem admittit.

Der Wille des Erblassers dient hier dazu, den Erben zu schützen.

Enttäuschtes Vertrauen schützt auch:

Pal. 336 = D. 46.1.49pr. Pap. 27 quaest.[1154]

(...) proderit exceptio doli fideiussori propter improbitatem heredis, quae prodesse reo debuerat, si conveniretur.

Der Erblasser hat dem Hauptschuldner im Testament die Schuld erlassen und der Erbe hat entsprechend auf die Geltendmachung der Schuld verzichtet. Wenn er nun gegen die Bürgen klagt, gewährt Papinian die *exceptio doli*, welche dem Schuldner wegen der Unredlichkeit des Erben zugestanden hätte. Der Erbe handele in der Tat widersprüchlich, wenn er den unwirksamen einseitigen Erlass gegenüber dem Hauptschuldner respektiere[1155], den Bürgen aber in Anspruch nehmen wolle.

Die bisherigen Überlegungen zur Amplifikation mithilfe der *aequitas* erlauben auch die Neubewertung des umstrittenen Fragmentes:

Pal. 247 = D. 28.7.15 Pap.16 quaest.[1156]

Filius, qui fuit in potestate, sub condicione scriptus heres, quam senatus aut princeps improbant, testamentum infirmet patris, ac si condicio non esset in eius potestate: nam quae facta laedunt pietatem existimationem verecundiam nostram et, ut generaliter dixerim, contra bonos mores fiunt, nec facere nos posse credendum est.

Ein Vater hat seinen gewaltabhängigen Sohn unter aufschiebender Bedingung zum Erben eingesetzt. Das Testament wird mit der Begründung angefochten, dass die Bedingung vom Senat oder Kaiser missbilligt werde. Papinian hält das Testament für genauso unwirksam, als stehe es unter einer gewöhnlichen Bedingung, denn der Sohn sei nicht befugt, gegen die Wertschätzung und das Pflichtgefühl oder allgemein die guten Sitten zu verstoßen[1157]. Damit knüpft der Jurist an die Regel an, nach der die bedingte Einsetzung des Haussohnes als Erben nur dann wirksam ist, wenn es sich um eine Potestativbedingung handelt[1158]. Liegt dagegen keine Potestativbedingung vor, so stellt sich die Frage, ob das Testament mit der Begründung angegriffen werden kann, der Sohn sei übergangen worden[1159]. Auch aus anderen

1153 Vgl. Zweiter Teil IV.1, S. 93-103.

1154 Zum Text vgl. Finazzi, L'exceptio doli generalis, 2006, 195.

1155 Zum Erlassvertrag vgl. nur Kaser/Knütel, § 53, Rn. 17-22.

1156 Kaser, SZ 60 (1940) 149f.; Bund, in: FG Lübtow, 1970, 367f.; Cosentini, Condicio impossibilis, 1952, 12-16; auch Behrends, in: Literatur und Recht, 1996, 270-273.

1157 Als nachklassisch beurteilt dies Schulz, Geschichte, 1961, 298, nuancierend Wieacker, Textstufen, 1960, 334f. Für Klassizität Mayer-Maly, in: FG Kaser, 1986, 161f. und Manthe, OIR 10 (2005) 150.

1158 Vgl. D. 28.5.4pr. Ulp. 4 ad Sab., dazu M. Meinhart, in: Studien Kaser, 1973, 115f.

1159 Anders Schulz, Geschichte, 1961, 298, der davon ausgeht, die Bedingung sei zu streichen. Wie hier Voci, DER II, ²1963, 636, der dies aber als Sondermeinung Papinians

Texten geht hervor, dass Papinian die Meinung vertrat, bei Bedingungsausfall trete Intestaterbfolge ein[1160]. Zu dieser Annahme fügt sich hier, dass Papinian als Vergleichsfall auf die Nicht-Potestativbedingung verweist (*ac si...*)[1161], mit der die Erbeinsetzung unwirksam und das Testament hinfällig ist[1162], so dass gesetzliche Erbfolge eintritt.

Unter dieser Voraussetzung betrifft die ethisch verbrämte Begründung des Juristen nicht die Auslegung des väterlichen Testaments[1163]. Ziel Papinians scheint vielmehr zu sein, die Rechtsfolgen einer sittenwidrigen Bedingung zu begründen. Nur aus diesem Grund stellt er das moralische Unvermögen des Sohnes, die sittenwidrige Bedingung zu erfüllen (Pal. 247), dem Ausfall der Bedingung zu Lebzeiten (Pal. 217) gegenüber[1164]. Die Begriffe *pietas, existimatio* und *verecundia,* die die Notlage des Sohnes bezeichnen, dienen somit nur dazu[1165], dieses Ergebnis durch *coniectura* der Umstände (*ratiocinatio*) zu amplifizieren[1166]: Da der Sohn mit der Erfüllung der Bedingung gegen diese grundlegenden moralischen Prinzipien verstieße[1167], sind die zu erwartenden Begleitumstände der „Tat" unerträglich und nicht hinzunehmen. Die Bedingung ist damit als ausgefallen, das Testament als hinfällig zu behandeln.

Diese Konsequenz wird durch den weiteren Hinweis auf den drohenden Verstoß gegen die guten Sitten gerechtfertigt. Auch in dieser Verallgemeinerung liegt eine *amplificatio*[1168], mit der Papinian die Dringlichkeit seiner Entscheidung gegen den Sohn weiter unterstreicht. Aus rhetorischer Sicht verstärken die angeführten ethischen Maximen, die Manthe zuletzt als „merkwürdige Fremdkörper im römischen

---

bezeichnet. Schon Marcellus hat aber eine mit Papinian übereinstimmende Meinung vertreten, vgl. D. 28.5.5 Marcell. not. ad Iul. 29 dig., dazu Backhaus, SZ 101 (1984) 370f.; Manthe, in: FS Wolf, 2000, 179 Fn. 69 hält die Entscheidung für haltbar.

1160 Vgl. Pal. 217 = D. 28.7.28 Pap. 13 quaest., dazu Backhaus, SZ 101 (1984) 370 mit Fn. 17. Zum Verhältnis von Übergehung und Potestativbedingung vgl. Meinhart, in: Studien Kaser, 1973, 115 mit Fn. 22. Anders Bund, in: FG Lübtow, 1970, 367f.

1161 Anders Manthe, OIR 10 (2005) 150. Subjekt des Satzes und damit relevantes Substantiv für *eius* ist aber der *filius.*

1162 Zutreffend Meinhart, in: Studien Kaser, 1973, 117.

1163 So aber Wieacker, Textstufen, 1960, 335; gleichsinnig Behrends, in: Literatur und Recht, 1996, 273; Manthe, in: FS Wolf, 2000, 178 Fn. 69.

1164 Insofern liegt der Fall also anders als in Pal. 272 = D. 35.1.72pr. Pap. 18 quaest., den Schulz, Geschichte, 1961, 297f. und Wieacker, Textstufen, 1960, 335 heranziehen. Ähnlich noch Mayer-Maly, in: FG Kaser, 1986, 161 und Manthe, in: FS Wolf, 2000, 178 Fn. 69.

1165 Anders Kaser, SZ 60 (1940) 149f. Noch anders U. v. Lübtow, De iustitia et iure, SZ 66 (1948), 549-551.

1166 Anders Sicari, Leges, 1996, 268f., die das Fragment als Beleg für die ethische Prägung des Rechts bei Papinian auffasst.

1167 *Argumentum ex insequentibus*, vgl. dazu das drastische Beispiel bei Quint. 8, 4, 17.

1168 Zur *dubiae rei amplificatio* mittels *quaestio infinita* vgl. Lausberg, § 408, S. 225f. Im Ergebnis für Authentizität auch Behrends, in: Literatur und Recht, 1996, 273 (mit abweichender Argumentation).

Recht“[1169] bezeichnet hat, nur die persuasive Wirkung der juristischen Begründung *ac si condicio non esset in eius potestate*[1170]. Da diese Technik der *amplificatio* auch in anderen Texten aus Papinians *Quaestiones* zu beobachten ist, gibt es keinen Anlass, ihre Authentizität in Pal. 247 = D. 28.7.15 Pap. 16 quaest. in Frage zu stellen[1171].

2. Sonstiger ornatus

Weiter genannt seien die auffälligsten Erscheinungen, die den gedanklichen wie den sprachlichen *ornatus* betreffen.

a. Emphase

Bereits in einzelnen Exegesen ist die Verwendung emphatischer Umschreibungen hervorgehoben worden. Es handelt sich um bewusst unscharfe Beschreibungen des eigentlichen Wortes oder Sachverhaltes[1172].

Als Beispiele für die Wort-Emphase sind zunächst zu nennen[1173]:

Pal. 92 = D. 4.4.30 Pap. 3 quaest.[1174]

(...) cum et si bonorum possessionis tempus largiretur, electo iudicio defuncti repudiatum beneficium praetoris existimaretur.

Pal. 194 = D. 26.5.13.1 Pap. 11 quaest.[1175]

Quamvis autem a patrono rem salvam pupillo fore non facile cautio exigatur, tamen senatus pro extraneo haberi voluit eum, (...)

Pal. 270 = D. 33.4.7.4 Pap. 18 quaest.[1176]

Si forte per errorem cautio defensionis omissa sit et ex causa fideicommissi filius dotem acceperit, ut indebitum fideicommissum non repeteretur: cautionis enim praestandae necessitas solutionem moratur, non indebitum facit quod fuit debitum (...)

Pal. 289 = D. 22.1.3.1 Pap. 20 quaest.[1177]

In his quoque iudiciis, quae non sunt arbitraria nec bonae fidei, post litem contestatem actori causa praestanda est in eum diem, quo sententia dicitur (...).

Pal. 328 = D. 45.3.18pr. Pap. 27 quaest.[1178]

(...) non enim, si quis heredem existere filio familias dixerit, statim et hereditatem eius iam esse consequens erit, cum beneficium principalium constitutionem in eo locum habet, ut filius familias de peculio testari possit (...).

1169 Manthe, OIR 10 (2005) 150f.

1170 Vgl. bereits Mayer-Maly, in: FG Kaser, 1986, 162.

1171 So aber Ferrini, Teoria generale, 1889, 706 „assai elevata ma poco giuridica“.

1172 Vgl. Lausberg, § 905, 450f.

1173 Die Liste beruht auf der Exegese der längeren Katenen. Bei zu kurzen Bruchstücken ist oft eine Entscheidung, ob emphatischer Gebrauch vorliegt, nicht zu treffen.

1174 Statt *bonorum possessio.*

1175 Statt *sine causae cognitione praetoris.*

1176 Statt *condictio.*

1177 Statt *actio ex testamento,* vgl. Erster Teil IV.3, S. 53f.

1178 Statt *ius militare.*

Pal. 340 = D. 46.3.95.3 Pap. 28 quaest.[1179]

(...) nam si reus dumtaxat fuit obligatus, fideiussor liberabitur. e contrario non potest dici non tolli fideiussoris obligationem, si debitor propriam et personalem habuit defensionem: (...).

Pal. 345 = D. 36.3.5.1 Pap. 28 quaest.[1180]

(...) sicuti, cum de bonis suis conferendis filius accepta possessione cavere non potest, quia denegamus ei actiones, defertur condicio cavendi fratribus ex forma iurisdictionis, quod ex portione fratris fuerint consecuti, cum bona propria conferre coeperit, se restituturos. (...)

Ihr Kennzeichen ist es, einem Wort mit weiterem Bedeutungsumfang einen geringeren Bedeutungsumfang mit genauerem Bedeutungsinhalt zu geben. Sie ist ein Element der *detractio*, indem sie die genauere Formulierung spart und sich in Andeutungen ergeht[1181]. Damit hat sie gleichzeitig didaktische Funktion, denn das Gegenüber ist gezwungen, den genauen sachlichen Inhalt selbst zu rekonstruieren.

Diese Funktion gilt auch für die Gedanken-Emphase.

Beispiele hierfür finden sich in:

Pal. 92 = D. 37.6.8 Pap. 3 quaest.[1182]

Nonnumquam praetor variantem non repellit et consilium mutantis non aspernatur. (...)

Pal. 145 = D. 46.3.94.3 Pap. 28 quaest.[1183]

(...) cum vero servus Titii actor absente domino pecuniam solverit, ne dominium quidem nummorum in eam speciem obligationis, quae habuit auxilium exceptionis, translatum foret, si ex ea causa solutio facta proponeretur, quia non est vero simile dominum ad eam speciem solvendis pecuniis servum praeposuisse, quae solvi non debuerunt (...).

Pal. 158 = D. 46.1.47.1 Pap. 9 quaest.[1184]

Si filius in causa peculiari ita fideiussorem acceperit: ‚quantam pecuniam credidero, fide tua esse iubes?' et emancipatus credat, patri quidem, si non est reus obligatus, non tenebitur, filio vero humanitatis intuitu obnoxius esse debet.

Pal. 270 = D. 33.4.7pr. Pap. 18 quaest.[1185]

(...) heres patris opposita doli exceptione non ante solvere legatum cogendus est, quam ei cautum fuerit de indemnitate soluto matrimonio. (...)

Pal. 281 = D. 31.67.1 Pap. 19 quaest.[1186]

Si de Falcidia quaeratur, perinde omnia servabuntur ac si nominatim ei, qui postea electus est, primo testamento fideicommissum relictum fuisset: non enim facultas

---

1179 Statt *exceptio in personam*, vgl. bereits Zweiter Teil V.2, S. 118-123.

1180 Statt *edictum praetoris*, vgl. Erster Teil III.3, S. 36-41. Vgl. ferner Pal. 85 = D. 26.7.36 Pap. 3 quaest. (…) *nam divisio tutelae, quae non iuris, sed iurisdictionis est* (…).

1181 Lausberg, § 905, S. 451.

1182 Statt *variantem ad bonorum possessionem admittet*, vgl. Vierter Teil II.3, S. 213.

1183 Statt *obligatio naturalis*, vgl. Vierter Teil I.3, S. 184f

1184 Statt *naturalis obligatio.*

1185 Statt *cautio rei uxoriae*, vgl. dazu ausführlich Finazzi, L'exceptio doli generalis, 2006, 182f.

1186 Statt *non ex suis bonis dat,* o.ä. vgl. Dritter Teil I.1, S. 141-152.

necessariae electionis propriae liberalitatis beneficium est (...).

Pal. 299 = D. 36.1.57.2 Pap. 20 quaest.[1187]

(...) sed et si sine fructibus rogatus est reddere, non erit idonea quantitas ad inferendam adeundi necessitatem (...).

Pal. 340 = D. 46.3.95.2 Pap. 28 quaest.[1188]

(...) incipit obligatio civilis propter hereditatem eius, qui iure tenebatur, auxilium exceptionis amittere: etenim inconditum est subvenire sexui mulieris, quae suo nomine periclitetur.

Auch hier wird durch die besondere Wortwahl ein weitergehender Sachverhalt als der an sich beschriebene angedeutet. Das Publikum muss den gemeinten Sachverhalt durch *coniectura* erschließen[1189]. Dadurch dass die Emphase eine Einzelfrage verallgemeinernd ausspricht, amplifiziert sie die vom Redner getroffene Aussage und stärkt ihre Überzeugungskraft.

Eine vergleichbare Funktion haben die in der Kompilation häufig isoliert überlieferten sentenzartigen Aussprüche Papinians.

b. *sententiae*

Sentenzen sind nach Aristoteles behauptende Sätze allgemeiner Art über Sachverhalte, die menschliches Handeln betreffen und aussagen, was wählenswert oder zu vermeiden ist[1190]. Dieser Definition folgt Quintilian, der die Sentenzen als *lumina orationis* bezeichnet[1191] und damit zum Ausdruck bringt, dass sie über den sachlichen Beweiswert hinaus eine schmückende Funktion haben.

In den angeführten Texten lassen sich die wesentlichen Kennzeichen der Sentenz im rhetorischen Sinne erkennen:

Pal. 64 = D. 1.21.1 Pap. 1 quaest.

Quaecumque specialiter lege vel senatus consulto vel constitutione principum tribuuntur, mandata iurisdictione non transferuntur (...);

Pal. 66 = D. 50.17.74 Pap. 1 quaest.

Non debet alteri per alterum iniqua condicio inferri; (...)

Pal. 67 = D. 2.14.38 Pap. 2 quaest.

Ius publicum privatorum pactis mutari non potest; (...)

Pal. 82 = D. 22.1.1.3 Pap. 2 quaest.

(...) circa tutelae restitutionem pro favore pupillorum latior interpretatio facta est (...);

Pal. 84 = D. 44.4.12 Pap. 3 quaest.

Qui aequitate defensionis infringere actionem potest, doli exceptione tutus est; (...)

Pal. 92 = D. 50.17.75 Pap. 3 quaest.

Nemo potest mutare consilium suum in alterius iniuriam; (...)

1187 Statt *recusat petere fideicommissum propter nullum aut minimum lucrum*, vgl. Erster Teil IV.2, S. 45-51.

1188 Statt *exceptione SC Velleiani adiuvatur, ne alias actio intercidat*, vgl. Zweiter Teil V.2, S. 118-123.

1189 Quint. 8, 4, 26.

1190 Vgl. Aristot. rhet. 1394a 21-1394a 26.

1191 Vgl. Quint. 8, 5, 3 und Quint. 8, 5, 34.

Pal. 123 = D. 6.1.62 Pap. 6 quaest.
Generaliter autem cum de fructibus aestimandis quaeritur, constat animadverti debere, non an malae fidei possessor fruitus sit, sed an petitor frui potuerit, si ei possidere licuisset. (...);
Pal. 146 = D. 12.6.56 Pap. 8 quaest.
Sufficit ad causam indebiti incertum esse, temporaria sit an perpetua exceptionis defensio. (...);
Pal. 150 = D. 13.5.25 Pap. 8 quaest.
(...) nemo dubitat modestius facere qui referat, quam ut ipse iuret, (...);
Pal. 187 = D. 5.1.41 Pap. 11 quaest.
In omnibus bonae fidei iudicis, cum nondum dies praestandae pecuniae venit, si agat aliquis ad interponendam cautionem, ex iusta causa condemnatio fit;
Pal. 198 = vat. 226 Pap. 11 quaest.
Ius anulorum ingenuitatis imaginem praestat salvo iure patronorum patronique liberorum; (...)
Pal. 212 = D. 26.5.14 Pap. 12 quaest.
Libertus non aliis patroni patronaeve liberis tutor esse cogitur, quam qui iura patronatus sperare possunt; (...)
Pal. 230 = D. 28.1.3 Pap. 14 quaest.
Testamenti factio non privati, sed publici iuris est; (...)
Pal. 238 = D. 50.1.14 Pap. 15 quaest.
Municipes intelleguntur scire, quod sciant hi, quibus summa rei publicae commissa est; (...)
Pal. 248 = D. 29.4.26 Pap. 16 quaest.
(...) nemo filiae patrem contra votum parentium substituere videtur (...);
Pal. 273 = D. 35.1.99 Pap. 18 quaest.
Condiciones extrinsecus, non ex testamento venientes, id est quae tacite inesse videantur, non faciunt legata condicionalia; (...)
Pal. 280 = D. 22.6.7 Pap. 19 quaest.
Iuris ignorantia non prodest adquirere volentibus, suum vero petentibus non nocet; (...)
Pal. 291 = D. 26.9.3pr. Pap. 20 quaest.
Dolus tutorum puero neque nocere neque prodesse debet (...);
Pal. 295 = D. 36.1.55 Pap. 20 quaest.
(...) nemo se cogatur adstringere hereditariis actionibus propter legatum (...);
Pal. 314 = D. 50.17.76 Pap. 24 quaest.
In totum omnia, quae animi destinatione agenda sunt, non nisi vera et certa scientia perfici possunt;
Pal. 339 = D. 44.7.27 Pap. 27 quaest.
Obligationes, quae non propriis viribus consistunt, neque officio iudicis neque praetoris imperio neque legis potestate confirmantur; (...)
Pal. 350 = D. 22.1.5 Pap. 28 quaest.
Generaliter observari convenit bonae fidei iudicium non recipere praestationem, quae contra bonos mores desideretur;
Pal. 366 = D. 50.17.78 Pap. 31 quaest.
Generaliter cum de fraude disputatur, non quid non habeat actor, sed quid per adversarium habere non potuerit, considerandum est;
Pal. 370 = D. 50.17.79 Pap. 32 quaest.
Fraudis interpretatio semper in iure civili non ex eventu dumtaxat, sed ex consilio quoque desideratur;

Pal. 372 = D. 50.17.80 Pap. 33 quaest.

In toto iure generi per speciem derogatur et illud potissimum habetur, quod ad speciem derectum est; (...)

Pal. 379 = D. 45.1.119 Pap. 36 quaest.

Doli clausula, quae stipulationibus subicitur, non pertinet ad eas partes stipulationis, de quibus nominatim cavetur.

So sind die getroffenen Aussagen allgemeiner Art, was sich besonders deutlich in den Stellen manifestiert, die ein Signalwort der Verallgemeinerung enthalten, wie *generaliter* und *nemo* bzw. *semper* oder *in toto iure*[1192]. Nach den Rhetoriklehrern kann man sie in der Argumentation als Prämissen oder als Schlussfolgerung[1193] verwenden oder durch Beifügung einer Begründung auch als Enthymem[1194]. Sofern für Papinians *Quaestiones* der Kontext der Sentenz noch zu rekonstruieren ist, greift der Jurist in allen drei Spielarten auf die Sentenz zurück.

Als Prämisse dient die Sentenz in:

Pal. 64 = D. 1.21.1pr. Pap. 1 quaest.

Quaecumque specialiter lege vel senatus consulto vel constitutione principum tribuuntur, mandata iurisdictione non transferuntur: quae vero iure magistratus competunt, mandari possunt. Et ideo videntur errare magistratus, qui cum publici iudicii habeant exercitionem lege vel senatus consulto delegatam, veluti legis Iuliae de adulteriis et si quae sunt aliae similes, iurisdictionem suam mandant. (…)

Pal. 150 = D. 13.5.25 Pap. 8 quaest.[1195]

Si iureiurando delato deberi tibi iuraveris, cum habeas eo nomine actionem, recte de constituta agis. sed et si non ultro detulero iusiurandum, sed referendi necessitate compulsus id fecero, quia nemo dubitat modestius facere qui referat, quam ut ipse iuret, nulla distinctio adhibetur, tametsi ob tuam facilitatem ac meam verecundiam subsecuta sit referendi necessitas.

Pal. 248 = D. 29.4.26.1 Pap. 16 quaest.

Denique si filiae pater substitutus adiit hereditatem, nihil eum dolo facere Iulianus existimat, quia nemo filiae patrem contra votum parentium substituere videtur, sed ut arbitrium eligendi relinquat.

Pal. 291 = D. 26.9.3pr. Pap. 20 quaest.

Dolus tutorum puero neque nocere neque prodesse debet: quod autem vulgo dicitur tutoris dolum pupillo non nocere, tunc verum est, cum ex illius fraude locupletior pupillus factus non est. quare merito Sabinus tributoria actione

---

1192 *Generaliter*: Pal. 123 = D. 6.1.62 Pap. 6 quaest.; Pal. 350 = D. 22.1.5 Pap. 28 quaest.; Pal. 366 = D. 50.17.78 Pap. 31 quaest.; *nemo*: Pal. 92 = D. 50.17.75 Pap. 3 quaest.; Pal. 150 = D. 13.5.25 Pap. 8 quaest.; Pal. 295 = D. 36.1.55 Pap. 20 quaest.; *semper*: Pal. 370 = D. 50.17.79 Pap. 32 quaest.; *in toto iure:* Pal. 372 = D. 50.17.80 Pap. 33 quaest.; vergleichbar Pal. 81 = D. 12.6.54 Pap. 2 quaest. *Ex his omnibus causis, (…);* Pal. 187 = D. 5.1.41 Pap. 11 quaest. *In omnibus bonae fidei iudicis, (…)*; Pal. 314 = D. 50.17.76 Pap. 24 quaest. *In totum omnia (...).*

1193 Vgl. Aristot. rhet. 1394a 26-30.

1194 Vgl. Aristot. rhet. 1394a 31-34.

1195 Zur Katene vgl. auch Vierter Teil II.4, S. 219.

pupillum conveniendum ex dolo tutoris existimavit, scilicet si per iniquam distributionem pupilli rationibus favit. quod in depositi quoque actione dicendum est, item hereditatis petitione, si modo, quod tutoris dolo desiit, pupilli rationibus illatum probetur.

Pal. 295 = D. 36.1.55 Pap. 20 quaest.

Non est cogendus heres suspectam adire hereditatem ab eo, cui libertas a legatario, hereditas ab herede relicta est, cum status hominis ex legato pendeat et nemo se cogatur adstringere hereditariis actionibus propter legatum. quid enim, si inter moras non manumittente legatario servus decesserit? si autem vivo testatore legatarius decesserit, benigne respondetur cogendum adire, cum in ipsius sit potestate manumisso restituere hereditatem.

In drei weiteren Texten bildet der Jurist mithilfe der Sentenz Enthymeme:

Pal. 82 = D. 22.1.1.3 Pap. 2 quaest.

(...) circa tutelae restitutionem pro favore pupillorum latior interpretatio facta est: nemo enim ambigit hodie, sive iudex accipiatur, in diem sententiae, sive sine iudice tutela restituatur, in eum diem quo restituit usuras praestari. plane si tutelae iudicio nolentem experiri tutor ultro convenerit et pecuniam optulerit eamque obsignatam deposuerit, ex eo tempore non praestabit usuras.

Pal. 125 = D. 22.1.2 Pap. 6 quaest.

Volgo receptum est, ut, quamvis in personam actum sit, post litem tamen contestatam causa praestetur: cuius opinionis ratio redditur, quoniam quale est, cum petitur, tale dari debet ac propterea postea captos fructus partumque editum restitui oportet.

Pal. 146 = D. 12.6.56 Pap. 8 quaest.

Sufficit ad causam indebiti incertum esse, temporaria sit an perpetua exceptionis defensio. nam si qui, ne conveniatur, donec Titius consul fiat, paciscatur, quia potest Titio decedente perpetua fieri exceptio, quae ad tempus est Titio consulatum ineunte, summa ratione dicetur, quod interim solvitur, repeti: (...)

In einem Fall ist die Sentenz Ergebnis einer Induktion (*conclusio*) und wird sodann durch eine Autorität (Julian) gestützt:

Pal. 123 = D. 6.1.62pr.-1 Pap. 6 quaest.

pr. Si navis a malae fidei possessore petatur, et fructus aestimandi sunt, ut in taberna et area quae locari solent. quod non est ei contrarium, quod de pecunia deposita, quam heres non attingit, usuras praestare non cogitur: nam etsi maxime vectura sicut usura non natura pervenit, sed iure percipitur, tamen ideo vectura desiderari potest, quoniam periculum navis possessor petitori praestare non debet, cum pecunia periculo dantis faeneretur.

1 Generaliter autem cum de fructibus aestimandis quaeritur, constat animadverti debere, non an malae fidei possessor fruitus sit, sed an petitor frui potuerit, si ei possidere licuisset. quam sententiam Iulianus quoque probat.

Die Sentenz hat in all diesen Fällen aber nicht nur die Beweiskraft des ausgesprochenen inhaltlichen Satzes, sondern aus Sicht der rhetorischen Theorie auch weiteren Nutzen. Aristoteles nennt als ersten Vorteil der Sentenzen die *delectatio* des Zuhörers, der sich daran erfreut, etwas bereits Bekanntes oder im Einzelfall als zutreffend Empfundenes als allgemein Richtiges zu vernehmen[1196].

1196 Vgl. Aristot. rhet. 1395 a 12, dazu bereits oben Zweiter Teil VI, S. 136f

Eine weitere Funktion der Sentenz besteht darin, der Rede Ethos zu verleihen, indem die in der Sentenz zum Ausdruck kommende Rechtschaffenheit dem Redner angerechnet wird[1197]. Dass auch Papinian die Intention verfolgen dürfte, seine Person selbst durch die Sentenz zu überhöhen, legen vor allem die Sentenzen nahe, die an allgemeine Inhalte der Billigkeit (*aequitas*) anschließen[1198]. So liegt der Satz, dass des einen Vorteil nicht des anderen Nachteil sein darf[1199], den folgenden Sentenzen zugrunde:

Pal. 66 = D. 50.17.74 Pap. 1 quaest.
Non debet alteri per alterum iniqua condicio inferri.
Pal. 92 = D. 50.17.75 Pap. 3 quaest.
Nemo potest mutare consilium suum in alterius iniuriam.
Pal. 117 = D. 2.14.39 Pap. 5 quaest.
Veteribus placet pactionem obscuram vel ambiguam venditori et qui locavit nocere, in quorum fuit potestate legem apertius conscribere.

Der besondere Schutz der Schwachen[1200] ist Grundlage von:

Pal. 82 = D. 22.1.1.3 Pap. 2 quaest.
(...) circa tutelae restitutionem pro favore pupillorum latior interpretatio facta est (...)
Pal. 280 = D. 22.6.7 Pap. 19 quaest.
Iuris ignorantia non prodest adquirere volentibus, suum vero petentibus non nocet.
Pal. 291 = D. 26.9.3pr. Pap. 20 quaest.
Dolus tutorum puero neque nocere neque prodesse debet (...)

Allgemeine Aussagen über den Schutz vor *fraus* und die Beachtlichkeit der *aequitas* sind:

Pal. 84 = D. 44.4.12 Pap. 3 quaest.
Qui aequitate defensionis infringere actionem potest, doli exceptione tutus est.
Pal. 366 = D. 50.17.78 Pap. 31 quaest.
Generaliter cum de fraude disputatur, non quid non habeat actor, sed quid per adversarium habere non potuerit, considerandum est.
Pal. 370 = D. 50.17.79 Pap. 32 quaest.
Fraudis interpretatio semper in iure civili non ex eventu dumtaxat, sed ex consilio quoque desideratur.

Auch hier wird die rechtliche Argumentation durch ethische Appelle überhöht. Die für Papinians *Quaestiones* typischen Sentenzen sind mithin nicht nur Hilfestellungen

---

1197 Vgl. Aristot. rhet. 1395b 12-1395b 18. Die Sentenzen bringen den Charakter des Redners zum Ausdruck und betonen dessen Ethik.

1198 Dabei sei hier nicht diskutiert, ob *aequitas* eine Leerformel oder ein Rechtsbegriff ist, dazu der Forschungsstand bei Stagl, in: Testi e problemi, 2007, 675-680. Vermittelnd Nörr, Rechtskritik, 1974, 36: „generalklausel-ähnlicher rechtlicher Maßstab".

1199 Ein Überblick dazu bei Stagl, in: Testi e problemi, 2007, 680-690

1200 Zum Schutz der *infirmitas* vgl. zuletzt Babusiaux, in: Testi e problemi, 2007, 609f. mit Fn. 40 und 41.

bei der Sachargumentation, sondern auch gedanklicher *ornatus*, um die Zuneigung des Publikums leichter zu gewinnen[1201].
Der Erschütterung des Publikums dient umgekehrt das Pathos[1202].

3. Pathetische Elemente

Pathetische Affekte sind regelmäßig Zorn, Hass, Angst, Abscheu, Mitleid[1203], während die ethischen – wie gezeigt – eher positiv besetzt sind, also z.B. die *pietas, verecundia, bona fides* und *fides* betreffen. Als ein wirksames Mittel, um Pathos herzustellen, nennt Quintilian die Darstellung schrecklicher Begebenheiten (*videntur gravia per se*)[1204] sowie die pathetische Amplifikation an sich gewöhnlicher Ereignisse. Hierzu lassen sich zum einen die bereits betrachteten Steigerungen mittels der *aequitas* zählen, denn sie unterstreichen nicht nur die Richtigkeit der eigenen Position und Person, sondern führen gleichzeitig dazu, die Gegenposition nicht nur rechtlich, sondern auch sittlich zu verwerfen[1205]. Allein pathetisch ist aber die Verschrecklichung (*δείνωσις, indignatio*) des Gegners[1206].

a. Pathetische Amplifikation durch *indignatio*

Bereits mehrfach angesprochen worden sind:

Pal. 272 = D. 35.1.72pr. Pap. 18 quaest.[1207]

Sed displicuit sententia: non enim voto matris opponi tam ominosa non interponendae cautionis interpretatio debuit.

Pal. 323 = D. 18.7.6pr. Pap. 27 quaest.[1208]

(...) cur poena peti et exigi non debeat, cum et ancillam contumelia adfecerit et venditoris affectionem, forte simul et verecundiam laeserit (...)

In Pal. 272 stellt Papinian die von ihm bekämpfte Meinung nicht nur als rechtlich unhaltbar, sondern vor allem als sittlich verwerflich dar, da sie gegen die mütterliche Hoffnung auf Überleben der Kinder verstößt. Ebenso kennzeichnet er das Verhalten des Käufers, der die Sklavin entgegen der Vertragsbestimmung in die Prostitution gegeben hat, als Verstoß gegen den Anstand des Verkäufers und dessen Zuneigung (Pal. 323).

1201 Dafür sprechen auch die bereits von Mayer-Maly, in: FG Kaser, 1986, 162 hervorgehobenen Parallelen zum Stil der severischen Kaiser. Zur Ideologie des severischen Kaisertums vgl. nun umfassend Buraselis, ΘΕΙΑ ΔΩΡΕΑ, 2007, 58-66.

1202 Vgl. Quint. 6, 2, 8. Lausberg, § 257, S. 142f. Zur Unterscheidung von Ethos und Pathos vgl. Quint. 6, 2, 9-12. Zum Ganzen auch Kraus, in: HWRhet. 6, 2003, Sp. 689-701.

1203 Vgl. Quint. 6, 2, 20 (...) *haec pars circa iram, odium, metum, invidiam, miserationem fere tota versatur, quae quibus ex locis ducenda sint* (...). Zu Aristoteles vgl. Rapp, in: Poeschke, Tugenden und Affekte, 2002, 12f.

1204 Vgl. Quint. 6, 2, 21 (...) *parricidium, caedes, veneficium*, (...).

1205 Vgl. Vierter Teil III.1, S. 226-229.

1206 Quint. 6, 2, 22-24, dazu Lausberg, § 257, S. 143.

1207 Vgl. Zweiter Teil IV.2, S. 103-113.

1208 Vgl. Zweiter Teil II.2a, S. 71-76.

Vor allem aber benutzt der Jurist *exempla*, deren Attribute ein prima facie harmloses Geschehen aufbauschen[1209] und die zunächst sichere Entscheidung in Frage stellen.

b. Pathetische *amplificatio* durch *exempla*

Hier sind vor allem die *exempla* zu nennen, die keine Blankettnamen, sondern Eigennamen verwenden. Die Nennung des Eigennamens bedeutet eine *detractio*, denn sie erlaubt, das mit dem Namen verbundene historische Geschehen zu evozieren, ohne es weiter ausführen zu müssen[1210]. Die Schwierigkeit liegt für den heutigen Interpreten darin, diesen Kontext aus den wenigen erhaltenen Spuren nachzuvollziehen[1211]. Für zwei Fragmente ergeben sich allerdings Anhaltspunkte, die eine Interpretation im Sinne der *amplificatio* erlauben.

Das erste behandelt ein Dekret des Septimius Severus[1212]:

> Pal. 358 = D. 22.1.6pr.-1 Pap. 29 quaest.[1213]
>
> pr. Cum de in rem verso cum herede patris vel domini ageretur et usurarum quaestio moveretur, imperator Antoninus ideo solvendas usuras iudicavit, quod eas ipse dominus vel pater longo tempore praestitisset.
>
> 1 Imperator quoque noster Severus filiae Flavii Athenagorae, cuius bona fuerant publicata, de fisco ideo numerari decies centena dotis nomine iussit, quod ea patrem praestitisse dotis usuras allegasset.

Es betrifft die Tochter des Flavius Athenagoras, eines Senators, der als Abkömmling eines *procurator Augustae Asiae* gilt[1214]. Papinian zitiert das der Tochter günstige Dekret des Septimius Severus, um eine Entscheidung des Caracalla zu rechtfertigen[1215]. Dabei fällt auf, dass beide Konstitutionen ganz unterschiedliche Rechtsinstitute betreffen, rechtlich also nicht unbedingt vergleichbar sind: Während Caracallas Entscheid das vom Sohn oder Sklaven für den Vater oder Eigentümer aufgenommene Darlehen behandelt[1216], betrifft das Dekret des Septimius Severus die Mitgift der Tochter. Übereinstimmungen sind mit Blick auf die kaiserlich angeordnete Rechtsfolge zu erkennen: Nach Caracalla soll der mit der *actio de in rem verso* angegangene Erbe des Vaters bzw. der Erbe des Eigentümers des Sklaven dann Zinsen zahlen, wenn der Vater bzw. der Eigentümer zu Lebzeiten selbst Zinsen gezahlt habe. In ähnlicher Weise gewährt Septimius Severus der Tochter einen Anspruch gegen den Fiskus auf Auszahlung der Mitgift, wenn der Vater für die versprochene

---

1209 Vgl. Quint. 6, 2, 23.

1210 Zur *detractio* vgl. Lausberg, § 462, S. 251f.

1211 Vgl. auch die Beispiele Pal. 289 = D. 22.1.3.3 Pap. 20 quaest und Pal. 290 = D. 22.3.26 Pap. 20 quaest., die aber keine weitere Aufklärung über die beteiligten Personen erlauben.

1212 Vgl. Coriat, 1997, 95f. mwN.

1213 Zum Text zuletzt Stagl, Favor dotis, 2009, 69f.

1214 Zur Identität vgl. Coriat, 1997, 300.

1215 Anders Fitting, Alter und Folge, ^{2}1908, 74: Antoninus Pius; Wacke, SZ 91 (1974) 272: Marc Aurel. Unentschieden Gualandi, I, 1963, 235 (*imperatori incerti*).

1216 Zum Sachverhalt vgl. Chiusi; Die actio de in rem verso, 2001, 65f.

dos Zinsen gezahlt hat[1217]. Papinians Vergleich lebt mithin davon, dass dem Rechtsnachfolger (*heres/fiscus*) in beiden Konstellationen entgegengehalten wird, der Vater oder Eigentümer habe vor Eintritt der Rechtsnachfolge eine Leistungspflicht begründet, indem er die Zinsen zahlte (*praestisset – praestitisse allegasset*). Im Fall der Tochter des Athenagoras rettet dieses Argument die Mitgift über die Konfiskation; im Fall der *actio de in rem verso* überwindet es das Fehlen eines *versum*[1218]. Dieser inhaltlich kühne Schluss vom Dekret des Septimius Severus auf das Urteil des Caracalla[1219] dürfte seine Überzeugungskraft auch aus dem Pathos ziehen, das sich hier aus der Situation der Tochter ergibt: Ohne die Zinsen wäre sie eine *mulier indotata* und würde damit durch die Konfiskation der Güter noch stärker bestraft als der eigentlich strafwürdige Vater[1220]. Wenn aber schon der Fiskus angesichts des Vertrauens der Tochter die Mitgift zahlt, so muss erst recht der Erbe des Gewalthabers für die vom Erblasser gezahlten Zinsen haften. Das Mitgefühl für die Tochter nutzt Papinian für eine *comparatio*[1221], die das Publikum bewegen soll, die Zinszahlung auch im Rahmen der *actio de in rem verso* als schuldbegründend anzunehmen[1222].
Historisch greifbar sind auch die Protagonisten in:

Pal. 354 = D. 39.5.27 Pap. 29 quaest.

Aquilius Regulus iuvenis ad Nicostratum rhetorem ita scripsit: "Quoniam et cum patre meo semper fuisti et me eloquentia et diligentia tua meliorem reddidisti, dono et permitto tibi habitare in illo cenaculo eoque uti". defuncto Regulo controversiam habitationis patiebatur Nicostratus et cum de ea re mecum contulisset,

dixi posse defendi non meram donationem esse, verum officium magistri quadam mercede remuneratum Regulum ideoque non videri donationem sequentis temporis irritam esse.

quod si expulsus Nicostratus veniat ad iudicem, ad exemplum interdicti, quod fructuario proponitur, defendendus erit quasi loco possessoris constitutus, qui usum cenaculi accepit.

Pathos erzeugt Papinian dadurch, dass er das wörtlich zitierte Dankesschreiben des Aquilius Regulus *iuvenis* mit der Verletzung der Dankesschuld durch die Erben kontrastiert: Während nämlich der Sohn(?) des Aquilius Regulus dem Nicostratus aus gemeinsamer Dankbarkeit das *cenaculum* schenkt und zum freien Gebrauch überlässt, missachten die Erben die Dankesschuld und vertreiben den Redner[1223]. Ver-

---

1217 Vgl. Platschek, Römisches Recht in Bronze, http://www.forhistiur.de/zitat/0902 platschek.htm, Rn. 20f. Zu Zinsen als *versum* vgl. D. 15.3.10.5 Ulp. 29 ad ed., dazu Chiusi, Die actio de in rem verso im römischen Recht, 2001, 171-173.

1218 So Chiusi; Die actio de in rem verso, 2001, 65f.

1219 Mit einem stillschweigenden Vertragsschluss hat das nichts zu tun, so aber Wacke, SZ 91 (1974) 272, dazu bereits Chiusi, Die actio de in rem verso, 2001, 65 Fn. 58.

1220 Zum Topos der *mulier indotata* vgl. zuletzt Stagl, Favor dotis, 2009, 65-70.

1221 Vgl. dazu Lausberg, § 404, S. 222f.

1222 Kornhardt, Exemplum. 1936, 83 spricht vom Überwiegen des psychologischen Moments.

1223 Von Aquilius Regulus *pater* berichtet Plinius, dazu die Nachweise bei v. Rhoden, s.v. Aquilius Nr. 34, in: RE II, 1, 1895, 331. Ein gleichnamiger Sohn ist belegt. Er starb aber noch als Kind in den ersten Jahren der Regierung Trajans, vgl. v. Rhoden, s.v. Aquilius

stärkt werden das Mitleid gegenüber dem Redner und die Verachtung gegenüber den Erben noch dadurch, dass Papinian zunächst keine Hilfe anbieten kann, da er davon ausgeht, dass die Überlassung des Wohnraums als *imperfecta donatio* dem Schenkungsverbot der *lex Cincia* unterfällt und daher frei widerruflich ist[1224]. Nur wenn die Erben den Redner sogar (gewaltsam) vertreiben sollten, erwägt Papinian dem Nicostratus ein *interdictum ad exempli* des Usufruktuars zuzugestehen[1225]. Mit diesen Überlegungen zum Schutz des Redners mildert Papinian das vorangehende *dictum (dixi)*, denn er zeigt, dass Nicostratus nicht jedem Übergriff der undankbaren Erben ausgesetzt ist. Der bezweckte Effekt, das Publikum gegen die Erben aufzuführen, bleibt gleichwohl erhalten und wird von Papinian für seine rechtliche Argumentation genutzt.

Betrachtet man den palingenetischen Zusammenhang, in dem dieser Bericht steht, liegt nahe, den Nicostratus-Fall als *exemplum* im Rahmen einer Diskussion über die Grenzen der *lex Cincia* anzusehen. Die *fragmenta vaticana* zeigen, dass die Beschränkung der *lex Cincia* auf die Lebenszeit des Schenkers (*morte Cincia removetur*) aus severischer Zeit und wahrscheinlich von Papinian stammt[1226]. Nach vat. 259 soll der Widerruf ausgeschlossen sein, wenn der Schenker dem Beschenkten das Geschenk zu Lebzeiten unverändert belassen hat[1227]. Diese Argumentation würde auch für den *Quaestiones*-Text des Nicostratus greifen, denn auch hier hat der Beschenkte, der Redner, das *cenaculum* mit Billigung des Schenkers, des Aquilius Regulus *iuvenis*, unverändert im Besitz gehabt. Zwar spricht Papinian dies in Pal. 354 nicht aus, sondern gewährt vordergründig lediglich den Schutz aus dem Interdikt[1228]. Der dort

---

Nr. 33, in: RE II, 1, 1895, 330f. Undankbarkeit ist Abscheu erregend. Sie gehört damit zum Pathos, vgl. Quint. 6, 2, 21.

1224 Zur *donatio* eines Wohnrechts vgl. D. 39.5.9pr. Pomp. 33 ad Sab., dazu Michel, Gratuité en droit romain, Brüssel 1962, 51f. Zur Anwendung der *lex Cincia* auf die *habitatio* vgl. Slapnicar, Gratis habitare. Unentgeltliches Wohnen nach römischem und geltendem Recht, Berlin 1981, 82-123. Hier fehlen die Voraussetzungen eines dinglichen Wohnrechts, vgl. E. Albertario, Studi di diritto romano, II, Mailand 1941, 321. Zur *donatio imperfecta* vgl. Pool, in: Negen studies Ankum, 1997, 82. Zur freien Widerruflichkeit vgl. D. 39.5.32 Scaev. 5 resp. Daraus erklärt sich das Bedürfnis, die Schenkung in einen Austauschvertrag umzudeuten. Zum Verhältnis beider Texte vgl. Archi, La donazione, Mailand 1960, 26-28 und Broise, Animus donandi I, 1975, 86-89. Zum Zusammenhang mit dem *precarium* vgl. zuletzt García Vázquez, Precarium usus iuris, BIDR 96/97 (1993/94) 288f.

1225 *Defendendus erit* weist auf vorstellbaren Vergleichsfall.

1226 Zu Recht betont Pool, in: Negen studies Ankum, 1997, 85 und 95f. die Begrenztheit der Lösung auf den angeführten Fall.

1227 Exegesen bei Siber, Confirmatio donationis, SZ 53 (1933) 141-146; Pool, in: Negen studies Ankum, 1997, 77-110, der 94-106 nicht den Tod des Schenkers, sondern die *perseverantia voluntatis* hervorhebt.

1228 Zum Interdikt *unde vi* des Usufruktuars vgl. Broise, Animus donandi I, 1975, 83f. Zur *quasi possessio rei utendi causa* vgl. Grosso, Usufrutto e figure affini nel diritto romano, Neapel 1958, 485f., der allerdings noch zu eng nur dingliche Rechte erfasst sehen will.

erreichte Schutz der faktischen Situation über das *interdictum ad exempli usufructuarii* liest sich jedoch als Argument für einen ganz analogen Schutz des Beschenkten. Ebenso spricht das rednerische Pathos, das Papinian durch die Wahl der beiden Protagonisten hervorruft, für eine Einschränkung der *lex Cincia*: So steht auf der einen Seite Aquilius Regulus *iuvenis,* der den Nicostratus für die Dienste mit einem *cenaculum* belohnt. Dieser Lohn wirkt geradezu erbärmlich, wenn man mit Plinius unterstellt, dass der Vater, in dessen Namen der *iuvenis* dankt, seinen Erfolg als Delator einer sehr mühevollen rhetorischen Ausbildung verdankt[1229], die – so könnte man weiter annehmen – Nicostratus leistete[1230]. Dieser bildet auf der anderen Seite ein Opfer, dessen Schicksal das Publikum für seine Person und Sache einzunehmen geeignet ist, denn Philostratus zitiert ihn als Beispiel für *ἀφέλεια* (*simplicitas)*[1231]. Bezieht man diese Aussage auf die Person selbst[1232], so ist Nicostratus ein bescheidener und einfacher Mann, der sich – wie gesehen – auch mit dem geringfügigen Lohn des *cenaculum* zufriedengibt. Ist mithin schon der Ausgangspunkt, das heißt die Erfüllung der Dankesschuld durch die Überlassung des *cenaculum,* anstößig, verletzen die Erben, die den Redner nicht einmal in der Kammer dulden wollen, jeden Anstand. Der Abscheu, den das Publikum gegenüber ihrem Verhalten empfindet, mag mithin nicht nur eine Ausweitung des *interdictum* des Usufruktuars verlangen, sondern könnte hier sogar rechtfertigen, den Widerruf der Schenkung nach der *lex Cincia* auszuschließen.

Unwillen im Sinne des Pathos kann der Redner aber gegenüber dem Publikum selbst äußern. Angesichts der dialogischen Struktur der *Quaestiones* kommt dabei der rhetorischen Frage (*interrogatio*) eine besondere Bedeutung zu.

c. Die rhetorische Frage (*interrogatio*)

Die rhetorische Frage, das heißt eine in Frageform getroffene Aussage, weist Zweifel an der Richtigkeit der eigenen Position in besonders eindringlicher Form zurück[1233]. Am häufigsten begegnet in den *Quaestiones* die rhetorische Frage mit *quid enim,* die darauf abzielt, die besondere Evidenz der Lösung hervorzuheben und den Gegner der vertretenen Meinung zu demütigen[1234].

Einen sachlichen Zwang begründet die Figur in:

Zur Klassizität der *quasi possessio* vgl. Mannino, La tolleranza dell'usus iuris nell'esperienza giuridica romana, Turin 2001, 26-39.

1229 Vgl. Plin. epist. 4, 7, 4, dazu Heurgon, Les sortileges d'un avocat sous Trajan, in: Bibauw (Hg.), Hommages M. Renard I, Brüssel 1969, 443-448.

1230 Es handelte sich um eine indirekte *amplificatio* durch *coniectura*, vgl. Lausberg, § 405, S. 223.

1231 Vgl. Flavius Philostratus, Vitae sophistarum, ed. Kayser 1971 p. 116 Z. 11, dazu Stegemann, RE 17, 1(1936) Sp. 551; zuletzt Rutherford, Canons of Style, 1998, 23f.

1232 Vgl. Rutherford, Canons of Style, 1998, 8 mwN.

1233 Vgl. die Übersicht bei Schöpsdau, in: HWRhet. 3, 1996, Sp. 445f.

1234 Vgl. nur Lausberg, § 767, 379f. mwN.

Pal. 63 = D. 1.16.5 Pap. 1 quaest.[1235]

Aliquando mandare iurisdictionem proconsul potest, etsi nondum in provinciam pervenerit. quid enim si necessariam moram in itinere patiatur, maturissime autem legatus in provinciam perventurus sit?

So rechtfertigt Papinian die Übertragung der *iurisdictio* vom Proconsul auf den Legaten schon vor Amtsantritt des Proconsuls in der Provinz mit dem Hinweis (rhetorische Frage) darauf, dass nachvollziehbare Hindernisse eine rechtzeitige Ankunft in der Provinz verhindern können.

Ganz ähnlich das Argument in:

Pal. 98 = D. 5.3.49 Pap. 3 quaest.[1236]

(...) petitor autem hereditatis citra metum exceptionis in rem agere poterit: quid enim si possessor hereditatis neglegat? quid si nihil iuris habere se sciat?

Der Kläger aus der *hereditatis petitio* könne auch auf Herausgabe einer einzelnen Sache klagen, denn er müsse vor der Nachlässigkeit des Erbschaftsbesitzers ebenso geschützt werden wie vor dessen bösem Willen[1237].

Auch in einer komplexeren Argumentation kann die Frage eine sachliche Notwendigkeit betonen:

Pal. 234 = D. 37.10.12 Pap. 14 quaest.[1238]

Scriptus heres, contra quem filius impubes, qui subiectus dicitur, ex edicto primo bonorum possessionem petit, exemplo legitimi secundum tabulas interim accipere non potest. quod si medio tempore scriptus vel ille, qui intestati possessionem habere potuerit, moriantur, heredibus eorum succurrendum erit: quid enim, si non potuerunt adire hereditatem iure cessante vel ob litem in dubio constituti?

Das Fragment betrifft die Schwebezeit (*interim*), in der der Status des unmündigen Sohnes, der die *bonorum possessio* aus dem *Edictum Carbonianum* angenommen hat[1239], geprüft wird, weil behauptet worden ist, dass er untergeschoben sei. Papinian stellt fest, in diesem Fall könne der eingesetzte Erbe nicht *exemplo legitimi* den Besitz am Nachlass behalten[1240]. Seinen Erben aber müsse gegenüber dem Unmündigen geholfen werden, genauso wie wenn sie Erben der nach der *bonorum possessio intestati* Berufenen wären.

Succurri debet[1241] dürfte auf eine prätorische Hilfestellung aus Billigkeitsgründen anspielen (*bonorum possessio decretalis*)[1242], deren Motivation Papinian in der rhetorischen

1235 Vgl. Schiller, in: An American Experience 1971, 134f.
1236 Vgl. nur Müller- Ehlen, Hereditatis petitio, 1998, 325 Fn. 42.
1237 Zu *periculum* in diesem Zusammenhang vgl. MacCormack, Periculum, SZ 96 (1979) 131.
1238 Vgl. Solazzi, DER, 1932, 279f., zuletzt Segnalini, L'Editto Carboniano, 2007, 60-62 mwN.
1239 Er behält sie bis zur Mündigkeit, vgl. Stiegler, Statusstreit, 1972, 17f.
1240 Vgl. ausführlich Stiegler, Statusstreit, 1972, 135-138 mwN.
1241 Vgl. Solazzi, DER, 1932, 280, Stiegler, Statusstreit, 1972, 135f. mit Fn. 5.
1242 Vgl. auch D. 37.10.7pr. Iul. 24 dig., dazu Bund, Methode Julians, 1963, 61f.

Frage ausführt. Sie lässt sich so wiedergeben, dass es sonst dazu kommen könne, dass die Erben des eingesetzten Erben die Erbschaft nur deshalb nicht erhalten, weil der eingesetzte Erbe während der Schwebezeit am Erwerb gehindert war[1243].
Auch eine logische Evidenz kann mithilfe der rhetorischen Frage ihren Ausdruck finden. Ein *argumentum a maiore ad minus* enthält:

Pal. 155 = D. 21.2.65 Pap. 8 quaest.[1244]

Rem hereditariam pignori obligatam heredes vendiderunt et evictionis nomine pro partibus hereditariis spoponderunt: cum alter pignus pro parte sua liberasset, rem creditor evicit: quaerebatur an uterque heredum conveniri possit? idque placebat propter indivisam pignoris causam. nec remedio locus esse videbatur, ut per doli exceptionem actiones ei qui pecuniam creditori dedit praestarentur, quia non duo rei facti proponerentur. sed familiae herciscundae iudicium eo nomine utile est: n a m q u i d i n t e r e s t, u n u s e x h e r e d i b u s i n t o t u m l i b e r a v e r i t p i g n u s a n v e r o p r o s u a d u m t a x a t p o r t i o n e? cum coheredis neglegentia damnosa non debet esse alteri.

Von der komplizierten Erörterung[1245] interessiert hier nur der letzte Teil, der dem Erben, der den Käufer aus der Eviktionsstipulation in Höhe seines Erbteils befriedigt hat, eine *actio familiae erciscundae* gewährt. In der *interrogatio* stellt Papinian klar, dass kein Unterschied zu dem Fall bestehe, in dem der Erbe die gesamte Sache vom Pfand befreit habe und aus diesem Grund gegen den anderen Erben aus der *actio familiae erciscundae* vorgehen könne[1246]: Die anteilige Befriedigung soll also dieselben Rechtsfolgen auslösen wie die vollständige.
Die Gleichwertigkeit betont auch:

Pal. 285 = D. 36.1.54.1 Pap. 19 quaest.[1247]

Servus ab altero ex heredibus libertatem, ab altero fideicommissum hereditatis accepit. si neuter adire velit, nullae praetoris partes erunt, quia neque propter solam libertatem compellitur adire neque is, a quo libertas data non est, propter eum, qui nondum liber est, ut adeat, compellitur: et senatus consulto locus est, cum ab omnibus directa, vel fideicommissa libertas ab eo datur a quo hereditas quoque relinquitur. sed si forte is, a quo libertas data est, portionem suam repudiavit vel condicione exclusus est, cum portio eius ad alterum pervenerit, defendi poterit adire cogendum: q u i d e n i m i n t e r e s t, q u o i u r e d e b i t o r l i b e r t a t i s e t h e r e d i t a t i s i d e m e s s e c o e p e r i t?

Das Fragment betrifft den Antrittszwang nach dem *SC Pegasianum*: Im Testament freigelassene Sklaven konnten den Erben nur dann zum Antritt zwingen, wenn sie

1243 Zutreffend Solazzi, DER, 1932, 280 und Biondi, DER, 1954, 184. Im Ergebnis auch Segnalini, L'Editto Carboniano, 2007, 138f.

1244 Für vollständige Interpolation dieses Teils Schulz, Einführung, 1916, 96, dazu bereits zutreffend Wacke, Index 3 (1972) 466-471 und Ankum, in: Extravagantes, 2007, 133f.

1245 Vgl. Ankum, in: Extravagantes, 2007, 118-140, 186, bes. 133f.

1246 Zu diesem Vergleich vgl. Wacke, Index 3 (1972) 470. Zu *pignoris causa indivisa* vgl. Schulz, CRL, 1954, 421f., der den Text für interpoliert hält. Weitere Nachweise bei Wacke, aaO. 467 mit Fn. 83 und 84. Anders Ankum, in: Extravagantes, 2007, 132f.

1247 Vgl. Manthe, Pegasianum, 1989, 100.

gleichzeitig Freiheit und Erbschaft erlangten[1248]. Hatte der Erblasser dagegen bestimmt, dass ein Erbe den Sklaven freilassen und der andere ihm die Erbschaft herauszugeben habe, konnte der Sklave keinen von ihnen zum Antritt zwingen. Eine Ausnahme lässt Papinian aber für den Fall zu, dass der Sklave bereits von dem einen Erben freigelassen worden ist, der später die Erbschaft ausgeschlagen hat oder durch eine Bedingung ausgefallen ist: Hier könne der Sklave gegen den Erben, dem der Erbteil des anderen angewachsen sei, klagen, da letzterer nun beide Voraussetzungen (*libertas et hereditas*) in seiner Person vereine. Auf die Herkunft aus zwei unterschiedlichen Erbteilen kann es – wie die rhetorische Frage unterstreicht – für den Antrittszwang nicht ankommen.

Ebenfalls den Antrittszwang betrifft:

Pal. 295 = D. 36.1.55 Pap. 20 quaest.[1249]

Non est cogendus heres suspectam adire hereditatem ab eo, cui libertas a legatario, hereditas ab herede relicta est, cum status hominis ex legato pendeat et nemo se cogatur adstringere hereditariis actionibus propter legatum. quid enim, si inter moras non manumittente legatario servus decesserit? si autem vivo testatore legatarius decesserit, benigne respondetur cogendum adire, cum in ipsius sit potestate manumisso restituere hereditatem.

Auch in diesem Fall betont der Spätklassiker die strengen Voraussetzungen des Antrittszwangs, wenn er ausführt, dass der Erbe nicht zum Antritt der Erbschaft im Interesse eines Sklaven gezwungen werden kann, dem er nur die Erbschaftsherausgabe schulde, während die fideikommissarische Freilassung einem Legatar auferlegt worden sei[1250]. Nicht hinnehmbar sei insbesondere der Schwebezustand, der durch das dem Legatar auferlegte Freiheitsfideikommiss entstehe[1251]: An wen könne denn die Erbschaft herausgegeben werden, wenn der Sklave, der den Antritt erzwungen habe, während des Verzugs des Legatars verstorben sei?

Die Evidenz von Auslegungsentscheidungen hebt die rhetorische Frage in den folgenden Fragmenten hervor:

Pal. 167 = D. 16.3.24 Pap. 9 quaest.[1252]

„Lucius Titius Sempronio salutem. centum nummos, quos hac die commendasti mihi adnumerante servo Sticho actore, esse apud me ut notum haberes, hac epistula manu mea scripta tibi notum facio: quae quando voles et ubi voles confestim tibi numerabo." quaeritur propter usurarum incrementum. respondi depositi actionem locum habere: quid est enim aliud commendare quam deponere?

Jede Nachfrage verhindert das kurze, aber bestimmte *quid est enim aliud commendare quam deponere*, das die Auslegung des Briefes als *depositum* (*irregulare*)[1253] begründet.

1248 Vgl. Buckland, Slavery, 1908, 523.

1249 Vgl. Bonfante, Corso di diritto romano I, 1925, 228; Buckland, Slavery, 1908, 520 u. 524.

1250 Zum Legat des Patronatsrechts vgl. Kaser, RP I § 69.II.2 d), 295 mwN.

1251 Zum *favor libertatis* vgl. Backhaus, Casus perplexus, 1981, 57 mit Fn. 140.

1252 Vgl. Vierter Teil III.1c, S. 232f.

1253 Zu diesem Argument vgl. Schulz, in: Scritti Ferrini IV, 1949, 264. Gegen eine Textverderbnis bereits Waldstein, in: ANRW II.15 (1976) 61f. Zu den Fragen des *depositum irre-*

Ganz ähnliches gilt für die *interrogatio,* mit der Papinian die gewählte Auslegung eines Freilassungsfideikommisses begründet:

Pal. 287 = D. 40.5.21 Pap. 19 quaest.

„Rogo, ne Stichus alterius servitutem experiatur". intellegi datam fideicommissam libertatem placuit principi: quid enim tam contrarium est servituti quam libertas? (...)

Ähnlich auch die Würdigung des Geschehens in:

Pal. 281 = D. 31.67.1 Pap. 19 quaest.[1254]

(...) quid est enim, quod de suo videatur reliquisse, qui quod relinquit omnimodo reddere debuit?

Für die Berechnung der *lex Falcidia* beim Familienfideikommiss sei auf das Testament des (ursprünglichen) Erblassers abzustellen, denn der Erbe, der den Bedachten auswähle, hinterlasse nichts von seinem eigenen Vermögen, sondern erfülle nur die Bedingung des ersten Testaments[1255].

Der (restriktiven) Auslegung eines Reskriptes dient die rhetorische Frage in:

Pal. 289 = D. 22.1.3pr. Pap. 20 quaest.[1256]

(...) sed puta legis Falcidiae rationem intervenisse. Ceterum si ante, quam ad iudicem perveniretur, in mora heres fuit, exinde fructuum praestandorum necessitate adstrictus qua tandem ratione, quoniam et sententia victus est, legitimi temporis spatio fructibus liberabitur, cum ea temporis intercapedo iudicato dilationem dare, non lucrum adferre debeat?

Wie Papinian durch die rhetorische Frage vor Augen führt, kann es nicht Zweck des Dekretes sein, den Erben zu bereichern.

Den Zweck einer Regelung betont auch:

Pal. 204 = D. 26.7.38.2 Pap. 12 quaest.[1257]

Unde quaerendum est, an actiones pupillus ei, qui solus convenitur, in alterum pro parte scilicet praestare debeat. sed cum propria cuiusque contumacia puniatur, qua fronte poterit hoc desiderari?

Untersucht wird, ob das Mündel dem Tutor, den es angegangen hat, die Klagen abtreten muss, die ihm gegen die übrigen Tutoren zustehen. Papinian verneint dies mit dem Hinweis auf die Säumnis des Tutors, deren Folgen er zu tragen habe.

Eine Rechtsregel rechtfertigt die Frage in:

Pal. 261 = D. 31.66pr. Pap. 17 quaest.[1258]

(...) Debitor autem non semper quod debet iure legat, sed ita, si plus sit in specie legati: si enim idem sub eadem condicione relinquitur, quod emolumentum legati futurum est?

---

gulare vgl. zuletzt Schuster, Römisch-rechtliche Exegese. Unregelmäßige Verwahrung, Pap. D. 16.3.24, JuS 2008, 245-250.

1254 Vgl. Dritter Teil I.1, S. 145f.

1255 Vgl. Dritter Teil I.1, S. 145 Fn. 681.

1256 Vgl. Erster Teil IV.3, S. 51-59.

1257 Zur Katene vgl. Vierter Teil II.2a, S. 202f

1258 Vgl. Zweiter Teil III.1, S. 81-88.

Danach muss das *legatum debiti* unwirksam sein, denn welcher Vorteil bestünde in einem Legat, das bereits Geschuldetes erneut hinterließe?
Ebenso eindringlich sind die Begründungen für das Noterbenrecht des Sohnes (Pal. 351) und für die Haftung des *liber bona fide serviens* (Pal. 326):

Pal. 351 = D. 38.6.7pr. Pap. 29 quaest.

(...) Nec dici potest heredem, sed non suum nepotem fore, quod proximum gradum numquam tenuerit, cum et ipse fuerit in potestate neque pater eum in hac successione praevenerit. Et alioquin si non suus heres est, quo iure heres erit, qui sine dubio non est adgnatus? Ceterum et si non sit exheredatus nepos, adiri poterit ex testamento hereditas a scripto herede filio mortuo: quare qui non obstat iure intestati, iure testati videbitur obstitisse.

Pal. 326 = D. 45.1.118pr. Pap. 27 quaest.

Liber homo, qui bona fide servit mihi, quod stipulanti mihi promittit, prope est, ut omnimodo sit utile, quamvis ex re mea promittat: nam quid aliud dici potest, quo minus liber homo teneatur?

Eigene Problemlösungen begründen nachgestellte *interrogationes* in[1259]:

Pal. 299 = D. 36.1.57.3 Pap. 20 quaest.[1260]

(...) Sed nec illud translaticie omittendum est instituto, qui coactus est adire, fideicommissi petitionem denegandam esse: cur enim non videatur indignus, ut qui destituit supremas defuncti preces consequatur aliquid ex voluntate?

Pal. 307 = D. 41.3.44.4 Pap. 23 quaest.[1261]

(...) cur non capiat usu, cum bona fides initio possessionis adsit, quamvis eum se per errorem esse arbitretur, qui rem ex causa peculiari quaesitam nec possidere possit?

In Pal. 299 verweigert Papinian dem Erben den sekundären Fideikommiss, wenn er die Erbschaft nur unter Zwang angetreten hat. Er sei unwürdig, das Erbe zu empfangen, da er den erblasserischen Willen, der nun Grundlage seines (erneuten) Erwerbs wäre, missachtet habe. Die *interrogatio* in Pal. 307 stellt heraus, dass der Irrtum über den eigenen Status nichts daran ändere, dass der Haussohn bei Besitzerwerb gutgläubig gewesen sei und daher ersitzen könne.
Die angeführten Belege zeigen, dass Papinian die rhetorische Frage trotz aller sachbedingten Unterschiede regelmäßig zur Steigerung der eigenen Überzeugungskraft verwendet[1262]. Sie dient einerseits dazu, die sachlich oder logisch ohnehin zu bejahende Evidenz herauszustellen, kann aber – gerade in der komplexen Form – auch zweifelhaftere Argumentationen stützen oder ihre Schwächen verdecken, indem die Frage den Blick einseitig auf die ihm günstigen Argumente lenkt. Die rhetorische Frage übertreibt mithin die Evidenz und Notwendigkeit der vorgeschlagenen Lö-

---

1259 Trotz des Fragewortes: Warum? liegt kein Fall der *ratiocinatio* als Figur vor, sondern eine rhetorische Frage. Zur Abgrenzung vgl. Schöpsdau, in: HWRhet. 3, 1996, Sp. 446f.

1260 Vgl. Erster Teil IV.2, S. 45-51.

1261 *cur non capiat usu, cum bona fides initio possessionis adsit, quamvis eum se per errorem esse arbitretur, qui rem ex causa peculiari quaesitam nec possidere possit?* Vgl. Dritter Teil II.2, S. 169-173.

1262 Zu ihrer Funktion vgl. Quint. 9, 2, 7-9, dazu Martin, 1974, 284f.

sung und zwingt das Publikum zur Zustimmung, nicht nur wegen des vorgetragenen Inhalts, sondern auch wegen der Frageform. Diese bedeutet einerseits einen Tadel des Hörers, der wegen seiner (scheinbaren) Begriffstutzigkeit bisher nicht derselben Meinung war[1263]; andererseits führt sie zu Abscheu des Publikums vor der Gegenmeinung, die derart gegen die Evidenz verstößt.

Der rhetorischen Frage ähnlich ist die ebenfalls nicht seltene *praecisio* (Aposiopese), das heißt die suggestive Verknappung eines Gedankens durch Abbruch des begonnenen Satzes (*reticentia*)[1264]. Bereits bekannt sind:

Pal. 264 = D. 35.1.71.3 Pap. 17 quaest.[1265]

(...) n u m q u i d adversus heredem mulieri, quae nihil deliquit, succurri debeat ob eam pecuniam, quae doti fuerat destinata?

Pal. 217 = D. 28.7.28 Pap. 13 quaest.[1266]

Si filius sub condicione heres erit et nepotes ex eo substituantur, cum non sufficit sub qualibet condicione filium heredem institui, sed ita demum testamentum ratum est, si condicio fuit in filii potestate, consideremus, n u m q u i d i n t e r s i t, q u a e c o n d i c i o f u e r i t a d s c r i p t a, (...)

In beiden Fragmenten dient der *numquid*-Satz dazu, einen Gedanken einzuführen, ohne vollständig das Für und Wider der Position darlegen zu müssen. Diese Andeutung wird im Fortgang aufgegriffen und argumentativ weiter genutzt.

Vergleichbar sind die mit *nonne* eingeleiteten Fragen:

Pal. 236 = D. 37.3.1 Pap. 15 quaest.[1267]

(...) quid ergo, si curator accipere nolit? n o n n e i u s t i u s a t q u e u t i l i u s e r i t a d e u n d e m m o d u m p r o x i m o c u i q u e p o s s e s s i o n e m d a r i, n e b o n a i a c e a n t? (...)

Pal. 244 =D. 29.2.84 Pap. 16 quaest.

(...) ergo si ventre pleno sit mulier, n o n n e i n i q u u m e r i t interea defunctum filium heredi suo relinquere nihil? (...)

Pal. 270 = D. 33.4.7.5 Pap. 18 quaest.[1268]

Quid ergo si patri heres solvendo non sit? n o n n e i u s t e m u l i e r i d a b i t u r a d v e r s u s v i r u m u t i l i s a c t i o d o t i s? cui dos perire non debet, quia non interposuit per errorem heres cautionem (...).

Ihre Wirkung auf den Zuhörer wird noch dadurch verstärkt, dass die Fragen an die *aequitas* appellieren, die Entscheidung mithin ethisch vorprägen und den Zuhörer in eine bestimmte Richtung lenken.

d. Weitere pathetische Begründungen

Die Evidenz einer Lösung kann dem Hörer oder Leser auch durch den Vergleich mit einem klaren Fall vermittelt werden. Pathetisch wirken diese Vergleichsfälle,

---

1263 Vgl. Föllinger, Gymnasium 113 (2006) 460f. und 464f. mwN.

1264 Lausberg, § 887, S. 438.

1265 Vgl. Dritter Teil II.1, S. 162-168.

1266 Vgl. Vierter Teil II.3b, S. 216f.

1267 Vgl. Kaser, RP I § 176 (178). I, 719 Fn. 10 u. 12; Liebs, in: ANRW II.15, 1976, 273.

1268 Zur Katene vgl. Vierter Teil III.2, S. 230 und 238.

wenn sie nicht (nur) rechtlich vergleichbare Sachverhalte liefern, sondern aufgrund ihrer Umstände bewegen.

Eine derartige Anspielung enthält:

Pal. 77 = D. 3.2.25pr.-1 Pap. 2 quaest.[1269]

pr. Exheredatum quoque filium luctum habere patris memoriae placuit, idemque et in matre iuris est, cuius hereditas ad filium non pertinet.

1 Si quis in bello ceciderit, etsi corpus eius non compareat, lugebitur.

Auch der enterbte Sohn sei verpflichtet, das Andenken des Vaters in Ehren zu halten, genauso wie wenn er das Erbe der Mutter nicht erhalte (aus dem *SC Orfitianum*). § 1 belegt diese Aussage, indem das Beispiel zeigt, dass es für das Totengedenken nicht auf materielle Erwägungen ankommt, denn sogar des gefallenen Soldaten, dessen Leichnam man nicht finde, werde gedacht. Damit erscheint es also anstößig, das Andenken der Eltern nur deshalb nicht zu ehren, weil der Sohn enterbt wurde.

Zum Zweck des Pathos kann der Jurist auch die Umstände ausmalen oder durch Beispiel exemplifizieren. Dies geschieht etwa dann, wenn er ein unvorhergesehenes Ereignis drastisch schildert wie in:

Pal. 342 = D. 12.6.3 Pap. 28 quaest.[1270]

Idem est et si solutis legatis nova et inopinata causa hereditatem abstulit, veluti nato postumo, quem heres in utero fuisse ignorabat, vel etiam ab hostibus reverso filio, quem pater obisse falso praesumpserat: (...)

Die Legatare müssten die erhaltenen Legate zurückerstatten, wenn der Erbe durch einen unvorhergesehenen Umstand die Erbenstellung verliert. Als pathetisch verdichtete Beispiele nennt Papinian die Geburt eines *postumus*, von dessen Existenz der Erblasser nichts wusste, oder die Rückkehr eines Sohnes aus der Kriegsgefangenschaft, von dem der Vater annahm, er sei verstorben. Sie zeigen, dass es angesichts des glücklichen Zufalls schändlich wäre, auf dem Behalt der Legate zu beharren.

Ganz analog argumentiert Papinian in:

Pal. 346 = D. 36.4.4 Pap. 28 quaest.[1271]

Plane si nova causa allegetur, veluti quod fideiussor decesserit aut etiam rem familiarem inopinato fortunae impetu amiserit, aequum erit praestari cautionem.

Auch hier exemplifiziert der Jurist die *nova causa* durch den Tod des Bürgen oder den schicksalhaften Verlust des gesamten Vermögens[1272], das heißt durch tragische Gründe, angesichts derer es unsittlich wäre, die erneute Sicherheitsleistung zu verweigern.

1269 Vgl. dazu Paulus, Postmortale Persönlichkeit, 1992, 54 Fn. 56.

1270 Vgl. Manthe, in: FS Wolf, 2000, 179; Gröschler, Actiones in factum, 260 Fn. 288. Zum Irrtumserfordernis bei der *condictio indebiti* vgl. Winkel, Error iuris nocet, 1985, 103f.

1271 Vgl. Ferrini, Teoria generale, 1889, 412 Fn. 4.

1272 Anders Solazzi, L'insolvenza del garante nelle stipulazioni pretorie, SDHI 22 (1956) 338, der dies für unpapinianisch und sachlich falsch erklärt.

Dass der gewählte Vergleichsfall auch hypothetisch sein kann, belegt:

Pal. 325 = D. 17.1.54pr.-1 Pap. 27 quaest.[1273]

pr. Cum servus extero se mandat emendum, nullum mandatum est. sed si in hoc mandatum intercessit ut servus manumitteretur nec manumiserit, et pretium consequetur dominus ut venditor et affectus ratione mandati agetur: finge filium naturalem vel fratrem esse (...)

1 Si liber homo bona fide serviens redimi se mandaverit idque nummis emptoris factum sit, contraria mandati actione agi posse constat, ut tamen actiones praestentur, quas habet emptor adversus venditorem: finge non manumisisse liberam personam emptorem.

Papinian befürwortet eine *actio mandati* auf das Affektionsinteresse des Verkäufers. Um die Notwendigkeit einer solchen Klage eindringlich vor Augen zu führen, fordert er den Hörer bzw. Leser auf, sich vorzustellen, beim Sklaven, der freigelassen werden sollte, handele es sich um einen Bruder oder leiblichen Sohn des veräußernden Eigentümers[1274]. Mit dieser Annahme lässt sich ein eigenes Freilassungsinteresse von dem Interesse des Käufers, die Patronatsrechte zu erwerben, abgrenzen. Da dieses auf Verwandtschaft oder Zuneigung zu dem Sklaven, also auf dessen Menscheneigenschaft beruht, wäre es verwerflich, es nicht anzuerkennen. Auch hier beeinflusst Papinian sein Publikum mithin durch Pathos.

Ähnliches gilt für § 1, in dem der Auftrag von einem *bona fide serviens* erteilt wurde. Papinian gewährt dem Käufer die *actio mandati contraria* auf den gezahlten Preis, sofern er dem *bona fide serviens* die Kaufklagen abtrete. Zur Begründung wird mit *finge* der Fall unterstellt, der Käufer habe den *bona fide serviens* nicht freigelassen, was bedeutet, dass er das hier wirksame *mandatum* verletzt hat und seinerseits mit der *actio mandati directa* angegangen werden kann[1275]. Es wäre aber widersprüchlich und verwerflich, dem einen (*bona fide serviens*) die Mandatsklage zu erteilen, dem anderen (Käufer) die Gegenklage zu verweigern[1276].

Auch die Umstände des Einzelfalles selbst können Pathos hervorrufen:

Pal. 119 = D. 5.3.50pr.-1 Pap. 6 quaest.[1277]

pr. Hereditas etiam sine ullo corpore iuris intellectum habet.

1 (...) quamvis enim stricto iure nulla teneantur actione heredes ad monumentum faciendum, tamen principali vel pontificali auctoritate compelluntur ad obsequium supremae voluntatis.

1273 Vgl. Honsell, Quod interest, 1969, 154, zuletzt Sicari, Leges, 1996, 283.

1274 Das Argument findet sich auch in Pal. 361 = D. 40.1.19 Pap. 30 quaest. Zum *pretium affectionis* vgl. Raber, in: FG Herdlitczka, 1972, 205f. (zum Text).

1275 *Finge* noch in Pal. 334 = D. 45.1.118.2 Pap. 27 quaest., aber ohne erkennbares Pathos. Zum *mandatum* des *bona fide serviens* vgl. Söllner, Irrtümlich als Sklaven gehaltene freie Menschen und Sklaven in unsicheren Eigentumsverhältnissen, Stuttgart 2000, 31, 74f. Zum *mandatum* des Sklaven vgl. Watson, Contract of Mandate in Roman Law, Oxford 1961, 35.

1276 Zur Konträrklage vgl. nur Kaser/Knütel, § 38 Rn. 20f.

1277 Zu § 1 vgl. Di Salvo, Legato modale, 1973, 141-44; Finazzi, L'exceptio doli generalis, 2006, 237-229.

Um zu beweisen, dass die Frage der Erbberechtigung auch dann rechtlich sinnvoll ist, wenn es keine Erbmasse gibt[1278], bildet Papinian in § 1 den Fall, in dem der Erblasser um Errichtung eines Denkmals gebeten hat. Selbst wenn die Erben rechtlich nicht verpflichtet seien, dieses Denkmal zu errichten, könnten sie durch den Kaiser oder den *pontifex maximus* zur Erfüllung des letzten Willens gezwungen werden. Auch hier wird die rechtliche Lösung durch die Reduktion auf die sittlichen Pflichten des Erben pathetisch verstärkt.

Oftmals führt eine besonders gefärbte Bewertung dieser Umstände zu einer pathetischen Gefühlsregung:

Pal. 112 = D. 48.5.37 Pap. 5 quaest.

Filium familias publico iudicio adulterium in uxorem sine voluntate patris arguere constitutum est: v i n d i c t a m e n i m p r o p r i i d o l o r i s c o n s e q u i t u r.

Papinian rechtfertigt das von der Genehmigung des Vaters unabhängige Klagerecht des Haussohnes bei Ehebruch seiner Frau damit, der Haussohn verfolge die Sanktion des eigenen Schmerzes.

Die Verwerflichkeit des Handelns betont:

Pal. 189 = D. 24.3.39 Pap. 11 quaest.[1279]

Viro atque uxore mores invicem accusantibus causam repudii dedisse utrumque pronuntiatum est. id ita accipi debet, ut ea lege quam ambo contempserunt, neuter vindicetur: p a r i a e n i m d e l i c t a m u t u a p e n s a t i o n e d i s s o l v u n t u r.

Wenn sich die Eheleute gegenseitig wegen Sittenverstoßes anklagen, werde keiner von beiden mit der Klage Erfolg haben, denn die Strafe werde durch die Gegenseitigkeit der Tat aufgehoben.

Erneut das Eltern-Kind-Verhältnis dient als Grundlage der Argumentation in:

Pal. 229 = D. 5.2.15pr. Pap. 14 quaest.[1280]

Nam etsi parentibus non debetur filiorum hereditas propter votum parentium et naturalem erga filios caritatem: t u r b a t o t a m e n o r d i n e m o r t a l i t a t i s n o n m i n u s p a r e n t i b u s q u a m l i b e r i s p i e r e l i n q u i d e b e t.

Die pathetische Begründung, der Wille und die Liebe der Eltern stehe einer Beerbung der eigenen Kinder entgegen, rechtfertigt[1281], dass der Jurist selbst bei Störung der natürlichen Todesreihenfolge *pietas* einfordert. Der durch das Schicksal der Eltern gerührte Zuhörer muss dieser Ansicht zustimmen.

e. Pathetische Wortwahl

Pathos kann sich auch aus der Wortwahl ergeben. Allseits bekannt ist die bereits häufiger untersuchte Eigenart Papinians, den Tod euphemistisch-verhüllend zu um-

1278 Vgl. auch Biondi, DER, 1954, 55, der den Ausdruck *iuris intellectum* mit Ausdrücken wie *possessio iuris* und *res incorporalis* gleichsetzt.

1279 Vgl. Söllner, Zur Vorgeschichte und Funktion der actio rei uxoriae, München 1969, 118. Zur privatrechtlichen Retention vgl. Kaser, Die Rechtsgrundlage der actio rei uxoriae, in: Ausg. Schriften I, 1976, 539.

1280 Vgl. zuletzt Manthe, in: FS Wolf, 2000, 181.

1281 Woran der *nam*-Satz anknüpft, ist in der Kompilation nicht mehr zu erkennen.

schreiben[1282]. Die damit zum Ausdruck gebrachte Schonung des Publikums dient ebenfalls der Pathos-Erregung, denn der Schrecken des Todes wird nur scheinbar verhüllt, in Wirklichkeit aber unterstrichen[1283].

Eine weniger bekannte, aber ebenso bemerkenswerte Besonderheit sind die in den *Quaestiones* häufigen Verpersönlichungen, das heißt die metaphorische Verwendung eines meist abstrakten Rechtswortes, so als ob es selbst belebt sei und dadurch Rechtsfolgen auslöste[1284]. Diese Metapher *ab animale ad inanimale* versinnlicht das Wirken des Rechts und vereindringlicht die von Papinian befürwortete Lösung. Bereits bekannt sind die Passagen:

Pal. 194 = D. 26.5.13.2 Pap. 11 quaest.[1285]

Sed si puella duodecimum annum impleverit, tutor desinit esse: quoniam tamen minoribus annorum desiderantibus curatores dari solent, si curator patronus petatur, fides inquisitionis pro vinculo cedet cautionis.

Pal. 340 = D. 46.3.95.3 Pap. 28 quaest.[1286]

(...) nam si minori viginti quinque annis bonae fidei pecuniam credidit isque nummos acceptos perdidit et intra tempora in integrum restitutionis decessit herede fideiussore, difficile est dicere causam iuris honorarii, quae potuit auxilio minori esse, retinere fideiussoris obligationem, quae principalis fuit et cui fideiussoris accessit sine contemplatione iuris praetorii. auxilium igitur restitutionis fideiussoris qui adulescenti heres extitit, intra constitutum tempus salvum erit.

Pal. 353 = D. 35.2.11.3 Pap. 29 quaest.[1287]

(...) sed videtur succurri debere, cum animus litigantis et optinendi votum hanc opinionem admittit.

Als typisch papinianisch muss dabei die eindringliche Gegenüberstellung im Rahmen einer Distinktion gelten (*aliud... aliud*), wie sie bekannt ist aus:

Pal. 272 = D. 35.1.71.1 Pap. 17 quaest.[1288]

(...) aliud est enim eligendi matrimonii poenae metu libertatem auferri, aliud ad testamentum certa lege invitari.

Pal. 86 = D. 16.2.16.1 Pap. 3 quaest.[1289]

Cum intra diem ad iudicati exsecutionem datum iudicatus Titio agit cum eodem Titio, qui et ipse pridem illi iudicatus est, compensatio admittetur: aliud est enim diem obligationis non venisse, aliud humanitatis gratia tempus indulgeri solutionis.

Wenn der Schuldner des Titius während der Urteilserfüllungsfrist auf Vollstreckung gegen den verurteilten Titius klagt, soll die Kompensation zulässig sein. Mit *aliud*...

1282 Vgl. Leipold, Sprache, 1891, 50f., Manthe, in: FS Wolf, 2000, 178-182.

1283 Zur suggestiven Kraft der *litotes* vgl. Lausberg, § 586, S. 304.

1284 Lausberg, § 559d, S. 287f.

1285 Vgl. Erster Teil III.1, S. 29-33.

1286 Vgl. Zweiter Teil V.2, S. 118-123.

1287 Vgl. Zweiter Teil IV.1, S. 93-103.

1288 Vgl. Zweiter Teil IV.2, S. 103-113.

1289 Zur Stelle vgl. zuletzt Pichonnaz, La compensation, 2001, 183-185 Rn. 657-662.

aliud weist Papinian einen möglichen Einwand des Schuldners gegen Titius' Verteidigung mittels Aufrechnung zurück[1290]: Die Urteilserfüllungsfrist hindere nicht die Fälligkeit der Forderung, sondern stelle einen Aufschub aus Gründen der Menschlichkeit dar.

Besonders häufig dient die Metapher aber zur Vereindringlichung der Erklärung. Bereits begegnet sind:

Pal. 75 = D. 48.19.33 Pap. 2 quaest.[1291]

Fratres imperatores rescripserunt servos in temporaria vincula damnatos libertatem et hereditatem sive legatum, postquam tempus expleverint, consequi, quia temporaria coercitio, quae descendit ex sententia, poenae est abolitio.

Pal. 85 = D. 26.7.36 Pap. 3 quaest.[1292]

Inter tutores divisa tutela est: aequitas, quae merum ius compensationis inducit, propter officium et personam agentis tutoris non differtur: nam divisio tutelae, quae non iuris, sed iurisdictionis est, modum administrationi facit et inter ipsos locum habet nec experiri cum pupillo volentibus obstare debet.

Pal. 215 = D. 28.2.23pr. Pap. 12 quaest.[1293]

Filio, quem pater post emancipationem a se factam iterum adrogavit, exheredationem antea scriptam nocere dixi: nam in omni fere iure sic observari convenit, ut veri patris adoptivus filius numquam intellegatur, ne imagine naturae veritas adumbretur, videlicet quod non translatus, sed redditus videretur: (...)

Pal. 175 = D. 18.7.7 Pap. 10 quaest.[1294]

(...). nec videntur haec inter se contraria esse, cum beneficio adfici hominem intersit hominis: enimvero poenae non irrogatae indignatio solam duritiam continet.

Pal. 270 = D. 33.4.7.4 Pap. 18 quaest.[1295]

Si forte per errorem cautio defensionis omissa sit ex causa fideicommissi filius dotem acceperit, ut indebitum fideicommissum non repeteretur: cautiones enim praestandae necessitas solutionem moratur, non indebitum facit quod fuit debitum: (...).

Hinzuzunehmen ist:

Pal. 256 = D. 7.4.2.1 Pap. 17 quaest.

Si non mors, sed capitis deminutio intercesserit, quia plura legata sunt, illius anni tantum, si modo ius fruendi habuit, fructus amissus erit: quod et in uno legatario, qui fructum in singulos annos accepit, defendendum est, ut commemoratio temporum repetitionis potestatem habeat.

1290 Zur Kompensation im Formularverfahren vgl. Pichonnaz, La compensation, 2001, 184 Rn. 660, Kaser/Hackl, RZ § 50.I, 344 mit Fn. 4 zur Stelle.

1291 Vgl. Vierter Teil II.2/4, S. 205 und S. 218.

1292 Vgl. Vierter Teil II.2, S. 202 Fn. 961 und III.2, S. 239 Fn. 1180.

1293 Vgl. Vierter Teil II.4, S. 223.

1294 Vgl. Börner, Zur Auslegung von Dig. 18.7.7, SZ 71 (1954) 359-373; Holthöfer, Ein Beitrag zur Auslegung und Interpretationsgeschichte des Fragments D. 18.7.7, Ius Commune 1 (1967) 150-180; zuletzt Sicari, Leges, 1996, 290-301.

1295 Vgl. Vierter Teil III.1, S. 230 und III.2, S. 238.

Ist der durch Legat bedachte Usufruktuar durch *capitis deminutio* in seiner Rechtsfähigkeit beschränkt, verliert er bei einem Legat *in singulos annos* nur die Jahre, die die Beschränkung andauert[1296]. Papinian beschreibt diese Wirkung mit den Worten, die Nennung der einzelnen Zeiträume habe die Wirkung einer Wiederholung, was bedeutet, dass der *ususfructus* für die Zeit nach der *capitis deminutio* wieder aufleben kann.

Eine Rechtsregel veranschaulicht:

Pal. 337 = D. 42.6.3pr. Pap. 27 quaest.[1297]

Debitor fideiussori heres extitit eiusque bona venierunt: quamvis obligatio fideiussionis extincta sit, nihilo minus separatio impetrabitur petente eo, cui fideiussor fuerat obligatus, sive solus sit hereditarius creditor sive plures. neque enim ratio iuris, quae causam fideiussionis propter principalem obligationem, quae maior fuit, exclusit, damno debet adficere creditorem, qui sibi diligenter prospexerat.

Tritt der Schuldner dem Bürgen als Erben ein und wird das Vermögen des Schuldners im Wege der *venditio bonorum* aufgeteilt, kann der Bürgschaftsgläubiger Trennung der Massen verlangen. Die Konfusionswirkung des Erbfalls wird hier zum Schutz des Gläubigers begrenzt.

Ebenfalls das Schicksal der Bürgschaft beim Erbfall betrifft:

Pal. 385 = D. 46.1.50 Pap. 37 quaest.[1298]

Debitori creditor pro parte heres extitit accepto coherede fideiussore: quod ad ipsius quidem portionem attinet, obligatio ratione confusionis intercidit aut (quod est verius) solutionis potestate: sed pro parte coheredis obligatio salva est non fideiussoria, sed hereditaria, quoniam maior tollit minorem.

Der Gläubiger ist dem Schuldner gemeinsam mit dem Bürgen der Hauptschuld als Teilerbe eingetreten. Papinian entscheidet, dass die Verpflichtung des Schuldners durch Konfusion und jedenfalls durch die Zahlung erloschen sei. Letzteres ist wohl keine Glosse[1299], sondern so zu verstehen, dass Papinian auch den Fall einbeziehen will, in dem der Gläubiger die Erbschaft erst angenommen hat, nachdem ihm für den dadurch entstehenden Forderungsausfall Ersatz geleistet worden ist[1300]. Nach dem Erbschaftsantritt erlischt die Bürgenschuld des Miterben in Höhe des Gläubigeranteils am Erbe. Hinsichtlich des eigenen Anteils haftet der Miterbe dagegen wie ein Schuldner, denn die Hauptschuld verdrängt die Bürgenschuld als Minus.

Das bekannte Motiv der Eltern, ihre Kinder nicht zu überleben, personifiziert:

1296 Zur Versorgungsfunktion dieses Legats vgl. Wieling, Testamentsauslegung, 1972, 154f.

1297 Zum § 1 vgl. Vierter Teil I.2, S. 181.

1298 Vgl. Paulus, Postmortale Persönlichkeit, 1992, 259f.; Kieß, Confusio, 1995, 170f.

1299 So aber noch Kieß, Confusio, 1995, 171. Hilfreich demgegenüber schon Liebs nach Spengler, Bericht über den 31. Deutschen Rechtshistorikertag, Wien 24. - 28. September 1996, SZ 114 (1997) 660: „uneigentliches aut".

1300 Zum Verhältnis *confusio- solutio* vgl. Pal. 340 = D. 46.3.95.2 Pap. 28 quaest.

Pal. 351 = D. 38.6.7.1 Pap. 29 quaest.[1301]

1 Non sic parentibus liberorum, ut liberis parentium debetur hereditas: parentes ad bona liberorum ratio miserationis admittit, liberos naturae, simul et parentium commune votum.

Es ist das Mitleid über den Verlust der Kinder, das den Juristen bewegt, die Eltern am Nachlass der Kinder teilhaben zu lassen[1302].

In diesen Fragmenten entsteht der Eindruck, die Rechtsinstitute selbst seien Lebewesen, deren Verhalten zwangsläufig eine bestimmte Rechtsfolge hervorrufe[1303]. Der Zuhörer oder Leser kann sich diesem Automatismus nur schwer entziehen, da auch hier die Evidenz zur Übernahme der papinianischen Lösung zwingt[1304]. Gleichzeitig sind die so dargelegten Begründungen und Ergebnisse besonders gut nachvollziehbar und erfüllen damit auch einen didaktischen Zweck.

4. Ergebnis

Auch das hier skizzierte Gesamtbild der Mikrostrukturen in Papinians *Quaestiones* belegt, wie stark die rechtliche Argumentation des Spätklassikers rhetorisch geprägt ist. Dies gilt zum einen für den Aufbau der sachlichen Beweisführung, deren dialogische Struktur nicht nur Ausdruck einer suchenden Unterweisung, sondern auch affektische Nachahmung einer derartigen Unterweisung ist[1305]. Zum andern ist hervorzuheben, wie häufig sich Papinian auch ethischer und pathetischer Beweisführung bedient, um seine rechtliche Argumentation zu verstärken. Dabei ist gegenüber Schulz zu betonen[1306], dass der rhetorische Schmuck nicht das Sachargument ersetzt, sondern nur ergänzt und überhöht, womit kein Grund besteht, die kunstvolle und rechtlich einwandfreie, aber eben rhetorisch geprägte Argumentation als Interpolation oder nachklassische Bearbeitung zu verwerfen. Umgekehrt ist gegenüber Manthe darauf hinzuweisen, dass die rhetorische Prägung der papinianischen Argumentation weniger auf einen bestimmten Charakter des Spätklassikers schließen lässt als auf eine umfassende und der Entstehungszeit der *Quaestiones* angemessene rhetorische Bildung[1307]. Auch dort nämlich steht die *aequitas* im Zentrum der rednerischen Selbstdarstellung, die Papinian in seinen *Quaestiones* kunstgerecht, aber aus rhetorischer Sicht auch nicht übermäßig originell anwendet.

1301 Vgl. Kaser, Ius gentium, 1993, 90 mwN Fn. 360.

1302 Vgl. Pal. 229 = D. 5.2.15pr. Pap. 14 quaest.; Vierter Teil III.3c, S. 258.

1303 Zur analogischen Deutung der Metapher vgl. Eggs, in: HWRhet. 5, 2001, Sp. 1103f.

1304 Dies entspricht der Forderung des Aristoteles, das Unbewegte zu Bewegtem zu machen, vgl. Arist. Rhet. 1411b 24f., dazu auch Eggs, in: HWRhet 5, 2001, Sp. 1108.

1305 Vgl. Vierter Teil I.5, S. 190-192.

1306 Zu Schulz vgl. Einleitung S. 10f.

1307 Abzulehnen insbesondere Manthe, in: FS Wolf, 2000, 180f.

FÜNFTER TEIL: ERGEBNISSE UND FOLGERUNGEN

Als Gesamtergebnis des Ersten bis Vierten Teils ist die Verzahnung von rechtlicher und rhetorischer Argumentation herauszustellen. Sie betrifft sowohl die Grundstrukturen der Erörterung als auch das einzelne Argument und stellt mithin ein wesentliches Merkmal der papinianischen *Quaestiones* dar. Vor diesem Hintergrund ist nun weiter nach der Berechtigung des Titels, dem allgemeinen Verhältnis von Rhetorik und Recht in diesem Werk und letztlich nach der Werkgattung und möglichen Adressaten der Schrift zu fragen.

I. Zum Titel *Quaestiones*

Mit der Wahl des Titels *Quaestiones* stellt Papinian die Wissensaneignung und – vermittlung durch den Dialog in den Mittelpunkt, die – wie der Vierte Teil gezeigt hat – das Vorgehen insgesamt prägt[1308]: Die rechtlichen Probleme werden mithilfe eines Frage-Antwort-Schemas aufgeworfen, behandelt und einer Lösung zugeführt, wobei typische Techniken und Formulierungen erkennbar sind[1309]. Dieses Vorgehen zieht sich durch das gesamte Werk, ist also unabhängig von thematischen Schwerpunkten der Katenen.

Geht man von diesen Katenen aus, ergibt sich ein weiterer Anknüpfungspunkt für die Wahl des Titels. Da *quaestio* in den rhetorischen Schriften mit schillernder Bedeutung verwendet wird, lässt sich der Begriff auch als Methodenbeschreibung für die drei Katenentypen lesen: Wenn Cicero die Streitfrage bei der Auslegung und Anwendung von Gesetzen im Rahmen der Statuslehre als *quaestio* bezeichnet[1310], können auch Papinians Kommentierungen des Kaiserrechts, die an der Statuslehre orientiert sind, als *quaestiones* gelten (Erster Teil). *Quaestiones* sind aber auch die im Rahmen der dialektischen Auseinandersetzung formulierten Prämissen (*πρότασις διαλεκτική*), die sich zum Angriff auf eine anerkannte Meinung (*ἔνδοξα*) eig-

1308 Zur Wissensaneignung im Dialog vgl. Einleitung, S. 16f., Vierter Teil I.5, S. 190f., II.5, S. 225f.

1309 Vgl. oben Vierter Teil I.1-4, S. 175-190 und II.1-4, S. 192-225.

1310 Vgl. Cic. inv. 1, 10, dazu Calboli Montefusco, 'Status', 1986, 3f. mwN Fn. 8.

nen[1311], so dass auch die Varianten, die Papinian bei der Diskussion fremder Juristenmeinungen bildet, den Titel *Quaestiones* rechtfertigt (Zweiter Teil). Schließlich wird *quaestio* in der Rhetorik auch für ein prüfendes Aufwerfen von Fragen verwendet[1312], so dass auch die Katenen, die der eigenen Problemerörterung gewidmet sind, rhetorisch als *quaestiones* bezeichnet werden können (Dritter Teil).

Gemeinsames Merkmal dieser unterschiedlichen Aspekte des Begriffs ist die Streitigkeit oder Offenheit der zu behandelnden Fragen. Diese recht allgemeine Qualifizierung ist entgegen Schulz[1313] keine bloße Prätention. Vielmehr erlaubt sie, das Werk von anderen Gattungen, insbesondere von den *Responsa* Papinians, zu unterscheiden[1314]. Während die *Responsa* über die Entscheidung von Rechtsfällen berichten, also Ergebnisse mitteilen, sind die *Quaestiones* schon vom eigenen Programm her kein Bericht, sondern ein Diskussionsbeitrag zum *ius controversum*. Dies gilt selbst dort, wo *Responsa* in den *Quaestiones* eingelegt oder eingefügt sind, denn sie dienen erkennbar nur dazu, das zu behandelnde Problem besonders anschaulich oder besonders eindringlich vor Augen zu führen, nicht aber eine fixe Lösung zu präsentieren[1315]. Zu dieser Werkbeschreibung fügt sich auch der Inhalt der Schrift: Wie gezeigt, verfolgt Papinian in allen drei Katenentypen den Zweck, das Recht fortzubilden, neue Lösungsansätze vorzustellen und seinem Publikum nahezubringen[1316]. Die rhetorisch inspirierte Terminologie gibt also das juristische Anliegen getreu wieder.

Treibt man die rhetorische Qualifizierung der *Quaestiones* noch einen Schritt weiter, muss man die Schrift dem *genus deliberativum* zuweisen, also der Gattung der Beratungsrede, die auf zukünftiges Handeln nach dem Maßstab des *utile – inutile* gerichtet ist[1317]. Diesem Zweck gehorcht auch die rednerische Selbstdarstellung Papinians, der permanent seine ethische Gesinnung betont, indem er das rechtliche Argument im Sinne der *aequitas* überhöht[1318]. Dieser Qualifizierung steht nicht entgegen, dass der Erste Teil Elemente des *genus iudiciale* (Statuslehre) und der Dritte Teil Elemente der Lobesrede (*genus laudativum*) enthält. Wie die nähere Untersuchung gezeigt hat, unterstehen nämlich beide Argumente dem Beratungszweck: Durch die Anwen-

1311 Vgl. Zweiter Teil I, S. 64-67.

1312 Vgl. auch Aristot. top. 101b 16.

1313 Vgl. Einleitung, S. 17 mit Fn. 110.

1314 Vgl. dazu bisher Frezza, SDHI 43 (1977) 217f. (*Responsa*) und 217-221 (*Quaestiones*). Zur Mündlichkeit in Papinians *Responsa* vgl. Liebs, Römische Rechtsgutachten und 'responsorum libri', in: Vogt-Spira, Strukturen der Mündlichkeit in der römischen Literatur, Tübingen 1990, 91f.

1315 Zu eingelegten *Responsa* vgl. Vierter Teil I.3, S. 184-187.

1316 Zu Innovationen Papinians vgl. bes. Zweiter Teil II.1, S. 69, III.2, S. 88, IV.1, S. 102, V.2., S. 118, V.6, S. 133, Dritter Teil I.1, S. 144, I.2, S. 158f., III, S. 173.

1317 Vgl. Lausberg, §§ 224-238, S. 123-129. Diese Einteilung gilt, wenn man von einer *res dubia* ausgeht.

1318 Vgl. Vierter Teil III, S. 226-238.

dung der *status*-Lehre erprobt Papinian die Heranziehung der kaiserlichen Einzelfallentscheidung vor Gericht, beweist also die praktische Tauglichkeit der eigenen Interpretation[1319]. Das Herrscherlob schließlich fordert auf, dem Vorbild zu folgen[1320], ist also nicht rein epideiktischer Natur, sondern dient dazu, den Beratenen noch stärker in eine bestimmte Richtung zu lenken.

II. Zu Recht und Rhetorik in Papinians Werk

Sowohl die Untersuchung der Katenen als auch der verbleibenden Fragmente hat gezeigt, dass rhetorische und rechtliche Argumentation voneinander abhängig sind und nur gemeinsam eine sinnvolle Deutung der Schrift erlauben[1321]. Dabei sind trotz des fragmentarischen Überlieferung der Schrift keine Qualitätsabfälle erkennbar. Vielmehr steht die Argumentation durchgängig auf einem hohen Niveau, was sich vor allem in dem hochkomplexen und fein gesponnenen Argumentationsnetz manifestiert, das vielfache Verbindungslinien zwischen verschiedenen Rechtsgebieten spannt[1322]. Es bestehen mithin keine Anhaltspunkte dafür, dass das Werk oder wesentliche Teile nicht von Papinian selbst stammen[1323].
Die immer wieder hervorgehobene Bedeutung des rhetorischen Elements stellt die rechtliche Fundierung der papinianischen Argumentation nicht in Frage. Da das Recht das Material ist, das durch die rhetorische Methode erhellt und fortgebildet wird, bleiben seine Vorgaben, z.B. mit Blick auf die Rechtsnatur und Geltung einer Regelung, bestehen[1324]. Nur dort, wo das Recht umstritten oder unsicher ist, greift der Jurist auf das gesamte rhetorische Argumentationsrepertoire zurück, um das Publikum weiter zu verunsichern und sodann für seine Position einzunehmen[1325]. Dass er dabei auch vor ethischer oder pathetischer Beweisführung nicht zurückschreckt, scheint auf den ersten Blick dem Charakter als Fachtext zu widersprechen.

1319 Vgl. Erster Teil I, S. 22f., V, S. 59-61.

1320 Vgl. Dritter Teil I.1, S. 150-152.

1321 Vgl. Erster Teil V, S. 59-61, Zweiter Teil VI, S. 134-137, Dritter Teil II, S. 173f.

1322 Vgl. z.B. Erster Teil IV.2, S. 45-51, Zweiter Teil III.2, S. 88-92, V, S. 113-133, Dritter Teil, I.2, S. 152-159, II.2, S. 169-173.

1323 Zum „papinianisierenden Bearbeiter“ vgl. Einleitung, S. 10-13.

1324 Ein eigentliches Konkurrenzproblem stellt sich damit nicht. Zur Streitfrage vgl. die Übersicht bei Hohmann, in: HWRhet. 4, 1998, Sp. 785f.

1325 Zur Bedeutung von Kontroversen vgl. grundlegend Kaser, in: La Critica del Testo, 1971, 301-310, ders., Zur Methodologie, 1972, 19-32. Interessant jetzt der Ansatz von Leesen, Gaius meets Cicero, 2010, die Kontroversen zwischen Sabinianern und Proculianern aus der rhetorischen Theorie zu erklären.

Wie aber Fögen für Fachtexte anderer Disziplinen gezeigt hat, dürften die Grenzen zwischen Literatur und Fachtexten in der Antike stärker fließen, als dies bisher anerkannt war[1326]. Dass man gerade die juristische Literatur als isoliert gegenüber der kulturellen Entwicklung angesehen hat, dürfte auch damit zusammenhängen, dass die Kompilation die literarischen Qualitäten der Texte zerstört hat. Damit sind wesentliche Informationen, die wie Prooimum, Aufbau und Widmung Aufschluss über den Autor und seine Intentionen liefern[1327], für die Werke der klassischen römischen Juristen verloren gegangen.
Begreift man dagegen Papinians *Quaestiones* als literarisches Werk, erlaubt der sich aufdrängende Vergleich mit nicht-juristischen Schriften weitergehende Schlussfolgerungen zum möglichen Zweck und Anlass dieser Schrift.

III. Werkgeschichtliche Schlussfolgerungen

Aus dieser Perspektive ist zunächst Stellung zu nehmen zu der verbreiteten Annahme, Papinians *Quaestiones* seien ein Unterrichtswerk, verstanden als Schrift aus dem eigenen Rechtsunterricht des spätklassischen Juristen.

1. Die Quaestiones *als Unterrichtswerk?*

Diese Annahme beruht auf den für das Werk typischen Frage-und-Antwort-Strukturen, die meist im Sinne eines Berichts über ein Lehrer-Schüler-Gespräch gedeutet werden[1328]. Eine erste Schwäche dieser These liegt darin, dass es sich gerade nicht um Unterrichtsberichte, sondern um fiktive Gespräche im Sinne einer dialogischen Unterweisung handeln dürfte[1329]. Die zweite Schwäche dieser These ergibt sich daraus, dass es neben dem Schluss aus der sprachlichen Gestaltung der *Quaestiones* keine weiteren Belege für Rechtsunterricht durch Papinian gibt. Zwar berichtet die *Historia Augusta*, Ulpian und Paulus seien Schüler Papinians gewe-

1326 Fögen, Wissen, 2009, 26-66, der als wesentliches Merkmal der Abgrenzung nur die Lexik festhält. Zuvor bereits Meißner, Fachliteratur, 1999, 85f. (Lehrgedichte), 223f., 261f. (Bildungsideal).

1327 Zur Auswertung dieser Elemente für die technische Literatur vgl. v.a. Meißner, Fachliteratur, 1999, 105 Fn. 330, 199, 209f., 213 Fn. 350, 277 Fn. 601, 317 Fn. 766.

1328 Vgl. Jörs, s.v. Aemilius Papinianus, in: RE I, 1, 1893, 573; Frezza, SDHI 43 (1977), 220: „Papiniano ha collocato (...) nei libri quaestionum la sua attività di maestro"; allgemein Liebs, in: HLL IV,1997, § 413, S. 100. Kritisch bereits ders, in: ANRW II.15, 1976, 220, der deutlich macht, dass die Vermutung, Papinian sei Rechtslehrer gewesen, allein auf dem *Quaestiones*-Werk beruht.

1329 Vgl. Vierter Teil I.V, S. 190f., II.5, S. 225f.

sen[1330]. Es muss aber bezweifelt werden, dass dies wirklich besagt, Papinian habe als Rechtslehrer im Sinne einer privaten Lehrtätigkeit gewirkt[1331]. Auch das Protokoll des Paulus (D. 12.1.40 Paul. 3 quaest.), das eine Diskussion über eine Anfrage im *auditorium* wiedergibt[1332], beweist für diese These nichts, denn *auditorium* dürfte hier auf einen Gerichtssaal hinweisen und damit auf eine (nichtöffentliche) gerichtliche Beratung, etwa vor dem *praefectus praetorio* Papinian[1333]. Paulus' Bericht zeigt lediglich, dass Papinian die Beratung unter Beteiligung anderer Juristen leitete, eine Tätigkeit als Rechtslehrer belegt er dagegen nicht.
Vergleicht man das Werk mit Schriften, die erwiesenermaßen dem Rechtsunterricht dienten, spricht die Schwierigkeit, die die Argumentation in den *Quaestiones* über weite Strecken kennzeichnet, zudem eher dagegen, sie als Elementarwerk der Ausbildungsliteratur für die Reichsverwaltung anzusehen[1334]. Da die Argumentation ein informiertes Publikum voraussetzt, könnte man allenfalls an Fortgeschrittenenliteratur denken[1335]. Auch für diese Annahme fehlen aber weitere Anhaltspunkte. Daher erscheint es zielführender, auf bisher vernachlässigte Parallelen aus der nichtjuristischen Literatur zurückzugreifen, um eine Hypothese zum Werkcharakter zu formulieren.

2. Vergleich mit nichtjuristischen Werken (Diatribe)

Wie der Titel, so erinnert auch die Prägung des Gesamtwerkes an rhetorisch-philosophische Erziehungsschriften, wie sie prominent Senecas *Quaestiones* und Epiktets *διατριβαί* verkörpern[1336]. Diese aus der Volkspredigt stammende Gattung

1330 Vgl. HA Alex. Sev. 25 und Spart. Pesc. Nig. 7, 4, dazu Bremer, Rechtslehrer und Rechtsschulen, 1868, 61; kritisch Leipold, Sprache, 1891, 8.

1331 Vgl. Bremer, Rechtslehrer und Rechtsschulen, 1868, 15-20, ähnlich Kübler, s.v. Rechtsunterricht, in RE II A, 1 (1920), 396f. Der Hinweis Bremers auf D. 40.15.1.4 Marcian. l.S. de delator. ist nicht schlagend, denn – wie schon der Werktitel zeigt – geht es ja gerade um die Ausübung einer gerichtlichen Tätigkeit, vgl. dazu Dell'Oro, I libri de officio nella giurisprudenza romana, Mailand 1960, 30 mit Fn. 4 mwN. Zur Disputation in den Schulen vgl. auch Kunkel, Herkunft, ^{2}1967, 342f.

1332 Zu den sachlichen Fragen vgl. Knütel, in: FS Kaser, 1976, 216-221; zuletzt Gröschler, TR 74 (2006) 263f.

1333 Vgl. bereits Kunkel, Herkunft, ^{2}1967, 342 Fn. 727, differenzierend Liebs, in: ANRW II.15, 1976, 237 mit Fn. 213. Zur Nichtöffentlichkeit der Beratungen vgl. Kunkel, jetzt in: Kl. Schriften, 1974, 252f.; zum *praefectus praetorio* vgl. Liebs, in: aaO. mit Fn. 213 a.E.

1334 Zum Elementarunterricht vgl. Liebs, in: HLL IV, 1997, § 425, S. 187f. Zur Aufklärung von Laien über Expertenwissen vgl. Meißner, Fachliteratur, 1999, 348-350.

1335 Zu den *Quaestiones publice tractatae* des Scaevola vgl. Liebs, in: Akten des 36. Rechtshistorikertages, 2008, 53-57 mwN.

1336 Zu Seneca vgl. Maurach, Hermes 93 (1965) 337-369; Waiblinger, Senecas Naturales Quaestiones. Griechische Wissenschaft und römische Form, München 1977; Gauly, 2004. Zu Epiktet vgl. Wehner, Dialogstruktur, 2000.

der Diatribe[1337] zeichnet sich durch eine konsequente Dialogstruktur aus, die durch die Nachahmung von Gesprächselementen und andere rhetorische Figuren verstärkt wird[1338].

Der Vergleich von Papinians *Quaestiones* mit diesen Werken ergibt eine weitergehende Übereinstimmung hinsichtlich der rhetorischen Gesprächselemente, der verwandten Stilmittel und der thematischen Schwerpunkte: So zeichnet sich die Diatribe durch die leitende Gesprächsführung des Lehrers aus, der durch seine Fragen die Argumentation leitet, ein Gegenargument eines fiktiven Zwischenredners schlagend entkräftet[1339] und dabei den Gegner durch rhetorische Fragen demütigt[1340]. Auch die Dialoge in Papinians *Quaestiones* vermitteln den Eindruck der argumentativen Überlegenheit des Juristen, der die gegnerischen Einwände meist übergeht oder abtut, durch rhetorische Fragen als unhaltbar herausstellt und der die gesamte Gedankenführung bestimmt[1341]. Besonders auffällig für ein Werk der juristischen Fachliteratur ist aber, dass die *Quaestiones* auch typische Stilmittel der Diatribe, wie die Personifikation abstrakter Begriffe[1342], *exempla*[1343] und Sentenzen[1344], gebrauchen und die rechtliche Erörterung thematisch die Schwerpunkte der Diatribe[1345] aufgreift. So knüpft Papinian seine Erörterungen immer wieder an die allgemeinen menschlichen Themen an, die wie Armut, Verbannung, Alter und Tod eher zu einem philosophischen Werk als zu einem Juristentext zu passen scheinen. Aus moderner Sicht mag diese philosophische Überhöhung bzw. rhetorische Herabbrechung einer rechtlichen Fragestellung auf das Alltagserleben einem Fachtext unan-

1337 Capelle, s.v. Diatribe, in: RAC III, 1957, Sp. 991. Abweichend Stowers, in: HWRhet. 2, 1994, Sp. 629 und ders., The Diatribe, 1981, 48-78.

1338 Vgl. Stowers, in: HWRhet. 2, 1994, Sp. 627. Der Artikel fasst die Ergebnisse der grundlegenden Studie Stowers, The Diatribe, 1971 zusammen, vgl. dort, 140. Wichtig auch Wallach, Lucretius and the Diatribe against the fear of death. De rerum natura III 830-1094, Leiden 1976, 7-10; zuletzt Wehner, Dialogstruktur, 2000, 15f., beide mwN. Aus der früheren Lit. nur Capelle, s.v. Diatribe, in: RAC III, 1957, Sp. 992.

1339 Vgl. Stowers, in: HWRhet. 2, 1994, Sp. 628. Zu Dialogstrukturen in der Fachliteratur vgl. allgemein Hirzel, Der Dialog. Ein literaturhistorischer Versuch II, Leipzig 1895 (zur kaiserzeitlichen Tradition, allerdings ohne die juristische Literatur); seitdem Kalmbach, Der Dialog im Spannungsfeld von Schriftlichkeit und Mündlichkeit, Tübingen 1996, zuletzt Föllinger, in: Fögen, Antike Fachtexte, 2005, 221-234 mwN.

1340 Capelle, s.v. Diatribe, in: RAC III, 1957, Sp. 992f. Ebenso Stowers, in: HWRhet. 2, 1994, Sp. 628 mit Beispielen.

1341 Zu den rhetorischen Fragen vgl. Vierter Teil III.3, S. 249-255.

1342 Vgl. Vierter Teil III.3, S. 259-261.

1343 Vgl. Erster Teil IV.3, S. 56-58, Zweiter Teil II.2, S. 79f., IV.1, S. 97f., Dritter Teil II, S. 159-173, Vierter Teil II.3, S. 210, 214, III.3, S. 246-248.

1344 Zu allen vgl. Capelle, s.v. Diatribe, in: RAC III, 1957, Sp. 992. Ähnlich Marrou, s.v. Diatribe, in: RAC III, 1957, 998, Stowers, in: HWRhet. 2, 1994, Sp. 628.

1345 Capelle, s.v. Diatribe, in: RAC III, 1957, Sp. 993; ausführliche Übersichten bei Oltramare, Les origines de la diatribe romaine, 1926, 44-65 (griech.) und 263-292 (Seneca).

gemessen sein. Wie Senecas *Naturales Quaestiones* beweisen, ist dies jedoch für die Antike nicht ausgeschlossen, da auch Seneca Naturerscheinungen und naturwissenschaftliche Vorgänge an das Schicksal des einzelnen Menschen anknüpft[1346] und die ethische Reifung seines Schülers gerade auch durch die Darstellung dieser Vorgänge vorangetrieben wird[1347].
Ethik ist – wie gesehen – auch ein zentrales Anliegen der papinianischen *Quaestiones*, so dass es naheliegt, auch diese letzte Parallele zwischen *Quaestiones* und Diatribe fruchtbar zu machen[1348]. Die häufigen Bezugnahmen und die Überhöhung der juristischen Argumentation mithilfe der *aequitas* wären dann als Hinweis auf den allgemeinen Erziehungszweck des Werkes zu deuten, das den Leser zur Vervollkommnung der eigenen Lebensführung führen soll[1349]. Durch die Darstellung der offenen Rechtsfragen und die Überzeugungsarbeit mit Blick auf den eigenen Lösungsvorschlag verfolgte Papinian weitergehend einen allgemeinen philosophisch-rhetorischen Unterweisungszweck. Nur in diesem Sinne wäre also von einem „Lehrwerk" zu sprechen.

3. Mögliche Adressaten

Akzeptiert man faute de mieux diese Erklärung der *Quaestiones* aus der literarischen Parallele bei Seneca und Epiktet, stellt sich die weitere Frage nach den Adressaten eines Werkes, das auf derart spezifische Weise rechtliche Fragen und ethischen Erziehungszweck verbindet. Die offenbare Singularität dieses Programms in der juristischen Literatur spricht dafür, eine gegenüber anderen Juristen besondere Situation oder Eigenart des Verfassers als Erklärungsansatz zu wählen. Damit scheidet Papinians Beteiligung in der Reichsverwaltung als solche aus, denn auch Ulpian und Paulus bekleideten bekanntlich hohe Ämter und waren im *consilium* zugegen[1350]. Bei dem wenigen, was wir über Papinian wissen, fällt aber der Bericht der *Historia Augusta* ins Auge, nach dem Papinian von Septimius Severus beauftragt worden sei, die Einheit (*concordia Augusta*) zwischen Caracalla und Geta herzustellen und zu wahren[1351]. Gerade weil die *Quaestiones* die Unterweisung in Rechtsfragen als Diatribe gestalten, erscheint es möglich, sie mit diesem Erziehungsauftrag in Verbindung zu bringen. Als weitere Indizien zur Stützung dieser Spekulation seien Caracallas juris-

1346 Zur moralischen Unterweisung vgl. Gauly, 2004, 87-134.

1347 Stowers, in: HWRhet. 2, 1994, Sp. 629.

1348 Diese ethische Besserungsabsicht geht über die in den sonstigen dialogisch angelegten Fachschriften bezweckte Wissensvermittlung hinaus, vgl. dazu die Übersicht bei Föllinger, in: Fögen, Antike Fachtexte, 2005, 233.

1349 Diese Überhöhung der eigenen Disziplin fügte sich gut zum Programm, das eigene Fach voranzutreiben, vgl. dazu Meißner, Fachliteratur, 1999, 237f. (zu Galen); Wehner, Dialogstruktur, 2000, 24f.; Fögen, Wissen, 2009, 291f.

1350 Vgl. zuletzt Liebs, Hofjuristen, 2010, Kap. 1, 12.2, 12.3, 13.4, 14.1, 14.3. mwN.

1351 HA Carac. 8, 3 (...) *et huic praecipue utrumque filium a Severo commendatum atque ob hoc concordiae fratrum Antoninorum favisse* (...), dazu Behrends, in: Literatur und Recht, 1996, 263f.

tisches Talent und Interesse für Rechtsfragen genannt[1352] sowie die Aussagen über Caracallas Stil: Er gilt als rhetorisch überladen und histrionisch oder ungeschickt und dunkel[1353], wird also mit Vokabeln bedacht, die man je nach Zeitgeist auch für Papinians Stil verwendet hat. Von daher scheint es nicht ausgeschlossen, dass seine wie Getas rhetorisch-juristische Ausbildung der eigentliche Anlaß und Zweck von Papinians *Quaestiones* war.

Sicherheit ist über diesen Punkt ebensowenig zu erlangen wie über Papinians Motivation, seine juristische Darlegung als philosophisch-rhetorisches Lehrstück aufzuführen. Dass sein Werk über ein übliches Maß hinaus rhetorisch geprägt ist und er die juristische Darstellung in besonderer Weise sprachlich und stilistisch aufbereitet hat, ist dagegen als bewiesen anzusehen. Damit aber wird auch für andere römische Juristen die Frage nach Eigenart und Kennzeichen ihrer Schriftstellerei erneut zu stellen sein.

1352 Vgl. Nörr, in: HIA II, 1306: „Naturbegabung".

1353 Vgl. Williams, Caracalla and the Rhetoricians. A note on the cognitio de Gohariensis, Latomus 33 (1974) 663, 665f und Coriat, 1997, 591.

LITERATURVERZEICHNIS

Nur einmalig genannte Werke sind in den Fußnoten mit allen bibliografischen Angaben zitiert.

Acta Iuridici Internationalis (1935) = Pontificium Institutum utriusque iuris. (Hg.): Acta congressus Iuridici Internationalis VII saeculo a decretalibus Gregorii IX et XIV a Codice Iustiniano promulgatis, Romae 12-17 Novembris 1934. Rom.

AHDO-RIDA (1952/53) = Archives d'histoire du droit oriental und RIDA vereinigt. Brüssel.

Akten des 36. Rechtshistorikertages (2008) = Lieberwirth, Rolf; Lück, Heiner (Hg.): Akten des 36. Deutschen Rechtshistorikertages. Halle an der Saale 2006. Baden-Baden.

Amann, Julius (1876): Die Berechnung der Falcidia bei Vereinigung mehrerer Erbtheile durch Accrescenz oder Potestas, sowie bei der Vulgar- und Pupillarsubstitution. Leipzig.

Ankum, Hans (1979): L'actio de auctoritate et la restitutio in integrum dans le droit romain classique. In: J.E. Spruit (Hg.), Maior Viginti Quinque Annis. Essays in commemoration of the sixth lustrum of the Institute for Legal History of the University of Utrecht. Assen, S. 1-21.

Ankum, Hans (1990): Papiniano, un jurista oscuro. In: Seminarios complutenses de derecho romano. Madrid, I (1990), S. 33–63.

Ankum, Hans (1968): 'Utilitatis causa receptum'. On the pragmatical methods of the Roman Lawyers. In: Symbolae David, Leiden, I, S. 1–31.

Ankum, Hans (1989): Pap. D. 21.2.65: The Legal Position of two Heirs who sold a thing mortgaged by the Deceased. Aus: Trabajos Ferran Valls y Taberner, X, Barcelona, S. 2785-2812. In: Extravagantes. Neapel, S. 113–140.

Ankum, Hans (1995): Societas omnium bonorum and dos in classical Roman Law. Aus: Israel Law Review Jg. 29, S. 105-217. In: Extravagantes. Neapel, S. 299–323.

Ankum, Hans (1996): Papinian, ein dunkler Jurist. In: OIR, Jg. 2, S. 5–32.

Ankum, Hans (2006): L'expression favor libertatis dans les travaux des juristes classiques romains. Aus: Liber amicorum Miquel. Barcelona, S. 45-78. In: Extravagantes. Neapel, S. 457–490.

Ankum, Hans (2007): Quelques problèmes sur le solutionis causa adiectus en droit romain classique. In: Studi per Giovanni Nicosia I. Neapel, S. 139-161.

Ankum, Extravagantes (2007) = Masi Doria, Carla; Spruit, Johannes Emil (Hg.): Hans Ankum, Extravagantes. Scritti sparsi sul diritto romano. Neapel.

ANRW (1972ff.) = Temporini, Hildegard; Haase, Wolfgang (Hg.): Aufstieg und Niedergang der römischen Welt. Geschichte und Kultur Roms im Spiegel der neueren Forschung. Berlin.

Arcaria, Francesco (1986): 'Missio in possessionem' e 'cognitio' fedecommissaria. In: BIDR, Jg. 89, S. 245–303.

Arcaria, Francesco (1992): Senatus censuit. Attività giudiziaria ed attività normativa del senato in età imperiale. Mailand.

Arcaria, Francesco (2003): Oratio Marci. Giurisprudenza e processo nella normazione di Marco Aurelio. Turin.

Aristotle on dialectics (1968) = In: Owen, G. E. L. (Hg.): Aristotle on Dialectic. The Topics. Proceedings of the third symposium Aristotelicum. Oxford.

Artner, Michael (2002): Agere praescriptis verbis. Atypische Geschäftsformulare und klassisches Formularverfahren. Berlin.

Astolfi, Riccardo (1964, 1969, 1979): Studi sull'oggetto dei legati in diritto romano. Vol. I-III. Padua.

Astolfi, Riccardo (1986): Sabino e la vendita degli schiavi. In: SDHI, Jg. 52, S. 537–542.

Astolfi, Riccardo (1996): La lex Iulia et Papia. 4. Aufl. Padua.

Astolfi, Riccardo (2001): I libri tres iuris civilis di Sabino. 2. Aufl. Padua.

AUPA = Università di Palermo (Hg.): Annali del Seminario Giuridico della Università di Palermo. Palermo.

Babusiaux, Ulrike (2006): Id quod actum est. Zur Ermittlung des Parteiwillens im klassischen römischen Zivilprozeß. München.

Babusiaux, Ulrike (2007): Zur Funktion der aequitas naturalis in Ulpians Ediktslaudationen. In: Mantovani, Dario; Schiavone, Aldo (Hg.): Testi e problemi del giusnaturalismo romano. Pavia, S. 603–644.

Babusiaux, Ulrike (2009): Kommentare des Kaiserrechts in Papinians Quaestiones, in: SZ, Jg. 126, S. 156-186.

Backhaus, Ralph (1981): Casus perplexus. Die Lösung in sich widersprüchlicher Rechtsfälle durch die klassische römische Jurisprudenz. München.

Backhaus, Ralph (1984): Rastätter, Jürgen: Marcelli notae ad Iuliani digesta. Diss. Freiburg 1981. Rezension. In: SZ, Jg. 101, S. 367–383.

Bauman, Richard (1975): The Resumé of Legislation in the Early Vitae of Historia Augusta. in: SZ, Jg. 94, S. 43–75.

Behrends, Okko (1996): Papinians Verweigerung oder die Moral eines Juristen. In: Literatur und Recht. Göttingen, S. 243–291.

Behrends, Okko (2001): Die condictio causa data causa non secuta. Ihr familienrechtlicher Tatbestand im klassischen Bereicherungssystem und ihre Erweiterung zur Kondiktion wegen Zweckverfehlung unter vorklassischem Einfluß. In: Festschrift Wacke. München, S. 15–64.

Benöhr, Hans-Peter (1972): Der Besitzerwerb durch Gewaltabhängige im klassischen römischen Recht. Berlin.
Bernascondi, Sandro (1976): Il legato di debito nel diritto romano. In: SDHI, Jg. 42, S. 23–98.
BIDR (1934ff.) = Bullettino dell'Istituto di diritto romano. Rom, Mailand.
Biondi, Biondo (1954): Diritto ereditario romano. Parte generale. Mailand.
Blühdorn, Jürgen (1970): Kritische Bemerkungen zu Theodor Viehwegs Schrift: Topik und Jurisprudenz. In: TR, Jg. 38, S. 269–314.
Böhr, Richard (2002): Das Verbot der eigenmächtigen Besitzumwandlung im römischen Privatrecht. Ein Beitrag zur rechtshistorischen Spruchregelforschung. Leipzig.
Bonfante, Pietro (1963): Corso di diritto romano. Vol. 1: Diritto di famiglia, Rom 1925. Mailand.
Bonfante, Pietro (1972): Corso di diritto romano. Vol. 3: Diritti reali, Rom 1933. Mailand.
Börsch, M. (2003): Damit Übeltaten nicht ungestraft bleiben. Impunitas als Argument der klassischen römischen Juristen. Frankfurt a.M.
Bremer, F. P. (1868): Die Rechtslehrer und Rechtsschulen im Römischen Kaiserreich. Berlin.
Bretone, Mario (1962): La nozione romana di usufrutto. I. Dalle origine a Diocleziano. Neapel.
Bretone, Mario (1984): Tecniche e ideologie dei giuristi romani. 2. Aufl. Neapel.
Briguglio, Filippo (1995/1996): 'Beneficium ordinis seu excussionis'. In: BIDR, Jg. 98/99, S. 411–454.
Broise, Sergio (1975): Animus Donandi. Concetto romano e suoi riflessi sulla dogmatica odierna. Vol. I: Parte generale. Pisa.
Buckland, W. W. (1908): The Roman Law of Slavery. The Condition of the Slave in private Law from Augustus to Justinian. Cambridge.
Bund, Elmar (1965): Untersuchungen zur Methode Julians. Köln, Graz.
Bund, Elmar (1970): Die Fiktion 'pro non scripto habetur' als Beispiel fiktionsbewehrter Interpretation. In: Festgabe Lübtow. Berlin, S. 353–380.
Buraselis, Kostas (2007): ΘΕΙΑ ΔΟΡΕΑ. Das göttlich-kaiserliche Geschenk. Studien zur Politik der Severer und zur Constitutio Antoniniana. Wien.
Bürge, Alfons (1987): Fiktion und Wirklichkeit: Soziale und rechtliche Strukturen des römischen Bankwesens. In: SZ, Jg. 104, S. 465–558.

Caballé Martorell, Anna (1997): La collatio emancipati. Madrid.
Calboli Montefusco, Lucia (1986): La dottrina degli 'status' nella retorica greca e romana. Hildesheim, Zürich, New York.
Calboli Montefusco, Lucia (1991): Die Topik in der Argumentation. In: Rhetorik zwischen den Wissenschaften. Tübingen, S. 21–34.
Cannata, Carlo Augusto (1960): L'animo possidere nel diritto romano classico. In: SDHI, Jg. 26, S. 71–104.

Carbone, Mariateresa (2007): Un intervento del senato in tema di libertas ed hereditas disposte per fideicommissum. In: Studi Nicosia. Neapel, II, S. 247–286.
Casavola, Franco (1958): Studi sulle azioni popolari romane; le ‚actiones populares'. Neapel.
Cerami, Pietro (2005): Eccezione di dolo generale in materia di persone e famiglia. In: AUPA, Jg. 50, S. 53-81.
Cervenca, Giuliano (1965): Studi vari sulla 'restitutio in integrum'. Mailand.
Cervenca, Giuliano (1989): Osservazioni sul 'curator' della donna minore di venticinque anni. In: Iura, Jg. 40, S. 24–40.
Chiusi, Tiziana J. (1994): Zur Vormundschaft der Mutter. In: SZ, Jg. 111, S. 155–196.
Chiusi, Tiziana J. (2001): Die actio de in rem verso im römischen Recht. München.
Convegno Burdese (2003) = Garofalo, Luigi (Hg.): Il ruolo della buona fede oggettiva nell'esperienza giuridica storica e contemporanea. Atti del convegno internazionale di studi in onore di Alberto Burdese. Mailand.
Coppola, Giovanna (1982): Osservazioni sul regime dei frutti nel fedecommesso de residuo. In: Studi Campagna. Mailand, I, S. 185–222.
Coriat, Jean-Pierre (1997): Le prince législateur. La technique législative des Sévères et les méthodes de création du droit impérial à la fin du Principat. Paris.
Cornioley, Pierre (1964): Naturalis obligatio. Essai sur l'origine et l'évolution de la notion en droit romain. Thèse Université de Génève. Genf.
Cosentini, Cristoforo (1952): Condicio impossibilis. Mailand.
Costa, Emilio (1891-1894): Papiniano. Studi di storia interna del diritto romano. 4 Vol. Bologna.
La Critica del testo (1971): Atti del Secondo Congresso Internazionale della Società Italiana di Storia del Diritto. Florenz.
Cuiacius (Cujas), Jacobus (1658): Commentaria accuratissima in libros Quaestionum summi inter veteres iurisconsulti Aemilij Papinianis, opus postumum, in: Opera omnia in decem tomos distributa. Editio nova emendatior et auctior caeteris omnibus quae ante prodierunt. Opera et cura Caroli Annibalis Fabroti, Paris (Nachdruck Goldbach 1997), Bd. IV, S. 1-853.

Daube, Collected Studies (1991) = Cohen, David; Simon, Dieter (Hg.): David Daube, Collected Studies in Roman Law. Frankfurt a.M.
Daube, David (1950): Actions between paterfamilias and filiusfamilias with peculium castrense. Aus: Studi in memoria Albertario (1953) I, S. 435-474. In: Collected Studies, I, S. 359–394.
Daube, David (1960): Condition Prevented from Materializing. Aus: TR, Jg. 28, S. 271-296. In: Collected Studies, II, S. 995–1016.
Daube, David (1960): Utiliter agere. Aus: Iura, Jg. 11, S. 69-149. In: Collected Studies, II, S. 923–993.

Daube noster (1974) = Watson, Alan (Hg.): Daube Noster. Essays in Legal History for David Daube. Edinburgh, London.
David, Martin (1930): Studien zur heredis institutio ex re certa im klassischen römischen und justinianischen Recht. Leipzig.
Declareuil, J. (1907): Quelques notes sur certains types de fidéicommis. In: Mélanges Gérardin, S. 135–155.
Desanti, Lucetta (1995): De confirmando tutore vel curatore. Mailand.
Desanti, Lucetta (1999): Di nuovo sul regime dei frutti nel fedecommesso 'de residuo' e sul presunto contrasto tra D. 22, 1, 3, 2 (Pap. 20 quaest.) e D. 36, 1, 60 (58), 7 (Pap. 9 resp.). In: SDHI, Jg. 65, S. 67–94.
Desanti, Lucetta (2003): Restitutionem post mortem onus. I fedecommessi da restituirsi dopo la morte dell'onerato. Mailand.
Devilla, Vittorio (1940): L'obbligazione naturale del pupillo. In: Studi Sassaresi, Jg. 18, S. 13–74.
Dirksen, Hinterlassene Schriften (1871) = Sanio, Friedrich Daniel (Hg.): H.E. Dirksen's Hinterlassene Schriften zur Kritik und Auslegung der Quellen römischer Rechtsgeschichte und Altertumskunde. Leipzig.
Dirksen, H.E. (1871): Über die schriftstellerische Bedeutsamkeit des römischen Rechtsgelehrten Aemil. Papinianus. In: Hinterlassene Schriften, II, S. 449–481.
Di Salvo, Settimio (1973): Il legato modale in diritto romano. Elaborazioni dommatiche e realtà sociale. Neapel.
DNP (1996-2003) = Cancik, Hubert; Schneider, Helmuth (Hg.): DNP. Der Neue Pauly. Stuttgart.
Donatuti, Guido (1940): Lo Statulibero. Mailand.
D'Ors, Alvaro (1951): Para la critica de Dig. 7, 1, 36, 1 (Afric.) - D. 33, 2, 26pr. (Paul.). In: Festschrift Fritz Schulz, I, S. 270–278.
D'Ors, Xavier (1978): Una nueva conjetura sobre C. 7.12.1 - D. 48.19.33. In: Estudios Ursicino Alvarez Suarez, S. 327–335.

Emunds, Christian (2007): Solvendo quisque pro alio liberat eum. Studien zur befreienden Drittwirkung im klassischen römischen Recht. Berlin.
ED (1958ff.) = Enciclopedia del Diritto. Mailand.
Ernst, Wolfgang (1995): Rechtsmängelhaftung. Tübingen.
Estudios Iglesias = Roset, Jaime et al. (Hg.): Estudios en homenaje al Prof. Juan Iglesias. Madrid.
Estudios Ursicino Alvarez Suarez (1978) = Iglesias, Juan; Hernández-Tejero, Francisco (Hg.): Estudios juridicos en homenaje al Prof. Ursicino Alvarez Suarez. Madrid.
Études Girard (1912) = Études d'histoire juridique offertes à Paul Frédéric Girard par ses élèves. 2 tomes. Paris.
Études Macqueron (1970) = Faculté de droit et des sciences économiques d'Aix-en-Provence (Hg.): Études offertes à Jean Macqueron. Aix en Provence.

Fadda, Carlo (1949): Concetti fondamentali del diritto ereditario romano Vol. 1. Mailand.
Feine, Silvia (1994): Die Beziehungen der Kaiser Trajan und Hadrian zu den Litterati. Stuttgart, Leipzig.
Fernández Bujan, Federico de (2006): Aemilius Papinianus: Análisis prosopográfico y jurisprudencial. In: Liber amicorum Miquel, S. 321–336.
Ferrini, Contardo (1889): Teoria generale dei legati e dei fedecommessi secondo il diritto romano con riguardo all'attuale giurisprudenza. Mailand 1889. Nachdruck. Rom 1976.
Festgabe Herdlitczka (1972) = Horak, Franz; Waldstein, Wolfgang (Hg.): Festgabe für Arnold Herdlitczka zu seinem 70. Geburtstag. Dargebracht von seinen Schülern und Freunden. München.
Festgabe Kaser (1986) = Benöhr, Hans-Peter; Hackl, Karl; Knütel, Rolf, et al. (Hg.): Iuris Professio. Festschrift für Max Kaser zum 80. Geburtstag. Wien, Köln, Graz.
Festgabe Lübtow (1970) = Becker, Walter G.; Schnorr von Carolsfeld, Ludwig (Hg.): Sein und Werden im Recht. Festgabe für Ulrich von Lübtow zum 70. Geburtstag. Berlin.
Festschrift Kaser (1976) = Medicus, Dieter; Seiler, Hans Hermann (Hg.): Festschrift für Max Kaser zum 70. Geburtstag. München.
Festschrift Schulz (1951) = Niedermeyer, Hans; Flume, Werner (Hg.): Festschrift Fritz Schulz. 2 Bde. Weimar.
Festschrift Wacke (2001) = Knothe, Hans-Georg; Kohler, Jürgen (Hg.): Status Familiae. Festschrift für Andreas Wacke zum 65. Geburtstag am 28. April 2001. München.
Festschrift Welser (2004) = Fischer-Czermak, Constanze; Kletečka, Andreas; Schauer, Martin; Zankl, Wolfgang (Hg.): Festschrift Rudolf Welser zum 65. Geburtstag. Wien.
Festschrift Wieacker (1975) = Behrends, Okko et al (Hg.): Festschrift für Franz Wieacker zum 70. Geburtstag. Göttingen.
Festschrift Wolf (2000) = In: Manthe, Ulrich; Krampe, Christoph (Hg.): Quaestiones Iuris. Festschrift für Joseph Georg Wolf zum 70. Geburtstag. Berlin.
Finazzi, Giovanni (1997): La sostituzione pupillare. Neapel.
Finazzi, Giovanni (2006): L'exceptio doli generalis nel diritto ereditario romano. Padua.
Fitting, Hermann (1908): Alter und Folge der Schriften römischer Juristen von Hadrian bis Alexander. 2. Aufl. Tübingen.
Flinterman, Jaap-Jan (2004): Sophists and emperors: A reconnaissance of sophistic attitudes. In: Paideia, S. 359–376.
Flume, Werner (1990): Rechtsakt und Rechtsverhältnis. Römische Jurisprudenz und modernrechtliches Denken. Paderborn.
Flume, Werner (1996): Zu den römischen Bürgschaftsstipulationen. In: SZ, Jg. 113, S. 88–131.
Fögen, Thorsten (Hg.) (2005): Antike Fachtexte. Ancient Technical Texts. Berlin.
Fögen, Thorsten (2009): Wissen, Kommunikation und Selbstdarstellung. Zur Struktur und Charakteristik römischer Fachtexte der frühen Kaiserzeit. München.

Föllinger, Sabine (1993): Mündlichkeit in der Schriftlichkeit als Ausdruck wissenschaftlicher Methode bei Aristoteles. In: Vermittlung und Tradierung, S. 263–280.
Föllinger, Sabine (1996): Lehren im Gespräch: Der literarische Dialog als Medium antiker Wissensvermittlung. In: Gymnasium, Jg. 113, S. 455–470.
Föllinger, Sabine (2005): Dialogische Elemente in der antiken Fachliteratur. In: Fögen, Thorsten (Hg.): Antike Fachtexte. Ancient Technical Texts, S. 221–234.
Francisco Cuena Boy (1990ff.): Notas sobre el fideicomiso de residuo. In: Seminarios complutenses de derecho romano. Madrid, VII (1995), S. 41–105.
Frezza, Paolo (1962): Le garanzie delle obbligazioni. Corso di diritto romano. Vol. I: Le garanzie personali. Padua.
Frezza, Paolo (1977): 'Responsa' e 'quaestiones'. Studio e politica del diritto dagli Antonini ai Severi. In: SDHI, Jg. 43, S. 203–264.

Gauly, Bardo Maria (2004): Senecas Naturales Quaestiones. Naturphilosophie für die römische Kaiserzeit. München.
Gedächtnisschrift Heinze (2005) = Söllner, Alfred; Gitter, Wolfgang; Waltermann, Raimund; Giesen, Richard; Ricken, Oliver (Hg.): Gedächtnisschrift für Meinhard Heinze. München
Gedächtnisschrift Seckel (1927) = Genzmer, Erich et al. (Hg.): Gedächtnisschrift für Emil Seckel. Neudr. der Ausgabe Berlin 1927. Nachdr. Aalen 1978.
Giménez-Candela, Teresa (1993): Mandatum und Bürgenregreß. In: Mandatum und Verwandtes, S. 169–177.
Giodice-Sabbatelli, Venanzia (1981): Constituere: datio semantico e valore giuridico. In: Labeo, Jg. 27, S. 338–357.
Giuffrè, Vincenzo (1975): Papiniano: fra tradizione e innovazione. In: Temporini, Hildegard; Haase, Wolfgang (Hg.): ANRW.II.15 (1976), S. 632–666.
Giunti, Patrizia (1993): Ius controversum e separatio bonorum. Cagliari.
Glück, Christian Friedrich von (1790ff.): Ausführliche Erläuterung der Pandecten nach Hellfeld : ein Commentar. Erlangen.
Gröschler, Peter (2002): Actiones in factum. Eine Untersuchung zur Klage-Neuschöpfung im nichtvertraglichen Bereich. Berlin.
Gröschler, Peter (2006): Die Konzeption des mutuum cum stipulatione. In: TR, Jg. 74, S. 261–287.
Gross, Nikolaus (1989): Senecas Naturales Quaestiones. Komposition, Naturphilosophische Aussagen und ihre Quellen. Stuttgart.
Grosso, Giuseppe (1956): Obbligazioni. Contenuto e requisiti della prestazione. Obbligazioni alternative e generiche. 2. Aufl. Turin.
Grosso, Giuseppe (1960): Note in tema di obbligazione generica. In: Ferri, Giuseppe (Hg.): Studi in meoria di Filippo Vassalli. Turin, II, S. 955–963.
Grosso, Giuseppe (1962): I legati nel diritto romano. Parte generale. 2 Auflage Turin.
Gualandi, Giovanni (1963): Legislazione imperiale e giurisprudenza. 2 Vol. Rom.

Guarino, Antonio (1937): Collatio bonorum. Neapel.
Guzmán, Alejandro (1974): Caución tutelar en derecho romano. Pamplona.
Gymnasium (1890ff.) = Zeitschrift für Kultur der Antike und humanistische Bildung. Heidelberg.

Hackel, Volker Marcus (1997): Papinian, D. 21.2.64pr.-3. In: SZ, Jg. 114, S. 435-448.
Haß, Joachim (1995): Institutio und Substitutio Heredis in den Reskripten des L. Septimius Severus. Zugleich ein Beitrag zur Frage der Auslegung nach dem hypothetischen Willen des Erblassers. Diss. Marburg.
Hermes (1966ff.) = Zeitschrift für klassische Philologie. Stuttgart.
HIA (2003) = Chiusi, Tiziana J.; Kaiser, Wolfgang; Spengler, Hans-Dieter (Hg.): Dieter Nörr, Historiae Iuris Antiqui. Gesammelte Schriften. Goldbach.
Honoré, Tony (1962): The Severan Lawyers: A preliminary survey. In: SDHI, Jg. 28, S. 162–232.
Honoré, Tony (1994): Emperors and Lawyers. With a Palingenesia of Third-Century Imperial Rescripts 193-105 AD. 2. Aufl. Oxford.
Honsell, Heinrich (1969): Quod interest im bonae-fidei-iudicium. Studien zum römischen Schadensersatzrecht. München.
Horak, Franz (1969): Rationes decidendi. I. Band. Entscheidungsbegründungen bei den älteren Juristen bis Labeo. Aalen.
Humbert, Michel (1972): Le remariage à Rome. Étude d'histoire juridique et sociale. Mailand.
Humbert, Michel (2007): Equité et raison naturelle dans les œuvres de Celse et de Julien. In: Testi e problemi del giusnaturalismo romano, S. 419–473.
Huschke, Philipp Eduard (1849 u. 1850): Die Prästation der Legate in Doppeltestamenten. In: ZCP, Jg. 6, S. 370-424 u. Jg. 7 (N. F.), S. 54-104, 187-228.
HWRhet.(1992-2011) = Ueding, Gert (Hg.) Historisches Wörterbuch der Rhetorik. Tübingen.

Impallomeni, Giambattista (1967): L'efficacia del fedecommesso pecuniario nei confronti dei terzi. La in rem misso. In: BIDR, Jg. 70, S. 1–104.
Index (1970ff.) = Quaderni camerti di studi romanistici. Neapel.
Iura (1950ff.) = Rivista internazionale di diritto romano e antico. Neapel

Jhering, Rudolf von (1886): Die active Solidarobligation. In: Jherings Jahrbücher, Jg. 24, S. 129–186.
Johnston, David (1988): The Roman Law of Trusts. Oxford.

Kalb, Wilhelm (1890): Roms Juristen nach ihrer Sprache dargestellt. Leipzig.
Karlowa, Otto (1901): Römische Rechtsgeschichte, II, 1: Privatrecht. Leipzig.

Kaser, Ausgewählte Schriften (1976) = Facoltà di giurisprudenza dell'università di Camerino (Hg.): Max Kaser, Ausgewählte Schriften. 2 Bände. Neapel.
Kaser, Max (1940): Rechtswidrigkeit und Sittenwidrigkeit im klassischen römischen Recht. In: SZ, Jg. 60, S. 95–150.
Kaser, Max (1956): Condicio iuris und condicio tacita. In: Symbolae Taubenschlag Dedicatae = Eos. Commentarii Societatis Philologae Polonorum Vol. 48 (1956), I, S. 421–438.
Kaser, Max (1956): Infamia und ignominia in den römischen Rechtstexten. In: SZ, Jg. 73, S. 220–278.
Kaser, Max (1962): Zur Methode der römischen Rechtsfindung. Aus: Nachrichten der Akademie der Wissenschaften in Göttingen, I. Philosophisch-historische Klasse, Jahrg. 1962, Nr. 2, 47-98. In: Ausgewählte Schriften I, S. 3–34.
Kaser, Max (1968): Restituere als Prozeßgegenstand. Ein Beitrag zur Lehre von der materiellrechtlichen Beschaffenheit der in iudicium deduzierten Ansprüche im klassischen römischen Recht. 2. Aufl. München.
Kaser, Max (1971): Das Römische Privatrecht. Erster Abschnitt: Das Altrömische, das Vorklassische und Klassische Recht, 2. Aufl. München.
Kaser, Max (1971): Zur Glaubwürdigkeit der römischen Rechtsquellen (Über die Grenzen der Interpolationenkritik). In: La critica del testo, S. 291-370.
Kaser, Max (1972): Zur Methodologie der römischen Rechtsquellenforschung. Wien.
Kaser, Max (1977): Rechtsgeschäftliche Verfügungsbeschränkungen im römischen Recht. Aus: F. Bauer; K. Larenz; F. Wieacker, Festgabe Sontis, München, S. 11-31. In: RRQ 1986, S. 173–196.
Kaser, Max (1978): Zum römischen Grabrecht. In: SZ, Jg. 95, S. 15-92.
Kaser, Max (1979): Ein Jahrhundert Interpolationenforschung an den römischen Rechtsquellen. Aus: Anzeiger der phil.-hist. Klasse der Österreichischen Akademie der Wissenschaften Jg. 116, S. 83-133. In: RRQ 1986, S. 112–154.
Kaser, Max (1982): Controversiam movere. In: Studi Sanfilippo II, S. 215-271
Kaser, RRQ (1986) = Römische Rechtsquellen und angewandte Juristenmethode. Ausgewählte, zum Teil grundlegend erneuerte Abhandlungen. Wien, Köln, Graz.
Kaser, Max (1993): Ius gentium. Köln, Weimar, Wien.
Kaser, Max/Hackl, Karl (1996): Das Römische Zivilprozessrecht. 2. Aufl. München.
Kaser, Max/Knütel, Rolf (2008): Römisches Privatrecht. Ein Studienbuch, 19. Aufl. München.
Kehoe, Dennis P. (1997): Investment, Profit, and Tenancy. The Jurists and the Roman Agrarian Economy. Ann Arbor.
Kienast, Dietmar (1996): Römische Kaisertabelle. Grundzüge einer römischen Kaiserchronologie. 2. Aufl. Darmstadt.
Kieß, Peter (1995): Die confusio im klassischen römischen Recht. Berlin.
Klami, Hannu Tapani (1983): Wie schlecht hat ein Klassiker schreiben können? In: Pastori, Franco (Hg.): Studi Biscardi IV, S. 215–237.
Klingmüller, Fritz (1924): Ius ad rem. In: SZ, Jg. 44, S. 211–223.

Knütel, Rolf (1967): Zur Inhärenz der exceptio pacti im bonae fidei iudicium. In: SZ, Jg. 84, S. 133–161.

Knütel, Rolf (1968): Contrarius consensus. Studien zur Vertragsaufhebung im römischen Recht. Köln, Graz.

Knütel, Rolf (1976): Stipulatio und Pacta. In: Medicus, Dieter; Seiler, Hans Hermann (Hg.): Festschrift für Max Kaser zum 70. Geburtstag. München, S. 201–228.

Knütel, Rolf (1976): Stipulatio poenae. Studien zur römischen Vertragsstrafe. Köln, Wien.

Knütel, Rolf (1983): In obligatione generis, quid est in obligatione. In: Studi Sanfilippo III, S. 351–381.

Knütel, Rolf (1994): Einzelne Probleme bei der Übersetzung der Digesten. In: SZ, Jg. 111, S. 376–402.

Knütel, Rolf (2005): Zur Rechtsfindung der Römer. In: Gedächtnisschrift Heinze, S. 475–499.

Knütel, Rolf (2006): Betrachtungen zur Rechtsfindung der römischen Juristen. In: Liber amicorum Juan Miquel, S. 523–556.

König, Hans-Herbert (1963): Die vor der Ehe bestellte dos nach klassischem römischem Recht. In: SDHI, Jg. 29, S. 151–237.

Kornhardt, Hildegard (1936): Exemplum. Eine bedeutungsgeschichtliche Studie. Göttingen.

Kroppenberg, Inge (2001): Die Insolvenz im klassischen römischen Recht. Tatbestände und Wirkungen außerhalb des Konkursverfahrens. Köln, Weimar, Wien.

Krüger, Hugo (1913): Cautio Muciana. In: Études Girard II, S. 1–34.

Kunkel, Wolfgang (1967): Die Funktion des Konsiliums in der magistratischen Strafjustiz und im Kaisergericht. Aus: SZ Jg. 84, S. 218-244. In: Kleine Schriften, 1974, S. 178–254.

Kunkel, Kleine Schriften (1974) = Hubert Niederländer (Hg.): Wolfgang Kunkel, Kleine Schriften. Zum römischen Strafverfahren und zur römischen Verfassungsgeschichte. Weimar.

Kunkel, Wolfgang (2001): Herkunft und soziale Stellung der römischen Juristen. 2. Aufl. Köln u.a.

Kunst, Christiane (2005): Römische Adoption. Zur Strategie einer Familienorganisation. Hennef.

Lamberti, Francesca (1993): 'Tabulae Irnitanae'. Municipalità e 'ius Romanorum'. Mailand.

Langhammer, Walter (1973): Die rechtliche und soziale Stellung der Magistratus Municipales und der Decuriones. (2.-4. Jahrhundert der römischen Kaiserzeit). Wiesbaden.

La Pira, Giorgio (1930): La successione ereditaria intestata e contro il testamento in diritto romano, Florenz.

Latomus (1937ff.) = Revue d'études latine. Brüssel.

Launhardt, Agnes (2009): Topik und Rhetorische Rechtstheorie. Eine Untersuchung zu Rezeption und Relevanz der Rechtstheorie Theodor Viehwegs, Frankfurt a.M.

Lausberg, Heinrich (2008): Handbuch der literarischen Rhetorik. Eine Grundlegung der Literaturwissenschaft, 4. Aufl. Stuttgart.
Leesen, Tessa G. (2010): Gaius meets Cicero. Law and Rhetoric in the School Controversies. Leiden, Boston.
Légier, H. J. (1966): Tacita condicio. In: RHD, Jg. 44, S. 5–32.
Lehmann, Burkhard (1975): Das Eigenvermögen der römischen Soldaten unter väterlicher Gewalt. In: ANRW.II.14, S. 183–284.
Leipold, Heinrich (1891): Über die Sprache des Juristen Aemilius Papinianus, in: Programm der K. Studienanstalt Passau, Studienjahr 1890/1891, Passau.
Lenel, Otto (1927): Das Edictum Perpetuum. Ein Versuch zu seiner Wiederherstellung, Leipzig 3. Aufl. (= Nachdruck Aalen 1985).
Lenel, Otto (1889): Palingenesia iuris civilis. Iuris consultorum reliquae quae Iustiniani Digestis continentur ceteraque iurisprudentiae civilis fragmenta minora, 2 Vol., 2. Neudr. der Ausgabe Leipzig (mit Suppl. von Lorenz E. Sierl).
Leptien, Ulrich (1967): Utilitatis causa. Zweckmäßigkeitserwägungen im römischen Recht. Freiburg.
Leumann, Manu; Hofmann, Johann Baptist; Szantyr, Anton (1972): Lateinische Syntax und Stilistik. 2. Aufl. München.
Levy, Ernst (1903): Zur Lehre von der Muciana cautio im klassischen römischen Recht. In: SZ, Jg. 24, S. 122–151.
Levy, Ernst (1916): Die Haftung mehrerer Tutoren. In: SZ, Jg. 37, S. 14–88.
Levy, Ernst (1951): Zur nachklassischen in integrum restitutio. In: SZ, Jg. 68, S. 360–434.
Levy, Ernst (1962): Nachträge zur Konkurrenz der Aktionen und Personen. Weimar.
Liber amicorum Miquel (2006) = Linares, José L.; Montagut, Thomas de; Ricart, Encarnació, et al. (Hg.): Liber amicorum Juan Miquel. Estudios romanísticos con motivo de su emeritazgo. Barcelona.
Liebs, Detlef (1976): Rechtsschulen und Rechtsunterricht im Prinzipat. In: Temporini, Hildegard; Haase, Wolfgang (Hg.): ANRW.II.15, S. 196–286.
Liebs, Detlef (1997): Jurisprudenz. In: Herzog, Reinhart; Schmidt, Peter Lebrecht (Hg.): Handbuch der Lateinischen Literatur der Antike (HLL). Band IV (Sallmann, Klaus, Hg.): Die Literatur des Umbruchs. München, IV, S. 83–217.
Liebs, Detlef (2002): Römische Jurisprudenz in Gallien (2. bis 8. Jahrhundert), Berlin.
Liebs, Detlef (2008): Esoterische römische Rechtsliteratur vor Justinian. In: Akten des 36. Deutschen Rechtshistorikertages. S. 40–79.
Liebs, Detlef (2010): Hofjuristen der römischen Kaiser bis Justinian. Vorgetragen in der Sitzung vom 14. November 2008.
Literatur und Recht (1996) = Mölk, Ulrich (Hg.) Literatur und Recht. Literarische Rechtsfälle von der Antike bis in die Gegenwart. Göttingen.
Lohsse, Sebastian (2008): Ius adcrescendi. Die Anwachsung im römischen Vermächtnisrecht. Köln, Weimar, Wien.

Longchamps Bérier, Franciszek de (1997): Il fedecommesso universale nel diritto romano classico. Warschau.
Longchamps Bérier, Franciszek de (1998): La volontà del cuius sull'esempio dei fedecommessi romani. In: RIDA, Jg. 45, S. 479–500.

MacCormack, Geoffrey (1973): Factum debitoris and culpa debitoris. In: TR, Jg. 41, S. 59–74.
MacCormack, Geoffrey (1974): Impossible condition in Wills. In: RIDA, Jg. 21, S. 263–297.
Mandatum und Verwandtes (1993) = Nörr, Dieter; Nishimura, Shigeo (Hg.): Mandatum und Verwandtes. Beiträge zum römischen und modernen Recht. Berlin et al.
Mannino, Vincenzo (1989): Il calcolo della 'quarta hereditatis' e la volontà del testatore. Neapel.
Mannino, Vincenzo (1992): L'estensione al garante delle eccezioni del debitore principale nel diritto romano classico. Turin.
Manthe, Ulrich (1989): Das senatus consultum Pegasianum. Berlin.
Manthe, Ulrich (2000): Votum parentium: Pap. D. 29,4,26. In: Festschrift für Joseph Georg Wolf, S. 163–181.
Manthe, Ulrich (2005): Ethische Argumente im Werk Papinians. In: OIR, Jg. 10, S. 143–166.
Mantovani, Dario (1999): Le formule del processo privato romano. Per la didattica delle Istituzioni di diritto romano. Padua.
Mantovani, Dario (2007): I giuristi, il retore e le api. Ius controversum e natura nella Declamatio maior XIII. In: Testi e problemi del giusnaturalismo romano, S. 323–385.
Martin, Josef (1974): Antike Rhetorik. Technik und Methode. München.
Masi, Antonio (1962): In tema di 'cautio Muciana'. In: Iura, Jg. 13, S. 175–192.
Masi, Antonio (1966): Studi sulla condizione nel diritto romano. Mailand.
Masi Doria, Carla (1996): Bona libertorum. Regimi giuridici e realtà sociali. Neapel.
Mastino, Atilio (1981): Le titolature di Caracalla e Geta attraverso le iscrizioni (indici). Bologna.
Maurach, Georg (1965), Zur Eigenart und Herkunft von Senecas Methode in den Naturales Quaestiones. In: Hermes, Jg. 93, S. 337-369;
Mayer-Maly, Theo (1956): Locatio conductio. Eine Untersuchung zum klassischen römischen Recht. Wien, München.
Mayer-Maly, Theo (1960): 'Vulgo' und Vulgarismus. In: Labeo, Jg. 6, S. 7–29.
Mayer-Maly, Theo (1986): Contra bonos mores. In: Festschrift für Max Kaser zum 80. Geburtstag, S. 151–167.
Mayer-Maly, Theo (1988): 'Verecundia' in der Rechtssprache. In: Estudios Iglesias I, S. 375–389.
McGinn, Thomas A. J. (1990): Ne serva prostituatur. Restrictive Convenants in the Sale of Slaves. In: SZ, Jg. 107, S. 315–353.

Medicus, Dieter (1976): Der fingierte Klagenkauf als Denkhilfe für die Entwicklung des Zessionsregresses. In: Festschrift Kaser, S. 391–406.
Medicus, Dieter (1998): Restituere - quanti ea res est - id quod interest. In: SZ, Jg. 115, S. 66–79.
Meinhart, Marianne (1973): Die bedingte Erbeinsetzung des Haussohnes. In: Studien Kaser, S. 111–136.
Meißner, Burkhard (1999): Die technologische Fachliteratur der Antike. Struktur, Überlieferung und Wirkung technischen Wissens in der Antike (ca. 400 v. Chr. - ca. 500 n. Chr.).
Mélanges Gérardin (1907) = Audibert, A. (Hg.): Mélanges E. Gérardin. Paris.
Mélanges Girard (1912) = Université de Paris (Hg.): Mélanges P.F. Girard. Études de droit romain dédiées à Mr. P.F. Girard à l'occasion du 60e anniversaire. 2 Vol. Paris.
Mette-Dittmann, Angelika (1991): Die Ehegesetze des Augustus. Eine Untersuchung im Rahmen der Gesellschaftspolitik des Princeps. Stuttgart.
Millar, Fergus (1977): The Emperor in the Roman World (31 BC- AD 337). London.
Möhler, Rolf (1960): Der Besitz am Grundstück, wenn der Besitzmittler es verläßt. In: SZ, Jg. 77, S. 52-124.
Mommsen, Theodor (1907): Die Kaiserbezeichnung bei den römischen Juristen. In: Gesammelte Schriften. Band 2: Juristische Schriften. Berlin, S. 155–171.
Mommsen, Theodor (1887): Römisches Staatsrecht. Zweiter Band, 2. Teil. unveränderter Nachdruck der dritten Auflage. Leipzig (Nachdr. Basel 1952).
Mommsen, Theodor (Hg.) (1905/1907): Gesammelte Schriften. Vol. I-III. Berlin.
Moraux, Paul (1968): La joute dialectique d'après le huitième livre des Topiques. In: Aristotle on Dialectic, S. 277–311.
Müller-Ehlen, Martina (1998): Hereditatis petitio. Studien zur Leistung auf fremde Schuld und zur Bereicherungshaftung in der römischen Erbschaftsklage. Köln, Weimar, Wien.
Murillo Villar, Alfonso (1989/90): Aproximación al origen del fideicomiso 'de eo quo supererit'. In: BIDR, Jg. 92/93, S. 121–149.
Murillo Villar, Alfonso (1989): El fideicomiso de residuo en derecho romano. Valladolid.
Muther, Theodor (1856): Sequestration und Arrest im Römischen Recht. Leipzig.

Nelson, Hein W.; Manthe, Ulrich (2007): Gai Institutiones III 182-225. Die Deliktsobligationen. Text und Kommentar. Berlin.
Nicosia, Giovanni (1960): L'acquisto del possesso mediante i 'potestati subiecti'. Mailand.
Nörr, Dieter (1966): Papinian und Gryphius. Aus: SZ, Jg. 83, S. 308-33. In: HIA I, S. 491–516.
Nörr, Dieter (1972): Divisio und Partitio. Bemerkungen zur römischen Rechtsquellenlehre und zur antiken Wissenschaftstheorie. München. In: HIA II, S. 705–744.
Nörr, Dieter (1972): Spruchregel und Generalisierung. (Rezension zu Bruno Schmidlin, Die römischen Rechtsregeln, 1970). Aus: SZ, Jg. 89, S. 18-93. In: HIA II, S. 775–850.
Nörr, Dieter (1974): Rechtskritik in der römischen Antike. Bayerische Akademie der Wissenschaften, philosophisch-historische Klasse, Abh. N. F. 77. München.

Nörr, Dieter (1978): Cicero-Zitate bei den klassischen Juristen (I). Zur Bedeutung literarischer Zitate bei den Juristen und zur Wirkungsgeschichte Ciceros. Aus: Ciceroniana III. Atti III Colloquium Tullianum. Rom, S. 111-150. In: HIA II, S. 1187–1226.
Nörr, Dieter (1981): Aporemata apokrimaton (P. Columbia 123). Aus: Proceedings of the XVI. International Congress of Papyrology New York, 23-31 July 1980. Chico, S. 575-604, In: HIA II, S. 1293-1322.
Nörr, Dieter (1981): Zur Reskriptenpraxis in der hohen Prinzipatszeit. Wolfgang Kunkel zum Gedächtnis. Aus: SZ, Jg. 98, S. 1-46. In: HIA II, S. 1323-1368.
Nörr, Dieter (1982): Cicero, Topica 4.22. Zur Anwendung der cautio damni infecti bei einer Kommunmauer und zum rhetorisch-philosophischen Topos ἀπὸ τοῦ αἰτίου. Aus: Symposion 1977, Köln. Wien, S. 269-305. In: HIA II, S. 1433–1469.
Nörr, Dieter (2001): Zur Palingenesie der römischen Vormundschaftsgesetze. In: SZ, Jg. 118, S. 1–72.
Nörr, Dieter (2009): exempla nihil per se valent. Bemerkungen zu Paul. 15 quaest. D. 46, 3, 98, 8 ad ed. D. 45, 1, 83, 5. In: SZ, Jg. 126, S. 1-54.

OIR (1995ff.) = Orbis Iuris Romani. Journal of Ancient Law Studies. Brno/Trnava.
Ormanni, Angelo (1962): Penus legata. Contributi alla storia dei legati disposti con clausola penale in età repubblicana e classica. In: Studi Betti. IV, S. 579–736.
Otte, Gerhard (1970): Zwanzig Jahre Topik-Diskussion: Ertrag und Aufgaben. In: Zeitschrift für Rechtstheorie, Jg. 1, S. 183–192.
Otte, Gerhard (2008): Die historische Topik und ihre Rezeption durch Theodor Viehweg. In: Akten des 36. Deutschen Rechtshistorikertages, S. 427–437.

Paideia (2004) = Borg, Barbara E. (Hg.): Paideia. Die Welt der zweiten Sophistik/The World of the Second Sophistic. Berlin, New York.
Das Paradox (2002) = Geyer, Paul; Hagenbüchle, Roland (Hg.): Das Paradox: eine Herausforderung des abendländischen Denkens, 2. Aufl. Tübingen.
Paulus, Christoph: Die Idee der postmortalen Persönlichkeit im römischen Testamentsrecht. Zur gesellschaftlichen und rechtlichen Bedeutung einzelner Testamentsklauseln. Berlin 1992.
Perelman, Chaim; Olbrechts-Tyteca, Lucie (1970): Traité de l'argumentation. La nouvelle rhétorique. 4. Aufl. Brüssel.
Pérez Simeón, Maurici (2001): Nemo pro parte testatus pro parte intestatus decedere potest. El principio de incompatibilidad entre le sucesión testamentaria y la intestada en el Derecho romano. Madrid.
Pernice, Alfred (1873): Labeo. Römisches Privatrecht im ersten Jahrhundert der Kaiserzeit. Halle. (Nachdr. Aalen 1963).
Peters, Hans (1911): Generelle und spezielle Aktionen. In: SZ, Jg. 32, S. 179–307.
Pfeil, Susanne (1998): Der concursus causarum im klassischen römischen Recht. Frankfurt a.M. et al.

Pichonnaz, Pascal (2001): La compensation. Analyse historique et comparative des modes de compenser non conventionnels. Fribourg.
Pieler, Peter (2004): Offene Verwahrung fremden Geldes und Zinszahlung. Römisches Reichsrecht und Ägyptische Papyri. In: FS Welser, S. 797-807.
Pika, Wolfram (1988): Ex causa furtiva condicere im klassischen römischen Recht. Berlin.
Pool, Eric H. (1997): Obscuritas Papiniana in Fragmenta Vaticana 259. In: Negen studies Ankum, S. 77–110.
Price, Bennet J. (1975): Paradeigma and Exemplum in Ancient Rhetorical Theory. Diss. Berkeley. Ann Arbor.
Provera, Giuseppe (1964): La vindicatio caducorum. Contributo allo studio del processo fiscale romano. Turin.
Pugliese, Giovanni (1985): Interno alla impossibilità della prestazione causata dal 'paterfamilias' e dal fideiussore. Aus: Studi in onore di U.E. Paoli, Florenz 1965, 569-597. In: Sacconi, Giuseppina; Buti, Ignazio (Hg.): Giovanni Pugliese, Scritti giuridici scelti II, S. 453–483.
Puliatti, Salvatore (2001): Incesti crimina. Regime giuridico da Augusto a Giustiniano. Mailand.

Quadrato, Renato (1983): Sulle tracce dell'annullabilità. Quasi nullus nella giurisprudenza romana. Neapel.

Raber, Fritz (1972): Zum 'Pretium affectionis'. In: Festgabe Herdlitczka, S. 197–213.
RAC = Reallexikon für Antike und Christentum. Stuttgart.
Rainer, Johannes Michael (2006): Römisches Staatsrecht. Republik und Prinzipat. Darmstadt.
Rapp, Christof (2002): Kunstgemäss erzeugte Affekte in Aristoteles' 'Rhetorik'. In: Poeschke, Joachim (Hg.): Tugenden und Affekte in der Philosophie, Literatur und Kunst der Renaissance. Münster, I, S. 9–20.
Rastätter, Jürgen (1980): Marcelli Notae ad Iuliani Digesta. Dissertation. Freiburg.
Ratti, Umberto (1980): Studi sulla 'captivitas' e alcune repliche in tema di postliminio. Con una nota di lettura di Luigi Amirante. Neapel.
RE = Paulys Realencyclopädie der classischen Altertumswiss. Neue Bearb. Stuttgart.
Rhetorik zwischen den Wissenschaften (1991) = Ueding, Gert (Hg.): Rhetorik zwischen den Wissenschaften. Geschichte, System, Praxis und Probleme des Historischen Wörterbuchs der Rhetorik. Tübingen
Riccobono, Salvatore (junior) (1964): Profilo storico della dottrina della mora nel diritto romano (sino all'età degli Antonini). Estratto dal Vol. 29 degli Annali del Seminario Giuridico. Palermo.
RIDA = Revue Internationale des droits de l'antiquité. Brüssel.
Roussier, Jules (1958): Le constitut. In: Varia III, 1-153. Paris.

Rutherford, Ian (1998): Canons of Style in the Antonine Age. Idea-Theory in its Literary Context. Oxford.

Santalucia, Bernardo (1965): Le Note Pauline ed Ulpianee alle 'quaestiones' ed ai 'responsa' di Papiniano. In: BIDR, Jg. 68, S. 49–146.
Scarano Ussani, Vincenzo (1979): Valori e storia nella cultura giuridica fra Nerva e Adriano. Studi su Nerazio e Celso. Neapel.
Schanbacher, Dietmar (1995): Ratio legis Falcidiae. Die falzidische Rechnung bei Zusammentreffen mehrerer Erbschaften in einer Hand. Berlin.
Scheurl, Ch G. Adolf von (1871): Beiträge zur Bearbeitung des Römischen Rechts. II.2. Erlangen.
Schiller, An American Experience (1971) = Schiller, Arthur, An American Experience in Roman Law. Writings from Publications in the United States. Göttingen.
Schiller, Arthur (1953): The Jurists and the praefects of Rome. In: BIDR, Jg. 57/58, S. 60–97.
Schiller, Arthur (1958): Provincial Cases in Papinian. Aus: Acta iuridica Jg. 1, S. 221-242. In: An American Experience, S. 126–147.
Schittko, Martin Paul (2003): Analogien als Argumentationstyp. Vom Paradeigma zur Similitudo. Göttingen.
Schmidlin, Bruno (1970): Die römischen Rechtsregeln. Versuch eine Typologie. Köln, Wien.
Schmidlin, Bruno (1970): Zur Bedeutung der Legis actio: Gesetzesklage oder Spruchklage. In: TR, Jg. 38, S. 367–387.
Schramm, Michael (2004): Die Prinzipien der Aristotelischen Topik. Leipzig.
Schulz, Fritz (1906): Klagen-Cession im Interesse des Cessionars oder des Cedenten im klassischen römischen Recht. In: SZ, Jg. 27, S. 82–150.
Schulz, Fritz (1916): Einführung in das Studium der Digesten. Tübingen.
Schulz, Fritz (1917): Die Lehre vom Concursus Causarum im klassischen und justinianischen Recht. In: SZ, Jg. 38, S. 114–209.
Schulz, Fritz (1927): Der Irrtum im Beweggrund bei der testamentarischen Verfügung. In: Gedächtnisschrift Emil Seckel, S. 70–144.
Schulz, Fritz (1928): Die fraudatorischen Freilassungen. Ein Beitrag zur Geschichte der Gläubigeranfechtung. In: SZ, Jg. 48, S. 197–284.
Schulz, Fritz (1947-1949): The Postclassical Edition of Papinian's Libri Quaestionum. In: Scritti Ferrini, S. 254–267.
Schulz, Fritz (1952): Papinianstudien I. Das 'Quare' und die Rationalisierung der römischen Rechtswissenschaft. In: RIDA, Jg. 1, S. 557–569.
Schulz, Fritz (1953): History of Roman Legal Science. Reprint. Oxford.
Schulz, Fritz (1953): Papinianstudien II. In: RIDA, Jg. 2, S. 381–410.
Schulz, Fritz (1954): Classical Roman law. Oxford.
Schulz, Fritz: Geschichte des römischen Rechts. Weimar 1961.

Scritti Ferrini (1947-1949) = Università Cattolica del Sacro Cuore (Hg.): Scritti in onore di Contardo Ferrini. Mailand.
Scritti Franciosi = D'Ippolito, Federico Maria (Hg.): Fili/a. Scritti per Gennaro Franciosi. 4 Vol. Neapel.
Scritti in memoria Giuffrè (1967) = Antolisei, F. et al (Hg.): Scritti in memoria di Antonino Giuffrè. 2 Vol. Mailand.
SDHI (1934ff.) = Studi et documenta historiae iuris. Rom.
Segnalini, Silvia (2007): L'editto Carboniano. Neapel.
Segrè, Gino (1912): La denominazione di 'actio confessoria' in particolare per la rivendicazione dell'usufrutto e delle servitù. In: Mélanges Girard II, S. 511–599.
Seiler, Hans Hermann (1968): Der Tatbestand der negotiorum gestio im römischen Recht. Köln, Graz.
Sem. compl. (1990ff.) = Fundación Seminario Derecho romano Ursicino Álvarez, Seminarios complutenses de derecho romano. Facultad Derecho Universitad Complutense. Madrid.
Sicari, Amalia (1996): Leges venditionis. Uno studio sul pensiero giuridico di Papiniano. Bari.
Sicari, Amalia (2001): Pena convenzionale e responsabilità. Bari.
Sicari, Amalia (2001): Prostituzione e tutela giuridica della schiava. Un problema di politica legislativa nell'impero Romano. Bari.
Sklenář, Robert (1994): Papinian on the Interdict unde vi. In: RIDA, Jg. 41, S. 379-389.
Solazzi, Scritti (1957-1960) = Facoltà giuridica Napoletana (Hg.): Siro Solazzi, Scritti di diritto romano. Neapel.
Solazzi, Siro (1916): 'Curatores pleni' dei minori. Aus: Atti del R. Istituto Veneto di Scienze, Lettere ed Arti Jg. 75, 2, S. 1599-1618. In: Scritti II, 1957, S. 177–191.
Solazzi, Siro (1920): L'età del tutore. Aus: RISG Jg. 20, S. 2-53. In: Scritti II, 1957, S. 313–352.
Solazzi, Siro (1921): Sulla 'condicio emancipationis'. Aus: AG Jg. 86, S. 168-222. In: Scritti II, 1957, S. 465–507.
Solazzi, Siro (1925/26): Studi sulla tutela. Aus: Pubblic. della Facoltà di Giurisprudenz della R. Università di Modena Jg. 9, 54 und Jg. 10, 42. In: Scritti III, 1960, S. 81–156.
Solazzi, Siro (1935): L'estinzione dell'obbligazione nel diritto romano. Vol. I. 2. Aufl.
Solazzi, Siro (1940): In causa caduci. In: Iura, Jg. 6, S. 165–170.
Solazzi, Siro (1949): Studi romanistici. In: RISG, Jg. 3, S. 1–68.
Solazzi, Siro (1952): Ancora del testamento nuncupato. In: SDHI, Jg. 18, S. 212–216.
Solidoro Maruotti, Laura (1989): Studi sull'abbandono degli immobili nel diritto romano. Storici giuristi imperatori. Neapel.
Spielvogel, Jörg (2006): Septimius Severus. Darmstadt.
Sprute, Jürgen (1975): Topos und Enthymem in der aristotelischen Rhetorik. In: Hermes, Jg. 103, S. 68–90.

Staffhorst, Andreas (2006): Die Teilnichtigkeit von Rechtsgeschäften im klassischen römischen Recht. Berlin.

Stagl, Jakob (2007): Die Ausgleichung von Vorteil und Nachteil als Inhalt klassischer aequitas, in: Testi e problemi del giusnaturalismo. Pavia, S. 675-680.

Stagl, Jakob (2009): Favor dotis. Die Privilegierung der Mitgift im System des römischen Rechts. Wien, Köln, Weimar.

Steiner, Anja (2009): Die römischen Solidarobligationen. Eine Neubesichtigung unter aktionenrechtlichen Aspekten. München.

Steinwenter, Artur (1953): Analoge Rechtsanwendung im römischen Recht. In: Studi in memoria Albertario. Mailand, II, S. 105–127.

Steinwenter, Artur (1953): Prolegomena zu einer Geschichte der Analogie II. Das Recht der kaiserlichen Konstitutionen. In: Studi Arangio-Ruiz II, S. 169–186.

Stiegler, Herwig (1972): Statusstreit und Kindeserbrecht. Probleme des edictum Carbonianum. Graz.

Stowers, Stanley K. (1981): The Diatribe and Paul's Letter to the Romans. Chico.

Studi Arangio-Ruiz (1953) = Lauria, Mario et al (Hg.): Studi in onore di Vincenzo Arangio-Ruiz nel XLV anno del suo insegnamento. 4 Vol. Neapel.

Studi Betti (1962) = Allorio, Enrico; Arangio-Ruiz, Vincenzo; Branca, Giuseppe et al.(Hg.): Studi in onore di Emilio Betti. 4 Vol. Mailand.

Studi Biscardi (1982-1991) = Pastori, Franco (Hg.): Studi in onore di Arnaldo Biscardi. 6 Vol. Mailand.

Studi Bonfante (1930) = Scialoja, Vittorio et al (Hg.): Studi in onore di Pietro Bonfante nel XL anno d'insegnamento. 4 Vol. Mailand.

Studi Campagna (1982) = Facoltà di Scienze Politiche dell'Università di Messina (Hg.): Studi per Lorenzo Campagna. Vol. I-V. Mailand.

Studi Grosso (1968-1974) = Università di Torino (Hg.): Studi in onore di Giuseppe Grosso. Vol. I-VII. Turin.

Studi in memoria Albertario (1953) = Arangio-Ruiz, Vincenzo (Hg.): Studi in memoria di Emilio Albertario. 2 Vol. Mailand.

Studi Nicosia (2007) = Università di Catania (Hg.): Studi per Giovanni Nicosia. Vol. I-VII. Neapel.

Studi Sanfilippo (1965-1985) = Palazzolo, Nicola (Hg.): Studi in onore di Cesare Sanfilippo. Mailand.

Studi Scherillo (1972) = Biscardi, Arnaldo et al (Hg.): Studi in onore di Gaetano Scherillo. Mailand.

Studi Volterra (1971) = Aru, Luigi et al (Hg.): Studi in onore di Edoardo Volterra. Mailand.

Studien Kaser (1973) = Medicus, Dieter; Seiler, Hans Hermann (Hg.): Studien im römischen Recht. Max Kaser zum 65. Geburtstag gewidmet von seinen Hamburger Schülern. Berlin.

Negen Studies Ankum (1997) = Veen, Theo (Hg.): Secundum datur. Negen studies en een laudatio aangeboden aan Hans Ankum. Amsterdam.

Sturm, Fritz (1989): Testamentarische Beschränkungen der Freizügigkeit im kaiserzeitlichen Rom. In: Trabajos Ferran Valls y Taberner I, S. 23–41.
Symbolae David (1968) = Ankum, Hans; Feenstra, Robert; Leemans, W. F. (Hg.): Symbolae Iuridicae et Historicae Martino David dedicatae. 2 Vol. Leiden.
Symbolae Taubenschlag (1956) = Krókowski, Georgius; Steffen, Victor; Strzelecki, Ladislaus (Hg.): Symbolae Raphael Taubenschlag Dedicatae. Eos. Commentarii Societatis Philologae Polonorum Vol. 48 (1956), Fasz. 1-3. Bratislawa, Warschau.
Syme, Ronald (1979): Three Jurists. In: Badian, E. (Hg.): Ronald Syme, Roman Papers II. Oxford, S. 790–804.
Syme, Ronald (1984): Fiction about Roman Jurists. In: Birley, Anthony R. (Hg.): Ronald Syme, Roman Papers III. Oxford, S. 1393–1414.
SZ (1880ff.) = Zeitschrift der Savigny-Stiftung für Rechtsgeschichte. Romanistische Abteilung. Wien, Köln, Weimar.

Tafaro, Sebastiano (1972): 'Pars rei' e 'proprium quiddam'. In: Labeo, Jg. 18, S. 192–201.
Talamanca, Mario (1962): Revoca testamentaria e 'translatio legati'. In: Studi Betti IV. S. 179–348.
Talamanca, Mario (1970): 'Alia causa' e 'durior condicio' come limite dell'obbligazione dell'adpromissor. In: Studi Grosso III, S. 115–203.
Talamanca, Mario (1991/1992): A. Murillo Villar, El fideicomiso de residuo en el derecho romano, Universidad de Valladolid, Salamanca 1989. Rezension. In: BIDR, Jg. 94/95, S. 643–649.
Talamanca, Mario (2007): Vinculum aequitatis e conventionis aequitas in Pap. 28 quaest. D.46.3.95.4. In: Scritti Franciosi. IV, S. 2563-2602.
Taubenschlag, Rafael (1913): Vormundschaftsrechtliche Studien. Beiträge zur Geschichte des römischen und griechischen Vormundschaftsrechts. Berlin.
Testi e problemi del giusnaturalismo romano (2007) = Mantovani, Dario; Schiavone, Aldo (Hg.): Testi e problemi del giusnaturalismo romano. Pavia.
Thomas, J.A.C. (1970): Naturalis obligatio pupilli. In: Festgabe Lübtow. Berlin, S. 457–479.
Thomas, J.A.C. (1973): The Sitting Tenant. In: TR, Jg. 41, S. 35-44.
Tondo, Salvatore (1959): Convalida del pegno e concorso di pegni successivi. Mailand.
Torrent, Armando (1975): Fideicommissum familiae relictum. Oviedo.
Torrent, Armando (1975): The nature of the fideicommissum 'si sine liberis decesserit'. In: TR, Jg. 43, S. 73–83.
Toso, Alberto (1935): Emilio Papiniano e le influenze cristiane nell'evoluzione del diritto romano classico. In: Acta Iuridici Internationalis II, S. 21–35.
TR (1950ff.) = Tijdschrift voor Rechtsgeschiedenis. Groningen.
Trabajos Ferran Valls y Taberner (1989) = Peláez, Manuel J. (Hg.): Trabajos en homenaje a Ferran Valls y Taberner, Barcelona.

Treggiari, Susan (1991): Roman Marriage. Iusti Coniuges From the Time of Cicero to the Time of Ulpian. Oxford.

Vassalli, Filippo (1960), Studi giuridici III. Mailand.
Vermittlung und Tradierung (1993) = Kullmann, Wolfgang; Althoff, Jochen (Hg.): Vermittlung und Tradierung von Wissen in der griechischen Kultur. Tübingen
Visky, Karoly (1971): La pena convenzionale in diritto privato all'inizio del principato. In: Studi Volterra, I, S. 597–635.
Visscher, Fernand de (1963): Le droit des tombeaux romains. Mailand.
Voci, Pasquale (1937): L'errore nel diritto romano. Mailand.
Voci, Pasquale (1946): La dottrina romana del contratto. Mailand.
Voci, Pasquale (1960): Diritto ereditario romano. Volume primo: Introduzione. Parte generale. Mailand.
Voci, Pasquale (1963): Diritto ereditario romano. Volume secondo: Parte speciale. Successione ab intestato. Successione testamentaria. 2. Aufl. Mailand.
Voci, Pasquale (1967): Una 'quaestio' di Papiniano in tema di 'stipulatio poenae' D. 45.1.115. In: Scritti in memoria Giuffrè I, S. 858–880.
Voci, Pasquale (1969): I garanti del tutore nel pensiero di Papiniano. In: Iura, Jg. 20, S. 455–478.
Voci, Pasquale (1970): La responsabilità dei contutori e degli amministratori cittadini. Contributo allo studio della mutua garanzia. In: Iura, Jg. 21, S. 71–154.
Vonglis, Bernard (1968): La lettre et l'esprit de la loi dans la jurisprudence classique et la rhétorique. Paris.

Wacke, Andreas (1972): Ungeteilte Pfandhaftung. In: Index, Jg. 3, S. 454–502.
Wacke, Andreas (1973): Die Rechtswirkungen der lex Falcidia. In: Studien Kaser. S. 209–251.
Wacke, Andreas (1974): Zur Lehre vom pactum tacitum und zur Aushilfsfunktion der exceptio doli. Stillschweigender Verzicht und Verwirkung nach klassischem Recht. In: SZ, Jg. 91, S. 251–284.
Wacke, Jan (2005): Der originäre Regreß des Kreditmandanten aus Auftrag oder 'negotiorum gestio' im römischen Recht. In: OIR, Jg. 10, S. 243-262.
Wacke, Jan (2007): Papinians Gutachten zur culpa in exigendo und zum derivativen Regreß mittels Klagenzession. In: SZ, Jg. 124, S. 113–144.
Waldstein, Wolfgang (1975): Entscheidungsgrundlagen klassischer Juristen. In: ANRW. II.15 (1976), S. 3–100.
Waldstein, Wolfgang (1986): Operae libertorum. Untersuchungen zur Dienstpflicht freigelassener Sklaven. Stuttgart.
Wehner, Barbara (2000): Die Funktion der Dialogstruktur in Epiktets Diatriben. Stuttgart.
Weiss, Alexander (2004): Sklave der Stadt. Untersuchungen zur öffentlichen Sklaverei in den Städten des Römischen Reiches. Stuttgart.

Wieacker, Franz (1936): Societas. Hausgemeinschaft und Erwerbsgesellschaft. Untersuchungen zur Geschichte des römischen Gesellschaftsrechts. Erster Teil. Weimar.
Wieacker, Franz (1960): Textstufen klassischer Juristen, Göttingen (Nachdr. 1975).
Wieacker, Franz (1974): Textkritik und Sachforschung. Positionen in der gegenwärtigen Romanistik. In: SZ, Jg. 91, S. 1–40.
Wieacker, Franz (1977): Offene Wertungen bei den römischen Juristen. In: SZ, Jg. 94, S. 1–42.
Wieacker, Franz (1988): Römische Rechtsgeschichte. Quellenkunde, Rechtsbildung, Jurisprudenz und Rechtsliteratur. Erster Abschnitt. München.
Wieacker, Franz (2006): Wolf, Joseph Georg (Hg.). Wieacker, Franz: Römische Rechtsgeschichte. Zweiter Abschnitt. München.
Wiechmann, Dirk (1992): Die separatio bonorum im klassischen römischen Recht. Pfaffenweiler.
Wieling, Hans Josef (1970): Falsa demonstratio, condicio pro non scripta, condicio pro impleta im römischen Testamentsrecht. In: SZ, Jg. 87, S. 197–245.
Wieling, Hans Josef (1972): Testamentsauslegung im römischen Recht. München.
Willvonseder, Reinhard (1984): Die Verwendung der Denkfigur der 'condicio sine qua non' bei den römischen Juristen. Wien, Köln, Graz.
Wimmer, Markus (1995): Besitz und Haftung des Vindikationsbeklagten. Köln, Wien, Weimar.
Wimmer, Markus (2001): Fälle des concursus causarum von Vermächtnis und Kauf im Römischen Recht. In: TR, Jg. 69, S. 203–219.
Wimmer, Markus (2004): Das Prälegat. Wien, Köln, Weimar.

ZCP (1828ff.) = Zeitschrift für Civilrecht und Process. Gießen.
Ziliotto, Paola (2004): Studi sulle obbligazioni alternative nel diritto romano. Mailand.

REGISTER

Quellenregister

A. Juristische Quellen

1. Vorjustinianische Quellen

Codex Theodosianus

Fragmenta Vaticana

Gai Institutiones

Pauli Sententiae

2. Corpus Iuris Civilis

Codex Iustinianus

Institutiones Iustiniani

Digesta

3. Byzantinische Rechtsquellen

Basilica

B. Inschriften und Urkunden

AE

CIL

lex Malacitana

lex Irnitana

C. Literarische Quellen

Auctor ad Herennium

Aurelius Victor

Aristoteles

Analytica priora

De caelo

Rhetorica

Scriptores Historiae Augustae

Namen- und Sachregister